יידיש אויסגאַבעס און פֿאָרשונג

Jiddistik Edition & Forschung

Yiddish Editions & Research

Herausgegeben von Marion Aptroot, Efrat Gal-Ed,
Roland Gruschka und Simon Neuberg

Band 3

שלום־עליכם Scholem Alejchem

אײַזנבאַן־געשיכטעס
Eisenbahngeschichten

כתבים פֿון אַ קאָמי־וואָיאַזשער Schriften eines Handelsreisenden

יידיש און דײַטש Jiddisch und deutsch

איבערגעזעצט פֿון גערנאָט יאָנאַס Übersetzt von Gernot Jonas

מיט אַן עסיי פֿון דן מירון Mit einem Essay von Dan Miron
איבערגעזעצט פֿון ליליאַנע מײַלינגער Übersetzt von Liliane Meilinger

אַרויסגעגעבן פֿון Herausgegeben von
אפֿרת גל־עד, גערנאָט יאָנאַס Efrat Gal-Ed, Gernot Jonas
און שמעון נויבערג und Simon Neuberg

d|u|p

Yidish: oysgabes un forshung
Jiddistik: Edition & Forschung
Yiddish: Editions & Research

Herausgegeben von Marion Aptroot, Efrat Gal-Ed,
Roland Gruschka und Simon Neuberg

Band 3

Scholem Alejchem: *Ajsnban-geschichtess. Jidisch un dajtsch*
Scholem Alejchem: Eisenbahngeschichten. Jiddisch und deutsch

Bibliografische Information Der Deutschen Nationalbibliothek
Die Deutsche Nationalbibliothek verzeichnet diese Publikation in der Deutschen Natio-
nalbibliografie; detaillierte bibliografische Daten sind im Internet über http://dnb.d-nb.de
abrufbar.

Der Druck wurde gefördert von:

Anton-Betz-Stiftung der Rheinischen Post e. V.

Kunststiftung NRW

1. Auflage, 501 bis 800
© 2019 Walter de Gruyter GmbH, Berlin / Boston
Typografie, Satz, Umschlag: Efrat Gal-Ed
Druck: Memminger MedienCentrum AG
Hauptschriften: Adobe Garamond, Hadassah EF
Papier: 80 g/m2 Salzer EOS
ISBN 978-3-11-065300-7
e-ISBN (PDF) 978-3-11-065301-4
Printed in Germany

אינהאַלט · Inhalt

Vorbemerkung

Im August 1908, vor hundertundzehn Jahren, musste Scholem Alejchem sei-
ne dreimonatige erfolgreiche Lesereise durch Städte und Schtetl des jüdi-
schen Ansiedlungsrayons jäh beenden: In Baranowitsch, damals ein Provinz-
städtchen mit einem wichtigen Knotenpunktbahnhof der weißrussischen
Ost-West-Verkehrsachse an der Grenze zur Ukraine, mehrheitlich von Juden
bewohnt (am Vorabend des Ersten Weltkriegs ca. 60 % der Bevölkerung),
brach er am 13. August, zwei Tage nach Lesung und Feier, im Hotel mit ei-
nem Blutsturz zusammen. Ärzte aus Wilna und Minsk diagnostizierten eine
offene Tuberkulose. Lebensgefährlich erkrankt, war Scholem Alejchem sie-
ben Wochen lang in Baranowitsch ans Bett gefesselt, bevor er zur Erholung
an die ligurische Riviera, nach Nervi, reisen konnte. Im Winter 1908 diktierte
er hier den ersten Entwurf einiger Kurzgeschichten, die den Kern seines neu-
en Projekts der Eisenbahngeschichten bildeten.

Dieses Projekt ließ er jedoch zunächst liegen. Erst in der zweiten Hälfte
des Jahres 1909, im Sanatorium St. Blasien im Südschwarzwald, vollendete er
die neuen Erzählungen. 1910 ergänzte er den Zyklus durch fünf neue Kurz-
geschichten und sechs weitere, die bereits 1902–1903 entstanden waren und
nun von ihm überarbeitet wurden.

Die Veröffentlichung der Eisenbahngeschichten in der jiddischen Pres-
se unter gleichlautendem Serientitel begann im Herbst 1909, etwa in der
Warschauer Zeitung *Di naje welt* [Die neue Welt] und in den New Yorker
Zeitschriften *Der amerikaner* bzw. *Der grojsser kundess* [Der große Spaßvo-
gel]. 1911 erschien der Erzählungszyklus unter dem neuen Titel *Kssowim fun
a komi-wojasher (Ajsenbahn-geschichten)* [Schriften eines Handelsreisenden
(Eisenbahngeschichten)] als achter Band der zum 50. Geburtstag des Autors
im Warschauer Verlag Progress publizierten Jubiläumsausgabe.

Die in der wissenschaftlichen Rezeption als Meisterwerk erachteten, rea-
listisch angelegten Monologerzählungen schöpften nicht zuletzt aus Scholem
Alejchems frischen Eindrücken von der ruhmvollen Tournee: den Reiseer-
lebnissen während der langen Eisenbahnfahrten durch den Ansiedlungsrayon
und den Begegnungen mit seinen jiddischsprachigen Lesern und Zuhörern.

Mit diesem Band, dem dritten der Schriftenreihe *Jiddistik. Edition & For-
schung*, liegt der vollständige Erzählungszyklus *Eisenbahngeschichten* von

Scholem Alejchem nun erstmals zweisprachig, jiddisch und deutsch, vor. Zur Edition des jiddischen Textes folgt eine Erläuterung von Simon Neuberg. Die hier neuaufgelegte deutsche Übersetzung von Gernot Jonas mit eingehendem Glossar und Anmerkungen zu den einzelnen Geschichten stellt gegenüber der Erstausgabe (Jüdischer Verlag im Suhrkamp Verlag, Frankfurt am Main 1995) eine revidierte Fassung dar. Glossar und Anmerkungen bieten sprachliche Erläuterungen und historische Kontextualisierung.

Als Nachwort zur vorliegenden Ausgabe dient Dan Mirons eindrücklicher Essay »Reise ins Zwielicht«, der eine ausführliche Entstehungsgeschichte bietet und eine multifokale Interpretation des Werks leistet. Das Original dieses Essays erschien zuerst als Nachwort der hebräischen Ausgabe der *Eisenbahngeschichten* von 1989 und 2000 in einer englischen Fassung. Der deutschen Übersetzung von Liliane Meilinger liegt eine vom Autor eigens für diesen Band aktualisierte Fassung zugrunde.

Für Mitarbeit und Unterstützung danken die Herausgeber Laura Agresti, Marion Aptroot, Gabriele Bischoff, Astrid Blees, Hans Rudolf Bosshard, Ramona Epping, Doris Sybille Jonas, Annelen Kranefuss, Yitskhok Niborski, Sonja Seippel, Anne Sokoll, Hans Süssmuth, Erika Timm und Daria Vakhrushova.

Efrat Gal-Ed
Düsseldorf, August 2018

Zur jiddischen Edition

Als Leittext für die Herstellung des jiddischen Textes wurde die Folksfond-Ausgabe (New York 1923, Band 28) benutzt, die die Funktion einer ›Ausgabe letzter Hand‹ erfüllt. So wird in der Kletskin-Ausgabe (Wilna 1926, ebenfalls Band 28 – aber auch in jedem anderen Band) erklärt: צוליב דעם פֿאַרלאַנג פֿון שלום-עליכמס יורשים, איז די אויסגאַבע געדרוקט לויט דער אַמעריקאַנער אויסגאַבע [der Forderung von Scholem-Alejchems Erben entsprechend, richtet sich diese Ausgabe nach der amerikanischen Ausgabe]. Verglichen wurden u. a. die *Yubileum-oysgabe* (Warschau 1911) und Band 10 der Ausgabe Buenos-Aires 1950, letzterer mit Hilfe eines Scans von R. Finkel. Die Schreibweise des Autors wurde durch standardjiddische Orthographie ersetzt. Dabei wurden Eigenheiten behutsam beibehalten. Allerdings waren gelegentlich unterschiedliche Entscheidungen nötig, z. B.:

Wenn zwei Varianten desselben Lexems im Leittext mit oder ohne erkennbaren (semantischen, prosodischen, euphonischen etc.) Grund alternieren, wird die Variation respektiert.

– נישט / ניט – beides wird entsprechend dem Leittext unterschieden. Die Unterscheidung von קאָנען und קענען (entspricht ungefähr deutsch ›können‹ versus ›kennen‹) wird ebenfalls respektiert.

In einigen Fällen dagegen, wo die Originalgraphien einheitlich eine abweichende Aussprache suggerieren, dabei aber der Verdacht entsteht, diese Graphie sei vom Deutschen beeinflusst, widerspiegele also keine phonetische Entscheidung, wird zugunsten der üblicheren Form vereinheitlicht, so z. B.:

– הויבן → הייבן – trotz (bzw. gerade wegen) der suggerierten unterschiedlichen Aussprache wird entsprechend der standardjiddischen Form normalisiert (ähnlich אייבערשטער, פֿאַררייכערן, גלייבן, inkl. Derivate). Die konsequente deutsch inspirierte */oy/*-Schreibweise steht gegen die (fast) allgemeine jiddische Aussprache, der die standardisierte Form besser entspricht.

Vergleichbar sind auch געקלויבן / קלויבן → געקליבן / קלײַבן, קלאָפּן → קלאַפּן, געוויינלעך → געוויינטלעך, פֿענסטער → פֿענצטער etc.

Die abweichende Schreibweise der Nebentonsilben (und andere wenig spektakuläre Abweichungen, אוניווערזיטעט → אוניווערסיטעט, בילעט → ביליעט [so auch ohne Jud nach dem Lamed statt צירקוליאַר, רעגוליאַטאָר, etc.]) wird als irrelevant erachtet und entsprechend der Wörterbuch-Ansetzung normalisiert: פּעטשיילע → פּאַטשיילע, אוגערעק → אוגעריק (aber nicht → אוגערקע).

Ansonsten werden aber veraltete, regionale oder soziolektale Wortformen respektiert: פּאָליציע (nicht פּאָליציי), אַווגוסט (nicht אויגוסט), געשיכטן (nicht געשיכטעס – außer an exponierten Stellen, wie dem Titel des Buches, wo es bezeichnenderweise bereits so steht) etc., insbesondere das Schlüsselwort קאָמי־וואָיאַזשער, dessen Wörterbuchform auf (betontes) ־אָר endet. Schließlich sind gelegentliche Ergänzungen, die über das Orthographische hinausgehen, durch eckige Klammern kenntlich gemacht worden, z. B.: ווי אין אַן אײַזערנע[ר] וואַנט!.

Nur in seltenen Ausnahmefällen wird darüber hinaus ein Wort oder ein Satzteil, die vermutlich nur versehentlich im Text der Folksfond-Ausgabe fehlen, nach der älteren Ausgabe ergänzt. Die Erstveröffentlichungen in Zeitungen sind bei jeder Geschichte genannt, wurden aber nicht zum Vergleich herangezogen.

Vereinheitlichung wird nicht als Selbstzweck angestrebt: Wenn z. B. der Erzähler der achten Geschichte das Wort זשאַנדאַרם verwendet, während der Erzähler der elften Geschichte die Form זשאַנדאַר, Pl. זשאַנדאַרן bevorzugt, werden beide Varianten als Teil der sprachlichen Charakterisierung der Monologisten (oder aber als Spur der Entstehungsgeschichte der Sammlung) beibehalten.

Simon Neuberg
Trier, August 2018

Scholem Alejchem, Nervi 1909, The National Library of Israel

צו די לעזער

איך בין אַ רײַזנדער. כּמעט עלף חדשים אין יאָר בין איך אין וועג. צום מײנסטן – אין באַן, און מערסטנטײלס – דריטע קלאַס, און, ווי געווינטלעך, – איבער ייִדישע שטעט און שטעטלעך; וואָרעם דאָרט, ווו ייִדן טאָרן ניט וווינען, האָב איך נישט וואָס צו טאָן.

ווײ־ווײ, וואָס מע זעט זיך אָן אונטער וועגנס! אַ שאָד, וואָס איך בין ניט קײן שרײַבער. דאָס הײסט, אַז מע וויל צוריק, מיט וואָס בין איך ניט קײן שרײַבער? וואָס איז אַזעלכעס, אײגנטלעך, אַ שרײַבער? יעדער מענטש קאָן זײַן אַ שרײַבער. ובפֿרט נאָך – אויף ייִדיש. „זשאַרגאָן" – אויך מיר אַן עסק! מע נעמט אַ פּען און מע שרײַבט.

נאָר אַז מע וויל דאָס אײגענע טאַקע ווידער צוריק, טאָר נישט אַיעדער זיך כאַפּן צו שרײַבערײַ. איטלעכער באַדאַרף זיך האַלטן בײַ זײַנעם. פּרנסה איז פּרנסה. אָט אַזוי איז מײַן מײנונג. ס׳איז נישטאָ וואָס צו טאָן, איז דאָס אויך אַן אַרבעט.

מיר, אַלס רײַזנדער, קומט אויס אונטער וועגנס אָפּט מאָל אויסזיצן גאַנצע טעג, נישט צו טאָן קײן האַנט אין קאַלט וואַסער, כאָטש נעם שלאָג זיך קאָפּ אָן וואַנט. בין איך געפֿאַלן אויף אַ גלײַכע[ר] זאַך. איך האָב מיר אומיסטנע געקויפֿט אַ רײנעם בוך מיט אַ בלײַשטיפֿט, און אַלצדינג, וואָס איך זע זיך אָן, און אַלצדינג, וואָס איך הער זיך אָן אין וועג, נעם איך און טראָג דאָס אַרײַן צו מיר אין בוך אַרײַן. און אָט אַזוי, ווי איר זעט, האָט זיך צונויפֿגעקליבן בײַ מיר, קײן עין־הרע, אַ היפּש ביסל מאַטעריאַל. עס וועט זײַן גענוג אפֿשר אויף אַ יאָר צו לײענען. האָב איך מיך מיישבֿ געווען: וואָס טוט מען דערמיט? אַרויסוואַרפֿן? – אַן עבֿירה פֿאַר גאָט. פֿאַר וואָס זאָל איך עס ניט אַרויסגעבן אין אַ בוך, אָדער אָפּדרוקן אין אַ בלאַט? איך זאָל האָבן די ברכות, וואָס מע דרוקט אַ סך ערגערע זאַכן.

און איך האָב מיך אַוועקגעזעצט און האָב צעלײגט די סחורה אויף מוסטערן, דעם „בראַק" אַרויסגעשמיסן, איבערגעלאָזט נאָר דאָס בעסטע, פּרימאַ־שבפּרימאַ, אײַנגעטײלט אויף באַזונדערע געשיכטן, געשיכטע נומער אײנס, געשיכטע נומער צוויי, און אַזוי ווײַטער. יעדער געשיכטע האָב איך געגעבן אַן אַנדערן נאָמען, פֿײַנטשיק, ווי עס געהער צו זײַן, – מעשׂה סוחר. איך ווײס ניט, צי וועל איך אינעם געשעפּט פֿאַרדינען, צי איך וועל ברעכן רוק און לענד. הלוואַי איך זאָל כאָטש אַרויס מיט מײַן קרן...

An die Leser

Ich bin Reisender. Fast elf Monate im Jahr bin ich unterwegs. Meistens mit der Bahn und in der Regel dritter Klasse und, wie kann es anders sein, immer durch jüdische Städte und Schtetl. Was hätte ich auch dort zu suchen, wo Juden nicht wohnen dürfen?[1]

Du lieber Gott, was man unterwegs alles erlebt! Ein Jammer, dass ich kein Schriftsteller bin! Das heißt, wenn man's gut überlegt, wieso soll ich kein Schriftsteller sein? Was ist schon ein Schriftsteller? Jeder Mensch kann doch einer werden und ganz bestimmt, wenn er jiddisch schreibt! In unserem »Jargon« schreiben ist doch kein Kunststück! Man nimmt einen Stift zur Hand und schreibt einfach.

Wenn ich das Ganze aber genauer überlege: Nein, nicht jeder sollte sich an die Schreiberei wagen. Jeder soll bei seinem eigenen Handwerk bleiben. Beruf ist Beruf. Das ist jedenfalls meine Meinung. Es gibt nichts daran zu rütteln, auch das ist eine Arbeit!

Da ich so viel unterwegs bin, geschieht es mir oft, dass ich ganze Tage herumsitze und keinen Finger rühre. Es gibt einfach nichts zu tun. Es ist zum Verrücktwerden. Da bin ich auf eine wunderbare Idee gekommen. Ich habe mir extra ein leeres Schreibbuch gekauft und einen Bleistift dazu. Und alles, was ich unterwegs sehe, und alles, was ich höre, halte ich fest und trage es in mein Buch ein. Wie Ihr ja seht, hat sich bei mir inzwischen, unberufen, eine hübsche Menge Material angesammelt. Vielleicht genug Lesestoff für ein ganzes Jahr! Da aber habe ich mir überlegt: Was soll ich damit anfangen? Alles einfach wegwerfen? Das wäre wirklich eine Sünde vor Gott. Warum soll ich es nicht in einem Buch herausgeben oder es in einer Zeitung abdrucken lassen? Die Gewissheit habe ich jedenfalls: Es werden eine Menge schlechtere Sachen gedruckt.

Also habe ich mich hingesetzt, die Ware gemustert und sortiert, den Plunder rausgeworfen und nur das Beste behalten, das Feinste vom Feinen. Alles habe ich in einzelne Geschichten aufgeteilt, also Geschichte Nummer eins, Geschichte Nummer zwei usw. Jeder Geschichte habe ich einen anderen Titel gegeben, schön ordentlich, wie es sein muss und wie wir Kaufleute es gewohnt sind. Ich bin noch nicht sicher, ob ich an dem Geschäft verdienen werde oder ob ich damit Kopf und Kragen riskiere. Wenn am Ende wenigstens das herauskommt, was ich in die Sache reingesteckt habe!

די קשיא: צוליב וואָס האָב איך באַדאַרפֿט דעם גאַנצן מסחר? – פֿרעגט מיך בחרם, איך ווייס אַליין ניט. עס קאָן זײַן, ס׳איז פֿון מיר אַ נאַרישקייט, נאָר אָפּגעטאָן – איז פֿאַרפֿאַלן. מיט איין זאַך האָב איך מיך באַוואָרנט: מיט די קריטיקער. איך האָב מײַן געשעפֿטס־נאָמען באַהאַלטן. אַ מכּה וועלן זיי טרעפֿן, ווי אַזוי איך הייס. לאָזן זיי קריטיקירן, לאָזן זיי לאַכן, לאָזן זיי זיך דראַפּען אויף די גלײַכע ווענט – איך הער זיי, ווי המן דעם גראַגער. איך בין ניט קיין מחבר, קיין מלמד, קיין בטלן, – איך בין אַ ייִד אַ סוחר!

אַ קאָמי־וואָיאַזשער.

Die Frage ist natürlich: Warum habe ich das ganze Unternehmen ange-fangen? Fragt mich lieber etwas Leichteres, ich habe keine Ahnung. Vielleicht ist es einfach eine Spinnerei von mir, aber jetzt ist es so gemacht und nicht mehr zu ändern. In einer Hinsicht aber bin ich sehr vorsichtig gewesen: mit den Kritikern. Meinen Geschäftsnamen habe ich geheim gehalten. Niemals werden sie rauskriegen, wie ich wirklich heiße, und wenn sie sich auf den Kopf stellen! Lasst sie also kritisieren, lasst sie sich über mich lustig machen, lasst sie meinetwegen die Wände hochgehen! Ich höre so viel auf sie wie Ha-man auf die Klapper. Ich bin kein Schriftsteller, ich bin kein Hauslehrer und auch kein Müßiggänger. Ein Kaufmann bin ich.

Ein Handelsreisender.

געשיכטע נומער איינס

קאָנקורענטן

תּמיד, סאַמע אין דער רעכטער בהלה, ווען ייִדן שטופּן זיך, דער אַרײַן, דער אַרויס, און מע שלאָגט זיך אין וואַגאָן פֿאַר די ערטער, ווי, להבֿדיל, אין שול פֿאַר הקפֿות – פּונקט דעמאָלט זענען זיי דאָ. זיי ביידע: ער און זי.

ער – אַ שוואַרצער, אַ גראָבער, אַ צעבורשעטער, מיט אַ בעלמע אויף איין אויג. זי – אַ רויטע, אַ דאַרע און אַ געשטופּלטע. ביידע אָפּגעריסן, אָפּגעשליסן, ביידע מיט געלאַטעטע שיך און ביידע מיט איינע און די זעלבע סחורה: ער אַ קויש, זי אַ קויש; ער מיט געפֿלאָכטענע קוילעטשלעך, האַרטע אייער, פֿלעשלעך מיט זעלצער־וואַסער און מאַראַנצן, זי אויך מיט די זעלבע געפֿלאָכטענע קוילעטשלעך, האַרטע אייער, פֿלעשלעך זעלצער־וואַסער און מאַראַנצן.

אַ מאָל מאַכט זיך, אַז ער האָט אין קויש סקאָרמוטשן מיט רויטע ווײַנשל, שוואַרצע קאַרשן אָדער גרינע עסיק זויערע ווײַנטרויבן. דעמאָלט קומט זי אויך מיט די זעלבע רויטע ווײַנשל, שוואַרצע קאַרשן אָדער גרינע עסיק זויערע ווײַנטרויבן.

און ביידע קומען זיי תּמיד אין איין צײַט, שטופּן זיך דורך אין איין טיר פֿון וואַגאָן און רעדן ביידע אויף איין לשון, נאָר מיט אַ באַזונדערער אויסשפּראַך. ער – אַ ביסל יאַדישליווע, אָן אַ רי״ש, ווייך, צעגאַנגען, ווי אָן אַ צונג. און זי – שעפּעליאַווע, דווקא אַ פֿול מויל מיט צונג.

אפֿשר מיינט איר, אַז זיי שמײַסן זיך מיט די מקחים, קאָנקורירן, וואַרפֿן דעם מאַרק? חלילה. דער פּרײַז איז בײַ זיי איין פּרײַז. זייער גאַנצע קאָנקורענץ באַשטייט נאָר אין דעם, ווער פֿון זיי רופֿט אַרויס מער רחמנות. ביידע בעטן זיך בײַ אײַך, איר זאָלט רחמנות האָבן אויף זייערע פֿינף קינדער יתומים (בײַ אים פֿינף קינדער יתומים, בײַ איר פֿינף קינדער יתומים). ביידע קוקן זיי אײַך אין די אויגן אַרײַן, שטופּן אײַך זייער סחורה גלײַך אין פּנים אַרײַן און רעדן איבער אײַך אַזוי לאַנג, אַז – צי איר דאַרפֿט, צי איר דאַרפֿט ניט – איר מוזט עפּעס קויפֿן.

נישט מער, וואָס פֿון זייער רעדן מיט זייער וויינען מיט זייער בעטן זיך ווערט איר אַ ביסל פֿאַרטומלט. איר ווייסט ניט, בײַ וועמען איר זאָלט קויפֿן: בײַ אים, צי בײַ איר? פֿאַלט איר מסתּמא אויף אַן עצה און ווילט געבן צו לייזן ביידן, לאָזן זיי אײַך ניט:

Geschichte Nummer eins

Konkurrenten

Immer wenn das Durcheinander am größten ist, die Leute drängen, der eine herein in die Bahn, der andere hinaus, jeder im Waggon kämpft um einen Sitzplatz, und es geht zu wie in der Synagoge – wohl sei es unterschieden: beim Umzug an Simchat Tora –, immer dann sind sie beide da, er und sie.

Er, schwarzhaarig, dunkle Hautfarbe, rot im Gesicht, dick und stämmig, mit einem weißen Fleck vom Star auf einem Auge. Sie, rötlich, dürr und pockennarbig. Beide mit abgetragener und verschlissener Kleidung, beide tragen sie zusammengeflickte Schuhe, und beide bieten sie ein und dieselbe Ware an: er in einem Korb, sie in einem Korb. Hefezöpfe zum Sabbat, hartgekochte Eier, Flaschen mit Selterswasser und Orangen schleppt er. Sie nichts anderes: Hefezöpfe zum Sabbat, hartgekochte Eier, Flaschen mit Selterswasser und Orangen.

Trifft es sich einmal, dass er Tüten mit Sauerkirschen im Korb hat oder schwarze süße Kirschen oder grüne säuerliche Weintrauben in Papiertüten, kommt bestimmt auch sie daher mit Sauerkirschen, süßen Kirschen und grünen säuerlichen Weintrauben.

Beide sind sie zur selben Zeit da, stoßen und drängen sich durch dieselbe Tür im Waggon, und beide reden denselben Dialekt, verschieden ist nur die Aussprache. Er, ein bisschen asthmatisch, das »r« verschluckt er, teigig und mundfaul kommt alles heraus, als hätte er keine Zunge. Sie dagegen lispelt, bewegt aber ihre Zunge mit ungeheurer Geschwindigkeit.

Vielleicht meint Ihr, dass sie einander mit den Preisen bekämpfen, sie heruntertreiben und sich gegenseitig unterbieten? Aber Gott bewahre! Ihr Preis ist ein und derselbe. Ihr ganzer Wettbewerb besteht darin, *wer von ihnen das größte Mitleid hervorruft*. Beide nämlich bitten Euch inständig, mit ihren fünf Waisenkindern zu Hause Mitleid zu haben (bei ihm sind es fünf Waisenkinder und wahrhaftig genau fünf Waisenkinder auch bei ihr). Beide schauen sie Euch in die Augen, halten Euch die Ware direkt unter die Nase und reden so lange auf Euch ein, dass Ihr, ob Ihr etwas braucht oder nicht, auf jeden Fall kaufen *müsst*.

Von ihrem Gerede, ihrem Gejammer und ihren inständigen Bitten werdet Ihr ganz verwirrt. Ihr wisst nicht, wo Ihr kaufen sollt, bei ihm oder bei ihr? Ihr überlegt Euch einen Ausweg und wollt beiden etwas zu verdienen geben. Das aber lassen sie nicht zu:

– קויפֿט איר, רב ייִד, דאַרפֿט איר קויפֿן בײַ אײנעם. אויף צוויי חתונות טאַנצט מען ניט!

ווילט איר זײַן אַ בעל־יושר, קויפֿט איין מאָל בײַ אים, דאָס אַנדערע מאָל בײַ איר. ווערט איר אויסגעזידלט אויף אַלע זײַטן:

– רב ייִד! מיט וואָס בין איך אײַך עפּעס הײַנט ניט געפֿעלן אין שלייער? אָדער אַזוי:

– רב ייִד! ערשט יענע וואָך האָט איר בײַ מיר געקויפֿט און האָט זיך, דאַכט מיר, ניט געסמט און ניט דערוואָרגן אויך?...

פֿאַלט איר אַרײַן אין „מאָראַל" און הייבט זיי אָן זאָגן מוסר, אַז יענער האָט אויך אַ נשמה, יענער דאַרף אויך לעבן, ווי דער דײַטש זאָגט: „לעבען און לעבען לאַססען". באַקומט איר דערויף אַ תּשובֿה, נישט אויף דײַטש, נאָר דווקא אויף פּראָסט ייִדיש, אַפֿילו אַ ביסעלע פֿאַרשטעלט, נאָר גאַנץ פֿאַרשטענדלעך:

– פֿעטער! מיט איין דאָס אויף צוויי ירידים פֿאָרט מען ניט!...

יאָ, אָט אַזוי איז עס, ליבער פֿרײַנד! יוצא זײַן פֿאַר אַ וועלט זאָלט איר קיין מאָל ניט וועלן – עס וועט אײַך ניט געראָטן, און ווערן אַ רודף־שלומ־ניק זאָלט איר זיך קיין מאָל ניט פּרוּוון – עס וועט אײַך אויספֿאַלן באָקאָם. איך ווייס עס פֿון מײַן אייגענער פּראַקטיק. איך וואָלט אײַך דערציילט וועגן דעם אַ שיינע געשיכטע, ווי אַזוי איך בין אַ מאָל געווען אַ נאַר, איך האָב מיך אַרײַנגעלייגט צווישן אַ פּאָרפֿאָלק, געוואָלט מאַכן אַ שלום, און דער שפּיץ איז געווען – איך האָב געכאַפּט אָפּגעשניטענע יאָרן פֿון מײַן אייגן ווײַב. איך האָב אָבער מורא מישן איין געשיכטע אין דער אַנדערער, איך זאָל ניט אַוועק אָן אַ זײַט, כאָטש אַפֿילו אין געשעפֿט טרעפֿט זיך אָפּט מאָל, אַז מע לייגט פֿאַר איינעם איין אַרטיקל און רעדן רעדט מען גאָר האָצעקלאָץ, אויפֿן הימל אַ ירידֿ... הכּלל, מיר קערן זיך אום צו אונדזער געשיכטע.

איין מאָל, געווען איז דאָס אָסיענצײַט, אין אַ רעגנדיקן טאָג. דער הימל איז געווען וויינענדיק, די ערד – וויסט און פֿינצטער, און די סטאַנציע פֿול־און־פֿיל מיט מענטשן. פֿאַסאַזשירן אַרײַן, פֿאַסאַזשירן אַרויס. אַלע לויפֿן, אַלע שטופּן זיך. און ייִדן, געוויינטלעך, מער פֿון אַלעמען. מע יאָגט זיך, מע קריכט איינס איבער דאָס אַנדערע, מיט טשעמאָדאַנעס, פּעקלעך און בעטגעוואַנט. אַ געשריי, אַ ליאַרעם, אַ געפּילדער! און סאַמע אין דער רעב־טער הושטשע – ער און זי. ביידע אָנגעלאָדן מיט עסנוואַרג, ווי תּמיד. ביידע שטופּן זיך אין איין טיר אַרײַן ווי תּמיד. פּלוצעם... וואָס האָט זיך געטראָ־פֿן? ביידע קוישן ליגן אויף דער ערד. די קוילעטשלעך מיט די אייער מיט די פֿלעשלעך זולצער־וואַסער מיט די מאַראַנצן וואַלגערן זיך אין דער בלאָטע, און אַ מישמאַש פֿון געשרייען, קוויטשערײַען, טרערן און קללות גיסט זיך

»Wenn Ihr kaufen wollt, mein Herr, müsst Ihr bei einem kaufen. Auf zwei Hochzeiten tanzt man nicht!«

Also macht Ihr es ganz gerecht und wollt einmal ihm etwas abnehmen und das andere Mal ihr. Da werdet Ihr von beiden Seiten beschimpft:

»Guter Mann, gefällt Euch heute etwa mein Gesicht nicht?«

Oder so:

»Mein Herr, letzte Woche habt Ihr doch bei mir gekauft und Euch wohl nicht vergiftet oder den Magen verdorben…?«

Also versucht Ihr es auf die moralische Tour und haltet ihnen eine kleine Predigt, dass der andere doch auch eine Seele hat und auch leben muss, wie die Deutschen sagen: »Leben und leben lassen.« Ihr kriegt auch prompt eine Antwort, aber nicht auf Deutsch, sondern in saftigem Jiddisch, ein bisschen verhüllt zwar, aber deutlich genug:

»Bitte sehr, mein Herr, auf einem einzigen… Ihr wisst schon, sitzt man nicht auf zwei Jahrmärkten.«

Ja, so geht es, lieber Freund. Also bemüht Euch erst gar nicht, es den Leuten recht zu machen. Es wird Euch doch nicht gelingen. Und probiert niemals, auch noch den Friedensschlichter zu spielen. Das geht am Ende noch böse für Euch aus. Ich habe es einmal am eigenen Leibe erfahren. Eine schöne Geschichte könnte ich Euch da erzählen, wie ich mal so dumm war und versuchte, zwischen zwei Eheleuten zu vermitteln; versöhnen wollte ich sie. Das Ende vom Lied war, dass meine eigene Frau mir schwer zugesetzt hat. Ich habe aber Angst, dass ich die eine Geschichte mit der anderen vermische und vom Hundertsten ins Tausendste gerate, so dass ich schließlich mit keiner zu Rande komme, obwohl es ja im Geschäftsleben manchmal vorkommt, dass man jemandem eine Ware anpreist und weiß der Himmel was erzählt, alle möglichen Sachen! Also, kehren wir lieber zu unserer Geschichte zurück.

Es war im Herbst, an einem regnerischen Tag. Der Himmel weinte, die Erde war finster und öde, und der Bahnhof quoll über von Menschen. Fahrgäste rein – Fahrgäste raus; alle rennen, man rempelt und stößt sich, und die Juden natürlich am allermeisten. Die Leute jagen herum, man steigt übereinander, mit Koffern, Gepäckstücken und Bettzeug. Es herrscht ein Geschrei, ein Lärm, ein richtiger Aufruhr. Und genau mittendrin, im größten Durcheinander – er und sie. Wie immer beide beladen mit Esswaren. Beide drängen sich zur selben Tür herein wie immer. Plötzlich – was ist geschehen? Ihre Körbe liegen auf dem Boden. Sabbatbrote mitsamt den Eiern, den Selterswasserflaschen und Orangen fliegen im Dreck herum. Und dazu ein Lärm,

צונויף אין איינעם מיטן געלעכטער פֿון די קאָנדוקטאָרן און מיטן רעש און מיטן טומל פֿון די פּאַסאַזשירן. עס קלינגט און עס פּייַפֿט. נאָך אַ מינוט – און מיר פֿאָרן.

אין וואַגאָן איז אַ גערעדערייַ. אַחינו־בני־ישׂראל שמועסן זיך דורך, לופֿ־טערן די שפּראַך. און דווקא אַלע מיט אַ מאָל, ווי די ווייַבער אין שול, אָדער ווי די גענדז אויפֿן יריד. עס איז שווער צו כאַפּן דעם תּוך, דעם אינהאַלט. סייַדן באַזונדערע פֿראַזן.

– אַ גערעט אויף געפּלאָכטענע קוילעטשלעך.

– אַ פּאָגראָם אויף אייער.

– וואָס האָט ער געהאַט צו די מאַראַנצן?

– וואָס פֿרעגט איר? – עשׂו!

– וויפֿל שאַצט איר דעם היזק?

– אַ מצווה, לאָזן זיי ניט קריכן, ניט אײַנעסן זיך אין די ביינער אַרייַן!

– וואָס זאָלן זיי נעבעך טאָן? אַ ייִד זוכט פּרנסה.

– כאַ־כאַ־כאַ! – רופֿט זיך אָן אַ גערדיכטע באַסאָווע שטימע. – ייִדישע פּרנסות!

– ייִדישע פּרנסות? – לאָזט זיך הערן אַ יונג קולכל מיט אַ קוויטש. – איר האָט שענערע פּרנסות? גיט זיי אַהער.

– יונגער־מאַן! ניט צו אייַך רעדט מען! – דונערט די באַסאָווע שטימע.

– ניט צו מיר רעדט איר? איך רעד אָבער צו אייַך – איר האָט שענערע פּרנסות? אַיאָ, איר שווייַגט? וואָס שווייַגט איר?

– וואָס וויל פֿון מיר אָט דער יונגער־מאַן?

– וואָס זאָל איך וועלן? איר זאָגט: ייִדישע פּרנסות – זאָג איך: אַדרבה, איר האָט שענערע? גיט זיי אַהער.

– געפֿעלט אייַך אַ ביסל אַ פּריטשעפּע?!

– שאַט, ייִדן! זאָל זייַן שטיל, אָט איז זי דאָ.

– ווער?

– זי אַליין, דאָס ווייַבל פֿון די אָנבייַסנס.

– ווו איז זי, די יפֿהפֿיה, ווו?

– אָט איז זי, אָ!

אַ געשטופּלטע, אַ רויטע, מיט געשוואָלענע אויגן פֿון געוויין, שטופּט זי זיך דורך מיטן ליידיקן קויש צווישן עולם, זוכט אַ פּלאַץ, זעצט זיך אַוועק אויף דער ערד, אויפֿן איבערגעקערטן קויש, באַהאַלט די פֿאַרשוואָלענע אויגן אינעם צעריסענעם שאַל און וויינט זיך שטילערהייט.

ein Schreien, Kreischen, Heulen und Schimpfen, vermischt mit dem Geläch-
ter der Schaffner und dem lauten Gedränge der Fahrgäste. Nur eine Minute
dauern der Krach und das Getöse – schon fahren wir ab.

Im Waggon geht es hoch her. Unsere jüdischen Brüder unterhalten sich
nach Herzenslust, sie sind richtig in Fahrt. Natürlich alle zur gleichen Zeit
wie die Frauen in der Synagoge oder die Gänse auf dem Markt. Man kann
schwer einen Sinn und einen Inhalt ausmachen. Nur hin und wieder ein paar
Wortfetzen:

»All die Brote!«

»Ein Pogrom wegen Eiern!«

»Was haben ihnen die Apfelsinen getan?«

»Ihr müsst noch fragen! Esaus Brut!«[2]

»Wie hoch schätzt Ihr den Schaden?«

»Das wird ihnen eine Lehre sein!«

»Warum müssen sie auch so grob sein, aufeinanderkleben und die Leute
bedrängen!«

»Aber was sollen sie machen? Der Mensch muss von etwas leben!«

»Haha«, tönt eine sonore Bass-Stimme, »die schönen jüdischen Berufe!«

»Jüdische Berufe?«, hört man ein junges Stimmchen in schrillem Ton,
»habt Ihr einen besseren Beruf? Her damit!«

»Ihr seid nicht gefragt!«, donnert der Bass.

»So, ich bin nicht gefragt! Ich frage Euch aber: Habt Ihr einen besseren
Beruf? Aha, jetzt seid Ihr still! Warum sagt Ihr nichts?«

»Was will der junge Kerl von mir?«

»Was ich will? Ihr sagt ›jüdische Berufe‹, und ich frage Euch: Bitte sehr,
habt Ihr einen besseren? Heraus damit!«

»Was will der, Streit anfangen?…«

»Ruhig, Leute, ruhig, da ist sie!«

»Wer?«

»Na, sie, die Frau mit den Ess-Sachen.«

»Wo ist sie, die Schöne, wo?«

»Da hinten kommt sie, dort!«

Pockennarbig, hochrot im Gesicht, die Augen vom Weinen geschwollen,
drängt sie sich mit dem leeren Korb zwischen den Leuten durch, sucht sich
einen Platz, setzt sich nieder auf den umgekehrten Korb und vergräbt die
geschwollenen Augen in ihrem zerrissenen Kopftuch. Still weint sie vor sich
hin.

אַ מאָדנע שטילשווייַגן ווערט מיט אַ מאָל אין וואַגאָן. אויסגעגאַנגען רייד. אָפּגענומען לשון. נאָר איינער כאַפּט זיך אויף און רופֿט זיך אָן צום עולם מיט אַ גערדיכטער באַסאָווער שטימע:

– ייִדן! וואָס שווייַגט איר?

– וואָס זאָלן מיר שרייַען?

– מע דאַרף איר עפּעס מאַכן.

אַ שיינע מעשׂה! ווייסט איר, ווער דער איינער איז? דווקא אָט יענער, וואָס האָט נאָר וואָס געלאַכט „כאַ־כאַ־כאַ, ייִדישע פּרנסות“. אַ מאָדנער נפֿש מיט אַ מאָדנע היטל אויפֿן קאָפּ. אַ מין קאַשקעט מיט אַ גלייַכן גלאַנצנדיקן דאַשעק. און דערצו טראָגט ער נאָך בלויעברילן, אַזוי, אַז קיין אויגן זעט מען ניט. נישטאָ קיין אויגן. נאָר אַ נאָז, אַ פֿליישיקע, פֿעטע, בולבעוואַטע נאָז.

נישט לאַנג געטראַכט, כאַפּט ער אַראָפּ דעם קאַשקעט פֿון קאָפּ, וואַרפֿט אַרייַן דער ערשטער אַ פּאָר זילבערנע מטבעות, און גייט פֿון איינעם צום אַנדערן און דונערט מיט דער באַסאָווער שטימע:

– גיט, ייִדישע קינדער, וויפֿל איר קאָנט. אחד המרבה ואחד הממעיט – מאַכט רש״י: „דאַראָוואַנאָמו קאָניו ווזובי ניע סמאָטריאַט“.

דער עולם האָט זיך אַ נעם געטאָן צו די קעשענעס, אויפֿגעעפֿנט די בייַטעלעך, און עס האָבן אָנגעהויבן קלינגען מטבעות, אַלערליי מטבעות, זילבערנע און קופּערנע. צווישן עולם זיצט אויך איינער אַ קריסט, אַ קאַצאַפּ מיט גרויסע שטיוול און מיט אַ זילבערנער קייט איבערן האַלדז; האָט ער, גענעצנדיק, זיך איבערגעצלמט און אויך אַרייַנגעוואָרפֿן אַ מטבע. נאָר איין פּאַסאַזשיר האָט זיך אָפּגעזאָגט, ניט געוואָלט געבן גאָרנישט. און דווקא אָט יענער, וואָס האָט זיך אָנגענומען די קריוודע פֿון ייִדישע פּרנסות. אַ יונגער־מאַן אַ[ן] אינטעליגענט מיט פּוכקע בעקלעך, אַ געל שפּיצעכיק בערדל, און מיט אַ גאָלדענעם פּענסנע. איינער פֿון די יונגע־לייַט, וואָס האָבן רייַכע טאַטע־מאַמע, רייַכע שווער־און־שוויגער, און אַליין זענען זיי אויך אָנגעשטופּט, און פֿאָרן דריטע קלאַס, ווייַל זיי זשאַלעווען געלט.

– יונגער־מאַן, גיט עפּעס אין היטל אַרייַן! – זאָגט צו אים דער נפֿש מיט די בלויע ברילן און מיט דער בולבעוואַטער נאָז.

– איך גיב ניט. – זאָגט דער יונגער־מאַן דער אינטעליגענט.

– פֿאַר וואָס?

– אָט אַזוי. ס׳איז בייַ מיר אַ פּרינציפּ.

– דאָס האָב איך געוווּסט פֿריִער.

– פֿון וואַנען?

– מע זעט נאָך די באַקן, ווי די ציינער קנאַקן – מאַכט רש״י: „ווידנאָ פּאַנאַ פּאָ כאָליאַווע“...

Eine seltsame Stille breitet sich auf einmal im Waggon aus. Das Gespräch ist verstummt. Keiner hat Lust zu reden. Nur einer springt auf und ruft der übrigen Gesellschaft mit seiner sonoren Bass-Stimme zu:

»Leute, was seid Ihr so stumm?«

»Sollen wir etwa schreien?«

»Man muss doch etwas für sie tun!«

Na so was! Wisst Ihr, wer das war? Ausgerechnet der, der gerade noch gelacht und gespottet hat mit seinem »Haha« über die feinen jüdischen Berufe! Ein seltsamer Typ mit einem komischen Hut auf dem Kopf, so einer Art Kappe mit einem breiten durchsichtigen Mützenschirm. Dazu trägt er eine dunkle Brille, so dass man seine Augen nicht sieht, nur die Nase, eine fleischige, dicke Kartoffelnase.

Er überlegt nicht lange, nimmt die Mütze vom Kopf, wirft als Erster ein paar silberne Münzen hinein und geht dann von einem zum andern. Mit seiner Bass-Stimme füllt er den ganzen Waggon:

»Gebt, jüdische Kinder, gebt! So viel Ihr könnt. Der eine viel, der andere wenig, oder wie Raschi sagt:[3] *darowannomu konju wsubi nje ssmotrjat*, einem geschenkten Gaul schaut man nicht ins Maul!«

Die Leute fangen an, in ihren Taschen zu kramen, sie öffnen ihre Beutel, und langsam klingen die Münzen, allerhand Münzen, silberne und kupferne. Mitten unter den Leuten sitzt auch ein Christ, ein Russe mit großen Stiefeln und einer silbernen Kette um den Hals. Er gähnt, bekreuzigt sich und wirft auch eine Münze ein. Nur ein Fahrgast weigert sich. Er will rein gar nichts spenden. Und ausgerechnet der ist es, der sich gerade stark gemacht hat für das traurige Los der »jüdischen Berufe«. Ein junger Mann von jener gebildeten Sorte mit runden Bäckchen, blondem Spitzbart und vergoldetem Kneifer. Einer von diesen jungen Leuten mit wohlhabenden Eltern und reichen Schwiegereltern; sie selbst haben die Taschen gut gefüllt, fahren aber dritter Klasse, weil sie knauserig sind.

»Junger Mann, werft etwas in den Hut!«, sagt ihm der Typ mit der dunklen Brille und der Kartoffelnase.

»Ich gebe nichts«, antwortet der gebildete junge Mann.

»Warum nicht?«

»Einfach so, aus Prinzip nicht.«

»Das habe ich mir gleich gedacht!«

»Wieso?«

»Man sieht an den Backen, wie die Zähne knacken. Oder wie Raschi sagt: *widno pana po choljawe*, den Fuchs erkennt man am Schwanz!«

דער יונגער־מאַן דער אינטעליגענט ווערט אָנגעצונדן, פֿאַרלירט אַזש דאָס פּענסנע און פֿאַלט אָן אויף דער בולבעוואַטער נאָז מיט אַ קוויטש:

– איר זענט אַ[ן] איגנאָראַנט, אַ גראָבער יונג, אַן עם־האָרץ, און אַ נאַכאַל, אַן עזות־פּנים דערצו!

– דאַנקען גאָט! אַבי ניט קיין דבֿר־אַחר ביד חזקה שתּים.

אַזוי ענטפֿערט אים די בולבעוואַטע נאָז מיט דער באַסאָוועֿר שטימע דווקא אין גוטן מוט און גייט צו דער וויינענדיקער ייִדענע מיט די געשוואָלענע אויגן:

– מומעניו! טאָמער וואָלט געווען גענוג צו וויינען? איר מאַכט אײַך נאָר קאַליע אײַערע שיינע אויגן. גיט אַהערביידע זשמעניעס, לאָמיך אײַך אויסשיטן דאָס ביסל קליינגעלט.

אַ מאָדנע ווײַבל! איך האָב געמיינט, אַז דערזען אַזוי פֿיל געלט, וועט זי מסתּמא צעגיין און צעגאָסן ווערן פֿון ווינטשעוואַניעס. עס הייבט זיך גאָר ניט אָן. אָנשטאָט ווינטשעוואַניעס, האָבן זיך אַ גאַס געטאָן פֿון איר מויל קללות. עס האָט זיך בײַ איר געעפֿנט אַ פֿאָנטאַן, אַ קוואַל פֿון קללות:

– אין גאַנצן ער – ברעכן זאָל ער האַלדז און נאַקן, ביין און לײַב אויפֿן גלײַכן וועג, ליבער גאָט! אַלצדינג נעמט זיך פֿון אים – נעמען זאָל אים די ערד, זיסער פֿאָטער! ער זאָל גאָר ניט דערלעבן קומען אַהיים, קומען זאָל אויף אים אַ מיתה־מהומה, אַ כאָלערע, אַ שׂרפֿה, אַ מגפֿה, אַן אויסכאַפּעניש! אַן אויפֿלויפֿעניש! אַן אײַנדאַרעניש! אַ צונויפֿשרימפּעניש!...

רבונו־של־עולם! פֿון וואַנען נעמען זיך בײַ אַ מענטשן אַזוי פֿיל קללות? אַ גליק, וואָס דער נפֿש מיט די בלויע ברילן האָקט איר איבער אין מיטן:

– גענוג אײַך שוין צו בענטשן, ווײַבל! זאָגט בעסער, וואָס האָבן געהאַט צו אײַך די קאָנדוקטאָרעס?

דאָס ווײַבל הייבט אויף אויף אים די געשוואָלענע אויגן:

– איבער אים, דער שלאַק זאָל אים טרעפֿן! ער האָט מורא געהאַט, טאָמער כאַפּ איך אויס אַלע קונים, גייט ער און שטופּט זיך אין וואַגאָן, גיי איך און פֿאַרכאַפּ פֿריִער, גייט ער און האַלט מיר צו דעם קויש פֿון הינטן, גיי איך און מאַך אַ גוואַלד, גייט דער זשענדאַר און טוט אַ ווונק צו די קאָנדוקטאָרעס, גייען די קאָנדוקטאָרעס און שיטן אונדז אויס ביידע קוישן אין דער בלאָטע, צעשאָטן זאָלן ווערן די ביינער זײַנע אַזוי ווי זאַמד, ליבער גאָט! איר מעגט מיר גלייבן, איך זאָל אַזוי רעדן מיט וועמען מיר איז ליב, אַז זינט איך האַנדל מיט דער דאָזיקער סחורה און פֿאָר אויף דער ליניע, האָט מיך נאָך קיינער ניט אָנגערירט, איר זאָלט זאָגן, אויף אַ האָר אַפֿילו! איר מיינט, מחמת וואָס? מחמת גוטסקייט? אַזוי פֿיל מכּות זאָל זיך אים זעצן, וויפֿל קוילעטשלעך מיט וויפֿל אייער עס ווערט צעטיילט אויף דער סטאַנציע! אַלעמען, פֿונעם קלענסטן

Der Mann von der gebildeten Sorte wird wütend. Der Kneifer fällt ihm von der Nase, und mit kreischender Stimme fällt er über die Kartoffelnase her:

»Ihr seid ein Dummkopf, ein Grobian seid Ihr, ein Trottel und ein unverschämter Kerl dazu!«

»Aber, Gott sei Dank, wenigstens kein ausgemachtes Schwein!« So gibt ihm die Kartoffelnase mit der tiefen Bass-Stimme freundlich zurück. Dann wendet er sich an die schluchzende Frau mit den verschwollenen Augen:

»Mütterchen! Jetzt aber genug geweint! Ihr verderbt Euch nur Eure schönen Augen. Her mit den beiden Händchen, dass wir Euch das bisschen Kleingeld reinschütten!«

Eine seltsame Frau! Ich habe gedacht, sie würde vergehen und dahinschmelzen vor lauter Dank, wenn sie das ganze Geld sieht. Aber keine Rede davon! Nicht Dankesworte kommen aus ihrem Mund, sondern eine Flut von Verwünschungen ergießt sich.[4] Eine wahre Schleuse tut sich auf, ein Schwall von bösen Wünschen schießt heraus.

»Nur er ist schuld, er allein, dass er sich den Hals und den Kopf und sämtliche Knochen auf einmal breche, guter Gott! Alles kommt von ihm! Wenn er nur bald begraben würde, liebster Vater im Himmel! Käme er nie nach Hause, abgemurkst soll er werden! Die Cholera soll er kriegen, und Brände und Seuchen dazu, umfallen und krepieren soll er! Anschwellen und platzen, verdorren und einschrumpfen!«

Herr der Welt! Woher nimmt ein Mensch so viele Verwünschungen? Zum Glück unterbricht sie der Typ mit der dunklen Brille mittendrin:

»Genug von Euren Segensworten, Madame! Sagt uns lieber, was die Schaffner gegen Euch haben?«

Die Frau richtet ihre verschwollenen Augen auf ihn:

»Gegen uns? Seine Schuld ist es, der Schlag soll ihn treffen! Angst hat er gehabt, dass ich ihm die Kunden wegschnappe, da geht er hin und drängt sich in den Waggon, ich aber nicht faul, bin eher drin, da geht er her und hält mir den Korb von hinten fest, da rufe ich um Hilfe, der Gendarm aber gibt dem Schaffner ein Zeichen, und dann kommen die Zugführer und schmeißen uns beiden die Körbe um, dass alle Sachen in den Dreck fallen, zerfallen sollen ihm sämtliche Knochen wie Sand, lieber Gott! Ihr könnt es mir glauben, es ist die reine Wahrheit. Seit ich mit der Ware auf der Linie fahre, hat mir noch keiner auch nur ein Haar gekrümmt, mir nicht! Und was meint Ihr, warum wohl? Aus Gutmütigkeit vielleicht? Soll der da so viel Schläge kriegen, wie ich schon Brote und Eier auf dem Bahnhof verteilt habe! Allen, vom Kleinsten bis zum Größten, muss man was in den Rachen

ביזן גרעסטן, מוז מען פֿאַרשטופּן דעם האַלדז. קומט דער טאָג, הייבט זיך אָן אַן אויסטיילעניש: דעם אַ קרענק, דעם קדחת, דעם אַ מכּה. דער סטאַרשי קאָנדוקטאָר נעמט זיך אַליין זײַן חלק אָנבײַסן, וואָס ער וויל, און די איבע־ריקע קאָנדוקטאָרעס טיילט מען אויס, ווען אַ קוילעטשל, ווען אַן איי און ווען אַ מאַראַנץ. וואָס דאַרפֿט איר מער? אַפֿילו דער גוי, וואָס הייצט די אויוונס, אַ כאָלערע אים אין פּנים, מיינט איר, איז ניט קיין בעלן אויף אָנבײַסן? אַזאַ מכּה אים! ער שרעקט מיך, אַז טאָמער ניט, וועט ער מיך מסרן צום זשענדאַר. ער ווייס ניט, אַ קרענק אים אין די ביינער, אַז דער זשענדאַר אַליין איז אויך אַן אונטערגעשמירטער. דעם זשענדאַר איז מען מטמא אַלע וואָך, אַז עס קומט זונטיק, מיט אַ פּאָרציע מאַראַנצן. אי דאָס – קלײַבט ער אויס די גרעסטע, די שענסטע, די בעסטע מאַראַנצן...

– מומעניו! – שלאָגט איר איבער דער וואָס מיט די בלויע ברילן. – ווער־ליק איך פֿאַרשטיי נאָך אײַערע געשעפֿטן, דאַרפֿט איר גיין אין גאָלד.

– וואָס רעדט איר? – כאַפּט זיך אַרויס דאָס ווײַבל, גלײַך ווי זי פֿאַרענט־פֿערט זיך. – קוים־קוים וואָס מע קומט אויס מיטן קרן. און אַ מאָל מאַכט זיך, אַז מע דערלייגט די הויט. מע ווערט בדיל־הדל.

– צו וואָס זשע טויג אײַך דער מסחר?

– וואָס זשע, זאָל איך גיין גנבֿענען, אַז איך האָב פֿינף קינדער, פֿינף כאָ־לערעס אים אין בויך, און אַליין בין איך קראַנק, קרענקען זאָל ער אין הקדש, ליבער גאָט, פֿון הײַנט אָן כאָטש ביז איבעראַיאָר ראָש־חודש־אלול, ווי ער האָט געמאַכט אַ תּל, באַגראָבן דאָס געשעפֿט, באַגראָבן זאָל איך אים! אַזאַ געשעפֿט, אַזאַ זיס געשעפֿט, אַזאַ גוט געשעפֿט!

– אַ גוט געשעפֿט?

– אַ גאָלדן געשעפֿט, פּרנסה בשפֿע. ווי זאָגט איר, מיט טעלער און מיט לעפֿל.

– אָט נאָר וואָס האָט איר געזאָגט, מומעניו, אַז מע ווערט בדיל־הדל.

– וואָס זשע, מע פֿאַרדינט, אַז מע צעטיילט העכער האַלב אומזיסט דעם קאָנדוקטאָר און דעם סטאַרשי קאָנדוקטאָר און אַלע זונטיק דעם זשענדאַר? וואָס איז בײַ מיר – אַ קרעניצע? אַ ברונעם? צי גנבֿיש געלט?

דער נפֿש מיט די בלויע ברילן און מיט דער בולבעוואַטער נאָז הייבט שוין אָן אַרויס פֿון די כּלים:

– מומעניו, איר מאַכט מיט מיר זומער און ווינטער!...

stopfen. Jeden lieben neuen Tag geht die Austeilerei los: dem eine Krankheit, dem anderen das Fieber und dem Dritten Prügel! Der Schaffner im Bahnhof nimmt sich schon selbst seinen Teil, gerade wie und was er will. Die Übrigen muss man versorgen. Den einen mit Brot, der andere kriegt ein Ei und dieser wieder eine Orange. Reicht das noch nicht? Sogar der Goj, der die Öfen heizt, dass er die Cholera kriege! Meint Ihr vielleicht, er hätte keinen Appetit auf was Essbares? Tot umfallen soll er! Er droht mir, dass er mich sonst beim Gendarmen anzeigen wird. Er ahnt natürlich nicht, die Krankheit soll ihm in alle Knochen fahren, dass man den Gendarmen genauso schmiert wie die anderen. Jede Woche wird der Goj sonntags mit einer Portion Orangen bestochen, und dann holt er sich noch die größten heraus, die schönsten und besten Orangen...«

»Gute Frau«, unterbricht sie der mit der dunklen Brille, »wenn ich Euer Geschäft so richtig einschätze, müsst Ihr ja in Gold schwimmen!«

»Was redet Ihr da«, stößt die Frau aus, so als müsse sie sich rechtfertigen, »kaum dass man seine Auslagen wieder reinkriegt, manchmal passiert es noch, dass man zusetzt, und gleich ist man ruiniert.«

»Aber was bringt Euch dann das Geschäft?«

»Soll ich vielleicht stehlen gehen, wo ich doch Kinder habe, fünf Stück, dass ihm fünfmal die Cholera in die Gedärme fahre!? Und ich selbst bin noch krank, soll er alle Krankheiten auf einmal kriegen! Soll es ihn erwischen, gleich auf der Stelle und bis zum nächsten Elul,[5] dass er im Dreck liegt und nicht mehr schnaufen kann! Soll es ihm so in die Knochen fahren, dass er fertig ist und im Armenhaus landet, lieber Gott! Weil er mich ruiniert hat, das Geschäft kaputtgemacht, kaputt soll er gehen! Und was für ein Geschäft! So ein prima Geschäft! Solch ein gutes Geschäft!«

»Ein gutes Geschäft?«

»Ein Geschäft aus Gold, Verdienst im Überfluss. Wie man sagt: mit Tellern und Löffeln, man kann sich dabei eine goldene Nase verdienen!«

»Aber gerade habt Ihr doch noch gesagt, dass Ihr Euch dabei ruiniert?«

»Wie kann man auch etwas übrig behalten, wenn man mehr als die Hälfte hergeben muss für den Zugführer und den Schaffner im Bahnhof und jeden Sonntag noch für den Gendarmen dazu? Glaubt Ihr, ich habe eine Goldquelle, einen Geldbrunnen oder einen geraubten Schatz?«

Der Typ mit der dunklen Brille und der Kartoffelnase verliert langsam die Geduld:

»Aber, beste Frau, mal sagt Ihr so und mal so. Ihr dreht es, wie es Euch gerade passt.«

– איך מאַך? די צרות מײַנע מאַכן, מאַכן זאָל איך אים אַ טויט, ווי ער האָט מיך אַװעקגעקוילעט, געקוילעט זאָל ער װערן פֿון גאָט, אַז געווען איז ער סך־הכּל אַ שנײַדער, אַ לאַטוטניק, געשטשאָבעט מיט דער נאָדל און ווי עס איז פֿאַרדינט, ווי זאָגט איר, וואָסער אויף קאַשע. האָט ער זיך אָבער מתקנא געווען אין מיר, דערזען, די אויגן זאָלן אים אַרויס, אַז איך עס ברויט, עסן זאָלן אים ווערעם, און האַלט אויס מיטן דאָזיקן קויש, קיין עין־הרע, פֿינף קינדער יתומים, זאַלץ אים אין די אויגן, שטיינער אים אין האַרצן, גייט ער, אַרויסגיין זאָל אים די פּאַרע, און קויפֿט זיך אויך אַ קויש, קויפֿן זאָל איך אים תּכריכים, ליבער גאָט! פֿרעג איך אים: וואָס איז דאָס? זאָגט ער: אַ קויש. וואָס ווּעסטו טאָן, זאָג איך, מיטן קויש? זאָגט ער: דאָס אײגענע, וואָס דו. זאָג איך: וואָס הײסט? זאָגט ער: אָט דאָס הײסט... איך האָב, זאָגט ער, אויך פֿינף קינדער, וואָס דאַרפֿן עסן... דו וועסט זײַ, זאָגט ער, מיט ברויט ניט האָדעווען... האָט איר עפּעס צו אים? און אָט אַזוי, ווי איר זעט, שלעפּט ער זיך מיר נאָך מיטן קויש און שלעפּט אַוועק בײַ מיר אַלע קונים, שלעפּן זאָל מען אים די צײן פֿון מויל, און רײַסט אַרויס פֿון מיר דעם לעצטן ביסן, רײַסן זאָל מען פֿון אים שטיקער, זיסער פֿאָטער, האַרציקער, געטרײַער!

פֿאַלט דער נפֿש מיט די בלויע ברילן אויף אַ גלײַכע[ר] זאַך, וואָס מיר אַלע זענען, אײגנטלעך, דערויף געפֿאַלן:

– וואָס זשע דאַרפֿט איר זיך טאָפּטשען בײדע אויף אײן אָרט?

דאָס ווײַבל שטעלט אַוועק אויף אים די געשוואָלענע אויגן:

– וואָס זשע דען זאָלן מיר טאָן?

– זוכט אײַך אויס אַן אַנדער פּלאַץ. די ליניע איז גרויס.

– נו, און ער?

– ווער?

– דער מאַן מײַנער.

– וואָסער מאַן?

– מײַן צווײטער מאַן.

– וואָסער צווײטער מאַן?

דעם ווײַבלס רויט געשטופּלט פּנים ווערט נאָך רויטער.

– וואָס הײסט – וואָסער צווײטער מאַן? דאָס איז ער דאָך טאַקע, דער שלימזל, מײַן צווײטער מאַן, אַז אָך און ווײ איז מיר!

אַלע כאַפּן מיר זיך אויף פֿון די ערטער:

– ער, אָט דער קאָנקורענט אײַערער, איז אײַער צווײטער מאַן?

– וואָס דען האָט איר געמײנט? מײַן ערשטער מאַן? עהע־הע! ווען מײַן ערשטער מאַן, עליו־השלום, זאָל מיר איצטער לעבן!...

»Ich drehe? Die Sorgen drehen mir den Hals zu! Den Tod wünsche ich ihm, dafür, dass er mich umgebracht hat, soll ihn Gott selbst umbringen! Was war er denn, wenn man's richtig nimmt? Bloß ein Schneider, ein armseliger Flickschneider war er, mit der Nadel herumgepfuscht hat er und nicht das Wasser in der Suppe verdient. Aber mir hat er das Geschäft nicht gegönnt. Gut gesehen hat er – dass ihm die Augen aus dem Kopf fallen! –, ich verdiene mir mein Essen, fressen sollen ihn die Würmer! Und dass ich mit diesem Korb noch unberufen fünf Kinder ernähre, fünf arme Waisen. Und er, was macht er? Dass er Salz in die Augen und Steine aufs Herz kriege! Soll er verbrennen und ersticken! Denn was macht er? Er geht hin – dass ihm die Luft ausgehe! – und kauft sich wahrhaftig auch einen Korb, möchte ich lieber sein Totenhemd kaufen! Ich frage ihn: ›Was soll das bedeuten?‹ Er sagt: ›Ein Korb – wie du siehst!‹ ›Und was willst du‹, frage ich, ›mit dem Korb?‹ Er antwortet: ›Dasselbe wie du!‹ ›Was soll das heißen?‹, frage ich. Er sagt: ›Ich habe auch fünf Kinder, die essen wollen. Wirst du sie vielleicht aufziehen?‹ Was sagt Ihr dazu? Und wie Ihr seht, schleppt er sich mit seinem Korb hinter mir her und zieht mir alle Kunden weg – dass ihm die Zähne einzeln gezogen werden! Und reißt mir den letzten Bissen weg, in Stücke soll er gerissen werden, liebster Gott, getreuer Vater im Himmel!«

Jetzt aber platzt der Typ mit der dunklen Brille und rückt mit der Frage heraus, die wir uns eigentlich alle stellen:

»Aber warum trampelt Ihr auch am gleichen Platz aufeinander herum?«

Die Frau richtet ihre verschwollenen Augen auf ihn:

»Was sollen wir denn sonst machen?«

»Sucht Euch doch einen anderen Abschnitt. Die Strecke ist groß.«

»Ja, und er?«

»Wer?«

»Mein Mann!«

»Welcher Mann?«

»Na, mein zweiter Mann!«

»Welcher zweite Mann?«

Das pockennarbige Gesicht der Frau wird noch um eine Spur röter.

»Was heißt welcher zweite Mann? Das ist er doch, Jammer noch mal, der Trottel, mein zweiter Mann!«

Alle springen wir von unseren Plätzen auf.

»Der andere da, Euer Konkurrent, das ist Euer zweiter Mann?«

»Was habt Ihr denn gemeint? Etwa mein erster Mann? Ach, wenn mein erster Mann, er ruhe in Frieden, heute noch lebte!...«

אַזוי ציט אויס דאָס ווײַבל מיט אַ ניגון און וויל אונדז אָנהייבן דערציילן, אַ פּנים, ווער איר ערשטער מאַן איז געווען און וואָס ער איז געווען. ווער הערט זי? אַלע רעדן, אַלע ווערטלען זיך, אַלע חכמען זיך, און מע לאַכט, און מע לאַכט, און מע לאַכט!

טאָמער ווייסט איר, וואָס איז דער געלענדער?...

ענדע געשיכטע נומער איינס.

געשריבן אין יאָר 1909.

Und die Frau fängt ihre Litanei von neuem an und will uns ausführlich erzählen, *wer* ihr erster Mann war und *was* er war. Aber wer hört noch zu? Alle reden aufeinander ein, spotten, machen Witze, haben Spaß und lachen, lachen, lachen.

Nur, sagt ehrlich, was gibt es da zu lachen?

(1909)

געשיכטע נומער צוויי

דער גליקלעכסטער אין קאָדנע

די בעסטע צײַט פֿאָרן אין באַן איז – ווייסט איר ווען? אָסיענצײַט, אַרום נאָך־סוכּות.

ס׳איז ניט הייס און ניט קאַלט, און איר קוקט ניט אָן דעם פֿאַרוויינטן הימל מיט דער קלאָגעדיקער פֿאַרחושכטער ערד. טראָפּנס רעגן שמײַסן אין די פֿענצטער, קײַקלען זיך אַראָפּ אויפֿן פֿאַרשוויצטן גלאָז, אַזוי ווי טרערן, און איר זיצט זיך, ווי אַ פּריץ, אין וואַגאָן דריטער קלאַס מיט נאָך אַ סך אַזעלכע מיוחסים, ווי איר, און כאַפּט אַ קוק אין דרויסן אַרויס, און איר דערזעט פֿון דער ווײַטנס אַ וועגעלע שלעפּט זיך, טיאָפּקעט אין דער בלאָטע. אויפֿן וועגעלע זיצט, אײַנגעבויגן אין דרײַען, אַ גאָטס באַשעפֿעניש, מיט אַ זאַק איבערגעדעקט, און לאָזט אויס זײַן ביטער האַרץ צום פֿערדל נעבעך, אויך אַ גאָטס באַשעפֿעניש, – און איר דאַנקט גאָט, וואָס איר זענט אונטער אַ דאַך, צווישן מענטשן. איך ווייס ניט, ווי אַזוי איר – איך האָב ליב פֿאָרן אין באַן אָסיענצײַט, אַרום נאָך־סוכּות.

דאָס ערשטע איז בײַ מיר – אַן אָרט. האָב איך פֿאַרכאַפּט אַן אָרט, און ווער שמועסט נאָך אין דער רעכטער האַנט, נעבן פֿענצטער, – בין איך מיר אַ קיסר. אַרויסגענומען דעם פּאָרטאַבאַק, הייבט מען אָן צו פֿאַררייכערן אַ פּאַפּיראָס נאָך אַ פּאַפּיראָס און אַרומקוקן זיך, ווער פֿאָרט אין וואַגאָן און מיט וועמען קאָן מען רעדן אַ פּאָר ווערטער וועגן געשעפֿט? פּאַסאַזשירן, דאַכט זיך, ניט צו פֿאַרזינדיקן, אָנגעפּאַקט, ווי הערינג אין אַ פֿאַס. בערד, נעזער, היטלען, בײַכער, געשטאַלטן פֿון מענטשן. און מענטשן? – ניט איינער. נאָר שאַ, אָט זיצט עפּעס אין אַ ווינקעלע איינער אַליין אַ מאָדנער פֿאַרשוין, אַ פֿאַרשוין ניט ווי אַלע. בײַ מיר איז אַ שאַרף אויג. נישט קיין געוויינטלעכן מענטשן וועל איך אײַך באַמערקן צווישן הונדערט.

דאָס הייסט, אויפֿן קוק איז דאָס אַפּילו אַ גאַנץ געוויינטלעך מענטשל, אַ יִידל פֿון די יִידלעך, וואָס מע מעסט זיי אויפֿן מעסטל, אָדער, דאָס, וואָס ווערט אָנגערופֿן בײַ אונדז: „אַ יִיד פֿון אַ גאַנץ יאָר“. נאָר אָנגעטאָן איז ער עפּעס מאָדנע: אַ קאַפּאָטע ניט קיין קאַפּאָטע, אַ כאַלאַט ניט קיין כאַלאַט. אויפֿן קאָפּ – אַ היטל ניט קיין היטל, אַ יאַרמלקע ניט קיין יאַרמלקע. אין די הענט – אַ שירעם ניט קיין שירעם, אַ בעזעם ניט קיין בעזעם. אַ מאָדנע אָנטאָן.

Geschichte Nummer zwei

Der glücklichste Mensch in ganz Kodno

Die beste Zeit zum Bahnfahren, wisst Ihr, wann das ist? Im Herbst, kurz nach Sukkot!

Es ist weder heiß noch kalt, Ihr müsst nicht zum verweinten Himmel hinaufschauen und auch nicht auf die dunkle und traurige Erde hinunter. Regentropfen klatschen an die Fenster, tropfen wie Tränen an der angelaufenen Scheibe herunter. Ihr aber sitzt wie ein Gutsherr in Eurem Waggon dritter Klasse, zusammen mit noch einer Reihe solcher Vornehmer wie Ihr. Ihr werft einen Blick nach draußen, da seht Ihr von weitem, wie sich ein Wägelchen dahinschleppt und langsam durch den Schmutz kriecht. Auf dem Wagen sitzt, ganz in sich gekrümmt, ein Geschöpf Gottes. Der Mann hat sich mit einem Sack bedeckt und lässt seine schlechte Laune am armen Pferdchen aus, das doch auch Gottes Kreatur ist. Und Ihr dankt Gott, dass Ihr ein Dach über dem Kopf habt und unter Menschen seid. Ich weiß ja nicht, wie Ihr darüber denkt, aber ich habe es gerne, zur Herbstzeit, kurz nach Sukkot, mit der Bahn zu fahren.

Das Wichtigste ist für mich ein Sitzplatz, ein guter Platz. Habe ich einen Sitzplatz ergattert und vielleicht noch am Fenster, dann fühle ich mich wie der Zar selbst! Man nimmt den Tabaksbeutel raus, schmaucht ein Zigarettchen nach dem anderen, schaut umher, wer die Mitreisenden sind und mit wem man ein bisschen über Geschäfte sprechen kann. Nun, Fahrgäste sind da. Der Waggon ist angefüllt mit ihnen. Man kann's nicht anders sagen, wie ein Fass voller Heringe. Überall Bärte, Nasen, Hüte, Bäuche, Leiber. Aber richtige Menschen? – nicht ein einziger! Doch, still, da sitzt ja in der Ecke eine komische Figur, ganz für sich allein und wirklich einzigartig. Ich habe ein gutes Auge für solche Sachen, einen außergewöhnlichen Menschen kann ich Euch unter Hunderten ausmachen.

Das heißt, auf den ersten Blick sieht er ja aus wie ein ganz durchschnittlicher Mensch, ein Mann wie jeder Jude, ein Durchschnittstyp oder, wie man bei uns sagt: »ein Mensch wie du und ich«. Aber er ist so seltsam gekleidet! Etwas zwischen Kaftan und Schlafrock trägt er, auf dem Kopf ein Mittelding zwischen Hut und Jarmulke. Und was er in der Hand hält: auch wieder halb Schirm, halb Besen. Komische Kleidung!

נאָר ניט דאָס אָנטאָן איז דער עיקר, ווי דאָס ייִדל אַליין מיט זײַן רי־רעוודיקייט, מיט זײַן אַרומקוקן זיך אויף אַלע זײַטן און מיט זײַן ניט קאָנען אײַנזיצן אויף איין אָרט, און דער הויפּט – מיט זײַן שײַנענדיק, פֿריילעך, לע־בעדיק פּנים און גליקלעך אויסזען.

נישט אַנדערש, ווי דער מענטש האָט אָדער אויסגענומען אַ הויפּט־טרעפֿער, אָדער חתונה געמאַכט אַ טאָכטער אין אַ מזלדיקער שעה, אָדער אַרײַנגעגעבן אַ זון אין גימנאַזיע. אַלע מינוט כאַפּט ער זיך אויף, טוט אַ קוק אין פֿענצטער און אַ זאָג צו זיך אַליין: „אַ סטאַנציע? נאָך ניט?“ – און זעצט זיך אַוועק צוריק, אַלע מאָל נעענטער צו מיר, אַ שײַנענדיקער, אַ פֿריילעכער, אַ גליקלעכער.

בטבֿע, דאַרפֿט איר וויסן, בין איך אַ מענטש, וואָס האָב פֿײַנט, ווי אַנדע־רע, קריכן צו יענעם אין האַרצן אַרײַן, אויסטאַפּן, אויספֿרעגן, ווער און וואָס און ווען. איך גיי מיר מיט דעם גאַנג, אַז אַ מענטש, וואָס האָט עפּעס, וועט ער עס אַליין אַרויסגעבן.

כּך־הווה. נאָך דער צווייטער סטאַנציע האָט זיך מײַן רירעוודיק ייִדל צוגערוקט צו מיר נאָך אַ ביסל נעענטער, דאָס הייסט, טאַקע גאַנץ נאָענט, אַזוי, אַז זײַן מויל איז אויסגעקומען אַקוראַט אַקעגן מײַן נאָז.

– ווּהין פֿאָרט אַ ייִד?

איך האָב אָבער פֿאַרשטאַנען פֿון זײַן פֿרעגן מיך און פֿון זײַן אַרומקוקן זיך און פֿון זײַן קראַצן זיך אונטערן היטל, אַז אים גייט ניט אָן אַזוי, וווּהין איך פֿאָר, ווי עס ווילט זיך אים אַרויסדערציילן, ווּהין ער פֿאָרט. און איך האָב אים געטאָן צוליב, דאָס הייסט, איך האָב אים דערויף ניט געענטפֿערט גאָרנישט, נאָר אַ פֿרעג געטאָן: „און איר ווּהין?“ – און ס׳איז אַוועק אַ גאַנג:

– איך ווּהין? קיין קאָדנע. געהערט אַ מאָל קאָדנע? בין איך אַ דאָר־טיקער בין איך. ניט ווײַט פֿון דאַנען. די דריטע סטאַנציע. דאָס הייסט, פֿון דאַנען האָבן מיר נאָך אַזוי גרויס ווי דרײַ סטאַנציעס. און פֿון דאָרטן קיין קאָד־נע באַדאַרף מען נאָך צופֿאָרן מיט דער אַקס אַ שעה אָנדערטהאַלבן. דאָס הייסט, סע רעדט זיך נאָר אַזוי: אָנדערטהאַלבן. אין אמתן איז דאָס טאַקע גאַנצע צוויי שעה, אײַזערנע צוויי שעה, נאָך מיט אַ סמיטשיק. איז דאָס, מיט אַ תּנאַי – אויב ס׳איז אַ גוטער וועג און מע פֿאָרט מיט אַ פֿאַעטאָן. איך האָב באַשטעלט, דורך אַ דעפּעש. איך האָב געקלאַפּט, הייסט דאָס, אַ דעפּעש, מע זאָל מיר אַרויסשיקן אַ פֿאַעטאָן אויף דער סטאַנציע, צוליב מיר, מיינט איר? שרעקט אײַך ניט, איך קאָן באַשטיין זיך איבערכאַפּן זאַלבע זעקסט מיט אַ פּראָסטן בעל־עגלה, אָדער אַז ניט, נעמט מען דעם שירעם אין איין האַנט און דאָס פּעקל אין דער אַנדערער האַנט און מען איז עולה־רגל גלײַך אין

Doch nicht was er anhat, fällt mir auf, sondern der Mann selbst: Unaufhörlich ist er in Bewegung, nach allen Seiten sieht er sich um und kann keinen Augenblick stillsitzen. Und dann vor allem sein strahlendes, fröhliches, lebhaftes Gesicht; richtig glücklich sieht er aus.

Genauso als hätte der Mann entweder einen Hauptgewinn gezogen oder seine Tochter gerade glücklich verheiratet oder auch den Sohn aufs Gymnasium geschafft.[6] Alle zwei Minuten springt er auf, wirft einen Blick aus dem Fenster und sagt mehr zu sich selbst: »Ist das hier ein Bahnhof? Noch nicht?« Dann setzt er sich wieder hin, jedesmal näher an mich heran, sichtlich strahlend, fröhlich und glücklich.

Ihr müsst wissen, von Natur aus habe ich es nicht gerne, wie manche Leute den anderen in die Seele kriechen wollen, um sie abzuklopfen, auszufragen, wer sie sind, was sie machen und woher sie kommen. Ich meine immer noch: *Wenn ein Mensch etwas loswerden will, fängt er schon von selbst damit an.*

Und so war es auch hier. Nach dem zweiten Bahnhof setzt sich mein unruhiger Mensch noch ein bisschen näher zu mir heran. So nahe, dass sein Mund schon fast an meine Nase stößt.

»Wohin fahrt Ihr?«

An der Art aber, wie er mir die Frage stellte und wie er umherschaute und sich unter dem Hut kratzte, habe ich gut verstanden, dass es ihm kein bisschen darauf ankam zu erfahren, wohin *ich* will. Er möchte mir vielmehr erzählen, wohin *er* fährt. Und ich tat ihm den Gefallen, das heißt, ich antwortete ihm nicht auf seine Frage, sondern wandte mich an ihn: »Und Ihr, wohin fahrt Ihr?« Und schon ging es los.

»Wohin ich will? Nach Kodno. Habt Ihr schon mal von Kodno gehört? Ich komme von dort, es ist nicht weit von hier. Der dritte Halt. Das heißt von jetzt an bis zum dritten Bahnhof und von dort noch einmal anderthalb Stunden mit einem Wagen. Na ja, man sagt das einfach so: anderthalb Stunden. In Wirklichkeit werden daraus wohl zwei Stunden, zwei geschlagene Stunden und noch ein bisschen mehr. Und dann nur unter der Bedingung, dass die Straße in gutem Zustand ist und man in einer Kutsche fahren kann. Die hab ich bestellt, per Depesche. Ich habe telegrafiert, man soll mir eine Kutsche zum Bahnhof schicken. Ihr glaubt vielleicht meinetwegen? Keine Angst! Ich selbst kann gut mit einem ganz normalen Fuhrmann und zu sechst im Wagen hinkommen. Und wenn das nicht gehen sollte, nimmt man den Schirm in die eine Hand und sein Gepäck in die andere, macht es wie die Pilger und

שטאָט אַרײַן גאַנץ פֿײַן צו פֿוס. סע טראָגט ניט, פֿאַרשטייט איר מיך, אויף קיין פֿאַעטאָנעס. ווערליק די גאָלדענע געשעפֿטן, מעג מען גאָר אין גאַנצן זיצן אין דער היים. האַ? וואָס זאָגט איר?

דאָ איז מײַן פֿאַרשוין מפֿסיק, טוט אַ זיפֿץ און הייבט אָן רעדן שטיל, גלײַך צו מיר אין אויער אַרײַן, קוקט זיך פֿריִער אַרום אין אַלע זײַטן, אויב קיינער הערט אים ניט אונטער.

– איך פֿאָר ניט אַליין. איך פֿאָר מיט אַ פּראָפֿעסאָר פֿאָר איך... ווי קום איך צו אַ פּראָפֿעסאָר? איז אַזוי די מעשׂה: פֿון קאַשעוואַרעווקע האָט איר געהערט? אַ שטעטל אַזעלכעס פֿאַראַן, הייסט דאָס מיטן נאָמען קאַשעוואַרעווקע. וווינט דאָרטן אַ ייִד אַ גבֿיר, אַן אויפֿגעקומענער גבֿיר, אפֿשר האָט איר געהערט פֿון אים, באָראָדענקאָ הייסט ער, איציקל באָראָדענקאָ. געפֿעלט אײַך דער נאָמען? אַיאָ, אַ גוייִשער נאָמען? נאָר וואָס קומט אַרויס? אַ גוייִשער נאָמען, אַ ייִדישער נאָמען – דערווײַל האָט ער דאָס געלט. און אַ סך געלט. גאָר אַ סך. ס׳איז אַ סבֿרא, אַז בײַ אונדז אין קאָדנע שאַצט מען אים כּמעט אין אַ האַלבן מיליאָן. און אפֿשר, אַז איר וועט מיך שטאַרק בעטן, האָט איר בײַ מיר געפּועלט, אַז ער זאָל פֿאַרמאָגן דעם גאַנצן מיליאָן. דאָס הייסט, ווערליק ער איז, איך בעט איבער אײַער כּבֿוד, אַ דבֿר־אַחר, וואָלט ער געמעגט פֿאַרמאָגן צוויי. אָט האָט איר אַ ראַיה: כאָטש איך זע אײַך דעם ערשטן מאָל, נאָר פֿאַרשטיין פֿאַרשטיי איך, אַז איר פֿאָרט אויס אַ וועלט, אַוודאי מער פֿון מיר. זאָגט מיר דעם אמת: איר האָט עפּעס אַ סך מאָל געהערט דעם נאָמען באָראָדענקאָ, ער זאָל זיך אויסשטעלן מיט עפּעס אַ ייִדישער זאַך, אַ גרויסער נדבֿה, צי וואָס? בײַ אונדז אין קאָדנע האָבן מיר נאָך לעת־עתּה דערפֿון עפּעס ניט געהאָרכט. נאָר אויך די אייגענע מעשׂה, גאָטס סטראַפּטשע בין איך ניט און אויף יענעמס קעשענע איז יעדער אַ וותרן. איך רעד ניט פֿון נדבֿות און צדקה; איך רעד פֿון מ ע נ ט ש ל ע כ ק י י ט רעד איך. גאָט האָט דיר געהאָלפֿן, דו ביסט אַזוי רײַך, אַז דו קאָנסט זיך פֿאַרגינען אויסשרײַבן אַ פּראָפֿעסאָר, – וואָס וועט דיך אַרן, אַז יענער וועט אויך געניסן דורך דיר דעם זכות? מע בעט ניט בײַ דיר קיין געלט, מע בעט בײַ דיר אַ גוט וואָרט – וואָס כאַפּט דיך אַוועק דער רוח? וועט איר האָרכן אַ שיינס.

דאַרף זיך טרעפֿן אַ מעשׂה, אַז מע ווערט געוואָר בײַ אונדז אין קאָדנע (בײַ אונדז אין קאָדנע ווייסט מען אַלץ), אַז בײַ דעם קאַשעוואַרעווקער גבֿיר, בײַ אָט דעם איציקל באָראָדענקאָ, וואָס איך דערצייל אײַך, ווערט קראַנק, ניט דאָ געדאַכט, אַ טאָכטער. וואָס איז איר קראַנקשאַפֿט, מיינט איר? אַ נעכטיקער טאָג, אַ פֿאַרליבעניש. זי האָט זיך פֿאַרליבט אין אַ גוי, האָט זיך דער גוי אָפּגעזאָגט, האָט זי אײַנגענומען סם (בײַ אונדז אין קאָדנע ווייסט מען אַלץ). ערשט נעכטן איז דאָס געווען. איז מען אַוועקגעלאָפֿן און מע האָט אַראָפּגעבראַכט אַ פּראָפֿעסאָר, דעם גרעסטן פּראָפֿעסאָר. בײַ אַזאַ גבֿיר שפּילט

kommt ganz prima auch zu Fuß in unsere Stadt. Für Kutschen reicht mein Geld nicht, versteht Ihr? Bei den goldenen Geschäften heutzutage sollte man am besten gleich zu Hause bleiben, nicht wahr? Was meint Ihr?«

Hier unterbricht sich mein Begleiter, seufzt tief auf und fährt noch leiser fort zu sprechen, sozusagen direkt in mein Ohr hinein. Er schaut sich auch zuerst nach allen Seiten um, ob keiner etwas mithören kann.

»Ich fahre nicht allein, sondern mit einem Professor fahre ich… Wie ich an einen Professor komme? Die Sache ist so: Ihr habt doch von Kaschewarewke gehört? Es gibt ein Schtetl, das so heißt, Kaschewarewke. Und da wohnt ein reicher Herr, so ein hochgekommener Reicher, vielleicht habt Ihr schon von ihm gehört, Borodenko heißt er, Izik Borodenko. Wie findet Ihr den Namen? Nicht wahr, klingt ein bisschen gojisch,[7] was? Aber was folgt daraus? Ob gojischer Name oder jüdischer Name, jedenfalls hat *er* Geld. Und dazu noch viel Geld, eine Masse Geld! Bei uns in Kodno behaupten sie, dass er vielleicht eine halbe Million schwer ist, und wenn Ihr mich stark drängt, lasse ich mit mir reden, und er ist für eine ganze Million gut. Das heißt, dafür, dass er noch – mit Verlaub gesagt – ein richtiger Geizhals ist, könnte er sogar zwei Millionen besitzen. Gleich kriegt Ihr den Beweis: Obwohl ich Euch zum ersten Mal sehe, verstehe ich doch sehr gut, dass Ihr in der Welt herumkommt, mehr als ich. Sagt mir ehrlich: Habt Ihr schon irgendwo einmal im Zusammenhang mit dem Namen Borodenko gehört, dass er sich bei einer jüdischen Sache hervorgetan hat mit einer Spende oder so was? Bis zu uns nach Kodno ist solch eine Nachricht jedenfalls noch nicht gedrungen. Aber es ist natürlich immer die gleiche Geschichte! Ich bin nicht Gottes Stellvertreter auf Erden, und aus anderer Leute Taschen ist jeder freigebig. Ich rede auch nicht von Almosen, ich meine die reine bloße *Menschlichkeit*. Gott hat dir geholfen, du bist reich geworden, dass du es dir leisten kannst, einen Professor zu bestellen, was macht es dir aus, wenn ein anderer durch dich auch seine Chance kriegt? Man will ja gar kein Geld von dir, man bittet dich nur um ein gutes Wort. Warum fährt denn gleich der böse Geist in dich? Nun, hört Euch etwas Schönes an.

Es trifft sich, dass wir in Kodno erfahren (bei uns in Kodno weiß jeder alles über den anderen), dass dem Reichen in Kaschewarewke, dem Izik Borodenko nämlich, von dem ich Euch erzähle, die Tochter krank geworden ist, mögt Ihr so was nicht erleben! Und was meint Ihr, was sie hatte? Rein gar nichts hatte sie, Liebeskummer! In einen Goj hat sie sich verliebt, der Goj aber verschmähte sie, da nahm sie Gift (ja, bei uns in Kodno weiß man alles!). Das alles ist grade erst gestern passiert. Gleich haben sie natürlich einen Professor besorgt, den besten Professor weit und breit. Was spielt das

עפּעס אַ ראָליע? פֿאַלט מיר איין אַ געדאַנק: אַזוי ווי דער פּראָפֿעסאָר וועט דאָך דאָרט נישט בלײַבן זיצן; הײַנט־מאָרגן פֿאָרט ער דאָך צוריק; און פֿאָרן פֿאָרט ער דאָך סײַ־ווי־סײַ דורך אונדזער סטאַנציע, דאָס הייסט, פֿאַרבײַ קאָדנע, – וואָלט אפֿשר געווען אַ פּלאַן, ער זאָל זיך צוריקוועגס אַראָפּכאַפּן מפֿאָיעזד לפֿאָיעזד צו אונדז, צו מיר הייסט דאָס? עס ליגט בײַ מיר אַ קינד, ניט פֿאַר אײַך געדאַכט. דהײַנו, וואָס מיינט איר, איז אים? איך ווייס אַליין ניט וואָס, עפּעס איז אים אינ[ע]ווייניק. דאָס הייסט, הוסטן, דאַנקען גאָט, הוסט ער ניט. און ווײַטער, ער זאָל פֿילן עפּעס אַ ווייטיק אין האַרצן – איז אויך ניט. נאָר וואָס זשע דען? קיין טראָפּן בלוט, און שוואַך, שוואַך, ווי אַ פֿליג. דערפֿון, וואָס ער עסט ניט. גאָרנישט ניט. ווי אַזוי, מיינט איר, גאָרנישט ניט? אָבער לחלוטין גאָרנישט. מילך אַ מאָל טרינקט ער אויס אַ גלאָז. איז דאָס – מיט גוואַלד. מע דאַרף אים אײַנבעטן דאַרף מען אים. אויסוויינען. און ווײַטער איז ניט קיין לעפֿל יויך און ניט קיין ביסן ברויט. פֿון פֿלייש שמו־עסט מען ניט. פֿלייש קאָן ער גאָר נישט זען. פֿאַרוואַרפֿט מיטן קאָפּ. דאָס איז פֿון זינט ער האָט געבלוט. זומער האָט ער, ניט הײַנט געדאַכט, געבלוט. איין מאָל, גאָר שטאַרק. איצט, דאַנקען גאָט, שוין מער ניט. הלוואַי ווײַטער. נאָר אָפּגעשוואַכט איז ער – איר קאָנט אײַך גאָר נישט משער זײַן. קוים־קוים וואָס ער האַלט זיך אויף די פֿיס. אַ קליינינקייט – אַ מענטש פֿיבערט, גליט ווי אויף פּאָקן גליט ער! פֿון נאָך שבֿועות. נײַן און דרײַסיק מיט אַ האַלבן, אָדער נײַן און דרײַסיק אָן אַ האַלבן. גאָר נישטאָ קיין שום מיטל דערצו. געווען שוין מיט אים בײַם דאָקטער ניט איין מאָל. נאָר וואָס ווייסן אונדזערע דאָקטוירים? אַ סך עסן, זאָגן זיי, אַ סך לופֿט. ווו זשע? אַז פֿון עסן וויל ער גאָר ניט הערן. און לופֿט? פֿון וואַנען זאָל זיך נעמען בײַ אונדז לופֿט? אין קאָדנע – לופֿט? כאַ־כאַ! אַ וויל שטעטל קאָדנע. אַ ייִדיש שטעטל. פֿאַראַן בײַ אונדז, קיין עין־הרע, אַ ביסל ייִדן, פֿאַראַן בײַ אונדז אַ בית־מדרש, פֿאַראַן אַ שול, פֿאַראַן אַ רבֿ, פֿאַראַן אַלצדינג. נאָר פֿון צוויי זאַכן האָט אונדז גאָט אויסגעהיט: פֿון לופֿט און פֿון פּרנסה. מילא, פּרנסה איז אָפּגערעדט. פּרנסה האָבן מיר, ברוך־השם, איינס פֿון דאָס אַנדערע... און לופֿט? אַז מיר ווילן לופֿט, גייען מיר אין „הויף" אַרײַן. אין „הויף", זעט איר, איז שוין דווקא דאָ לופֿט. אַ מאָל, אַז קאָדנע האָט געהערט צו די פּוילישע פּריצים, האָט מען ניט געטאָרט אַרײַנשמעקן אין „הויף" אַרײַן. די פּריצים האָבן ניט צוגעלאָזט. ניט אַזוי די פּריצים, ווי די פּריצישע הינט. נאָר זינט קאָדנער „הויף" איז אַרײַנגעפֿאַלן אין ייִדישע הענט, איז געוואָרן אויס הינט, און דער „הויף" איז געוואָרן גאָר אַן אַנדער „הויף". אַ מחיה אַרײַנצוגיין אין „הויף" אַרײַן. טאַקע פּריצים, פּאָמעשטשיקעס, נאָר ייִדישע פּאָמעשטשיקעס. רעדן ייִדיש, ווי איך

bei denen für eine Rolle? Da aber kommt mir ein Gedanke: Dieser Professor wird dort ja nicht ewig bleiben. Heute oder morgen fährt er sicher wieder zurück, und in jedem Fall wird er doch über unseren Bahnhof kommen, also über Kodno. Wie wäre es denn, wenn er auf der Rückfahrt zwischen zwei Zügen bei uns reinspringt und zu mir nach Hause kommt? Denn bei mir zu Hause liegt doch – Gott bewahre! – ein krankes Kind! Ihr fragt, was es denn hat? Ich weiß es selbst nicht, irgendetwas im Inneren. Das heißt, husten muss er, Gott sei Dank, nicht, und das Herz tut ihm auch nicht weh. Also, was kann es sein? Weiß wie die Wand, kein Tropfen Blut im Leib und schwach, so schwach wie eine Fliege. Denn er will nicht essen. Überhaupt nichts isst er. Wie kann das sein, dass er nichts isst, fragt Ihr? Es ist aber so, rein gar nichts! Manchmal trinkt er ein Glas Milch, und auch das nur mit Gewalt. Man muss ihn schon unter Tränen drängen und betteln. Aber keinen Löffel Suppe und keinen Bissen Brot! Von Fleisch erst gar nicht zu reden. Fleisch kann er nicht einmal sehen, den Kopf wirft er dann zurück! Und das alles, seitdem er Blut verloren hat. Ja, im Sommer hat er – Gott behüte Euch davor! – Blut verloren. Einmal sogar sehr viel. In letzter Zeit Gott sei Dank nicht mehr, dass es nur so bliebe! Aber er ist dann so schwach geworden, Ihr könnt es Euch gar nicht vorstellen. Er kann kaum auf den Beinen stehen. Ist das nicht schrecklich, wenn einer fiebert und glüht, geradeso als hätte er Pocken, und das seit Schwu'ess! Manchmal hat er *über* 39 Grad Temperatur, bisweilen auch ein halbes Grad *darunter*. Und nicht das geringste Mittel gibt's dagegen! Schon mehr als einmal war ich mit ihm beim Doktor. Aber was wissen schon unsere Doktoren hier? Viel essen, sagen sie, und viel Luft! Aber wie denn, wenn er vom Essen nichts hören will? Und frische Luft! Wo sollen wir denn frische Luft herkriegen? Bei uns in Kodno frische Luft? Haha! Kodno, so ein wunderbares Schtetl, ein jüdisches Schtetl! Allerhand gibt es bei uns, unberufen: das bisschen Juden, ein Bethaus, eine Schul. Ein Rebbe ist auch da, alles haben wir. Nur zwei Sachen hat uns Gott erspart: frische Luft und Verdienst. Vom Lebensunterhalt wollen wir ja gar nicht reden. Das Nötigste verdienen wir einer vom anderen, gelobt sei Sein Name. Und Luft? Wenn wir frische Luft wollen, gehen wir nach draußen auf den Gutshof, seht Ihr, da gibt's schon Luft! Früher, als Kodno noch den polnischen Herren gehörte, durfte man nicht einmal seine Nase in den Hof stecken! Die Gutsbesitzer haben's nicht erlaubt. Das heißt, nicht so sehr die Gutsbesitzer als die Gutsbesitzershunde. Aber seit die Güter von Kodno in jüdische Hände gekommen sind, ist es Schluss mit den Hunden, und der Hof hat sich sehr verändert. Es ist eine Freude, dorthin zu kommen. Zwar gibt es jetzt auch Gutsbesitzer, große Herren, aber es sind Juden! Sie sprechen jiddisch, wie ich mit Euch,

מיט אײַך. און האַלטן פֿון ייִדישקייט, און האָבן ליב אַ ייִדן. אַז מען שמועסט ייִדן, איז דאָך ניט שייך! דאָס הייסט, איך וועל אײַך ניט זאָגן, אַז זיי זאָלן זײַן אַזעלכע גרויסע צדיקים. ברוך־השם, אין שול אַרײַן צו אונדז דאַוונען כאַפּן זיי זיך ניט אַזוי שטאַרק, און, להבֿדיל, צו אונדז אין באָד אַרײַן – אַוודאי ניט. און זיי זאָלן מורא האָבן מחלל־שבת זײַן – זעט מען עפּעס אויך ניט. און פֿאַר אַ הינדל, זאָגט מען, אין פּוטער, שרעקן זיי זיך אויך ניט שטאַרק איבער. נו, און שערן דאָס בערדל, און גיין אָן אַ היטל, און נאָך אַזעלכע זאַכן – פֿון דעם שמועסט מען ניט. דאָס איז שוין הײַנט אומעטום אַ וואָכעדיקער גאַנג. פֿאַראַן שוין בײַ אונדז, דאַנקען גאָט, אין קאָדנע אויך אַזעלכע בחורימלעך, וואָס ס׳איז זיי שווער דאָס היטל אויפֿן קאָפּ... פּראַוודע, קאָדנע האָט אויף אונדזערע פּאָמעשטשיקעס ניט וואָס צו קלאָגן זיך. אונדזערע ייִדישע פּריצים זענען פֿאַרן שטעטל געגנוג יוצא. פֿאַרקערט, פֿײַנען זיך אויס, ווי ווײַט מעגלעך. קומט אָסיען, שיקן זיי אַרײַן אַ הונדערט זעקלעך קאַרטאָפֿליעס פֿאַר אָרעמע־לײַט. ווינטער – שטרוי אויף צו הייצן. ערבֿ פּסח – מעות־חטים. ניט לאַנג האָבן זיי געשענקט ציגל אויף אַ שול. וואָס איז שייך? אַלצדינג פֿײַן און שיין און לײַטיש, ווי עס געהער צו זײַן. נאָר אָט דאָס הינדעלע אין פּוטער זאָל נאָר ניט זײַן, אוי, אָט דאָס הינדעלע!... מיינט ניט! איך וויל זיי חלילה דערמיט נישט באַרעדן. וואָס האָב איך צו זיי? אַדרבה! זיי וועלן אײַך פֿאַר מיר ניט אַוועקגעבן קיין זאַק באָרשט. רב אַלטער (מע רופֿט מיך אַלטער רופֿט מען מיך) איז בײַ זיי דאָס אייבערשטע פֿון שטייסל. אַז מע דאַרף האָבן עפּעס אין שטאָט אַרײַן מכּוח אַ נייטיקער זאַך, אַ נײַעם לוח, צום בײַשפּיל, אויף ראָש־השנה, מצות אויף פּסח, אויף סוכּות הושענות, וכדומה אַזעלכע זאַכן, וואָס זענען שייך צו ייִדישקייט, – שיקט מען רופֿן רב אַלטערן. און מײַן ווײַב אין קלייטל (מײַן ווײַב האַלט אַ קלייטל האַלט זי) גיבן זיי צו לייזן שיין געלט. פֿאַר זאַלץ און פֿאַר פֿעפֿער און פֿאַר שוועבעלעך און פֿאַר אַלצדינג. דאָס האָט איר אײַך די פּאָמעשטשיקעס. און זייערע קינדער די סטודענטלעך – די זענען פֿאַר מײַן זון גאָר די כּפּרה. קומט דער זומער און זיי פֿאָרן זיך צונויף פֿון פּייטערבאַרג, לערנען זיי מיט אים וואָס איר ווילט. זיצן אַוועק מיט אים טעגווײַז איבער די ביכלעך. און בײַ מײַנעם אַ ביכל, דאַרפֿט איר וויסן, איז דאָס חיות מיט דער נשמה! טײַערער פֿונעם טאַטן מיט דער מאַמען. איך האָב מורא צו זאָגן, נאָר מיינען מיין איך, אַז דאָס ביכל – דאָס איז טאַקע זײַן מלאך־המוות. פֿון דעם ביכל האָט זיך גענומען דאָס גאַנצע אומגליק... זי דרינגט מיר אַפֿילו, אַז ס׳איז בײַ אים פֿונעם פּריזיוו. וואָס פּריזיוו? ווען פּריזיוו? דעם פּריזיוו האָט ער שוין לאַנג פֿאַרגעסן. נאָר מילא, ווי אַזוי די מעשׂה

sie legen Wert auf jüdische Lebensart und haben Juden gerne. Aber was heißt schon ›jüdisch‹. Ich will ja nicht behaupten, dass sie besonders fromm wären. Es passiert ihnen nicht oft, dass sie sich mit Gottes Hilfe in die Synagoge verirren und dort beten! Und in unser Bad,[8] nicht dass ich beides gleichsetzen will, erst recht nicht. Dass sie Angst hätten, den Sabbat zu verletzen, davon merkt man auch nichts. Und vor einem ›Hühnchen in Butter‹,[9] wie man sagt, schrecken sie kaum zurück. Dass sie den Bart schneiden[10] und ohne Hut rumgehen und noch mehr solche Sachen tun, davon wollen wir lieber gar nicht erst reden. Das ist heutzutage überall schon gang und gäbe. Bei uns in Kodno gibt's mit Gottes Hilfe auch schon solche feinen Bürschchen, denen der Hut auf dem Kopf zu schwer wird… Es ist wahr, wir können in Kodno nicht über unsere Gutsbesitzer klagen. Und unsere jüdischen Herren kümmern sich auch ums Schtetl. Ja, sie geben sich sogar Mühe, soweit sie nur können. Herbstanfang schicken sie so an die hundert Sack Kartoffeln für die Armen und im Winter Stroh zum Anheizen. An Erew-Pejssach Mazzengeld. Vor kurzem noch haben sie die Ziegel für ein Synagogendach gestiftet. Also was gibt's da zu reden? Alles ist schon recht und gut, wie es sich gebührt. Wenn nur die Sache mit dem ›Hühnchen in Butter‹ nicht wäre, ach, dieses Hühnchen! Glaubt ja nicht, dass ich damit über sie herziehen will! Was sollte ich gegen sie haben? Im Gegenteil. Sie würden mich nicht für einen ganzen Eimer Borschtsch[11] hergeben. Reb Alter (man nennt mich nämlich dort Reb Alter) ist für sie einer von der allervornehmsten Sorte. Wenn man in der Stadt etwas Besonderes braucht, den neuen Mondkalender für Rosch Haschana zum Beispiel, Mazzen für Pessach, Hoschana-Zweige für Sukkot und noch mehr solche Sachen, die etwas mit dem jüdischen Leben zu tun haben, so ruft man gleich nach Reb Alter. Und meiner Frau im Laden (ja, meine Frau hat einen Laden!) geben sie eine schöne Stange Geld zu verdienen. Für Salz, Pfeffer, Streichhölzer und alles mögliche. Da habt Ihr also die Gutsbesitzer. Und ihre Kinder, die jungen Herren Studenten, sie reißen sich in Stücke für meinen Sohn. Wenn es Sommer wird, und sie kommen miteinander aus Petersburg heimgefahren, dann bringen sie ihm alles bei, was er nur will. Ganze Tage lang hocken sie mit ihm über den Büchern. Und ich kann Euch sagen, meiner leibt und lebt doch für die Bücher! Wichtiger als Vater und Mutter sind sie für ihn. Ich habe Angst, es so heraus zu sagen, aber die Bücher bringen ihm noch den Tod. Durch die Bücher kommt doch das ganze Elend. Meine Frau zwar will mir klarmachen, es wäre alles wegen der Einberufung.[12] Aber was hat das mit der Einberufung zu tun? Die Sache mit der Einberufung hat er doch schon lange vergessen! Aber wo es nun auch

איז שוין דאָרטן, צי ביכל, צי פּריזיוו – דערווײַל ליגט בײַ מיר אַ קינד, נישט פֿאַר קיין ייִדן געדאַכט, און צאַנקט, צאַנקט נעבעך, גייט אויס, ווי אַ ליכט. איין גאָט זאָל זיך אויף אים דערבאַרעמען...

אַ מינוט האָט זיך אויף מײַן ייִדלס שײַנענדיק פּנים אָנגערוקט ווי אַ כמאַ־רעלע. אָבער נישט מער, ווי איין מינוט. גיך האָט געגעבן אַ קוק אַרויס די זון, פֿאַרטריבן די כמאַרע, און דאָס פּנים האָט בײַ אים ווידער אָנגעהויבן שײַנען, די אויגן לײַכטן און דאָס מויל שמייכלען. און אָט דערציילט ער ווײַטער:

– הכּלל, וווּ זשע האַלטן מיר? יאָ. האָב איך מיך מיישבֿ געווען, איך וועל געבן אַ לויף קיין קאַשעוואַרעווקע, צו איציקל באָראָדענקאָ, צום גבֿיר הייסט דאָס. געוויינטלעך, האָב איך מיך נישט געלאָזט אין וועג אַרײַן גלאַט אַזוי, ווי זאָגט איר, מיט ליידיקע הענט. איך האָב מיטגענומען אַ בריוו האָב איך מיטגענומען. פֿון אונדזער רבֿ (דער קאָדנער רבֿ האָט אַ נאָמען). אַ שיינעם בריוו: „היות אַזוי ווי גאָט האָט אײַך געהאָלפֿן, איר זענט אימשטאַנד אַראָפּ־ברענגען צו זיך אין שטוב אַרײַן אַ פּראָפֿעסאָר, אַז איר דאַרפֿט, און אַזוי ווי בײַ אונדזער אַלטערן ליגט, ניט פֿאַר אײַך געדאַכט, אַ זון אויפֿן טויטנבעט, אפֿשר וועט זיך דערוועקן אין אײַער האַרץ אַ פֿונק פֿון רחמנות און איר וועט אַראָפּ־נידערן פֿון אײַער געצעלט און אַרײַנגיין אין דער „פּאָלאָזשעניע" און וועט פּועלן בײַם פּראָפֿעסאָר, אַז צוריקוועגס, ער פֿאָרט דאָך סײַ־ווי־סײַ פֿאַרבײַ קאָדנע, זאָל ער זיך אַראָפּכאַפּן צו אונדז מפּאָיעזד לפּאָיעזד אויף איין פֿערטל שעה נאָר, אַ קוק טאָן אויפֿן קראַנקן. ובשׂכר זה"... נו, און אַזוי ווײַטער. אַ שיינער בריוו.

פּלוצעם דערהערט זיך אַ פֿײַף, און מיר בלײַבן שטיין. מײַן ייִדל טוט זיך אַ כאַפּ אויף:

– אַהאַ! אַ סטאַנציע? אָט טו איך אַ שפּרונג אין פּערווע קלאַס נאָר אויף איין מינוט. איך וועל נאָר געבן אַ קוק צו מײַן פּראָפֿעסאָר, קום איך באַלד אַרײַן, וועל איך אײַך „קינטשען" די מעשׂה.

אַרײַנגעקומען איז מײַן ייִדל צוריק מיט נאָך אַ מער שײַנענדיק פּנים, ווי פֿריִער. איך זאָל וויסן, אַז מע קאָן זיך אַזוי אויסדריקן, וואָלט איך געזאָגט: עס האָט גערוט אויף אים די שכינה. אָנגעבויגן זיך צו מיר אויפֿן אויער, מאַכט ער צו מיר שטיל, ווי ער וואָלט מורא האָבן עמעצן אויפֿוועקן:

– ער שלאָפֿט, דער פּראָפֿעסאָר מײַנער. גאָט זאָל העלפֿן, ער זאָל זיך כאָטש גוט אויסשלאָפֿן, אַזוי אַז ער וועט קומען, זאָל ער קומען מיט אַ לויטערן קאָפּ... הקיצור, וווּ זשע האָבן מיר זיך אָפּגעשטעלט? אין קאַשעוואַרעווקע.

קום איך, הייסט עס, צו פֿאָרן קיין קאַשעוואַרעווקע און לאָז מיך גלײַך אין שטוב אַרײַן, קלינג אָן בײַ דער טיר איינס און צוויי און דרײַ, שפּרינגט אַרויס אַ נפֿש מיט אַ פּאָר פּיסקעס און מיט אַ געגאָלטער מאָרדע און באַלעקט זיך,

genau herkommt, von den Büchern oder von der Einberufung, jedenfalls liegt jetzt bei mir zu Hause das Kind, keinem Menschen wünsche ich so was, quält sich, kämpft mit dem Tod und vergeht allmählich wie eine Kerze, dass sich Gott erbarme!«

Eine Minute lang ist über das strahlende Gesicht des kleinen Mannes so etwas wie eine Wolke gezogen. Aber nur eine Minute lang. Gleich kommt wieder die Sonne hervor, sie hat die Wolke vertrieben, sein Gesicht strahlt wieder, seine Augen leuchten, und der Mund lacht von neuem.

»Kurzum. Wo waren wir stehengeblieben? Richtig. Ich habe mir also überlegt: Augenblicklich werde ich nach Kaschewarewke laufen, zu Izik Borodenko nämlich, dem Reichen. Natürlich habe ich mich nicht einfach so auf den Weg gemacht, mit leeren Händen, wie man sagt. Einen Brief habe ich mitgenommen, versteht Ihr? Einen Brief von unserem Rebben (der Rebbe von Kodno ist ein bekannter Mann!). Wirklich ein schöner Brief. Hört nur: ›Da es sich so gefügt hat, dass Gott Euch geholfen hat und Ihr nun in der Lage seid, einen Professor zu Euch nach Hause zu bringen, wenn man ihn dringend braucht, und da zur gleichen Zeit bei unserem Alter – Gott möge Euch davor verschonen – das Kind fast auf dem Totenbett liegt, so wird wohl in Eurem Herzen ein Funken Barmherzigkeit entfacht werden, so dass Ihr Euch herablasst, Euch in die besondere Lage versetzt und beim Professor darauf drängt, dass er bei der Rückfahrt – wo er ohnehin an Kodno vorbeikommt – bei uns die Reise für eine halbe Stunde unterbricht, um einen Blick auf den Kranken zu werfen. Dafür möge Euch Gott…‹ und so weiter und so weiter. Ein schöner Brief!«

Plötzlich ertönt ein Pfiff; wir bleiben stehen. Mein Mann springt auf: »Aha, ein Bahnhof! Ich laufe gerade mal auf eine Minute zur ersten Klasse. Ich will einen Blick auf meinen Professor werfen. Gleich bin ich wieder da, dann bringe ich Euch die Geschichte zu Ende.«

Als mein Begleiter zurückkommt, strahlt sein Gesicht noch mehr. Wenn ich es mal so ausdrücken darf: *Die Schechina ruhte auf seinem Antlitz.* Er beugt sich ganz nah zu mir ans Ohr, und als hätte er Angst, jemanden aufzuwecken, sagt er leise zu mir:

»Er schläft, mein Professor. Soll er sich mit Gottes Hilfe nur gut ausschlafen! Wenn er dann ankommt, hat er einen klaren Kopf. Also, wo waren wir stehengeblieben? Ja, in Kaschewarewke.

Ich fahre also wirklich nach Kaschewarewke und gehe gleich ins Haus rein. Ich klingle einmal, zweimal, dreimal. Da springt ein Typ raus mit dicken, wulstigen Lippen in der rasierten Visage, die leckt er wie eine Katze

ווי אַ קאַץ, און מאַכט צו מיר בלשון פֿאָניע: „שטאָ נאַדאַ?“ זאָג איך צו אים דווקא אויף ייִדיש: „מסתּמא איז „נאַדאַ“; ס׳זאָל נישט זײַן „נאַדאַ“, וואָלט איך מיך נישט געהעצקעט אַהער אַזש פֿון קאָדנע“...

הערט ער מיך אויס, קײַעט און באַלעקט זיך און דרייט מיטן קאָפּ: „מע קאָן נישט איצטער צוטרעטן צו אונדזערע, וואָרעם דער פּראָפֿעסאָר זיצט“. זאָג איך: „אַדרבה, ווײַל דער פּראָפֿעסאָר זיצט. איך בין, זאָג איך, טאַקע צו־ליבן פּראָפֿעסאָר אַהער געקומען“. זאָגט ער צו מיר: „וואָס פֿאַר געשעפֿטן האָט איר מיט אַ פּראָפֿעסאָר?“ זאָל איך אים גיין דערציילן מעשׂיות! נעם איך און דערלאַנג אים דעם רבֿס בריוו: „גוט איז דיר, זאָג איך, צו שמועסן, אַז דו שטייסט פֿון יענער זײַט, און אויף מיר, זאָג איך, גייט אַ רעגן. נאַ דיר, זאָג איך, אָט דעם דאָקומענט, און גיב דאָס איבער, זײַ מוחל, דעם בעל־הבית, זאָג איך, גלײַך אים אין די הענט אַרײַן“. און אַליין בלײַב איך שטיין אין דרויסן, פֿון יענער זײַט טיר, און וואַרט ביז מע וועט מיך שיקן רופֿן. איך וואַרט אַ האַלבע שעה. איך וואַרט אַ שעה. איך וואַרט צוויי. דער רעגן גיסט, אַ מבול, און מע רופֿט מיך עפּעס ניט. הייבט דאָס מיך שוין אָן צו פֿאַרדריסן. ניט אַזוי פֿאַר זיך, ווי פֿאַר אונדזער רבֿ. דאָס שרײַבט דאָך ניט קיין ייִנגעלע, דאָס שרײַבט דאָך עפּעס אַ רבֿ! (דער קאָדנער רבֿ האָט אַ נאָמען). גיי איך און טו אַ צי דאָס גלעקל נאָך אַ מאָל און נאָך אַ מאָל. אַז סע שפּרינגט ניט אַרויס דער אייגענער נפֿש מיט די רויטע פּיסקעס, מיט אַ גוואַלד און מיט אַ רציחה: „אַן עזות, זאָגט ער, פֿון אַ ייִדן – קלינגען!“ „אַן עזות לאָזן אַ ייִדן, זאָג איך, שטיין צוויי שעה אין דרויסן אויפֿן רעגן!“ און טו מיך אַ לאָז צו דער טיר און וויל אַרײַן אינ[ע]ווייניק – ווער? וואָס? פֿאַרהאַקט די טיר, און רוף מיך קנאַקניסל! וואָס זשע טוט מען ווײַטער? עפּעס טאַקע זייער ניט פֿריילעך. פֿאָרן צוריק מיט גאָרנישט איז עפּעס זייער ניט שיין. ערשטנס, אַ בזיון פֿאַר זיך אַליין. איך בין דאָך עפּעס אַ שטיקל בעל־הבית בײַ אונדז אין קאָדנע, חלילה ניט קיין שלעפּער... און אַגבֿ רײַסט מיר דאָס האַרץ: מײַן קינד נעבעך...

איז דאָך אָבער פֿאַראַן, ווי זאָגט איר, אַ גרויסער גאָט אויף דער וועלט. איך טו אַ קוק – עס פֿאָרט צו אַ קאַרעטע מיט פֿיר פֿערד, און גלײַך צו דער טיר. איך טו מיך אַ נעם צום קוטשער: וואָס איז פֿאַר אַ קאַרעטע און וועמענס איז פֿערד? ווער איך געוואָר, אַז דאָס איז טאַקע דעם גבֿירס קאַרעטע מיטן גבֿירס פֿערד. פֿונעם פּראָפֿעסאָרס וועגן. דאָס וועט מען אים נעמען, דעם פּראָפֿעסאָר הייסט עס, און מען וועט אים אָפּפֿירן צו דער באַן. אויב אַזוי, טראַכט איך מיר, איז דאָך שוין טאַקע ווידער גוט. אויסגעצייכנט גוט! און איידער איך קוק מיך אַרום, עפֿנט זיך די טיר און עס באַווײַזט זיך טאַקע ער אַליין, דער פּראָפֿעסאָר הייסט עס. אַ קליינינטשקער, אַן אַלטיטשקער, מיט אַ פּנים – וואָס זאָל איך אײַך זאָגן? אַ מלאך, אַ מלאך פֿונעם הימל! נאָך אים

und fragt mich auf Russisch: ›*Schto nada* – Braucht Ihr etwas?‹ Ich antworte ihm natürlich auf gut Jiddisch: ›Aber sicher *nada* ich was, würde ich nichts *nadan*, wäre ich dann so weit von Kodno angezuckelt?…‹

Er hört mich an, kaut dabei, leckt sich immer weiter und schüttelt den Kopf: ›Im Moment kann keiner zu den Herrschaften rein, weil der Professor in einer Beratung ist.‹ Sage ich: ›Genau, weil der Professor die Beratung hält! Gerade wegen dem Professor bin ich ja hergekommen.‹ Er aber antwortet mir: ›Was habt Ihr mit einem Professor zu schaffen?‹ Nun, das werde ich gerade ihm erzählen! Ich ziehe also den Brief vom Rebben raus und gebe ihm den: ›Du hast leicht daherreden, denn du bist drinnen, aber ich stehe hier draußen im Regen. Da hast du‹, sage ich, ›dies Schriftstück. Gib das, bitte sehr, dem Hausherrn, und zwar persönlich!‹ Danach bleibe ich draußen vor der Tür stehen und warte, bis man mich reinrufen wird. Ich warte eine halbe Stunde. Eine Stunde. Ich warte zwei Stunden. Es regnet in Strömen, eine wahre Sintflut, aber reinrufen will man mich nicht. Das ärgert mich langsam, nicht so sehr meinetwegen, sondern wegen unserem Rebben. Den Brief hat doch nicht irgendein Bursche geschrieben, sondern immerhin der Rebbe (und der Kodnoer Rebbe ist ein bekannter Mann!). Also ziehe ich wieder an der Klingel, einmal und gleich noch einmal. Da springt auch wahrhaftig derselbe Typ mit den wulstigen Lippen heraus, richtig aufgebracht, und schreit wütend: ›So ein unverschämter Kerl von einem Juden, einfach hier Sturm zu klingeln!‹ ›Unverschämt ist es, einen Menschen zwei geschlagene Stunden draußen im Regen stehen zu lassen!‹ Und ich mache eine Bewegung zur Tür, um hineinzukommen. Aber was passiert? Er haut mir einfach die Tür vor der Nase zu, und ich kann sehen, wo ich bleibe. Was soll ich jetzt tun? Die Sache sieht nicht sehr lustig aus. Einfach nach Hause zu fahren, ohne irgendwas erreicht zu haben, ist nicht gerade schön. Erstens meinetwegen! Schließlich bin ich doch ein gestandener Mann, ein Bürger bei uns in Kodno und wahrhaftig nicht irgend so ein Rumtreiber. Und außerdem zerreißt es mir das Herz: Wenn ich an mein Kind denke…!

Es ist aber doch, wie man sagt, ein Gott auf der Welt! Ich schau umher: Da fährt ein Reisewagen vor mit vier Pferden und hält direkt vor der Tür. Ich mach mich an den Kutscher ran: ›Wem gehören der Wagen und die Pferde?‹ Und der Fahrer: ›Es ist die Kalesche vom Reichen, auch die Pferde. Sie sind wegen dem Professor vorgefahren, er soll an die Bahn gebracht werden.‹ Na, sage ich mir, das trifft sich nun wieder gut. Ausgesprochen gut. Und ehe ich mich umschauen kann, geht auch die Tür auf, und da ist er wahrhaftig, der Professor selbst. Ein kleiner älterer Mann mit einem Gesicht, wie soll ich Euch das beschreiben? Ein Engel, direkt vom Himmel! Hinter ihm läuft

גייט נאָך דער גבֿיר, איציקל באָראָדענקאָ הייסט עס, דווקא אָן אַ היטל. און גאָר הינטן גייט דער נפֿש מיט די רויטע פּיסקעס, טראָגט נאָך דעם פּראָפֿעסאָרס טשעמאָדאַנטשיקל. איר זאָלט אָנקוקן אַ גבֿיר פֿון אפֿשר העכער אַ מיליאָן, גאָט זאָל מיך נישט שטראָפֿן פֿאַר די רייד, – טראָגט ער אַ פּידזשאַק פֿון געווייַנטלעכן געוואַנט, „דיאַגאָנאַל״, ווי מע טראָגט בייַ אונדז אין קאָדנע, האַלט די הענט אין די קעשענעס, און קוקן קוקט ער אָן אַ זייַט, אַ ביסל קאַסאָקע. איך שטיי און באַטראַכט: רבונו־של־עולם! אָט דאָס האָט מיליאָנען? נאָר גיי טענה זיך אויס מיט גאָט!... דערזען מיך שטיין, נעמט ער מיך דורך מיט די קאַסאָקע אויגן און רופֿט זיך אָן צו מיר: „וואָס דאַרפֿט איר?״ גיי איך צו און מאַך צו אים: „אַזוי און אַזוי, זאָג איך, דאָס האָב איך אייַך געבראַכט, זאָג איך, דעם בריוו פֿון אונדזער רבֿ האָב איך אייַך געבראַכט״... מאַכט ער צו מיר: „פֿון וואָסער רבֿ?״ איר הערט? ער ווייס שוין גאָר ניט, פֿון וואָסער רבֿ?! „פֿון קאָדנער רבֿ, זאָג איך. איך בין אַ דאָרטיקער בין איך, איך בין אומיסטנע געקומען, זאָג איך, פֿון קאָדנע צום פּראָפֿעסאָר, זיי זאָלן זיך מטריח זייַן, זאָג איך, קיין קאָדנע מפּאָיעזד לפּאָיעזד אויף אַ פֿערטל שעה צו מייַן קינד, זאָג איך, בייַ מיר איז אַ קינד, זאָג איך, ניט פֿאַר אייַך געדאַכט, טויט־קראַנק״... אָט אַזוי, מיט די ווערטער, זאָג איך צו אים. איך בין אייַך נישט מגזם אויף אַ האָר אַפֿילו. וואָס האָב איך גערעכנט? איך האָב גערעכנט: אַ מענטשן האָט געטראָפֿן אַן אומגליק, ס׳האָט זיך בייַ אים געסמט, ניט דאָ געדאַכט, אַ טאָכטער, אפֿשר וועט זיך בייַ אים צעברעכן דאָס האַרץ, ער וועט רחמנות האָבן אויף אַן אָרעמען טאַטן? צום סוף: ווער – וואָס? נישט געענטפֿערט מיר קיין חצי־דיבור, נאָר אַ קוק געטאָן מיט די קאַסאָקע אויגן אויף דעם נפֿש מיט די רויטע פּיסקעס, ווי איינער רעדט: „טאָמער וואָלטסטו אָפּגערוימט פֿונעם וועג אָט דאָס ייִדל?״ און מייַן פּראָפֿעסאָר איז דערווייַל אַרייַן מיטן טשעמאָדאַנטשיקל אין קאַרעטע אַרייַן. נאָך איין מינוט – איז אויס פּראָפֿעסאָר! וואָס טוט מען דעמאָלט? דערזען, אַז דאָס שפּיל איז פֿאַרן טייַוול, האָב איך מיך מיישבֿ געווען: יעבֿור עלי מה, וואָס ס׳וועט זייַן וועט זייַן, מע דאַרף ראַטעווען אַ קינד! און נעם מיך אָן מיט האַרץ און – פּוץ גלייַך אונטער די פֿערד!... מילא, וואָס זאָל איך אייַך זאָגן, אַז ס׳איז מיר געווען גוט צו ליגן אונטער די פֿערד? – ווייס איך נישט. איך געדענק ניט אַפֿילו, וויפֿל צייַט איך בין געלעגן, און צי בין איך גאָר אין גאַנצן געלעגן? עס קאָן זייַן, איך בין גאָר ניט געלעגן. איך ווייס נאָר, אַז עס האָט ניט געדויערט אַפֿילו אַזוי פֿיל, וויפֿל איך דערצייל אייַך, איז דער אַלטיטשקער, דער פּראָפֿעסאָר הייסט עס, שוין געשטאַנען נעבן מיר: „שטאָ טאַקאָיע?״ און „גאָלובטשיק!״ – איך זאָל אים אויסדערציילן אַלצדינג, אַרויסזאָגן וואָס איז מייַן באַגער, איך זאָל גאָר

Izik Borodenko, der Reiche, natürlich ohne Hut. Und ganz hinten der Typ
mit den wulstigen Lippen; er trägt dem Professor das Köfferchen nach. Nun
seht Euch mal solch einen reichen Mann an! Vielleicht ist er mehr als eine
Million schwer und trägt eine Jacke, dass Gott mich nicht strafe, aus ganz
gewöhnlichem Stoff, quergestreift, so wie man sie bei uns in Kodno anhat.
Die Hände hält er in den Taschen und er schaut ein bisschen schräg, weil er
schielt. Ich stehe da und denke bei mir: Herr des Himmels! Das also ist ein
Millionär?? Aber geh und disputiere mit Gott!... Als er mich da stehen sieht,
schaut er mich mit seinen Schielaugen an und fragt mich: ›Was wollt Ihr?‹
Ich gehe näher ran und sage zu ihm: ›So und so‹, sage ich. ›Ich habe Euch
doch den Brief gebracht, den Brief von unserem Rebben.‹ Meint er zu mir:
›Von welchem Rebben?‹ Hört Euch das an! Er weiß nicht mal von welchem
Rebben! ›Vom Rebben aus Kodno‹, sage ich, ›ich wohne dort, aber ich bin
eigens von Kodno hierhergekommen, zum Professor, mit der Bitte, er möge
sich doch zwischen zwei Zügen von Kodno aus für eine halbe Stunde zu
meinem Kind bemühen‹, sage ich, ›denn bei mir zu Hause liegt das Kind auf
den Tod krank, dass Euch Gott schütze...‹ Geradeso wie ich es Euch jetzt
sage, rede ich mit ihm, ich übertreibe kein bisschen. Was habe ich eigent-
lich erwartet? Ich habe gedacht: Den Mann hat doch ein Unglück getroffen,
seine Tochter hat Gift genommen – dass Ihr davor bewahrt werdet! –, da
wird vielleicht sein Herz angerührt sein, und er wird mit einem armen Vater
Mitleid haben. Aber was stellt sich raus? Nicht die Rede davon! Noch nicht
mal einen halben Satz hat er mir geantwortet. Vielmehr blickt er mit seinen
Schielaugen auf den Typ mit den Wulstlippen, als wollte er sagen: Willst du
mir gefälligst diesen Mann aus dem Weg schaffen? Derweil ist mein Pro-
fessor schon in die Kalesche gestiegen. Noch eine Minute, und er wird auf
und davon sein! Was soll ich machen? Ich merke, dass die Sache fast zum
Teufel ist, und überlege kurz: Mag kommen, was will, es ist schon alles egal,
das Kind muss gerettet werden! Und ich fasse mir ein Herz: los! und werfe
mich direkt vor die Pferde! Unter uns gesagt, soll ich vielleicht behaupten,
es sei mir angenehm gewesen, mich dahin zu schmeißen? Ich weiß es ehrlich
nicht. Ich kann Euch nicht mal sagen, wie lange ich da gelegen habe, und
auch nicht genau, ob ich wirklich richtig da lag. Vielleicht lag ich ja gar nicht
dort. Nur das eine weiß ich, es hat noch nicht so lange gedauert, wie ich
Euch das Ganze erzähle, da stand der alte Mann, der Professor nämlich, ne-
ben mir: ›*Schto takoje, golubtschik*[13] – bester Mann, was ist los?‹ Ich solle ihm
alles genau erzählen, ich solle ihm freiheraus sagen, was ich auf dem Herzen

ניט קיין מורא האָבן. און דער גבֿיר שטייט בײַ דער זײַט און קוקט מיך אָן מיט די קאַסאָקע אויגן, און איך רעד! איר דאַרפֿט וויסן, אַז קיין גרויסער בעל־דברן אויף רוסיש בין איך ניט, נאָר דאָס מאָל האָט מיר גאָט עפּעס אַרײַנגעגעבן אַזאַ כּוח און עס האָט זיך גערעדט! איך האָב אים אויסדער־רציילט אַלצדינג, וואָס ס׳איז בײַ מיר אויף דער נשמה. איך האָב אים גע־זאָגט: אַזוי און אַזוי, הער פּראָפֿעסאָר, אפֿשר איז דאָס אַ באַשערטע זאַך, אַז איר זאָלט זײַן דער שליח מיר אומקערן מײַן קינד, מײַן איין־און־איינציקן זון, וואָס איז געבליבן בײַ מיר פֿון זעקס, דעם צו לענגערע יאָר, און אויב, זאָג איך, עס מוז קאָסטן געלט, פֿאַרמאָג איך מײַן אייגנס אַ גאַנצן כּף־האער, אַ פֿינפֿאונצוואַנציקער הייסט עס, חלילה נישט מײַנער, זאָג איך, ווי קומט צו מיר אַזוי פֿיל געלט? דאָס איז מײַן ווײַבס פֿינפֿאונצוואַנציקער, זאָג איך, ליגט אָנגעגרייט צו פֿאָרן אין שטאָט אַרײַן נאָך סחורה. בין איך מפֿקיר, זאָג איך, דעם פֿינפֿאונצוואַנציקער, כאָפּט דער גוטער יאָר מײַן ווײַבס קלייטל, אַבי ראַטעווען אַ קינד!... אַזוי זאָג איך און גיי און צעשפּיליע די קאַפּאָטע און וויל אַרויסבאַקומען מײַן פֿינפֿאונצוואַנציקער. נעמט דער אַלטיטשקער, דער פּראָפֿעסאָר הייסט עס, לייגט אַרויף אויף מיר די האַנט: „ניטשעוואָ!“ און הייסט מיר קריכן אין קאַרעטע – איך זאָל אַזוי דערלעבן טרעפֿן מײַן זון אַ געזונטן, ווי איך זאָג אײַך נישט קיין ליגן! נו, פֿרעג איך אײַך, זאָל ער נישט זײַן די כּפּרה, איציקל באָראָדענקאָ מיין איך, פֿאַרן פּראָפֿעסאָרס מינדסטן נאָגל? ער האָט דאָך מיך שיִער געקוילעט אָן אַ מעסער האָט ער דאָך מיך! גוט, דער אייבערשטער האָט אַזוי געפֿירט, ס׳איז מיר אָפּגעראָטן. און וואָס וואָלט געווען, למשל, ווען חלילה פֿאַרקערט?... האַ? וואָס זאָגט איר?...

אין וואַגאָן ווערט אַ שטיקל סומאַטאָכע, און מײַן ייִדל טוט זיך אַ וואָרף צום קאָנדוקטאָר:

– קאָדנע?

– קאָדנע.

– זײַט געזונט און פֿאָרט געזונט און זאָגט נישט קיינעם, מיט וועמען איך פֿאָר. איך וויל ניט, מע זאָל וויסן בײַ אונדז אין קאָדנע, אַז איך בין געקומען מיט אַ פּראָפֿעסאָר. מע וועט זיך צונויפֿלויפֿן!...

אַזוי מאַכט צו מיר דאָס ייִדל בסוד־סודות און קוועטשט מיר די האַנט – און מער זע איך אים נישט.

ערשט אין אַ פּאָר מינוט אַרום, ווען מיר האַלטן שוין בײַ פֿאָרן ווײַטער, דערזע איך דורכן פֿענצטער טרייסלט זיך אַ הינקענדיקער טאַראַנטאַס מיט אַ פּאָר אָפּגעבאַרעטע פֿאַרזאָרגטע גרויע פֿערדלעך. אין טאַראַנטאַס זיצט אַ קליינטשקער, אַן אַלטיטשקער, מיט ברילן, מיט יונגע רויטע בעקלעך און מיט אַ גרוי בערדל. אַקעגן אים, אין פֿאַעטאָן, זיצט מײַן ייִדל אָן אַ זײַט, הענגט

habe, und mich nicht fürchten. Der reiche Macker aber steht daneben und guckt nicht schlecht mit seinen Schielaugen! Ich aber fange an zu reden! Ich will Euch ja gerne zugeben, dass mein Russisch nicht besonders gut ist, aber dies eine Mal hat mir Gott die Kraft gegeben, und die Worte sind mir nur so rausgeflossen. Alles hab ich ihm erzählt, was mir auf der Seele liegt. ›So und so, Herr Professor‹, habe ich zu ihm gesagt, ›vielleicht ist das so gefügt, und Ihr seid der Bote, der alles mit meinem Kind zum Guten wenden wird, mit meinem Sohn, dem einzigen, der mir von sechsen übrig geblieben ist, möge er lange leben! Und wenn es Geld kosten wird‹, sage ich, ›so kann ich einen *Kafhejer*[14] aufbringen, einen Fünfundzwanziger, zwar leider nicht mein eigenes Geld, woher soll ich so viel Geld haben? Die fünfundzwanzig Rubel gehören meiner Frau, sie liegen schon bereit für die Fahrt in die Stadt, wenn sie Ware für ihren Laden kauft. Lasst es aber sein, wie es will, mit dem Fünfundzwanziger‹, sage ich, ›vielleicht geht er drauf, und der Laden meiner Frau geht auch zum Teufel, aber das Kind müssen wir retten!‹ So sage ich zu ihm und knöpfe schon den Kaftan auf, um meinen Fünfundzwanziger herauszunehmen. Der alte Mann aber, der Professor, legt mir die Hand auf den Arm: ›*Nitschewo!* – Kommt nicht in Frage!‹ Und lässt mich wahrhaftig in die Kutsche steigen. Möge ich so sicher erleben, dass mein Sohn gesund wird, wie ich Euch nichts als die reine Wahrheit erzähle! Jetzt frage ich Euch, ist er nicht einen Dreck wert, der Izik Borodenko nämlich, gegen den kleinsten Fingernagel vom Professor? Er hätte mich fast umgebracht – ohne Messer! Aber der Allerhöchste hat es so gelenkt, dass mir diese Sache zum Guten geraten ist. Nur, was wäre geschehen, wenn es, Gott bewahre, ganz anders gelaufen wäre? Ha! Was meint Ihr wohl?«

Im Waggon gibt's ein Hin- und Hergerenne. Mein Mann wendet sich rasch an den Zugführer:

»Ist das Kodno?«

»Ja, Kodno!«

»Lebt wohl und habt eine gute Reise! Und sagt keinem Menschen etwas davon, mit wem ich unterwegs bin. Sie sollen in Kodno nicht erfahren, dass ich mit einem Professor ankomme. Sonst rennen sie alle bei mir zusammen.«

Richtig verschwörerisch sagt das mein Mann und drückt mir dabei die Hand. Schon sehe ich ihn nicht mehr.

Erst ein paar Minuten später, als wir schon wieder anfahren, sehe ich durchs Fenster einen klapprigen Reisewagen daherwanken, gezogen von zwei ausgedienten armseligen Pferdchen. Im Wagen sitzt ein älterer Mann, mit Brille, jugendlich rosigen Bäckchen und einem grauen Bart. Ihm gegenüber im Zweispänner aber mein kleiner Mann, ganz an die Seite gedrückt, dau-

ווי אויף אַ פֿאָדעם, קוקט דעם אַלטיטשקן גלײַך אין די אויגן אַרײַן און העצ־קעט זיך, און דאָס פּנים בײַ אים שײַנט, און די אויגן – אָט־אָט שפּרינגען זיי אַרויס.

אַ שאָד, וואָס איך בין ניט קיין פֿאָטאָגראַף און פֿיר ניט מיט זיך קיין אַפּאַראַט. עס וואָלט געווען אַ יושר אַראָפּצוכאַפּן פֿונעם ייִדל אַ פּאָרטרעט. לאָז די וועלט זען, וואָס הייסט אַ גליקלעכער מענטש – דער גליקלעכסטער מענטש אין קאָדנע.

ענדע געשיכטע נומער צוויי.

געשריבן אין יאָר 1909.

ernd in Bewegung. Er schaut dem Älteren gerade ins Gesicht und ist überglücklich vor Freude, sein Gesicht strahlt, und die Augen – als wollten sie herausspringen!

Ein Jammer, dass ich kein Fotograf bin und keinen Apparat mit mir herumtrage! Das wäre es schon wert gewesen, vom Gesicht unseres Mannes ein Bild zu machen. Da könnten die Leute mal sehen, wie ein glücklicher Mensch aussieht! Der glücklichste Mensch in ganz Kodno.

(1909)

געשיכטע נומער דרײַ

סטאַנציע באַראַנאָוויטש

דאָס מאָל זענען מיר געווען נישט מער ווי אַ פּאָר מנינים ייִדן און מיר זענען געזעסן אין וואַגאָן דריטער קלאַס, מע קאָן זאָגן, בהרחבֿה. דאָס הייסט, געזעסן זענען, אייגנטלעך, נאָר די, וועלכע האָבן באַצײַטנס פֿאַרכאַפּט ערטער. די איבעריקע זענען געשטאַנען אָנגעלענט אויף די צווישנווענטלעך און האָבן גענומען, פֿון דעסט וועגן, אַן אָנטייל אינעם שמועס גלײַך מיט די, וואָס זענען געזעסן. און דער שמועס איז געווען זייער אַ לעבעדיקער שמועס. אַלע האָבן גערעדט. אַלע אין איינעם. ווי געוויינטלעך. ס׳איז געווען אין דער פֿרי. דער עולם האָט זיך אויסגעשלאָפֿן, אָפּגעדאַוונט, ווי עס איז איבערגעביסן, גוט אָנגערייכערט זיך מיט פּאַפּיראָסן און מען איז געווען אויפֿגעלייגט, זייער אויפֿגעלייגט, אויף צו רעדן. פֿון וואָס? פֿון וואָס איר ווילט. איטלעכן האָט זיך געוואָלט דערציילן עפּעס אַ פֿרישס, אַ צאַפּלדיקס, אַזעלכעס, וואָס זאָל צוציִען, אַלע זאָלן הערכן. עס האָט זיך אָבער נישט אײַנגעגעבן קיינעם אויפֿצוהאַלטן דעם עולם אויף איין זאַך. אַלע מינוט איז מען אַריבערגעלאָפֿן פֿון איין ענין אויפֿן אַנדערן. אָט רעדט מען, דאַכט זיך, פֿונעם „אוראָזשאַי״, אַ גערעט אויף ווייץ און אויף האָבער, און אָט איז מען אַריבער (אַ סמיכות־הפּרשה!) אויף מלחמה. נישט געהאַלטן זיך בײַ דער מלחמה קיין פֿינף מינוט, טוט מען אַ שפּרונג אַריבער גלײַך צו דער רעוואָלוציע. פֿון דער רעוואָלוציע גיט מען זיך אַ וואָרף אין דער קאָנסטיטוציע, און פֿון קאָנסטיטוציע פֿאַלט מען שוין במילא אַרײַן אין די פּאָגראָמען, מיט די רציחות, רדיפֿות און נײַע גזירות אויף ייִדן, מיטן טרײַבעניש פֿון די דערפֿער, מיטן לויפֿעניש קיין אַמעריקע, מיט די איבעריקע צרות און שלעק־פּורעניות, וואָס מע הערט זיך אָן אין הײַנטיקע שיינע צײַטן: אָנזעצן, עקספּראָפּריאַציעס, וואָיענע פּאָלאָזשעניע, תּליות, הונגער, כאָלערע, פּורישקעוויטש, אַזעוו...

„אַ־ז־ע־וו!״

איינער האָט אַרויסגעלאָזט דאָס דאָזיקע וואָרט, איינער האָט דערמאָנט דעם דאָזיקן נאָמען – און דער גאַנצער וואַגאָן איז געוואָרן אויפֿגעקאָכט: אַזעוו, און נאָך אַ מאָל אַזעוו, און אָבער אַ מאָל אַזעוו, און טאַקע ווידער אַ מאָל אַזעוו.

– האָט קיין פֿאַראיבל נישט, איר זײַט, וואָס אַרט אײַך, אַלע בהמות. סע טוט זיך אַ ביסל – אַזשעוו! פּכע! אַ גאַנצער טאַרעראַם – אַזשעוו! וואָס איז אַזעלכעס אַזשעוו? אַ ניקס, אַ יונגאַטש, אַ פּאַרך, אַ מסור, אַ נול, אַ גאָרנישט שבגאָרנישט. איר זאָלט מיך בעטן, וואָלט איך אײַך דערציילט אַ מעשׂה פֿון אַ מסור, טאַקע פֿון אונדזערן אַ קאַמינקער, וואָלט איר, וואָס אַרט אײַך, אַליין געזאָגט, אַז אַזשעוו איז אַ הונט אַקעגן אים!

Geschichte Nummer drei

Bahnhof Baranowitsch

Wir waren an jenem Tag nicht mehr als ein paar Dutzend Leute und saßen ganz gemütlich im Waggon dritter Klasse. Das heißt, gesessen haben genaugenommen nur die, die rechtzeitig einen Platz erwischen konnten. Die anderen standen angelehnt an die Zwischenwände, haben aber genauso Anteil an der Unterhaltung genommen wie die mit den Sitzplätzen. Unser Gespräch war überaus lebhaft. Alle redeten und alle durcheinander, wie man das kennt. Es war früh am Morgen. Die Leute waren vom Schlaf aufgewacht, hatten ihr Gebet beendet, auch schon irgendwas gegessen und mit Genuss eine Zigarette geraucht. Alle waren in der richtigen Laune zur Unterhaltung. Worüber? Über alles, was Ihr Euch vorstellen könnt. Jeder hat versucht, brandneue Sachen zu erzählen, Geschehnisse, bei denen alle einfach zuhören müssen. Aber niemand hat es geschafft, die Leute bei einem einzigen Thema zu halten. Jeden Moment ist man von einem zum anderen gesprungen. Gerade sprach man noch von der Ernte, von Weizen und Hafer, von dort war man natürlich im Nu beim Krieg. Der Krieg dauerte auch keine fünf Minuten, da war man schon mitten in der Revolution.[15] Von der Revolution ein Satz zur Konstitution und von der Konstitution natürlich mitten hinein in die Pogrome, die Gräueltaten, die Schikanen und üblen Erlasse gegen Juden, Unruhen in den Dörfern, Auswanderungen nach Amerika. Und dann das übrige Elend, Unglücksfälle und Katastrophen, von denen man in unseren gesegneten Zeiten überall hören kann: Bankrotte, Enteignungen, Kriegsrecht, Hinrichtungen, Hunger, Cholera, Purischkewitsch,[16] Asew[17]…

»Asew!«

Irgendeiner hat das Wort ausgesprochen, jemand hat an den Namen erinnert, und schon fing der ganze Waggon an zu kochen. Asew und wieder Asew und noch einmal Asew und immer weiter Asew.

»Verzeiht, aber Ihr seid alle miteinander ein Haufen Rindvieh! Ihr übertreibt ein bisschen mit Eurem Aschew. Pah, welch ein Theater, alles wegen Aschew. Wer ist denn Euer Aschew? Ein erbärmlicher Kerl, ein Jämmerling, ein Lump, ein Verräter, eine Null, ein Nichts und Niemand. Wenn Ihr wollt, werde ich Euch eine Geschichte von einem richtigen Schurken erzählen. Dazu ist er noch einer von uns, aus Kaminke. Dann werdet Ihr, bitte schön, selbst sagen, dass Aschew dagegen ein elender Kläffer ist.«

אָט מיט אַזאַ שפּראַך איז אַרויס איינער פֿון די פּאַסאַזשירן, וואָס האָבן נישט געהאַט קיין אָרט אין וואַגאָן און געהאַנגען איבער אונדז אויף די צווישנווענטלעך. איך דריי אויס דעם קאָפּ און הייב אויף די אויגן, דערזע איך אַ געפּאַקטן פּאַרשוין אין אַ זייַדענעם שבתדיקן קאַשקעט, מיט אַ רויטן קלייַיענדיקן פּנים, מיט שמייכלענדיקע אויגן און אָן ציין פֿון פֿאָרנט. דאָס הייסט, סאַמע די פֿעדערשטע ציין פֿעלן אים, און מחמת דעריבער, אַ פּנים, רעדט ער אַרויס אַ זיי״ן און אַ סמ״ך און אַ צד״י אַ ביסל פֿייַפֿנדיק, און טאַקע דערפֿאַר קומט אויס בייַ אים ניט „אַזעוו“, נאָר „אַזשעוו“.

מיר איז אָט דער פּאַרשוין באַלד געפֿעלן געוואָרן. מיר איז געפֿעלן זייַן ברייטקייט, מיט זייַן שפּראַך, מיט זייַן האַלטן אונדז אַלעמען פֿאַר בהמות. איך האָב ליב, איך בין מקנא אַזאַ ייִדן.

באַקומען אומגעריכט פֿון אַ קאַמינקער ייִדן אַן אַטעסטאַט פֿון בהמות, איז דער גאַנצער עולם געבליבן די ערשטע מינוט ווי געפּלעפּט, גלייַך ווי עמעצער וואָלט זיי אָפּגעגאָסן מיט אַ שעפֿל קאַלט וואַסער. מען איז אָבער גיך געקומען צו זיך, אַ ביסל זיך איבערגעקוקט איינס מיט דאָס אַנדערע און אַ זאָג געטאָן צום קאַמינקער ייִדן:

– איר ווילט, מיר זאָלן אייַך בעטן, בעטן מיר אייַך, מהיכא־תּיתי; דער־ציילט אונדז, ווען מיר האָרכן, וואָס האָט זיך אַזעלכעס געטראָפֿן בייַ אייַך אין קאַמינקע? נאָר למאַי שטייט איר? פֿאַר וואָס זיצט איר ניט? נישטאָ, זאָגט איר, ווו? ייִדן! טוט זיך אַ ביסל אַ רוק צונויף! מאַכט אַן אָרט! זייַט זשע מוחל!

און דער עולם, וואָס איז אַזוי אויך געזעסן געגנוג צונויפֿגערוקט, טוט זיך נאָך אַ ביסל אַ רוק צונויף און מאַכט אַן אָרט פֿאַרן קאַמינקער ייִדן. און דער קאַמינקער ייִד זעצט זיך אַוועק גאַנץ ברייטלעך (ווי אַ סנדק אויף אַ ברית, בשעת דער שמש טוט אַ געשריי: „קוואַטער“ און מע טראָגט אַרייַן דאָס קינד) – און ער פֿאַררוקט דעם קאַשקעט אַרויף, פֿאַרקאַטשעט די אַרבל און הייבט אָן מיט זייַן ברייטער שפּראַך בזה הלשון:

– הערט זשע צו, מייַנע ליבע ייִדן. אָט דאָס, וואָס איך וויל אייַך דער־ציילן, איז, זאָלט איר וויסן, נישט קיין פּזמון, וואָס מע לייענט אין אַ ביכל פֿון די ביכלעך, און נישט קיין בבֿא־מעשׂה פֿון טויזנט און איין נאַכט. דאָס איז אַ געשיכטע, פֿאַרשטייט איר מיך, וואָס האָט זיך פֿאַרלאָפֿן, וואָס אַרט אייַך, טאַקע בייַ אונדז אין קאַמינקע. מייַן טאַטע, עליו־השלום, האָט דאָס מיר אַליין דערציילט, אַז ער האָט דאָס געהאָרכט פֿון זייַן טאַטן דערציילן וויפֿל מאָל. ס׳איז אַ סבֿרא, אַז די גאַנצע מעשׂה איז געווען באַשריבן בייַ אונדז ערגעץ אין אַן אַלטן פּנקס, וואָס איז שוין לאַנג פֿאַרברענט געוואָרן. איר מעגט אייַך לאַכן, נאָר איך זאָג אייַך, אַז ס׳איז אַן עבֿירה, וואָס דער פּנקס איז פֿאַרברענט געוואָרן. דאָרטן איז געווען, זאָגט מען, באַשריבן זייער שיינע מעשׂיות, אַ סך שענערע פֿון די, וואָס דרוקן זיך אין די הייַנטיקע מעשׂה־ביכלעך און גאַזעטן.

Mit diesen Worten meldet sich ein Mann zu Wort, einer von den Fahr-
gästen, die keinen Platz gefunden hatten, sondern irgendwo über uns hingen
und sich an den Trennwänden festhielten. Ich drehe den Kopf herum und
schaue nach oben. Ich sehe einen Mann, füllige Gestalt, seidene Sabbatmüt-
ze, rotes sommersprossiges Gesicht, lachende Äuglein, vorne keine Zähne.
Das heißt, ein paar der Vorderzähne fehlen ihm, und offenbar deshalb zischt
er jedes Mal, wenn er ein »s« oder ein »z« aussprechen will. Sagt er also Asew,
klingt es bei ihm wie »Aschew«.

Der Mann hat es mir gleich angetan. Seine Körperfülle gefiel mir, auch
seine besondere Aussprache und dass er uns alle miteinander einfach einen
Haufen Rindvieh nannte. So etwas mag ich, und ich beneide solche Men-
schen.

Die Leute im Zug aber, als ihnen ein Mann aus Kaminke die Zu-
gehörigkeit zum Hornvieh bescheinigte, waren zunächst etwas verblüfft, so
als hätte ihnen einer einen Eimer kaltes Wasser übergeschüttet. Man fing
sich aber schnell, schaute sich gegenseitig an und sagte dann zum Mann aus
Kaminke:

»Ihr wollt extra aufgefordert werden? Nun, so bitten wir Euch, was ist
schon dabei: Erzählt nur, wir wollen gerne hören, was bei Euch in Kaminke
passiert ist! Nur, warum wollt Ihr stehen? Setzt Euch doch! Ihr wisst nicht,
wohin? Kommt, Leute, rückt ein bisschen zusammen! Macht etwas Platz,
seid so gut!«

Und die Fahrgäste, die auch bisher ordentlich zusammengequetscht
saßen, rücken noch mehr zusammen, finden wirklich einen Platz für den
Mann aus Kaminke. Der Mensch aus Kaminke setzt sich richtig in Positur
(als würde er bei einer Beschneidungsfeier das Kind halten, und es ist der
Augenblick, wenn ihn der Schammes aufruft: »Gevatter!« und man das Kind
hereinträgt). Er rückt die Kappe nach oben, krempelt die Ärmel hoch und
fängt in seiner breiten Ausdrucksweise an zu erzählen.

»Hört also zu, Freunde, was ich Euch jetzt berichte, ist wohlgemerkt
nicht so eine Geschichte, wie man sie in den schönen Büchern liest, auch
kein Märchen aus »Tausendundeiner Nacht«. Die Geschichte ist, ob Ihr es
glaubt oder nicht, wirklich bei uns in Kaminke passiert. Mein Vater, er ruhe
in Frieden, hat sie mir erzählt, so wie er sie viele Male von seinem Vater ge-
hört hatte. Man sagt, dass die ganze Geschichte auch bei uns in einer alten
Gemeindechronik aufgeschrieben wurde, die aber schon lange verbrannt ist.
Lacht meinetwegen, aber ich sage Euch, es ist jammerschade, dass solch eine
alte Chronik verbrannt ist. Darin waren, so erzählt man, wunderbare Sachen
beschrieben. Sehr schöne Geschichten, viel schöner als die, die man heute in
den Büchern und Zeitungen druckt.

בקיצור המעשׂה – דאָס איז געווען בימי ניקאָלאַי הראשון, אין די צײַטן פֿון גנאָט. וואָס שמייכלט איר? איר ווייסט דען, וואָס גנאָט הייסט? גנאָט הייסט – מע פֿלעגט גנאָטעווען, טרײַבן „קאָליסטראָי". וואָס איז אַזעלכעס „קאָליסטראָי"? ווייסט איר ווידער ניט? דאַרף מען אײַך, הייסט עס, קלאָר מאַכן. שטעלט אײַך פֿאָר – פֿון ביידע זײַטן שטייען אויסגעשטעלט סאָלדאַטן מיט אײַזערנע ריטער, און איר שפּאַצירט זיך דורך, וואָס אַרט אײַך, אַ מאָל עטלעכע און צוואַנציק הין און צוריק, איך בעט איבער אײַער כּבֿוד, אַ נאַקעטער, ווי די מאַמע האָט אײַך געהאַט, און מע טוט אײַך דאָס, וואָס דער רבי האָט אײַך געטאָן אין חדר דערפֿאַר, וואָס איר האָט ניט געוואָלט לערנען... ווייסט איר שוין דעם טעם פֿון „טרײַבן קאָליסטראָי"? אַצינד קאָנט איר האָרכן ווײַטער.

ויהי היום – טרעפֿט זיך אַ מעשׂה. עס קומט אָן פֿונעם גובערנאַטאָר, – וואַסילטשיקאָוו איז דעמאָלט געווען גובערנאַטאָר, – מע זאָל גנאָטעווען איינעם אַ ייִדן מיטן נאָמען קיווקע. ווער איז געווען אָט דער קיווקע, און וואָס האָט ער אַזעלכעס פֿאַרזינדיקט – קאָן איך אײַך אַקוראַט ניט זאָגן. אַ סבֿרא, אַז בטבֿע איז ער געווען אַ ייִד אַ שענקער, עפּעס גאָר ניט אַזאַ אָנזיכטיק מענטשל, און נאָך אַן אַלטער בחור, אַ פֿאַרזעסענער דערצו. באַדאַרף אים גאָט אַרײַנגעבן אַ זין, און ער צערעדט זיך איין מאָל מיט די גויים אין שענק, זונטיק איז דאָס געווען, וועגן גאָט־זאַכן. „נאַש באָג, וואַש באָג" – אַ וואָרט פֿאַר אַ וואָרט, מע האָט אַראָפּגעבראַכט דעם סטאַראָסטע מיטן פּריסטאַוו און מע האָט געמאַכט, וואָס אַרט אײַך, אַ פּראָטאָקאָל. נעם זשע, דו שענקער איינער, שטעל אַוועק אַן עמער בראָנפֿן, וועט ווערן אויס פּראָטאָקאָל! זאָגט ער: „ניין! קיווקע נעמט ניט זײַן וואָרט צוריק". ער איז נאָך אַן עקשן אויך צו די צרות. וואָס האָט ער געמיינט? ער האָט געמיינט, מע וועט אים מן־הסתּם אָפּשטראָפֿן מיט אַ דרײַערל, און אַ גוטן טאָג. ווער וועט זיך גיין ריכטן אויף אַזאַ מישפּט, אַז פֿאַר אַזאַ נאַריש וואָרט זאָל מען טרײַבן אַ מענטשן „קאָלי־סטראָי"? בקיצור המעשׂה, מע האָט אויפֿגעכאַפּט דעם בחור און מע האָט אים, וואָס אַרט אײַך, אײַנגעזעצט אין חד־גדיא אַרײַן, ביז מע וועט אים אָפּ־ציילן מחילה פֿינף און צוואַנציק שמיץ מיטן גאַנצן פּאַראַד, אַזוי ווי גאָט האָט געבאָטן.

מילא, פֿאַרשטייט איר דאָך מסתּמא, וואָס ס'האָט זיך אָפּגעטאָן בײַ אונדז אין קאַמינקע, אַז מע האָט דערהערט אַזאַ מעשׂה. און ווען דאַרף זיך טרעפֿן אַזאַן אומגליק? דווקא בײַ נאַכט, און דווקא אַקעגן שבת. אַזוי, אַז מען איז אויפֿגעשטאַנען אין דער פֿרי און געקומען אין שול – אַ ויצעקו: „מע האָט אײַנגעזעצט קיווקען!"... „מע האָט אים געמישפּט גנאָט!"... „גנאָט?"... „פֿאַר וואָס? פֿאַר ווען?"... „פֿאַר אַ נאַרישקייט, פֿאַר אַ וואָרט"... „אַ בילבול"...

Kurzum, es war in den Tagen von Zar Nikolaus I.,[18] in den Zeiten der Bedrückung, der Knuten. Was grinst Ihr? Ihr wisst nicht, was Knute bedeutet? Die Leute knuten, in die *Kolisstroj* treiben? Und was ist nun wieder *Kolisstroj*, Spießrutenlaufen, das kennt Ihr auch nicht? Ich will es Euch erklären. Stellt Euch vor: Soldaten, in zwei Reihen aufgestellt, mit eisernen Stöcken, und Ihr spaziert mittendurch. Ob Ihr es glaubt oder nicht, vielleicht so zwanzig mal hin und zurück, und, mit Verlaub gesagt, splitternackt, so wie Ihr auf die Welt gekommen seid. Und was machen sie mit Euch? Das, was Euch der Rebbe im Cheder getan hat, wenn Ihr nicht lernen wolltet... Jetzt wisst Ihr die Bedeutung von *Kolisstroj*! Nun hört weiter.

Und siehe, es geschah in jenen Tagen[19]... Folgendes ist passiert. Es kommt eine Anordnung vom Gouverneur – Wassiltschikow war damals Gouverneur –, dass man einen Mann knuten soll, einen gewissen Kiwke. Wer war dieser Kiwke? Nun, wer er war und was er damals verbrochen hat, das kann ich Euch nicht genau sagen. Man nimmt an, dass er von Beruf Schankwirt gewesen ist, ein mickriges Männchen jedenfalls, dazu noch ein alter Junggeselle, einer von denen, die keine Frau gefunden haben. Lässt es ihm Gott einfallen, dass er sich mit den Gojim in der Wirtschaft disputiert, am Sonntag war es, über ›religiöse Dinge‹. ›Unser Gott – Euer Gott...‹. Ein Wort ergibt das andere, man ruft den Dorfschulzen und gleich auch den Polizisten und hat, ob Ihr es glaubt oder nicht, sofort ein Protokoll gemacht. Besorg schnell einen Eimer Branntwein, du närrischer Gastwirt, damit das Protokoll aus der Welt geschafft wird! Er sagt aber: ›Nein, Kiwke nimmt kein Wort zurück!‹ Denn zu allem Übel ist er noch ein Starrkopf! Was er sich nur dabei gedacht hat? Er meinte wohl, man wird ihm vielleicht drei Rubel Strafe aufbrummen, und damit fertig. Wer kann sich auch ausmalen, dass wegen einem läppischen Wort solch ein Urteil daherkommt und man einen lebendigen Menschen in die *Kolistroj* treibt, in die Spießruten? Kurzum, man hat den Burschen geschnappt und ihn, ob Ihr es glaubt oder nicht, eingelocht, damit ihm danach, mit Verlaub, seine fünfundzwanzig Hiebe vor der ganzen Mannschaft abgezählt werden, nach allen Regeln der Kunst.

Ihr könnt Euch vielleicht vorstellen, was bei uns in Kaminke los war, als man von der Sache hörte. Und wann ausgerechnet passiert solch ein Unglück? Natürlich abends, und noch am Abend vor Sabbat! Als man morgens aufstand und in die Synagoge kam, war das Geschrei groß: ›Den Kiwke hat man eingesperrt... zu den Knuten ist er verurteilt... zu den Knuten? Warum? Weswegen? Wegen einer Bagatelle, wegen einer Bemerkung... eine Ver-

„וואָסער בילבול? אַ ייִד האָט אַ לאַנגע צונג!“... אַכצן מאָל אַ לאַנגע צונג, אָבער גנאָט? סטײַטש גנאָט!... וואָס הייסט, מע וועט גנאָטעווען אַ ייִדן? אונדזערן, אַ קאַמינקער?!“...

אָט אַזוי האָט דאָס געקאָכט, ווי אין אַ קעסל, דעם גאַנצן שבת, ביז שבת־צו־נאַכטס. שבת־צו־נאַכטס, נאָך הבֿדלה, איז מען אַרײַנגעפֿאַלן מיט אַ גוואַלד צו מײַן זיידן (רב ניסל שאַפּיראָ האָט מען אים גערופֿן): „סטײַטש, רב ניסל, וואָס שווײַגט איר? ווי קאָנט איר דאָס דערלאָזן אַזאַ זאַך, מע זאָל שמײַסן אַ ייִדן, אונדזערן, אַ קאַמינקער?!“...

וועט איר דאָך מסתּמא פֿרעגן, וואָס איז מען דאָס געלאָפֿן גראָד צו מײַן זיידן? באַדאַרף איך אײַך זאָגן, אַז מײַן זיידע (זאָל האָבן אַ ליכטיקן גן־עדן) איז געווען – נישט ווײַל איך וויל מיך דאָ פֿאַר אײַך באַרימען – דער גרעסטער, דער שענסטער, דער רײַכסטער, דער פֿאָרנעמסטער בעל־הבית אין שטאָט, און חשובֿ בײַ נאַטשאַלסטווע, און טאַקע אַ גרויסער קאָפּמענטש דערצו. אויסגעהערט דעם גוואַלד, האָט ער זיך פֿאַוואָלינקע דורכגעשפּאַצירט עטלעכע מאָל הין און צוריק איבערן שטוב (אַזאַ טבֿע האָט ער געהאַט: אַז ער פֿלעגט עפּעס טראַכטן – דערציילט דער טאַטע, עליו־השלום, – האָט ער ליב געהאַט אַרומשפּאַצירן עטלעכע מאָל הין און צוריק). נאָך דעם האָט ער זיך אָפּגעשטעלט און אַ זאָג געטאָן: „קינדער! גייטס אַהיים. איר זאָלט גאָר קיין יסורים נישט האָבן. עס וועט, אם־ירצה־השם, זײַן רעכט; אין קאַמינקע האָבן מיר נאָך, דאַנקען גאָט, ביז אַהער נישט געהאַט קיין געשמיסענעם, און מיר וועלן, מיט גאָטס הילף, ווײַטער אויך נישט האָבן“...

אָט מיט די ווערטער האָט זיי מײַן זיידע, עליו־השלום, געזאָגט. און אין שטאָט האָט מען געוווּסט, אַז רב ניסל שאַפּיראָ זאָגט, איז געזאָגט. איבערפֿרעגן בײַ אים: ווי אַזוי און וואָס און ווען? – דאָס האָט ער פֿײַנט געהאַט. אַ ייִד אַ נגיד, פֿאַרשטייט איר מיך, און אַ תּקיף בײַ נאַטשאַלסטווע, און אַ קאָפּמענטש דערצו – פֿאַר אַזאַ מענטשן האָט מען דרך־ארץ. און וואָס זאָלט איר קלערן? – אַזוי ווי דער זיידע האָט געזאָגט, אַזוי איז געווען. וואָס זשע איז געווען? וועט איר האָרכן ווײַטער.

דערזען, אַז דער עולם אין וואַגאָן איז שוין גענוג געשפּאַנט און מע וויל האָרכן, וואָס וועט זײַן ווײַטער, האָט זיך דער קאַמינקער ייִד אָפּגעשטעלט, אַרויסגענומען פֿון קעשענע אַ גרויסן פּאָרטטאַבאַק און פּאַוואָלינקע צונויפֿגעדרייט אַ פּאַפּיראָס. עטלעכע מיט אַ מאָל האָבן זיך אַ וואָרף געטאָן אים געבן פֿײַער. אַזאַ חשובֿ איז געוואָרן אָט דער ייִד אין וואַגאָן. נאָך דעם, ווי ער האָט פֿאַררייכערט און פֿאַרצויגן זיך מיטן פּאַפּיראָס, האָט ער זיך גענומען צו דער געשיכטע מיט מער פֿרישקייט.

– אַצינד וועט איר האָרכן, וואָס אַ ייִד אַ חכם טוט אויף. איך מיין טאַקע דעם זיידן מײַנעם, זכר צדיק לבֿרכה. ער איז זיך מיישבֿ און טוט אָפּ אַ קלייניקייט. דהײַנו: ער רעדט אָפּ מיט נאַטשאַלסטווע, אַז דער פֿאַרמישפּטער, קיווקע הייסט עס, זאָל אויף אַ מינוטקעלע נעמען, וואָס אַרט אײַך, און געבן

leumdung! Wieso Verleumdung? Er hat auch eine böse Zunge! Und wenn, zehnmal böse Zunge, aber Knuten! Stellt Euch vor, in die Spießruten! Man will einen Juden knuten, auspeitschen, einen von uns, aus Kaminke!…‹

Wie in einem Kessel hat es gebrodelt den ganzen Sabbat über bis zum Abend. Sabbatabend nach Hawdole kamen die Leute mit großem Geschrei zu meinem Großvater gerannt, zu Reb Nissel Schapiro. ›Habt Ihr's gehört, Reb Nissel? Warum sagt Ihr nichts? Wie könnt Ihr das zulassen, dass man einen Juden durchpeitscht, einen von uns, aus Kaminke?!…‹

Nun werdet Ihr vielleicht fragen, wieso sie ausgerechnet zu meinem Großvater gelaufen kamen. Da muss ich Euch erklären, dass mein Großvater – möge es ihm wohl ergehen im Garten Eden –, mein Großvater war, nicht dass ich mich vor Euch rühmen will, der edelste, der vornehmste, der reichste und angesehenste Bürger der Stadt. Er hatte Verbindungen zur Obrigkeit und war noch ein kluger Kopf dazu. Er hört sich die ganze Geschichte an und läuft dabei ganz bedächtig einige Male im Zimmer auf und ab, das war so seine Art; wenn er über etwas nachdachte, so hat es mir mein Vater, Friede sei mit ihm, erzählt, ging er gerne ein paar Mal im Zimmer auf und ab. Dann blieb er stehen und sagte: ›Kinder! Geht ruhig heim! Macht Euch keinen Kummer! Es wird, so Gott will, alles gut werden. In Kaminke ist bis jetzt, Gott sei Dank, noch niemand ausgepeitscht worden, und mit Gottes Hilfe soll das auch in Zukunft nicht geschehen.‹

Mit solchen Worten hat mein Großvater, Friede sei mit ihm, zu ihnen geredet. Und in der Stadt wusste jeder: Wenn Reb Nissel Schapiro etwas sagt, dann gilt das. Nachfragen: Aber wie? und was? und wann?… konnte er nicht leiden. Ein vermögender Mann, versteht Ihr, angesehen bei der Obrigkeit, und noch dazu ein kluger Kopf, vor solch einem Mann hat man Respekt. Und was meint Ihr? Genau wie es der Großvater gesagt hat, geschah es auch. Was geschah? Das werdet Ihr gleich hören.«

Der Mann aus Kaminke merkte, dass die Leute im Waggon ordentlich gespannt waren und hören wollten, wie die Geschichte weitergeht. Er stand aber auf, holte aus der Tasche einen großen Tabaksbeutel hervor und drehte sich ganz gemütlich eine Zigarette. Gleich mehrere sprangen auf ihn zu, um ihm Feuer zu geben. So begehrt war der Mann jetzt im Waggon! Er rauchte genüsslich, in vollen Zügen. Als er fertig war, setzte er seine Geschichte mit neuer Frische fort.

»Jetzt sollt Ihr hören, was ein kluger Mann erreichen kann. Ich meine natürlich meinen Großvater, gesegnet sei sein Andenken. Er überlegt eine Weile und setzt dann eine ›Kleinigkeit‹ in Gang! Er vereinbart nämlich mit der Obrigkeit, dass der Verurteilte, Kiwke also, plötzlich, ob Ihr's glaubt oder

אַ שטאַרב אַוועק, טאַקע אין טורמע זיצנדיק... וואָס קוקט איר מיך אָן? איר פֿאַרשטייט ניט? צי איר האָט מורא, מע האָט אים חלילה געסמט? שרעקט אייַך ניט. בייַ אונדז סמט מען ניט. וואָס זשע דען? מע האָט דאָס אָפּגעאַרבעט אַ סך שענער. מע האָט אָפּגעמאַכט אַזוי, אַז דער פֿאַרמישפּטער זאָל זיך לייגן שלאָפֿן געזונט און שטאַרק, און אַז ער וועט אויפֿשטיין אין דער פֿרי, זאָל ער אויפֿשטיין אַ געשטאָרבענער... האָט איר שוין צעקייַט? צי מע דאַרף אייַך טאַקע אַרייַנלייגן אַ פֿינגער אין מויל אַרייַן, איר זאָלט אים אָפּבייַסן?...

כּך־הווה. איין מאָל אין דער פֿרי קומט צו גיין אַ שליח פֿון דער טורמע מיט אַ פּאַפּיר צו מייַן זיידן: באשר־בכן, אַזוי ווי ס׳איז געשטאָרבן הייַנטיקע נאַכט אין טורמע אַ ייִד מיטן נאָמען קיווקע, און אַזוי ווי מייַן זיידע איז ראָש־וראשון און גבאי אין חבֿרה־קדישא, על כּן זאָל מען זען, הייסט עס, מע זאָל דעם געשטאָרבענעם צונעמען, ברענגען אים, הייסט עס, צו קבֿר־ישׂ־ראל... וואָס זאָגט איר אויף דאָס שטיקל אַרבעט? אַיאָ גוט? האָט זשע צייַט. פֿרייט זיך ניט. ניט אַזוי גיך טוט זיך עס, ווי סע רעדט זיך. פֿאַרגעסט נאָר נישט, אַז דאָס איז נישט עפּעס גלאַט אַזוי אַ ייִד איז געשטאָרבן. דאָ איז דאָך אַרייַנגעמישט עפּעס סאָלדאַטסקע קנעפּ... גובערנאַטאָר... גנאָט... אַ ווער־טעלע?!... ראשית־חכמה, האָט מען באַדאַרפֿט זען, מע זאָל אים ניט פּאַל־מעסן. דערצו האָט מען באַדאַרפֿט אָנקומען, געוויינטלעך, צום דאָקטער, אַז דער דאָקטער זאָל, הייסט עס, אַרויסגעבן אַ פּאַפּיר כּתובֿ־וחתום, אַז ער האָט בודק געווען דעם ניפֿטר תּיכּף־ומיד נאָכן טויט און ער געפֿינט, אַז דער ניפֿטר איז ניפֿטר געוואָרן פֿון האַרץ־קלאַפּעניש, אַזאַ מין אַפּאָפּלעקציע, ניט דאָ גע־דאַכט... אויך מיט דער איבעריקער נאַטשאַלסטווע האָט מען אָפּגעשמועסט, אַלע זאָלן זיך געבן אַ שרייַב אונטער אויפֿן דאָזיקן פּאַפּיר – און פֿאַרטיק. אויס קיווקע. געשטאָרבן קיווקע.

מילא, וואָס דאָס האָט אָפּגעקאָסט דער שטאָט – מעגט איר זיך אַלע דאָ אין וואַגאָן ווינטשן פֿאַרדינען יעדן חודש. טאָמער האָט איר מורא, שטיי איך צו צו אייַך פֿאַר אַ שותּף. און אַלץ ווער? דער זיידע, עליו־השלום. אויף מייַן זיידן האָט מען זיך געקאָנט פֿאַרלאָזן. ער האָט דאָס אָפּגעאַרבעט, פֿאַר־שטייט איר מיך, שׂכלדיק און קונציק און קייַלעכיק און גלאַט, אַרום און אַרום. און טאַקע באותו היום, אַרום פֿאַרנאַכט, זענען געקומען די שמשׂים פֿון חבֿרה־קדישא מיט דער מיטה און מען האָט אים גאַנץ פֿייַן גענומען, דעם שיינעם בר־מינן, און מע האָט אים אַוועקגעטראָגן פֿון דער טורמע מחילה אויפֿן הייליקן אָרט מיט גרויס כּבֿוד, דאָס הייסט, אַ פּאָר סאָלדאַטן זענען נאָכגעגאַנגען נאָך דער מיטה, און הינטן – די גאַנצע שטאָט. וואָס טויג אייַך, אָט דער קיווקע האָט זיך אויף אַזאַ לוויה אַוודאי קיין מאָל נישט געריכט. און אַז מען איז געקומען צום טויער פֿון הייליקן אָרט, האָט מען די סאָלדאַטן געגעבן, וואָס אַרט אייַך, צו שיינע טרונק בראָנפֿן, און דעם בר־מינן האָט מען אַרייַנגעטראָגן אין הויף אַרייַן, און דאָרט איז שוין געשטאַנען צוגעגרייט

nicht, das Zeitliche segnet, während er noch im Gefängnis sitzt! Was schaut Ihr mich so an? Ihr begreift noch nicht? Ihr habt Angst, man hätte ihn, Gott bewahre, vergiftet? Keine Sorge, bei uns vergiftet man keinen! Was dann? Er hat alles noch viel besser ausgetüftelt! Sie machten nämlich aus, dass sich der Verurteilte gesund und munter schlafen legt, aber wenn er aufsteht, ist er schon gestorben… Habt Ihr's gut mitbekommen? Oder muss man Euch den Finger ins Maul stecken, damit Ihr ihn abbeißt und gut verdaut?

So geschah es jedenfalls. Eines Morgens in der Frühe kommt ein Bote vom Gefängnis mit einem Schreiben zu meinem Großvater, in dem steht, dass heute Nacht im Gefängnis ein Mann mit Namen Kiwke verstorben ist. Und da doch mein Großvater der Vorsteher der Gemeinde und der Vorsteher der Beerdigungsbruderschaft sei, solle er dafür sorgen, so das Schreiben, dass der Verstorbene abgeholt und nach jüdischem Brauch beerdigt wird… Was sagt Ihr zu dem Stückchen? Gut, nicht wahr? Aber nur langsam! Freut Euch nicht zu rasch, das alles geht in Wirklichkeit nicht so schnell, wie man es erzählt! Es hört sich so einfach an: Ein Mann ist gestorben… In der ganzen Sache hängt doch immer noch das Militär drin… der Gouverneur… Knuten… Mit alledem ist nicht zu spaßen! Zuerst muss man dafür sorgen, dass man den Toten nicht aufschneidet und untersucht. Für diesen Fall geht man zum Doktor. Man muss erreichen, dass der Doktor ein Papier ausstellt und mit Brief und Siegel erklärt, dass er die Leiche unmittelbar nach dem Tod examiniert und dabei festgestellt hat, dass der Verstorbene an Herzversagen verstorben ist, so einer Art Apoplexie, Gott bewahre uns davor! Mit der übrigen Obrigkeit wurde abgesprochen, dass jeder von ihnen diese Bescheinigung unterschreibt. Das war es schon. Fertig mit Kiwke. Kiwke ist gestorben.

Nur, was das unsere Stadt gekostet hat! Ihr alle hier im Waggon würdet Euch wünschen, jeden Monat so viel zu verdienen! Wenn es Euch zu viel ist, will ich gerne mit Euch teilen! Und wer hat das alles geschafft? Natürlich der Großvater, Friede sei mit ihm. Auf meinen Großvater konnte man sich verlassen. Er hat alles in Gang gebracht, klug und überlegt und mit Hand und Fuß und perfekt von Anfang bis Ende. So sind noch am selben Tag, spätabends, die Diener der Beerdigungsbruderschaft mit der Totenbahre gekommen. Sie haben ihn ganz brav weggetragen, den lieben Verstorbenen, er wurde, ob Ihr's glaubt oder nicht, ganz würdevoll direkt vom Gefängnis auf den Friedhof gebracht. Das heißt, ein paar Soldaten sind der Bahre gefolgt und dahinter – die ganze Stadt! Eins ist sicher, dieser Kiwke hat sich zeit seines Lebens niemals solch eine Beerdigung ausgemalt. Als man zur Friedhofsmauer kam, hat man die Soldaten, ob Ihr's glaubt oder nicht, ordentlich mit Branntwein traktiert. Den Verblichenen aber trug man in den Hof. Dort

שמעון דער בעל־עגלה (איך רוף אײַך אים אָן בײַם נאָמען, ווי מײַן טאַטע, עליו־השלום, האָט מיר דערציילט) מיט פֿיר גוטע ברענענדיקע סוסים, און נאָך איידער דער האָן האָט אַ קריי געטאָן, איז שוין אונדזער בר־מינן געווען, וואָס אַרט אײַך, העט־ווײַט, אויף יענער זײַט ראָגאַטקע, און איז אַוועק אין אַ גוטער שעה אַ מזלדיקער גלײַך קיין ראַדיוויל, און פֿון דאָרטן – איבער דער גרענעץ, טיו־טיו, קיין בראָד.

דאָס פֿאַרשטייט איר שוין אַליין מסתּמא, אַז ביז שמעון דער בעל־עגלה איז ניט געקומען צוריק פֿון ראַדיוויל, איז די שטאָט ניט געשלאָפֿן. אָן קעפּ איז מען אַרומגעגאַנגען. און ועל־כּולם – דער זיידע, עליו־השלום. וואָרעם אַ קשיא אויף אַ מעשׂה, טאָמער כאַפּט מען אים בײַ דער גרענעץ, דעם שיינעם בר־מינן, קיווקען הייסט עס, און מע ברענגט אים צו פֿירן אַ לעבעדיקן, אַ גע־זונטן, דעמאָלט גייט דאָך אַוועק אַ גאַנצע שטאָט סך־הכּל סיביר... דערפֿאַר אָבער, אַז גאָט האָט געהאָלפֿן, שמעון דער בעל־עגלה איז געקומען בשלום צוריק פֿון ראַדיוויל מיט זײַנע ברענענדיקע סוסים און האָט געבראַכט צו פֿירן פֿון קיווקען אַ בריוול, געשריבן מיט זײַן אייגענער האַנט: „בקשתי להודיע אַז איך בין אין בראָד", – איז געוואָרן אין שטעטל, שׂשׂון־ושׂימחה! מע האָט געמאַכט אַ סעודה, טאַקע בײַ מײַן זיידן אין שטוב, און מע האָט געשיקט רופֿן דעם סמאָטריטעל פֿון דער טורמע, מיטן פּריסטאַוו, מיטן דאָקטער, מיט דער איבעריקער נאַטשאַלסטווע, און מע האָט געהוליעט, כּלי־זמר האָבן געשפּילט, און מע האָט זיך אַזוי אָנגעשכּורט, אַז דער סמאָטריטעל פֿון דער טורמע האָט זיך, וואָס אַרט אײַך, שטאַרק געקושט מיט מײַן זיידן און מיט דער גאַנצער משפּחה אפֿשר צען מאָל, און דער פּריסטאַוו האָט געטאַנצט, אַרום פֿאַרטאָג שוין, מחילה, אָן תּחתּונים, בײַם זיידן אויפֿן דאַך. אַ קלייניקייט – פּדיון־שבֿויים! אויסגעלייזט אַ ייִדן פֿון שמיץ! איז דאָך גוט? אַיאָ? האָט זשע צײַט, מײַנע ליבע ייִדן, – אָט דאָ הייבט זיך ערשט אָן די רעכטע חתונה. אויב איר ווילט האָרכן ווײַטער, וועל איך אײַך בעטן איין ווײַלע מיר צוּוואַרטן. אָט דאָ אויף דער סטאַנציע מוז איך אַראָפּקריכן אויף אַ מינוטקעלע, אַ שמועס טאָן מיטן נאַטשאַלניק סטאַנציע, ער זאָל מיר זאָגן אַקוראַט, וויפֿל האָבן מיר נאָך קיין באַראַנאָוויטש. דאָס הייסט, פֿאָרן פֿאָר איך ווײַטער, נאָר אין באַראַ־נאָוויטש מוז איך אָפּשטײַגן און כאַפּן אַן אַנדער פּאָיעזד...

העלפֿט נישט. מע מוז וואַרטן. דער קאַמינקער פֿאַרשוין גייט רעדן מיטן „נאַטשאַלניק סטאַנציע" מכּוח באַראַנאָוויטש, און דער עולם דערווײַל טוט זיך אַ שמועס איבער וועגן דעם קאַמינקער ייִדן מיט דער קאַמינקער געשיכטע:

– געפֿעלט אײַך דאָס ייִדל?

– אַ ווויל ייִדל.

– אַ יאָדערדיקס.

– האָט אין זיך רייד.

– די צונג נישט פּיקן.

wartete schon Simon, der Fuhrmann (ich gebe Euch den Namen so weiter, wie ich ihn von meinem Vater, er ruhe in Frieden, bekommen habe), mit seinen vier feurigen Rossen, und ehe der Hahn krähte, war unser Verstorbener schon weit weg auf der anderen Seite des Stadttors. Der Moment war günstig und die Stunde gesegnet, weg war er. In Richtung Radiwil und von dort – über die Grenze, schnurstracks nach Brod.[20]

Ihr werdet Euch von selbst denken können: Keiner in der Stadt konnte schlafen, bevor nicht Simon, der Fuhrmann, aus Radiwil wieder zurückkam. Wie von Sinnen ist man herumgelaufen. Und vor allem der Großvater, Friede sei mit ihm. Denn wenn man ihn, wer weiß, bei der Grenze schnappt, den lieben Verstorbenen, Kiwke nämlich, und man bringt ihn lebendig und munter zurück, dann marschiert doch die ganze Stadt, Klein und Groß, nach Sibirien... Als aber, weil Gott geholfen hat, Simon, der Fuhrmann, wohlbehalten aus Radiwil zurückkam mit seinen feurigen Rossen und ein Briefchen von Kiwke brachte, eigenhändig geschrieben: »*Ich teile Euch mit, dass ich in Brod bin*«, da waren der Jubel und die Freude groß! Ein Festessen wurde veranstaltet, natürlich beim Großvater zu Hause, den Aufseher vom Gefängnis hat man eingeladen und auch den Polizisten und den Doktor und die restliche Obrigkeit. Es wurde gefeiert, Musikanten spielten, und man hat sich so betrunken, dass der Gefängnisaufseher, ob Ihr's glaubt oder nicht, meinen Großvater und die ganze Gesellschaft wohl zehnmal abgeküsst hat, und der Polizist tanzte am frühen Morgen, mit Verlaub, ohne Hosen beim Großvater auf dem Dach herum. Wenn das kein Anlass ist: einen Menschen ausgelöst! Einen Juden vor dem Auspeitschen bewahrt! Ist das nicht wunderbar? Nicht wahr? Wartet ab, Freunde, jetzt geht das ganze Drama erst los! Wenn Ihr's weiter hören wollt, bitte ich Euch um ein bisschen Geduld, denn hier auf dem Bahnhof muss ich einen Moment hinaus und mit dem Bahnhofsvorsteher sprechen, damit er mir genau Auskunft gibt, wie lange wir noch bis Baranowitsch[21] haben. Das heißt, ich fahre von dort weiter, aber in Baranowitsch muss ich aussteigen und einen anderen Zug nehmen...«

Nichts zu machen. Man muss warten. Der Mann aus Kaminke geht, raus, um mit dem Bahnhofsvorsteher wegen Baranowitsch zu reden. Und die Leute reden derweil über den Mann aus Kaminke und seine Kaminker Geschichte.

»Wie findet Ihr den Knaben?«

»Ein toller Bursche!«

»Er weiß, wo's langgeht, köstlich!«

»Erzählen kann der...«

»Dem muss man die Zunge nicht schmieren...«

– און די מעשׂה?
– אַ שיינע מעשׂה.
– נאָר אַ קורצע.

אַגבֿ, געפֿינען זיך אַזעלכע, וואָס זאָגן, אַז בײַ זיי האָט זיך אויך געטראָפֿן אַזאַ געשיכטע. דאָס הייסט, ניט דווקא פּונקט אַזאַ געשיכטע, נאָר כּמו עפּעס ווי אויף דעם אופֿן. און מחמת איטלעכן ווילט זיך זייער דערציילן זײַן געשיכטע, ווערט אין וואַגאָן אַ שטיקל ירידה. ביז עס קומט אַרײַן דער קאַמינקער ייִד. און אַז עס קומט אַרײַן דער קאַמינקער ייִד, ווערט שטיל, און אַלע שפּאַרן זיך צונויף, ווי אַ וואַנט, און מע האָרכט די קאַמינקער געשיכטע מיט קאָפּ און מיט מוח.

– ווו זשע האַלטן מיר? האָבן מיר שוין געפּטרט, ברוך־השם, אַ ייִדן, וואָס הייסט קיווקע. איאָ? אַזוי מיינט איר? האָט איר אַ טעות, מײַנע ליבע ייִדן. עס גייט אַוועק אַ האַלב יאָר אָדער אַ יאָר, איך וועל אײַך ניט זאָגן אַקוראַט, איז זיך מיישבֿ אַ ייִד, וואָס הייסט קיווקע, און שיקט אַרײַן, וואָס אַרט אײַך, אַ בריוול, טאַקע אויף מײַן זיידנס נאָמען: „ראשית, שרײַבט ער, בקשתּי להודיע, אַז איך בין, ברוך־השם, געזונט, גיב גאָט דאָס נעמלעכע פֿון אײַך צו הערן. והשנית, שרײַבט ער, בין איך געבליבן אָן אַ גראָשן בײַ דער נשמה און אָן שום טועכץ אין אַ פֿרעמד אָרט, צווישן דײַטשן. זיי פֿאַרשטייען ניט מײַן שפּראַך, און איך פֿאַרשטיי ניט זייער לשון. און ווו צו פֿאַרדינען איז ניטאָ, כאַטש לייג זיך און שטאַרב. על־כּן, שרײַבט ער, בקשתּי לשלוח...״ איר פֿאַרשטייט אַ חכם? מע זאָל אים שיקן, הייסט עס, געלט! האָט מען זיך מן־הסתּם גוט אויסגעלאַכט, צעריסן, וואָס אַרט אײַך, דאָס בריוול, אויף צען חלקים און פֿאַרגעסן די מעשׂה. גייט ניט אַוועק קיין דרײַ וואָכן, קומט אָן ווידער אַ בריוול, ווידער פֿונעם בר־מינן, פֿון קיווקען הייסט עס, און ווידער אויפֿן זיידנס נאָמען, און ווידער „בקשתּי להודיע״, און ווידער אַ מאָל „בקשתּי לשלוח״, נאָר דער דאָזיקער „בקשתּי לשלוח״ – מיט גאַנצע טענות: „סטײַטש, שרײַבט ער, וואָס האָט מען געהאַט צו אים? נעבעך בי וואָלט מען אים, זאָגט ער, שוין בעסער אָפּגעשמיסן. די שמיץ וואָלטן זיך, זאָגט ער, שוין לאַנג פֿאַרהיילט, און ער וואָלט זיך געבליבן בײַ זײַן פּרנסה, ווי פֿריִער, ניט אַרומגיין, זאָגט ער, צווישן די דײַטשן שלינג־און־שלאַנג און געשוואָלן ווערן פֿאַר הונגער...

באַקומען אַזאַ מין בריוול, האָט דער זיידע, עליו־השלום, געשיקט רופֿן צו זיך די שטאָט: וואָס טוט מען? אַ ייִד שטאַרבט פֿון הונגער, מע מוז אים עפּעס שיקן... און אַז רב ניסל שאַפּיראָ זאָגט, קאָן מען קיין חזיר ניט זײַן... האָט מען זיך גאַנץ פֿײַן צונויפֿגעלייגט (מער פֿון אַלעמען האָט געגעבן דער

»Und seine Geschichte?«

»Eine schöne Geschichte!«

»Und so kurz!«

Dabei kommt raus, dass einige, wie sie jedenfalls behaupten, auch so eine Sache erlebt haben. Das heißt, natürlich nicht dieselbe Geschichte, aber so in der Richtung. Und weil jeder seine Geschichte anbringen will, gibt's im Waggon ein gehöriges Durcheinander, bald ist ein Lärm wie auf dem Jahrmarkt. Dann aber kommt der Mann aus Kaminke wieder herein. Sofort wird es still, alles drängt sich bei ihm zusammen, man ist ganz Ohr und verschlingt die Geschichte aus Kaminke mit Leib und Seele.

»Wo sind wir stehengeblieben? Richtig, es war einmal ein Mann, der hieß Kiwke. Wir sind, Gott sei Dank, fertig mit ihm. Wirklich? Glaubt Ihr das? Dann irrt Ihr Euch, Freunde. Es vergeht ein halbes Jahr oder auch ein ganzes Jahr, ich will mich nicht festlegen, da besinnt sich der Mann, der Kiwke heißt, und schickt, ob Ihr's glaubt oder nicht, ein Briefchen, natürlich an die Adresse meines Großvaters. ›Erstens teile ich Euch mit, dass ich – Gott sei gelobt – wohlauf bin, was ich auch von Euch hoffe. Zweitens bin ich hier gelandet ohne einen einzigen Groschen und ohne jede Beschäftigung in einer fremden Stadt, dazu noch unter Juden aus Deutschland. Ich verstehe *ihre* Sprache nicht, sie verstehen *mich* auch nicht. Was zu verdienen gibt es nicht, man kann sich gleich hinlegen und sterben! Daher‹, schreibt er, ›*bikaschti lischlojech*,²² ersuche ich Euch, mir zu senden…‹ Habt Ihr's gut kapiert? Man soll ihm wahrhaftig noch Geld schicken! Na, die Leute haben nicht schlecht gelacht, das Briefchen wurde gleich in lauter Fetzen zerrissen und die Sache vergessen. Es gehen aber keine drei Wochen vorbei, kommt wieder ein Briefchen an, wieder vom Verstorbenen, also von Kiwke, wieder an meinen Großvater, wieder ›erlaube ich mir mitzuteilen…‹ und wieder… ›ersuche ich Euch, mir zu senden…‹ Nur diesmal geht sein ›ersuche ich Euch, mir zu senden‹ mit lauter Vorwürfen einher. Was soll das heißen, was hat man gegen ihn? Wie es aussieht, wäre es besser gewesen, er wäre durchgeprügelt worden. Die Narben wären schon lange verheilt, er hätte seine Beschäftigung und sein Auskommen wie vorher und müsste nicht, schreibt er, unter deutschen Tagedieben herumlungern, so dass ihm vor Hunger die Därme knurren.

Als dieser Brief ankommt, lässt mein Großvater, Friede sei mit ihm, die Stadt zusammenrufen. Man muss etwas unternehmen! Der Mann verhungert uns! Wir müssen ihm etwas schicken…! Und wenn Reb Nissel Schapiro bittet, kann man doch kein Schwein sein. Also legen sie zusammen (am

זיידע אַליין, וואָס פֿאַרשטייט איר דאָ ניט?) און מע האָט אים, וואָס אַרט אײַך, אַרויסגעשיקט אַ ביסל געלט – און ווידער פֿאַרגעסן, אַז ס׳איז געווען אַ מאָל אַ ייִד, וואָס האָט געהייסן קיווקע.

קיווקע אָבער האָט ניט פֿאַרגעסן, פֿאַרשטייט איר מיך, אַז ס׳איז דאָ אַ שטאָט, וואָס הייסט קאַמינקע. עס גייט אַוועק ווידער אַ האַלב יאָר, אָדער אַ יאָר, איך וועל אײַך נישט זאָגן אַקוראַט, קומט ניט אָן, מיינט איר, פֿון אים ווידער אַ בריוול? און ווידער אויפֿן זיידנס נאָמען, און ווידער „בקשתּי להודיע“, און ווידער אַ מאָל „בקשתּי לשלוח“, שוין דאַנקען גאָט מיט אַ מזל־טובֿ. „באשר־בכן, – שרײַבט ער אין בריוול, – אַזוי ווי ער איז ניט לאַנג אַ חתן געוואָרן, נעמט זייער אַ ווילע כּלה, אַ טאַטנס אַ קינד און פֿון אַ שיינער משפּחה, על־כּן „בקשתּי לשלוח“, זאָל מען אים, הייסט עס, צושיקן צוויי הונדערט רײַניש, וואָס ער האָט צוגעזאָגט אײַנלייגן נדן. אַניט, זאָגט ער, איז דער שידוך קיין שידוך ניט“... וואָס זאָגט איר אויף דעם אומגליק? קיווקע וועט חלילה בלײַבן אָן אַ כּלה! וואָס טויג אײַך, מע האָט זיך מיטן בריוול אַרומגעטראָגן איבער קאַמינקע, ווי מיט עפּעס רעכטס, און דער עולם האָט געלאַכט, זיך ממש געהאַלטן בײַ די זײַטן. חוכא־וטלולא איז געווען אין שטאָט: „מזל־טובֿ אונדז“... „קיווקע איז אַ חתן געוואָרן“... „געהערט? צוויי הונדערט רײַניש נדן“... „אַ טאַטנס אַ קינד“... „כאַ־כאַ־כאַ“...

דער כאַ־כאַ־כאַ האָט אָבער לאַנג נישט געדויערט, וואָרעם אין אַ פּאָר וואָכן אַרום קומט אָן, וואָס אַרט אײַך, אַ בריוול, ווידער פֿון אים, און ווידער צום זיידן, שוין אָן אַ „בקשתּי להודיע“, נאָר מיט אַ „בקשתּי לשלוח“ אַליין. „עס וווּנדערט אים, שרײַבט ער, וואָס מע האָט אים נאָך ניט אַרויסגעשיקט די צוויי הונדערט רײַניש, וואָס ער האָט צוגעזאָגט אײַנלייגן. טאָמער שיקט מען אים ניט אַרויס, זאָגט ער, באַלד די צוויי הונדערט רײַניש, ווערט ער אויס חתן, און פֿאַר בזיון בלײַבט אים איבער, זאָגט ער, נאָר איין זאַך: אָדער דערטרינקען זיך אין טײַך, אָדער קומען צו פֿאָרן מיטן בײַטשל אַהיים, קיין קאַמינקע“...

די דאָזיקע לעצטע ווערטער זענען אַרײַן דעם עולם, וואָס אַרט אײַך, אין נאָז אַרײַן, און מע האָט אויפֿגעהערט צו לאַכן, און דעם זעלבן אויפֿדערנאַכט איז געווען בײַם זיידן אַן אַסיפֿה פֿון די פֿאָרנעמסטע בעלי־בתּים אין שטאָט, און ס׳איז געבליבן, אַז עטלעכע שיינע ייִדן, און דער זיידע בתוכם, זאָלן נע־מען די פּאַטשיילעס און מחילה לאָזן זיך איבער דער שטאָט און צונויפֿמאַכן פֿון קיווקעס וועגן נדן. אַ ברירה האָט מען געהאַט? האָט קיין יסורים ניט. מע האָט אים נאָך געמוזט אָנשרײַבן אַ מזל־טובֿ אויך און צווינטשעווען דעם חתן, ס׳זאָל זײַן אין אַ מזלדיקער שעה, ער זאָל זיך מיט איר עלטערן אין עושר און אין כּבֿוד און דערלעבן קינדס־קינדער, ווי געווינטלעך. וואָס האָט

meisten hat natürlich der Großvater gegeben, das versteht sich schon von selbst) und man schickt ihm, ob Ihr's glaubt oder nicht, ein bisschen Geld hin. So war also die Sache endlich vorbei, und sie haben bald vergessen, dass es einmal einen Mann gab mit Namen Kiwke.

Nur Kiwke, versteht Ihr, hat *kein bisschen* vergessen, dass es da eine Stadt gibt, die Kaminke heißt. Es verstreicht also ein halbes Jahr oder auch ein ganzes Jahr, ich will mich da nicht festlegen, kommt doch wahrhaftig, ob Ihr's glaubt oder nicht, wieder ein Brief von ihm! Wieder an den Großvater! Wieder ›… gebe ich Euch kund…‹ und wieder ›ersuche ich Euch zu senden‹. Diesmal, Gott sei gelobt, noch mit einer freudigen Nachricht! Da er sich vor kurzem, schreibt er in dem Brief, verlobt hat mit einer sehr ordentlichen Braut, anständig erzogen und aus guter Familie, ›so ersuche ich Euch zu senden…‹, und gibt an, dass er zweihundert Gulden braucht für die Mitgift, die er versprochen hat. Wenn nicht, fällt die ganze Partie ins Wasser! Was sagt Ihr zu solch einer Tragödie? Kiwke würde, Gott bewahre, seine Braut verlieren! Natürlich ist der Brief in ganz Kaminke rumgegangen, welch ein Briefchen! Die Leute haben gelacht, man hat sich gebogen vor Lachen, die Stadt war voll von Spaß und Gelächter! ›Man kann uns gratulieren! Kiwke hat sich verlobt! Habt Ihr's gehört? Zweihundert Gulden Mitgift… anständig erzogen… hahaha…!‹

Das Hahaha ist ihnen aber bald vergangen! Denn nach ein paar Wochen kommt, ob Ihr's glaubt oder nicht, wieder ein Brief an, natürlich wieder von ihm, wieder an den Großvater, diesmal aber schon ohne ›… teile ich Euch mit‹, sondern nur mit ›… ersuche ich Euch zu senden…‹. Es erstaunt ihn, schreibt er, dass ihm die zweihundert Gulden noch nicht geschickt worden sind, die er für die Mitgift versprochen hat. Wenn man ihm nicht sehr schnell, schreibt er, diese zweihundert Gulden schickt, ist es aus mit der Verlobung, und vor Schande wird ihm nichts anderes übrigbleiben, schreibt er, entweder muss er sich im Fluss ertränken oder aber die Kutsche nehmen und heimkommen nach Kaminke…

Dieser letzte Satz ist den Leuten, wie Ihr Euch denken könnt, gehörig unter die Haut gegangen. Sie haben aufgehört zu lachen. Am selben Abend hat man beim Großvater eine Versammlung abgehalten; alle verantwortlichen Männer der Stadt kamen zusammen. Es wurde beschlossen, dass einige angesehene Leute – und der Großvater natürlich unter ihnen – sich auf die Stadt verteilen und mit ihren Taschentüchern Geld für Kiwkes Mitgift sammeln sollten. Hatten sie denn eine andere Wahl? Regt Euch nicht auf! Sie mussten ihm wahrhaftig auch noch eine Gratulation schicken, dem Bräutigam Glück und Segen wünschen: ›Möge er mit ihr in Reichtum und Ehren alt werden

מען גערעכנט? ער וועט חתונה האָבן, וועט דאָס אים פֿאַרדרייען דעם קאָפּ, וועט ער במילא פֿאַרגעסן, אַז ס׳איז דאָ אַ קאַמינקע אויף דער וועלט. צום סוף – ווער? וואָס? אַדרבה. ס׳איז ניט אַוועקגעגאַנגען קיין האַלב יאָר, אָדער אַ יאָר – איך וועל אײַך ניט זאָגן אַקוראַט, – קומט נישט אָן, מיינט איר, פֿון אים ווידער אַ מאָל אַ בריוול? וואָס איז ווײַטער? „באשר־בכן, אַזוי ווי ער האָט חתונה געהאַט, שרײַבט ער, און האָט דווקא געטראָפֿן, גאָט האָט אים צוגעשיקט, זאָגט ער, אַ ווײַבל אויף אַלע ייִדישע קינדער געזאָגט געוואָרן. נאָר וואָס דען? מיט אַלע מעלות, זאָגט ער, קאָן ניט זײַן. האָט זי אַ טאַטן – מעג ער זײַן די כּפּרה. אַ ליגנער, אַ דרייער, אַ שווינדלער, אַן אמתער באַנדיט. ער האָט אויסגענאַרט, שרײַבט ער, בײַ אים די צוויי הונדערט רײַניש און האָט אים אַרויסגעטריבן מיטן ווײַב אויף דער גאַס. על־כּן, שרײַבט ער, „בקשתי לשלוח“ – זאָל מען אים, הייסט עס, אַרויסשיקן תּיכּף־ומיד אַנדערע צוויי הונדערט רײַניש. אַניט, זאָגט ער, קומט אים אויס אָדער נעמען אַרײַנוואַרפֿן זיך אַ לעבעדיקער אין טײַך אַרײַן, אָדער קומען צו פֿאָרן צוריק אַהיים מיטן בײַטשל“...

דאָס האָט שוין דער שטאָט פֿאַרדראָסן טאַקע ניט אויף קאַטאָוועס. צוויי מאָל נדן? – דאָס איז דאָך שוין עפּעס טאַקע מעשה־פֿאַרך! און ס׳איז גע־בליבן, מע זאָל אים אויף זײַן בריוו נישט ענטפֿערן גאָרנישט. איז זיך מיישבֿ קיווקע און וואַרט אָפּ אַ וואָך צוויי אָדער דרײַ און שיקט אַרײַן, וואָס אַרט אײַך, ווידער אַ בריוו, און אַלץ אויף מײַן זיידנס נאָמען: „אַזוי און אַזוי, וואָס טראַכט מען זיך? פֿאַר וואָס שיקט מען אים ניט אַרויס די צוויי הונדערט רײַניש? ער וועט אָפּוואַרטן, שרײַבט ער, נישט מער ווי אָנדערטהאַלבן וואָכן, און אַז מע שיקט אים ניט אַרויס, זאָגט ער, דאָס געלט, האָט אים קאַ־מינקע פֿאַר אַ גאַסט, אם־ירצה־השם, גאָר אין גיכן“. און לאָזט נאָך אויס דעם בריוו מיט אַ „ונאמר אָמן“. אַ שייגעץ קאָן!

ווי, פֿאַרשטייט איר, האָט דאָס געברענט און געבראָטן איטלעכן באַזונ־דער? נאָר וואָס האָט מען געקאָנט טאָן? ווידער אַ מאָל אַן אַסיפֿה בײַם זיידן אין שטוב, און ווידער אַ מאָל שיינע בעלי־בתּים מיט אַ פֿאַטשיילע איבער דער שטאָט. דער עולם האָט זיך אַפֿילו, וואָס אַרט אײַך, שטאַרק געקנייטשט, קיין חשק געהאַט צו געבן געלט צוליב אַזאַ כּל־בוניק. נאָר ס׳איז עפּעס אַ תּירוץ – אַז רב ניסל שאַפּיראָ זאָגט געבן, קאָן מען קיין חזיר ניט זײַן. נאָר אַ תּנאַי האָט יעדער אויסגענומען, אַז דאָס גיט ער צום לעצטן מאָל. דער זיידע אַליין האָט אויך גאָר אַנדערש ניט גערעכנט, אַז דאָס איז שוין דאָס לעצטע מאָל. און אַזוי האָט מען אים טאַקע אָנגעשריבן, קיווקען הייסט דאָס, בפֿירוש מיטן האַרבן וואָרט, אַז דאָס שיקט מען אים דאָס לעצטע מאָל, און אַז מער זאָל ער פֿון קיין געלט גאָר ניט דערוועגן מזכּיר זײַן אַפֿילו. אַוודאי האָט ער זיך שטאַרק איבערגעשראָקן, דער גנבֿ, ווי מיינט איר? איין מאָל אונטער אַ יום־טובֿ קומט ניט אָן פֿונעם תּנא (צום זיידן, געוויינטלעך) ווידער אַ מאָל

und Kinder und Kindeskinder erleben‹, wie man eben so schreibt. Was haben
sie aber erwartet? Dass er Hochzeit feiert und jetzt andere Sachen im Kopf
hat und endlich vergisst, dass es auf dieser Erde eine Stadt mit Namen Ka-
minke gibt? Zu schön wäre das gewesen! Im Gegenteil, es vergeht kaum ein
halbes Jahr oder ein ganzes Jahr, ich will mich da nicht festlegen, da kommt,
ob Ihr's glaubt oder nicht, wieder ein Brief von ihm an! Was ist nun schon
wieder? Er ist also verheiratet, schreibt er, er hat eine Frau gefunden, wie man
sie nur allen jungen Leuten wünschen kann. Na also, was will er denn? Man
kann aber nicht in allem Glück haben, schreibt er. Sie hat einen Vater, dass er
zur Hölle fahre! Ein Lügner, ein Betrüger, ein Schwindler, ein richtiger Ban-
dit! Er hat ihm seine zweihundert Gulden aus der Tasche gezogen und ihn
dann mit der Frau vor die Tür gesetzt. Aus diesem Grund, schreibt er, ›... er-
suche ich Euch zu senden...‹. Nämlich umgehend noch einmal zweihundert
Gulden. Wenn nicht, bleibe ihm nichts anderes übrig, als sich lebendig in
den Fluss zu stürzen oder die Kutsche zu nehmen und heimzukommen...!

Dies hat nun die Stadt echt aufgeregt, und der Spaß war vorbei. Dop-
pelte Mitgift! Es wird langsam eine üble Geschichte! Man hat beschlossen,
ihm auf seinen Brief einfach nicht zu antworten. Aber auch der Kiwke ge-
braucht seinen Kopf, wartet zwei, drei Wochen, dann schickt er von neuem
ein Briefchen und natürlich wieder an meinen Großvater. ›Was erlaubt Ihr
Euch? Wieso schickt Ihr die zweihundert Gulden nicht?‹ Nicht mehr als
zehn Tage wird er noch warten, schreibt er, wenn man ihm dann nicht das
Geld schickt, bekommt Kaminke Besuch von ihm, so wahr Gott lebt, und
zwar umgehend. Und schließt den Brief noch mit ›Dabei bleibt es. Amen!‹.
Solch ein Dreckskerl!

Könnt Ihr begreifen, wie das in uns allen gekocht und gebrannt hat? Aber
was sollte man tun? Von neuem eine Versammlung im Haus vom Großva-
ter, wieder die angesehenen Männer mit ihren Tüchern durch die Stadt. Die
Leute haben sich natürlich, wie Ihr Euch denken könnt, diesmal ordentlich
gewunden. Sie hatten keine Lust, einem Schurken Geld zu geben. Aber es
gab keine Ausflucht. Wenn Reb Nissel Schapiro bittet, kann man doch kein
Geizhals sein! Nur eine Bedingung haben alle gemacht: Es ist das letzte Mal,
dass sie zahlen werden. Und der Großvater hat sich selbst auch vorgenom-
men, dass dies das letzte Mal sein muss. Genauso schrieben sie ihm auch,
dem Kiwke nämlich, ausdrücklich und mit deutlichen Worten, dass sie ihm
zum allerletzten Mal etwas schicken und dass er sich aus dem Kopf schlagen
soll, das Wort ›Geld‹ auch nur noch einmal zu erwähnen. Darüber ist er wohl
gewaltig erschrocken, der Lump? Glaubt Ihr wirklich? Kommt doch, kurz
vor dem Fest, von dem sauberen Burschen wieder ein Brief an, wieder natür-

אַ בריוול? וואָס איז הײַנט? „באשר־בכן, – שרײַבט ער, – אַזוי ווי ער איז זיך צונויפֿגעקומען אין בראָד מיט איינעם אַ דײַטש, זייער אַ לײַטישן מענטשן און אַן ערלעכן, און האָט געשלאָסן, זאָגט ער, מיט אים שותּפֿות, אַ פֿאַיאַנס־געשעפֿט, און דאָס געשעפֿט איז, זאָגט ער, זייער אַ גוט געשעפֿט און אַ ראַיעל געשעפֿט, מע קאָן, זאָגט ער, דערפֿון האָבן זייער שיין פּרנסה, – על כּן בקשתּי לשלוח, זאָל מען אים, הייסט עס, צושיקן, למען־השם, פֿיר הונדערט מיט פּופֿציק רײַניש. און טאַקע באַלד, מע זאָל ניט „מעדליוועןʺ, זאָגט ער, מיטן געלט. וואָרעם דער שותּף, שרײַבט ער, וויל ניט וואַרטן, ער האָט, זאָגט ער, אַנדערע שותּפֿים, צען פֿאַר איינעם, און טאָמער חלילה נעמט ער ניט דאָס געשעפֿט, בלײַבט ער אָן אַ געשעפֿט, און ווי באַלד ער בלײַבט אָן אַ געשעפֿט, קומט אים אויס, זאָגט ער, נאָר אַרײַנוואַרפֿן זיך אין טײַך אַרײַן, אָדער קומען צוריק אַהיים מיטן בײַטשלʺ – דער אַלטער נוסח! און לאָזן לאָזט ער אויס מיט אַן אָנצוהערעניש, אַז באם מע שיקט אים ניט אַרויס ביז אין צוויי וואָכן צײַט די פֿיר הונדערט מיט פּופֿציק רײַניש, וועט זיי קאָסטן טײַערער, וואָרעם זיי וועלן אים דאַרפֿן אומקערן פֿאַר הוצאָות פֿון בראָד קיין קאַמינקע און צוריק פֿון קאַמינקע קיין בראָד – אַ כּל־בוניק קאָן!

באַדאַרף מען אײַך נאָך דערציילן, וואָס פֿאַר אַ פֿאַרשטערטן יום־טובֿ די שטאָט האָט געהאַט? און איבער הויפּט – דער זיידע מײַנער! ער, עליו־השלום, האָט נעבעך געהאַט, וואָס אַרט אײַך, דעם גרעסטן חלק! וואָרעם אַז ס׳איז געקומען נאָך יום־טובֿ צו דער אַסיפֿה, האָט דער עולם אָנגעהויבן אונטערמורמלען און טענהן: „גענוג! ביז וואַנעט איז דער שיעור צו צאַפּן געלט? אַלצדינג דאַרף דאָך זײַן מיט אַ מאָס. קרעפּלעך עסן קאָן אויך נמאס ווערן. אײַער קיווקע וועט אונדז מאַכן פֿאַר קבצנים!ʺ... אַזוי טענהט די שטאָט. ענטפֿערט דער זיידע: „וואָס עפּעס מײַן קיווקע?ʺ זאָגן זיי: „וועמענס דען? וועמענס אויפּטו איז דאָס געווען, אַז דער ממזר זאָל פּלוצעם באַקומען אַפּאָפּלעקציע אין טורמע?...

פֿון די ווערטער האָט מײַן זיידע אַרויסגעזען (געווען אַ ייִד אַ חכם), אַז ס׳איז דבֿרים בטלים, קיין געלט וועט מער די שטאָט ניט געבן. האָט ער זיך אַ וואָרף געטאָן צו נאַטשאַלסטווע – נאַטשאַלסטווע ליגט דאָך אויך אין קוואַס גלײַך מיט אַלע, – טאָמער וועלן זיי געבן כאָטש עפּעס צושטײַער? – ווער? וואָס? אַ נעבכטיקער טאָג! אַ גוי איז ניט קיין ייִד. אַ גוי נעמט זיך ניט צום האַרצן. און, וואָס אַרט אײַך, ער האָט נעבעך געמוזט, במחילה כּבֿודו, דער זיידע הייסט עס, צעגאַרטלען זיך און אַוועקשיקן זײַנע אייגענע עטלעכע גילדן צום דאָזיקן רוצח, ימח־שמו. און אַ בריוו האָט ער אים אַוועקגעשריבן, אַ רעכטן בריוו (מײַן זיידע, עליו־השלום, אַז ער האָט געוואָלט, האָט ער געקאָנט!). אינעם דאָזיקן בריוו האָט ער אים, וואָס אַרט אײַך, גוט אויסגעשייגעצט, וויפֿל ס׳איז אין אים אַרײַן. ער האָט אים אָנגערופֿן כּל־בוניק, און הולטײַ, און עם־האָרץ,

lich an meinen Großvater. Was ist diesmal? Es hat sich ergeben, schreibt er,
dass er sich in Brod mit einem Deutschen zusammengetan hat, einem tüch-
tigen und ehrlichen Menschen, und ist sein Teilhaber geworden, schreibt er,
›in Porzellan. Das Geschäft ist sehr gut‹, schreibt er, ›eine solide Sache, davon
kann man sein Auskommen kriegen‹. Und daher ›ersuche ich Euch zu sen-
den…‹, nämlich vierhundertfünfzig Gulden, unbedingt, und zwar schnell!
Sie sollen es mit dem Geld, sagt er, nicht wieder in die Länge ziehen. Denn
der Kompagnon, schreibt er, will nicht warten. Er hat, sagt er, an jedem
Finger einen, der es machen will. Und wenn er, Gott behüte, das Geschäft
nicht kriegt, dann bleibt ihm nichts anderes übrig, als sich in den Fluss zu
stürzen oder die Kutsche zu nehmen und heimzukommen… Die alte Leier!
Er deutet am Ende noch an, für den Fall, dass sie ihm die vierhundertfünfzig
Gulden nicht innerhalb von zwei Wochen schicken, wird es sie noch mehr
kosten, denn sie werden obendrein die Ausgaben für die Reise von Brod nach
Kaminke und zurück aufbringen müssen.

Welch elender Lump! Ich muss nicht erzählen, was für einen verdorbe-
nen Feiertag sie in der Stadt hatten und vor allem mein Großvater. Er bekam,
ob Ihr's glaubt oder nicht, den größten Teil ab. Denn als man nach Feiertag
die Versammlung abhielt, fingen die Leute doch an, halblaut Vorwürfe zu
machen: ›Es reicht! Wie lange will man noch Geld aus uns pressen? Jede
Sache muss doch einmal ein Ende haben! Auch an Krapfen kann man sich
leidig essen! Euer Kiwke macht uns noch arm!‹ So beklagten sich die Leute
in der Stadt. Der Großvater antwortet drauf: ›Wieso mein Kiwke?‹ Sie sagen:
›Wessen Kiwke ist es denn? Wessen Idee war es denn, dass den Bastard plötz-
lich im Gefängnis der Schlag trifft…?‹

Aus diesen Worten hat mein Großvater begriffen (er war ja ein kluger
Mann), dass von jetzt an alles Reden umsonst war. Von den Leuten aus der
Stadt wird man keinen Pfennig mehr bekommen. Läuft er also gleich zur
Obrigkeit. Die Obrigkeit sitzt doch genauso in dieser miesen Sache drin wie
alle anderen. Da werden sie doch auch einen Beitrag geben! Wer? Was? Welch
eine Idee! Ein Goj ist doch kein Jude! Ein Goj nimmt sich so etwas nicht zu
Herzen. Man darf es gar nicht laut sagen, er musste schließlich, mein Groß-
vater nämlich, ob Ihr's glaubt oder nicht, eine Faust in der Tasche machen,
den eigenen Geldbeutel öffnen und reichlich von seinen eigenen Gulden
hinschicken zu diesem Verbrecher, verflucht sei sein Name! Er hat ihm aber
dazu einen Brief geschrieben, einen deutlichen Brief (wenn mein Großvater,
er ruhe in Frieden, wollte, dann konnte er auch!), und in diesem Brief hat er
ihm, ob Ihr's glaubt oder nicht, ordentlich die Meinung gesagt, so deutlich,
wie er nur konnte. Einen Schurken hat er ihn genannt, einen Wüstling, einen

און פּושע־ישׂראל, און בלוטצאַפּער, און פּיאַווקע, און רשע מרושע, און מומר להכעיס, און וואָס איר ווילט. און אָנגעזאָגט האָט ער אים איין מאָל פֿאַר אַלע מאָל, אַז מער זאָל ער זיך גאָר ניט דערוועגן שרײַבן קיין בריוולעך און ניט מזכּיר זײַן אַפֿילו פֿון קיין געלט. און האָט אים דערמאָנט, אַז ס׳איז דאָ אַ גאָט אויף דער וועלט, וואָס זעט אַלצדינג און ווייסט אַלצדינג און צאָלט בכּפֿל־כּפֿלים. און אויסגעלאָזט האָט ער דעם בריוו (פֿאָרט אַ ייִדיש האַרץ!) מיט תּחנונים, מיט אַ געבעט הייסט עס, ער זאָל רחמנות האָבן אויף זײַנע אַלטע יאָרן און זאָל ניט אומגליקלעך מאַכן אַ שטאָט מיט ייִדן, ובזכות זה וועט אים דער אייבערשטער העלפֿן, ער וועט דאָרט מצליח זײַן ווו ער וועט זיך קערן און ווענדן. אָט אַזאַ מין בריוו האָט אים דער זיידע, עליו־השלום, אַוועקגעשריבן און אונטערגעחתמעט האָט ער זיך מיטן גאַנצן נאָמען בפֿירוש: „ניסל שאַפּיראָ“ – און דאָס איז געוועזן פֿון אים, ער זאָל מיר מוחל זײַן, די גרעסטע נאַרישקייט, ווי איר וועט באַלד האָרכן, וואָס אַרט אײַך, פֿון דער געשיכטע ווײַטער.

דאָ האָט דער קאַמינקער ייִד ווידער אַ מאָל זיך אָפּגעשטעלט, אַרויסגענומען דעם פּאָרטטאַבאַק, פּאַוואָלינקע פֿאַרדרייט אַ פּאַפּיראָס, פֿאַררייכערט און שטאַרק פֿאַרצויגן זיך, איין מאָל און צוויי מאָל און דרײַ מאָל, גאָר נישט געקוקט דערויף, וואָס דער עולם איז נײַגעריק, גייט אויס מיט אַלע כּוחות, מע וויל שוין וויסן דעם שפּיץ. נאָך דעם ווי ער האָט זיך אַ ביסל אָנגערייכערט און אויסגעהוסט, האָט ער גוט אויסגעשנײַצט די נאָז, פֿאַרקאַטשעט איבעראַנײַס די אַרבל און אָנגעהויבן מיטן זעלבן טאָן, וואָס פֿריִער:

– איר קערט אַוודאי מיינען, מײַנע ליבע ייִדן, אַז דער כּלבֿ־שבכּלבֿים האָט זיך שטאַרק איבערגעשראָקן פֿאַר מײַן זיידנס בריוו? עס הייבט זיך גאָר ניט אָן. עס גייט ניט אַוועק קיין האַלב יאָר, אָדער אַ יאָר – קומט אָן, וואָס אַרט אײַך, פֿון דעם משומד אַזאַ מין מכתּבֿ: „ראשית בקשתי להודיע, אַז מײַן שותּף דער דײַטש, קומען זאָל אויף אים אַ בייזער חלום, האָט מיך באַשווינדלט, באַנומען פֿון קאָפּ ביז די פֿיס און אַרויסגעוואָרפֿן פֿון געשעפֿט. האָב איך אַפֿילו געוואָלט אײַנגעבן אויף אים, פֿאַרפֿירן אַ פּראָצעס, האָב איך אָבער געזען, אַז ס׳איז אַ נעכטיקער טאָג. אָנהייבן זיך לאָדן מיט אַ דײַטש – דאַרף מען זיך געזעגענען מיטן לעבן. זיי זענען אַזעלכע ממזרים, אַז מע טאָר ניט שטיין אין זייערע דלת אַמות! בין איך געגאַנגען און האָב בעסער אָפּגעדונגען אַ געוועלב, טאַקע נעבן זײַן געוועלב, אַ טיר נעבן אַ טיר, און איך עפֿן אַ נײַ געשעפֿט, אויך פֿון פֿאַיאַנס, און מיט גאָטס הילף, איך וועל דעם דײַטש באַגראָבן, ער וועט בײַ מיר עסן די ערד! נישמער – איין זאַך, וואָס מע דאַרף האָבן דערצו פֿאָדעם, צום ווייניקסטן – טויזנט רײַניש. על כּן בקשתּי לשלוח“... אַזוי שרײַבט ער, קיווקע הייסט עס, און לאָזט אויס דעם בריוו מיט די ווערטער: „און באם איר שיקט מיר ניט אַרויס אין אַכט טאָג אַרום די טויזנט רײַניש, שיק איך אָפּ, זאָגט ער, אײַער לעצטן בריוו, וואָס

Ignoranten und Abtrünnigen und Blutsauger und Wucherer, ein verruchtes Subjekt und einen Verräter und noch was Ihr wollt. Dazu hat er ihm deutlich und ein für alle Mal gesagt, er solle sich nicht mehr erkühnen, noch einen einzigen Brief zu schreiben und Geld auch nur zu erwähnen! Und hat ihn daran erinnert, dass es einen Gott gibt auf der Welt, der alles sieht und alles weiß und der alles hundertfach heimzahlt. Geschlossen hat er den Brief (er konnte trotz allem sein gutes Herz nicht verleugnen) mit einer bewegenden Bitte, man kann auch sagen mit einem Gebet: Jener solle mit seinen alten Jahren Mitleid haben und nicht eine ganze Stadt voller Menschen ins Unglück stürzen, und dass ihm dafür der Höchste bestimmt helfen werde, dort drüben Glück zu haben, wo er auch sei und was er auch anfange. Solch einen Brief hat ihm mein Großvater, er ruhe in Frieden, geschrieben und dann klar und deutlich mit seinem vollen Namen unterzeichnet: ›Reb Nissel Schapiro‹. Das aber war, er soll es mir verzeihen, seine größte Dummheit, wie Ihr gleich hören werdet, wenn die Geschichte weitergeht.«

An dieser Stelle machte der Mann aus Kaminke wieder eine Pause, nahm von neuem den Tabaksbeutel raus und drehte sich gemächlich eine Zigarette. Er rauchte in vollen Zügen, zog einmal und zweimal und ein drittes Mal. Es kümmerte ihn gar nicht, wie neugierig die Leute waren und dass sie nun mit aller Gewalt wissen wollten, wie die Sache ausgeht. Nachdem er also mit Rauchen fertig war, hustete er noch gründlich, schnäuzte sich die Nase, verschränkte wieder die Arme und machte im gleichen Tonfall wie vorher weiter.

»Ihr meint vielleicht, Freunde, dass der Sauhund vom Brief meines Großvaters richtig gerührt war? Keine Rede davon! Es vergeht kein halbes Jahr oder ein Jahr, da kommt, ob Ihr's glaubt oder nicht, von diesem Abtrünnigen ein neues Schreiben. ›Zuerst teile ich Euch mit, dass mich mein Partner, der Deutsche, alle bösen Träume sollen ihn verfolgen, gründlich betrogen, mich von Kopf bis Fuß ausgenommen und dann aus dem Geschäft rausgeworfen hat. Natürlich wollte ich ihn verklagen und ihm den Prozess machen; ich habe aber schnell gemerkt, dass so etwas total umsonst ist. Mit einem Deutschen vor Gericht gehen, da kann man sich gleich das Leben nehmen. Sie sind solche Bastarde, dass man sich am besten von ihnen fernhält! Ich bin also hingegangen und habe ebenso einen Laden gemietet, gleich neben ihm, Tür an Tür. Ich mache selbst ein Geschäft auf, auch in Porzellan, und mit Gottes Hilfe werde ich den Deutschen so fertigmachen, dass er noch vor mir Dreck fressen wird! Dazu ist lediglich nötig, dass man ein Anfangskapital hat, mindestens tausend Gulden.‹ Und wie gewöhnlich: ›ersuche ich Euch, mir zu senden…!‹ So schreibt er, der Kiwke, und beschließt den Brief mit den Worten: ›Falls Ihr mir nicht innerhalb von acht Tagen die tausend Gulden

איז געחתמעט מיט אײַער אייגענער האַנט: „ניסל שאַפּיראָ״, גלײַך אין דער גובערניע אַרײַן, און דערציילט זיי אויס די גאַנצע מעשׂה פֿון אלף ביז תּיו; ווי אַזוי איך האָב באַקומען אין טורמע די אַפּאַפּלעקציע, ווי אַזוי איך בין נאָך דעם אויפֿן היילִיקן אָרט אויפֿגעשטאַנען תּחית־המתים, ווי אַזוי שמעון דער בעל־עגלה האָט מיך געבראַכט בשלום קיין בראָד, און ווי אַזוי איר האָט מיר אַרויסגעשיקט עטלעכע מאָל לא־יחרץ־געלט. אַלצדינג וועל איך זיי, זאָגט ער, אויסדערציילן, לאָזן זיי וויסן, אַז מיר האָבן אַ גרויסן גאָט און קיווקע איז ניט געשטאָרבן״...

געפֿעלט אײַך, אַ שטייגער, אַזאַ מין ברוך־הבאָ?! ווי נאָר דער זיידע, עליו־השלום, האָט איבערגעלייענט דעם דאָזיקן זיסן בריוו, אַזוי איז אים באַלד געוואָרן שלעכט, וואָס אַרט אײַך, אויף צו חלשן. עס האָט אים אָפּגע־נומען, ניט פֿאַר מיר גערדאַכט... ייִדן, מיר שטייען? ווו זענען מיר?

– סטאַנציע באַראַנאָוויטש... סטאַנציע באַראַנאָוויטש...

אַזוי רופֿן אויס די קאָנדוקטאָרן, לויפֿנדיק איינס נאָך דאָס אַנדערע פֿאַרבײַ די פֿענצטער פֿון אונדזער וואַגאָן.

דערהערט דעם נאָמען „באַראַנאָוויטש״, שפּרינגט אויף אונדזער קאַמינ־קער ייִד פֿון אָרט, טוט זיך אַ כאַפּ צו זײַן פּעקל, עפּעס אַ מין זאַק, אָנגעשטופּט גאָט ווייס מיט וואָס, שלעפּט אים מיט אַלע כּוחות און לאָזט זיך צו דער טיר. איין מינוט – און ער איז שוין מיט ביידע פֿיס אויף דער פּלאַטפֿאָרמע, שוויצט און שטופּט זיך מיטן זאַק צווישן עולם, טוט אַ קוק אַרײַן יעדן איינציקן אין פּנים אַרײַן:

– באַראַנאָוויטש?

– באַראַנאָוויטש.

עס כאַפּט דעם אָנבליק, ווי בײַ קידוש־לבֿנה:

– שלום־עליכם?

– עליכם־שלום!

אַ סך פֿון אונדזער וואַגאָן (און איך אויך בתוכם) לויפֿן אים נאָך פֿון הינטן און כאַפּן אים בײַ די פּאָלעס:

– פֿעטער! ס'איז בלאָטע! מיר וועלן אײַך ניט אָפּלאָזן. איר מוזט אונדז זאָגן – וואָס איז געווען דער סוף פֿון דער געשיכטע?

– וואָסער סוף? ס'איז ערשט אַן אָנהייב! לאָזט מיך אָפּ! וואָס ווילט איר? איך זאָל פֿאַרשפּעטיקן איבער אײַך דעם פּאָיעזד? מאָדנע ייִדן! איר הערט דאָך: באַראַנאָוויטש! סטאַנציע באַראַנאָוויטש!

און איידער מיר קוקן זיך אַרום, איז שוין ניטאָ קיין זכר אַפֿילו פֿון דעם קאַמינקער ייִדן.

פֿאַרברענט זאָל ווערן די סטאַנציע באַראַנאָוויטש!

ענדע געשיכטע נומער דרײַ.

געשריבן אין יאָר 1909.

schickt, sende ich‹, schreibt er, ›Euren letzten Brief mit der eigenhändigen Unterschrift „Nissel Schapiro", sofort an die Regierung und erzähle ihnen die ganze Geschichte von A bis Z. Wie ich im Gefängnis den Schlag bekommen habe. Wie ich dann auf dem Friedhof von den Toten auferstanden bin. Wie mich Simon, der Fuhrmann, wohlbehalten nach Brod gebracht hat. Und dass Ihr mir seitdem schon ein paar Mal Schweigegeld geschickt habt. Alles, alles werde ich ihnen genau erzählen‹, schreibt er, ›sollen sie nur wissen, dass wir einen starken Gott haben und dass Kiwke nicht gestorben ist…‹

Nun, was sagt Ihr zu solch einem Gruß! Als der Großvater, Friede sei mit ihm, diesen herrlichen Brief gelesen hatte, ist ihm fast schlecht geworden, so dass er, ob Ihr's glaubt oder nicht, bald in Ohnmacht fiel. Es hat ihm fast, Gott bewahre… Leute, wo halten wir? Wo sind wir?«

»Hier Baranowitsch! Hier Baranowitsch!« rufen die Schaffner aus und laufen nacheinander an den Fenstern unseres Waggons vorbei.

Als er das Wort Baranowitsch hört, springt unser Mann aus Kaminke von seinem Platz auf, schnappt sich sein Gepäck, so eine Art Sack, vollgestopft mit irgendwelchen Sachen. Er packt ihn ganz fest mit all seiner Kraft und geht zur Tür. Eine Minute nur, und schon steht er mit beiden Füßen auf dem Bahnsteig, schiebt sich voran, stößt mit seinem Sack gegen die Leute und fragt jeden:

»Baranowitsch?«

»Baranowitsch!«

Man könnte meinen, man wäre beim Neumondsegen![23]

»Scholem alejchem!«

»Alejchem scholem!«

Mehrere aus unserem Waggon (und ich dabei) rennen ihm nach und halten ihn an der Schulter fest:

»Unmöglich, Mann, so geht das nicht! Wir lassen Euch nicht einfach laufen! Ihr müsst uns erzählen, wie die Geschichte ausgeht. Wie ist das Ende?«

»Das Ende? Aber das war doch erst der Anfang! Lasst mich los! Soll ich wegen Euch meinen Anschluss verpassen? Ihr seid gut, Ihr habt doch gehört, ›Baranowitsch, hier Baranowitsch‹!«

Und ehe wir es uns versehen, ist von unserem Mann aus Kaminke keine Spur mehr da.

Hol der Teufel den Bahnhof Baranowitsch!

(1909)

געשיכטע נומער פֿיר

צוגענומען

– איר זאָגט דאָס? איך וועל אײַך דערציילן אַ שענערע זאַך. פֿאַראַן בײַ אונדז איינער פֿינקלשטיין. אַ ייִד אַ גבֿיר. אַן אַדיר. האָט ער צוויי בנים. דאַכט זיך מיר, ווען איך האָב זײַן געלט, וואָלט איך אַ שפּײַ געטאָן אויפֿן גאַנצן טאַרע־ראַם. וויפֿל, מיינט איר, האָט אים אָפּגעקאָסט? לאָמיר דאָס פֿאַרמאָגן ביידע כאָטש האַלב!...

– אַלדע שוואַרצע יאָר! איך האָב עס נאָך געזאָגט פֿאַר אַ יאָרן. אָט וועט איר זען, האָב איך געזאָגט, אַז העכער האַלב וועלן זיך אויסשמדן.

– דאָס אייגענע, וואָס איך. בײַ אונדז איז געווען איינער מאַרשאַק, איז ער אויסגעווען ווו די וועלט האָט אַן עק. אין ערגעץ ניט צוגעלאָזט. איז ער געגאַנגען און האָט זיך אַוועקגעסמט...

– הלוואַי איך זאָל ליגן זאָגן, האָב איך געזאָגט, אָט וועט איר זען, זאָג איך, אַז מע וועט זיך געבן אַ נעם בײַ אונדז צום שמדן, וועט ניט בלײַבן איין ייִד, צו אַלדע שוואַרצע יאָר! וואָס דען? ס׳איז, אַ פּנים, אַן אופֿן גאָר איבער־צוטראָגן די צרות מיט די פּראָצענטן מיט די צירקוליאַרן? אַלע טאָג, אַלע טאָג אַ נײַער צירקוליאַר. וויפֿל ייִדישע קינדער, אַזוי פֿיל צירקוליאַרן. אָט וועט איר זען, האָב איך געזאָגט, ווי מע וועט זיך דערשפּילן, אַז מע וועט גאָר אויפֿהערן צונעמען. אַ סימן האָט איר, נעמט, למשל, שפּאָלע. שפּאָלע – אַ ייִדישע שטאָט? איאָ?

– למאַי נעמיראָוו? אָט האָב איך אַ בריוו פֿון נעמיראָוו, שרײַבט מען מיר פֿון דאָרטן זייער מיאוסע זאַכן!...

– און אין לובען, מיינט איר, איז בעסער?

– וואָס איז אין לובען?

– צי, אַ שטייגער, אין אַנאַניעוו. אין אַנאַניעוו פֿלעגט מען אַלע יאָר צו־נעמען נישט ווינציקער פֿון דרײַ ייִדן.

– וואָס טויג אײַך אַנאַניעוו? נעמט בעסער טאָמאַשפּאָל. אין טאָמאַש־פּאָל, זאָגט מען, האָט מען הײַנטיקס יאָר נישט צוגענומען איין ייִדן אַפֿילו, איר זאָלט זאָגן, אויף אַ רפֿואה!

– און בײַ אונדז האָט מען הײַנטיקס יאָר צוגענומען אַכצן ייִדן.

דאָס איז געווען אַ קול פֿון אויבן. מײַנע צוויי פֿאַרשוינען (און איך אויך) פֿאַררײַסן די קעפּ אַרויף, הייבן אויף די אויגן אויף דער אייבערשטער באַנק. פֿון דער אייבערשטער באַנק הענגען אַראָפּ צוויי פֿיס אין טיפּע גומענע

Geschichte Nummer vier

Wirklich genommen![24]

»Da sagt Ihr was! Ich kann Euch dazu noch eine bessere Geschichte erzählen. Bei uns haben wir einen Finkelstein. Ein reicher Mann, mit Rang und Namen. Er hat zwei Söhne. Ich will Euch was sagen, wenn ich sein Geld hätte, würde ich auf den ganzen Zirkus pfeifen. Was glaubt Ihr, was ihn die Sache gekostet hat? Ach, wenn wir beide nur die Hälfte davon hätten!«

»Zum Teufel nochmal! Ich hab es schon letztes Jahr gesagt: Ihr werdet sehen, habe ich gesagt, mehr als die Hälfte wird sich schmaden lassen, taufen, nur damit sie es schaffen.«

»Genau das meine ich auch. Bei uns gab es einen gewissen Marschak. Er ist bis fast ans Ende der Welt gefahren und hat es überall versucht. Aber nirgendwo hat er die Aufnahme bekommen! Da hat er wahrhaftig Gift genommen und sich so davongemacht.«

»Gebe Gott, dass ich mich irre, habe ich gesagt, Ihr werdet noch erleben, habe ich gesagt, wenn man bei uns erst mal anfängt mit dem Schmaden, wird kein einziger Jude übrig bleiben, zum Teufel nochmal! Und weshalb? Anscheinend ist es die einzige Möglichkeit, all die Schwierigkeit mit den Prozenten und den Quoten[25] und den Erlassen zu überstehen. Jeden Tag ein neuer Erlass! So viele jüdische Menschen wie Erlasse! Ihr werdet noch sehen, habe ich gesagt, man wird sich noch beglückwünschen, wenn sie nicht überhaupt Schluss machen mit den Aufnahmen. Es gibt schon Anzeichen, nehmt zum Beispiel Spole! Spole – Ihr meint, eine jüdische Stadt?!«

»Oder Nemirow. Ich habe gerade einen Brief aus Nemirow gekriegt, schlechte Nachrichten, übel sieht es dort aus!«

»Und in Luben? Meint Ihr, da ist es besser?«

»Was ist mit Luben?«

»Oder etwa in Ananjew? In Ananjew werden im Jahr gerade mal drei Juden genommen.«

»Lassen wir Ananjew! Reden wir lieber von Tomaschpol. In Tomaschpol, höre ich, ist in diesem Jahr nicht ein einziger Jude genommen worden, mit aller Gewalt nicht!«

»Bei uns hat man in diesem Jahr schon achtzehn Juden genommen!«

Die Stimme kommt von oben. Meine zwei Gesprächspartner (und auch ich) drehen den Kopf mit einem Ruck nach oben und starren in die Höhe zur oberen Bank. Von der oberen Bank herunter baumeln zwei Füße in Gummi-

קאַלאָשן. די צוויי פּיס מיט די טיפֿע גומענע קאַלאָשן טראָגן אויף זיך אַ ייִדן מיט אַ שוואַרצן צעקודלטן קאָפּ, מיט אַ פֿאַרשלאָפֿן פּנים, וואָס זעט אויס ווי געשוואָלן.

מייַנע צוויי פֿאַרשוינען באַטראַכטן דעם פֿאַרשלאָפֿענעם מיטן געשוואָלענעם פּנים, עסן אים אויף מיט די אויגן, גלייַך ווי ער וואָלט געווען עפּעס אַ מין באַשעפֿעניש, וואָס אין אונדזערע ערטער זעט מען דאָס גאָר ניט.ביידע מיט אַ מאָל ווערן זיי ווי אויפֿגעלעבט, דערפֿרייען זיך, און מיט בלישטשענדיקע אויגן טוען זיי אַ פֿרעג בייַם אייבערשטן פֿאַרשוין:

– ביַי אייַך האָט מען, זאָגט איר, צוגענומען אַכצן ייִדן?

– אַכצן שטיק, ווי די בערן, און מייַנעם אויך בתוכם.

– אייַערן האָט מען אויך צוגענומען?

– נאָך אַ מין צונעמען!

– ווו? ווו?

– ביַי אונדז טאַקע, אין קליין־פּערעשטשעפּענע.

– אין וואָסער פּערעשטשעפּענע? ווו איז דאָס ערגעץ פּערעשטשעפּענע?

ביידע כאַפּן זיך אויף אויף די פּיס, קוקן איינס אויף דאָס אַנדערע, און ביידע – אויפֿן פֿאַרשוין פֿון דער אייבערשטער באַנק. דער פֿאַרשוין פֿון דער אייבערשטער באַנק קוקט צו זיי אַראָפּ מיטן פֿאַרשוואָלענעם פּנים:

– קליין־פּערעשטשעפּענע ווייסט איר ניט? אַ שטעטל פֿאַראַן אַזעלכעס. איר האָט גאָר נישט געהערט קיין מאָל? פֿאַראַן צוויי פּערעשטשעפּענעס: גרויס־פּערעשטשעפּענע און קליין־פּערעשטשעפּענע. בין איך אַ קליין־פּערעשטשעפּענער.

– אויב אַזוי, קומט דאָך אייַך שלום. קריכט אַראָפּ אַהער. וואָס וועט איר זיצן דאָרט איינער אַליין אונטערן הימל?

דער בעל־הבית פֿון די פּיס מיט די טיפֿע גומענע קאַלאָשן קלעטערט אַראָפּ קרעכצנדיק, צו די צוויי. און די צוויי צערוקן זיך, מאַכן פֿונעם דריטנס וועגן אַן אָרט און זיי באַפֿאַלן אים, ווי די הונגעריקע היישעריקן.

– האָט מען אייַערן, זאָגט איר, צוגענומען?

– נאָך אַ מין צוגענומען!

– זאָגט זשע נאָר, ליבער פֿרייַנד, ווי קומט עס? מע נעמט ביַי אייַך, אַ פּנים, אַ קערבל?

– אַ קערבל? חלילה־וחס! מע טאָר גאָר נישט דערמאָנען פֿון קיין געלט. דאָס הייסט, אַ מאָל איז ביַי אונדז דווקא אָנגעגאַנגען געלט. און נאָך אַ מין געלט! אָהאָ־האָ! מע פֿלעגט פֿאָרן צו אונדז פֿון אַנדערע שטעט אַרום און אַרום. מע האָט שוין געוווּסט, אַז פּערעשטשעפּענע איז אַן אָרט, ווו מע נעמט.

galoschen. Die beiden Füße mit den hohen Gummigaloschen gehören einem Mann; schwarzer, zerzauster Kopf, verschlafenes Gesicht, ein bisschen aufgedunsen.

Meine zwei Gesprächspartner schauen den verschlafenen Menschen mit dem aufgedunsenen Gesicht an, fressen ihn bald mit den Augen auf, so, als wäre er eine Art Wesen, das es in unserer Gegend gar nicht geben darf. Beide werden sie auf einmal munter, sind sichtlich erfreut, und mit glänzenden Augen richten beide gleichzeitig eine Frage an die Gestalt von oben:

»Bei Euch sind achtzehn Juden genommen worden?«

»Achtzehn Stück, wie die Bären, Ihr könnt Euch drauf verlassen, keiner weniger, mein Sohn ist auch dabei.«

»Euren Sohn hat man genommen?«

»Ohne viel Federlesens!«

»Wo ist das gewesen? Wo?«

»Na, bei uns, in Klein-Pereschtschepene.«

»In was für einem Pereschtschepene? Wo liegt denn das, Euer Pereschtschepene?«

Beide sind aufgesprungen. Sie schauen sich erst gegenseitig an und dann auf die Gestalt von der oberen Bank. Der Mensch von der oberen Bank seinerseits schaut runter auf sie mit seinem aufgedunsenen Gesicht.

»Ihr kennt Klein-Pereschtschepene nicht? Gibt es aber, so ein Schtetl. Habt Ihr noch nie davon gehört? Wir haben sogar zwei Pereschtschepene, Groß-Pereschtschepene und Klein-Pereschtschepene. Ich selbst bin ein Klein-Pereschtschepener.«

»Also das ändert alles, seid uns willkommen, steigt runter zu uns! Was sitzt Ihr da oben allein in den Wolken?«

Der Inhaber der Füße mit den hohen Gummigaloschen klettert ächzend zu den beiden herunter, die zwei rücken ein wenig zusammen, machen dem Dritten Platz bei sich und fallen sofort wieder wie die hungrigen Heuschrecken über ihn her.

»Man hat also Euren Sohn, sagt Ihr, wirklich genommen?«

»Sicher. Klar und ohne weiteres genommen. Wie nichts!«

»Aber sagt uns, lieber Freund, wie ist das möglich? Vielleicht lässt sich bei Euch mit einem Rubelchen etwas machen?«

»Schmieren? Gott behüte! Geld darf man gar nicht ins Spiel bringen. Das heißt, früher einmal ist bei uns mit Geld etwas gelaufen. Na und nicht mal wenig! Ah, die Leute kamen aus anderen Städten, von weit und breit her zu uns gefahren. Damals wusste man, Pereschtschepne ist ein Ort, wo sich mit

נאָר פֿון אַ פּאָר יאָר, פֿון זינט מע האָט געמסרט – אויף מײַן גליק – האָט מען אויפֿגעהערט בײַ אונדז נעמען געלט.

– וואָס זשע? אַ פּראָטעקציע?

– וואָסער אַ פּראָטעקציע? זיי האָבן צווישן זיך אָפּגעמאַכט איין מאָל פֿאַר אַלע מאָל, אַז ווי באַלד אַ ייִד, אַזוי איז – צוגענומען! פּרינימאַט אי ניקאַקיך!

– טאַקע באמת? וואָס רעדט איר? איר מאַכט, אַ פּנים, פֿון אונדז חוזק?

– חוזק מאַך איך? וואָס בין איך אײַך פֿאַר אַ חוזק־מאַכער?

אַלע דרײַ קוקן זיך אָן, גלײַך ווי זיי וואָלטן וועלן איבערלייענען, וואָס שטייט בײַ זיי אָנגעשריבן אויף די פּנימער. און מחמת אויף זייערע פּנימער שטייט נישט אָנגעשריבן גאָרנישט, טוען די צוויי אַ פֿרעג בײַם דריטן:

– שטייט נאָר, ווי אַזוי האָט איר געזאָגט? פֿון וואַנען זענט איר אַליין?

דער דריטער ווערט אַ ביסל ברוגזלעך.

– פֿון פּערעשטשעפּענע – האָב איך אײַך שוין געזאָגט דרײַ מאָל. פֿון קליין־פּערעשטשעפּענע.

– האָט קיין פֿאַראיבל ניט. מיר האָרכן דאָס ערשטע מאָל אַזאַ שטאָט.

– כאַ־כאַ־כאַ! פּערעשטשעפּענע אַ שטאָט? אויך מיר אַ שטאָט! פּע־רעשטשעפּענע איז ניט קיין שטאָט, נאָר אַ שטעטל, אַ דאָרף קאָן מען זאָגן, אַ „מעסטעטשקע".

– און פֿון דעסט וועגן איז דאָ, זאָגט איר, בײַ אײַך... ווי אַזוי הייסט אײַער שטעטל? פּער... פּערע...

דער ייִד פֿון קליין־פּערעשטשעפּענע ווערט שוין טאַקע רעכט אין כּעס.

– מאָדנע ייִדן דאָס איז! איר קאָנט נישט אויסרעדן קיין ייִדיש וואָרט, צי וואָס? פּע־רע־שטשע־פּע־נע! פּע־רע־שטשע־פּע־נע!

– נו, גוט, גוט. פּערעשטשעפּענע איז פּערעשטשעפּענע. וואָס זשע דאַרף מען זײַן אַזוי אין כּעס?

– איך בין גאָר ניט אין כּעס. איך האָב פֿײַנט, אַז מע פֿרעגט מיך איבער איין זאַך נײַן און נײַנציק מאָל.

– האָט קיין פֿאַראיבל ניט. מיר האָבן די אייגענע מכּה, וואָס איר. מיר האָבן דערהערט פֿון אײַך, אַז מע האָט אײַערן צוגענומען, האָט דאָס אונדז געגעבן אַ נעם. דערפֿאַר פֿרעגן מיר זיך אַזוי נאָך. מיר וועלן אײַך זאָגן דעם ריינעם אמת: מיר האָבן זיך קיין מאָל ניט פֿאָרגעשטעלט, אַז בײַ אײַך, ווי אַזוי הייסט עס, אין פּערע־פּערע־שטשעפּענע זאָל זיך געפֿינען אַ גימנאַזיע!

דער פּערעשטשעפּענער ייִד שטעלט אָן אויף זיי די אויגן, קוקט בייז:

– ווער האָט אײַך געזאָגט, אַז בײַ אונדז אין פּערעשטשעפּענע איז דאָ אַ גימנאַזיע?

מײַנע צוויי פֿאַרשוינען פֿון זייער זײַט שטעלן אָן אויפֿן דריטן פֿאַרשוין די אויגן:

Schmieren etwas machen lässt. Aber seit ein paar Jahren, nachdem man die Leute bei den Behörden angezeigt hat, ist Schluss mit den ›kleinen Geschenken‹.«

»Was kann es dann sein? Protektion von außen?«

»Ach was, Protektion! Man hat ein für alle Mal festgelegt: Wo ein Jude ist, wird er auch genommen. Fertig! Ob Ihr's versteht oder nicht!«

»Wirklich? Was erzählt Ihr da? Ihr nehmt uns auf den Arm!«

»Ich nehme Euch auf den Arm? Sehe ich aus wie einer, der Witze macht?«

Alle drei sehen sich an. Sie wollen unbedingt rauskriegen, was dem anderen im Gesicht geschrieben ist. Aber aus ihren Gesichtern ist nichts abzulesen; so fragen die zwei noch einmal ihren dritten Mann:

»Beruhigt Euch! Wie habt Ihr gerade gesagt, wie heißt das, woher Ihr kommt?«

Der Dritte wird ein bisschen ärgerlich.

»Aus Pereschtschepene. Ich habe es Euch schon dreimal gesagt, aus Klein-Pereschtschepene.«

»Nehmt es uns nicht übel. Wir hören zum ersten Mal von so einer Stadt.«

»Hahaha, Pereschtschepene eine Stadt? Dass ich nicht lache! Pereschtschepene ist keine Stadt, nur ein Schtetl, besser müsste man sagen, ein Flecken, ein Nest.«

»Und ausgerechnet in diesem… wie heißt noch mal Euer Schtetl? Per… Pere…«

Der Mann aus Klein-Pereschtschepene wird langsam böse.

»Seltsame Juden seid Ihr! Könnt Ihr kein jüdisches Wort aussprechen, nein? Pe-re-schtsche-pe-ne! Pe-re-schtsche-pe-ne.«

»Schon gut, also dann Pereschtschepene. Warum gleich wütend werden?«

»Ich bin nicht wütend. Ich kann nur nicht leiden, wenn man mich ein und dieselbe Sache neunundneunzigmal fragt.«

»Nehmt es uns nicht übel. Wir haben dasselbe Problem wie Ihr. Wir hören von Euch, dass man Euren Sohn genommen hat. Und das erstaunt uns. Darum fragen wir so hartnäckig. Wir sagen Euch die reine Wahrheit, wir können uns nicht einmal vorstellen, dass es bei Euch in diesem Per… Pereschtschepene überhaupt ein Gymnasium gibt.«

Der Pereschtschepener schaut sie von neuem ärgerlich an.

»Wer hat denn behauptet, dass wir in Pereschtschepene ein Gymnasium haben?«

Jetzt wiederum starren unsere zwei auf den Dritten.

– איר זאָגט דאָך, אַז אײַערן האָט מען צוגענומען בײַ אײַך טאַקע אין פּערעשטשעפּענע?

דער פּערעשטשעפּענער קוקט אויף זײַ מלא־גזלן. נאָך דעם שטייט ער אויף און שרײַט אויס זײַ גלײַך אין פּנים אַרײַן:

– פֿאַר אַ סאָלדאַט האָט מען אים צוגענומען! פֿאַר אַ סאָלדאַט! פֿאַר אַ סאָלדאַט!...

אין דרויסן איז שוין גרויסער טאָג. אין די פֿענצטער גנבֿעט זיך אַרײַן אַ גרויע בלוילעכע ליכטיקייט. דער עולם ביסלעכווײַז שטייט אויף. ווער עס גלײַכט זיך אויס די ביינער. ווער עס הוסט זיך אויס. און ווער עס נעמט זיך צו די פּעקלעך, גרייט זיך אין וועג אַרײַן.

מײַנע דרײַ פֿאַרשווינען האָבן זיך צעשיידט. געוואָרן אויס מחותּנים. איינער האָט זיך אָפּגעקערעוועט אין אַ ווינקעלע און פֿאַוואָלינקע פֿאַר־רייכערט אַ פּאַפּיראָס. דער אַנדערער האָט אויפֿגעעפֿנט אַ קליין סדורל, אַוועקגעזעצט זיך דאַוונען פֿון פֿאָרנט, איין אויג צוגעמאַכט און געשעפּ־טשעט שטילערהייט. דער דריטער, דער בייזער ייִד, וואָס פֿון קליין־פּערע־שטשעפּענע, – דער האָט זיך גאָר גענומען צום עסן.

מערקווירדיק, ווי די דרײַ זענען עפּעס מיט אַ מאָל געוואָרן, ווי ווילד פֿרעמדע. נישט נאָר מע רעדט נישט אויס צווישן זיך אַ וואָרט, נאָר מע קוקט זיך ניט אַפֿילו איינס דאָס אַנדערע אין די אויגן אַרײַן, גלײַך ווי זיי וואָלטן אַלע אין איינעם עפּעס אָפּגעטאָן אַ פּאַסקודנע זאַך, אַ מיאוסע עבֿירה...

ענדע געשיכטע נומער פֿיר.

געשריבן אין יאָר 1909.

»Aber Ihr sagt doch, dass man Euren Sohn bei Euch in Pereschtschepene genommen hat.«

Der Pereschtschepener blickt sie so wild an, als wollte er über sie herfallen. Dann springt er auf und schreit ihnen geradezu ins Gesicht:

»Als Soldat hat man ihn genommen! Als Soldat! Als Soldat!!!«[26]

Draußen ist schon heller Tag. Ein bläulich graues Licht stiehlt sich durch die Fenster herein. Langsam, einer nach dem anderen, stehen die Fahrgäste auf. Die einen strecken und recken sich. Andere husten sich gründlich aus. Wieder andere nehmen ihre Päckchen und Packen auf und machen sich fertig.

Meine drei Männer haben sich voneinander entfernt und tun so, als würden sie einander nicht kennen. Einer hat sich in seinen Winkel abgewandt und zieht heftig an seiner Zigarette. Der andere hat ein kleines Gebetbuch geöffnet, sich abseits gesetzt und betet mit geschlossenen Augen murmelnd vor sich hin. Der dritte, unser ärgerlicher Mensch aus Pereschtschepene, hat gar angefangen zu essen.

Seltsam, wie die drei einander plötzlich wildfremd geworden sind. Nicht nur, dass sie kein Wort miteinander reden. Sie schauen sich auch nicht mehr in die Augen. So als hätten sie alle drei miteinander etwas Verbotenes begangen, ein übles Verbrechen.

(1909)

אַ מענטש פֿון בוענאָס־אײַרעס

פֿאָרן אין באַן איז גאָר ניט אַזוי אומעטיק, ווי אַנדערע מיינען. אַבי מע טרעפֿט נאָר אָן אַ גוטע קאָמפּאַניע. אַ מאָל מאַכט זיך אײַך צו פֿאָרן מיט אַ סוחר, מיט אַ מענטשן, וואָס פֿאַרשטייט געשעפֿט. דעמאָלט ווייסט איר גאָר ניט, ווו ו די צײַט קומט אַהין. און אַ מאָל טרעפֿט איר אָן נישט אויף קיין סוחר, נאָר אַזוי אויף אַ געניטן מענטשן, אַ קלוגן, אַ דורכגעטריבענעם, אַ „געריבערטע ליולקע", וואָס איז קלאָר די וועלט אויף אויס[נ]ווייניק. מיט אַזאַ מענטשן איז אַ פֿאַרגעניגן צו פֿאָרן. מע קאָן פֿון אים עפּעס נאַשן. און אַ מאָל שיקט אײַך גאָט צו גלאַט אַ לעבעדיקן פּאַסאַזשיר. אַ לעבעדיקן און אַ פֿריילעכן און אַ באַרעדעוודיקן. רעדט ער און רעדט און רעדט. דאָס מויל מאַכט זיך אים ניט צו רעדנדיק. און נאָר פֿון זיך, און נאָר פֿון זיך.

אָט מיט אַזאַ מין נפֿש איז מיר אויסגעקומען איין מאָל פֿאָרן אַ גאַנץ היפּ־שע שטרעקע.

אונדזער באַקאַנטשאַפֿט האָט זיך אָנגעהויבן – ווי אַזוי הייבט זיך אָן אַ באַקאַנטשאַפֿט אין וואַגאָן? – פֿון אַ קלייניקייט: „ווייסט איר ניט, ווי אַזוי הייסט די סטאַנציע?" אָדער: „ווו האַלט דער זייגער?" אָדער: „צי האָט איר ניט בײַ זיך אַ שוועבעלע?" גיך, גאַנץ גיך זענען מיר געוואָרן גוטע ברידער, גלײַך ווי מיר וואָלטן שוין געוועזן באַקענט ווער ווייסט פֿון ווען אָן. אויף דער ערשטער סטאַנציע, ווו מיר האָבן זיך אָפּגעשטעלט אויף עטלעכע מינוט, האָט ער מיך שוין געכאַפּט אונטער דער האַנט, צוגעפֿירט גלײַך צום בופֿעט, און גאָר נישט געפֿרעגט מיך, צי איך טרינק, צי ניין, האָט ער געהייסן אָנגיסן צוויי גלעזלעך קאָניאַק. באַלד נאָך דעם האָט ער געגעבן אַ ווונק צו מיר, איך זאָל מיך אַ נעם טאָן צום גאָפּל, און אַז מיר זענען פֿאַרטיק געוואָרן מיט די אַלע מינים געזאַלצנס און פֿאַרבײַסנס, וואָס געפֿינען זיך אין יעדן בופֿעט, האָט ער געהייסן אָנגיסן צוויי קופֿל ביר, פֿאַררייכערט – זיך אַ ציגאַר, מיר אַ ציגאַר – און אונדזער גוטפֿרײַנדשאַפֿט איז געשלאָסן געוואָרן.

– איך דאַרף אײַך זאָגן גאַנץ אָפֿנטלעך, אָן אַ קאַפּ חניפֿה, – מאַכט צו מיר מײַן נײַער באַקאַנטער שוין זיצנדיק אין וואַגאָן, – אַז איר זענט מיר געפֿעלן געוואָרן – איר וועט מיר גלייבן, צי ניט? – פֿון דער ערשטער מינוט, וואָס איך האָב אײַך דערזען. ווי איך האָב נאָר אַ קוק געטאָן אויף אײַך, אַזוי האָב איך מיר געזאָגט: אָט דאָס איז אַ מענטש, מיט וועמען מע קאָן רעדן אַ וואָרט. איך האָב פֿײַנט, הערט איר, זיצן ווי אַ נאַפּודעלע און שווײַגן. איך האָב ליב רעדן מיט אַ לעבעדיקן מענטשן, און צוליב דעם טאַקע האָב איך גענומען אַ בילעט דריטע קלאַס, איך זאָל האָבן מיט וועמען צו רעדן. אַזוי

Geschichte Nummer fünf

Der Mann aus Buenos Aires

Bahnfahren ist gar nicht so öde und langweilig, wie manche Leute meinen.
Man muss nur die rechte Gesellschaft finden. Manchmal fahrt Ihr mit einem
Kaufmann, der etwas von Geschäften versteht, dann wisst Ihr gar nicht, wo
Euch die Zeit bleibt. Es muss nicht mal ein Kaufmann sein, nur einfach je-
mand mit Lebenserfahrung, ein kluger, gewitzter Zeitgenosse, so einer, der
sich überall auskennt und mit beiden Beinen auf der Erde steht! Mit solchen
Leuten zu reisen macht Spaß, und man hat immer etwas davon. Manchmal
aber beschert Euch Gott einfach einen lebhaften Fahrgast! Reden tut er in
einem fort, der Mund steht ihm nicht still. Und immer von sich selbst, nur
von sich selbst!

Mit solch einem Typen bin ich einmal eine längere Strecke gefahren.

Unsere Bekanntschaft begann damit, dass – ja, wie fangen solche Eisen-
bahnbekanntschaften an? Mit einer Kleinigkeit. »Könnt Ihr mir sagen, wie
der Bahnhof da heißt?« oder »Wie spät ist es eigentlich?« oder »Ihr habt
nicht zufällig Streichhölzer dabei?«. Rasch, sehr rasch waren wir gute Freun-
de, so als ob wir uns schon wer weiß wie lange kennen würden. Beim ersten
Bahnhof, auf dem wir ein paar Minuten hielten, nahm er mich schon beim
Arm, zog mich gleich zum Buffet, und ohne zu fragen, ob ich was trinken
will oder nicht, bestellte er zwei Cognac für uns beide. Gleich danach for-
derte er mich schon auf, Messer und Gabel in die Hand zu nehmen, und
nachdem wir allerhand von den kalten Platten und andere essbare Sachen zu
uns genommen hatten, wie man sie so an den verschiedenen Bahnhofsbuffets
findet, ließ er auch noch zwei Krug Bier einschenken. Und zu guter Letzt
steckte er zwei Zigarren an, mir eine und sich eine. Da war unsere Freund-
schaft schon besiegelt.

»Ich will Euch ehrlich und ohne Schmeichelei sagen«, meint mein neuer
Bekannter zu mir, als wir wieder im Waggon sitzen, »Ihr habt mir gleich ge-
fallen, ob Ihr's glaubt oder nicht, vom ersten Moment an, als ich Euch sah.
Ich hatte nur einen Blick auf Euch geworfen, da sagte ich mir schon: Das
ist einer, mit dem man sich unterhalten kann. Ich kann es nicht leiden, hört
Ihr, stumm wie ein Fisch dazusitzen und zu schweigen; mir macht es Spaß,
mich mit einer lebendigen Seele zu unterhalten. Darum habe ich auch extra
ein Billett dritter Klasse genommen, um mit jemandem reden zu können.

פֿאַר איך דווקא צווייטע קלאַס. און ערשטע קלאַס, מיינט איר, קאָן איך נישט אויספֿירן? איך קאָן אויספֿירן ערשטע קלאַס אויך. אפֿשר רעכנט איר, אַז איך באַרים זיך פֿאַר אײַך? נאַט, זעט.

און מיט די ווערטער כאַפּט אַרויס מײַן פֿאַרשוין פֿון דער הינטערשטער הויזן־קעשענע און עפֿנט אויף אַ טײַסטער, אָנגעפּאַקט מיט געלט, טוט אַ פּאַטש מיט דער האַנט פֿון אויבן, ווי אויף אַ ווייך קישעלע, און באַהאַלט דעם טײַסטער צוריק:

– שרעקט זיך ניט, ס׳איז דאָ נאָך.

איך באַטראַכט דעם נפֿש און קאָן נישט טרעפֿן בשום־אופֿן, וויפֿל ער איז אַלט. ס׳איז רעכט צו זאָגן – אַ יאָר פֿערציק, און ס׳איז רעכט צו זאָגן – עטלעכע און צוואַנציק. דאָס פּנים גלאַט און קײַלעכיק, אַ ביסעלע צו שטאַרק צוגעברענט. קיין סימן פֿון קיין באָרד און וואָנצעס. אייגעלעך קליינע, בוימלדיקע און לאַכנדיקע. און אַליין איז דאָס אַ קליינטשיקס, אַ קײַלעכיקס, אַ רירעוודיקס, אַ לעבעדיקס, אָנגעטאָן פֿון אויבן ביז אַראָפּ נעט און נאָבל, אַזוי ווי איך האָב ליב: אַ שניי ווײַס העמד מיט גאָלדענע קנעפּ. אַ רײַכער פּלאַסטראָנשניפּס מיט אַ שיינער נאָדל אַרײַנגעשטעקט. אַ נײַער עלעגאַנ־טער בלויער אָנצוג פֿון עכט ענגלישן שעוויאָט. אַ פּאָר לאַקירטע שיך, קלו־גע שיך. אַ שווערער גאָלדענער רינג אויפֿן פֿינגער מיט אַ בריליאַנט, וואָס שפּילט זיך אָפּ אויף דער זון אין טויזנט וואַסערן (דער רינג, אויב ער איז נאָר אַן אמתער, דאַרף ווערט זײַן ניט ווינציקער פֿון פֿיר־פֿינף הונדערט, אויב ניט מער).

שיין אָנטאָן זיך – דאָס איז, נאָך מײַן מיינונג, די הויפּטזאַך בײַ מענטשן. איך האָב ליב אַליין שיין אָנטאָן זיך, און האָב ליב, אַז יענער גייט שיין אָנגע־טאָן. נאָכן אָנטאָן וועל איך אײַך דערקענען, ווער ס׳איז אַ פֿײַנער מענטש, און ווער ניט. פֿאַראַן אַפֿילו אַזעלכע, וואָס האַלטן, אַז ס׳איז גאָר קיין ראַיה ניט. מע קאָן, זאָגן זיי, גיין זייער שיין אָנגעטאָן און זײַן וואָס אין דער קאָרט. וועל איך אײַך אָבער פֿרעגן, ענטפֿערט מיר דערויף: למאַי טוט זיך אָן שיין די גאַנצע וועלט? למאַי טראָגט דער אַזאַ מין אָנצוג, און דער אַזאַ מין קאָסטיום? למאַי קויפֿט זיך איינער אַ „דיפּלאָמאַט־שניפּס", אַן אַטלעסענעם, אַ גלאַטן, פּערל גרין קאָליר, און דער אַנדערער זוכט אַ „רעגאַט", דווקא אַ רויטן און דווקא מיט ווײַסע שפּרענקעלעך?

איך וואָלט אײַך געקאָנט ברענגען נאָך אַ סך אַזעלכע בײַשפּילן, מיין איך אָבער, אַז ס׳איז ניט כּדאַי. אַן עבֿירה די צײַט. לאָמיר בעסער אומקערן זיך צו מײַן נײַעם באַקאַנטן און האָרכן, וואָס וועט ער אונדז דערציילן.

– אַזוי, אַזוי, ליבער פֿרײַנד. ווי איר זעט, קאָן איך שוין דווקא יאָ פֿאָרן צווייטע קלאַס. מיינט איר, איך זשאַלעווע געלט? געלט איז בלאָטע, נאָר – איר וועט מיר גלייבן, צי ניט? – איך האָב ליב דריטע קלאַס. ווײַל איך בין אַליין אַ פּראָסטער מענטש און האָב ליב פּראָסטע מענטשן. איך בין, פֿאַרשטייט איר מיך, אַ דעמאָקראַט. איך האָב מײַן קאַריערע אָנגעהויבן קליין, זייער

Sonst fahre ich ja zweiter Klasse. Und meint Ihr etwa, Erste kann ich nicht aufbringen? Auch die erste Klasse kann ich mir leisten. Ihr meint wohl, ich mache Euch nur was vor? Da, schaut her!«

Mit diesen Worten zieht mein Gegenüber eine Brieftasche aus der hinteren Hosentasche, öffnet sie – ich sehe: Sie ist prall gefüllt mit Geldscheinen –, klopft mit der flachen Hand darauf wie auf ein Kissen, steckt die Brieftasche wieder weg und meint:

»Habt keine Angst, ich hab noch mehr!«

Ich schau mir meinen Mann an und kann beim besten Willen nicht sagen, wie alt er ist. Man könnte schätzen, so um die vierzig herum, aber genauso gut etwas über zwanzig. Ein glattes, rundes Gesicht, ungewöhnlich stark gebräunt. Nicht die Spur von einem Bart oder Schnurrbart. Kleine, sanfte, lachende Äuglein. Und die ganze Person rundlich, gedrungen, beweglich und lebendig, fein und adrett angezogen, wie ich es gerne habe: Blütenweißes Hemd mit goldenen Knöpfen, teure Krawatte, auf die er eine schöne Nadel gesteckt hat. Der Anzug ist neu, elegant und aus echt englischem Tuch. Dazu lackierte Schuhe von der feinsten Sorte. Am Finger trägt er einen schweren goldenen Ring mit einem Brillanten, auf dem sich die Sonnenstrahlen tausendfach widerspiegeln (wenn der Ring wirklich echt ist, kostet er bestimmt seine vier-, fünfhundert Rubel, wenn nicht mehr!).

Gepflegte Kleidung ist nach meiner Meinung bei einem Menschen das Allerwichtigste. Ich selbst ziehe mich gerne schön an, und bei anderen gefällt es mir auch. Ich kann an der Kleidung erkennen, ob einer ein ordentlicher Mensch ist oder nicht. Natürlich gibt es Leute, die lassen das überhaupt nicht gelten. Man kann sich, so sagen sie, sehr prächtig anziehen und inwendig doch ein übler Charakter sein. Ich möchte nur wissen, bitte schön, sagt mir, warum sich alle Welt gut anziehen will? Warum trägt der eine diese Art Anzug und der andere jenes Kostüm? Wie kommt einer dazu, sich einen Schlips aus Atlas wie ein Diplomat zuzulegen, glatt und in perlgrüner Farbe, und ein anderer probiert Regatta-Moden aus, Sportkleidung, vielleicht noch in Rot und sogar mit weißen Punkten drauf?

Ich könnte Euch ja noch eine Menge solcher Dinge fragen, aber ich glaube, es lohnt sich nicht. Es wäre auch schade um die Zeit. Wenden wir uns lieber meinem neuen Bekannten zu und hören, was er uns zu erzählen hat:

»Ja, lieber Freund, da seht Ihr, ohne weiteres könnte ich zweiter Klasse fahren. Meint Ihr vielleicht, ich knausere mit Geld? Geld ist gar nichts! Nein, ob Ihr's glaubt oder nicht, ich fahre gern dritter Klasse. Ich bin ein einfacher Mensch und habe darum einfache Leute gerne. Ich bin, versteht mich bitte richtig, ein *Demokrat*. Von klein an habe ich meine Laufbahn angefangen,

קליין. אָט אַזוי אָ! (מײַן נײַער באַקאַנטער טוט מיר אַ ווײַז מיט דער האַנט בײַ דער ערד, ווי קליין ער האָט אָנגעהויבן זײַן קאַריערע). און בין געוואַקסן העכער און העכער. (מײַן נײַער באַקאַנטער באַווײַזט מיר מיט דער האַנט אַרויף, צו דער סטעליע, ווי ווײַט הויך ער איז געוואַקסן). נישט מיט אַ מאָל. כאַפּט זיך נישט. נאָר פּאַוואָלינקע. ביסלעכווײַז. פֿריִער בין איך געווען אַ „מענטש" בײַ יענעם. וואָס זאָג איך אַ „מענטש"? כאַ־כאַ־כאַ! ביז איך בין דערגאַנגען צו אַזאַ הויכער שטופּע – זײַן בײַ יענעם אַ „מענטש", – זענען אָפּגעלאָפֿן גענוג־גענוג וואַסערן! אַז איך טו אַ מאָל אַ טראַכט, הערט איר, וואָס בין איך געווען, אַז איך בין געווען אַ קינד, שטעלן זיך מיר – איר וועט מיר גלייבן, צי ניט? – די האָר קאַפּויער! איך קאָן מיך, הערט איר, גאָר ניט דערמאַנען וועגן דעם. איך קאָן מיך ניט דערמאַנען און וויל מיך ניט דערמאַנען. איר מיינט אפֿשר, ווײַל סע שטייט מיר ניט אָן? אַדרבה. איך זאָג אַלעמען, ווער איך בין. אַז מע פֿרעגט מיך: פֿון וואַנען זענט איר? – שעם איך מיך ניט און זאָג, אַז איך בין פֿון אַ גרויסער מדינה, פֿון סאָשמאַקען, ווייסט איר, ווו געפֿינט זיך אָט דאָס סאָשמאַקען? אַ שטעטל פֿאַראַן אַזעלכעס אין קורלאַנד, ניט ווײַט פֿון מיטאַווע, רופֿט מען דאָס סאָשמאַקען. די גאַנצע שטאָט איז אַזוי גרויס, אַז איך וואָלט זי בײַ היײַנטיקן טאָג געוויס געקאָנט אָפּקויפֿן מיט אַלע אירע פּאַטראַכעס. עס קאָן זײַן, אַז איצט האָט זיך די שטאָט איבערגעביטן, אויסגעוואַקסן – וועל איך אײַך ניט זאָגן. נאָר אין מײַנע יאָרן האָט גאַנץ סאָשמאַקען – איר וועט מיר גלייבן, צי ניט? – פֿאַרמאָגט מער ניט ווי איין מאַראַנץ, וואָס איז געגאַנגען מיד־ליד, פֿון אייןווירטין צו דער אַנדערער, אויף מכבד צו זײַן די געסט שבת נאָכן טיש.

אָט אין דעם סאָשמאַקען בין איך דאָס דערצויגן געוואָרן אויף הילכיקע פּעטש, טרוקענע קלעפּ, אײַזערנע סטוסאַקעס, רויטע פֿונקען אין די אויגן, בלויע צייכנס אויפֿן לײַב און דערצו אַ הונגעריקן מאָגן. קיין זאַך, הערט איר, געדענק איך ניט אַזוי, ווי הונגער. אַ הונגעריקער בין איך אַרויס אויף גאָטס וועלט, און הונגער האָב איך געליטן פֿון זינט איך בין צו מײַן שׂכל געקומען. הונגער, האַרץ־קלעמעניש און מוראַדיקע נודנאָטע... שאַט! זשיוועצע, ווייסט איר, וואָס הייסט זשיוועצע? עס וואַקסט אויף די ביימער און כּלי־זמר באַנוצן עס אויפֿן אָרט פֿון קאַניפֿאָליע. האָב איך געלעבט מיט דעם – איר וועט מיר גלייבן, צי ניט? – כּמעט אַ גאַנצן זומער. דאָס איז געווען דער זומער, ווען מײַן שטיפֿטאַטע, אַ קורנאָסער שנײַדער, האָט מיר אויסגעדרייט אַ האַנט און האָט מיך אַרויסגעטריבן פֿון מײַן מאַמעס שטוב, און איך בין אַנטלאָפֿן פֿון סאָשמאַקען קיין מיטאַווע. אָט די האַנט, זעט איר? – עס דאַרף נאָך זײַן אַ סימן הײַנט אויך.

און מײַן נײַער באַקאַנטער פֿאַרקאַטשעט אַן אַרבל און ווײַזט מיר אַ ווייכע געזונטע פּוכקע האַנט און דערציילט ווײַטער:

von sehr klein an. Von so klein an! (Mein neuer Bekannter zeigt mit der Hand auf den Boden hinunter, von wie klein an er seine Laufbahn begonnen hat.) Und bin dann höher und höher gestiegen. (Mein neuer Bekannter zeigt mit der Hand zur Waggondecke hinauf, wie hoch er gekommen ist). Aber nicht auf einmal. Glaubt das nur ja nicht! Ganz langsam. Stück für Stück. Erst war ich bei anderen Leuten angestellt. Was sage ich, angestellt, hahaha! Bis ich mal solch einen hohen Stand erreichte, ein ›Angestellter‹ bei anderen Leuten zu werden, sind manche Wasser den Fluss hinuntergelaufen. Wenn ich nur daran denke, hört Ihr, wie es mir als Kind ergangen ist, stellen sich mir die Haare zu Berge, ob Ihr's glaubt oder nicht! Ich erinnere mich gar nicht mehr daran. Ich *kann* mich nicht daran erinnern und ich *will* mich nicht daran erinnern. Ihr meint vielleicht, weil es mir unangenehm ist? Im Gegenteil. Jeder kann hören, wer ich bin. Wenn mich einer fragt, woher ich stamme, dann schäme ich mich kein bisschen, sondern ich sage, jawohl, ich komme aus einer großartigen Gegend, aus *Soschmaken*. Wisst Ihr, wo man das suchen muss, dieses *Soschmaken*? Ja, es gibt wirklich ein Schtetl, das so heißt, in Kurland, nicht weit von Mitawe, es heißt tatsächlich *Soschmaken*. Die ganze Stadt ist alles zusammen so groß, dass ich sie heutzutage sicher alleine aufkaufen könnte, mit allem Drum und Dran. Mag sein, dass sie sich jetzt verändert hat, vielleicht ist sie größer geworden, das will ich nicht ausschließen, aber zu meiner Zeit war ganz Soschmaken, ob Ihr's glaubt oder nicht, so erbärmlich, dass dort an Sabbat im ganzen Ort nur eine einzige Orange zu finden war. Die brachte man von Haus zu Haus, um besondere Gäste nach dem Essen zu beehren.

Genau in diesem Soschmaken bin ich aufgewachsen, mit wüsten Ohrfeigen, saftigen Prügeln und eisernen Fausthieben, dass mir die Sterne vor den Augen tanzten, blaue Flecken auf dem Leib und der Magen – ewig hungrig! An nichts erinnere ich mich so sehr wie an den Hunger. Hungrig bin ich auf die Welt gekommen, und seit ich richtig denken kann, habe ich unter Hunger gelitten. Hunger und Elend dazu und schreckliche Langeweile… Einen Augenblick! Wisst Ihr, was Fichtenharz ist? Es wächst an den Bäumen, und die Musikanten brauchen es für Konifolium.[27] Davon habe ich, ob Ihr's glaubt oder nicht, fast einen ganzen Sommer lang gelebt. Es war der Sommer, in dem mir mein Stiefvater, ein Schneider mit Knollennase, einen Arm ausgekugelt und mich aus dem Haus meiner Mutter geworfen hat, und ich bin von Soschmaken weg und nach Mitawe geflohen. Seht Ihr meinen Arm, er hat bis heute noch die Spuren von damals.«

Mein neuer Bekannter krempelt seinen Ärmel hoch, zeigt mir einen zarten gesunden Arm und erzählt weiter:

– אַרומגעבלאָנקעט זיך אַ הונגעריקער, אַ נאַקעטער, אַ באָרוועסער אין מיטאַווע און אויסגעוואַלגערט זיך אין אַלע מיסטן, האָב איך, דאַנקען גאָט, געקריגן אַ שטעלע. די ערשטע שטעלע. איך בין געוואָרן אַ פֿירער בײַ אַן אַלטן חזן. דער חזן איז געווען אַ מאָל ערגעץ אַ באַרימטער חזן. אויף דער עלטער איז ער בלינד געוואָרן אויף ביידע אויגן און געמוזט גיין איבער די הײַזער. בין איך דאָס געוואָרן זײַן פֿירער. די שטעלע אַליין וואָלט געווען אַפֿילו נישקשה פֿון אַ שטעלע. נאָר איבערטראָגן דעם חזנס קאַפּריזן האָט מען באַדאַרפֿט זײַן פֿון אײַזן. קיין מאָל, הערט איר, איז ער נישט געווען צופֿרידן. קיין מאָל. כּסדר האָט ער נאָר געוואָרטשעט, געקנײַפּט מיך, אויסגעריסן מיר שטיקער פֿלייש. ער האָט געטענהט, אַז איך פֿיר אים ניט אַהין, ווו מע דאַרף. וווהין, האָט ער געוואָלט, זאָל איך אים פֿירן – ווייס איך עד־היום ניט. אַ מוראדיקער קאַפּריזנער חזן! דערצו האָט ער מיך נאָך אַרויסגעפֿירט אויף גוטע זאַכן. ער האָט זיך פֿאַר אַלעמען באַרימט, – איר וועט מיר גלייבן, צי ניט? – אַז מײַן טאַטע־מאַמע האָבן זיך געשמדט און מיך האָבן זיי אויך גע־וואָלט אָפּשמדן, האָט ער מיך קוים מיט צרות, מיט אַנגסטן אַרויסגעריסן פֿון גויִישע הענט. און איך האָב באַדאַרפֿט אויסהערן אַזעלכע שקרים און ניט צעזעצט ווערן פֿאַר געלעכטער! אַדרבה, ער האָט נאָך געפֿאָדערט פֿון מיר, אַז איך זאָל בעת־מעשׂה מאַכן אַ קרום פּנים.

קורץ און גוט, איך האָב אַרויסגעזען, אַז איך וועל מיך מיט מײַן חזן ניט עלטערן, האָב איך געשלאָגן כּפּרות מיט מײַן „שטעלע“ און בין אַוועק פֿון מיטאַווע קיין ליבאַווע. אַרומגעדרייט זיך אַ שטיקל צײַט אַ הונגעריקער אין ליבאַווע, האָב איך מיך דערשלאָגן צו אַ כאַליאַסטרע אָרעמע עמיגראַנטן. די עמיגראַנטן האָבן זיך געקליבן אָפּפֿאָרן מיטן שיף ערגעץ ווײַט, אַזש קיין בוענאָס־אײַרעס, האָב איך מיך אָנגעהויבן בעטן בײַ זיי, מע זאָל מיך אויך נעמען קיין בוענאָס־אײַרעס. ווער? וואָס? ס׳איז נישט מעגלעך. ס׳איז נישט געוועגדט אָן זיי, ס׳איז געווענדט אָן קאָמיטעט. ווי אַזוי דער קאָמיטעט וועט זאָגן. בין איך אַוועק אין קאָמיטעט, געוויינט, געחלשט, קוים אײַנגעבעטן זיך, מע זאָל מיך נעמען קיין בוענאָס־אײַרעס.

פֿרעגט מיך בחרם, וואָס בוענאָס־אײַרעס? ווער בוענאָס־אײַרעס? אַלע פֿאָרן, פֿאָר איך אויך. ערשט אַז מיר זענען געקומען קיין בוענאָס־אײַרעס, ווער איך געוואָר, אַז פֿאָרן פֿאָרן מיר, אייגנטלעך, ווײַטער, און אַז בוע־נאָס־אײַרעס איז ניט מער ווי אַ פּונקט, פֿון וואַנען מע וועט אונדז צעשיקן אין פֿאַרשיידענע ערטער. און כּך־הווה. מיר זענען נאָר געקומען קיין בוע־נאָס־אײַרעס, אַזוי האָט מען אונדז איבערגעשריבן און צעשיקט אין אַזעלכע מקומות, ווו אָדם־הראשון איז ניט געווען, הערט איר, אַפֿילו אין חלום, און מע האָט אונדז אַוועקגעשטעלט צו דער אַרבעט. ווילט איר דאָך מסתּמא וויסן, וואָסער אַרבעט? פֿרעגט שוין בעסער ניט. אונדזערע אָבֿות־אָבֿותינו אין מצרים האָבן געוויס ניט געטאָן דאָס, וואָס מיר האָבן געטאָן. און די צרות,

»Hungrig, barfuß, nackt und bloß habe ich mich in Mitawe rumgetrieben, auf allen Misthaufen bin ich herumgekrochen, bis ich Gott sei Dank eine Anstellung fand. Meine erste Stelle. Einen alten Chasan musste ich rumführen. Dieser Chasan war mal ein berühmter Kantor gewesen. Aber im Alter ist er auf beiden Augen blind geworden und musste in die Häuser betteln gehen. So hab' ich ihn herumgeführt. Die Stelle selbst wäre nicht so übel gewesen. Aber um des Chasans Launen und Zicken zu ertragen, musste einer von Eisen sein. Niemals, hört Ihr, niemals war er zufrieden. Nie! Ununterbrochen hat er geknurrt, mich gekniffen und gepeinigt, bis aufs Blut. *Ich würde ihn nie dahin führen, wohin er wollte,* beschwerte er sich. Wohin ich ihn aber führen sollte, weiß ich bis heute nicht. Ein grässlicher, launenhafter Chasan! Dazu hat er noch tolle Sachen mit mir aufgeführt. Vor allen Leuten rühmte er sich, ob Ihr es glaubt oder nicht, meine Eltern hätten sich taufen lassen und wollten es mit mir auch schon machen, da habe er mich unter großen Mühen und Ängsten aus den Klauen der Gojim gerettet. Und ich musste solche Lügengeschichten anhören und durfte nicht mal lachen über den Unsinn. Im Gegenteil, er verlangte noch von mir, dass ich bei seinen Erzählungen ein jämmerliches Gesicht machte.

Kurz und gut, es ist mir schnell klar geworden, dass ich mit meinem Chasan nicht alt werden würde. So habe ich auf diese Stelle gepfiffen und bin weg von Mitawe nach Libawe. In Libawe trieb ich mich zuerst eine Zeitlang mit knurrendem Magen herum, bis ich mich schließlich einem Haufen von armen Emigranten anschloss. Die Emigranten waren kurz davor, per Schiff weit weg zu fahren, nach Buenos Aires,[28] hieß es. So hab ich sie angebettelt, sie sollten mich auch mitnehmen nach Buenos Aires. Was, einfach so? Unmöglich! Nicht sie hätten das zu bestimmen, sondern das Komitee. Das Komitee entscheidet! Gleich bin ich hin zum Komitee, habe geweint und gejammert, bin in Ohnmacht gefallen und habe es wahrhaftig geschafft, dass sie mich mit nach Buenos Aires fahren ließen.

Keine blasse Ahnung hatte ich, wer und was Buenos Aires war. Alle fahren dorthin, warum ich nicht? Erst als wir vor Buenos Aires sind, verstehe ich richtig, dass wir in Wahrheit weiterfahren, dass Buenos Aires der Ort ist, von dem aus wir an verschiedene Stellen weitergeschickt werden sollen. Und so kam es auch. Kaum waren wir in Buenos Aires eingetroffen, schrieb man schon unsere Namen auf und schickte uns von dort aus weg, in Gegenden, wo unser Urvater Adam nicht mal im Traum gewesen ist. Und sofort wurden wir zur Arbeit eingeteilt. Ihr würdet wohl gerne wissen, was für eine Arbeit das war? Fragt mich lieber nicht! Unsere Vorfahren in Ägypten haben sich bestimmt nicht so schinden müssen wie wir dort. Und das Elend, das sie

וואָס זיי זענען אויסגעשטאַנען, ווי מע דערציילט זיך אָן אין דער הגדה, איז אַפֿילו ניט קיין צענט־חלק, הערט איר, פֿון דעם, וואָס מיר זענען אויסגעשטאַנען. אונדזערע יידעס האָבן, זאָגט מען, געקנאָטן ליים, געמאַכט ציגל און געבויט פּיתום מיט רעמסס. אַ טײַערע מציאה! וואָלטן זיי זיך פּרוּוון, אַזוי ווי מיר, באַאַרבעטן מיט די הוילע הענט ברייטע וויסטע סטעפּעס, מיט שטעכלקעס באַוואַקסן, האָבן צו טאָן מיט מוראדיקע גרויסע אָקסן, וואָס מיט איין ריר קאָנען זיי דורס זײַן אַ מענטשן, מיט ווילדע פֿערד, וואָס מע דאַרף זיך נאָך זיי יאָגן מיט אַן אַרקאַן הונדערט מײַל, ביז מע כאַפּט זיי, פֿאַרזוכן כאָטש איין מאָל מאָסקיטעס בײַ נאַכט, וואָס רײַסן אויס שטיקער פֿלייש, אַלטע סוכאַרעס, וואָס האָבן אַ טעם פֿון שטיינער, לעבעדיקע ווערעם אין פֿאַרשימלטן וואַסער... איך האָב איין מאָל – איר וועט מיר גלייבן, צי ניט? – אַ קוק געטאָן אין טײַך אַרײַן און דערזען מײַן פּנים, האָב איך מיך דערשראָקן פֿאַר זיך אַליין. די גאַנצע הויט אָפּגעשיילט. די אויגן געשוואָלן. די הענט ווי פּאַמפּעשקעס. די פֿיס צעבלוטיקט. פֿון אויבן ביז אַראָפּ באַוואַקסן.

– דאָס ביסטו? מאָטעק פֿון סאָשמאַקען?! – אָט אַזוי האָב איך אַ זאָג געטאָן צו זיך אַליין און האָב מיך צעלאַכט. און טאַקע דעם זעלבן טאָג האָב איך אַ שפּײַ געטאָן אויף די גרויסע אָקסן מיט די ווילדע פֿערד מיט די וויסטע סטעפּעס מיט דעם ווערעמ[ד]יקן וואַסער, און מײַנער איז אַוועק צו פֿוס צוריק קיין בוענאָס־אײַרעס.

נאָר מיר שײַנט, אַז אויף דער סטאַנציע, וואָס מיר שטייען איצט, דאַרף זײַן אַ גרויסער בופֿעט. טוט נאָר אַ קוק אין ביכל. געפֿינט איר ניט, אַז ס׳איז שוין טאַקע צײַט עפּעס נעמען אין מויל אַרײַן? אַגבֿ וועלן מיר האָבן כּוח צו דערציילן ווײַטער.

איבערגעביסן, ווי עס געהער צו זײַן, און פֿאַרטרונקען מיט ביר, האָבן מיר ווידער אַ מאָל פֿאַררייכערט צו ציגאַרן – גוטע, שמעקנדיקע, אמתע האַוואַנער ציגאַרן פֿון בוענאָס־אײַרעס – און האָבן זיך אַוועקגעזעצט צוריק אין וואַגאָן אויף אונדזערע ערטער, און מײַן נײַער באַקאַנטער פֿון בוענאָס־אײַרעס האָט גענומען דערציילן זײַן געשיכטע ווײַטער:

– בוענאָס־אײַרעס איז אַן ערטל, הערט איר, וואָס זינט גאָט האָט באַשאַפֿן די וועלט... שאַט! אין אַמעריקע זענט איר ווען געווען? אין דער שטאָט ניו־יאָרק? קיין מאָל ניט? און אין לאָנדאָן? ניין? אין מאַדריד? קאָנסטאַנטינאָפּאָל? פּאַריז? אויך ניט? נו, קאָן איך אײַך ניט אויסמאָלן, וואָס איז אַזעלכעס בוענאָס־אײַרעס. איך קאָן אײַך נאָר זאָגן, אַז ס׳איז אַ תּהום. אַ גיהנום. אַ גיהנום מיט אַ גן־עדן. דאָס הייסט, פֿאַר וועמען ס׳איז אַ גיהנום, פֿאַר וועמען אַ גן־עדן. מע דאַרף נאָר ניט זײַן קיין פּעפּער און כאַפּן דעם רעכטן מאָמענט, קאָן מען מאַכן אַ פֿאַרמעגן. דאָרטן וואַלגערט זיך – איר וועט מיר גלייבן, צי ניט? – גאָלד אין די גאַסן. איר גייט, איר טרעט איבער גאָלד. בייגט אײַך אָן, ציט אויס די האַנט און נעמט וויפֿל איר ווילט. נאָר היטן זאָלט איר אײַך,

nach der Haggada gelitten haben, war nicht ein Zehntel, hört Ihr, von dem, was wir auszustehen hatten. Unsere Vorväter haben Lehm geknetet und Ziegel gebrannt, wie man sagt, und die Städte Pitom und Ramses gebaut. Sie sind noch gut dabei weggekommen! Sie hätten mal versuchen sollen, wie wir, weite, öde Steppen mit bloßen Händen zu bearbeiten, mit Dornengestrüpp überall! Sie hätten mal mit Riesenochsen fuhrwerken müssen, die mit einem einzigen Tritt einen Menschen zertrampeln können. Oder mit wilden Pferden, denen man mit einem Lasso hundert Meilen nachjagen muss, bis man sie eingefangen hat! Sie hätten mal nachts das Vergnügen mit den Moskitos haben sollen, die Euch das Fleisch stückweise aus dem Körper reißen! Und nur alten Zwieback kauen, mit einem Geschmack von Steinen, und überall Würmer im verseuchten Wasser…! Einmal hab' ich, ob Ihr's glaubt oder nicht, mein Bild im Fluss betrachtet. Da bin ich vor mir selbst erschrocken: Die ganze Haut geschält, die Augen geschwollen, die Hände unförmig wie Pfannkuchen, die Füße blutig, der ganze Kerl von oben bis unten behaart wie ein Affe.

Das sollst du sein, der Motek aus Soschmaken?, habe ich zu mir selbst gesagt und musste noch lachen dabei. Am gleichen Abend aber pfiff ich auf die großen Ochsen und die wilden Pferde mitsamt den öden Steppen und dem wurmigen Wasser und bin zu Fuß weg, nach Buenos Aires.

Aha, ich glaube, auf dem Bahnhof hier müsste es ein größeres Buffet geben. Werft nur einen Blick in den Fahrplan. Meint Ihr nicht, dass es Zeit ist, eine Kleinigkeit zu sich zu nehmen? Dabei können wir uns kräftigen und dann weitererzählen…«

Ausgiebig und nach Herzenslust gespeist, haben wir das Ganze gut mit Bier nachgespült. Darauf steckten wir von neuem wohlschmeckende Zigarren an, gute, echte Havannas aus Buenos Aires. Dann gingen wir zurück zum Waggon auf unsere Plätze, und mein neuer Bekannter aus Buenos Aires fuhr in seiner Erzählung fort:

»Ich sag Euch, Buenos Aires ist ein Plätzchen! Seit Gott die Welt erschaffen hat… Halt! Wart Ihr schon mal in Amerika? In New York? Noch nie? Und in London? Auch nicht? In Madrid? Oder Konstantinopel? In Paris auch noch nicht? Nun, ich kann Euch nicht beschreiben, wie Buenos Aires ist. Nur so viel: Es ist ein Abgrund, die Hölle! Hölle und Paradies zugleich. Das heißt, für die einen ist es die Hölle und für die anderen das Paradies. Wenn man keine Schlafmütze ist und den richtigen Moment erwischt, kann man dort ein Vermögen machen. Ob Ihr's glaubt oder nicht, dort liegt das Gold auf der Straße. Ihr stolpert über Gold. Bückt Euch nur, streckt die Hand aus und holt Euch, so viel Ihr nur wollt. Nur aufpassen müsst Ihr, dass

מע זאָל אײַך ניט צעטרעטן מיט די פֿיס. דער עיקר – ניט אָפּשטעלן זיך. ניט פֿאַרטראַכטן זיך. ניט קלערן: װעלכעס פּאַסט פֿאַר מיר און װעלכעס ניט? אַלצדינג דאַרף פּאַסן. זײַן אַ משרת אין אַ רעסטאָראַן – איז גוט. אַ יונג אין אַ קלייט – איז גוט. װאַשן פֿלעשלעך אין שענקל – איז גוט. העלפֿן אונטער־שטופּן אַ װעגעלע – איז גוט. אַרומלױפֿן איבער דער גאַס און אױסשרײַען די נײַעס פֿון די צײַטונגען – איז גוט. װאַשן הינט – איז גוט. האָדעװען קעץ – איז גוט. כאַפּן מײַז – איז גוט, און שינדן פֿון זײ די פֿעלכלעך – איז אױך גוט. מיט איינעם װאָרט – אַלצדינג איז גוט, און אַלצדינג האָב איך אױסגעפּרוּװט, און אומעטום האָב איך אַרױסגעזען, הערט איר, איין זאַך: אַז אַרבעטן אױף יענעם טױג אױף כּפּרות. טױזנט מאָל גלײַכער, אַז יענער זאָל אַרבעטן אױף מיר. װאָס זאָל מען טאָן, אַז גאָט האָט איין מאָל אַזױ באַשאַפֿן די װעלט, אַז דער דאַרף שװיצן און קאָכן דאָס ביר, און איך דאַרף עס טרינקען. יענער דאַרף שװיצן און דרייען ציגאַרן, און איך דאַרף זײ רייכערן. דער מאַשיניסט פֿון דער באַן לאָז פֿירן דעם לאָקאָמאָטיװ, דער קאָטשעגאַר לאָז טראָגן קױלן, דער אַרבעטער לאָז שמירן די רעדער, און איך מיט אײַך װעלן זיך, הערט איר, זיצן אָט דאָ אין װאַגאָן און דערציילן געשיכטן. געפֿעלט זײ ניט? לאָזן זײ גיין איבערמאַכן די װעלט.

איך קוק אױף מײַן פֿאַרשױן און טראַכט מיר: װאָס קאָן ער זײַן, אָט דער נפֿש? אַן אױפֿגעקומענער גבֿיר? אַ געװעזענער שנײַדער אין אַמעריקע און איצט האָט ער אַ מאַגאַזין פֿון פֿאַרטיקע קליידער? צי אפֿשר טאַקע אַ פֿאַ־בריקאַנט? אָדער אַ בעל־הבית פֿון הײַזער? אָדער אַזױ אַ מענטש אַ קאַפּי־טאַליסט, װאָס לעבט פֿון פּראָצענט? נאָר לאָמיר אים לאָזן װײַטער. ער אַליין דערציילט דאָס בעסער:

– ס׳איז, הערט איר, אַ קלוגע װעלט און אַ זיסע װעלט און אַ גוטע װעלט, און ס׳איז אַ חיות, װאָס מע לעבט אױף דער װעלט! מע דאַרף נאָר זען, מע זאָל זיך ניט לאָזן שפּײַען אין דער קאַשע. איך האָב מיך געװאָרפֿן, הערט איר, אױף אַלע זײַטן. איבערגעדינט, װי עס רעדט זיך, אַלע עבֿודה־זרהס. קיין אַרבעט איז ניט געװען צו שװער פֿאַר מיר. קיין פּרנסה איז מיר ניט געװען מיאוס. און אױב איר װילט װיסן, איז קיין מיאוסע פּרנסה גאָר אױף דער װעלט נישטאָ. אַלע פּרנסות זענען שיין. אַבי איר האַנדלט אָרנטלעך און אַבי דאָס װאָרט איז אַ װאָרט. איך װייס עס פֿון זיך אַליין. איך װעל מיך, הערט איר, ניט גיין באַרימען פֿאַר אײַך, אַז איך בין דער לעמבערגער רבֿ. נאָר איר מעגט מיר גלייבן אױף נאמנות, אַז קיין גנבֿ בין איך ניט. קיין גזלן בין איך אַװדאי ניט. און קיין שװינדלער אױך ניט. לאָמיך האָבן אַזאַ יאָר, הערט איר, װאָס פֿאַר אַן אָרנטלעכער סוחר איך בין. איך האַנדל אָנשטענדיק. איך נאַר קיינעם נישט אָפּ. איך פֿאַרקױף דאָס, װאָס איך האָב. קיין קאַץ אין זאַק איז בײַ מיר נישטאָ. קורץ, איר װילט װיסן, װאָס איך בין? איך בין נישט מער װי אַ ליפֿעראַנט, אָדער, װי בײַ אײַך װערט עס אָנגערופֿן, אַ „פּאָדריאַטשיק“. איך שטעל צו דער װעלט סחורה. די סחורה, װאָס אַלע װייסן, נאָר קיינער רעדט נישט פֿון דעם... פֿאַר װאָס? װײַל די װעלט איז שױן צו אַ קלוגע װעלט, און

Ihr dabei nicht zertrampelt werdet. Die Hauptsache: nicht lange nachdenken. Nicht lange überlegen: Was ist unter meiner Würde und was nicht? Alles muss Euch recht sein! Im Restaurant auftischen? Gut. Laufbursche im Laden machen? Gut. In der Kneipe Flaschen spülen? Warum nicht? Karren anschieben? Gut. Mit der Zeitung durch die Straßen rennen und die Nachrichten ausrufen: gut. Hunde waschen: gut. Katzen züchten: gut. Mäuse fangen ist gut, und ihnen das Fell abziehen ist auch gut; mit einem Wort, alles muss Euch recht sein, und alles hab ich ausprobiert. Aber überall habe ich das eine festgestellt: Für andere arbeiten, hört Ihr, das taugt rein gar nichts. Es ist tausendmal besser, wenn der andere für mich schafft. Was soll man machen, wenn Gott doch die Welt so geschaffen hat, dass der eine das Bier braut und ganz schön dabei schwitzt, und ich trinke es. Jener schlägt sich durch, indem er Zigarren dreht, und ich rauche sie. Der Maschinist hier von der Eisenbahn soll die Lokomotive bedienen, der Heizer soll die Kohlen schleppen, ein anderer soll die Räder schmieren, und wir zwei, hört Ihr, sitzen gemütlich im Waggon und erzählen uns Geschichten. Gefällt es ihnen nicht? Dann sollen sie doch losziehen und die Welt verändern.«

Ich sehe meinen Mann an und denke: Was ist das für ein Typ? Ein hochgekommener Reicher? Einer, der früher mal als Schneider in Amerika angefangen hat, und jetzt besitzt er einen Laden für Konfektionsware? Oder vielleicht ein richtiger Fabrikant oder einer, der Häuser besitzt? Vielleicht so ein Kapitalist, der von seinen Zinsen lebt? Aber lass ihn erst mal weitererzählen. Er erklärt seine Sache selbst am besten:

»Versteht Ihr, die Welt ist gut. Sie ist schön, sie ist wunderbar, es ist eine Freude, auf ihr zu leben. Nur aufpassen müsst Ihr, dass Euch niemand in die Suppe spuckt. Ich habe wirklich, hört Ihr, alles gemacht, wie man so sagt, allen Götzen gedient. Keine Arbeit ist mir zu schwer gewesen. Kein Job war mir zu schmutzig. Wenn Ihr's genau wissen wollt, schmutzige Jobs gibt's gar nicht auf der Welt. Jeder Job ist gut, wenn Ihr nur zuverlässig seid und Euer Wort etwas gilt. Ich spreche aus Erfahrung. Ich will, versteht Ihr mich, nicht vor Euch angeben und so tun, als sei ich der Lemberger Row.[29] Aber das könnt Ihr mir abnehmen, ein Dieb bin ich nicht. Und kein Bandit. Oder ein Schwindler. Gebe Gott, dass es mehr solche anständigen Kaufleute gäbe, wie ich einer bin. Mein Geschäft ist sauber. Ich führe keinen an der Nase herum. Ich verkaufe das, was ich habe, und bei mir gibt es keine Katze im Sack. Kurzum, wenn Ihr wissen wollt, wer ich bin: nichts weiter als ein Lieferant oder, wie man bei Euch sagt, ein Unternehmer. Ich liefere den Leuten Ware. Ware, die jeder kennt und von der niemand redet. Und warum ist das so? Weil die Welt so gescheit geworden ist und die Menschen zu wählerisch. Es

מענטשן זענען שוין צו גײַציק. זיי האָבן פֿײַנט, אַז מע זאָגט זיי אויף שוואַרץ, אַז ס׳איז שוואַרץ, און אויף ווײַס, אַז ס׳איז ווײַס. זיי האָבן בעסער ליב, פֿאַרקערט, אַז מע זאָגט זיי אויף שוואַרץ, אַז ס׳איז ווײַס, און אויף ווײַס, אַז ס׳איז שוואַרץ... נו, וואָס וועט איר טאָן מיט זיי?...

איך קוק אויף מײַן פֿאַרשוין פֿון בוענאָס־אײַרעס און טראַכט מיר: „רבונו־של־עולם! וואָס איז אַזעלכעס אָט דער נפֿש? וואָס פֿאַר אַ מין אַרטיקל שטעלט ער צו, אָט דער „פֿאָדריאַטשיק“? און וואָס רעדט ער דאָס עפּעס אַזעלכע מאָדנע דיבורים: „שוואַרץ – ווײַס, ווײַס – שוואַרץ?“... איבערשלאָגן אים אין מיטן און אַ פֿרעג טאָן אים: „פֿעטער, מיט וואָס האַנדלט איר?“ – ווילט זיך מיר ניט. איך לאָז אים בעסער רעדן ווײַטער.

– קורץ, ווו זשע האַלטן מיר? בײַ מײַן איצטיקן געשעפֿט אין בוענאָס־אײַרעס. מײַן געשעפֿט אַליין איז, אייגנטלעך, ניט אין בוענאָס־אײַרעס. מײַן געשעפֿט איז, אויב איר ווילט וויסן, אומעטום, אויף דער גאַנצער וועלט: אין פֿאַריז, אין לאָנדאָן, אין בודאַפּעשט, אין באָסטאָן, און די הויפּט־קאַנטאָר, דאָס ביוראָ, איז אין בוענאָס־אײַרעס. אַן עבֿירה, וואָס מיר זענען איצט ניט אין בוענאָס־אײַרעס. איך וואָלט אײַך אַרײַנגעפֿירן צו מיר אין ביוראָ, אײַך ווײַזן אַ קאַנטאָר, מיט „מענטשן“. בײַ מיר „מענטשן“ לעבן זיך אָפּ – איר וועט מיר גלייבן, צי ניט? – ווי די רויטשילדס. אַכט שעה אין טאָג – מער אַרבעט מען ניט בײַ מיר אַ מינוט אַפֿילו. בײַ מיר איז אַ „מענטש“ פֿאַררעכנט פֿאַר אַ מענטשן. ווייסט איר, פֿאַר וואָס? ווײַל איך בין אַליין אַ מאָל געווען אַ „מענטש“. טאַקע בײַ מײַנע איצטיקע שותּפֿים. מיר זענען איצט דרײַ שותּפֿים. פֿריִער זענען זיי געווען נאָר צוויי שותּפֿים, און איך בין געווען בײַ זיי אַ „מענטש“. די רעכטע האַנט בין איך בײַ זיי געווען. דאָס גאַנצע געשעפֿט, קאָן מען זאָגן, איז געווען אויף מיר. בײַם קויפֿן סחורה, בײַם פֿאַרקויפֿן סחורה, בײַם אָפּשאַצן סחורה, בײַם סאָרטירן די סחורה – אומעטום איך... בײַ מיר איז אַן אויג – איר וועט מיר גלייבן, צי ניט? – אַז איך טו נאָר אַ קוק אויף אַ שטיקל סחורה, וועל איך אײַך באַלד זאָגן, וויפֿל ס׳האָט די ווערט און וווהין עס קאָן גיין... נאָר דאָס אַליין איז נאָך ניט אין גאַנצן. בײַ אונדזער געשעפֿט איז אַן אויג אַליין ווינציק. מע דאַרף נאָך האָבן, הערט איר, אַ נאָז אויך, אַ חוש־הריח... פֿאַר אַ מײַל דאַרף מען קאָנען אָנשמעקן, ווו עפּעס ליגט. מע דאַרף פֿילן, ווו מע קאָן מאַכן אַ גוט געשעפֿט, און ווו מע קאָן ברעכן רוק און לענד, און נאָך אַרײַנקריכן אין אַ בלאָטע, הערט איר, ביז אַריבער די אויערן, מע זאָל נאָך דעם האָבן צו זינגען און צו זאָגן... צו פֿיל „שטיגוטערעס“, הערט איר, פֿאַראַן אויף דער וועלט. צו פֿיל אויגן קוקן אויף אונדזער געשעפֿט – און אונדזער געשעפֿט האָט דווקא מורא פֿאַר אַ גוט אויג, כאַ־כאַ... איין טריט, אַז איר מאַכט אַ פֿאַלשן, וועט איר אײַך ניט אָפּוואַשן מיט קיין צען וואַסערן... באַלד עפּעס, ווערט אַ גוואַלד, אַ געפֿילדער, אַ שמירערײַ אין די גאַזעטן. און די גאַזעטן דאַרפֿן דאָך מער ניט. די גאַזעטן זענען זיך מחיה, אַבי זיי האָבן פֿון וואָס צו קלינגען. צעלייגן זיי די זאַך אויף זיבן און זיבעציק טעלערלעך, בלאָזן אויף אַ פֿײַער מיט סכּנת־נפֿשות און

gefällt ihnen nicht mehr, dass man Schwarz Schwarz nennt und Weiß Weiß. Sie möchten's gerne andersherum haben. Man soll ihnen einreden: Schwarz ist Weiß und Weiß ist Schwarz. Also, was haben sie dann anderes verdient?«

Ich schaue wieder meinen Mann an und überlege: Herr des Himmels! Was steckt hinter diesem Burschen? Welche Art Ware liefert er, dieser ›Unternehmer‹? Und was redet er solche seltsamen Sachen wie ›Schwarz–Weiß, Weiß–Schwarz‹? Aber ihn mittendrin unterbrechen und auf den Kopf zu fragen: Mein Herr, womit handelt Ihr? Das bringe ich nicht fertig. Er soll lieber weitererzählen.

»Kurzum, wo sind wir stehengeblieben? Bei meinem jetzigen Geschäft in Buenos Aires. Genaugenommen ist das Geschäft gar nicht in Buenos Aires, sondern wenn Ihr's genau wissen wollt, überall auf der ganzen Welt: in Paris, in London, in Budapest, in Boston. In Buenos Aires ist nur das Hauptkontor, also das Büro. Ein Jammer, dass wir jetzt nicht dort sein können. Ich würde Euch zu mir in mein Büro bringen und Euch zeigen, was ein Kontor mit Angestellten ist. Bei mir haben's die Angestellten, ob Ihr's glaubt oder nicht, wie die Rothschilds. Acht Stunden am Tag wird bei mir gearbeitet, keine Minute länger. Bei mir ist ein Angestellter noch ein Mensch. Und wisst Ihr auch warum? Weil ich selbst auch mal so ein Angestellter war. Und zwar bei meinen jetzigen Kompagnons. Drei Kompagnons sind wir zurzeit, vorher waren sie nur zwei. Ich selbst war ihr Angestellter, ihre rechte Hand war ich. Das ganze Geschäft, kann man sagen, lief über mich. Ware einkaufen, verkaufen, schätzen und sortieren, alles hing an mir. Ich hab dafür ein Auge, ob Ihr's glaubt oder nicht, wenn ich einen Artikel nur einmal anschaue, kann ich Euch sofort sagen, was er wert ist und wohin er gehen muss. Aber das ist noch nicht alles. In unserem Geschäft genügt nicht bloß ein gutes Auge. Man muss auch eine Nase haben, ein Gespür. Auf eine Meile muss man riechen, wo etwas günstig ist. Man muss es in den Fingerspitzen fühlen, wo sich ein gutes Geschäft machen lässt, und auch, wo man Kopf und Kragen riskiert und so in den Dreck fallen kann, dass einem Hören und Sehen vergeht. Es gibt zu viele missgünstige Menschen auf der Welt. Zu viele Augen wollen uns beim Geschäft in die Karten sehen, und zu scharfe Augen kann unser Geschäft nicht vertragen. Hahaha! Ein falscher Tritt, und Ihr könnt es nicht wiedergutmachen und mit allen Versuchen nicht mehr bereinigen. Beim geringsten Anlass geht der Krach los, ein Murren und Gezeter und die Schmiererei in den Zeitungen. Die Zeitungen warten ja bloß drauf. Sie sind glücklich, wenn sie nur über was herziehen können. Dann treten sie die Sache breit bis in alle Einzelheiten, gießen Öl ins Feuer und hetzen die Polizei

הייבן אויף די גאַנצע פּאָליציע... כאָטש אַפֿילו – איך דאַרף אײַך זאָגן בסוד – די פּאָליציע פֿון דער גאַנצער וועלט איז, כאַ־כאַ, בײַ אונדז אין קעשענע... איך זאָל אײַך אָנרופֿן נאָר די סומע, וואָס אונדז קאָסט אָפּ אַ יאָר פּאָליציע אַליין, וועט איר זיך דערשרעקן... בײַ אונדז – איר וועט מיר גלייבן, צי ניט? – איז אַ נתינה פֿון צען טויזנט, פֿופֿצן טויזנט, צוואַנציק טויזנט – פֿו!

מיט די ווערטער טוט מײַן פֿאַרשוין אַ מאַך מיט דער האַנט, ווי אַ מענטש, וואָס וואַרפֿט זיך מיט טויזנטער. בעת־מעשׂה טוט אַ בליטש דער בריליאַנטענער רינג אויף דער שײַן, און דער מענטש פֿון בוענאָס־אײַרעס, וואָס וואַרפֿט מיט טויזנטער, שטעלט זיך אָפּ אַ ווײַלע, קוקט, וואָס פֿאַר אַ רושם עס האָבן געמאַכט אויף מיר די טויזנטער, און פֿאָרט ווײַטער:

– און אַז מע דאַרף אַ מאָל געבן מער, מיינט איר, איז עפּעס אַ תּירוץ? דערויף זענען מיר שוין דווקא באַגלייבט. איך מיין, טאַקע מיר, אַלע דרײַ שותּפֿים. וויפֿל טויזנטער מיר זאָלן ניט אָנווײַזן אויף פּאָליציע, גלייבט מען זיך אויף נאמנות... אַלע הוצאָות פֿירן זיך בײַ אונדז אויף נאמנות. מיר גלייבן זיך איינס דאָס אַנדערע אויפֿן וואָרט. איינער פֿונעם אַנדערן וועט ניט פֿאַר־לייקענען, הערט איר, אויף אָט אַזוי פֿיל... און, אַדרבה, לאָז איינער פּרוּוון יאָ פֿאַרלייקענען, – וועט ער האָבן אַ וויסטן סוף... מיר קענען זיך, הערט איר, גוט איינס דאָס אַנדערע, און מיר ווייסן דעם פּלאַץ, און מיר זענען קלאָר די גאַנצע וועלט. יעדער פֿון אונדז האָט זיך זײַנע אַגענטן מיט זײַנע שפּיאָנען... וואָס דען מיינט איר? געשעפֿט, וואָס פֿירט זיך אויף נאמנות, קאָן אַנדערש ניט גיין... געפֿינט איר ניט, אַז ס׳וואָלט זײַן בעסער ווי רעכט, מיר זאָלן דאָ אויף דער סטאַנציע געבן אַ שפּרונג אַראָפּ און טאָן אַ שווענק דורך דעם האַלדז?

אַזוי מאַכט צו מיר מײַן פֿאַרשוין און נעמט מיך פֿאַר אַ האַנט און פֿאַר־קוקט מיר אין די אויגן אַרײַן.

זעלבסטפֿאַרשטענדלעך, אַז איך האָב גאָרנישט דערקעגן, און מיר גיבן אַ שפּרונג אַראָפּ אויף דער סטאַנציע און טוען אַ שווענק דורך דעם האַלדז. איינס נאָך ס׳אַנדערע קנאַקן די פֿלעשלעך לימאָנאַד, און מײַן חבֿרה־מאַן טרינקט מיט אַזאַ מין אַפּעטיט, אַז מע מעג אים מקנא זײַן. מיר אָבער גריבלט די גאַנצע צײַט אין מוח איין געדאַנק: מיט וואָס פֿאַר אַ מין אַרטיקל האַנדלט ער, אָט דער מענטש פֿון בוענאָס־אײַרעס? וואָס וואַרפֿט ער זיך אַזוי מיט טויזנטער? און ווי אַזוי איז דאָס די פּאָליציע פֿון דער גאַנצער וועלט בײַ אים אין קעשענע? און צו וואָס דאַרפֿן זיי אַגענטן און שפּיאָנען?... האַנדלט ער ניט מיט קאָנטראַבאַנד?... מיט פֿאַלשע בריליאַנטן?... מיט גנבֿישע סחורות?... אָדער ער איז גלאַט אַזוי אַ פּראַלער, אַ קנאַקער, אַ באַרימער, פֿון די פֿײַנע בריות, וואָס אַלצדינג וואַקסט בײַ זיי אונטער דער צונג משונה אומגעלומ־פּערט, אין דער לענג און אין דער ברייט?... צו אונדז, קאָמי־וואָיאַזשערן, אַז עס כאַפּט זיך אַרײַן אַזאַ מין קונצן־מאַכער, אַ בעל־מגזם, האָבן מיר פֿאַר אים אונדזער אייגענעם נאָמען: „אַ נ ג ר אָ ס י ס ט“. דאָס הייסט, אַ מענטש, וואָס אַלצדינג איז בײַ אים „אַנגראָ“... בלשון־אַשכּנז הייסט דאָס פּשוט: אַ ייִד אַ

auf Euch. Obwohl, hahaha, ich sag's Euch im Vertrauen: Auf der ganzen Welt haben wir die Polizei in der Tasche… Ihr würdet einen Schreck bekommen, wollte ich Euch die Summe nennen, die uns die Polizei allein jedes Jahr kostet. Bei uns ist eine ›Zuwendung‹ von zehntausend, fünfzehntausend, ja zwanzigtausend rein gar nichts!«

Und bei diesem Satz macht mein Begleiter eine Handbewegung wie einer, der mit Tausendern nur so um sich wirft. Dabei blitzt sein Brillantring im Licht, und der Mann aus Buenos Aires, der mit Tausendern nur so um sich wirft, unterbricht sich einen Augenblick. Er will sehen, welchen Eindruck die vielen Tausender auf mich gemacht haben. Dann fährt er fort:

»Und wenn man mal mehr ausgeben muss, meint Ihr, das gibt Schwierigkeiten? Nein, da haben wir Vertrauen zueinander. Ich meine natürlich, wir drei Kompagnons. Wie viel tausend jeder der Polizei zukommen lässt, nimmt man einander auf Gutglauben ab… Alle Ausgaben laufen bei uns im vollsten Vertrauen. Einer glaubt dem anderen, keiner wird den anderen übers Ohr hauen, auch um die kleinste Summe nicht. Und sollte das einer versuchen, ein böses Ende wäre ihm sicher! Wir kennen einander ganz genau, versteht Ihr, und wissen, woran wir sind. Und jeder von uns hat seine Agenten und Spione… Ja, was meint Ihr denn? Anders können Geschäfte auf Vertrauen nicht laufen… Aber hört, was meint Ihr, ist es nicht eine gute Gelegenheit, da auf dem Bahnhof kurz auszusteigen und einen Schluck zu nehmen?«

So meint mein Begleiter zu mir, nimmt mich am Arm und schaut mich an.

Natürlich hab ich nichts dagegen. Wir steigen also auf dem Bahnhof kurz aus und trinken ein Gläschen. Eine Flasche Limonade nach der anderen wird geöffnet. Mein Bekannter trinkt mit so viel Genuss, dass man geradezu neidisch werden könnte. Mir aber geht die ganze Zeit ein Gedanke im Kopf herum: Mit welchen Artikeln handelt er, dieser Mann aus Buenos Aires? Wozu wirft er so mit den Tausendern um sich? Wieso hat er die Polizei auf der ganzen Welt in der Tasche? Und wozu brauchen sie Agenten und Spione? Handelt er vielleicht mit Schmuggelware, mit falschen Brillanten, mit Diebesgut? Oder ist er bloß so ein Angeber, ein Wichtigtuer und Großsprecher, einer von dieser besonderen Sorte, bei deren alle Sachen in der Einbildung ins Uferlose und Maßlose wachsen? Wenn wir unter uns Handelsreisenden solch einen Übertreiber und Tausendkünstler treffen, haben wir eine besondere Bezeichnung für ihn: Wir nennen ihn ›*Genosse en gros*‹. Ihr versteht, einer, bei dem alles ›en gros‹ ist. Auf gut Jiddisch also ein Lügner, noch einer

שקרן, וואָס האַקט אַ טשײַניק... מיר פֿאַררייכערן ווידער צו ציגאַרן, פֿאַרנע־מען אונדזערע ערטער, און דער מענטש פֿון בוענאָס־אײַרעס האַקט ווײַטער:

– ווי זשע האַלטן מיר, אַ פּנים? בײַ מײַנע שותּפֿים. דאָס הייסט, בײַ מײַנע איצטיקע שותּפֿים. פֿריִער זענען זיי געווען מײַנע בעלי־בתּים, און איך בין געווען, ווי איך האָב אײַך שוין געזאָגט, זייער מענטש. איך וועל אײַך נישט אויסטראַכטן קיין בילבול, אַז זיי זענען געווען שלעכטע בעלי־בתּים. ווי האָבן זיי געקאָנט זײַן צו מיר שלעכט, אַז איך בין זיי געווען געטרײַ, ווי אַ הונט? זייערער אַ סענט איז בײַ מיר געווען, הערט איר, טײַער, אַזוי ווי מײַן אייגע־נער. און שׂונאים האָב איך מיר געקויפֿט צוליב זיי, בלוטיקע שׂונאים! ס׳איז געווען צײַטן – איר וועט מיר גלייבן, צי ניט? – וואָס מע האָט מיך איבער מײַן געטרײַשאַפֿט געוואָלט סמען. טאַקע פּשוט סמען. איך מעג מיך באַרימען, הערט איר, אַז איך האָב זיי געדינט ערלעך, וואָס ערלעכער קאָן שוין גאָר ניט זײַן. אמת, איך האָב אָן זיך אויך ניט פֿאַרגעסן... אַ מענטש טאָר קיין מאָל ניט פֿאַרגעסן אָן זיך. אַ מענטש דאַרף געדענקען, אַז ער איז ניט מער ווי אַ מענטש. הײַנט לעבט ער, און מאָרגן?... כאַ־כאַ! אייביק זײַן בײַ יענעם איז ניט קיין פּלאַן. וואָס בין איך – אָן הענט? אָן פֿיס? צי אָן אַ צונג? ובפֿרט, איך האָב געוווּסט, אַז אָן מיר קאָנען זיי זיך ניט באַגיין אַ טאָג אַפֿילו, זיי קאָנען ניט און טאָרן ניט... ווײַל ס׳איז דאָ סודות, הערט איר, סודות מיט סודות... ווי דער שטייגער איז אין אַ געשעפֿט... בין איך מיך מיישבֿ איין מאָל, הערט איר, אין אַ שיינעם טאָג, און קום אַרײַן צו מײַנע בעלי־בתּים און רוף מיך אָן צו זיי: „אַדיעו, מײַנע הערן!“ קוקן זיי מיך אָן: „וואָס הייסט אַדיעו?“ „אַדיעו, זאָג איך, הייסט: זײַט געזונט“. זאָגן זיי: „וואָס איז די מעשׂה?“ זאָג איך: „ביז וואַנעט איז דער שיעור?“... וואַרפֿן זיי זיך איבער איינס מיט דאָס אַנדערע מיט די אויגן און טוען מיך אַ פֿרעג: „וויפֿל פֿאַרמאָג איך קאַפּיטאַל?“ זאָג איך צו זיי: „וויפֿל איך זאָל ניט פֿאַרמאָגן, זאָג איך, וועט מיר זײַן אויף דער ערשטער צײַט גענוג, זאָג איך, און טאָמער, זאָג איך, וועט זײַן קאַרג, איז גאָט, זאָג איך, אַ פֿאָטער און בוע־נאָס־אײַרעס אַ שטאָט“... אַוודאי האָבן זיי מיך פֿאַרשטאַנען. פֿאַר וואָס זאָלן זיי מיך ניט פֿאַרשטיין – דער מוח איז זיי אויסגעדאַרט געוואָרן? און אָט אַזוי אָ זענען מיר פֿון דעמאָלט אָן געוואָרן שותּפֿים. דרײַ שותּפֿים, דרײַ בעלי־בתּים, גלײַך אויף גלײַך. בײַ אונדז איז ניטאָ – דעם מער, יענעם ווינציקער. וואָס גאָט גיט... קריגן קריגט מען זיך אויך ניט. צו וואָס זאָל מען זיך קריגן, אַז פֿאַרדינען פֿאַרדינט מען, דאַנקען גאָט, גאַנץ שיין און דאָס געשעפֿט וואַקסט... די וועלט ווערט גרעסער און די סחורה ווערט אַלע מאָל טײַערער... איטלעכער פֿון אונדז נעמט זיך אַרויס פֿון שותּפֿות וויפֿל ער דאַרף אויף דער הוצאה. מיר זענען אַלע גרויסע בעלי־הוצאָות. בײַ מיר אַליין, אָן אַ ווײַב און אָן קינדער, גייט אַוועק – איר וועט מיר גלייבן, צי ניט? – דרײַ מאָל אַזוי פֿיל, ווי בײַ אַן

dazu, der einem auf die Nerven geht. Nun, wir haben wieder unsere Zigarren angezündet, sind zurück auf unsere Plätze, und der Mann aus Buenos Aires erzählt weiter:

»Wo sind wir stehengeblieben? Ja, bei meinen Kompagnons. Genau gesagt bei meinen *jetzigen* Kompagnons. Früher waren sie meine Chefs. Wie ich Euch schon erzählt habe, war ich ja ihr Angestellter. Ich will sie nicht schlechtmachen und so tun, als wären sie schlimme Chefs gewesen. Wie sollten sie mich auch übel behandelt haben, wo ich ihnen doch treu wie ein Hund gewesen bin? Ihr kleinster Cent war mir so viel wert wie mein eigenes Geld. Ihretwegen habe ich mir Feinde gemacht. Blutige Feinde sogar! Es gab Zeiten, da hätte man mich, ob Ihr's glaubt oder nicht, wegen meiner Treue zu ihnen um ein Haar vergiftet. Richtig vergiftet! Wirklich, ich kann mich rühmen, dass ich ihnen ehrlich gedient habe, ehrlicher geht's gar nicht. Ich habe dabei wohl auch an mich gedacht. Nun, man sollte sich selbst nie vergessen. Immer soll man daran denken, dass man selbst auch nur ein Mensch ist. Heute lebt man, und morgen, hahaha! Man kann nicht ewig für jemand anderen arbeiten. Habe ich denn nicht meine eigenen Hände und Füße und meine eigene Zunge? Ich wusste natürlich, dass sie ohne mich nicht einen einzigen Tag auskommen konnten. *Sie konnten nicht und sie haben das besser auch nicht gewagt.* Denn es gibt Geheimnisse… Ihr versteht? Große Geheimnisse! Wie es im Geschäftsleben so ist. Und eines schönen Tages also, hört Ihr, hab ich meinen Entschluss gefasst. Ich gehe zu ihnen hinein, zu meinen Chefs, und sage ihnen: ›Adieu, meine Herren!‹ Sie schauen mich an: ›Was soll das heißen: Adieu?‹ ›Adieu heißt‹, sage ich, ›lebt wohl.‹ Sie fragen mich: ›Aber was wollt Ihr damit sagen?‹ Und ich darauf: ›Genau das! Wie oft muss ich es noch wiederholen?‹ Jetzt schauen sie sich gegenseitig an und fragen mich dann, wie viel Kapital ich aufbringen kann. Darauf antworte ich ihnen: ›Selbst wenn das Kapital nicht so hoch ist, für den Anfang wird es reichen, und sollte es einmal etwas knapp werden, so ist Gott ein Vater und Buenos Aires eine große Stadt.‹ Da hatten sie verstanden. Warum sollten sie auch nicht verstehen, das Gehirn war ihnen doch nicht plötzlich vertrocknet. Und so sind wir seit damals Kompagnons geworden. Drei Kompagnons, drei Chefs, auf gleicher Ebene. Dem einen mehr, dem anderen weniger, so was gibt es bei uns nicht. Was Gott beschert… Wir streiten auch nicht, warum sollten wir uns streiten, wo es doch genug zu verdienen gibt, Gott sei Dank, und das Geschäft wird immer größer. Die Welt wird größer und die Ware teurer… Jeder von uns nimmt sich einfach so viel aus der Kasse, wie er für seine Auslagen braucht, und alle drei brauchen wir nicht wenig! Ich zum Beispiel habe ja weder Frau noch Kinder und gebe doch, ob Ihr's glaubt oder

אַנדערן מיט אַ ווײַב און מיט קינדער. וואָס מיך קאָסט אָפּ אַ יאָר צדקה אַליין, וואָלט זיך דאָס אַן אַנדערער געווונטשן פֿאַרדינען. ס׳איז נישטאָ, הערט איר, איין זאַך, וואָס זאָל מיך נישט קאָסטן קיין געלט. אַ שול, אַ שפּיטאָל, אַן עמי־גראַנטן־קאַסע, אַ קאָנצערט – בוענאָס־אײַרעס איז, קיין עין־הרע, אַ שטאָט! און ווו זענען עפּעס אַנדערע שטעט? ארץ־ישׂראל – איר וועט מיר גלייבן, צי ניט? – קאָסט מיך שוין אויך געלט. ערשט ניט לאַנג קומט מיר אָן אַ בריוו פֿון אַ ישיבֿה פֿון ירושלים. אַ שיינער בריוו, מיט אַ מגן־דוד, מיט אַ שטעמפּל און מיט חתימות פֿון רבנים. דער בריוו איז געשריבן גלײַך צו מיר, מיט אַ שיינעם טיטל: „הרבני הגבֿיר המפֿורסם רב מרדכי“... ע־ע־ע! – טראַכט איך מיר. – ווי באַלד זיי זענען אַזעלכע פֿײַנע מענטשן און רופֿן מיך אָן ביים נאָמען, קאָן מען קיין חזיר ניט זײַן און מע דאַרף זיי שיקן אַ הונדערטער... דאָס האָט איר אײַך זײַטיקע נדבֿות. הײַנט ווו איז ערגעץ מײַן געבורט־שטאָט? סאָשמאַקען? סאָשמאַקען נעמט צו בײַ מיר – איר וועט מיר גלייבן, צי ניט? – אַלע יאָר אָט אַזאַ היטל מיט געלט! אַלע מאָל, אַלע מאָל קומט מיר אָן פֿון סאָשמאַקען אַן אַנדער בריוול. דאָס איז אַזאַ צרה, דאָס איז אַזאַ שלאַק... פֿון מעות־חטים שמועסט מען ניט. אַלע פּסח אַ הונדערטער. דאָס איז שוין אַ „זאַקאָן“... אָט פֿאָר איך איצט קיין סאָשמאַקען, ווייס איך פֿריִער, אַז איך וועל נישט אָפּקומען מיט קיין טויזנטער. וואָס זאָג איך, אַ טויזנטער? הלוואַי איך זאָל פּטרן מיט צוויי. אַניט, וועלן זײַן אַלע דרײַ. אַ קלייניקייט, אַ מענטש איז ניט געווען אַזאַ צײַט אין דער היים – פֿון קינדוויַיז אָן, כאַ־כאַ! סאָשמאַקען איז דאָך מײַן היים! איך ווייס פֿריִער, אַז די גאַנצע שטאָט וועט קאָכן. מע וועט זיך צונויפֿלויפֿן. אַ גדולה: „מאָטעק איז געקומען, אונדזער מאָטעק פֿון בוע־נאָס־אײַרעס!“... אַ יום־טובֿ! גלייבט מיר, מע קוקט שוין דאָרט אַרויס אויף מיר, ווי אויף משיחן. נעבעך גרויסע אָרעמע־לײַט. פֿון יעדער סטאַנציע גיב איך זיי צו ווּיסן, אַז איך פֿאָר. איך קלאַפּ זיי אַלע טאָג אַ דעפּעש: „פֿריעזשאַיו. מאָטעק“. איך אַליין – איר וועט מיר גלייבן, צי ניט? – וואָלט שוין אויך וועלן וואָס גיכער קומען צו פֿאָרן קיין סאָשמאַקען. אַ קוק טאָן אויף סאָשמאַקען, אַ קוש טאָן די ערד פֿון סאָשמאַקען, דעם שטויב פֿון סאָשמאַקען. אַ כּפּרה, הערט איר, בוענאָס־אײַרעס! אַ כּפּרה ניו־יאָרק! אַ כּפּרה לאָנדאָן! אַ כּפּרה פּאַריז! כאַ־כאַ! סאָשמאַקען איז דאָך מײַן היים!“...

nicht, dreimal so viel aus wie andere mit einer ganzen Familie. Was mich das Jahr allein an Wohltätigkeiten kostet, ein anderer wäre glücklich, wenn er nur so viel zusammen verdienen würde! Ihr könnt Euch überhaupt nicht denken, hört Ihr, wozu ich nicht Geld geben muss. Hier eine Synagoge, dort ein Spital, eine Emigrantenkasse, ein Konzert, na ja, Buenos Aires ist schon eine große Stadt! Und andere Städte sind ja auch noch da. Israel, das heilige Land, ob Ihr's glaubt oder nicht, kostet mich wahrhaftig eine schöne Stange Geld. Erst kürzlich bekam ich einen Brief aus einer Jeschiwe in Jerusalem. Ich sage Euch, einen richtig schönen Brief mit Davidstern, mit Stempel und unterschrieben von lauter Rabbinern. Direkt an mich ging der Brief mit einer wunderschönen Anrede ›an den vermögenden, mächtigen, edlen und allseits bekannten Reb Mordechai‹. Nun ja, denke ich, wenn die da unten so gute Leute sind und mich ausdrücklich beim Namen nennen, da kann man doch kein Schwein sein, da muss man ihnen einen Hunderter rüberschicken!… Da habt Ihr schon die zusätzlichen Ausgaben! Und mein Geburtsort, wo soll der bleiben, nämlich Soschmaken? Soschmaken bekommt von mir jedes Jahr, ob Ihr's glaubt oder nicht, einen ganzen Hut voll Geld! In größter Regelmäßigkeit kommen Briefchen aus Soschmaken bei mir an. Hier eine Not, dort ein Unglück, vom Mazzengeld wollen wir gar nicht erst reden. Jeden Pessach ein Hunderter, das ist schon ganz normal. Ich fahre ja jetzt nach Soschmaken; da weiß ich schon vorher, unter einem Tausender werde ich nicht wegkommen. Was sage ich, einem? Wenn Gott will, wird es vielleicht bei zweien bleiben. Es kann aber auch sein, dass drei Tausender daraus werden. Aber was heißt das schon! So lange Zeit ist man nicht zu Hause gewesen, seit meiner Kindheit nicht, haha. Und doch ist Soschmaken meine Heimat! Und ich weiß jetzt schon, dass die ganze Stadt in Aufruhr sein wird. Die Leute werden zusammenströmen, es wird hoch hergehen: Motke ist da, unser Motke aus Buenos Aires. Es wird ein besonderer Tag sein! Ein richtiger Feiertag! Glaubt mir, sie warten schon bald auf mich wie auf den Messias. Man darf ihnen nicht böse sein, es sind arme Leute. Von allen Bahnhöfen gebe ich durch, dass ich komme. Jeden Tag schicke ich ihnen eine Depesche ›Unterwegs. Motke‹. Und, ob Ihr's glaubt oder nicht, mir persönlich wäre es schon recht, wenn ich etwas schneller nach Soschmaken käme und endlich einen Blick auf die Stadt werfen und die Erde und den Staub von Soschmaken küssen könnte. Wisst Ihr was? Ich pfeife auf ganz Buenos Aires, hört Ihr? Auch auf New York! Und was ist schon London? Oder Paris? Schließlich ist Soschmaken meine Heimat…«

דאָס פּנים פֿון מײַן פֿאַרשוין האָט זיך בײַ די ווערטער ווי איבערגעביטן. גאָר אַן אַנדער פּנים. עפּעס איז דאָס ווי ייִנגער געוואָרן. ייִנגער און שענער. און די קליינע בוימלדיקע אייגעלעך האָבן באַקומען גאָר אַן אַנדער פֿײַערל מיט אַ נײַעם גלאַנץ פֿון פֿרייד און פֿון גדלות און פֿון ליבשאַפֿט. פֿון אמתע[ר], נישט געמאַכטע[ר] ליבשאַפֿט... אַן עבֿירה איין זאַך: וואָס איך ווייס נאָך אַלץ נישט אַקוראַט, מיט וואָס ער האַנדלט... ער לאָזט מיך אָבער לאַנג נישט טראַכטן און שנײַדט ווײַטער:

– איר מיינט, וואָס, אייגנטלעך, פֿאָר איך קיין סאָשמאַקען? אַ ביסל בענק איך טאַקע נאָך דער שטאָט, און אַ ביסל אויף קבֿר־אָבֿות. איך האָב דאָך עפּעס אויפֿן הייליקן אָרט אַ פֿאָטער און אַ מוטער, און ברידער און שוועסטער – אַ גאַנצע משפּחה. און אַגבֿ ווילט זיך מיר טאַקע חתונה האָבן אויך. ביז וואַנעט איז דער שיעור צו זיצן אַ בחור? און חתונה האָבן וויל איך דווקא פֿון סאָשמאַקען. פֿון מײַן שטאָט. פֿון מײַן גראַד. פֿון מײַן משפּחה. איך האָב מיך שוין וועגן דעם איבערגעשריבן מיט מײַנע פֿרײַנד פֿון סאָשמאַקען, זיי זאָלן מיר נאָכזען עפּעס רעכטס... שרײַבן זיי, איך זאָל נאָר קומען צו פֿאָרן בשלום, וועט שוין במילא זײַן רעכט... אָט אַזאַ משוגענער בין איך... מע האָט מיר שוין פֿאָרגעלייגט אין בוענאָס־אײַרעס – איר וועט מיר גלייבן, צי ניט? – די גרעסטע שיינהייטן פֿון דער וועלט. איך וואָלט געקאָנט, הערט איר, אויספֿירן אַזעלכעס, וואָס דער טערקישער סולטאַן אַפֿילו פֿאַרמאָגט דאָס נישט... נאָר איך האָב מיר געזאָגט איין מאָל פֿאַר אַלע מאָל: ניין! חתונה האָבן פֿאָר איך קיין סאָשמאַקען. איך וויל אַן אָנשטענדיק קינד. אַ ייִדישע טאָכטער. זי מעג זײַן ווי אָרעם, וועל איך דערויף ניט קוקן. איך וויל זי אָפּגילטן. די עלטערן אירע אָפּשיטן מיט גאָלד. די גאַנצע משפּחה גליקלעך מאַכן. און זי אַליין וועל איך ברענגען צו מיר קיין בוענאָס־אײַרעס. איך וועל איר אויספּוצן, הערט איר, אַ פּאַלאַץ, ווי פֿאַר אַ פּרינצעסין. קיין שפּרענקעלע וועל איך אויף איר ניט לאָזן פֿאַלן. גליקלעך וועט זי זיך אָפּלעבן בײַ מיר – איר וועט מיר גלייבן, צי ניט? – ווי קיין פֿרוי אין דער גאַנצער וועלט! זי וועט ניט וויסן בײַ מיר פֿון קיין זאַך, אויסער אירווירטשאַפֿט, מיט איר מאַן און מיט אירע קינדער. די קינדער וועל איך לאָזן שטודירן. דעם אויף דאָקטער, דעם אויף אינזשיניער, דעם אויף יוריסט. די טעכטער וועל איך אָפּשיקן אין אַ ייִדישן געשלאָסענעם פּאַנסיאָן. ווייסט איר, וווּהין? – קיין פֿראַנקפֿורט...

בײַ די ווערטער קומט אָן דער קאָנדוקטאָר אָפּנעמען די בילעטן. תּמיד (איך האָב שוין באַמערקט וויפֿל מאָל) טראָגט אָן דער רוח דעם קאָנדוקטאָר פּונקט דעמאָלט, ווען מען דאַרף אים ניט! אין וואַגאָן ווערט אַ טומל, אַ מהומה. אַלע כאַפּן די פּעקלעך, און איך אויך בתוכם. איך מוז אויסשטײַגן פֿון וואַגאָן, זיך איבערזעצן אויף אַן אַנדער וועג. דער מענטש פֿון בוענאָס־אײַרעס

Bei diesen Worten hat er ein anderes Gesicht bekommen, ein neues Gesicht, als wäre er jünger geworden. Jünger und auch schöner. In seinen kleinen sanften Augen ist ein ganz neues Feuer, ein ungewohntes freudiges Strahlen, voller Hochgefühl, ja voll Zärtlichkeit. Eine echte und ungespielte Zärtlichkeit. Jammerschade ist nur eines: Ich weiß immer noch nicht, womit er nun handelt... Er lässt mir aber keine Zeit zum Nachdenken, sondern fährt munter fort:

»Was glaubt Ihr, warum ich jetzt nach Soschmaken fahre? Natürlich ist dabei ein gutes Stück Verlangen nach der Stadt, auch will ich die Gräber der Eltern besuchen. Denn auf dem Friedhof dort liegen doch Vater und Mutter und Brüder und Schwestern, die ganze Familie. Und nebenbei gesagt, ich will da auch heiraten. Oder soll man ewig Junggeselle bleiben? Aber heiraten muss ich eine aus Soschmaken. Aus meiner Heimatstadt. Eine von meinem Schlag. Aus meiner Sippe. Deshalb habe ich schon vorher den Freunden in Soschmaken geschrieben, sie sollen sich nach was Rechtem umschauen. Und sie schrieben mir zurück, ich solle nur ruhig nach Soschmaken kommen, es wird schon alles recht werden... So ein verrückter Kerl bin ich. In Buenos Aires haben sie mir, ob Ihr's glaubt oder nicht, schon alle Schönheiten der Welt präsentiert. Ich hätte welche haben können, hört Ihr, wie sie der türkische Sultan nicht kriegt. Aber ich habe mir ein für alle Mal geschworen, nein, ich fahre nach Soschmaken, um eine Frau zu suchen. Ich will ein anständiges Mädchen. Eine jüdische Tochter. Wenn sie noch so arm ist, mir macht das nichts aus. Ich werde sie mit Gold überschütten und die Eltern auch. Die ganze Familie mache ich glücklich. Und dann bringe ich sie heim zu mir nach Buenos Aires. Einen Palast werde ich ihr dort hinsetzen wie für eine Prinzessin. Kein Stäubchen lasse ich auf sie kommen. Gut wird sie es bei mir haben wie keine andere Frau auf der ganzen Welt, ob Ihr's glaubt oder nicht. Ohne Sorgen soll sie bei mir leben und nichts tun, außer den Haushalt führen für den Mann und die Kinder. Meine Kinder sollen einmal studieren. Einer auf Doktor, der andere Ingenieur, und ein dritter wird Jurist. Die Tochter bringe ich auf ein gutes jüdisches Pensionat. Wollt Ihr auch wissen wohin? Nach Frankfurt...«

Während er das erzählt, kommt ausgerechnet der Schaffner herein und fängt an, die Fahrkarten zu kontrollieren. Wie oft habe ich das schon erlebt – jedes Mal schafft der Teufel den Schaffner gerade dann herbei, wenn man ihn überhaupt nicht gebrauchen kann. Im Waggon gibt's Bewegung und allerhand Durcheinander. Jeder schnappt sich seine Pakete; ich natürlich auch, denn hier muss ich raus aus dem Zug und auf eine andere Strecke umsteigen.

העלפֿט מיר צונויפֿבינדן מײַן באַגאַזש, און מיר פֿירן דערווײַל צווישן זיך אַ געשפּרעך, וועלכעס איך גיב דאָ איבער פּינקטלעך, וואָרט אין וואָרט:

דער מענטש פֿון בוענאָס־אײַרעס: אוי־וואַ, אַ שאָד, וואָס איר פֿאָרט ניט ווײַטער. ניט זײַן מיט וועמען צו רעדן.

איך: וואָס זאָל מען טאָן? פּרנסה איז פּרנסה.

דער מענטש פֿון בוענאָס־אײַרעס: גוט געזאָגט. פּרנסה איז פּרנסה. איך האָב מורא, איך וועל מוזן צוצאָלן און אַריבערפּעקלען זיך אין צווייטע[ר] קלאַס. איך קאָן, דאַנקען גאָט, אויספֿירן ערשטע קלאַס אויך. בײַ מיר, אַז איך פֿאָר אין באַן...

איך: האָט קיין פֿאַראיבל ניט, וואָס איך שלאָג אײַך איבער. מיר האָבן אין גאַנצן נאָך אַ האַלבע מינוט צײַט. איך האָב אײַך געוואָלט עפּעס פֿרעגן.

דער מענטש פֿון בוענאָס־אײַרעס: צום בײַשפּיל?

איך: צום בײַשפּיל, איך האָב אײַך געוואָלט פֿרעגן... אָ, מע פֿײַפֿט שוין!... וואָס איז, אייגנטלעך, אײַער געשעפֿט? מיט וואָס האַנדלט איר?

דער מענטש פֿון בוענאָס־אײַרעס: מיט וואָס איך האַנדל? כאַ־כאַ! נישט מיט אתרוגים, מײַן פֿרײַנד, האַנדל איך, נישט מיט אתרוגים!...

איך בין שוין מיט מײַן באַגאַזש אין גאַנצן אויף יענער זײַט וואַגאָן, און נאָך שטייט מיר פֿאַר די אויגן דער מענטש פֿון בוענאָס־אײַרעס מיט זײַן גלאַטן צופֿרידענעם פּרצוף, מיט דער שמעקנדיקער ציגאַר אין די ציין, און נאָך קלינגט מיר אין די אויערן זײַן „כאַ־כאַ“:

– נישט מיט אתרוגים, מײַן פֿרײַנד, האַנדל איך, נישט מיט אתרוגים!...

ענדע געשיכטע נומער פֿינף.

געשריבן אין יאָר 1909.

Der Mann aus Buenos Aires hilft mir, meine Sachen zusammenzupacken. Dabei führen wir beide ein Gespräch, das ich Euch hier genau und Wort für Wort aufschreibe:

Der Mann aus Buenos Aires: »Oh, schade, dass Ihr nicht weiterfahrt. Jetzt ist keiner da, mit dem man reden kann.«

Ich: »Was soll man machen, Geschäft ist Geschäft.«

Der Mann aus Buenos Aires: »Das habt Ihr gut gesagt. Geschäft ist Geschäft. Ich glaube, ich werde jetzt den Zuschlag zahlen und in die zweite Klasse überwechseln. Ich könnte mir ja Gott sei Dank auch die erste Klasse leisten. Wenn ich Bahn fahre…«

Ich: »Entschuldigt, wenn ich Euch unterbreche. Wir haben kaum noch eine Minute Zeit, aber ich wollte Euch noch etwas fragen.«

Der Mensch aus Buenos Aires: »Ja? Was denn?«

Ich: »Ich wollte Euch fragen… oh, sie pfeifen schon! Also: Was ist eigentlich Euer Geschäft? Mit was handelt Ihr?«

Der Mensch aus Buenos Aires: »Ah, mit was ich handle? Haha! Mit frommen Artikeln jedenfalls handele ich nicht, lieber Freund, nicht mit frommen Artikeln!«[30]

Da bin ich mit meinem Gepäck schon draußen auf dem Bahnsteig. Immer noch habe ich den Mann aus Buenos Aires vor Augen, sein glattes, zufriedenes Gesicht, die teure Zigarre zwischen den Zähnen, noch klingt mir sein ›Haha‹ in den Ohren:

›*Mit frommen Artikeln jedenfalls handele ich nicht, lieber Freund, nicht mit frommen Artikeln!*‹

(1909)

געשיכטע נומער זעקס

קבֿר־אָבֿות

– איר פֿאָרט אויפֿן „יריד“, און מיר פֿאָרן פֿונעם „יריד“. איך האָב זיך שוין אויסגעוויינט, און איר פֿאָרט ערשט וויינען – דאַרף מען אײַך מאַכן אַן אָרט. טוט זיך, זײַט מוחל, אַ רוק אַ ביסל נעענטער, אַהער, ס׳איז אײַך ניט גוט צו זיצן.

– אָט!

אַזוי שמועסן זיך דורך אין וואַגאָן צוויי פֿאַרשוינען הינטער מײַנע פּלייצעס. דאָס הייסט, איינער רעדט און דער אַנדערער באָמקעט אים צו פֿון צײַט צו צײַט מיט האַלבע ווערטער.

– זאַלבעאַנד פֿאָרן מיר דאָס. איך און מײַן אַלטינקע. אָט דאָס איז זי, וואָס ליגט אויף דער ערד. זי איז אײַנגעשלאָפֿן. אָנגעוויינט זיך נעבעך פֿאַר אַלע ייִדן. גאָר ניט געוואָלט אָפּטרעטן פֿון הייליקן אָרט. צוגעפֿאַלן צום קבֿר און – ניט אָפּצורײַסן! טענה איך מיט איר: „אָבער זאָל זײַן גענוג, זאָג איך, דו וועסט זי מיט דײַנע טרערן, זאָג איך, לעבעדיק ניט מאַכן!“ הערט די וואַנט? און וואָס איז דער חידוש? אַזאַ בראָך! אַ בת־יחידקע. איין אויג אין קאָפּ. און אַ געראָטענע דערצו. שיין ווי גאָלד. און קלוג. געענדיקט פּראָ־גימנאַזיע... צוויי יאָר אַז זי איז געשטאָרבן. מיינט איר אפֿשר, פֿון טשאַכאָטקע? געזונט און שטאַרק! אַליין, אַליין זיך גענומען דאָס לעבן.

– טאַקע?!

פֿון דעם שמועס פֿאַרשטיי איך שוין, וועגן וואָס פֿאַר אַ „יריד“ עס רעדט זיך דאָ. איך דערמאָן מיך, אַז מיר האָבן ראָש־חודש־אלול. דאָס איז דער טרויעריקער, נאָר ליבער חודש אלול. ייִדן פֿאָרן פֿון איין שטאָט אין דער אַנדערער צו די לאַנג געשטאָרבענע טאַטע־מאַמע, שוועסטער און ברידער, קינדער און קרובֿים אויף קבֿר־אָבֿות. פֿאַרוואָגלטע מאַמעס, פֿאַריתומטע טעכטער, עלנטע שוועסטער און גלאַט אָרעמע ווײַבער פֿאַלן צו צו די ליבע טײַערע קבֿרים אַ ביסל אויסוויינען זיך, אויסגיסן דאָס ביטערע האַרץ, פֿאַרגרינגערן די פֿאַרחושכטע פֿאַרשמאַכטע נשמה.

אַ מאָדנע זאַך! איך בין, מיט גאָטס הילף, אַ רײַזנדער, דאַכט מיר, נישט דאָס ערשטע יאָר, און קאָן זאָגן, אַז ס׳איז שוין לאַנג ניט געווען בײַ אונדז אַזאַ גערעט אויף קבֿר־אָבֿות, ווי הײַנטיקן ראָש־חודש־אלול... די באַן, ברוך־השם, לייזט געלט. די וואַגאָנעס זענען געפּאַקט. עס פֿאָרן ייִדן מיט

Geschichte Nummer sechs

An den Gräbern der Lieben

»Ihr fahrt *ins* Treiben hinein,[31] und wir kommen gerade *von dort*. Ich habe mich schon ausgeweint, Ihr werdet erst hinkommen und weinen, da muss man Euch Platz machen. Rückt, bitte schön, ein bisschen näher heran, sonst sitzt Ihr nicht bequem.«

»Meinetwegen!«

So unterhalten sich zwei Fahrgäste hinter meinem Rücken. Genau gesagt, der eine von ihnen redet, und der andere wirft von Zeit zu Zeit einen Brocken dazwischen.

»Wir sind miteinander unterwegs, ich und meine Alte. Ja, die dort, die da auf dem Boden liegt. Sie ist eingeschlafen, nachdem sie den Kummer der ganzen Welt herausgeweint hat. Sie wollte überhaupt nicht vom Friedhof wegkommen. Hingesunken am Grab und nicht mehr loszureißen. Ich rede streng mit ihr: Genug jetzt, sage ich, du kannst sie mit all deinen Klagen nicht wieder lebendig machen. Aber hört sie mich überhaupt? Kein Wunder! Ach, welch ein Unglück! Die einzige Tochter! Unser Augapfel. Und wirklich gut geraten, schön wie der junge Tag. Gescheit auch noch. Sie war gerade mit dem Progymnasium fertig. Vor zwei Jahren ist sie gestorben. Ihr denkt vielleicht, an Schwindsucht? Aber nein, gesund und stark war sie. Das Leben hat sie sich genommen! Sich selbst das Leben genommen!«

»Tatsächlich?!«

Aus dem Gespräch höre ich gleich heraus, um welch ein ›Treiben‹ es sich da handelt. Es fällt mir ein, dass wir den ersten Tag Elul haben. Ach, dieser traurige und doch so schöne Monat Elul! Die Menschen fahren von einer Stadt in die andere zu längst verstorbenen Eltern, Schwestern und Brüdern, zu den Kindern und Verwandten. Sie besuchen die Gräber ihrer Lieben. Da seht Ihr eine einsame Mutter, hier verwaiste Töchter, bekümmerte Schwestern und elende Frauen. Sie sinken vor den Gräbern ihrer Lieben nieder, weinen ein wenig, schütten das bittere Herz aus und erleichtern die traurige, verschmachtete Seele.

Seltsam ist das. Ich bin doch mit Gottes Hilfe nicht erst seit einem Jahr ein Handelsreisender! Aber ich muss sagen, es ist schon lange nicht mehr so viel vom Besuch an den Gräbern gesprochen worden wie dieses Jahr im Elul. Die Eisenbahn nimmt dabei mit Gottes Hilfe ordentlich Geld ein; die Waggons sind voll besetzt. Drinnen sitzen Männer mit düsteren Gesichtern,

פֿאַרכמאַרעטע פּנימער. עס פֿאָרן ווײַבער מיט רויטע אונטערגעשוואָלענע
אויגן און מיט גלאַנצנדיקע נעזער. ווער עס פֿאָרט אויפֿן „יריד“ און ווער עס
פֿאָרט פֿונעם „יריד“... אין דרויסן שמעקט מיט ראָש־חודש־אלול. אויפֿן
האַרצן איז ראָש־חודש־אלולדיק, און עס בענקט זיך, בענקט זיך אַהיים...
ניט ווילנדיק הער איך מיך אײַן אין דעם שמועס פֿון די צוויי, וואָס הינטער
מײַנע פּלייצעס:

– אפֿשר מיינט איר, אַן אומגליק פֿון די הײַנטיקע אומגליקן? שוואַרצע
העמדלעך, רויטע פֿלאַגן? טורמע?... חלילה־וחס! פֿון דעם האָט מיך גאָט
אויסגעהיט. דאָס הייסט, איך האָב מיך אַליין אויסגעהיט. ווי דאָס שוואַרצ־
אַפּל פֿון אויג! אַ קלייניקייט – אַ מיידל אַ בת־יחידקע, איין אויג אין קאָפּ,
און אַ געראָטענע דערצו. שיין ווי גאָלד. געענדיקט פּראָ־גימנאַזיע! איך האָב
געטאָן וואָס איך האָב געקאָנט: נאָכגעקוקט, ווּוהין זי גייט, און מיט וועמען
זי רעדט, און וואָס מע רעדט, און וואָס פֿאַר אַ ביכל מע לייענט. „טאָכטער־
קע, זאָג איך, דו ווילסט לייענען, זאָג איך, ביכלעך? געזונטערהייט! נאָר איך
דאַרף אויך, זאָג איך, וויסן, וואָס דו לייענסט“... אמת, איך בין אין די זאַכן אַ
קנאַפּער ווייסער, נאָר אַ חוש־הריח, דאַנקען גאָט, האָב איך. איך, אַז איך טו
אַ קוק אַרײַן אין אַ בוך, ער מעג זײַן אַפֿילו אויף פֿראַנצויז, וועל איך באַלד זאָגן
מיט וואָס ער שמעקט.

– הערסטו?!

– איך האָב ניט געוואָלט, אַז מײַן קינד זאָל שפּילן מיט פֿײַער – וואָס
קומט מיר דערפֿאַר? איר מיינט, איך בין געגאַנגען מיט סטירדעס? מיט בייזן?
דווקא מיט גוטן, און דווקא מיט אַ ווערטל: „טאָכטערקע, זאָג איך, לאָז זיך
דאָס רעדל דרייען ווי עס דרייט זיך. נישט איך און נישט דו, זאָג איך, וועלן
דאָס אָפּשטעלן“... אַזוי זאָג איך צו איר, און זי, מיינט איר, וואָס? שווײַגט. אַ
שטילע טויב, אַ קינד אַ גאָלד! וואָס טוט גאָט? אַוועקגעגאַנגען די שווערע
צײַט, איבערגעקומען, ברוך־השם, אַלע שלעק, מיט די רעוואָלוציעס, מיט די
קאָנסטיטוציעס. אויס שוואַרצע העמדלעך, רויטע פֿאָנען, געשערטע האָר,
שוואַרץ־יאָרן, באָמבעס. די ציינער זענען מיר שיִער ניט אַרויסגעפֿאַלן פֿון
מויל. אַ קלייניקייט – די פּחדים? אַ מיידל אַ בת־יחידקע, איין אויג אין קאָפּ,
און אַ געראָטענע דערצו, געענדיקט פּראָ־גימנאַזיע?

– פּטור, נו!

– הקיצור־המעשׂה, איבערגעקומען, געלויבט ביסטו גאָט, די ביטערע
צײַט. איצט וועט מען שוין קאָנען אַ טראַכט טאָן עפּעס וועגן אַ שידוך. נדן?
– זאָל דער אייבערשטער נאָר צושיקן דעם רעכטן זיווג. און עס האָט זיך אָנ־
געהויבן אַ סדרה: שידוכים, שדכנים, חתנים. איך זע מײַן טאָכטער – ס׳איז

Frauen mit verschwollenen Augen und glänzender Nase. Die einen fahren *ins* Treiben hinein, die anderen kommen schon *zurück*. Man riecht draußen geradezu Rosch Chojdesch Elul. Und tief im Herzen ebenso, der erste Tag vom Monat Elul. Eine Sehnsucht steigt in Euch auf, eine Sehnsucht nach daheim. Und ohne dass ich es will, horche ich auf das Gespräch der beiden hinter meinem Rücken.

»Vielleicht denkt Ihr an eins von den Unglücken, wie sie heutzutage passieren? Mit all diesen Schwarzhemden, roten Fahnen, Verhaftungen?[32] Gott behüte! Davor wenigstens hat mich Gott bewahrt! Das heißt, ich selbst habe dafür gesorgt, dass so etwas nicht in mein Haus kommt. Wie auf ein Kleinod hab ich auf sie aufgepasst. Das ist doch was: ein Mädchen, und noch dazu das einzige Kind, unser Augapfel, ein Juwel, und gut geraten, schön wie der junge Tag und gescheit dazu; gerade war sie mit dem Progymnasium fertig. Ich tat, was ich konnte. Aufgepasst habe ich, wohin sie geht, mit wem sie spricht und worüber und welche Bücher sie liest. ›Töchterchen‹, sage ich, ›Bücher willst du lesen? Nun, wenn es dir Freude macht! Aber ich möchte doch wissen‹, sage ich, ›was du liest.‹ Ehrlich gesagt, ich bin ja auf diesem Gebiet kein großer Kenner, aber ich habe ein Gespür für solche Sachen, Gott sei Dank. Wenn ich nur einen Blick in ein Buch werfe, und sei es auf Französisch geschrieben, dann kann ich Euch gleich erzählen, womit ich's zu tun habe.«

»Sagt nur!«

»Ich wollte einfach nicht, dass mein Kind mit dem Feuer spielt. Was kann so etwas nützen? Aber wenn Ihr jetzt meint, ich hätte ihr zugesetzt, hart durchgegriffen, nein! Nur im Guten, mit einem Wörtchen, so beiläufig: ›Töchterchen‹, sage ich, ›lass das Rädchen sich drehen, wie es sich dreht. Weder du noch ich können es aufhalten.‹ Auf diese Weise rede ich mit ihr. Und sie, was glaubt Ihr wohl? Sie schweigt. Ach, eine sanfte Taube! Solch ein liebes Kind! Und was tut Gott? Er lässt die schwere Zeit vorbeigehen. Wir haben, Dank sei Ihm, alle Schläge überstanden, die Revolution, die Konstitution, und dann endlich war auch Schluss mit den Schwarzhemden, den roten Fahnen, den abrasierten Haaren,[33] mit Bomben und anderen Teufeleien. Die Zähne waren mir fast aus dem Mund gefallen! Wenn das nichts ist, die Sorge, die Angst um ein Mädchen, die einzige Tochter, unseren Augapfel, gut geraten, gescheit und gerade fertig mit dem Progymnasium…«

»Wahrhaftig…!«

»Um die Geschichte kurz zu machen, wir haben die böse Zeit überlebt, gelobt seist Du, unser Gott! Jetzt kann man sich also schon Gedanken machen wegen der Heirat. Mitgift? Keine Sorge, wenn der Allerhöchste nur den rechten Bräutigam schickt. Also fängt nun das Kapitelchen an: Heiratspläne,

ניט דאָס. איר מיינט, וואָס? גאָרניט. מע זאָל זאָגן, אַז זי וויל ניט דעם שידוך – דאָס ניט. נאָר וואָס דען? – וועט איר הערן. איך הייב אָן נאָכקוקן, נאָכשפּירן, ערשט איך ווער געוואָר אַ מעשׂה: מע לייענט אַ ביכל און מע באַהאַלט זיך. און נישט אַליין, זאַלבע דריט לייענט מען. זי, און נאָך אַ חבֿרטע אירע, אונדזער חזנס אַ מיידל, אויך אַ געראָטענע און אויך געענדיקט פּראָ־גימנאַזיע, איז צוויי, און דער נאַוואַרעדאָקער בחור – אַ דריטער. ווער איז דער נאַוואַרעדאָקער בחור, ווילט איר וויסן? נישטאָ וואָס צו וויסן. אַ בחור אַ גאָרנישט, אַ פּולער פּנים מיט פּרישטשעס, אויגן קאַליע, אָן ברעמען, און דווקא מיט גאָלדענע ברילן, אַ מיאוסער, אַ קוויטיקער בחור – אַ שטיקל ברויט פֿאַר אים ניט אויפֿצועסן! דערצו נאָך אַן איינגעגעסענער יונג, אַ קריכער, אַ וואָרעם. ווייסט איר, וואָס איז דער פּשט אַ מענטש אַ וואָרעם? אָט וועל איך אייַך פֿאַרטייַטשן. פֿאַראַן אַלערליי מענטשן אויף דער וועלט: פֿאַראַן אַ מענטש אַ בהמה. פֿאַראַן אַ מענטש אַ פֿערד. און פֿאַראַן אַ מענטש אַ הונט. אַ מענטש אַ חזיר. און פֿאַראַן אַ מענטש אַ וואָרעם. הייַנט פֿאַרשטייט איר שוין?

– אַהאַ!

– ווי קומט צו מיר אָט דער וואָרעם? צוליב דעם חזנס מיידל. ער איז אירער טאַקע אַ לייַבלעכער שוועסטערקינד. שטודירט אויף אַפּטייקאַרסקי פּראָוויזאָר, צי אויף יוריסט, צי אויף „דאַנטיריסט" – דער שוואַרץ־יאָר ווייסט דעם טאַטן זייַנעם! איך ווייס נאָר, אַז ער איז דער מלאך־המוות מייַנער! מיר איז דער דאָזיקער בחור מיט די ברילן באַלד ניט געפֿעלן געוואָרן. איך האָב דאָס אַפֿילו געזאָגט מייַן ווייַב. זאָגט מיר מייַן ווייַב: „וואָס דיר קאָן זיך אויסווייַזן!" איך קוק מיך איַין, איך הער מיך צו – עס געפֿעלט מיר ניט דאָס לייענען, וואָס מע לייענט זאַלבע דריט, און דאָס שמועסן, וואָס מע שמועסט, און וואָס מע פֿלאַמט, און וואָס מע היצט זיך... רוף איך מיך אָפּ איין מאָל צו מייַן טאָכטער: „טאָכטערקע, זאָג איך, וואָס לייענט מען דאָס אַזוי געשמאַק זאַלבע דריט?" זאָגט זי: „גאָרניט, אַ בוך". זאָג איך: „איך זע אַ בוך. איך פֿרעג, וואָס פֿאַר אַ בוך?" זאָגט זי: „אַז איך וועל דיר זאָגן, וועסטו וויסן?" זאָג איך: „פֿאַר וואָס זאָל איך ניט וויסן?" צעלאַכט זי זיך און מאַכט צו מיר: „ס׳איז ניט דאָס, וואָס דו מיינסט... ס׳איז אַ בוך, וואָס ער הייסט סאַני, אַ ראָמאַן פֿון אַרצעבאַשעס". זאָג איך: „אַרצע באַשעס איז געווען, זאָג איך, אַ בלינדער מלמד, שוין לאַנג געשטאָרבן". לאַכט זי ווידער. טראַכט איך מיר: „איי, טאָכטערקע, דו לאַכסט, און דעם טאַטן צאַפּט זיך בלוט!"... וואָס האָב

Schadchen, junge Männer. Ich schaue mir die Tochter an: All das gefällt ihr nicht. Was glaubt Ihr wohl, was los ist? Rein gar nichts. Man könnte vielleicht denken, die Partie gefällt ihr nicht. Aber nein, das ist es nicht. Also was dann? Jetzt werdet Ihr was hören! Ich beginne, mich ein bisschen umzuschauen, ihr nachzuforschen; da erst erfahre ich eine seltsame Sache: Sie lesen Bücher, im Geheimen. Nicht sie allein, nein, zu dritt lesen sie. Sie und ihre Freundin, die Tochter unseres Kantors, auch gut erzogen wie sie, auch gerade fertig mit dem Progymnasium, das sind schon zwei, und dieser Bursche aus Nawaredok, macht Nummer drei. Ihr wollt sicher wissen, was für ein Knabe aus Nawaredok das ist? Da gibt's nicht viel zu erzählen. Ein jämmerlicher, nichtswürdiger Bursche. So ein armseliges Jüngelchen, ein rundes Gesicht mit lauter Pickeln, verschlagene Augen ohne Brauen und dazu noch mit einer goldenen Brille. Ein mieser, elender Bursche. Kein Stück Brot möchte ich mit ihm zusammen essen. Dazu noch aufdringlich, schleimig und unterwürfig, ein richtiger Wurm! Wisst Ihr, was das genau bedeutet, ›ein Mensch wie ein Wurm‹? Es gibt ja allerhand Menschentypen auf der Welt. Einige sind wie das Rindvieh, manche wie ein Gaul. Andere Menschen wieder wie Hunde. Oder Schweine. Und dann gibt's solche, die sind genau wie ein Wurm. Versteht Ihr, was ich meine?«

»Klar!«

»Wie dieser Wurm von einem Menschen in mein Haus gekommen ist? Durch die Tochter unseres Kantors. Er ist direkt mit ihr verwandt. Ihr Vetter. Von Beruf so etwas in Richtung Apothekengehilfe oder Jurist oder vielleicht auch Dentist, der Teufel mag es genau wissen. Ich weiß nur, dass er mein Todesengel war. Nach kurzer Zeit schon hat mir der Bursche mit seiner Brille nicht gefallen. Ich habe es natürlich auch meiner Frau gesagt. Meint sie zu mir: ›Was du dir gleich einbildest!‹ Ich schaue aber genau hin und höre gut zu. Nein, die Lesestündchen gefallen mir nicht, die sie da zu dritt halten, ihre Gespräche gefallen mir nicht, auch nicht, wie sie in Feuer geraten und sich erhitzen. Ich sage also einmal zur Tochter: ›Töchterchen‹, sage ich, ›was lest ihr drei da so eifrig miteinander?‹ Sie antwortet: ›Nichts Besonderes, nur ein Buch.‹ Ich wieder darauf: ›Das sehe ich auch. Ich frage dich nur, was für ein Buch?‹ Antwortet sie mir: ›Wenn ich's dir sage, kannst du etwas damit anfangen?‹ Und ich: ›Warum soll ich nichts damit anfangen können?‹ Sie lacht aber auf und meint: ›Es ist nicht, was du denkst. Das Buch heißt *Ssani*,[34] ein Roman von Arzebaschess.‹ ›Arze Baschess' Sohn‹, sage ich, ›war doch ein blinder Melamed, aber er ist schon lange tot.‹ Wieder lacht sie. Ich aber denke: Ach Tochter, wenn du wüsstest! Du lachst, und mir blutet das Herz.

איך גערעכנט? – אַ קשיא אויף אַ מעשׂה? אפֿשר האָבן זיך שוין ווידער אָנגעהויבן די פֿריִערדיקע משׂא־ומתּנס?... ווי מיינט איר, איך בין ניט קיין בעלן געווען דורכליייענען דעם בוך?

– אַ חידוש אַ ביסל!

– ניט אַליין. דורך אַן אַנדערן. טאַקע דורך מײַנעם אַ מענטשן, אַ פּריקאַזטשיק פֿון געשעפֿט. אַ יונגער־מאַן אַ מאדים. לייענט רוס, ווי אַ וואַסער. אַרויסגעגנבֿעט בײַ דער טאָכטער איין מאָל בײַ נאַכט דעם בוך, אַוועקגעגעבן דעם בוך דעם פּריקאַזטשיק: „נאַ, בערל, לייען דורך, זאָג איך, דעם דאָזיקן בוך, און מאָרגן וועסטו מיר, זאָג איך, דערציילן, וועגן וואָס רעדט זיך אינעם דאָזיקן בוך". קוים דערלעבט דעם פֿרימאָרגן. געקומען בערל, טו איך אים אַ כאַפּ: „נו, בערל, וואָס איז מיטן בוך?" מאַכט ער צו מיר: „אײַ אַ בוך!" – און שטשירעט מיט די ציינער: „אַ גאַנצע נאַכט, זאָגט ער, ניט געשלאָפֿן, ניט געקאָנט זיך, זאָגט ער, אָפּרײַסן". „אַזוי? נו, אַדרבה, זאָג איך, דערצייל, לאָמיך אויך הערן חידושים"... און מײַן בערל הייבט מיר אָן דערציילן אַ מעשׂה – וואָס זאָל איך אײַך זאָגן? אַ וואָרט צו אַ וואָרט קלעפּט זיך ניט. אָט וועט איר הערן אַ טשעפּוכאַ: „עס איז געווען, זאָגט ער, אַ פּאָניע, האָט ער געהייסן ס אַ נ י און האָט ליב געהאַט דעם טרונק און פֿאַרבײַסן מיט אַ זויערן אוגעריק... און אַ שוועסטער האָט ער געהאַט, האָט זי געהייסן לידע, האָט זי גרײַלעך ליב געהאַט אַ דאָקטער, נאָר מעוברת איז זי געוואָרן פֿון אַן אָפּיצער... און אַ סטודענט איז געווען, האָט ער געהייסן יוראָ, האָט ער מוראדיק ליב געהאַט אַ מיידל אַ לערערקע מיטן נאָמען קראַסאַוויצע. איז זי איין מאָל געפֿאָרן בײַ נאַכט אויף אַ שיפֿל, איר מיינט – מיט איר חתן? ניין! דווקא מיט אָט דעם שיכּור סאַני"... „אָט דאָס איז גאָר?"... „האָט צײַט, מאַכט ער, ס׳איז נאָך ניט אין גאַנצן. און אַ לערער איוואַן איז דאָרטן געווען, איז ער געגאַנגען מיטן שיכּור קוקן, ווי נאַקעטע מיידלעך באָדן זיך"... „בקיצור, זאָג איך, וואָס איז דער היוצא־לנו־מזה?" „דער היוצא־לנו־מזה, זאָגט ער, איז דאָס, וואָס דער שיכּור סאַני האָט געהאַט אַ טבֿע, ער פֿלעגט הירזשען ווי אַ פֿערד, און אַפֿילו צו זײַן אייגענער שוועסטער לידע, אַז ער איז געקומען אַהיים, האָט ער..." „טפֿו, זאָג איך, זאָלסטו ווערן! גענוג דיר, זאָג איך, מיטן שיכּור. דו זאָג מיר בעסער, וואָס איז דער פּועל־יוצא, דער שפּיץ?"... „דער שפּיץ איז, זאָגט ער, אַז דער אָפֿיצער האָט זיך געשאָסן, און דער סטודענט האָט זיך געשאָסן, און די קראַסאַוויצע האָט זיך געסמט, און אַ ייִד סאָלאָווייטשיק איז דאָרט פֿאַראַן, האָט ער זיך אויך געהאַנגען". „אַ, געהאַנגען, זאָג איך, זאָלסטו ווערן מיט זיי אין איינעם!" זאָגט ער: „וואָס שילט איר זיך? וואָס בין איך שולדיק?" „ניט דיך, זאָג איך, אַרצע באַשעס מיין איך"... אַזוי זאָג איך צו מײַן בערלען, און מיינען מיין איך גאָר דעם נאַוואַרעדאָקער בחור, אַ קלאָג צו זײַן קאָפּ! מיינט איר אפֿשר, אַז איך בין קיין בעלן ניט געווען איין מאָל אָפּרופֿן מײַן בחור אָן אַ זײַט?

Was ich vermutet habe? Wer weiß, vielleicht haben die alten Sachen wieder angefangen! Und Ihr könnt Euch schon vorstellen, ich habe alles drangesetzt, dieses Buch zu studieren.«

»Was Ihr nicht sagt!«

»Nicht ich selbst. Sondern durch einen anderen. Genau gesagt durch einen Angestellten, meinen Handlungsgehilfen aus dem Geschäft. Ein aufgeweckter junger Mann. Russisch liest er fließend. So nehme ich einmal heimlich abends der Tochter das Buch weg und gebe es dem Gehilfen. ›Los, Berel‹, sage ich, ›lies das Buch durch, und morgen sagst du mir, um was es da geht!‹ Kaum konnte ich den nächsten Morgen abwarten. Als Berel reinkommt, hole ich ihn mir gleich beiseite. ›Also Berel, was ist mit dem Buch?‹ Er meint nur: ›Oho, das ist mal ein Buch!‹ Und er zeigt die Zähne. ›Die ganze Nacht‹, sagt er, ›hab ich nicht geschlafen wegen dem Buch. Ich konnte mich nicht davon losreißen.‹ ›Aha! Nun dann‹, sage ich, ›erzähl mal, lass mich auch teilhaben an diesen wunderbaren Sachen.‹ Da fängt mein Berel an, mir eine Geschichte zu erzählen, was soll ich Euch sagen. Ein Durcheinander, nichts reimt sich zusammen. Hört Euch diesen Unsinn an: ›Da war ein Russe‹, sagt er, ›der hieß *Ssani*. Der trank gerne und aß dazu saure Gurken. Eine Schwester hatte er mit Namen Lida. Sie hat sich heftig in einen Doktor verliebt, aber schwanger wurde sie von einem Offizier... Dann war da noch ein Student mit Namen Juro. Er wieder war vernarrt in eine junge Lehrerin, Krassawize hieß sie. Eines Abends fuhr sie mit dem Schiff, Ihr meint vielleicht mit ihrem Bräutigam? Keineswegs! Ausgerechnet mit dem Ssani, dem Trunkenbold.‹ ›Na da soll doch...‹ ›Wartet nur‹, sagt er, ›das ist noch nicht alles. Ein Lehrer namens Iwan kommt auch noch vor, der ging nämlich mit dem Säufer den nackten Mädchen beim Baden zuschauen.‹ ›Mach es kurz, worauf läuft es hinaus, was passiert zum Schluss?‹ ›Zum Schluss ist folgendes passiert‹, sagt er, ›der besoffene Ssani hatte es so an sich, dass er wie ein Pferd wieherte, auch vor seiner eigenen Schwester Lida. Und als er heimkam, hat er...‹ ›Zur Hölle sollst du fahren‹, sage ich, ›es reicht mir mit deinem Säufer. Sag mir lieber, wie es am Ende ausgeht.‹ ›Am Ende‹, sagt er, ›hat sich der Offizier erschossen, und der Student hat sich erschossen, die Krassawize nahm Gift, und ein Jude Ssolowejtschik kommt auch vor, der hat sich aufgehängt.‹ ›Ach, hängen sollst du mit ihnen allen zusammen!‹ Er meint zu mir: ›Was schimpft Ihr auf mich? Was kann ich dafür?‹ ›Ich mein ja nicht dich‹, sage ich, ›Arze Baschess meine ich.‹ So antworte ich meinem Berel. Aber in Wirklichkeit meine ich den Burschen aus Nawaredok, möge er all das heimgezahlt bekommen! Glaubt mir, sofort habe ich beschlossen, mir den Knaben einmal beiseitezunehmen.«

– פּטור, נו!

– „זאָג מיר, זאָג איך, אַווו האָסטו אויסגעקראַצט, זאָג איך, אַזאַ טשעפּוכאַ?“ שטעלט ער אָן אויף מיר די ברילן: „וואָסער טשעפּוכאַ?“ זאָג איך: „אָט די מעשׂה אַרצע באַשעס מיטן שיכּור, זאָג איך, וואָס הייסט סאַני“... „סאַני, זאָגט ער, איז ניט קיין שיכּור“... „וואָס דען, זאָג איך, איז ער?“ „ער איז, זאָגט ער, אַ העלד!“ „וואָס הייסט דאָס, זאָג איך, אַ העלד? דערמיט, זאָג איך, וואָס ער טרינקט בראָנפֿן פֿון אַ טייגלאָז, פֿאַרבײַסט מיט אַן אוגעריק, זאָג איך, און הירזשעט ווי אַ פֿערד?“ ווערט ער אָנגעצונדן, דער נאַוואַרעדאָקער בחור, טוט אויס די ברילן און קוקט אויף מיר מיט די רויטע אויגן, וואָס אָן ברעמען: „איר האָט, זאָגט ער, געהערט קלינגען, פֿעטערקע, און קאָנט ניט נאָכזינגען. סאַני – דאָס איז, זאָגט ער, אַ מענטש פֿון נאַטור, אַ מענטש פֿון פֿרײַהייט. סאַני, זאָגט ער, זאָגט וואָס ער מיינט און טוט וואָס ער וויל!“... און אַוועק, און אַוועק, שדים ווייסן אים ווּהין: פֿרײַהייט, און ליבע, און נאָך אַ מאָל פֿרײַהייט, און ווידער אַ מאָל ליבע... און בעת־מעשׂה שטעלט ער אַרויס די פֿויגלשע ברוסט זײַנע, מאַכט מיט די הענט און קאָכט זיך, טאַקע נאָר ווי אַ מגיד אויף דער בימה. איך שטיי מיר אַלץ און קוק אויף אים און קלער מיר: „רבונו־של־עולם! אָט דער קויטיקער בחור רעדט פֿון אַזעלכע זאַכן?!... ווי וואָלט זײַן, למשל, ווען איך נעם אים אָן פֿאַרן קאַרק און וואַרף אים אַרויס דורך דער טיר אַזוי, אַז ער זאָל בײַ מיר קלײַבן אַלע ציינער?“ איך גיב אָבער באַלד צוריק אַ טראַכט: „וואָס? אַ בחור אַ שוטה! ער זאָל רעדן פֿון באָמבעס, וואָלט דען בעסער זײַן?“... נו, גיי זײַ אַ נבֿיא, אַז ס׳איז נאָך פֿאַראַן ערגערס ווי באָמבעס, און איבער אַזאַ טשעפּוכאַ זאָל איך פֿאַרלירן אַ קינד אַ גאָלד, אַ בת־יחידקע, איין אויג אין קאָפּ, און מײַן ווײַב זאָל שיִער ניט אַראָפּ פֿון זינען, און איך זאָל מוזן פֿאַר בזיון און פֿאַר האַרצווייטיק אָפּשנײַדן פֿון געשעפֿט און אַריבערפֿאָרן, שוין באַלד צוויי יאָר, אין אַן אַנדער שטאָט... נאָר איך כאַפּ אײַך איינס פֿאַר דאָס אַנדערע. לאָמיך אײַך בעסער דערציילן אַקוראַט, ווי אַזוי ס׳איז געקומען דערצו און פֿון וואָס דאָס האָט זיך גענומען... גענומען האָט זיך דאָס פֿון די אַגראַרנע קאָכענישן... אַז עס האָבן זיך אָנגעהויבן אַרום אונדז די אַגראַרנע קאָכענישן, האָבן מיר מסתּמא מורא געהאַט, ס׳זאָל זיך ניט אויסלאָזן מיט אַ ייִדישן פּאָגראָם, און מיר האָבן געלעבט אין איינע פּחדים. נאָר אַז גאָט וויל, באַווײַזט ער אַ נס און פֿון אַ רעה קומט אַרויס אַ טובֿה. דהײַנו? מע האָט אַראָפּגעשיקט צו אונדז פֿון גובערניע אַ פּאָלק סאָלדאַטן, און ס׳איז געוואָרן שטיל, מחיה. און דערווײַל האָט טאַקע דורכן פּאָלק אויפֿגעלעבט דאָס גאַנצע שטעטל. וואָרעם וואָס קאָן זײַן בעסער פֿאַר ייִדן, ווי אַ פּאָלק מיט פֿעלדפֿעבליעס, מיט פֿעלדשערס, מיט אָפֿיצערן, מיט ראָטנעס און מיט קאָמאַנדירן?

– שייך צו זאָגן!

»Genau richtig!«

»›Sag mal‹, frage ich ihn, ›wo hast du denn solch einen Unsinn aufgetrieben?‹ Da schaut er mich durch seine Brille an: ›Welchen Unsinn?‹ Ich sage zu ihm: ›Na, die Geschichte von Arze Baschess, von dem Trunkenbold, der Ssani heißt…‹ ›Ssani‹, sagt er, ›ist kein Trunkenbold.‹ ›Was ist er denn?‹, frage ich. ›Ein Held ist er‹, behauptet er. ›Was soll das heißen, ein Held? Deshalb vielleicht, weil er Schnaps aus dem Teeglas trinkt und saure Gurken dazu isst?‹, frage ich. ›Und weil er wie ein Pferd wiehert?‹ Da wird er richtig zornig, dieser Bursche aus Nawaredok, er nimmt die Brille ab und schaut mich durch seine geröteten Augen ohne Brauen an: ›Ihr habt‹, sagt er, ›Onkelchen, etwas klingen hören, und jetzt könnt Ihr's nicht nachsingen. Ssani‹, sagt er, ›ist ein Naturmensch, ein freier Mensch! Ssani sagt heraus, was er meint, und tut, was er will.‹ Und immer so weiter. Der Teufel weiß was alles noch, Freiheit und Liebe und wieder Freiheit und noch einmal Liebe. Und wie er das erzählt, wirft er seine Hühnerbrust nach vorne, fuchtelt mit den Händen und gerät in Feuer gerade wie ein Maggid auf der Bime. Ich stehe da, schaue ihn mir an und denke: Herr des Himmels! Dieser schmierige Bursche redet von solchen Sachen! Wie wäre es, wenn ich ihn zum Beispiel am Kragen packe und ihn geradewegs zur Tür hinauswerfe, dass er all seine Zähne zusammenlesen kann? Aber schnell besinne ich mich und überlege: Was, so ein jämmerlicher Bursche? Wäre es denn besser, wenn er von Bomben daherredete? Aber sei ein Prophet und sieh vorher, dass es noch Schlimmeres als Bomben geben kann und dass ich wegen solch einem Unsinn mein Kind verlieren werde, ein Juwel von einem Kind, das einzige Kind, unseren Augapfel, und dass meine Frau fast den Verstand verlieren wird und dass ich vor Schande und Kummer das Geschäft aufgeben und schon seit bald zwei Jahren in einer anderen Stadt wohnen muss… Aber ich greife schon voraus. Ich will es lieber genau der Reihe nach erzählen, wie alles gekommen ist und wie es richtig angefangen hat. Begonnen hat es mit den Bauernunruhen.[35] Als bei uns in der Gegend die Bauernunruhen anfingen, hatten wir natürlich Angst, dass es vielleicht mit einem Judenpogrom enden würde. Wir lebten in tausend Schrecken. Aber wenn Gott will, tut er ein Wunder, und aus einer bösen Sache entsteht noch etwas Gutes. Und was war das? Man hat aus der Bezirkshauptstadt ein Regiment Soldaten zu uns geschickt, und es herrschte bald Ruhe, ein Stein fiel uns vom Herzen. Durch das Regiment ist unser Schtetl wirklich aufgelebt. Denn was kann es Besseres für uns Juden geben als solch ein Regiment mit Feldwebeln, Feldschern, Offizieren, Majoren und Kommandanten.«

»Versteht sich!«

– גייט זשע, זײַט אַ נבֿיא, אַז דעם חזנס מיידל וועט זיך פֿאַרקאָכן אין אַן אָפּיצער און זאָגן, אַז זי וויל זיך גאָר שמדן און חתונה האָבן פֿאַרן אָפּיצער? אַ גרויל וואָס סע האָט זיך אָפּגעטאָן בײַ אונדז אין שטעטל! נאָר האָט קיין מורא ניט. דעם חזנס מיידל האָט זיך ניט געשמדט און פֿאַרן אָפּיצער האָט זי ניט חתונה געהאַט, וואָרעם ווי באַלד די אַגראַרנע קאָכענישן זענען שטיל געוואָרן, אַזוי איז דער פּאָלק אַוועק, און דער אָפּיצער האָט, אַ פּנים, פֿאַר גרויס אימפּעט גאָר פֿאַרגעסן געזעגענען זיך מיטן חזנס מיידל... דערפֿאַר האָט אָבער דעם חזנס מיידל ניט פֿאַרגעסן דעם אָפּיצער, אַ קלאָג צו איר טאַטע־מאַמע! אַ שפּאַס, וואָס זיי זענען נעבעך אויסגעשטאַנען? די שטאָט האָט געקאָכט! אומעטום, אויף יעדן טריט און שריט – דעם חזנס מיידל און דעם חזנס מיידל. בייזע מײַלער האָבן געהאַט וואָס צו טאָן: געשיקט דער חזנטע אַן אַקושערקע... געפֿרעגט דעם חזן, נאָך וועמען רעכנט ער געבן אַ נאָמען?... כאָטש עס קאָן גרײַלעך זײַן, אַז די גאַנצע מעשׂה איז געווען אַ ליגן. איר ווייסט, אַ פּנים, ניט וואָס לאַנגע צינגער אין אַ שטעטל קאָנען אויסטראַכטן?

– אוי־אוי־אוי!...

– דער רחמנות פֿון די צוויי, איך מיין, פֿונעם חזן מיט דער חזנטע, איז געווען, זאָג איך אײַך, ניט איבערצוטראָגן! וואָרעם, אין דער אמתן, וואָס זענען זיי נעבעך שולדיק? פֿון דעסט וועגן האָב איך מײַן טאָכטער פֿאַרזאָגט, איין מאָל פֿאַר אַלע מאָל, וואָס געווען איז געווען, מהיום והלאה איז – אויס חבֿרטע מיטן חזנס מיידל! און בײַ מיר, אַז מע זאָגט, איז געזאָגט. טאַקע אַ בת־יחידקע, נאָר פֿאַר אַ טאַטן דאַרף מען וויסן דרך־ארץ. גייט זשע, זײַט אַ נבֿיא, אַז מײַן טאָכטער וועט זיך מיט איר זען, געוויינטלעך, בגנבֿה, אַז קיינער זאָל ניט וויסן! און ווען ווער איך דאָס געוואָרע? ערשט ווייס איך ווען, נאָך אַלע היומס!...

פּלוצעם לאָזט זיך הערן פֿון הינטער מײַנע פּלייצעס אַ הוסטן און אַ קרעכצן פֿון אַ מענטשן, וואָס שלאָפֿט, און דער ייִד, וואָס דערציילט די געשיכטע, ווערט אַנטשוויגן, וואַרט אָפּ אַ ווײַלע און דערציילט זײַן געשיכטע ווײַטער, שוין מיט אַ האַלבן טאָן נידעריקער, ווי פֿריִער.

– דאָס איז געווען פּונקט צו די ערשטע סליחות. אַזוי ווי הײַנט געדענק איך עס. אונדזער חזן האָט נעבעך אַוועקגעלייגט אַ סליחות־זאָגן – אַ צער־בעלי־חיים געווען צו הערן! זײַן „הנשמה לך“ מיט זײַן „והגוף שלך“ האָבן געקאָנט רירן אַ שטיין! קיינער, קיינער האָט אַזוי ניט געפֿילט זײַן האַרץ, ווי איך... הײַנטיקע קינדער – אַז אָך און וויי צו די טאַטעס!... אָפּגעזאָגט סליחות און אָפּגעדאַוונט מיטן ערשטן מנין, קום איך אַהיים, כאַפּ איבער, נעם די שליסלען און גיי אַרויס אין מאַרק אַרײַן און עפֿן אויף דעם סקלאַד און קוק אַרויס אויפֿן פֿריקאַזטשיק. איך וואַרט אַ האַלבע שעה. איך וואַרט אַ שעה. ניטאָ קיין פֿריקאַזטשיק. ערשט איך טו אַ קוק – ער גייט.

»Nun geh hin, sei ein Prophet und ahne, dass sich die Tochter des Kantors in einen Offizier verlieben und erklären wird, dass sie sich schmaden lassen will, taufen, um diesen Offizier zu heiraten. Was sich da bei uns im Schtetl abgespielt hat! Aber keine Angst, die Tochter vom Kantor ließ sich doch *nicht* schmaden, und sie hat den Offizier auch *nicht* geheiratet. Denn kaum dass die Bauernunruhen sich gelegt hatten, ist gleich das Regiment abgezogen, und vor lauter Eile hat der Offizier glatt vergessen, der Tochter des Kantors Lebewohl zu sagen. Nur die Tochter des Kantors ihrerseits konnte den Offizier nicht vergessen – zum Kummer ihrer Eltern! Also, was die auszustehen hatten, das war nicht zum Lachen. Die ganze Stadt war in Wallung. Überall, wo man geht und steht: Kantors Tochter und wieder Kantors Tochter. Böse Mäuler hatten in diesen Zeiten Hochbetrieb. Sie bestellten sogar eine Hebamme ins Haus vom Kantor! Man hat ihn schon gefragt, nach wem man das Kind denn benennen wollte! Es ist gut möglich, dass die ganze Sache nichts als eine einzige große Lüge war. Ihr habt keine Ahnung, was böse Zungen in einem Schtetl anrichten können!…«

»Weh, o weh!«

»Der Jammer von beiden, ich meine vom Kantor und seiner Frau, ist nicht auszumalen. Denn ehrlich gesagt, was konnten sie denn dafür? Aus diesem Grund aber hab ich meiner Tochter, egal was vorher war, von sofort an und ein für alle Mal die Freundschaft mit der Tochter vom Kantor verboten. Und wenn ich mal was gesagt habe, dann bleibt es dabei. Auch wenn sie das einzige Kind ist, vor seinem Vater muss man Respekt haben. Nun, geht und seid ein Prophet und ahnt, dass sich meine Tochter doch mit ihr treffen würde, natürlich im Geheimen, ohne dass jemand etwas davon weiß. Und wann erfuhr ich das alles? Erst, als es schon zu spät war.«

Plötzlich höre ich hinter meinem Rücken ein Husten und Stöhnen von jemand, der schläft. Der Mann, der die Geschichte erzählt, hört auf zu sprechen und wartet eine Weile. Dann berichtet er weiter, aber ein bisschen leiser als vorher.

»Es war früh am Morgen bei den ersten Bußgebeten, ich weiß es noch wie heute. Unser Kantor hat die Bußgebete gebetet, dass es einem richtig ans Herz ging. Sein *haneschomo loch* und sein *wehaguf scheloch*[36] gingen einem unter die Haut. Und niemand, hört Ihr, niemand konnte so gut mitfühlen, wie es tief drinnen bei ihm aussah, wie ich. Die heutigen Kinder! Ein Kummer für die Väter! Nach den Bußgebeten, mit dem ersten Minjan fertig gebetet, gehe ich heim, esse schnell eine Kleinigkeit, hole die Schlüssel und gehe raus zum Markt. Ich schließe mein Geschäft auf und warte, bis mein Gehilfe kommt. Ich warte eine halbe Stunde, ich warte eine ganze Stunde,

„בערל, וואָס אַזוי שפּעט?“ מאַכט ער צו מיר: „געווען ביַים חזן“. „וואָס עפּעס פּלוצעם, פֿרעג איך אים, ביַים חזן?“ מאַכט ער צו מיר: „איר ווייסט גאָר ניט, וואָס ס׳האָט זיך געטראָפֿן מיט חיַיקען?“ (אַזוי האָט מען גערופֿן דעם חזנס טאָכטער). „וואָס האָט זיך געטראָפֿן, זאָג איך, מיט חיַיקען?“ „סטיַיטש, זאָגט ער, זי האָט זיך אָפּגעסמט!“

– פּטור, נו!

– ווי איך האָב דאָס דערהערט, אַזוי בין איך אַוועקגעלאָפֿן אַהיים. מיַין ערשטער געדאַנק איז געווען: „וואָס וועט עטקע זאָגן?“ (עטקע – די טאָכ־טער מיַינע). איך קום צו גיין אַהיים צו מיַין אַלטינקע[ר]: „אַוווּ איז עטקע?“... „עטקע שלאָפֿט נאָך. וואָס איז דען?“... „סטיַיטש, זאָג איך, חיַיקע האָט זיך אָפּגעסמט!“... ווי איך האָב דאָס אַרויסגערעדט, אַז מיַין וויַיב כאַפּט זיך ניט מיטביידע הענט ביַים קאָפּ: „אַ קלאָג איז איר! אַ מכּה איז איר! אַ צרה איז איר!“ „וואָס? ווער? ווּעמען?“ „סטיַיטש, זאָגט זי, עטקע איז אַרומגעגאַנגען מיט איר ערשט נעכטן ביַי דער נאַכט אפֿשר צוויי שעה נאָך אַנאַנד!“ „עטקע, זאָג איך, מיט חיַיקען? וואָס רעדסטו דאָס? ווי קאָן דאָס זיַין?“ „אוי, זאָגט זי, פֿרעג מיך ניט! איך האָב איר דאָס געמוזט נאָכגעבן. זי האָט זיך געבעטן, זאָגט זי, ביַי מיר, דו זאָלסט ניט וויסן, אַז זי זעט זיך מיט איר אַלע טאָג! אַן אומגליק האָט געשען... הלוואַי זאָל איך ליגן זאָגן!“... אַזוי מאַכט צו מיר מיַין אַלטינקע און פֿליט אַריַין צו עטקען אין קאַמער אַריַין און טוט אַ פֿאַל אויף דער ערד. איך נאָך איר. לויף צו צום בעט. „עטקע!“ ווער עטקע? וואָס עטקע? עטקע היַינט! עטקע מאָרגן! עטקע איז ניטאָ.

– ניטאָ?

– טויט. ליגט אויפֿן בעט אַ טויטע. אויפֿן טיש אַ פֿלעשל און אַ צעטעלע דערביַי, מיט איר אייגענער האַנט געשריבן, און דווקא אויף ייִדיש. פֿלעגט שריַיבן ייִדיש – אַ חיות געווען צו לייענען. „ליבע און טיַיערע טאַטע־מאַמע, – שריַיבט זי אין צעטעלע – זיַיט מיר מוחל, וואָס איך האָב איַיך אָנגעטאָן אַזאַ ווייטיק מיט אַזאַ בזיון. זיַיט מיר הונדערט מאָל מוחל – שריַיבט זי. מיר האָבן זיך ביידע דאָס וואָרט געגעבן – איך און חיַיקע, – אַז מיר זאָלן אין איין טאָג, – שריַיבט זי – אין איין שעה און מיט איין טויט שטאַרבן, וואָרעם מיר קאָנען איינע אָן דער אַנדערער ניט לעבן... איך ווייס, – שריַיבט זי – אַז איך באַגיי קעגן איַיך, מיַינע ליבע און טיַיערע, אַ גרויס פֿאַרברעכן. איך האָב מיך לאַנג געשלאָגן מיט דער דעה. עס איז אָבער אַ באַשערטע זאַך, און פֿאַרפֿאַלן!... איין בקשה האָב איך צו איַיך, מיַינע טיַיערע: איר זאָלט מיך באַהאַלטן אין איינעם מיט חיַיקען, – שריַיבט זי – אַ קבֿר נעבן אַ קבֿר. און זיַיט געזונט – לאָזט זי אויס דעם בריוו – און פֿאַרגעסט, פֿאַרגעסט, אַז איר האָט ווען געהאַט אַ טאָכטער עטקע“... איר הערט? מיר זאָלן פֿאַרגעסן, אַז מיר האָבן ווען געהאַט אַ טאָכטער עטקע!...

. . . .

kein Gehilfe zu sehen. Ich schaue noch einmal nach draußen, da kommt er angelaufen. ›Berel, warum so spät heute?‹ Er meint zu mir: ›Ich war beim Kantor.‹ ›Was gibt es denn auf einmal beim Kantor?‹, frage ich. Er antwortet mir: ›Wisst Ihr denn noch nicht, was mit Chajke passiert ist?‹ (Chajke, so hieß die Tochter vom Kantor) ›Was ist denn mit Chajke passiert?‹ ›Stellt Euch vor‹, sagt er, ›sie hat sich vergiftet.‹«

»Du lieber Gott!«

»Wie ich das höre, bin ich gleich heimgerannt. Mein erster Gedanke war: Was wird Etke dazu sagen (Etke, so heißt meine Tochter). Ich komme nach Hause und gleich rein zu meiner Alten. ›Wo ist Etke?‹ ›Sie schläft noch. Was ist denn los?‹ ›Stell dir vor‹, sage ich, ›Chajke hat sich vergiftet!‹ Kaum hab ich das gesagt, da fasst sich doch meine Frau mit beiden Händen an den Kopf. ›Wie furchtbar für sie!‹ ›Was, für wen?‹ ›Na ja‹, sagt sie, ›Etke ist doch erst gestern abend fast zwei Stunden mit ihr zusammen spazieren gegangen.‹ ›Etke‹, sage ich, ›mit Chajke? Was erzählst du da? Wie kann das sein?‹ ›Ach‹, sagt sie, ›frag mich lieber nicht! Ich musste es ihr erlauben. Sie hat mich so darum gebeten. Du solltest nichts davon erfahren, dass sie sich jeden Tag mit Chajke trifft. Ein Unglück ist geschehen, gebe Gott, dass ich mich irre!‹ So sagt meine Alte zu mir, rennt schon dabei in Etkes Kammer und fällt auf den Boden. Ich lauf ihr nach, ich gehe hin zum Bett. Etke. Etke? Was ist mit Etke? Keine Etke mehr. Dahin.«

»Dahin?«

»Tot. Tot liegt sie auf dem Bett. Ein Fläschchen steht auf dem Tisch, und ein Zettel ist dabei, mit ihrer Hand geschrieben. Auf Jiddisch. Ja, sie schrieb jiddisch, es war immer eine Freude, es zu lesen. ›Meine lieben und teuren Eltern‹, schreibt sie auf dem Blatt, ›verzeiht mir, dass ich Euch solch ein Leid und solch eine Schande angetan habe. Hundertmal bitte ich Euch um Vergebung‹, schreibt sie, ›doch wir haben uns beide das Wort gegeben, ich und Chajke, dass wir am selben Tag, zur selben Stunde und auf dieselbe Weise sterben werden. Denn wir können ohneeinander nicht leben… Ich weiß‹, schreibt sie, ›dass ich an Euch, meinen lieben und teuren Eltern, ein großes Verbrechen begehe. Lange Zeit habe ich mit mir selbst gerungen, aber jetzt ist alles so beschlossen und nicht mehr zu ändern… Eine Bitte habe ich an Euch, meine Lieben, dass Ihr mich zusammen mit Chajke beerdigt‹, schreibt sie, ›die Gräber nebeneinander. Lebt wohl‹, schließt sie den Brief, ›und vergesst bitte, vergesst, dass Ihr je eine Tochter Etke hattet!‹ Hört Ihr das? Vergessen sollten wir, dass wir je eine Tochter Etke hatten?…«

.   .   .   .

פֿון הינטער מײַנע פּלייצעס דערהערט זיך אַ שאָרך, אַ קריכן און אַ קרעכצן, און נאָך דעם – אַ פֿאַרשטיקט הייזעריק פֿאַרשלאָפֿן קול פֿון אַ פֿרוי:

– אַבֿרהמל! אַבֿרהמל?...

– האַ, וואָס איז, גיטקע? אויסגעשלאָפֿן? טײ װעסטו טרינקען? אָט באַלד האָבן מיר אַ סטאַנציע. אַװוּ איז דער טשײַניק? אַװוּ די טײ און צוקער?

ענדע געשיכטע נומער זעקס.

געשריבן אין יאָר 1909.

Hinter meinem Rücken hört man ein Rascheln, ein Scharren und Stöhnen, und kurz darauf die heisere, verschlafene Stimme einer Frau. »Awremel? Awremel!«[37]

»Ah, was gibt's, Gitke? Ausgeschlafen? Willst du ein wenig Tee trinken? Bald kommen wir an einen Bahnhof. Wo ist die Kanne? Und wo der Tee und der Zucker?«

(1909)

געשיכטע נומער זיבן

דער לײדיק־גײער

[אָדער: דער נס פֿון הושענא־רבה. אַן אַרײַנפֿאָר]

װײסט איר, װוּ דאָס בעסטע פֿאָרעכץ איז? דאָס בעסטע, דאָס שטילסטע און דאָס רויִקסטע?

מיטן „לײדיק־גײער“.

אַזוי האָבן די באָהאָפּאָליער ייִדן אַ נאָמען געגעבן די שמאָלע אײַזנבאַן, װאָס שנײַדט דורך אַ גאַנצע רײע שטעטלעך: באָהאָפּאָליע, הײסין, טעפּליק, נעמיראָװ, כאַשטשעװאַטע און נאָך אַזעלכע געבענטשטע מקומות, װוּ אָדם־הראשונס פֿוס האָט קײן מאָל נישט געטראָטן.

די באָהאָפּאָליער ייִדן, װאָס האָבן אַ שם אויף דער װעלט פֿאַר װערטל־זאָגערס, דערצײלן זיך אָן פֿונעם „לײדיק־גײער“ מעלות מיט מעלות.

ערשטנס, האָט איר קײן מורא ניט, זאָגן זײ, פֿאַר פֿאַרשפּעטיקן. װען איר זאָלט ניט קומען, כאַפּט איר אים. הײַנט װאָס איז װערט, זאָגן זײ, דאָס, װאָס איר דאַרפֿט אײַך ניט שלאָגן פֿאַר אַן אָרט? איר קאָנט אָפּפֿאָרן, זאָגן זײ, אַ גאַנצע שטרעקע אײן מענטש אַלײן, ליגן אויסגעצויגן װי אַ שׂררה און אויסשלאָפֿן זיך אויף אַלע זײַטן.

דאָס איז לויטער אמת. שוין אַ װאָך דרײַ, אַז איך רײַז אַרום מיטן דאָזיקן „לײדיק־גײער“ אין יענעם װינקל און שטײ אויף אײן אָרט. עפּעס טאַקע נאָר װי אַ מין כּשוף! נאָר מײנט ניט, אַז איך באַקלאָג מיך. אַדרבה. איך בין זײער צופֿרידן. װאָרעם איך זע מיך דאָרט אָן אַזעלכע שײנע זאַכן און איך הער מיך אָן אַזוי פֿיל מעשׂיות מיט געשיכטן, אַז איך װײס ניט, װען װעל איך זײ אַלע קאָנען אַרײַנשרײַבן צו מיר אין ספֿר־הזכרונות?

ערשטנס – די געשיכטע, װי אַזוי מע האָט געבויעט די דאָזיקע אײַזנבאַן. דאָס איז כּדאַי, מע זאָל דאָס באַשרײַבן.

אַז ס׳איז אָנגעקומען פֿון פּעטערבורג, אַז מע פֿירט דורך אין יענער געגנט אַ באַן (װיטע איז דעמאָלט געװען מיניסטער), האָבן ייִדן געזאָגט: ס׳אַ ליגן. װאָס דאַרף טעפּליק, אָדער גאָלטע, אָדער הײסין, אַ באַן? זײ זענען טאַקע אַנדערש ניט אויפֿגעצויגן געװאָרן נאָר אויף אײַזנבאַנען?... אַזוי האָבן געטענהט די דאָרטיקע ייִדן. און װער שמועסט די באָהאָפּאָליער – די האָבן געשאָטן מיט גלײַכװערטלעך, װי זײער שטײגער איז, געמאַכט חוזק, געװיזן אויף דער האַנט: „װען אָט דאָ װעט װאַקסן האָר“.

Geschichte Nummer sieben

Unser ›Langweiler‹
[Oder: Das Wunder von Hoschana Rabba. Eine Einführung]

Wisst Ihr, wie man am allerbesten fährt? Wie es gemütlicher und ruhiger gar nicht geht?

Fahrt mit unserem ›Langweiler‹!

Diesen Namen haben die Leute von Bohopoli der Schmalspurbahn gegeben, die durch eine ganze Reihe von Städten fährt: durch Bohopoli, Hajssin, Teplik, Nemirow, Chaschtschewate und noch mehrere dieser gesegneten Ortschaften, wo unser Vater Adam seinen Fuß niemals hingesetzt hat.

Die Leute von Bohopoli sind ja in der ganzen Welt als Sprücheklopfer bekannt. Sie erzählen Euch Wunder über Wunder von unserem ›Langweiler‹.

Zuerst, sagen sie, braucht Ihr bei ihm niemals Angst haben, dass Ihr zu spät kommt. Wann Ihr auch erscheint, Ihr kriegt ihn auf jeden Fall. Zweitens solltet Ihr gut ermessen, was es wert ist, wenn Ihr Euch nicht um einen Sitzplatz schlagen müsst. Eine ganz schöne Strecke könnt Ihr abfahren und seid der einzige Passagier, Ihr könnt Euch gemütlich breitmachen, daliegen wie ein Graf und Euch nach allen Seiten recken und strecken und gründlich ausschlafen.

Genauso ist es auch. Schon seit drei Wochen fahre ich mit jenem ›Langweiler‹ in der Gegend dort unten herum und bin immer noch am selben Ort. Es ist wie verhext. Glaubt aber ja nicht, dass ich mich beklagen will. Im Gegenteil, ich bin rundum zufrieden. Denn ich erlebe dort so viel schöne Sachen und höre so viele Geschichten und Geschichtchen, dass ich nicht weiß, wann ich sie alle in mein Schreibbuch eintragen soll.

Zuerst also die Geschichte, wie es dazu kam, dass diese Eisenbahn überhaupt gebaut wurde. Es lohnt sich, das ausführlich zu erzählen.

Als von Petersburg her bekannt wurde, dass man durch diese Gegend eine Eisenbahnstrecke legen[38] wollte (Witte[39] war damals Minister), sagten die Leute: Das muss gelogen sein. Was will man in Teplik oder Holte oder Hajssin mit einer Bahn? Haben sie sich vielleicht in der Wiege von einer Eisenbahn träumen lassen? Sind sie vielleicht von Jugend an auf so was vorbereitet? So oder ähnlich disputierten die Leute. Und erst recht die Bewohner von Bohopoli – sie machten drüber einen Witz nach dem anderen, wie es ihre Art ist. Auf ihre Handfläche haben sie gezeigt und meinten: »Ja, wenn hier drauf mal Haare wachsen.«

שפּעטער, אַז ס׳איז אַראָפּגעפֿאָרן אַ[ן] אינזשיניער און גענומען פּלאַנע־ווען און מעסטן פֿעלד, זענען ייִדן אַנטשוויגן געוואָרן, און די באַהאָפּאָליער ווערטל־זאָגערס האָבן באַהאַלטן די הענט (זיי האָבן אַ מעלה, אַז טאָמער טרעפֿן זיי ניט, נעמען זיי זיך ניט צום האַרצן: „דער לוח, זאָגן זיי, מאַכט זיך אויך אַ מאָל, אַז ער טרעפֿט ניט״...). און דער עולם פֿון דער גאַנצער סבֿי־בֿה אַרום האָט זיך אַ לאָז געטאָן צום אינזשיניער מיט רעקאָמענדאַציעס און פּראָטעקציעס, מיט בריוו און מיט בקשות – ער זאָל זיי געבן אַרבעט. ייִדן נעבעך זוכן פּרנסה. טעפּליקער, בערשעדער, הייסינער און באַהאָפּאָליער בעלי־בתּים האָבן געהערט דערציילן, אַז בײַם בויען אַ באַן ווערט מען רײַך. אַ סימן – פּאָליאַקאָוו...

ייִדן סוחרים – נישט נאָר די, וואָס האַנדלען מיט געהילץ אָדער מיט שטיינער, נאָר אַפֿילו אַזעלכע, וואָס ווייסן נאָר ווייץ און קאָרן – האָבן זיך אויך אַ וואָרף געטאָן צו דער באַן. אַלע ייִדן זענען געוואָרן קאָנצעסיאָנערן, פּאָדריאַטשיקעס, „סטראָיִטעלעס פֿון אײַזנבאַנען״... „אונדזערע פּאָ־ליאַקאָווס״ – אַזוי האָט מען זיי אַ נאָמען געגעבן אין באַהאָפּאָליע, און מע האָט שוין גענומען אויסרעכענען באַצײַטנס, וויפֿל קאָנען זיי דערבײַ כאַפּן?...

בקיצור, ס׳איז געוואָרן אין יענער געגנט, מע קאָן זאָגן, אַ בהלה, אַ מין באַנפֿיבער, וואָס האָט ניט דורכגעלאָזט קיינעם. דער יצר־הרע פֿון געלט איז געגנוג גרויס, און ווער וויל עס ניט ווערן אַ פּאָליאַקאָוו אין איין שמע־ישׂראל?

דער געדרענג מיט דער קאָנקורענץ פֿון די קאָנצעסיאָנערן, פּאָד־ריאַטשיקעס און „באַן־סטראָיִטעלעס״ איז געוואָרן אַזוי שטאַרק, אַז מע האָט די אַרבעט, זאָגט מען, געמוזט אויסטיילן על־פּי גורל. ווער עס האָט געהאַט גליק בײַ גאָט און נושׂא־חן געווען אין די אויגן פֿונעם אינזשיניער, דער האָט געקריגן אַרבעט. און ווער עס האָט ניט געקריגן קיין אַרבעט, האָט זיך באַ־גנוגנט כאָטש מיט אַ שטיקל חלק בײַ יענעם. און אַ שטיקל חלק האָט מען אים געמוזט אָפּטרעטן, וואָרעם אַז ניט, האָט ער געגעבן אָנצוהערעניש, אַז ער ווייסט אויך, ווו „פּייטערבאַרג״ ליגט און ווו די „פּראַווליעניע״ געפֿינט זיך... און מע האָט פֿאַרזעצט דעם ווײַבס פּערל מיט די שבתדיקע קאַפּאָטעס און מע האָט זיך גענומען דורכפֿירן אַ באַן, און מע האָט געפּטרט ווו ווער עס האָט געהאַט ערגעץ אַ גראָשן, און מע האָט פֿאַרזאָגט קינדס־קינדער, אַז צו אַ באַן טאָר מען זיך ניט צורירן.

פֿון דעסט וועגן, איינס צום אַנדערן געהער זיך ניט אָן. ייִדן נעבעך זענען טאַקע געוואָרן בדיל־הדל – נאָר זיי האָבן אויסגעפֿירט, זאָגן זיי, זייערס: אַ באַן האָבן זיי טאַקע פֿאָרט דורכגעפֿירט. און כאָטש אַפֿילו מע האָט זי אין באַהאָפּאָליע געקרוינט, ווי מיר ווייסן שוין, מיטן נאָמען „דער ליידיק־גייער״, פֿון דעסט וועגן קאָנען זיי זיך פֿון אים נישט אָפּלויבן, און זיי דערציילן זיך אָן אויף אים חידושים, נסים ונפֿלאָות.

Später aber, als immerhin schon ein Ingenieur angereist war und anfing zu planen, Feld auszumessen und zu berechnen, hörten die Leute auf zu reden. Die aus Bohopoli versteckten nun ihre Hände (den Vorzug haben sie ja, wenn sie Unrecht bekommen, so sind sie nicht gleich beleidigt). »Sogar der Kalender irrt manchmal«, sagten sie. Und aus der ganzen Gegend kamen nun die Leute zum Ingenieur mit persönlichen Befürwortungen, mit Empfehlungsschreiben und Protektionen, mit Briefen und Anfragen, um von ihm Arbeit zu bekommen. Von irgendetwas müssen die Leute ja leben. Tepliker, Berschader, Hajssiner und Bohopolier Familienväter hatten aus Berichten gehört, dass man beim Eisenbahnbau reich werden kann. Nehmt nur Poljakow…[40]

Die jüdischen Geschäftsleute stürzten sich jetzt natürlich auch auf die Bahn – und nicht nur die Händler in Holz oder Steinen, sondern auch die übrigen, die sich sonst nur mit Weizen oder Korn abgeben. Auf einmal wurden sie alle Konzessionäre, Unternehmer oder Spezialisten im Eisenbahnbau. Als ›unsere Poljakows‹ hatten sie bald bei den Leuten von Bohopoli ihren Spitznamen weg. Und die rechneten gleich aus, was man dabei verdienen kann.

Kurzum, die ganze Gegend ist mächtig in Bewegung geraten, eine Art ›Bahnfieber‹ brach aus, und niemand blieb davon verschont. Jeder weiß doch, wie sehr das Geld lockt, und wer will nicht im Handumdrehen ein Poljakow werden, schneller, als man ein Schema Jisrael sagen kann?

Das Drängen und der Wettkampf all der Konzessionäre, der Unternehmer und Bahnbaufachleute wurden so schlimm, dass man, wie erzählt wurde, die Arbeit per Los verteilen musste. Wer Glück bei Gott hatte und in den Augen des Ingenieurs Gefallen fand, bekam Arbeit. Und wer keine Arbeit finden konnte, begnügte sich damit, von den anderen ein Stück zu erwischen. Einen kleinen Anteil musste man ihm geben, denn für den anderen Fall ließ er ein Wörtchen fallen und erzählte, er sei auch nicht dumm und wisse, wo Petersburg liegt und wo die Regierung sitzt… Also, die Hochzeitsperlen der Ehefrau wurden zusammen mit dem Sabbatkaftan versetzt, und die Strecke wurde gebaut. Man verlor alles bis zum letzten Groschen und warnte Kinder und Kindeskinder davor, jemals mit der Bahn etwas zu tun zu haben.

Obwohl die Leute sich ruinierten, sagten sie doch: »Wir haben erreicht, was wir wollten. Die Linie ist gebaut worden.« Und auch wenn man sie in Bohopoli sehr schmeichelhaft den ›Langweiler‹ tituliert hat, wie wir schon wissen, so konnte man sie doch nicht genug loben und erzählte die tollsten Großtaten und Wunder von ihr.

למשל, זיי באַרימען זיך, אַז זינט דער „לײדיק־גייער“ איז אַ לײדיק־גייער, האָט זיך נאָך ניט געטראָפֿן מיט אים קיין אומגליק, ווי עס טרעפֿט זיך, אַ שטייגער, מיט אַנדערע באַנען. וואָס איז דער שׂכל? דער שׂכל, זאָגן זיי, איז אַ פּראָסטער שׂכל: ווער עס גייט פּאַוואָליע, דער פֿאַלט ניט... און דער „לײדיק־גייער“ גייט טאַקע פּאַוואָליע. שוין אַ ביסל צו פּאַוואָליע. די באָהאָפּאָליער חכמים, וואָס האָבן ליב יעדע זאַך מגזם זײַן, דערציילן אַ מעשׂה, וואָס האָט זיך געטראָפֿן מיט זייערן טאַקע אַ באָהאָפּאָליער בעל־הבית. אַ באָהאָפּאָליער בעל־הבית, זאָגן זיי, איז אַרויסגעפֿאָרן מיטן „לײדיק־גייער“ פֿון באָהאָפּאָליע צו זײַנעם אַ מחותּן קיין כאַשטשעוואַטע אויף אַ ברית, איז ער אָנגעקומען צו דער בר־מיצווה.

און נאָך אַ מעשׂה דערציילן זיי פֿון אַ בערשעדער מיידל מיט אַ נעמיראָוועער בחור, וואָס האָבן זיך געלאָזט צונויפֿפֿאָרן אויף אַ מיטל־פּונקט אָנקוקן זיך. איז ביז מען איז זיך צונויפֿגעפֿאָרן, איז דער בחור געוואָרן גרוי ווי אַ טויב און דאָס מיידל האָט שוין ניט געהאַט איין צאָן אין מויל. און איבער דעם איז זיך צעגאַנגען דער שידוך.

ווייסט איר אָבער, וואָס איך וועל אײַך זאָגן? איך האָב ניט ליב די באָהאָפּאָליער ווערטל־זאָגערס און האָב פֿײַנט זייערע גוזמות. בײַ מיר, אַז איך באַשרײַב אַ זאַך, איז נאָר דאָס, וואָס איך זע מיט מײַנע אויגן, אָדער, ווייניקסטנס, וואָס איך הער פֿון סאָלידע מענטשן, פֿון סוחרים.

צום בײַשפּיל, איך האָב אַליין געהערט פֿון אַ הייסינער סוחר, אַז ערשט פֿאַר עטלעכע יאָרן, אום הושענא־רבה, האָט זיך געטראָפֿן בײַ זיי מיטן „לײדיק־גייער“ אַן אומגליק, מע קאָן זאָגן, אַ קאַטאַסטראָפֿע, וואָס האָט אַרויסגערופֿן אַ פּאַניקע אויף דער גאַנצער ליניע און אויפֿגערודערט דאָרטן דאָס גאַנצע ווינקל. די קאַטאַסטראָפֿע איז געקומען דורך אַ ייִדן מיט, להבֿדיל, אַ גלח. איך גיב זי אײַך איבער דאָ באַלד אין אַ באַזונדער געשיכטע מיטן זעלבן לשון, ווי איך האָב זי געהערט פֿונעם הייסינער סוחר. איך האָב [פֿײַנט אויסקלערן מעשׂיות פֿונעם קאָפּ. איך האָב] ליב איבערגעבן דאָס, וואָס איך הער פֿון יענעם. אַז איר וועט דאָס לייענען, וועט איר אַליין זען, אַז די געשיכטע איז אַן אמתע געשיכטע.

אַ הייסינער סוחר וועט ניט אויסטראַכטן.

ענדע געשיכטע נומער זיבן.

געשריבן אין יאָר 1909.

Zum Beispiel hoben sie stolz hervor, beim ›Langweiler‹ habe sich, seit er existiert, noch nie ein Unglück ereignet, wie es bei anderen Eisenbahnen schon mal vorkommt. Und warum nicht? Ganz einfach, sagen sie. *Wer langsam geht, fällt nicht hin.* Und langsam fährt unser ›Langweiler‹ tatsächlich. Vielleicht ein bisschen zu langsam. Die Bohopolier Sprücheklopfer übertreiben ja gerne alles. Sie erzählen da eine Geschichte, die einem Mann aus ihrer Stadt passiert sein soll. Der Mann aus Bohopoli, sagen sie, ist mit unserem ›Langweiler‹ zu einer Beschneidung in die Verwandtschaft gefahren, nach Chaschtschewate. Er kam gerade noch rechtzeitig zur Bar-Mizwa an.

Oder sie bringen euch die Geschichte von dem Mädchen aus Berschad und dem jungen Mann aus Nemirow. Sie wollten sich auf halber Strecke treffen, um miteinander bekannt zu werden. Als sie endlich zusammentrafen, war der junge Mann grauhaarig wie eine Taube, und das Mädchen hatte keinen einzigen Zahn mehr im Mund! Dadurch ist die Partie natürlich in die Brüche gegangen.

Ich will Euch aber was sagen. Ich halte nichts von den Sprücheklopfern aus Bohopoli und ihren ewigen Übertreibungen. Ich schreibe nur auf, was ich mit eigenen Augen gesehen oder von zuverlässigen Leuten gehört habe, von Geschäftsleuten.

So hat mir zum Beispiel ein Kaufmann aus Hajssin selbst erzählt, dass bei ihm vor ein paar Jahren an Hoschana Rabba mit dem ›Langweiler‹ ein Unglück passiert ist, man kann sogar sagen, eine Katastrophe. Sie hat damals auf der ganzen Strecke eine furchtbare Panik ausgelöst und die ganze Gegend in Atem gehalten. Die Katastrophe passierte einem Juden mit einem Popen, es sei zwischen ihnen wohl unterschieden. Gleich erzähle ich Euch die ganze Geschichte genauso, wie sie mir der Hajssiner Kaufmann berichtet hat. Denn ich bringe lieber nur das, was ich von anderen wirklich gehört habe. Wenn Ihr sie lest, werdet Ihr selbst merken, dass die Geschichte wirklich wahr ist.

Ein Hajssiner Kaufmann wird doch keine Märchen erzählen!

(1909)

דער נס פֿון הושענא־רבה

„דער נס פֿון הושענא־רבה – אַזוי האָט מען אַ נאָמען געגעבן בײַ אונדז די באַן־קאַטאַסטראָפֿע, וואָס האָט זיך געטראָפֿן פּונקט אום הושענא־רבה נאָכן קוויטל. און געטראָפֿן האָט זיך די געשיכטע, לאָז זיך אײַך דאַכטן, טאַקע בײַ אונדז אין הייסין. דאָס הייסט, נישט אין הייסין גופֿא, נאָר אַ פּאָר סטאַנציעס פֿאַר הייסין. סאָבאָליווקע הייסט די סטאַנציע״...

מיט אַזאַ לשון האָט מיר אַ הייסינער סוחר, ווײַזט אויס, אַ לײַטישער מענטש, גענומען בריײטלעך צו דערציילן, וואָס פֿאַר אַ קאַטאַסטראָפֿע עס האָט זיך געטראָפֿן בײַ זיי מיט דער שמאָלער באַן, וואָס מע רופֿט זי דאָרטן „דערליידיק־גייער״ (איך האָב אײַך אים באַשריבן שוין פֿריִער, אין דעם אַרײַנפֿאָר). און מחמת דער הייסינער סוחר האָט מיר דערציילט די דאָזיקע געשיכטע טאַקע פֿאָרנדיק מיטן „ליידיק־גייער״, וואָס האָט צײַט, און געווען זענען מיר מיט אים אין וואַגאָן סך־הכּל צוויי פּאַסאַזשירן, האָט ער זיך צעשפּיליעט, צעלייגט, ווי בײַם טאַטן אין ווײַנגאָרטן, און גערעדט פּערלדיק, געטאָקטע ווערטער, געגלעט זיך בעת־מעשׂה דאָס בײַכל, צוגעשמייכלט און שטאַרק הנאה געהאַט פֿון זײַן אייגענער געשיכטע.

„איר פֿאָרט דאָך שוין מיט אונדזער ליידיק־גייער, ברוך־השם, די אַנדערע וואָך. ווייסט איר דאָך מן־הסתּם די טבֿע זײַנע? ער האָט אײַך אַ טבֿע, אַז ער קומט אויף אַ סטאַנציע און שטעלט זיך אַוועק, פֿאַרגעסט ער דעם זײַ־געזונט. דאָס הייסט, אייגנטלעך, לויט „ראָספּיסאַניע״, טאָר ער נישט שטיין מער וויפֿל ס'איז אים אָנגעצייכנט. למשל, אויף דער סטאַנציע זאַטקעוויץ איז אויסגערעכנט, אַז ער דאַרף שטיין פּונקט אַ שעה מיט אַכט און פֿופֿציק מינוט, אָדער אויף דער סטאַנציע סאָבאָליווקע, וואָס איך דערצייל אײַך, – דאָרט טאָר ער מער אַ רגע נישט שטיין ווי איין שעה מיט צוויי און דרײַסיק מינוט. נאָר די מכּות זאָל זיך אים זעצן, וואָס ער שטייט סײַ אין זאַטקעוויץ, סײַ אין סאָבאָליווקע מער ווי צוויי, און אַ מאָל – מער ווי דרײַ שעה. עס ווענדט זיך אָן דעם, וויפֿל צײַט עס נעמען בײַ אים צו די „מאַניעוורעס״. און וואָס בײַ אונדזער „ליידיק־גייער״ ווערט אָנגערופֿן „מאַניעוורעס״ – דאַרף איך דאָך אײַך נישט דערציילן. מע שפּאַנט אויס דעם לאָקאָמאָטיוו, און די „בריגאַדע״, דער קאָנדוקטאָר מיטן מאַשיניסט מיטן קאָטשעגאַר, זעצן זיך אַוועק אין איינעם מיטן נאַטשאַלניק סטאַנציע, מיטן זשאַנדאַרם און מיטן טעלעגראַפֿיסט טרינקען ביר, אַ פֿלעשל נאָך אַ פֿלעשל.

„וואָס טוט, למשל, דער עולם, די פּאַסאַזשירן הייסט עס, בעת „מאַניעוורעס״? איר האָט דאָך שוין געזען, וואָס מע טוט: מע נודעט זיך, מע ווערט

Geschichte Nummer acht

Das Wunder von Hoschana Rabba

»›Das Wunder von Hoschana Rabba‹, so nannte man bei uns das Eisenbahn-unglück, das sich genau an Hoschana Rabba, *nach dem ›Zettel‹*, ereignet hat. Passiert ist das Ganze, stellt Euch vor, ausgerechnet bei uns in Hajssin, das heißt nicht direkt in Hajssin, sondern ein paar Stationen davor. Soboliwke heißt der Ort.«

Mit diesen Worten fing ein Hajssiner Kaufmann, ein sichtlich gutgestell-ter Mann, mir ausführlich an zu erzählen, welch eine Katastrophe sich bei ih-nen mit der Schmalspurbahn ereignet hat. Man nennt sie dort den ›Langwei-ler‹ – ich habe ihn Euch schon in der letzten Geschichte beschrieben. Und als er mir die Sache erzählte, fuhren wir tatsächlich gerade im ›Langweiler‹, der ja nie Eile hat. Wir zwei waren die einzigen Passagiere im Waggon. So knöpf-te er sich auf, streckte sich gemütlich aus, wie bei sich zu Hause. Wie die Perlen an der Schnur flossen ihm die Sätze heraus. Hin und wieder streichelte er sich den Bauch und lächelte dazu. Sichtlich genoss er seine Geschichte.

»Ihr fahrt ja schon mit Gottes Hilfe die zweite Woche in unserem ›Lang-weiler‹. So kennt Ihr ihn schon und auch seine besondere Art. Er hat es so an sich, wenn er auf einem Bahnhof einfährt und Halt macht, so vergisst er glatt das Weiterfahren. Zwar laut Fahrplan, wie er angeschlagen ist, darf er nicht länger Aufenthalt haben als angegeben. Zum Beispiel für den Bahnhof Satke-witz sind eine Stunde achtundfünfzig Minuten vorgesehen, nicht mehr. Und im Bahnhof Soboliwke, von dem ich Euch erzählen will, kein Augenblick länger als eine Stunde und zweiunddreißig Minuten. Aber, dass ihn der Schlag treffe! – er steht sowohl in Satkewitz wie in Soboliwke mehr als zwei und manchmal mehr als drei Stunden. Es kommt darauf an, wie viel Zeit er für die ›Manöver‹ braucht. Und was man bei unserem ›Langweiler‹ Manöver nennt, muss ich Euch wohl nicht besonders beschreiben: Man koppelt die Lokomotive ab, dann setzt sich die ›Brigade‹, das heißt der Zugführer, der Maschinist und der Heizer, mit dem Bahnhofsvorsteher, dem Gendarmen und dem Telegrafisten zusammen, und sie trinken Bier. Ein Fläschchen und noch ein Fläschchen…

Und was machen die Leute, die Passagiere meine ich, während dieser Ma-növer? Ihr habt es ja selbst erlebt, was man macht. Man langweilt sich. Man

שיִער ניט משוגע. ווער עס גענעצט, ווער עס פֿאַרשלאָגט זיך אין אַ ווינקל און כאַפּט אַ דרעמל, און ווער עס שפּאַצירט זיך אַרום אויף דער „פּלאַצפּאָרמע״, די הענט פֿאַרלייגט, און זינגט זיך שטילערהייט אַ לידל.

„דאַרף זיך טרעפֿן אַ מעשׂה אין סאָבאָליווקע בעת „מאַניעווערס״. שטייט זיך אַזוי איין מאָל הושענא־רבה אין דער פֿרי בײַם אָפּגעשפּאַנטן לאָקאָמאָ־טיוו, די הענט פֿאַרלייגט, איינער אַ מענטש, דווקא נישט קיין פּאַסאַזשיר, נאָר אַזוי אַ ייִד, לאָז זיך אײַך דאַכטן, טאַקע אַ סאָבאָליווקער בעל־הבית, אַ טשיקאַווע[ר] ייִד, און קוקט. וואָס טוט דאָ, למשל, אַ סאָבאָליווקער בעל־הבית? גאָרנישט. הושענא־רבה האָט זיך אַ סאָבאָליווקער בעל־הבית גאַנץ פֿײַן אָפּגעדאַוונט, אָפּגעשלאָגן הושענות, אַוועק אַהיים און אָפּגע־געסן. אויפֿן האַרצן איז האַלב יום־טובֿדיק, האַלב וואָכעדיק. דאָס קוויטל האָט מען אים דאָרטן סײַ ווי סײַ אונטערגעשריבן, און קיין אַרבעט אין דער היים איז נישטאָ, ערבֿ יום־טובֿ, האָט ער גענומען דאָס שטעקל און איז זיך אַרויסגעגאַנגען אַ ביסל אויפֿן וואָקזאַל „ווסטרעטשאַיען דעם פּאָיעזד״.

„ווסטרעטשאַיען דעם פּאָיעזד״, דאַרפֿט איר וויסן, איז בײַ אונדז אַ מינהג אומעטום אין אונדזער געגנט. קומט די צײַט פֿון „פּאָיעזד״, טראָגט דאָס אײַך אַוועק אויפֿן וואָקזאַל, טאָמער וועט מען עמעצן זען. וואָס זען? וועמען זען? אַ טעפּליקער ייִדן? אַן אָבאָדיווקער ייִדענע? אַ גאָלאָוואָניעווסקער גלח? ייִדישע גליקן! נאָר גאָרנישט, מע גייט. און אַגבֿ איז נאָך אין יענער צײַט די באַן געווען אַ נײַס, מע האָט אונדז נאָר וואָס געהאַט דורכגעפֿירט דעם „ליידיק־גייער״, און ס׳איז נאָך געווען וואָס צו זען און וואָס צו הערן. נאָר ווי אַזוי די מעשׂה איז דאָרט געווען, צי אַזוי, צי אַזוי, – בײַם אָפּשפּאַנען דעם לאָקאָמאָטיוו איז זיך הושענא־רבה אין דער פֿרי, נאָכן קוויטל, ווי איך דער־צייל אײַך, געשטאַנען האַלב יום־טובֿדיק, האַלב וואָכעדיק, אַ סאָבאָליווקער בעל־הבית מיט אַ שטעקל און געקוקט.

„אם כּן, איז וואָס? דאַכט זיך מיר, אַז אַ סאָבאָליווקער בעל־הבית שטייט און קוקט אויף אַן אָפּגעשפּאַנטן לאָקאָמאָטיוו – וועמענס עסק איז דאָס? זאָל ער זיך שטיין געזונטערהייט. ניין. באַדאַרף זיך טרעפֿן מסתּמא אַזוי, אַז צווישן די איבעריקע פּאַסאַזשירן געפֿינט זיך אַ גלח, לאָז זיך אײַך דאַכטן, טאַקע אַ גאָלאָוואָניעווסקער גלח, פֿון גאָלאָוואָניעווסק, הייסט עס, אַ שטעטל נישט ווײַט פֿון הייסין. נישטאָ וואָס צו טאָן, שפּאַצירט זיך דער גלח אויך אויף דער זעלבער „פּלאַצפּאָרמע״, אויך פֿאַרלייגט די הענט, און שטעלט זיך אָפּ אויך בײַם אָפּגעשפּאַנטן לאָקאָמאָטיוו. רופֿט זיך אָן דער גלח צום ייִדן: „הער נאָר, יודקאָ! וואָס האָסטו דאָ דערזען?״ ענטפֿערט אים דער ייִד בייזלעך: „וואָס עפּעס יודקאָ? איך הייס נישט יודקאָ, איך הייס בערקאָ״. מאַכט צו אים דער גלח: „לאָז זײַן בערקאָ. וואָס קוקסטו דאָ, אַ שטייגער, בערקאָ?״ ענטפֿערט אים דער ייִד און לאָזט נישט אַראָפּ קיין אויג פֿונעם

wird bald verrückt vor Langeweile. Der eine gähnt, der andere verschlägt sich in eine Ecke und döst ein bisschen, andere spazieren hin und her auf dem Bahnsteig, die Hände auf dem Rücken, und summen ein Liedchen.

Aber gerade während dieser Manöver passierte einmal etwas auf dem Bahnhof Soboliwke. Da steht nämlich frühmorgens an Hoschana Rabba ein Mann bei der abgekoppelten Lokomotive, die Hände auf dem Rücken. Es ist nicht einmal ein Fahrgast, sondern irgendeiner von außerhalb, stellt Euch vor, ein Bürger aus Soboliwke. Neugierig ist er und guckt. Was hat ein Mann aus Soboliwke da verloren? Überhaupt nichts. Aber es ist eben Hoschana Rabba. Die Männer von Soboliwke waren schon in der Synagoge, sie sind fertig mit dem Gebet, sie haben schon die ›Ruten geschlagen‹,[41] waren auch schon zu Hause und haben gegessen. Drinnen im Herzen, halb Feiertag, halb Woche! Arbeit gibt es nicht am Abend vor dem Feiertag. Unser Mann hat also seinen Stock genommen und ist rausgegangen zum Bahnhof, um die Bahn zu empfangen.

›Die Bahn empfangen‹, müsst Ihr wissen, ist bei uns in der Gegend ein bekannter Brauch. Wenn der Zug ankommt, findet man sich wie von selbst auf dem Bahnhof ein. Vielleicht wird man irgendjemanden treffen? Einen Mann aus Teplik vielleicht? Oder eine alte Frau aus Obodowka? Einen Popen gar aus Golowoniewsk? Das ist doch was! Auf jeden Fall, man geht zum Bahnhof. Und, nebenbei gesagt, damals war unsere Bahn noch eine Neuheit. Erst vor kurzem hatte man den ›Langweiler‹ in Betrieb genommen. Da gab's doch etwas zu sehen und zu hören! Auf jeden Fall war es an jenem Tag so, dass da frühmorgens an Hoschana Rabba, nach dem ›Zettel‹, bei der abgekoppelten Lokomotive ein Mann aus Soboliwke steht. Steht da genau wie ich's Euch erzähle, halb auf Feiertag, halb auf Woche gestimmt, steht da mit seinem Stock und guckt.

Na und? Was ist daran schlecht? Ich meine, wenn ein Mensch aus Soboliwke da rumsteht und eine abgekoppelte Lokomotive anschaut, wen geht das was an? Soll er doch stehen! Aber so einfach ist es nicht. Denn nun muss es passieren, dass unter den anderen Passagieren tatsächlich ein Pope ist und, stellt Euch vor, wirklich ein Golowoniewsker Pope, also aus dem Dorf Golowoniewsk, nicht weit von Hajssin. Und weil er nichts zu tun hat, spaziert auch der Pope auf dem Bahnsteig hin und her, auch er die Hände auf dem Rücken, und auch er bleibt bei der abgekoppelten Lokomotive stehen. Der Pope sagt zu unserem Mann: ›Hör mal, Judko, was hast du da entdeckt?‹ Der Mann antwortet ihm etwas ärgerlich: ›Was heißt Judko? Ich heiße nicht Judko, mein Name ist Berko.‹ Darauf der Pope: ›Meinetwegen Berko. Und was siehst du da, Berko?‹ Unser Mann sagt, ohne den Blick von der Loko-

לאָקאָמאָטיוו: „איך שטיי און באַטראַכט גאָטס וווּנדער, ווי אַזוי איבער אַ נאַרישקייט, איבער איין דריי, וואָס מע טוט אַ דריי איין שרײַפֿל אַהער, דאָס אַנדערע שרײַפֿל אַהין – הייבט אָן גיין אַזאַ גוואַלדיקע מאַשין!“ מאַכט צו אים ווידער דער גלח: „פֿון וואַנען ווייסטו, אַז מע טוט אַ דריי איין שרײַפֿל אַהער און דאָס אַנדערע אַהין, הייבט אָן גיין די מאַשין?“ ענטפֿערט אים דער ייִד: „איך זאָל נישט וויסן, וואָס זשע וואָלט איך געזאָגט?“ מאַכט צו אים דער גלח: „קוגל ווייסטו, ווי אַזוי מען עסט, אָט וואָס דו ווייסט!“ פֿאַרדריסט דאָס שוין דעם ייִדן (סאָבאָליווקער ייִדן האָבן אין זיך אַמביציע), און ער רופֿט זיך אָן צום גלח: „אַנו, פֿאָטערל, אפֿשר וואָלטסטו זיך מטריח זײַן אויף אַ ווײַלע מיט מיר אויפֿן לאָקאָמאָטיוו, וואָלט איך דיר געבן צו פֿאַרשטיין דעם שׂכל, פֿאַר וואָס אַ לאָקאָמאָטיוו גייט און פֿאַר וואָס ער שטייט?“ דאָ האָט שוין דעם גלח דערלאַנגט אַ בראָט נישט אויף קאַטאָוועס: וואָס הייסט? אָט דאָס ייִדל וועט אים געבן צו פֿאַרשטיין דעם שׂכל, פֿאַר וואָס אַ לאָקאָמאָטיוו גייט און פֿאַר וואָס ער שטייט?!... און ער מאַכט צו אים מיט האַרץ: „קריך, הערשקאָ, אויפֿן לאָקאָמאָטיוו!“ זאָגט צו אים דער ייִד ווידער אַ מאָל: „איך הייס נישט הערשקאָ, איך הייס בערקאָ.“ מאַכט צו אים דער גלח: „לאָז זײַן בערקאָ. קריך, בערקאָ!“ מאַכט צו אים דער ייִד: „וואָס הייסט עפּעס קריך? פֿאַר וואָס זאָל איך קריכן? קריך דו, פֿאָטערל, פֿריִער!“ מאַכט צו אים דער גלח מיט גאַל: „דו לערנסט דאָך מיך, נישט איך דיך, דאַרפֿסטו פֿריִער קריכן.“ בקיצור, אַ וואָרט פֿאַר אַ וואָרט – מען איז, לאָז זיך אײַך דאַכטן, אַרויפֿגעקראָכן ביידע אויפֿן לאָקאָמאָטיוו, און דער סאָבאָליווקער ייִד האָט זיך גענומען לערנען מיטן גלח „הילכות מאַשינע“, געגעבן פּאַוואָלינקע אַ דריי איין קראַן אַהער, דעם אַנדערן אַהין, און איידער זיי האָבן געקאָנט אַרויסלאָזן אַ וואָרט פֿונעם מויל, האָבן זיי מיט שרעק דערזען, אַז דער לאָקאָמאָטיוו האָט גערירט פֿונעם אָרט און – פּאַשאָל!

„אַצינד איז, דאַכט מיר, די בעסטע צײַט איבערלאָזן דעם ייִדן מיטן גלח אויפֿן אָפּגעשפּאַנטן לאָקאָמאָטיוו, לאָזן זיי זיך פֿאָרן געזונטערהייט, און מיר וועלן זיך דערווײַל פֿאַרנעמען מיט דעם נפֿש: ווער איז דאָס געווען אָט דער סאָבאָליווקער ייִד, וואָס האָט געהאַט אין זיך אַזאַ שטאַרקייט און האָט זיך אײַנגעשטעלט אַרויפֿצוקריכן מיט אַ גלח אויף אַן אָפּגעשפּאַנטן לאָקאָמאָטיוו?

„בערל עסיק־מאַכער – אַזוי, לאָז זיך אײַך דאַכטן, הייסט דער סאָבאָליוועקער ייִד, וואָס איך דערצייל אײַך. פֿאַר וואָס רופֿט מען אים עסיק־מאַכער? ווײַל ער פֿאַרנעמט זיך דערמיט, וואָס ער מאַכט עסיק, דעם בעסטן עסיק אין אונדזער ווינקל. די מלאָכה האָט ער, אייגנטלעך, בירושה פֿון זײַן טאַטן. נאָר ער האָט צוגעקלערט – אַזוי זאָגט בערל אַליין – אַזאַ מין מאַשינע, וואָס גיט אַרויס דעם בעסטן עסענץ. ער זאָל האָבן צײַט, זאָגט ער, וואָלט ער געקאָנט באַשטאַטן מיט עסיק דרײַ גובערניעס. נאָר וואָס דען? עס טוט זיך אים נישט נייטיק, זאָגט ער, ער איז נישט קיין אָץ־להעשיר. אָט

motive abzuwenden: ›Ich stehe hier und betrachte die Wunder Gottes, wie mit einer Kleinigkeit, wenn man einen Hebel hierhin und den anderen Hebel dahin dreht, solch eine riesige Maschine in Gang kommt!‹ Darauf der Pope zu ihm: ›Woher willst du das wissen, dass die Maschine in Gang kommt, wenn man einen Hebel hierhin und den anderen Hebel dahin dreht?‹ Der Mann antwortet: ›Wenn ich's nicht wüsste, hätte ich's dann gesagt?‹ Der Pope antwortet ihm wieder: ›Wie man euren Kugel isst, das weißt du, und sonst nichts!‹ Das wiederum ärgert den Mann (die Soboliwker Leute sind berühmt für ihren Stolz), und er sagt zum Popen: ›Gut also, Väterchen, wenn du dich vielleicht bequemst und einen Augenblick mit mir auf die Lokomotive steigst, so will ich dir gerne erklären, wie eine Lokomotive anfährt und wie sie stehen bleibt.‹ Das hat nun dem Popen gar nicht gefallen. Was soll das heißen? Muss ausgerechnet ein Jude *ihm* erklären, wie eine Lokomotive funktioniert? Und er sagt ärgerlich zu ihm: ›Klettere du selbst rauf auf die Lokomotive, Herschko!‹ Sagt unser Jude zu ihm: ›Ich heiße nicht Herschko, mein Name ist Berko.‹ Drauf der Pope wieder: ›Meinetwegen Berko. Also, steig rauf, Berko!‹ Sagt der Mann zu ihm: ›Was soll das heißen, steig rauf? Warum soll ich raufklettern? Steig du hinauf, Väterchen!‹ Antwortet ihm der Pope schon richtig giftig: ›Du willst doch mir etwas beibringen, nicht ich dir, also musst du zuerst rauf!‹ Kurzum, hin und her geredet, am Ende sind sie, Ihr müsst Euch das vorstellen, beide zusammen auf die Lokomotive gestiegen, und der Mann aus Soboliwke fing mit dem Popen ein Kapitelchen ›Maschinenkunde‹ an, drehte dabei bedächtig mal einen Hahn hierhin, mal einen Hebel dahin, und bevor noch einer von ihnen ein Wort sagen konnte, stellen sie voll Schrecken fest: Die Lokomotive bewegt sich, sie fährt wahrhaftig an und los!

Jetzt, meine ich, ist es ein guter Augenblick, dass wir den Juden mit dem Popen eine Zeitlang allein auf der abgekoppelten Lokomotive fahren lassen. Wir wünschen ihnen eine gute Reise! Wir aber wollen inzwischen genauer betrachten: Was ist das für ein Mann aus Soboliwke, mit solch einem eigensinnigen Kopf, dass er es fertigbringt, mit einem Popen auf eine abgekoppelte Lokomotive zu klettern?

Berel Essigmacher, so heißt der Mann aus Soboliwke, von dem ich Euch erzähle! Wieso nennt man ihn Essigmacher? Weil das seine Beschäftigung ist, er macht Essig, den besten Essig in der ganzen Gegend. Die Kunst hat er genau genommen von seinem Vater gelernt, aber er hat dazu – so sagt Berel selbst – eine Art Apparat erfunden, mit dem er seine berühmte Essenz herstellt. Hätte er Zeit, sagt er, könnte er drei Provinzen mit Essig versorgen. Und warum tut er's nicht? Er hat es nicht nötig, er ist nicht hinter Reichtum

אַזאַ מין מענטש איז אונדזער עסיק־מאַכער. אין ערגעץ נישט געלערנט זיך – און קען וואָס פֿאַר אַן אײדעלע מלאָכה איר ווילט, און האָט אַ ידיעה אין אַלערלײ מאַשינעס. פֿון וואַנען קומט דאָס צו אים? דאַרף מען פֿאַרשטײן על־פּי שׂכל, אַז עסיק מאַכן האָט אַ שײַכות, זאָגט ער, מיט טרײַבן בראָנפֿן, און טרײַבן בראָנפֿן קער זיך אָן מיט לשון „זאַוואָד“, און אַ זאַוואָד, זאָגט ער, האָט דאָך אין זיך כּמעט די אײגענע מאַשינעריע, וואָס אַ באַן; אַ זאַוואָד, זאָגט ער, פּײַפּט און אַ באַן פּײַפּט – וואָס איז די נפֿקא־מינה? דער עיקר – אַזוי זאָגט בערל אַלײן און מאַכט בעת־מעשׂה מיט די הענט – דער עיקר איז נאָר דער כּוח, וואָס נעמט זיך פֿונעם הײצן, זאָגט ער. פֿונעם הײצן, וואָס מע הײצט, וואַרעמט זיך אָן דער קעסל, זאָגט ער, און דאָס וואַסער הײבט אָן קאָכן, שטופּט דאָס, זאָגט ער, דעם באַל און עס דרײען זיך די רעדער, זאָגט ער, אויף וואָס פֿאַר אַ זײַט איר ווילט: ווילט איר, זאָגט ער, ס׳זאָל גײן רעכטס – טוט אַ דרײ דעם רעגולאַטאָר רעכטס, ווילט איר לינקס – דרײט, זאָגט ער, דעם רעגולאַטאָר לינקס. ס׳איז, זאָגט ער, אַזוי פּשוט, וואָס פּשוטער קאָן שוין גאָרנישט זײַן!... אַצינד, אַז איך האָב אײַך אַ ביסל באַקאַנט געמאַכט מיט דעם סאָבאָליווקער ייִדן, איז אײַך שוין פֿאַרענטפֿערט, מײן איך, אַ סך קשיות, און מיר קאָנען זיך אומקערן צו דער קאַטאַסטראָפֿע.

„דאַרף איך אײַך נאָך דערצײלן, וואָס פֿאַר אַ פּחד און וואָס פֿאַר אַ טומל ס׳איז געוואָרן צווישן די פּאַסאַזשירן אין סאָבאָליווקע אויף דער סטאַנציע, אַז מע האָט דערזען דעם אָפּגעשפּאַנטן לאָקאָמאָטיוו גײן אײנעם אַלײן, מע ווײסט נישט מיט וואָס פֿאַר אַ כּוח? איך מײן, אַז דאָס דאַרפֿט איר שוין אַלײן פֿאַרשטײן. הײַנט די מהומה, וואָס איז געקומען אויף דער „בריגאַדע“? תּחילת האָט זיך אַפֿילו די „בריגאַדע“, לאָז זיך אײַך דאַכטן, געלאָזט לויפֿן נאָכן לאָקאָמאָטיוו, געוואָלט, אַ פּנים, אים כאַפּן פֿון הינטן. מע האָט אָבער גיך אַרויסגעזען, אַז די מי איז אומזיסט. עפּעס טאַקע נאָר ווי אויף צו להכעיס, האָט זיך דער לאָקאָמאָטיוו איצטיקס מאָל געלאָזט לויפֿן און איז געפֿלויגן משוגענערווײַז. זינט דער „לײדיק־גײער“ האָט אָנגעהויבן צו גײן אין אונדזערע מקומות, האָט זיך נאָך קײן מאָל נישט געטראָפֿן, אַז דער לאָקאָמאָטיוו זאָל אַזוי גיך לויפֿן. האָט זיך די „בריגאַדע“ נעבעך געמוזט אומקערן צוריק מיט לײדיקע הענט און אין אײנעם מיטן זשאַנדאַרם און מיטן נאַטשאַלניק האָט מען געמאַכט אַ פּראָטאָקאָל און נאָך דעם האָט מען צעשיקט דעפּעשן איבער דער גאַנצער ליניע: „אַוועק אַ לאָקאָמאָטיוו אײנער אַלײן. נעמט מיטלען. טעלעגראַפֿירט“.

„וואָס פֿאַר אַ פּאַניקע די דאָזיקע דעפּעש האָט אַרויסגערופֿן אויף דער גאַנצער ליניע – איז גרינג זיך פֿאָרצושטעלן. ערשטנס, האָט מען נישט פֿאַרשטאַנען די דעפּעש. וואָס איז דער פּשט: „אַוועק אַ לאָקאָמאָטיוו אײנער אַלײן“? ווי גײט דאָס אַלײן אַ לאָקאָמאָטיוו? און, צווײטנס, וואָס באַטײַטן די ווערטער: „נעמט מיטלען“? וואָס פֿאַר מיטלען קאָן מען נעמען, אַחוץ דעפּעשן? און עס האָבן אָנגעהויבן פֿליִען דעפּעשן איבער דער גאַנצער ליניע.

her! Da seht Ihr schon, was für eine Sorte Mensch unser Essigmacher ist. Obwohl er sie nicht gelernt hat, kennt er sich in allen Berufen aus, die man sich nur denken kann. Und vor allem versteht er sich auf Maschinen. Wie kommt er dazu? ›Das versteht sich von selbst‹, sagt er, ›Essigmachen ist im Grunde dasselbe wie Schnapsbrennen. Und beim Schnapsbrennen geht es so zu wie in einer Fabrik, und in einer Fabrik‹, sagt er, ›findet Ihr doch die gleiche Maschinerie wie bei der Eisenbahn. Ein Fabrikkessel pfeift, und die Bahn pfeift. Wo liegt da der Unterschied? Das Wesentliche‹, sagt Berel wieder und beschreibt dabei mit den Händen, was er meint, ›das Wesentliche ist die Energie. Die kommt vom Feuern. Vom Feuern‹, sagt er, ›wird der Kessel heiß, das Wasser fängt an zu kochen, das treibt den Kolben, und schon drehen sich die Räder‹, sagt er, ›in welche Richtung Ihr wollt. Wollt Ihr nach rechts, schaltet Ihr den Hebel nach rechts; wollt Ihr nach links, dreht Ihr den Hebel nach links. Es ist alles ganz einfach, einfacher geht's gar nicht!…‹ Jetzt also, wo ich Euch mit dem Mann aus Soboliwke bekannt gemacht habe, werdet Ihr schon einige Sachen von alleine verstehen, und wir können uns in Ruhe wieder dem ›Unglück‹ zuwenden.

Muss ich Euch besonders erzählen, welch eine Panik und welch ein Durcheinander bei den Passagieren auf dem Bahnhof entstanden ist, als man mit ansehen musste, wie die abgekoppelte Lokomotive sich von selbst davonmachte, wer weiß, aus welch einer geheimnisvollen Kraft? Ich nehme an, das werdet Ihr von selbst verstehen. Aber erst die Verwirrung bei der ›Brigade‹! Zunächst ist die Brigade, stellt Euch das mal vor, hinter der Lokomotive hergerannt, um sie offenbar noch gerade von hinten zu erwischen. Man hat aber schnell eingesehen, dass die Mühe umsonst war. Denn zu allem andern ist an diesem Tag die Lokomotive auch noch gerast wie verrückt. Seit der ›Langweiler‹ bei uns in Betrieb ist, war die Lokomotive noch nie so schnell gefahren! So kommt also die ›Brigade‹ mit leeren Händen zurück. Zusammen mit dem Gendarmen und dem Bahnhofsvorsteher wurde ein Protokoll aufgesetzt. Danach haben sie Depeschen die ganze Linie entlanggeschickt: *lokomotive von alleine abgefahren. ergreift massnahmen! sofort telegrafieren!*

Man kann sich leicht vorstellen, welch eine Panik diese Depesche auf der ganzen Strecke hervorgerufen hat. Erstens konnte man ihren Sinn nicht verstehen. Was soll das heißen: ›Lokomotive von alleine abgefahren‹? Wie kann eine Lokomotive von alleine fahren? Und zweitens, was bedeutet: ›Maßnahmen ergreifen‹? Welche Maßnahmen kann man denn ergreifen, außer Depeschen zu schicken? Und so flogen die Depeschen auf der ganzen Strecke

דער טעלעגראַף האָט געאַרבעט מיט רוחות. אַלע סטאַנציעס האָבן זיך איבערגערעדט צווישן זיך, און די שרעקלעכע ידיעה האָט זיך גיך פֿאַרשפּרייט, לאָז זיך אײַך דאַכטן, אין אַלע שטעט און שטעטלעך אַרום און אַרום, און ס׳איז געוואָרן, וואָס זאָל איך אײַך זאָגן, חושך־ואַפֿלה! בײַ אונדז אין הייסין, למשל, האָט מען שוין אַפֿילו דערציילט, וויפֿל נפֿשות עס זענען געהרגעט געוואָרן. נעבעך באַשערט מענטשן אַזאַ שרעקלעכער טויט! און ווען? פונקט הושענא־רבה נאָכן קוויטל! אַ פנים, ס׳איז שוין אַזוי געווען אָנגעצייכנט פֿון אויבן...

„אַזוי האָט מען געשמועסט בײַ אונדז אין הייסין און אין אַלע ערטער אַרום הייסין, און ס׳איז גאָר נישט צו באַשרײַבן די יסורים מיטן עגמת־נפֿש, וואָס מיר אַלע זענען דערפֿון אויסגעשטאַנען. נאָר ווי קומט עס צו די יסורים מיטן עגמת־נפֿש פֿון די פּאַסאַזשירן נעבעך, וואָס זענען געבליבן אין סאָבאָליווקע אויף דער סטאַנציע כּצאן־בלי־רועה, אין מיטן דער נסיעה אָן אַ לאָקאָמאָטיוו! סטײַטש, וואָס וועלן זיי טאָן? ס׳איז הושענא־רבה, ערבֿ יום־טובֿ, וווּהין גייט מען? סײַדן סוכּות האַלטן דאָ אין שטעטל? אַ פֿאַרשטערטער סוכּות!... און די פּאַסאַזשירן האָבן זיך צונויפֿגעשלאָגן אַלע אין איין ווינקעלע און האָבן גענומען איבעררעדן וועגן זייער אייגענער לאַגע און וועגן דער לאַגע פֿונעם „בורח“ (אַזוי האָבן זיי אַ נאָמען געגעבן דעם אַנטלאָפֿענעם לאָקאָמאָטיוו). מי יודע, וואָס מיט אַ שלימזל קאָן זיך טרעפֿן? אַ ווערטעלע אויסצורעדן – עס פֿליט איבער דער ליניע אַזאַ מאַשינע איינע אַליין? עס איז דאָך לא ימלט, אַז דער „בורח“ זאָל זיך נישט באַגעגענען ערגעץ אין מיטן וועג מיטן „לײדיק־גייער“, וואָס גייט אים אַקעגן פֿון הייסין איבער זאַטקעוויץ קיין סאָבאָליווקע. וואָס וועט זײַן מיט יענע פּאַסאַזשירן נעבעך? – און דער כּוח־הדמיון האָט זיי שוין געמאָלט אַ צוזאַמענשטויס, אַ מוראדיקע קאַטאַסטראָפֿע מיט אַלע פּישטשעווקעס פֿון אַ באַן־קאַטאַסטראָפֿע. זיי האָבן געזען פֿאַר זיך באַשײַמפּערלעך דאָס גאַנצע אומגליק: איבערגעקערטע וואַגאָנעס, צעפֿאַלענע רעדער, מענטשישע קעפּ, צעבראָכענע פּיס, אָפּגעריסענע הענט און צעטראָטענע טשעמאָדאַנעס, מיט בלוט באַשפּריצט!... פּלוצעם – אַ דעפּעש! אָנגעקומען אַ דעפּעש פֿון זאַטקעוויץ. וואָס שטייט אין דעפּעש? אין דעפּעש שטייט: „די רגע דורכגעפֿלויגן מיט אַ שרעקלעכער גיכקייט פֿאַרבײַ זאַטקעוויץ אַ לאָקאָמאָטיוו מיט צוויי פּאַסאַזשירן. איינער זעט אויס אַ ייִד, דער צווייטער אַ גלח. ביידע האָבן געמאַכט מיט די הענט – מע ווייסט נישט וואָס. דער לאָקאָמאָטיוו איז אַוועק קיין הייסין“.

„אָט דאָ איז ערשט געוואָרן אַ חתונה: וואָס הייסט דאָס? אַ ייִד מיט אַ גלח אויפֿן אַנטלאָפֿענעם לאָקאָמאָטיוו? וווּהין זענען זיי דאָס אַנטלאָפֿן? און צוליב וואָס? און ווער קאָן זײַן דער ייִד?... אַהין־אַהער, איינער פֿונעם אַנדערן – מע האָט זיך דערוווּסט, אַז דער ייִד איז טאַקע אַ סאָבאָליווקער ייִד. ווער? איר קענט אים? אַ שאלה אַ ביסל! בערל עסיק־מאַכער פֿון

hin und her. Der Telegrafist tickte wie verrückt auf seinen Apparaten herum! Von einem Bahnhof zum andern hat man die Sache weitergegeben, und die schreckliche Nachricht hat sich, stellt Euch vor, im Nu in alle Städte und Dörfer der Provinz verbreitet. Es wurde, was soll ich Euch sagen, finster im Lande! Bei uns in Hajssin zum Beispiel hat man schon genau gewusst, wie viele Menschen umgekommen sind. Malt Euch das aus, solch ein schrecklicher Tod! Und wann? Genau an Hoschana Rabba nach dem ›Zettel‹! Kein Zweifel, von oben ist es so bestimmt worden…

So hat man bei uns in Hajssin und allen anderen Dörfern um Hajssin geredet. Man kann den Kummer und das Leid gar nicht beschreiben, das wir ausgestanden haben. Aber erst die Not und die Qual der Passagiere, die in Soboliwke auf dem Bahnhof zurückgeblieben waren, wie die Schafe ohne Hirten, mitten auf der Reise, ohne Lokomotive! Denn sagt selbst: Was sollten sie machen? Es ist doch Hoschana Rabba, abends vor dem Feiertag, wohin sollten sie gehen? Vielleicht Laubhütten feiern, dort im Dorf? Traurige Laubhütten!… Die Fahrgäste haben sich alle miteinander in einer Ecke versammelt, ihre Lage besprochen und auch das Geschick der ›Durchgebrannten‹ (so hat man die entlaufene Lokomotive genannt). Wer weiß, was mit solch einem Ungeheuer passieren kann? Man muss sich das nur vorstellen – rast da so eine Maschine allein die Linie entlang! Wenn Gott behüte die ›Durchgebrannte‹ irgendwo an der Strecke auf den ›Langweiler‹ stößt, der ihr ja von Hajssin über Satkewitz in Richtung Soboliwke entgegenkommt? Was wird dann den Passagieren zustoßen? Und ihre Phantasie hat schon den ganzen Zusammenstoß ausgemalt, eine furchtbare Katastrophe mit allem Drum und Dran eines Eisenbahnunglücks. Deutlich, in allen Einzelheiten haben sie das ganze Drama vor sich gesehen: Umgestürzte Waggons, verbogene Räder, Menschenköpfe, zerfetzte Füße, abgerissene Hände, zerquetschte Koffer, mit Blut bespritzt!… Auf einmal – eine Depesche! Aus Satkewitz ist eine Depesche eingetroffen! Was steht in der Depesche? *soeben mit wahnsinniger geschwindigkeit eine lokomotive mit zwei passagieren vorbeigerast. einer sieht aus wie ein jude, der andere wie ein pope. beide haben mit den händen zeichen gegeben, bedeutung unklar. lokomotive jetzt unterwegs in richtung heissin.*

Da ist erst mal ein Durcheinander losgegangen! Was soll das bedeuten: ›Ein Jude mit einem Popen‹? ›Auf einer durchgebrannten Lokomotive?‹ Wohin sind sie durchgebrannt? Weswegen? Und wer kann der Jude sein? Man redet hin und her, einer fragt den anderen, schließlich fand man heraus, dass der Jude wohl ein Mann aus Soboliwke ist. Und wer? Kennt ihn jemand? Welch eine Frage! Berel Essigmacher aus Soboliwke ist es! Woher will man

סאָבאָליווקע! פֿון וואַנען ווייסט מען דאָס, אַז ס'איז ער? מע ווייסט! סאָ־באָליווקער ייִדן שווערן, אַז זיי האָבן פֿון דער ווײַטן אַליין געזען אים שטיין מיט אַ גלח בײַם אַפּגעשפּאַנטן לאָקאָמאָטיוו און מאַכן מיט די הענט... וואָס טוט זיך דאָ? וואָס האָט אַ ייִד אַן עסיק־מאַכער צו שטיין מיט אַ גלח בײַם אַפּגעשפּאַנטן לאָקאָמאָטיוו און מאַכן מיט די הענט?!... מע האָט אַזוי לאַנג געריעדט און געפּילדערט, ביז די מעשׂה איז דערגאַנגען, לאָז זיך אײַך דאַכטן, אין שטעטל אַרײַן, אין סאָבאָליווקע הייסט עס, און כאָטש דאָס שטעטל איז נישט אַזוי שטאַרק ווײַט פֿון סטאַנציע, נאָר ביז די מעשׂה איז אָנגעקומען פֿון איינעם צום אַנדערן קיין סאָבאָליווקע, האָט זי באַקומען אַלע מינוט אַן אַנדער געשטאַלט, איטלעכער באַזונדער האָט צוגעלייגט זײַנס, און ביז ס'איז דערגאַנגען צו בערלען אַהיים, האָט די מעשׂה מיטן גלח באַקומען אַזאַ ווילדן פּנים, אַז בערלס ווײַב איז נעבעך געפֿאַלן חלשות אפֿשר צען מאָל, מע האָט געמוזט ברענגען דעם דאָקטער... און עס האָט זיך אַ שאָט געטאָן אויף דער סטאַנציע ייִדן פֿון סאָבאָליווקע, לאָז זיך אײַך דאַכטן, אַזוי ווי שטערן אין הימל, און ס'איז געוואָרן אַזאַ גוואַלד, אַז דער נאַטשאַלניק סטאַנציע האָט געמוזט געבן דעם זשאַנדאַרם אַ „ראַספּאָראַזשעניע״, ער זאָל אָפּרייניקן די סטאַנציע פֿון סאָבאָליווקער ייִדן... און ווי באַלד אַזוי, וואָס זשע האָבן מיר דאָ צו טאָן? אפֿשר וואָלטן מיר בעסער גיין אַ קוק טאָן, וואָס טוט זיך מיט אונדזער ייִדן און מיטן גלח, להבֿדיל, אויפֿן „בורח״, איך מיין, אויפֿן אַנטלאָ־פֿענעם לאָקאָמאָטיוו?

„עס איז אָבער נאָר גרינג צו זאָגן – אַ קוק טאָן, וואָס טוט זיך אויפֿן אַנט־לאָפֿענעם לאָקאָמאָטיוו! ווער קאָן דאָס וויסן, וואָס דאָרט האָט זיך אָפּגע־טאָן? מיר מוזן גלייבן דעם סאָבאָליווקער עסיק־מאַכער אויף נאמנות. ער דערציילט זיך אָן פֿון דער נסיעה אַזעלכע חידושים, וואָס ווען אַפֿילו, לאָמיר זאָגן, אַז ס'איז נאָר האַלב אמת, איז דאָס אויך גאַנץ גענוג. און אויף וויפֿל איך קען אָט דעם עסיק־מאַכער פֿון סאָבאָליווקע, איז ער, דאַכט מיר, נישט אַזאַ מענטש, וואָס זאָל ליב האָבן מגזם זײַן.

„די ערשטע צײַט, אַז דער לאָקאָמאָטיוו איז אַוועק, – אַזוי דערציילט בערל עסיק־מאַכער, – געדענקט ער כּמעט גאָרנישט, וואָס מיט אים האָט זיך געטאָן. נישט אַזוי מחמת דערשרעק, ווי איבער דעם, וואָס ער האָט נישט געקאָנט פֿאַרשטיין, זאָגט ער, פֿאַר וואָס דער לאָקאָמאָטיוו וויל אים נישט פֿאָלגן. על־פּי שׂכל, זאָגט ער, האָט דער לאָקאָמאָטיוו בײַם צווייטן דריי פֿו־נעם רעגולאַטאָר באַלד באַדאַרפֿט בלײַבן שטיין. צום סוף האָט ער גאָר אָנ־געהויבן גיין נאָך גיכער, ווי פֿריִער. עפּעס נאָר ווי צען טויזנט רוחות וואָלטן אים אונטערגעשטופּט פֿון הינטן. ער איז געלאָפֿן, זאָגט בערל, מיט אַזאַ גיכ־קייט, אַז די שטעקנס פֿונעם טעלעגראַף האָבן אים, ווי פֿליגן, געשעמערירט אין די אויגן, און עס האָט זיך אים פֿאַרדרייט דער קאָפּ און די פֿיס האָבן זיך אים ווי אונטערגעהאַקט... שפּעטער אַ ביסל, אַז ער איז, זאָגט ער, געקומען צוריק צו זײַן פֿאַרשטאַנד, האָט ער זיך דערמאָנט, אַז אַ לאָקאָמאָטיוו האָט

wissen, dass er es ist? Man weiß es eben! Leute aus Soboliwke schwören, dass sie ihn selbst aus der Entfernung erkannt haben, wie er neben dem Popen auf der durchgebrannten Lokomotive gestanden hat und mit den Händen Zeichen gab… Was kann das bedeuten? Wie kommt ein erwachsener Jude von einem Essigmacher dazu, mit einem Popen auf einer abgekoppelten Lokomotive zu stehen und so und so mit den Händen zu machen? Man hat so lange geredet und gehörig Krach gemacht, bis die ganze Geschichte, stellt Euch vor, ins Schtetl getragen wurde, nach Soboliwke meine ich, denn das Dorf liegt nicht weit vom Bahnhof. Aber während die Geschichte von einem zum anderen bis nach Soboliwke lief, hat sie natürlich alle Minute eine andere Gestalt bekommen. Jeder setzte seine Version dazu, und als die Sache zu Berels Haus kam, hatte das Drama solch einen schrecklichen Inhalt, dass Berels Frau gleich ein paar Mal in Ohnmacht gefallen ist. Einen Doktor musste man rufen!… Auf dem Bahnhof haben sich so viel Leute aus Soboliwke herumgedrängt wie Sterne am Himmel. Es war so ein Geschrei, dass der Bahnhofsvorsteher dem Gendarmen die Anordnung geben musste, der Bahnhof solle von den Juden aus Soboliwke geräumt werden. Wenn's so ist, was sollen wir dort? Lasst uns jetzt lieber nachschauen, was mit unserem Mann und dem Popen, sie seien wohl unterschieden, auf der ›Durchgebrannten‹ passiert ist, ich meine auf der abgekoppelten Lokomotive.

Aber das sagt sich so leicht – nachschauen, was auf der durchgebrannten Lokomotive los ist. Wer kann denn genau sagen, was da geschieht? Wir müssen das Ganze schon dem Soboliwker Essigmacher auf Treu und Glauben abnehmen. Er erzählt solche unglaublichen Sachen von der Reise; wenn nur, sagen wir mal, die Hälfte stimmt, ist es schon genug. Und wie ich den Essigmacher von Soboliwke kenne, ist er, meine ich, kein Mensch, der Geschichten einfach erfindet.

An die ersten Augenblicke, als die Lokomotive fuhr, so erzählt Berel Essigmacher, kann er sich nicht erinnern. Er wusste nicht, wie ihm geschah. Nicht aus Angst, sondern weil er es nicht begreifen konnte, sagt er, dass die Lokomotive nicht so reagierte, wie er es wollte. Logischerweise, sagt er, hätte die Lokomotive beim zweiten Drehen des Regulators gleich stehen bleiben müssen. In Wirklichkeit ist sie noch schneller gefahren als vorher, so als hätten sie zehntausend böse Geister von hinten angetrieben. Sie ist, sagt Berel, mit solch einer Geschwindigkeit gerast, dass die Telegraphenmasten wie Fliegen an seinen Augen vorbeigesummt sind. Der Kopf hat sich ihm gedreht, und die Beine sind ihm nach unten geknickt. Etwas später, als er wieder zu klarem Verstand kam, erinnerte er sich daran, dass eine Lokomotive doch eine Bremse hat. Eine Vorrichtung, mit der man sie einfach anhalten kann,

אַ טאַרמאַז, אַ פֿאַרהאַלטער, אויף צו פֿאַרהאַלטן אים ווען מע וויל. פֿאַראַן – גיט בערל עסיק־מאַכער צו פֿאַרשטיין מיט די הענט – אַ האַנטטאָרמאַז און פֿאַראַן אַ לופֿטטאָרמאַז, אַזאַ מין רעדל, וואָס אַז מע טוט דאָס אַ רעבטן דריי, טוט דאָס אַ קוועטש דעם הייבל, דעם ריטשאַג הייסט דאָס, און די רעדער הערן אויף צו דרייען זיך פֿון זיך אַליין. ער געדענקט גאָר נישט, זאָגט ער, ווי אַזוי אַזאַ זאַך האָט געקאָנט אַרויספֿליִען אים פֿונעם קאָפּ? און ער טוט זיך אַ לאָז צום רעדל און וויל עס געבן, זאָגט ער, אַ דריי אין דער רעכטער זײַט, – אַז מע כאַפּט אים נישט אָן פֿאַר אַ האַנט: „סטאָפּ!" – ווער איז? לאָז זיך אײַך דאַכטן, דער גלח, טויט ווי די וואַנט, קוים וואָס ער רעדט. „וואָס ווילסטו טאָן?" – פֿרעגט אים דער גלח מיט ציטערניש. „גאָרנישט. איך וויל, זאָגט אים בערל, אָפּשטעלן די מאַשינע"... „זאָל דיך גאָט היטן, זאָגט צו אים דער גלח, זאָלסט זיך מיר מער נישט צורירן צו דער מאַשינע! וואָרעם פֿאָלגסטו מיך נישט, נעם איך דיך פֿאַרן קאָלנער און טו דיך אַ וואָרף אַראָפּ פֿון לאָקאָמאָ־טיוו אַזוי, אַז דו וועסט בײַ מיר פֿאַרגעסן, אַז דו האָסט אַ מאָל געהייסן מאָש־קאָ!"... „נישט מאָשקאָ, איך הייס בערקאָ" – זאָגט צו אים בערל און וויל אים געבן צו פֿאַרשטיין דעם שׂכל פֿונעם רעדל, וואָס מע רופֿט דאָס טאָרמאַז. לאָזט ער זיך נישט רעדן – אַ ביטערער גלח! „גענוג שוין צו דרייען, טענהט דער גלח, האָסט שוין אַזוי אויך גענוג גדרייט און אָנגעדרייט, פֿאַרדרייען זאָל עס דיך, דו פֿאַרשאָלטענער מענטש! בעסער וואָלטסטו זיך געבראָכן האַלדז־און־נאַקן, איידער דו האָסט זיך גענומען אויף מײַן לעבן!"... רופֿט זיך אָן צו אים בערל: „מיינסט אפֿשר, פֿאָטערל, אַז מײַן לעבן איז בײַ מיר נישט אַזוי טײַער, ווי בײַ דיר דײַן לעבן?" „דײַן לעבן? – מאַכט צו אים דער גלח מיט גאַל. – וואָס פֿאַר אַ ווערט האָט אַ הינטיש לעבן?"... פֿאַרדריסט דאָס שוין בערלען נישט אויף קאַטאָוועס און ער גיט אַוועק, זאָגט ער, דעם גלח אַ פֿאָרציע, אַז ער וועט דאָס האָבן צו געדענקען. „ערשטנס, זאָגט אים בערל, איז אויף אַ הונט אויך אַ רחמנות. נאָך אונדזער דין טאָר מען אַפֿילו, זאָגט ער, אַ הונט אויך נישט אָנרירן: ס'איז אַ צער־בעלי־חיים. והשנית, פֿרעגט אים בערל אַ קשיא: מיט וואָס איז מײַן לעבן, למשל, ערגער בײַם רבונו־של־עולם פֿון אַן אַנדערנס לעבן? קומען מיר דען נישט אַרויס, זאָגט ער, אַלע פֿון איין ייִחוס, פֿון אָדם־הראשונען? און גייען מיר דען נישט אַלע אין איין אָרט, אין דער ערד אַרײַן?... איז נומער צוויי. און נאָך אַ זאַך, זאָגט צו אים בערל: נאַ זע, פֿאָטערל, דעם חילוק, זאָגט ער, פֿון מיר ביז דיר. איך טו וואָס איך קאָן, דער לאָקאָמאָטיוו זאָל זיך אָפּשטעלן – הייסט דאָס, אַז איך זאָרג פֿאַר אונדז ביידן; און דו, זאָגט ער, ביסט אַזוי אויפֿגעטראָגן, אַז דו ביסט קאַפּאַבל מיך נעמען און אַראָפּוואַרפֿן פֿונעם לאָקאָמאָטיוו, דאָס הייסט – הרגענען אַ מענטשן!"... און נאָך אַ סך אַזעלכע שיינע ווערטער האָט ער אין אים אַרײַנגעזעצט, אינעם גלח הייסט עס, געזאָגט מוסר און דערציילט אַזעל־כע משלים, זאָגט ער, אַז דער גלח האָט שיִער דעם שלאַק באַקומען. און אָט אַזוי רעדנדיק, האָבן זיי דערזען, זאָגט ער, פֿאַר זיך די סטאַנציע זאַטקעוויץ

wenn man will. Es gibt – so macht uns Berel Essigmacher mit den Händen deutlich – eine Handbremse und eine Luftbremse, solch eine Kurbel, wenn man die nach rechts dreht, drückt es auf den Hebel, den Kolben nämlich, und die Räder hören von selbst auf sich zu drehen. Er begreift nur nicht, sagt er, wie ihm das glatt aus dem Kopf gefallen war. Also macht er jetzt eine Bewegung auf die Kurbel hin und will sie, sagt er, nach rechts drehen. Da hält ihm einer die Hand fest. ›Stop!‹ Wer hält ihn fest? Stellt Euch vor, der Pope, weiß wie die Wand, er kann kaum sprechen. ›Was willst du machen?‹, fragt der Pope mit zitternder Stimme. ›Nichts! Ich will nur‹, sagt ihm Berel, ›die Maschine anhalten…‹ ›Helfe dir Gott‹, schreit der Pope, ›dass du die Maschine nicht noch einmal anrührst! Wenn du nicht augenblicklich tust, was ich sage, nehme ich dich eigenhändig beim Kragen und werfe dich von der Lokomotive hinunter; dann wirst du vergessen, dass du einmal Moschko geheißen hast!…‹ ›Nicht Moschko! Ich heiße Berko‹, sagt Berel zu ihm und will ihm die Bedeutung der Kurbel erklären, die man Bremse nennt. Er lässt aber nicht mit sich reden, der elende Pope! ›Schluss mit dem Gedrehe‹, gibt ihm der Pope zu verstehen, ›du hast schon genug aufgedreht und zugedreht. Dass es dich selbst verdrehe, du verfluchter Mensch! Hättest du dir doch Kopf und Hals gebrochen, bevor du mir über den Weg gelaufen bist!‹ Darauf meint Berel zu ihm: ›Meinst du vielleicht, Väterchen, dass mir mein Leben weniger wert ist als dir das deine?‹ ›Dein Leben?‹, fragt ihn der Pope voll Verachtung, ›welchen Wert hat denn dein Hundeleben?…‹ Das ärgert nun Berel nicht wenig, und er gibt dem Popen einiges zu verstehen, sagt er, das der nicht vergessen wird. ›Erstens‹, sagt ihm Berel, ›muss man auch mit einem Hund Erbarmen haben. Nach unseren Geboten‹, sagt er, ›darf man selbst einem Hund nichts antun, denn auch er ist ein Geschöpf Gottes. Und zweitens‹, fragt ihn Berel, ›wieso soll mein Leben vor Gott unserem Schöpfer weniger wert sein als das Leben eines anderen? Kommen wir denn nicht alle‹, sagt er, ›von einem Stamm her, von Adam? Und gehen wir nicht alle miteinander den gleichen Weg wieder zurück zur Erde? Das ist Nummer zwei. Und noch eins‹, ruft Berel aus, ›schau, Väterchen‹, sagt er, ›das ist der Unterschied zwischen mir und dir: Ich versuche, was ich kann, damit diese Lokomotive stehen bleibt. Ich bemühe mich also für uns beide. Du aber‹, sagt er, ›bist so außer dir, dass du es fertigbrächtest und könntest mich glatt von der Lokomotive werfen und so einen Menschen umbringen!…‹ Und noch viele schöne Sachen hat er ihm verpasst, dem Popen, meine ich, und ihm eine Predigt gehalten und allerlei Stückchen erzählt, sagt er, dass der Pope fast zusammengebrochen ist. Und wie sie sich so unterhalten, sagt er, sehen sie plötzlich den Bahnhof von Satkewitz mitsamt dem Bahnhofsvorsteher und

מיטן נאַטשאַלניק סטאַנציע, מיטן זשאַנדאַרם. האָבן זיי ביידע געגומען, ער און דער גלח, להבֿדיל, מאַכן צו זיי מיט די הענט, נאָר קיינער האָט זיי, אַ פּנים, נישט פֿאַרשטאַנען, וואָס זיי מיינען, און זיי האָבן נעבעך געמוזט, זאָגט ער, פֿאָרן ווײַטער, קיין הייסין הייסט עס. פֿאָרנדיק ווײַטער, איז שוין דער גלח, זאָגט ער, געוואָרן אַ סך ווייכער. נאָר צורירן זיך צו די מאַשינעס האָט ער אים נישט געלאָזט. ער האָט אים נאָר אַ זאָג געטאָן, דער גלח הייסט עס: „זאָג מיר, לייבקאָ, וואָס איך וועל דיך פֿרעגן?“ זאָגט אים בערל: „איך הייס נישט לייבקאָ, איך הייס בערקאָ“. זאָגט אים דער גלח: „לאָז זײַן בערקאָ. זאָג מיר נאָר, בערקאָ, וואָלטסט, למשל, אַ בעלן געווען געבן אַ שפּרונג אַראָפּ מיט מיר אין איינעם פֿונעם לאָקאָמאָטיוו אויף דער ערד?“... פֿרעגט אים בערל: „בכדי וואָס? מיר זאָלן חלילה דערהרגעט ווערן אויף טויט?“ מאַכט צו אים דער גלח: „סיי־ווי־סיי וועלן מיר געהרגעט ווערן אויף טויט“. רופֿט זיך אָפּ צו אים בערל: „פֿון וואַנען איז געדרונגען? ס׳איז גאָר קיין ראַיה נישט. אַז גאָט וויל – אוי־אוי־אוי, וואָס ער קאָן טאָן!“... מאַכט צו אים דער גלח: „דהײַנו?“ רופֿט זיך אָן צו אים בערל: „איך וועל דיר זאָגן, זאָגט ער, פֿאָטערל! בײַ אונדז ייִדן איז הײַנט, זאָגט ער, אַ טאָג, וואָס ער הייסט הושענא־רבה. אין דעם דאָזיקן טאָג, זאָגט ער, ווערט אין הימל אָנגעחתמעט יעדן מענטשן און יעדן באַשעפֿעניש אויף דער וועלט, צי ער זאָל לעבן, צי ער זאָל שטאַרבן; און אויב שטאַרבן – איז מיט וואָס פֿאַר אַ טויט זאָל ער שטאַרבן. איז ממה־נפֿשך, זאָגט ער: האָט מיר גאָט אָנגעצייכנט, איך זאָל שטאַרבן, איז דאָך אַ פֿאַרפֿאַלענע זאַך; וואָס איז מיר די נפֿקא־מינה, צי איך וועל געהרגעט ווערן פֿון אַ שפּרונג, צי פֿון אַ לאָקאָמאָטיוו, צי פֿון אַ דונער? און גלאַט אַזוי, זאָגט אים ווײַטער בערל, גייענדיק אויפֿן גלײַכן וועג, קאָן איך מיך נישט אויסגליטשן און שטאַרבן, אַז דער אייבערשטער וויל נאָר? אלא וואָס דען? עס איז מיר הײַנט אָנגעחתמעט געוואָרן פֿון אויבן, אַז איך זאָל בלײַבן לעבן, הײַנט למאַי זאָל איך שפּרינגען?“

„און וואָס זאָל איך אײַך זאָגן? – אַזוי דערציילט ווײַטער בערל עסיק־מאַכער פֿון סאַבאָליווקע און שווערט מיט אַזעלכע שבֿועות, אַז מע מעג גלייבן, דאַכט מיר, אַ משומד – ער געדענקט נישט, ווי אַזוי דאָס האָט זיך געטראָפֿן, נאָר אַז זיי זענען געקומען, זאָגט ער, הינטער הייסין און אַרויסגעזען שוין פֿון דער ווײַטן דעם קוימען פֿונעם הייסינער זאַוואָד, האָט עפּעס מיט אַ מאָל דער לאָקאָמאָטיוו, זאָגט ער, אָנגעהויבן גיין שטילער און שטילער, נאָך דעם – גאָר פּאַוואָלינקע, קוים־קוים, און נאָך דעם האָט ער זיך מיישבֿ געווען, דער לאָקאָמאָטיוו הייסט עס, און האָט זיך גאָר אַנידערגעשטעלט. וואָס איז די מעשׂה? ס׳איז אים, אַ פּנים, אויסגעגאַנגען הייצונג, און אַ לאָקאָמאָטיוו, זאָגט בערל עסיק־מאַכער, אַז עס גייט אים אויס הייצונג, הערט אויף דאָס וואַסער צו קאָכן און די רעדער הערן אויף צו דרייען זיך – און אַ סוף. פּונקט, זאָגט ער, ווי, להבֿדיל, אַ מענטש, אַז מע זאָל אים, למשל, נישט געבן קיין עסן... אַוודאי האָט ער דעם גלח געזאָגט טאַקע דאָרט אויפֿן אָרט: „נו, פֿאָטערל?

dem Gendarmen. Beide haben sie, er und der Pope, es sei zwischen ihnen wohl unterschieden, Zeichen mit den Händen gegeben. Aber natürlich hat keiner verstanden, was sie meinten. So blieb ihnen nichts anderes übrig, sagt er, als weiterzufahren, nämlich in Richtung Hajssin. Während sie aber weiterfuhren, wurde der Pope schon etwas sanfter. Nur an die Maschine ließ er ihn nicht ran. Dagegen fragte er ihn, der Pope, meine ich: ›Sag mir, Leibko, was sollen wir machen?‹ Antwortet ihm Berel: ›Ich heiße nicht Leibko, Berko ist mein Name.‹ ›Meinetwegen Berko‹, ruft der Pope, ›sag mir, Berko, was meinst du, würdest du zusammen mit mir von der Lokomotive springen?‹ Fragt ihn Berel: ›Damit wir, Gott behüte, beide umkommen?‹ Meint der Pope: ›Wir werden auch so umkommen!‹ Sagt aber Berel zu ihm: ›Woher willst du das so genau wissen? Das ist noch nicht ausgemacht! Wenn Gott will! Ojojoj, was Gott alles tun kann! ...‹ Der Pope meint: ›Was denn?‹ Berel erklärt ihm: ›Ich will dir etwas sagen, Väterchen. Bei uns Juden ist heute der Tag, den wir Hoschana Rabba nennen. An diesem Tag‹, sagt er, ›wird für jeden Menschen und jedes Geschöpf auf der Welt im Himmel aufgeschrieben und besiegelt, ob es leben oder sterben wird. Und auch, wenn es stirbt, durch welchen Tod es stirbt. So oder so‹, sagt er, ›hat mir Gott also beschieden, dass ich sterbe, ist alles sowieso umsonst. Was macht es da für einen Unterschied, ob ich durch einen Sprung umkomme oder auf einer Lokomotive oder durch den Blitz? Im Grunde‹, sagt ihm Berel weiter, ›kann ich auf ebener Straße laufen und ausrutschen und auch so sterben, wenn der Höchste es will. Folglich, wenn mir heute von oben her bestimmt ist, dass ich am Leben bleiben soll, warum sollte ich dann hinunterspringen? ...‹

›Und was soll ich Euch sagen‹, erzählt Berel Essigmacher aus Soboliwke und schwört solche heiligen Eide, dass man sogar einem Abtrünnigen[42] glauben könnte, er weiß nicht mehr genau, wie es geschah, sagt er, aber als sie nach Hajssin kommen und schon von weitem den Schlot der Hajssiner Fabrik sehen, ist auf einmal die Lokomotive, sagt er, ein bisschen langsamer und immer langsamer gefahren und danach schon ganz gemächlich, und dann hat sie es sich endgültig überlegt, die Lokomotive nämlich, und ist ganz stehen geblieben. Was war geschehen? Natürlich ist ihr die Feuerung ausgegangen, ›und wenn bei einer Lokomotive‹, sagt Berel Essigmacher, ›die Feuerung ausgeht, hört das Wasser auf zu kochen, und die Räder bleiben stehen... fertig. Genauso, wie wenn man einem Menschen, es sei wohl unterschieden, kein Essen mehr gibt...‹ Natürlich hat er das dem Popen gleich an Ort und Stelle gesagt. ›Nun, Väterchen? Was habe ich dir gesagt‹, meinte er, ›hätte mir

וואָס האָב איך דיר געזאָגט, זאָגט ער, ווען דער רבונו־של־עולם זאָל מיר נישט געווען אָנצייכענען הײַנט פֿון אויבן, אַז איך דאַרף נאָך לעבן אויף דער וועלט, ווער ווייסט אויף וויפֿל צײַט עס וואָלט נאָך געווען הייצונג און ווּ מיר וואָלטן שוין איצטער אָנגעשפּאַרט?״ אַזוי מאַכט צו אים בערל, און דער, זאָגט ער, שטייט, די אויגן אַראָפּגעלאָזט אַראָפּ, און שווײַגט. וואָס האָט ער אים נעבעך געקאָנט ענטפֿערן?... ערשט שפּעטער, זאָגט ער, בײַם געזעגענען זיך, גייט דער גלח, זאָגט ער, און ציט אים אויס אַ האַנט און מאַכט צו אים: „פּראָשטשאַי, איצקאָ״. זאָגט אים בערל: „איך הייס נישט איצקאָ, איך הייס בערקאָ״... מאַכט צו אים דער גלח: „לאָז זײַן בערקאָ. הערסטו, בערקאָ? איך האָב גאָר נישט געוווּסט, זאָגט ער, אַז דו ביסט אַזאַ...״ און מער האָט ער נישט געהערט פֿון אים קיין וואָרט, וואָרעם דער גלח האָט פֿאַרקאַטשעט, זאָגט ער, די פּאָלעס פֿון דער ריאַסע און האָט גענומען שטעלן פֿיס צוריק, צו זיך אַהיים, אַ פּנים, קיין גאָלאָוואָניעווסק. און ער, בערל הייסט עס, האָט זיך געלאָזט גלײַך אין שטאָט אַרײַן, צו אונדז קיין הייסין. און בײַ אונדז האָט ער שוין, לאָז זיך אײַך דאַכטן, געהאַלטן יום־טובֿ, געבענטשט גומל, דער־ציילט אפֿשר טויזנט מאָל די מעשׂה פֿון אָנהייב ביזן סוף, אַלע מאָל מיט נײַע המצאָות און מיט נײַע נסים... איטלעכער באַזונדער האָט געשלעפּט דעם סאָבאָליוקער עסיק־מאַכער צו זיך, געוואָלט אים האָבן פֿאַר אַן אורח אויף יום־טובֿ, און אַגבֿ הערן פֿון אים אַליין דעם נס פֿון הושענא־רבה – און מיר האָבן דאָס געהאַט, לאָז זיך אײַך דאַכטן, אַ שׂימחת־תּורה! שוין געווען, ווי זאָגט איר, איין מאָל אַ שׂימחת־תּורה!״...

ענדע געשיכטע נומער אַכט.

געשריבן אין יאָר 1909.

unser Schöpfer heute nicht von oben her bestimmt, dass ich noch weiter auf der Erde leben darf, wer weiß, für wie lange dann die Feuerung gereicht hätte und wo wir jetzt gelandet wären?‹ So hat Berel mit ihm geredet. ›Der aber‹, sagt Berel, ›steht da mit niedergeschlagenen Augen und schweigt.‹ Was hätte er ihm auch antworten können?... Erst später beim Abschied kommt der Pope, streckt ihm eine Hand hin und sagt: ›Leb wohl, Itzko.‹ Berel antwortet ihm: ›Ich heiße nicht Itzko, mein Name ist Berko.‹ Der Pope meint zu ihm: ›Meinetwegen Berko. Hörst du, Berko, ich habe nicht gewusst‹, sagt er, ›dass du solch ein...‹ Mehr als das bekam er nicht zu hören, denn der Pope hat sich rumgedreht, sagt er, die Schöße seines Gewandes hochgehoben und ist schnurstracks nach Hause gegangen, nach Golowoniewsk. Berel dagegen kam gleich in die Stadt herein, zu uns nach Hajssin. Und bei uns hat er, Ihr könnt Euch das vorstellen, den Feiertag verbracht und sein Dankgebet gesprochen. Und wohl tausendmal hat er die Geschichte von Anfang bis Ende erzählt, jedes Mal mit neuen Einzelheiten und mit neuen Wundern. Jeder hat den Soboliwker Essigmacher zu sich geschleppt, wollte ihn als Gast am Feiertag haben und dabei natürlich von ihm selbst ›das Wunder von Hoschana Rabba‹ hören. Und Ihr könnt Euch vorstellen, wir hatten da wahrhaftig Simchat Tora! Ein einziges Mal, wie man sagt, ein richtiges Simchat Tora!...«

(1909)

אַ חתונה אָן כּלי־זמר

„איך האָב אײַך געהאַט צוגעזאָגט, דאַכט מיר, דערציילן נאָך אַ נס, וואָס האָט זיך געטראָפֿן, לאָז זיך אײַך דאַכטן, טאַקע ווידער אַ מאָל מיט אונדזער „לײדיק־גייער״, ווי אַזוי, צו פֿאַרדאַנקען דעם דאָזיקן „לײדיק־גייער״, זענען מיר ניצול געוואָרן פֿון אַ גרויסן אומגליק. אויב איר ווילט האָרכן די דאָזיקע מעשׂה, לייגט איר זיך אַוועק, זײַט מוחל, אָט דאָ אויף דער באַנק, און איך וועל מיך לייגן, הייסט עס, אויף יענער באַנק. דאָ איז מיר נישט צו דער האַנט״.

אָט אַזוי רופֿט זיך אָן צו מיר איין מאָל אַלץ דער אייגענער הייסינער סוחר, פֿאָרנדיק מיט מיר אין דער שמאָלער אײַזנבאַן, וואָס מע רופֿט זי דאָרטן „דער לײדיק־גייער״. און מחמת מיר זענען דאָס מאָל, ווי אַלע מאָל, געוועזן סך־הכּל צוויי פֿאַרשוין איבער אַ גאַנצן וואַגאָן, און וואַרעם איז געווען געגנוג, האָבן מיר מחילה אויסגעטאָן די פּידזשאַקן, צעשפּיליעט די זשילעטן און צעלייגט זיך, ווי בײַם טאַטן אין ווײַנגאָרטן. ער אויף איין באַנק, איך אויף דער אַנדערער. ער פֿאַוואָליע און ברייטלעך, ווי זײַן שטייגער איז, דערציילט, און איך הער מיך אײַן, פֿאַרשרײַבנדיק בײַ זיך אין מוח איטלעכס וואָרט, בכדי איך זאָל דאָס נאָך דעם קאָנען איבערגעבן מיט זײַן לשון.

„ויהי בימי – דאָס איז געווען, ניט היינט געדאַכט, בעת קאָנסטיטוציע, אַז ס׳האָבן זיך אָנגעהויבן, הייסט עס, די ישועות אויף ייִדן. כאָטש אַפֿילו אונדז האָבן מיר אין הייסין, דאַרפֿט איר וויסן, פֿאַר אַ פּאָגראָם קיין מאָל קיין מורא ניט געהאַט. איבער וואָס, מיינט איר, האָבן מיר ניט מורא געהאַט? פּשוט, ווײַל ס׳איז ניטאָ בײַ אונדז ווער סע זאָל שלאָגן. מאָלט אײַך, לאָז זיך אײַך דאַכטן, מע זאָל זוכן, וואָלט מען שוין אפֿשר געפֿונען בײַ אונדז אויך אַזעלכע, וואָס וואָלטן זיך ניט אָפּגעזאָגט אונדז אַ ביסל דורכלופּטערן, דאָס הייסט, איך מיין טאַקע – רעכט דורכברעכן די ביינער. אַ סימן האָט איר, אַז עס האָבן זיך אָנגעהויבן לאָזן הערן די גוטע בשׂורות פֿון אַרום און אַרום, האָבן אונדזערע עטלעכע פּריצים־רשעים אַוועקגעשריבן בסוד־סודות אַהין, ווו מע דאַרף: היות ווי עס וואָלט געווען אַ יושר, מע זאָל, הייסט עס, אין הייסין אויך עפּעס טאָן, און ס׳איז נישטאָ מיט וועמען, לכן בעטן זיי, מע זאָל זיי קומען צו הילף, דאָס הייסט, מע זאָל זיי, למען־השם, וואָס גיכער אַרויסשיקן „מענטשן״... און לאָז זיך אײַך דאַכטן, ס׳איז ניט אַוועקגעגאַנגען קיין פֿיר און צוואַנציק שעה, קומט אָן אַ ידיעה, אויך בסוד־סודות, אַז עס גייען „מענטשן״.

Geschichte Nummer neun

Eine Hochzeit ohne Musikanten

»Wenn ich mich recht erinnere, habe ich Euch versprochen, noch solch ein Wunder von unserem ›Langweiler‹ zu erzählen. Und zwar, wie wir es einmal ausgerechnet dem ›Langweiler‹, stellt Euch vor, zu verdanken hatten, dass wir vor einem großen Unglück bewahrt worden sind. Wenn Ihr Lust habt, die Geschichte zu hören, dann seid so gut und legt Euch dort auf die Bank, ich lege mich auf die Seite gegenüber. So wie jetzt sitze ich nicht bequem.«

Mit diesen Worten redete mich derselbe Hajssiner Kaufmann von neulich an, als wir wieder einmal zusammen in der Schmalspurbahn fuhren, die sie dort unten den ›Langweiler‹ nennen. Wir waren an dem Tag, wie fast immer, die einzigen Fahrgäste im ganzen Waggon, und weil es dazu noch schön warm war, haben wir einfach unsere Jacken ausgezogen, die Westen aufgeknöpft, uns gemütlich und breit ausgestreckt und uns gefühlt ›wie beim lieben Gott im Weinberg‹. Er auf seiner Bank und ich auf der anderen. Breit ausladend und ganz gemächlich erzählte er, ich aber hörte ihm zu, merkte mir auch jedes Wort, um später alles mit seinen eigenen Worten wiedergeben zu können.

»Und siehe, es geschah in jenen Tagen[43]... Es war – dass wir nicht daran erinnert werden! – in der Zeit der ›Konstitution‹, als für die Juden die ›gesegneten Zeiten‹ anbrachen. Obwohl wir bei uns in Hajssin, müsst Ihr wissen, noch nie vor einem Pogrom Angst hatten. Und warum wohl, wollt Ihr wissen, hatten wir keine Angst? Einfach deshalb, weil bei uns keine Schläger aufzutreiben waren. Natürlich, das könnt Ihr Euch schon denken, wenn man richtig sucht, wird man auch bei uns solche Herrschaften finden, die nicht übel Lust verspüren, uns ein wenig ›durchzulüften‹, das heißt genau gesagt, uns ganz einfach die Knochen zu brechen. Einen Beweis dafür habt Ihr gleich: Als man anfing, von hier und von dort die freudigen Nachrichten zu verbreiten, haben auch bei uns einige der edlen Herrschaften ein Briefchen geschrieben, natürlich ganz im Geheimen, und zwar dahin, wo sie Unterstützung erhofften: Es gehörte sich doch, wenn man auch in Hajssin *etwas täte*. Es seien aber keine Leute da, die es ausführen könnten, und deshalb bäte man freundlichst, ihnen zu Hilfe zu kommen. Das heißt, man solle ihnen in Gottes Namen rasch ein paar Leute schicken! Und wie Ihr Euch vorstellen könnt, waren noch nicht vierundzwanzig Stunden vorübergegangen, da kam auch schon die Nachricht, natürlich wieder streng geheim, es seien schon

פֿון וואַנען? פֿון זשמערינקע, פֿון קאַזאַטין, פֿון ראַזדיעלנע, פּאָפּעלנע און פֿון נאָך אַזעלכע מקומות, וואָס האָבן זיך אויסגעצייכנט מיט זייערע קלאַפּערס. די קשיא: פֿון וואַנען איז מען דאָס בײַ אונדז געוואָרע געוואָרן פֿונעם דאָזיקן הייליקן סוד? דערויף האָבן מיר, לאָז זיך אײַך דאַכטן, אַ[ן] „איסטאָטשניק", נח טאָנקאָנאָג רופֿט מען אים. ווער איז אָט דער דאָזיקער נפֿש? איר פֿאָרט דאָך אין אונדזער ווינקל, דאַרף מען אײַך אים אָפּמאָלן, איר זאָלט זײַן מיט אים באַקאַנט.

„נח טאָנקאָנאָג איז אַ ייִד, וואָס איז געוואַקסן מער אין דער לענג ווי אין דער ברייט. גאָט האָט אים געגעבן אַ פּאָר פֿיס, באַנוצט ער זיך מיט זיי. קיין מאָל רוט ער נישט און זעלטן ווען געפֿינט מען אים אין דער היים. ער איז פֿאַרנומען מיט טויזנטער געשעפֿטן, מער פֿרעמדע ווי אייגענע. זײַן אייגן געשעפֿט איז – וואָס ער האַלט די דרוק. און מחמת ער האַלט די דרוק, די איינציקע דרוק אין הייסין, דעריבער קען ער זיך מיט נאַטשאַלסטווע, האָט צו טאָן מיט פּריצים, איז אויסגעבונדן מיט אַלע טשינאָווניקעס און ווייסט פֿון אַלע סודות.

„אָט פֿון דעם דאָזיקן „איסטאָטשניק" איז מען דאָס געוואָרע געוואָרן פֿון דער גוטער בשׂורה. דאָס הייסט, ער אַליין טאַקע, דער „איסטאָטשניק" הייסט עס, האָט דאָס אויסגעפּויקט איבער דער גאַנצער שטאָט. פֿאַרשטייט זיך, איטלעכן באַזונדער האָט ער אײַנגערוימט אַ סוד אין אויער: „דאָס דער־צייל איך נאָר אײַך, קיין אַנדערן וואָלט איך עס ניט געזאָגט"... און אָט אַזוי איז די גאַנצע שטאָט געוואָרע געוואָרן, פֿון איין עק ביזן אַנדערן עק, אַז עס גייען כוליגאַנעס און אַז ס'איז אויסגעאַרבעט געוואָרן אַ פּלאַן, מע זאָל שלאָגן ייִדן; מע ווייסט אַפֿילו ווען, אין וואָסער אַ טאָג, אין וואָסער אַ שעה מע וועט שלאָגן, און פֿון וואַנען מע וועט אָנהייבן צו שלאָגן, און ווי אַזוי מע וועט גיין – אַלצדינג אויסגערעכנט, ווי אין לוח. און ס'איז געוואָרן אין שטאָט, לאָז זיך אײַך דאַכטן, חושך־ואפֿלה! און מיינט איר – ווו? צום מיינסטן, צווישן די נידעריקע קלאַסן. אַ מאָדנע זאַך, הערט איר, מיט די אָרעמע־לײַט! מילא, אַ נגיד, אַז ער ציטערט פֿאַר אַזעלכע זאַכן, פֿאַרשטייט מען דאָס נאָך מיטן שׂכל. ער האָט נעבעך מורא, מע זאָל אים, חס־ושלום, צווישן יאָ און ניין, נישט מאַכן פֿאַר אַ קבצן. אָבער איר, פֿאַרטיקע קבצנים, וואָס ציטערט איר אַזוי? וואָס האָט איר אײַנצושטעלן? ניין, זאָלט איר זען, ווי מע האָט געכאַפּט די קינ־דערלעך און מע האָט מפֿקיר געווען האַק־און־פּאַק און מע האָט אָנגעהויבן באַהאַלטן זיך! ווו באַהאַלטן זיך, אַ שטייגער, ייִדן? ווער בײַ אַן ערלעכן גוי אין אַ קעלער, ווער בײַם נאָטאַריוס אויפֿן בוידעם, ווער בײַם דירעקטאָר אין זאַוואָד. איטלעכער געפֿינט זיך זײַנס. נאָר איך איינער, ווי איר קוקט מיך אָן, האָב מיך ניט געוואָלט באַהאַלטן. נישט מחמת איך וויל מיך פֿאַר אײַך

›Leute‹ unterwegs. Und woher wohl? Nun, von Schmerinke, von Kasatin, Rasdjelne und Popelne und noch von mehreren dieser herrlichen Orte, die sich durch ihre Schlägerbanden hervorgetan haben. Ihr fragt vielleicht, wie man bei uns von diesem heiligen Geheimnis erfahren hatte? Nun, dafür haben wir einen *Isstotschnik*,[44] eine geheime Quelle, Nojech Tonkonog heißt er. Wer dieser Mensch ist? Da Ihr zu uns fahrt, muss ich ihn Euch schon vorstellen, damit Ihr mit ihm bekannt werdet.

Was seine Gestalt angeht, ist dieser Nojech Tonkonog mehr in die Länge als in die Breite geraten. Gott hat ihm ein paar Beine gegeben, sage ich Euch, und die benutzt er eifrig. Dauernd ist er in Bewegung, zu Hause trifft man ihn selten an. Er beschäftigt sich mit tausend Angelegenheiten, in der Regel nicht mit den eigenen, sondern mit denen anderer Leute. Er selbst lebt davon, dass er die Druckerei besitzt. Und weil es die einzige Druckerei in Hajssin ist, kennt er sich natürlich mit der Obrigkeit gut aus und verkehrt mit den Vornehmen der Gesellschaft, hat beste Beziehungen zu allen Amtspersonen und weiß über alle Geheimnisse Bescheid.

Von dieser ›Quelle‹ also hatte man die gute Nachricht erfahren. Und zwar hat er selbst, Nojech Tonkonog, sie in der ganzen Stadt ausposaunt. Natürlich so, dass er jedem Einzelnen persönlich ins Ohr flüsterte: ›Das erzähle ich Euch ganz alleine, niemand sonst darf es erfahren.‹ So jedenfalls war bald in der ganzen Stadt bekannt, von einem Ende bis zum anderen, dass eine Bande von Schlägern unterwegs sei und dass man einen Plan ausgeheckt hatte, um die Juden zu verprügeln. Man wusste bei uns über Tag und Stunde genau Bescheid, wann die Unternehmung beginnen sollte, wo es losginge, und wie sie es machen wollten. Alles war gut vorbereitet, genau wie nach Plan. Natürlich wurde es da finster und dunkel in der Stadt. Das könnt Ihr Euch vorstellen, rabenschwarz! Und wo, glaubt Ihr wohl, am allermeisten? Bei den unteren Schichten! Es ist doch seltsam, hört Ihr, mit den armen Leuten. Denn dass ein Reicher bei solchen Ereignissen zittern wird, begreift ja der gesunde Menschenverstand. Er hat Angst, dass man ihn, Gott behüte, von einem Augenblick zum andern zum armen Schlucker macht. Aber Ihr anderen, die Ihr es schon geschafft habt und arm seid, warum zittert Ihr denn so sehr? Was habt Ihr denn zu verlieren? Es ist aber so, Ihr hättet mal sehen sollen, wie die Leute ihre Kinder an sich rissen, Sack und Pack zurückließen und sich schnell versteckten, so rasch es nur eben ging. Und wo verstecken sich die Juden? Nun, der eine bei einem anständigen Goj im Keller, der andere beim Notar auf dem Speicher, der dritte wieder beim Herrn Direktor in der Fabrik. Jedermann findet sein Plätzchen. Nur ich allein, wie Ihr mich da vor Euch seht, wollte mich auf keinen Fall verstecken. Nicht dass ich mich vor

באַרימען, נאָר איך וועל אײַך געבן צו פֿאַרשטיין מיט אַ גאַנג, וועט איר זען, אַז איך בין ניט אין גאַנצן אומגערעכט: ערשטנס, פֿרעג איך אַ קשיא: וואָס איז דער שׂכל, וואָס מע דאַרף מורא האָבן פֿאַר אַ פּאָגראָם? ממה־נפֿשך... און והשנית, וועל איך אײַך ניט זאָגן; עס קאָן זײַן, אַז איך וואָלט אפֿשר אויך ניט געווען בײַ זיך אַזאַ תּקיף און וואָלט אפֿשר אויך וועלן באַהאַלטן זיך אויף דער הייסער שעה. פֿרעגט זיך אָבער: וווּ באַהאַלט מען זיך? פֿון וואַנען בין איך באַוואָרנט, למשל, אַז טאַקע דער אייגענער גוי, אָדער דער נאָטאַריוס, אָדער דער דירעקטאָר פֿונעם זאַוואָד בשעת בהלה – איר פֿאַרשטייט?... און חוץ אַלעמען, ווי לאָזט מען דאָס איבער אַ שטאָט גלאַט אַזוי אויף הפֿקר? נעמען און אַנטלויפֿן איז קיין קונץ ניט. מע דאַרף זען עפּעס טאָן. נאָר, מישטיינס געזאָגט – וואָס קאָנען ייִדן טאָן? נאַטשאַלסטווע!... מסתּמא איז בײַ אײַך אויך דאָ אין שטאָט איינער אַ תּקיף, וואָס איז חשובֿ בײַ נאַטשאַלסטווע. בײַ אונדז אין הייסין האָבן מיר איינעם אַזעלכן. נחמן קאַסאָי הייסט ער. אַ ייִד אַ פּאָדריאַטשיק מיט אַ קײַלעכיקער באָרד, מיט אַ סאַמעטענעם זשילעט, מיט אַ דירה אַן אייגענער. און מחמת ער איז אַ פּאָדריאַטשיק און האָט אַ חלק אינעם שאָסיי, איז ער חשובֿ בײַם איספּראַווניק. ער טרינקט מיט אים טיי בײַ איין טיש. און אַ[ן] איספּראַווניק האָבן מיר דעמאָלט געהאַט, לאָז זיך אײַך דאַכטן, דווקא אַ גוטן גוי. אַ דימענט פֿון אַ גוי. דהײַנו? ער פֿלעגט נעמען אַ קערבל, און נאָר דורך נחמן קאַסאָי. דאָס הייסט, נעמען האָט ער גענומען בײַ יעדן, פֿאַר וואָס ניט? נאָר בײַ נחמנען פֿלעגט ער נעמען מיט מער חשק. מעשׂה פּאָדריאַטשיק, איר פֿאַרשטייט?...

„הקיצור, מע האָט זיך געזען מיט נחמנען און מע האָט אויסגעשטעלט אַ צעטל און ס'איז געוואָרן געלט, און לאָז זיך אײַך דאַכטן, אַ היפּשע מטבע, וואָרעם אין אַזאַ צײַט, ווי קאָן מען קומען צו אַ פּריץ און ניט אָנשפּײַען אים אין דער האַנט, ס'זאָל אים, ווי זאָגט איר, געבן אַ ברי אין די פֿינגער אַרײַן?... פֿאַרשטייט זיך, אַז דער פּריץ האָט אונדז באַלד באַרויִקט, ער האָט אונדז בפֿירוש געזאָגט, אַז מיר מעגן גיין שלאָפֿן: ס'וועט גאָרניט זײַן... דאַכט זיך, גוט? איז דאָך אָבער פֿאַראַן בײַ אונדז אין הייסין אַ[ן] „איסטאָטשניק", וואָס ווייסט פֿון אַלע שווערע הערצער; איז ער זיך מיישבֿ, נח טאָנקאָנאָג, הייסט עס, און לאָזט אַרויס אַ קלאַנג איבער דער גאַנצער שטאָט, בסוד געוויינט־לעך, אַז ס'איז שוין דאָ פֿון דער גוטער חבֿרה אַ דעפּעש, ער האָט זי אַליין געזען, שווערט ער, ער זאָל אַזוי זען אַל דאָס גוטס! וואָס זשע שטייט אין דעפּעש? אין דעפּעש שטייט מער ניט ווי איין וואָרט: „יעדיעם" – אַ מיאוס וואָרט! לויפֿט מען דאָך מסתּמא צום איספּראַווניק: „פּריץ, ס'איז שלעכט!"

Euch rühmen will. Aber ich meine, wenn ich Euch die Sache genau erkläre, werdet Ihr zugeben, dass ich alles in allem nicht Unrecht hatte. Zuerst stelle ich Euch die Frage: Warum muss man sich überhaupt vor einem Pogrom fürchten? Erstens, es kommt sowieso, was kommen muss. Und zweitens will ich Euch gar nicht vormachen, ich sei ein Held und hätte keine Lust, mich in brenzligen Stunden zu verstecken. Wieder ist die Frage: Wo finde ich wirklich ein sicheres Versteck? Wieso kann ich genau wissen, dass nicht gerade dieser Goj oder mein Notar oder der Fabrikdirektor mitten in den schrecklichen Ereignissen mich vielleicht doch… Ihr versteht? Und außerdem kann man doch eine ganze Stadt nicht ohne weiteres im Stich lassen! Einfach hingehen und weglaufen, das ist keine Kunst! Besser, man tut etwas. Nur, was können denn Juden in solch einem Fall machen? Richtig, da ist noch die Obrigkeit! Vielleicht gibt es bei Euch auch so einen einflussreichen Menschen, der bei der Obrigkeit etwas erreichen kann? Wir bei uns in Hajssin haben jedenfalls solch einen Mann. Nachman Kassoj ist sein Name, ein Unternehmer mit rundgeschnittenem Bart, Samtweste und einer eigenen Wohnung. Und da er Unternehmer ist und einen Anteil am Straßenbau sein eigen nennt, hat er auch Einfluss beim Polizeichef. Es kommt sogar vor, dass er mit ihm an einem Tisch sitzt und Tee trinkt! Und glaubt mir, damals hatten wir wirklich einen Polizeichef, alles was recht ist, ein anständiger Goj! Ein Juwel von einem Goj! Ihr wollt ein Beispiel? Er war zum Beispiel so freundlich, hier und da ein Rubelchen anzunehmen, allerdings nur von Nachman Kassoj. Das heißt, er nahm es von jedermann, wieso auch nicht, aber von Nachman nahm er es am liebsten. So machen es eben die besseren Leute, versteht Ihr…?

Kurzum, man hatte eine Unterredung mit Nachman, ein Zettelchen wurde geschrieben und Geld beschafft, Ihr könnt Euch das vorstellen, eine hübsche Menge Kleingeld (in solch einer Zeit kann man doch einem reichen Mann nicht vor die Augen treten, ohne ihm ordentlich die Hand zu schmieren und ihm, wie man so sagt, ein paar gute Ideen in die Finger zu legen). Es versteht sich von selbst, dass uns der hohe Herr sogleich beruhigte. Mit Nachdruck bat er uns, ruhig schlafen zu gehen. ›Es wird gar nichts passieren…‹ Na, meint Ihr, dann ist ja alles in Ordnung? Nur, wir haben doch in Hajssin die besagte ›Quelle‹, die über allen Kummer und alle Beschwernisse Bescheid weiß. Da fängt er an, Nojech Tonkonog meine ich, eine Nachricht über die Stadt zu verbreiten, im größten Vertrauen wie immer, dass von der prächtigen Bande schon die Depesche angekommen sei. Er hat sie mit eigenen Augen gesehen, schwört er. So wahr er Augen im Kopf hat! Und was steht in der Depesche? Nichts weiter als ein Wort: ›*Jedjem!*‹ ›Wir kommen‹. Ein schreckliches Wort! Natürlich rennen wir gleich zum Polizeichef. ›Euer

זאָגט ער: „וואָס איז די שלעכטיקייט?“ זאָגט מען אים: „ס׳איז דאָ אַ דעפּעש“. פֿרעגט ער: „פֿון וואַנען?“ זאָגט מען אים: „פֿון יענע מקומות“... פֿרעגט ער: „וואָס שטייט אין דעפּעש?“ זאָגט מען אים: „יעדיעם“. צעלאַכט ער זיך און זאָגט: „איר זענט גרויסע נאַראָנים, זאָגט ער, איך האָב נעכטן, זאָגט ער, אויסגעשריבן פֿון טאָלטשין אַ סאָטני קאָזאַקן“... דערהערט „קאָזאַקן“ – איז אויף אונדז געוואָרן ווי אַ נײַע הויט. אַ ייִד, אַז ער דערזעט אַ קאָזאַק, ווערט ער בײַ זיך תּקיף און שטעלט אַרויס דער גאַנצער וועלט אַ פֿײַג. אַ קלייניקייט – אַזאַ שומר!... די גאַנצע זאַך איז נאָר געווען: ווער פֿון די צוויי וועלן קומען פֿריִער – צי די קאָזאַקן פֿון טאָלטשין, צי די חבֿרה קלאַפּערס פֿון זשמערינ־קע? דער שׂכל הישר האָט אַפֿילו באַדאַרפֿט זאָגן, אַז די קלאַפּערס וועלן קומען פֿריִער, ווײַל זיי פֿאָרן מיט דער באַן, און די קאָזאַקן – רײַטנדיק. איז אָבער געווען די גאַנצע האָפֿענונג אויף אונדזער „ליידיק־גייער“. ייִדן האָבן אַ גרויסן גאָט, טאָמער וועט ער טאָן אַ נס, דער „ליידיק־גייער“ וועט פֿאַר־שפּעטיקן כאָטש אויף עטלעכע שעה, און דאָס איז בײַ אים אַ געווייִנטלעכע זאַך, וואָס סע טרעפֿט זיך בײַ אים אָפֿט, כּמעט אַלע טאָג... און לאָז זיך אײַך דאַכטן, אַז איצטיקס מאָל האָט זיך מיט אים אָט דער נס ניט געטראָפֿן. עפּעס, ווי אויף צו להכעיס, איז ער געגאַנגען פֿון סטאַנציע צו סטאַנציע, טאַקע נאָר ווי אַ זייגער. איר קאָנט זיך פֿאָרשטעלן, וויפֿל געזונט דאָס האָט בײַ אונדז צוגענומען און וואָס פֿאַר אַ פּחד ס׳איז געוואָרן אין שטאָט, אַז מע האָט זיך דערוווּסט, פֿונעם „איסטאָטשניק“ געוויינטלעך, אַז ס׳איז שוין דאָ אַ דעפּעש פֿון דער לעצטער סטאַנציע, פֿון קרישטאָפּאָווקע: „יעדיעם“! און נישט נאָר „יעדיעם“ אַליין – „יעדיעם“ מיט אַ „הורראַ“... געוויינטלעך, האָט מען די דאָזיקע ידיעה אָפּגעטראָגן גלײַך צום איספּראַווניק, געפֿאַלן אים צו די פֿיס, געבעטן, ער זאָל זיך ניט פֿאַרלאָזן אויף די קאָזאַקן, וואָס וועלן אַ מאָל קומען פֿון טאָלטשין, און זאָל אַרויסשיקן אויפֿן וואָקזאַל פּאָליציע כאָטש פֿון יוצא וועגן, לאָזן זיי ניט מיינען, אַז ס׳איז לית דין ולית דיין, הפֿקר ציבעלעס. און דער אָדון דער איספּראַווניק האָט זיך דאָס מאָל דווקא ניט געלאָזט לאַנג בעטן. ער האָט צוליב געטאָן דער שטאָט, און נאָך מיט אַ יתר־שׂאת. דהײַנו? ער האָט זיך אָנגעטאָן אין דער גאַנצער פֿאָרמע און מיט אַלע אָרדנס און איז בכבֿודו־ובֿעצמו אַרויס מיט דער גאַנצער פּאָליציע אויפֿן וואָקזאַל „ווסטרע־טשאַיען דעם פּאָיעזד“.

„די עטלעכע פּריצים די רשעים, פֿון זייער זײַט, האָבן, לאָז זיך אײַך דאַכטן, אויך נישט געדרעמלט. זיי האָבן זיך אויך אָנגעטאָן יום־טובֿדיק און אויך מיט די אָרדנס, מיטגענומען מיט זיך אַ פּאָר גלחים, און זענען אויך אַרויס „ווסטרעטשאַיען דעם פּאָיעזד“... האָט זיי דער איספּראַווניק אַפֿילו

Ehren, es sieht schlecht aus!‹ Er fragt: ›Was soll schlecht sein?‹ Man antwortet ihm: ›Es ist schon eine Depesche angekommen!‹ Und er: ›Woher?‹ ›Von dort!‹ Und er weiter: ›Was steht in der Depesche?‹ Man sagt es ihm: ›*Jedjem!*‹ ›Wir kommen, steht darin.‹ Da aber lacht er nur und meint: ›Ihr seid richtige Narren‹, sagt er, ›ich habe doch von Toltschin eine Kompanie Kosaken herbestellt!‹ Als wir das Wort Kosaken hörten, fühlten wir uns gleich besser. Denn wenn ein Jude einen Kosaken sieht, wird er gleich bärenstark und macht der ganzen Welt eine lange Nase. Ist das vielleicht nichts, unter solch einem Schutz zu stehen? Die große Frage war nur: Wer von ihnen wird zuerst ankommen, die Kosaken aus Toltschin oder die Schlägerbande aus Schmerinke? Jeder hat sich an den fünf Fingern ausrechnen können, dass die Schläger eher da sind, weil sie mit der Bahn fahren, während doch die Kosaken – nur reiten! So lag also jetzt die einzige Hoffnung auf unserem ›Langweiler‹. Wir Juden haben doch einen starken Gott, wenn er ein Wunder tut, wird der ›Langweiler‹ ein paar gute Stunden Verspätung haben. Und das ist doch bei ihm das Allernormalste, sehr oft passiert es bei ihm, beinahe jeden Tag. Aber Ihr werdet es nicht glauben, gerade jenes Mal ist das Wunder nicht geschehen. Wie zum Trotz ist er von Bahnhof zu Bahnhof gefahren, wie ein Uhrwerk. Ihr könnt Euch vorstellen, was uns das an Gesundheit gekostet hat und wie die ganze Stadt in Panik geriet, als man erfuhr, natürlich wieder von der ›Quelle‹, dass schon eine Depesche von der letzten Station, von Krischtopowke, eingetroffen sei, mit dem bekannten ›Wir kommen‹, und nicht bloß ›*Jedjem*‹ ›Wir kommen‹, sondern dazu noch mit einem kräftigen ›Hurra!‹. Natürlich wurde die Nachricht sofort zum Polizeichef gebracht. Zu Füßen sind wir ihm gefallen, haben ihn inständig gebeten, er möge sich doch nicht nur auf die Kosaken verlassen, die irgendwann einmal von Toltschin ankommen sollten. Vielmehr solle er doch auf dem Bahnsteig Polizei postieren, um wenigstens jenen Herrschaften deutlich zu zeigen, dass es noch Recht und Ordnung gibt und nicht reine Willkür herrscht. Und tatsächlich, diesmal ließ sich der hohe Herr, unser Polizeichef, nicht lange bitten. Er hat der Stadt den Dienst erwiesen und wirklich alles versucht. Und was tat er? Er legte seine Uniform mit allen Orden an und begab sich höchstpersönlich mit dem ganzen Polizeiaufgebot nach draußen zum Bahnsteig, um ›die Bahn zu empfangen‹, wie man bei uns sagt.

Die feinen Herrschaften in unserer Stadt aber, dieses Lumpengesindel, blieben ihrerseits auch nicht untätig, das könnt Ihr Euch vorstellen. Sie haben sich ebenfalls feiertäglich gekleidet, auch ihre Orden angelegt, haben obendrein noch einige Popen zu ihrer Unterstützung mitgenommen und sind auch raus, um die Bahn zu empfangen. Der Polizeichef fragt sie na-

אַ פֿרעג געטאָן: „וואָס טוט איר דאָ?“ האָבן זיי אים געפֿרעגט די אייגענע קשיא: „וואָס טוסטו דאָ?“ – אַ וואָרט פֿאַר אַ וואָרט, דער איספּראַוווניק האָט זיי געגעבן צו וויסן, אַז זייער מי איז אומזיסט. כּל־זמן, זאָגט ער, ער איז דאָ איספּראַוווניק, וועט אין הייסין, זאָגט ער, קיין פּאָגראָם ניט זײַן. אַזוי טאַקע האָט ער זיי געזאָגט מיטן האַרבן וואָרט. האָבן זיי אים אויסגעהערט מיט אַ שמייכל און אָפּגעענטפֿערט מיט עזות: „אָט וועלן מיר באַלד זען“... און ווי זיי האָבן דאָס אויסגערעדט, האָט זיך געלאָזט הערן פֿון דער ווײַטן אַ פֿײַף. פֿונעם דאָזיקן פֿײַף האָט זיך אונדז אַלעמען, לאָז זיך אײַך דאַכטן, אָפּגעריסן אין האַרצן. נאָך דעם דאָזיקן פֿײַף האָבן מיר זיך געריכט דערהערן נאָך אַ פֿײַף, שוין מיט אַ הורראַ, און וואָס נאָך דעם דאָזיקן הורראַ גייט ווײַטער – דאָס האָבן מיר שוין געהאָרכט פֿון אַנדערע שטעט... צום סוף, וואָס לאָזט זיך אויס? געפֿײַפֿט האָט מען טאַקע, נאָר דאָס פֿײַפֿן איז געווען אומזיסט. וואָס איז די מעשׂה? די מעשׂה איז אַ שיינע מעשׂה, וואָס נאָר מיט אונדזער „ליידיק־גייער“ קאָן זיך אַזעלכעס טרעפֿן. איר מעגט דאָס הערן.

„צוגעפֿאָרן צו דער סטאַנציע קיין הייסין, האָט דער מאַשיניסט אָפּגעשטעלט דעם לאָקאָמאָטיוו און איז גאַנץ ברייטלעך אַראָפּ אויפֿן וואָקזאַל און געלאָזט זיך גלײַך אין בופֿעט אַרײַן, ווי געוויינטלעך. שטעלט מען אים אָפּ: „בחור, ווּ זענען די וואַגאָנעס?“ – „וואָסערע וואַגאָנעס?“ – „זעסט דען ניט, אַז דו ביסט איינער אַליין מיטן לאָקאָמאָטיוו אָן איין וואַגאָן?“ – קוקט זיי אָן דער מאַשיניסט מיט אויגן און מאַכט צו זיי: „וואָס איז מײַן עסק? וואַגאָנעס – דאָס געהער זיך אָן מיט דער בריגאַדע“. „ווּ זשע איז די בריגאַדע?“ ענטפֿערט זיי ווידער דער מאַשיניסט: „וואָס גייט׳ס מיך אָן? דער קאָנדוקטאָר גיט מיר, זאָגט ער, צו וויסן מיט אַ פֿײַף, אַז ער איז פֿאַרטיק, ענטפֿער איך אים אָפּ, זאָגט ער, צוריק מיט אַ פֿײַף, אַז איך בין אויך פֿאַרטיק און לאָז די מאַשין. קיין צוויי פּאָר אויגן, זאָגט ער, האָב איך ניט, איך זאָל זען, וואָס הינטן טוט זיך“... אַזוי ענטפֿערט זיי אָפּ דער מאַשיניסט. און ווערדליק ער טענהט, איז ער גערעכט. הקיצור, טענות אַהער, טענות אַהין – ס׳איז דאָ אַ „ליידיק־גייער“ און נישטאָ קיין פּאַסאַזשירן. אַ חתונה, הייסט עס, אָן כּלי־זמר!...

„ווי עס האָט זיך אַרויסגעוויזן נאָך דעם, איז געווען געפֿאָרן צו אונדז, לאָז זיך אײַך דאַכטן, דווקא אַ גאַנץ פֿײַנע קאָמפּאַניע, געקליבענע יונגען, איינס אין איינס, מיטן גאַנצן קלאַפּערגעצײַג, מיט דובינקעס און מיט רעזינקעס און מיט אַלע איבעריקע שאַלעמויזן. פֿריילעך איז מען געווען, און בראָנפֿן האָט מען געטרונקען, און מחמת גרויס שׂימחה האָט מען אויף דער לעצטער סטאַנציע, אין קרישטאָפּאָווקע, אַרײַנגעוואָרפֿן גאָר אַ היפּשע גאַלקע, און אָנגעשיכּורט די „בריגאַדע“, דעם קאָנדוקטאָר מיטן קאָטשעגאַר מיטן זשאַנדאַרם, און מע האָט פֿאַרגעסן אַ קלייניקייט: צוטשעפּען די וואַגאָנעס צום לאָקאָמאָטיוו.

türlich: ›Was macht Ihr denn hier?‹ Sie geben aber die Frage zurück: ›Und Ihr, was macht Ihr hier?‹ Ein Wort gibt das andere, der Polizeichef macht ihnen deutlich, dass sie sich ihre Mühe hätten sparen können. Solange er hier Polizeichef sei, erklärte er, wird es in Hajssin keinen Pogrom geben. In aller Schärfe hat er es ihnen gesagt. Sie aber hörten sich das an und antworteten mit einem Grinsen: ›Das werden wir ja sehen …!‹ Und kaum dass sie das ausgesprochen hatten, hörte man auch schon einen Pfiff. Ihr könnt es Euch vorstellen: Dieser Pfiff gab uns allen einen Stich ins Herz. Wir machten uns darauf gefasst, nach diesem Pfiff einen zweiten zu hören, vermischt mit einem ›Hurra‹, und wie es nach dem ›Hurra‹ weiterginge, das hatten wir schon aus den anderen Städten erfahren. Aber zum guten Ende, was stellte sich heraus? Jawohl, da war der Pfiff, aber der Pfiff pfiff umsonst! Was war passiert? Etwas ganz Wunderbares war geschehen, wie man es wirklich nur mit unserem ›Langweiler‹ erleben kann. Hört nur weiter.

Als der Maschinist mit dem Zug in Hajssin eingefahren war, brachte er die Lokomotive zum Halten, kletterte ganz gemütlich auf den Bahnsteig herunter und ging gleich weg zum Buffet, wie immer. Man stellt ihm aber die Frage: ›He, Junge, wo sind denn die Waggons?‹ ›Welche Waggons?‹ ›Ja, siehst du denn nicht, dass du mit der Lokomotive ganz alleine gekommen bist, ohne einen einzigen Waggon?‹ Der Maschinist aber schaut sie ruhig an und sagt: ›Was habe ich damit zu tun? Die Waggons sind Sache der Brigade!‹ ›Ja aber, wo ist die Brigade?‹ Da antwortet er wieder: ›Was geht mich das an? Der Zugführer gibt mir mit dem Pfiff das Zeichen‹, sagt er, ›dass alles klar ist. Dann antworte ich ihm‹, sagt er, ›auch mit einem Pfiff, dass ich auch bereit bin, und dann starte ich die Maschine. Mehr als ein Paar Augen‹, sagt er, ›habe ich nicht, dass ich auch noch sehen soll, was hinter mir geschieht …‹ Mit diesen Worten gibt ihnen also der Maschinist Bescheid. Und wie er es darstellt, muss man ihm noch recht geben. Kurzum, man überlegt hin und her, klar ist nur eines, der ›Langweiler‹ ist da, aber ohne Fahrgäste. Eine Hochzeit ohne Musikanten!

Wie sich später herausstellte, war eine ganz feine Gesellschaft, glaubt mir das, zu uns nach Hajssin unterwegs, lauter erlesene junge Herren, einer wie der andere, ausstaffiert mit allerhand Prügelinstrumenten, wie man sich das vorstellen kann: Knüppel, Eisenstangen und all das übrige Spielzeug. Lustig war man, Branntwein wurde gebechert, vor lauter Freude kauften sie auf dem letzten Bahnhof, in Krischtopowke, noch ein hübsches Quantum Schnaps dazu. Auch der ganzen Brigade wurde eingeschenkt, so dass sie alle gut betrunken wurden, der Zugführer, der Heizer und der Gendarm. Man hatte nur eine Kleinigkeit vergessen, die Waggons an die Lokomotive zu koppeln.

איז זיך דער לאָקאָמאָטיוו מסתּמא אַוועק אין דער געוויינטלעכער צײַט קיין הייסין, און דער גאַנצער „לײדיק־גייער“ איז, לאָז זיך אײַך דאַכטן, געבליבן שטיין מיט אַלע וואַגאָנעס אין קרישטאָפּאָווקע. און נאָך מער קונץ! קיינער, ניט די שיינע קאָמפּאַניע, נישט די איבעריקע פּאַסאַזשירן, נישט די „בריגאַדע“, האָבן גאָר ניט באַמערקט, אַז מע שטייט, און לאָז זיך אײַך דאַכטן, מע האָט ניט אויפֿגעהערט צו וואַרפֿן גאַלקעס און אויסליידיקן פֿלעשלעך, ביז דער נאַטשאַלניק סטאַנציע האָט זיך געכאַפּט, אַז דער לאָקאָמאָטיוו איז אַוועק און די וואַגאָנעס שטייען נאָך. האָט ער אויפֿגעהויבן אַ גוואַלד! ערשט דאָ האָט זיך אַרויסבאַוויזן דער גאַנצער טעות, און ס׳איז געוואָרן אַ געפּילדער, הימל עפֿן זיך! די חבֿרה – אויף דער „בריגאַדע“, די „בריגאַדע“ – אויף דער חבֿרה, אַזוי לאַנג, אַזוי ברייט, ביז ס׳איז געבליבן, אַז מע דאַרף נעמען די פֿיס אויף די פּלייצעס און די אויגן אין די הענט און זיך לאָזן קיין הייסין, מחילה, צו פֿוס. אַ ברירה האָט מען? און וכן היה. מע האָט זיך אָנגענומען מיט האַרץ און מע האָט עולה־רגל געווען קיין הייסין, און, לאָז זיך אײַך דאַכטן, מען איז בשלום געקומען קיין הייסין, און דווקא מיט אַ געזאַנג און מיט אַ הורראַ, ווי גאָט האָט געבאָטן. נאָר וואָס זשע דען? עס איז שוין אָבער געווען אַ ביסעלע צו שפּעט. אויף די גאַסן האָבן שוין אַרומגעשפּאַצירט די קאָזאַקלעך פֿון טאָלטשין, רײַטנדיק אויף די פֿערדלעך, און, ווי זאָגט איר, וקסמים בידם – מיט די קאַנטשיקעס אין די הענט, און פֿון דער גאַנצער חבֿרה כוליגאַנעס איז אין איין האַלבע[ר] שעה נישט געבליבן, לאָז זיך אײַך דאַכטן, קיין זכר אַפֿילו. מען איז זיך צעלאָפֿן, ווי די מײַז אין אַ הונגער, צעגאַנגען געוואָרן, ווי שניי אין אַ זומערטאָג...

„נו, פֿרעג איך אײַך, איז ער נישט ווערט, אונדזער „לײדיק־גייער“ מיין איך, מע זאָל אים אָפּשיטן מיט גאָלד פֿון אויבן ביז אַראָפּ, אָדער, לכל־הפּחות, כאָטש מאַכן פֿון אים אַ באַשרײַבונג?“

ענדע געשיכטע נומער נײַן.

געשריבן אין יאָר 1909.

So fuhr also wahrhaftig die Lokomotive pünktlich nach Hajssin ab, und der ganze übrige ›Langweiler‹, das muss man sich mal vorstellen, blieb mit allen Waggons in Krischtopowke stehen. Und wir sind noch nicht am Ende! Keiner von ihnen, weder die saubere Kompanie noch all die übrigen Fahrgäste, noch die Brigade, hat gemerkt, dass sie stehen geblieben waren. Ihr könnt es Euch schon denken, sie hörten nicht auf, Runden zu spendieren und Flaschen zu leeren, bis plötzlich der Bahnhofsvorsteher entdeckte, dass ja die Lokomotive allein abgefahren war, während die Waggons noch da standen. Na, er machte natürlich ein Riesengeschrei. Jetzt erst stellte sich der ganze Fehler heraus, und es ging ein Theater los, wie man es noch nie erlebt hatte! Die ›Bande‹ drauflos auf die Brigade, die Brigade auf die ›Bande‹, so lang und so breit, bis sie begriffen, dass ihnen nichts anderes übrigblieb, als die Beine unter die Arme zu nehmen und sich nach Hajssin zu bemühen, notgedrungen zu Fuß. Was hätten sie denn anderes tun können? So ist es dann geschehen. Man fasste den Entschluss und pilgerte nach Hajssin. Und stellt Euch vor, sie sind dann auch wohlbehalten in Hajssin einmarschiert, natürlich mit schmetterndem Lied und mit ›Hurra!‹, wie's sich gehört. Nur, was erwartete sie da? Sie kamen eine Kleinigkeit zu spät. Auf den Straßen spazierten schon die Kosaken aus Toltschin hin und her, das heißt, sie ritten dort auf ihren Pferdchen herum. Natürlich, wie heißt es noch mal, *ukssomin bejodem*,[45] die Peitsche in der Hand. Und von der ganzen Schlägerbande war in einer halben Stunde nicht die geringste Spur geblieben. Sie rannten auseinander wie die Mäuse in der Hungersnot, wie der Schnee im Hochsommer lösten sie sich auf.

Nun frage ich Euch, hat er es nicht verdient, unser ›Langweiler‹, meine ich, dass man ihn von oben bis unten vergoldet oder wenigstens in einer schönen Geschichte beschreibt?«

(1909)

געשיכטע נומער צען

דער טלית־קטן

„איר רעדט פֿון די אומגליקן, פֿון די הײַנטיקע שׂרפֿות רעדט איר. איר ווילט הערן אַ שיינס, ווי אַזוי מע נעמט אַ הונדערטער אויף די נישׂרפֿים בײַ אַ נגיד אַ קמצן, אַ חזיר, אַ נהרג על פּחות משוה פּרוטה, וואָס האָט אויף זײַן לעבן קיין נדבֿה ניט געגעבן?“

אַזוי האָט זיך אָנגערופֿן צו מיר מײַן וויז־אַ־ווי אין וואַגאָן איין מאָל אין דער פֿרי, נאָכן איבערבײַסן, און האָט פֿאַררייכערט אַ פּאַפּיראָס און מיר אויך געגעבן פֿאַררייכערן.

עס האָט אויסגעוויזן, אַז די מעשׂה, וואָס מײַן וויז־אַ־ווי האָט זיך געקליבן מיר דערציילן, האָט אים אַליין הנאה געטאָן, שטאַרק הנאה געטאָן. וואָרעם איידער ער האָט נאָך אָנגעהויבן צו דערציילן, האָט ער זיך שוין צעלאַכט, ווי אַ מענטש, וואָס האָט זיך דערמאָנט אָן זייער אַ לאַכנדיקע זאַך. ער האָט אַזוי געשמאַק געלאַכט, אַז ער איז זיך אַזש פֿאַרגאַנגען. אַזאַ מענטשן איז גלײַכער, אַז מע לאָזט אים פֿריִער זיך אויסלאַכן, ווי עס געהער צו זײַן, אַניט וועט די מעשׂה האָבן אַ פּנים פֿון חוזק. דערנאָך האָט זיך מײַן וויז־אַ־ווי אויסגעהוסט און אָנגעהויבן בזה הלשון:

„איך האָב אײַך שוין איבערגעגעבן פֿון אונדזער שטאָט אַ שיין ביסל טיפּן. איצט האָב איך פֿאַר אײַך נאָך אַ טיפּ. יואל טאַשקער רופֿט מען אים. איר זאָלט אָנקוקן אַ יידל. קיין דרײַ צעבראָכענע פֿירער וועט איר פֿאַר אים ניט געבן. אַ קליינס, אַ דאַרס, אַ טרוקנס, אַ בערדל אַ שיטערס, און אַז סע גייט, לויפֿט עס, און אַ הילוך – ווו! איר האָט ערגעץ אַ שׂונא! כאָטש אַפֿילו אַ נגיד. וואָס זאָג איך – אַ נגיד? אַ נגיד, אַן אַדיר, אַ מיליאָנטשיק. דאָס הייסט, איך האָב זײַנע מיליאָנען, לאָז זיך אײַך דאַכטן, ניט געציילט. מעגלעך, אַז ער פֿאַרמאָגט טאַקע אַ מיליאָן, און מעגלעך, אַז עס פֿעלט אים אַ סך צו אַ האַלבן מיליאָן. נאָר וויפֿל ער האָט, איז ער דאָס, גלייבט מיר, ניט ווערט. וואָרעם דער מענטש איז אַ חזיר. בײַ אים אַרויסרײַסן אַ נדבֿה – איז כּקריעת ים־סוף. ס׳איז גאָר נישטאָ דער בעטלער, וואָס זאָל געדענקען, אַז יואל טאַשקער זאָל האָבן ווען געגעבן אַן אָרעמאַן אַ שטיקל ברויט אַפֿילו. אין שטאָט קען מען אים שוין, דעם פֿאַרשוין, אַזוי, אַז עס מאַכט זיך, מע גיט אַן אָרעמאַן אַ נדבֿה און ער קריוודעט זיך, זאָגט מען אים: „גייט, זײַט מוחל, צו יואל טאַשקער,

Geschichte Nummer zehn

Der Taless-Kotn

»Ihr redet gerade von Unglücksfällen, von all den Bränden, die es heute überall gibt? Wollt Ihr eine schöne Geschichte hören, wie einmal ein ganzer Hunderter für die Opfer der Feuersbrunst herbeigeschafft wurde, dazu noch von einem reichen Kerl, einem richtigen Geizhals, einem Menschen, der keinen roten Heller wert ist und der noch nie im Leben etwas gespendet hat?«

Mit diesen Worten redete mich mein Gegenüber im Eisenbahnwaggon an. Es war am Morgen, nach dem Frühstück. Er hatte eine Zigarette geraucht und mir auch eine gegeben.

Es war klar: Die Geschichte, die mir mein Gegenüber unbedingt erzählen wollte, machte ihm selbst großen Spaß, einen Riesenspaß sogar. Bevor er auch nur mit der Erzählung begann, musste er schon vor sich hin lachen, so wie einer, der sich an eine furchtbar komische Sache erinnert. Er lachte so herzlich, dass er vor lauter Gelächter bald keine Luft mehr bekam. Bei so jemandem ist es immer besser, man lässt ihn sich zuerst richtig auslachen, sonst wird er sich beim Erzählen doch dauernd unterbrechen. Schließlich aber hustete sich mein Visavis noch gründlich aus und fing dann mit folgenden Worten an:

»Ich habe Euch ja schon eine ganze Reihe von Typen aus unserer Stadt vorgestellt. Jetzt habe ich noch solch eine Figur. Joel Taschker heißt er. Na, den solltet Ihr mal sehen! Keine drei kaputten Vierkopekenstücke würdet Ihr für ihn geben. Ein kleines Männchen, dürr, vertrocknet, mit einem schütteren Bärtchen, und wenn er gehen will, rennt er immer. Und sein Aufzug! Den wünscht Ihr Eurem schlimmsten Feind nicht! Dabei ein wohlhabender Mann. Was sage ich: wohlhabend? Ein Reicher ist er, stinkreich, ein Millionär. Das heißt, um ehrlich zu sein, ich habe seine Millionen nicht selbst gezählt, das könnt Ihr Euch schon denken. Vielleicht hat er ja wirklich eine Million; aber es mag auch sein, es fehlt ihm noch manches zur halben Million. Wie viel er auch haben mag, glaubt mir, er ist es auf jeden Fall nicht wert. Denn der Mann ist ein richtiger Geizhals! Von ihm eine Spende zu kriegen ist schwerer, als das Rote Meer zu spalten![46] Den Bettler muss man noch finden, der sich erinnern könnte, dass Joel Taschker jemals einem armen Schlucker auch nur ein Stück Brot gegeben hätte. In der Stadt ist er dafür bekannt, und wenn es vorkommt, dass man einem Armen ein Almosen gibt, und der ist nicht zufrieden, sagt man nur zu ihm: ›Bitte schön, seid so gut und geht

וועט מען אײַך געבן מער". אָט אַזאַ מין נגיד איז דאָס. אפֿשר מיינט איר, חלילה, אַ גזלן, אָדער אַ גראָבער יונג, אָדער אַ נחות־דרגא? – ניין. דווקא אַ טאַטנס אַ קינד, און דווקא אַ ייִד, וואָס קאָן לערנען, און דווקא אַזוי זיך אַ גאַנץ ערלעכער. יענעמס ניט זאַטשעפּען. אַבי מע זאָל זײַנס ניט אָנרירן. שלי שלי, שלך שלך – איר פֿאַרשטייט, צי ניין? זײַן געשעפֿט – ער איז אַ בעל־הלוואה, און האָט הײַזער, און האַנדלט מיט פּריצים. טאָג־ווי־נאַכט פֿאַרטאַרעראַמט. פֿאָרט אַרום, לויפֿט אַרום, עסט ניט, שלאָפֿט ניט, פֿאַרגינט זיך ניט האַלטן אַ מענטשן, אומעטום אַליין, ניט קיין קינד, ניט קיין רינד. דאָס הייסט, ער האָט געהאַט קינדער אויך, נאָר דער רוח ווייסט וואָס. האָט ער זיי צעטריבן. זיי זענען אין אַמעריקע, זאָגט מען. דאָס ווײַב איז אים געשטאָרבן, האָט ער גענומען און צעטריבן די קינדער. און געשטאָרבן איז זי, זאָגט מען, בײַ אים פֿון הונגער. נאָר מסתּמא איז דאָס אַ ליגן. און אפֿשר איז דאָס אַן אמת. אַ סימן – ער האָט זיך מיטן אַנדערן ווײַב אויף דער צווייטער וואָך געגט. טרעפֿט איבער וואָס? איבער אַ גלאָז מילך. כאַ־כאַ, ווי איר זעט מיך אַ ייִדן! ער האָט זי געכאַפּט איין מאָל מיט אַ קריגל מילך, מאַכט ער צו איר: „ממה־נפֿשך – טרינקסטו מילך, ווײַל דו האָסט די טשאַכאָטקע, וואָס זשע דאַרף איך דיך? אלא דו טרינקסט גלאַט אַזוי מילך, הפֿקר־ציבעלעס – ביסטו דאָך אַן אויסברענגערין!"...

„דערפֿאַר האָט ער איין מעלה (אַ מענטש מיט סאַמע חסרונות איז ניש־טאָ): ער איז פֿרום. פֿרום מיט סכּנת־נפֿשות! מילא, ווילסט דיר זײַן פֿרום, זײַ דיר פֿרום, וועמען אַרט עס? ניין. ווילט זיך אים, אַז די גאַנצע וועלט זאָל זײַן פֿרום. גאָטס סטראַפּטשע. ער קאָן נישט לײַדן, אַז אַ ייִד גייט אָן אַ היטל, איז אין כּעס, למאַי יונגע ווײַבלעך טראָגן אייגענע האָר, און קוילעט זיך מיט די עלטערן, וואָס גיבן זייערע קינדער אין די גימנאַזיעס, און נאָך אַזעלכע זאַכן.

„באַדאַרף גאָט פֿירן מסתּמא אַזוי, אַז בײַ אים אין הויף וווינט אַ שכן, אַן אַדוואָקאַט פֿון די אַמאָליקע אַדוואָקאַטן. אַ טשאַסטנע פּאָווערענע, הייסט עס. און גראָד נישט אַזאַ גרויסער ירא־שמים. גייט אָן אַ היטל, גאָלט זיך דאָס בערדל, פֿאַררייכערט שבת אַ פּאַפּיראָס. אַלצדינג ווי עס געהער צו זײַן. לאָז זיך אײַך דאַכטן, טאַקע וואָס אין דער קאָרט. קאָמפּאַניעוויטש רופֿט מען אים. אַ נפֿש אַ הויכער, אַ ברייטער, אַ ביסל אַן אײַנגעבויגענער, מיט אײַנגעפֿאַלענע באַקן, מיט ממזרישע אויגן, נאָר אַ שטילער, אַ שווײַגנדיקער, אַ פֿאַרבאָרגענער הולטײַ. לעבן לעבט ער מער פֿון קאָרטן, ווי פֿון אַדוואָקאַ־טור, און צו אים קומען זיך צונויף אַלע ווילע יונגע־לײַט, וואָס האָבן ליב אַ קערטל, אַ קאָלבאַס און נאָך אַזעלכע זאַכן... מילא, איז אויך די אייגענע

nur zu Joel Taschker, da werdet Ihr bestimmt mehr kriegen!‹ Solch ein Rei-
cher ist das also. Nun meint Ihr vielleicht, er ist ein Bandit, ein ungehobelter
Mensch, grob, oder einer aus der Gosse? Gott behüte, nein! Im Gegenteil,
ein anständiger Mensch, geht gerne in die Synagoge, um dort zu lernen,[47]
und an sich auch ehrlich und korrekt. Er will von den anderen nichts, aber
ihn soll man auch in Ruhe lassen. Nicht wahr: ›Meins ist meins, und deins
ist deins!‹[48] Ihr versteht, was ich meine? Wovon er lebt? Vom Geldverleih, au-
ßerdem besitzt er Häuser und macht Geschäfte mit Grundbesitzern. Tag und
Nacht ist er rührig, er fährt herum, läuft hierhin und dahin, kommt nicht
zum Essen und nicht zum Schlafen. Einen Diener hält er sich nicht, dazu ist
er zu sparsam. Ganz allein lebt er, hat kein Kind und kein Rind, wie man
so sagt. Das heißt, er hatte mal Kinder, aber der Teufel weiß es besser: Aus
dem Haus getrieben hat er sie. Sie sollen in Amerika sein, wie man erzählt.
Als ihm die Frau starb, hat er kurz danach die Kinder verscheucht. Und sie
selbst, die Frau, soll an Hunger gestorben sein, sagt man. Vielleicht ist das
auch gelogen, aber es kann auch wahr sein. Nehmt nur eins: Er hat sich von
seiner zweiten Frau schon nach vierzehn Tagen scheiden lassen. Ratet mal,
warum? Um ein Glas Milch! Haha! Aber es stimmt, so wahr ich ein Jude bin!
Er erwischte sie nämlich mit einem Krug Milch, da sagte er zu ihr: ›Entweder
du trinkst, weil du schwindsüchtig bist, was soll ich dann mit dir? Oder du
trinkst einfach so, aus Vergnügen, dann bist du eine Verschwenderin.‹
    Eine gute Eigenschaft hat er (es gibt ja keinen Menschen mit lauter Feh-
lern!): Er ist fromm. Schrecklich fromm! Man kann schon Angst davor krie-
gen! Nun gut, wenn du fromm sein willst, sei also fromm, wen stört das?
Aber nein, er will unbedingt, dass die ganze Welt auch fromm ist. Gottes
Stellvertreter auf Erden! Er kann es nicht ausstehen, wenn ein Mann ohne
Hut geht, er gerät in Zorn, wenn junge Frauen ihre eigenen Haare tragen.
Und er legt sich mit Eltern an, die ihre Kinder aufs Gymnasium schicken.
Lauter solche Sachen.[49]
    Nun muss es Gott ausgerechnet so fügen, dass bei ihm im Hof ein Mieter
wohnt, ein Rechtsanwalt von der alten Sorte, so ein Privatanwalt, wie man
sagt. Und nicht gerade ein Ausbund an Frömmigkeit. Er geht ohne Hut, ra-
siert sich den Bart,[50] raucht am Sabbat Zigaretten. Nun, wie man das kennt,
Ihr könnt Euch schon denken, was sonst noch dazukommt. Kompaniewitsch
heißt er. Ist von großer, breiter Statur, ein bisschen nach vorne gebeugt, mit
eingefallenen Backen und listigen Augen. Dazu still und schweigsam, ein
heimlicher Genießer. Vom Kartenspiel hält er mehr als vom Advokatenge-
schäft, und zu ihm in die Wohnung kommen allerhand saubere Knaben, die
Karten lieben, auch Schweinswürste und noch mehr solcher Sachen. Natür-

מעשׂה; עס זיצט בײַ דיר אַ שכן ניט אַזאַ צדיק – וואָס גייט עס דיך אָן? איך מיין דעם יואל טאַשקער מיין איך. ווּעסטו מיט אים קיין שידוך ניט טאָן. וואָס קאָן דאָ זײַן? ניין. קאָן ער נישט איבערטראָגן, טאַשקער הייסט עס, למאַי מע שטעלט בײַ קאָמפּאַניעוויטשן דעם סאַמאָוואַר אום שבת? למאַי מע קאָכט בײַ קאָמפּאַניעוויטשן אַ פֿלייִשיקן וואַרעמעס אום תּשעה־באָבֿ? למאַי מע טובֿלט ניט בײַ קאָמפּאַניעוויטשן דאָס נײַע געפֿעס אויף פּסח? און נאָך אַזעלכע זאַכן. פֿײַערט ער אויפֿן שכן, רעדט אויף אים המנס מסירות, דערציילט פֿאַר איטלעכן הויך, בקול־רם: „האָט איר געהערט אַן עזות פֿון אַ משומד? זיצט בײַ מיר אין שכנות און שטעלט אַ סאַמאָוואַר אום שבת!“ – דערהערט דאָס קאָמפּאַניעוויטש, הייסט ער שטעלן איבער אַכט טאָג שבת צוויי סאַמאָוואַרן. ווערט אונדזער יואל שיִער ניט צעפּוקעט, באַקומט, לאָז זיך אײַך דאַכטן, כּמעט די אַפּאָפּלעקציע. מענטש איינער! נעם און זאָג אים אָפּעט פֿון דער דירה, וועסטו פּטור ווערן פֿון אַ צרה – טוט אים באַנג דער שכן. ער צאָלט, זאָגט ער, דירה־געלט, בעסער פֿון אַלע שכנים, כאַ־כאַ.

„האָב איך אײַך שוין באַקאַנט געמאַכט מיט צוויי טיפּן. איצט באַדאַרף איך אײַך פֿאָרשטעלן אַ דריטן פּאַרשוין, פֿרויקע־שייגעץ הייסט ער. אויך אַ טיפּ און שפּילט אויך אַ ראָל אין דער געשיכטע, וואָס איך דערצייל אײַך. דאָס הייסט, פֿון אים טאַקע נעמט זיך די גאַנצע מעשׂה.

„דער דאָזיקער פּאַרשוין איז, לאָז זיך אײַך דאַכטן, אַזאַ מין טיפּ. אַליין איז ער אַ יונגער־מאַן, וואָס ווערט אָנגערופֿן אַ „מעורבֿ עם הבריות“. לאָז זיך אײַך דאַכטן, האַלב חסיד, האַלב פֿראַנצויז. אַ קאַפּאָטע אַ לאַנגע, נאָר אַ קאַפּעלִיושל אויפֿן קאָפּ. אַ העמד אַ ווײַס, אַ שניפּסל אַ רויטס, נאָר אַ ציצה פֿונעם טלית־קטן דאַרף מען אַרויסזען. אין שטאָט רעדט מען אונטער אויף אים: עפּעס אַ ווײַבל, אַן אשת־איש, זאָגט מען... נאָר אין שול אַרײַן לויפֿט ער פֿײַל אויסן בויגן. מיט איינעם וואָרט, ער איז אָט דאָס, וואָס מע רופֿט בײַ אונדז „אַ גאָטס גנבֿ“. מיט וואָס באַשעפֿטיקט ער זיך – ער איז אַ פּראָמילניק. אַ מעקלער פֿון געלט, פֿון הלוואָות, פֿון וועקסלען. דורך זײַנע הענט גייט דורך געלט – טויזנטער און טויזנטער. קיינעם האָט טאַשקער ניט געגלייבט, אַזוי ווי אָט דעם פֿרויקען. קומט צו אַ הלוואה, האָט ער מורא אַרויסצולאָזן אַ הונדערטער פֿון די הענט. נאָר קוים האָט פֿרויקע געזאָגט, אַז מע מעג לײַען, איז ניטאָ וואָס צו רעדן. אפֿשר מיינט איר, אַז דער פֿרויקע איז אין געלטזאַכן טאַקע אַזאַ צדיק? בין איך אײַך נישט ערבֿ. ער איז נאָר אַ קלוגער, אַ דורכגעטריבענער, אַ ממזר־בן־הנדה, און, לאָז זיך אײַך דאַכטן, אַ גרויסער

lich ist es immer die gleiche Geschichte: Da wohnt bei dir ein Mieter, nicht gerade ein Tugendbold, aber was geht es dich an? Ich meine natürlich den Joel Taschker, du musst ja keine Heiratspartie mit ihm abschließen! Was soll da also schwierig sein? Aber nein, Joel Taschker kann es nicht ausstehen, dass man bei Kompaniewitsch auf Sabbat den Samowar anstellt! Dass man bei Kompaniewitsch an Tischebow Fleisch zu Abend isst! Dass bei Kompaniewitsch das neue Gefäß vor Pessach nicht koscher gereinigt wird! Und lauter solche Sachen. Er schießt sich ein auf seinen Mieter und verdächtigt ihn gleich aller Untaten Hamans.[51] Jedem, der es hören will, erzählt er mit lauter Stimme: ›Habt Ihr schon so eine Unverschämtheit erlebt, was sich dieser *Meschumed*[52] erlaubt, dieser Abtrünnige? Wohnt bei mir als Untermieter und stellt am Sabbat glatt den Samowar an.‹ Kaum kriegt das Kompaniewitsch zu hören, stellt er die nächste Woche am Sabbat schon zwei Samoware auf. Und unser Joel geht schier in die Luft, Ihr solltet das erlebt haben, es fehlte nicht viel, und der Schlag hätte ihn getroffen! Ja, Mann, da gibt's doch nur eins: Geh hin und kündige ihm die Wohnung, dann bist du den Ärger los! Nun aber ist es ihm leid um den Mieter. Er zahlt die Miete pünktlich, sagt Joel, zuverlässiger als alle anderen, haha.

Nun habe ich Euch schon zwei unserer Figuren vorgestellt. Fehlt noch, dass Ihr den Dritten kennenlernt. Frojke Schejgez heißt er, Frojke der Schlawiner. Auch so ein besonderer Typ, und in meiner Geschichte spielt er eine wichtige Rolle. Das heißt, mit ihm hat das Ganze angefangen.

Dieser Mann ist, müsst Ihr wissen, ein besonderer Typ. Auf der einen Seite ein junger Mann, von dem man sagt, dass er mit jedermann vertraut ist. Also, wenn Ihr wollt, halb Chassid, halb Franzose. Lange Kapote, ein Hütchen auf dem Kopf, ein weißes Hemd mit rotem Schlips, und vom Taless-Kotn lässt er gerade noch eine Quaste sehen. In der Stadt erzählen sich die Leute etwas von einer Frau, einer verheirateten Frau noch dazu… Aber dauernd rennt er in die Synagoge. Mit einem Wort, er ist genau das, was man einen Scheinheiligen nennt. Von was er lebt? Ein Promillnik ist er, ein Makler, er handelt mit Geld, mit Darlehen und Wechseln. Durch seine Hände geht viel Geld, Tausende und Abertausende. Und Joel Taschker hatte zu niemandem so viel Vertrauen wie zu diesem Frojke. Kommt jemand wegen eines Darlehens, ist er normalerweise viel zu vorsichtig, um einen Hunderter aus der Hand zu geben. Sagt aber Frojke, dass man die Sache ruhig machen kann, so ist kein weiteres Wort mehr nötig. Vielleicht meint Ihr also, dass dieser Frojke in Geldsachen absolut ehrenhaft ist? Dafür will ich meine Hand lieber nicht ins Feuer legen. Jedenfalls ist er gewitzt und durchtrieben, ein toller Hecht, mit allen Wassern gewaschen und mit einem unverschämten

עזות־פּנים. צו אים אין מויל אַרײַנפֿאַלן – איז ווי אין גיהנום. איר קאָנט פֿאַרשטיין, אַז הייסן הייסט ער אפֿרים קאַץ און רופֿן רופֿט מען אים, כאַ־כאַ, פֿרויקע־שייגעץ.

„האָט איר אײַך שוין אַלע דרײַ טיפּן. דאַרף זיך טרעפֿן אַ מעשׂה, עס הייבט זיך אָן דער זומער מיט די שׂרפֿות און עס ברענט אָפּ דראַזשנע – אַ גאַנצע שטאָט, ניט דאָ געדאַכט, און עס הייבן אָן צו גיין פֿון דאָרטן בריוו, יללות, דעפּעשן – מע זאָל אַרויסשיקן וויפֿל מע קאָן און וואָס גיכער, וואָרעם אַ גאַנצע שטאָט מיט ייִדן, ניט פֿאַר אײַך געדאַכט, ליגן אין דרויסן און גייען אויס פֿון הונגער. מילא, ווערט דאָך בײַ אונדז אַ ויצעקו אין שטעטל: „ייִדן, רחמנים־בני־רחמנים! וואָס שווײַגט מען? פֿאַר וואָס טוט מען עפּעס ניט?“ – אַהין־אַהער, עס בלײַבט, אַז מע שיקט אַרויס אַ דעפּוטאַציע איבער דער שטאָט קלײַבן נדבֿות. מי ומי – ווער איז די דעפּוטאַציע? מסתּמא איך, און נאָך צוויי־דרײַ אָרנטלעכע בעלי־בתּים פֿון די פֿײַנסטע, און, לאָז זיך אײַך דאַכטן, פֿרויקע־שייגעץ בתוכם, וואָרעם צו די זאַכן דאַרף מען האָבן אַן עזות־פּנים. און מע נעמט אַ פֿאַטשיילע און מע גייט קלײַבן געלט. ווּהין גייט מען פֿריִער? געוויינטלעך, צו די נגידים. געקומען צום נגיד, צו יואל טאַשקער. „גוט מאָרגן, רב יואל!“ „גוט מאָרגן, גוט יאָר. וואָס ווּעט איר זאָגן? זיצט“. גאָר פֿײַן, וואָס פֿײַנער קאָן שוין גאָרניט זײַן. וואָרעם אַזוי איז דער טאַשקער, דאַרפֿט איר וויסן, דווקא אַ גאַסטפֿרײַנדלעכער פֿאַרשוין. איר ווּעט אַרײַנקומען, ווּעט ער אײַך אויפֿנעמען פֿאַר אַ גאַסט, הייסן דערלאַנגען אַ בענקל, בעטן זיצן, מיט אײַך רעדן, פֿײַן, שיין, ביז איר רעדט ניט מיט אים פֿון קיין געלט. און הייבט איר אָן רעדן פֿון געלט, אַזוי בײַט זיך אים איבער דאָס פּנים, איין אייגל מאַכט זיך בײַ אים צו פֿון זיך אַליין, און די לינקע באַק, ניט אין מײַן מאָס, ווערט בײַ אים אײַנגעצויגן, ווי בײַ אַ מענטש, וואָס האָט געכאַפּט דעם פּאַראַליטש. ס'איז אַ רחמנות, זאָג איך אײַך, דעמאָלט אויף אים צו קוקן. אָט אַזאַ טיפּ איז דאָס.

„אַלזאָ, ווּ האַלטן מיר אין די יוצרות? יאָ, זענען מיר געקומען צו טאַשקערן, די דעפּוטאַציע הייסט עס. „גוט מאָרגן, רב יואל“. „גוט מאָרגן, גוט יאָר. זיצט. וואָס ווּעט איר זאָגן?“ „מיר זענען געקומען צו אײַך נאָך אַ נדבֿה“. האָט זיך בײַ אים צוגעמאַכט איין אייגל און אַ צי געטאָן, ניט אין מײַן מאָס, די באַק: „אַ נדבֿה? פּלוצעם, אין מיטן דערינען, אַ נדבֿה?“... רופֿט זיך אָן צו אים פֿרויקע, ער איז דאָך דער עזות־פּנים: „אַ נייטיקע נדבֿה, רב יואל, זייער אַ נייטיקע. איר האָט שוין געהערט מן־הסתּם. אַ גאַנצע שטאָט, ניט דאָ געדאַכט, אָפּגעברענט געוואָרן. דראַזשנע“... „וואָס רעדט איר? דראַזשנע

Mundwerk, das könnt Ihr mir glauben! Bei ihm ins Maul zu geraten, das ist wie in der Hölle zu sein. Einen Beweis habt Ihr schon: Er heißt nämlich eigentlich Ephraim Katz. Aber jedermann nennt ihn nur, haha, Frojke Schejgez, Frojke den Schlawiner.

Jetzt habt Ihr alle drei Figuren unserer Geschichte zusammen. Nun passiert es, dass wir den Sommer mit den vielen Bränden kriegen, und auch Drashne brennt ab, eine ganze Stadt, Gott behüte uns. So treffen von da Briefe ein, Hilferufe, Depeschen, man soll ihnen so viel Geld schicken wie möglich und so rasch es geht. Denn eine ganze Stadt voll Juden, Gott bewahre, alle liegen im Freien, ohne ein Dach über dem Kopf, und kommen bald um vor Hunger. Natürlich gibt's auch bei uns im Schtetl ein großes Geschrei. ›Leute, habt Erbarmen! Wie könnt Ihr noch alle ruhig sein? Warum tun wir nichts?‹ Hin und her überlegt, am Ende wird beschlossen, dass ein Komitee in der Stadt herumgehen und Spenden sammeln soll. Wer gehört zum Komitee? Natürlich ich und noch zwei, drei anständige Bürger mit gutem Ruf, und dabei ist auch Frojke der Schlawiner. Denn für so eine Sache muss man einen Menschen mit einem guten Mundwerk haben. Wir nehmen also ein Tuch und fangen an, Geld zu sammeln. Zu wem aber geht man zuallererst? Versteht sich von selbst, zu den wohlhabenden Leuten. So kommen wir auch zu unserem Reichen, zu Joel Taschker. ›Guten Morgen, Reb Joel!‹ ›Einen schönen guten Morgen Euch, was gibt's Neues? Setzt Euch doch!‹ Er ist sehr zuvorkommend und anständig, besser könnte es gar nicht sein. Denn an sich ist der Joel Taschker, müsst Ihr wissen, ein gastfreundlicher Mann. Wenn Ihr zu ihm kommt, wird er Euch herzlich aufnehmen, vielleicht holt er Euch einen Stuhl herbei, bittet Euch Platz zu nehmen, unterhält sich mit Euch ganz prächtig und schön – solange Ihr nicht vom Geld sprecht! Fangt Ihr aber an, vom Geld zu reden, kriegt er gleich ein ganz verändertes Gesicht, eins seiner Augen schließt sich wie von selbst, und seine linke Backe (ich weiß gar nicht, wie er das macht) zuckt wie bei einem Menschen, der einen Schlaganfall hatte. Ich kann Euch sagen, Ihr kriegt das große Erbarmen, wenn Ihr ihn in diesem Augenblick anseht. Solch ein Mensch ist das.

Nun aber weiter, wo sind wir stehengeblieben in der frommen Geschichte? Richtig, wir sind also bei Joel Taschker, unser Komitee nämlich. ›Guten Morgen, Reb Joel!‹ ›Einen schönen guten Morgen, nehmt Platz, was gibt es Neues?‹ ›Wir sind wegen einer Spende gekommen.‹ Gleich geht eins seiner Augen zu, und es zuckt heftig in der Backe (ich weiß gar nicht, wie er das macht). ›Eine Spende, so überraschend, so plötzlich eine Spende?‹ Unverfroren entgegnet ihm Frojke: ›Es ist dringend, Reb Joel, dringend nötig. Ihr habt es wohl schon gehört, eine ganze Stadt ist abgebrannt, Gott bewahre uns da-

אָפּגעברענט געוואָרן? פֿאַרפֿינצטערט בין איך געוואָרן! סטײַטש, איך האָב דאָך צו שטעקן אין דראַזשנע מיט אַזוי פֿיל געלט! בדיל־הדל!"... הייבט אים אָן פֿרויקע אויסרעדן דאָס האַרץ, אַז זײַנע קאָמיטענטן האָט דאָס ניט געשאַט, אַז אָנגערירט האָט דאָס נאָר די אָרעמע־לײַט. נאָר גיי רעד, אַז יענער וויל ניט הערן. ברעכט די הענט, לויפֿט אַרום איבערן שטוב, ווי אַ משוגע־נער, און שרײַט אין איין קול: „אומגליקלעך! בדיל־הדל! איר זאָלט מיט מיר גאָר ניט רעדן אַצינד! איר האָט מיר דערהרגעט מײַן קאָפּ! איך וועל דאָס ניט אויסהאַלטן!"...

„געזעסן, געזעסן, האָבן מיר זיך אויפֿגעהויבן: „אַ גוטן טאָג, רב יואל". אַ קוש די מזוזה – און מיר גייען ווײַטער. אַרויסגעגאַנגען פֿון דאָרטן, רופֿט זיך אָן צו אונדז פֿרויקע־שייגעץ: „הערט איר, ייִדן? זאָל מײַן נאָמען ניט הייסן אפֿרים קאַץ, אויב איך שלעפּ ניט אַרויס בײַ אָט דעם כּלבֿ קיין הונדערטער אויף די דראַזשנער נישׂרפֿים!" „וואָס רעדסטו, פֿרויקע, ביסט משוגע?" „וואָס אַרט אײַך? אַז איך זאָג אײַך, איך נעם געלט, מעגט איר זיך שוין פֿאַר־לאָזן – איך הייס אפֿרים קאַץ".

„כּך־הווה. וועט איר הערן ווײַטער. אין אַ פּאָר טעג אַרום פֿאָרט מיט דער באַן אונדזער נגיד רב יואל טאַשקער קיין טאָלטשין אויפֿן יריד, און דער שכן זײַנער, קאָמפּאַניעוויטש, פֿאָרט אויך, און נאָך ייִדן, טאָלטשינער און אומאַניער – אַ פֿולער וואַגאָן, און מע רעדט, מע שמועסט, אַלע אין איינעם, ווי געוויינטלעך. גאַנץ באַזונדער, אין אַ ווינקעלע, זיצט זיך יואל טאַשקער פֿאַרשטעקט, קוקט אַרײַן מיט איין אייגל אין אַ „חוק־לישׂראל", ווי געוויינט־לעך. וואָס געהער ער זיך אָן מיט די אַלע ייִדן? ובפֿרט מיט אָט דעם הולטײַ קאָמפּאַניעוויטש, וואָס ער קאָן זײַן געגאָלט פּנים ניט אָנקוקן? נאָר, ווי אויף צו להכעיס, האָט זיך אָט דער קאָמפּאַניעוויטש אַוועקגעזעצט אַקוראַט אַקעגן אים און שווײַגט. רבונו־של־עולם, טראַכט זיך יואל, ווי אַזוי ווערט מען פּטור פֿון אָט דעם טרייפֿניאַק? אַריבערגיין אין צווייטע[ר] קלאַס – איז אָן עבֿירה דאָס געלט. בלײַבן דאָ – קאָן ער ניט צוזען אָט די געגאָלטע מאָר־דע מיט די ממזרישע אויגן. בקיצור, גאָט האָט געטאָן אַ נס, אויף דער ער־שטער סטאַנציע טראָגט אָן גאָט אַ באַקאַנטן, לאָז זיך אײַך דאַכטן, טאַקע פֿרויקע־שייגעץ. אונדזער טאַשקער האָט דערזען פֿרויקען, האָט ער זיך ממש מחיה געווען. אַ נײַע הויט אויף אים געקומען. עס וועט זײַן מיט וועמען צו רעדן אַ וואָרט. „ווּהין פֿאָרט דאָס אַ ייִד?" „ווּהין פֿאָרט איר?" – מע האָט זיך צערעדט. פֿון וואָס? נעכטיקע טעג, לאָקש־בוידעם־ציבעלע, אויפֿן הימל אַ יריד. אַהין־אַהער, מען איז אַרויף אויף אַ שמועס, וואָס יואל טאַשקער האָט דאָס ניט פֿײַנט. „הײַנטיקע קינדער, פּוסטע בחורים, אויסגעלאַסענע

vor… Drashne…‹ ›Was erzählt Ihr da? Drashne ist abgebrannt? O weh, ich bin erledigt! Ich habe doch in Drashne eine Menge Geld liegen. Ruiniert bin ich!‹ Darauf fängt Frojke an, ihn zu beruhigen. Keine Angst, seinen Geschäftspartnern ist kein Schaden geschehen, nur die Armen hat es getroffen. Aber geh und rede, wenn einer partout nicht hören will! Er ringt die Hände, rennt im Zimmer umher wie ein Verrückter und schreit mit lauter Stimme: ›Solch ein Unglück! Das ist mein Ruin! Ich kann jetzt nicht weiter mit Euch sprechen. Ihr habt mich um den Verstand gebracht. Ich werde das nicht überleben!‹

Wir sitzen noch eine Weile da, dann stehen wir auf. ›Guten Morgen, Reb Joel.‹ Die Mesuse geküsst. Gehen wir also weiter. Als wir aber draußen sind, ruft uns Frojke der Schlawiner zu: ›Hört mich an, Männer, ich will nicht Ephraim Katz heißen, wenn ich nicht bei diesem Hund einen ganzen Hunderter für den Brand in Drashne raushole!‹ ›Was erzählst du da, Frojke, bist du verrückt?‹ ›Macht Euch darum keine Sorgen, wenn ich es sage, dass ich das Geld kriege, dann könnt Ihr Euch darauf verlassen. So wahr ich Ephraim Katz heiße.‹

Und tatsächlich, so kam es auch. Hört nur zu, wie es weitergeht. Ein paar Tage später also fährt unser Reicher, Reb Joel Taschker, mit der Bahn nach Toltschin zum Jahrmarkt. Und sein Mieter, Kompaniewitsch, fährt auch im Zug, dazu noch andere Leute aus Toltschin und Uman; der Waggon ist voll besetzt. Man unterhält sich, man redet, alle auf einmal, wie immer. Ganz für sich abgesondert in seiner Ecke aber sitzt Joel Taschker. Schaut mit einem Auge in ein frommes Buch, Israels Gebote, auch wie gewöhnlich. Denn was hat er schon mit all diesen Leuten gemein? Und erst recht mit diesem Wüstling Kompaniewitsch, dessen rasiertes Gesicht er nicht mal ansehen mag! Aber wie zum Trotz hat der Kompaniewitsch gerade ihm gegenüber Platz genommen, sitzt da und schweigt. Herr des Himmels, denkt Joel bei sich, wie kann man diesen *Trejfniak*[53] loswerden, dieses unreine Subjekt? Umsteigen in die zweite Klasse? Das wäre schade ums Geld. Aber hierbleiben? Er kann einfach den Anblick der rasierten Visage, der listigen Augen nicht ertragen. Doch machen wir's kurz, Gott hat ein Wunder getan: Beim ersten Bahnhof schickt er ein bekanntes Gesicht herein, stellt Euch vor, ausgerechnet Frojke den Schlawiner. Als unser Joel den Frojke erblickt, lebt er sichtlich auf. Ein ganz neuer Mensch wurde er mit einem Male. Jetzt kann man doch mit jemandem ein Wort reden. ›Wohin fahrt Ihr?‹ ›Und Ihr selbst?‹ Man ist ins Gespräch gekommen. Worüber? Über alles und nichts, dies und jenes, was einem halt in den Sinn kommt und was unter der weiten Sonne so passiert. Hin und her geredet, ein richtig schönes Gespräch, Joel Taschker gefällt so etwas. ›Die Kinder von heute! Saubere Bürschchen! Liederliche Töchter!

טעכטער, הפֿקר אַ וועלט". פֿרויקע־שייגעץ האָט אויפֿגעמישט אַן אַלטע מעשׂה מיט דער אומאַניער שנור, וואָס איז אַנטלאָפֿן מיט אַן אָפּיצער. און אַ מעשׂה מיט אַ בחור, וואָס האָט חתונה געהאַט אין צוויי שטעט. און נאָך אַ מעשׂה מיט אַ ייִנגל, וואָס האָט ניט געוואָלט לייגן קיין תּפֿילין, האָט אים דער טאַטע געשלאָגן, האָט ער אים געשלאָגן צוריק. „געשלאָגן צוריק? אַן אייגענעם טאַטן?!" – און עס ווערט אַין וואַגאָן אַ טומל. אַלע ווערן אויפֿגערעגט, און מער פֿון אַלעמען אונדזער יואל טאַשקער: „מײַנע ווערטער, כּע־כּע! געוואָרן אַ הפֿקרות! ייִדישע קינדער ווילן ניט דאַוונען! ווילן ניט לייגן קיין תּפֿילין!"... „תּפֿילין לייגן בין איך אײַך מוחל!" – רופֿט זיך אָן פֿלרצעם קאָמפּאַניוויטש, וואָס האָט די גאַנצע צײַט ביז אַהער געשוויגן. – תּפֿילין קאָנט איר אײַך יאָ לייגן און ניט לייגן. דאָס אַרט מיך ניט. מיך אַרט אַ סך מער דער טלית־קטן. מיך ברענט אויף אונדזערע יונגע־לײַט, פֿאַר וואָס זיי טראָגן ניט קיין אַרבע־כּנפֿות. מילא, תּפֿילין – איז אַן אַרבעט: מע דאַרף זיי אָנטאָן, מע דאַרף זיי אויסטאָן. אָבער טראָגן אַ טלית־קטן ערגעץ אונטער אַ העמד – ווער זעט מיך?"

„אָט אַזוי האָט זיך אָט דער אַפּיקורס קאָמפּאַניעוויטש צעדרשעט שטיל און נישט געכאַפּט און אַזוי ערנסט, אַז ווען עס פֿאַלט אַראָפּ, לאָז זיך אײַך דאַכטן, אַ דונער, אָדער ווען דער וואַגאָן קערט זיך איבער, וואָלט אונדזער טאַשקער זיכער ניט באַדאַרפֿט זײַן מער איבערראַשט. „וואָס הייסט דאָס? משיחס צײַטן! אָט דער קאָלבאַסניק רעדט פֿון טלית־קטנס? פֿון אַרבע־כּנפֿות?! און ער רופֿט זיך אָן – ניט צו קאָמפּאַניעוויטשן, ניין – נאָר צו פֿרויקען: „וואָס זאָגסטו אויף דעם צדיק אין פּעלץ, כּע־כּע? ער רעדט אויך פֿון טלית־קטנס, אַרבע־כּנפֿות!" „פֿאַר וואָס ניט? – זאָגט צו אים פֿרויקע, כּלומרשט תּמעוואַטע. – זיי זענען דען קיין ייִדן ניט?"

„דאָס האָט שוין יואל טאַשקער נישט געקאָנט אַריבערטראָגן: ערשטנס, וואָס איז דאָס פֿאַר אַ „זיי"? און, צווייטנס, וואָס איז קאָמפּאַניעוויטש פֿאַר אַ ייִד? „כּע־כּע, אַ שיינער ייִד! אַ ייִד, וואָס שטעלט אַ סאַמאָוואַר אום שבת. אַ ייִד, וואָס פֿרעסט אַ פֿליישיקן וואַרעמעס אום תּשעה־באָבֿ. אַ ייִד, וואָס טובֿלט אַפֿילו ניט דאָס געפֿעס אויף פּסח! אָט אַזאַ ייִד רעדט פֿון טלית־קטנס, אַרבע־כּנפֿות?!"... „וואָס־זשע איז? – מאַכט צו אים פֿרויקע ווידער תּמעוואַטע. – וואָס געהער זיך אָן, רב יואל, דאָס צו דעם? אַ ייִד ווי קאָמפּאַניעוויטש קאָן טאַקע טאָן אַלצדינג, וואָס איר רעכנט אויס, און אַ טלית־קטן אונטערן העמד איז בײַ מיר רעכט, אַז זיי זאָלן דווקא יאָ טראָגן". „ווער? אָט דער גלוח? – צעשרײַט זיך נעבעך טאַשקער אויף אַ קול. – אָט דער הולטײַ? אָט דער פּושע־באלוקי־ישׂראל?!"...

Eine Welt ohne Zucht und Ordnung!‹ Frojke der Schlawiner hat eine alte
Geschichte aufgetischt, von der Schwiegertochter aus Uman, die mit einem
Offizier durchgebrannt ist. Dann die Sache von dem Burschen, der gleich
in zwei Städten verheiratet war. Und noch eine weitere Geschichte von ei-
nem Sohn, der keine Tefillin anlegen wollte. ›Darauf züchtigt ihn der Vater,
aber – unerhört! – er hat ihn zurückgeschlagen.‹ ›Zurückgeschlagen? Den
eigenen Vater?‹ Es gibt einen Aufruhr im Waggon. Alle miteinander regen
sich auf, und allen voran unser Joel Taschker. ›Das sage ich ja, wo kommt die
Welt hin? Jüdische Kinder wollen nicht mehr beten, keine Tefillin anlegen!‹
›Tefillin anlegen, was ist das schon?‹, ruft plötzlich Kompaniewitsch aus, der
die ganze Zeit schweigend dagesessen hat. ›Ob man sich Tefillin anlegt oder
nicht, das macht mir keinen Eindruck. Reden wir lieber vom Taless-Kotn,
der Taless-Kotn ist schon was anderes! Es ärgert mich richtig an unseren
jungen Leuten von heute, dass sie keine Taless-Kotn mehr tragen wollen.
Und die Tefillin machen doch noch Arbeit, man muss sie anlegen und wieder
abbinden. Aber den Taless-Kotn kann man einfach unter dem Hemd tragen,
und man sieht ihn nicht einmal!‹

So sprach dieser Freidenker Kompaniewitsch! Er sagte das einfach so he-
raus, ganz ruhig und ernst und ohne Aufhebens. Wenn der Blitz im Waggon
eingeschlagen hätte oder der Waggon umgestürzt wäre, unser Joel Taschker
hätte sich sicher nicht mehr verwundert. Was soll das heißen? Sind die Tage
des Messias gekommen? Dieser Schweinefresser redet von Taless-Kotn? Von
Arbe-Kanfess? Und Joel sagt laut, natürlich nicht zu Kompaniewitsch, nein,
zu Frojke: ›Was sagst du zu diesem Wolf im Schafspelz, hehe, er redet wahr-
haftig von Arbe-Kanfess!‹ ›Ja, aber warum nicht?‹, antwortet ihm Frojke und
tut ganz einfältig. ›Ist der Herr denn kein Jude?‹

Dies war schon mehr, als Joel Taschker ertragen konnte. Erstens, was
soll das heißen, ›der Herr‹, und zweitens, welche Sorte Jude ist denn der
Kompaniewitsch? Haha, wirklich ein prachtvoller Jude! Einer, der am Sabbat
den Samowar anstellt! Einer, der an Tischebow abends fleischig isst! Einer,
der nicht mal an Pessach das Gefäß koscher macht! So einer will von Taless-
Kotn und Arbe-Kanfess reden? ›Was meint Ihr nur? Ich verstehe Euch nicht‹,
meint Frojke wieder ganz harmlos zu ihm. ›Was hat denn das eine mit dem
anderen zu tun, Reb Joel? Ein Mann wie Kompaniewitsch mag all das tun,
was Ihr sagt, und doch kann es sein, dass der Herr dennoch einen Taless-
Kotn unterm Hemd trägt, ich halte das für möglich.‹ ›Wer, der glattrasier-
te Kerl da?‹, schreit Joel Taschker mit lauter Stimme. ›Dieser Wüstling, der
Abtrünnige?‹

„אַלע ייִדן בלײַבן שטיל, קוקן אויף דעם קאָמפּאַניעוויטשן, און קאָמפּאַניעוויטש שווײַגט. פֿרויקע־שייגעץ שווײַגט אויך. נאָך דעם טוט ער זיך אַ כאַפּ אויף, פֿרויקע הייסט עס, ווי אַ מענטש, וואָס האָט זיך אײַנגעשטעלט אויף צו גיין אין אַ ריזיקע: „ווייסט איר וואָס, רב יואל? איך גיי מיט דעם גאַנג, אַז אַ ייִדישע נשמה קאָן מען ניט שאַצן. קוים רעדט אַ ייִד פֿון טלית־קטן, מסתּמא טראָגט ער אַליין אַ טלית־קטן. איך שטעל אײַן אַ הונדערטער אויף דראַזשנער נישׂרפֿים. שטעלט איר אויך אײַן אַ הונדערטער, און לאָמיר זיי בעטן טויזנט מאָל מחילה, אײַער שכן הייסט עס, זיי זאָלן פֿאַר אונדז צעשפּיליען די קאַפּאָטע מיטן העמד און ווײַזן, צי זיי טראָגן אַ טלית־קטן, צי ניין?“ – „גערעכט, גערעכט!“ – רופֿט זיך אָן דער גאַנצער עולם און מע הייבט זיך אָן היצן און פּילדערן און עס ווערט פֿריילעך אין וואַגאָן. נאָר איין קאָמפּאַניעוויטש זיצט זיך, ווי אַ זײַטיקער – און שאַ. גלײַך, ווי ניט אים מיינט מען. און אונדזער יואל טאַשקער? דער איז נעבעך אויסגעשטאַנען אין דער מינוט אַ שוויצבאָד. טאַקע אַ שטיק חבוט־הקבֿר. אויף זײַן לעבן האָט ער זיך ניט געוועט מיט קיינעם אויף קיין צוויי גראָשן. פּלוצעם זאָל ער אַוועקשטעלן אַ גאַנצן הונדערטער! און וואָס וועט זײַן, לא יעלה ולא יבֿוא, טאָמער טאַקע חלילה טראָגט אָט דער כּל־בוניק אַ טלית־קטן?... צוריק אָבער טוט ער זיך אַ טראַכט: „עט־נו! קאָמפּאַניעוויטש? אָט דער משומד? מײַן קאָפּ זאָל מיר דעמאָלט קרענקען!“ און ער נעמט זיך אָן מיט האַרץ, צעגאַרטלט זיך, נעמט אַרויס אַ הונדערטער, און מע קלײַבט אויס צוויי פֿרעמדע, נאָר לײַטישע ייִדן אין וואַגאָן און מע לייגט אײַן בײַ זיי דאָס געלט, און מע טוט זיך אַ נעם צו קאָמפּאַניעוויטשן, ער זאָל זיך אויסטאָן – ווער? וואָס? אַ נעכטיקער טאָג! קאָמפּאַניעוויטש האָט זיך צערעדט: וואָס בין איך, זאָגט ער, עפּעס אַ ייִנגעלע? צי אַ קאָמעדיאַנטשיק? וואָס הייסט – איך וועל נעמען און וועל מיך אויסטאָן נאַקעט פּלוצעם אין מיטן העלן טאָג אָט דאָ אין וואַגאָן פֿאַר אַן עדה ייִדן?“...

„דערהערט אַזעלכע דיבורים, איז אונדזער יואל טאַשקער געוואָרן גרעבער ווי לענגער. „אַהאַ! – מאַכט ער צו פֿרויקען מיט אַ ליכטיק פּנים. – ווער איז גערעכט? איך, צי דו? איך קען מײַנע לײַט! פֿון טלית־קטנס גאָר רעדט אַזאַ ייִד, כע־כע!“

„איז דאָך שלעכט. טוען זיך אַ נעם אַלע ייִדן צו קאָמפּאַניעוויטשן: „סטײַטש, אַזאַ זאַך! ממה־נפֿשך, אָדער אַהין, אָדער אַהער. באַרעכנט אײַך: סײַ־ווי־סײַ, אַ הונדערטער אויף די אומגליקלעכע נישׂרפֿים!“ – „אויף די אומגליקלעכע נישׂרפֿים!“ – העלפֿט זיי אונטער יואל טאַשקער און קוקט גאָרניט אויף קאָמפּאַניעוויטשן. „ייִדן נעבעך ליגן מיט ווײַב און קינדער אין

Alle Leute sind still geworden. Sie schauen auf Kompaniewitsch. Aber Kompaniewitsch schweigt. Frojke der Schlawiner schweigt ebenfalls. Aber dann richtet er sich auf, ich meine Frojke, wie einer, der sich entschlossen hat, ein Risiko einzugehen. ›Wisst Ihr was, Reb Joel? Ich bin der festen Überzeugung, dass man eine jüdische Seele niemals genau kennt. Und wenn ein Mann schon von einem Taless-Kotn redet, dann trägt er wohl auch selbst einen Taless-Kotn. Ich wette einen Hunderter für die Opfer vom Brand in Drashne. Gebt Ihr auch einen Hunderter und bitten wir den Herrn höflich, ich meine Euren Herrn Untermieter, dass er hier vor uns die Kapote und das Hemd aufknöpft und dass der Herr uns zeigt, ob er nun einen Taless-Kotn trägt oder nicht!‹ ›Gut, sehr gut!‹, rufen alle Leute, und man beginnt sich zu ereifern und ordentlich Lärm zu machen. Es wird richtig laut im Waggon. Nur dieser Kompaniewitsch sitzt da wie ein Fremder, kein Sterbenswort kommt von ihm, so als ob es nicht um ihn ginge. Und unser Joel Taschker? Er macht in dieser einen Minute ein wahres Schwitzbad durch. Noch mehr, er leidet Höllenqualen! Noch nie im Leben hat er mit irgendwem auch nur um zwei Groschen gewettet. Und plötzlich soll er einen ganzen Hunderter einlegen? Und was passiert, wenn wider alles Erwarten, obwohl es ja ganz unmöglich ist, auf einmal dieser Schuft, Gott bewahre, einen Taless-Kotn tragen sollte? Dann aber besinnt er sich wieder. Komm her, sagt er sich, überleg doch mal. Der Kompaniewitsch? Dieser Meschumed, dieser Abtrünnige? Da könnte man ja seinen Kopf verwetten! Und er gibt sich einen Ruck, knöpft sich auf, holt einen Hunderter hervor. Man bestimmt im Waggon zwei unbeteiligte ordentliche Leute und hinterlegt das Geld bei ihnen. Dann wendet man sich an Kompaniewitsch, er möge sich doch, bitte schön, ausziehen. Was? Er? Auf keinen Fall! Kompaniewitsch will sich herausreden. ›Bin ich denn‹, sagt er, ›ein junger Kerl? Oder ein Komödiant? Was soll das heißen? Ich soll hingehen und mich nackt ausziehen, mir nichts, dir nichts, aus heiterem Himmel und am hellen Mittag, hier im Waggon, vor einer ganzen Gesellschaft von Menschen?‹

Als er diese Worte hört, strahlt Joel Taschker vor Freude über das ganze Gesicht. ›Ha‹, meint er zu Frojke mit glänzenden Augen, ›wer hatte recht? Ich oder du? Ich kenne doch meine Leute! So einer will von Taless-Kotn reden? Haha!‹

Es geht nicht weiter. Alle Männer reden auf Kompaniewitsch ein. ›Versteht doch, für solch eine Sache! Wie es auch ausgeht, so oder so! Überlegt doch, in jedem Fall ein Hunderter für die unglücklichen Opfer vom Brand!‹ ›Ja, für die unglücklichen Opfer vom Brand!‹, unterstützt Joel Taschker und schaut dabei wieder nicht auf Kompaniewitsch. ›Es liegen doch so viele Men-

דרויסן אונטערן הימל!״ – רעדט מען ווײַטער איבער קאָמפּאַניעוויטשן. „נעבעך אין דרויסן אונטערן הימל!״ – העלפֿט אונטער יואל טאַשקער. „ווי האָט דאָס ניט אַ ייִד קיין גאָט אין האַרצן?״ „קיין גאָט אין האַרצן?״ – זאָגט יואל טאַשקער איטלעכס וואָרט.

„אַהין־אַהער, מע האָט קוים געפּועלט בײַ אָט דעם קאָמפּאַניעוויטשן, ער זאָל אויפֿשפּיליען מחילה די קאַפּאָטע מיטן זשילעט, מיטן אייבערשטן העמד – און שטעלט אײַך פֿאָר אַ טיפּ: אָט דער קאָמפּאַניעוויטש טראָגט אונטערן העמד אַ טלית־קטן. אָבער אַ טלית־קטן! אַ גרויסן, אַ כּשרן, אַ בער־שעדער טלית־קטן מיט בלויע תּכלת און מיט גראָבע כּפֿול־שמונהדיקע רבנישע ציצית – כאַ־כאַ־כאַ! צווישן טלית־קטנס אַ טלית־קטן! דאָס קאָן נאָר אַזאַ גנבֿ, ווי פֿרויקע־שייגעץ! אמת, ער האָט טאַקע אָנגעווירן נאָך דעם יואל טאַשקערן פֿאַר אַ קונד. פֿרויקע טאָר זיך אים עד־היום פֿאַר די אויגן ניט ווײַזן. דערפֿאַר האָט ער אָבער אַרויסגעצויגן פֿאַר די דראַזשנער נישׂרפֿים אַ הונדערטער, אַ גאַנצן הונדערטער, און בײַ וועמען? בײַ אַ נגיד אַ קמצן, אַ חזיר, וואָס האָט אויף זײַן לעבן קיין נדבֿה ניט געגעבן, קיין שטיקל ברויט אַן אָרעמאַן! מעג נישט קומען אויף אים קיין מיתה־משונה? איך מיין טאַקע אָט דעם פֿרויקען מיין איך״...

ענדע געשיכטע נומער צען.

געשריבן אין יאָר 1910.

schen, auch Frauen und Kinder, draußen, unter freiem Himmel!‹, reden die
Leute weiter auf Kompaniewitsch ein. ›Draußen, unter freiem Himmel!‹, un-
terstützt sie wieder Joel Taschker. ›Wie kann ein Mensch nicht einen Funken
von Mitgefühl im Herzen haben!‹ ›Nicht einen Funken Mitgefühl!‹, wieder-
holt Joel Taschker jedes Wort.

Nun, hin und her geredet, schließlich hat man es doch mit Mühe ge-
schafft, dass dieser Kompaniewitsch mit Gottes Hilfe endlich die Kapote auf-
knöpft, danach die Weste und schließlich das Hemd. Und nun seht Euch
diesen Menschen an! Trägt doch dieser Kompaniewitsch wirklich unterm
Hemd einen Taless-Kotn! Und was für ein Taless-Kotn das gewesen ist! Ein
großer prächtiger Berschader[54] Taless-Kotn mit purpurblauem Faden und Zi-
zess, großen, äußerst gewaltigen Zizess! Ha! Ein Prachtexemplar von einem
Taless-Kotn! So etwas konnte nur ein Gauner wie dieser Frojke der Schlawi-
ner fertigbringen! Es ist wahr, den Joel Taschker hat er von da an als Kunden
verloren. Bis heute darf er sich ihm nicht vor die Augen wagen. Dafür aber
hat er einen Hunderter für den Brand von Drashne herbeigeschafft. Einen
ganzen runden Hunderter! Und von wem? Ausgerechnet von einem reichen
Geizhals, einem richtigen Schwein, der in seinem ganzen Leben noch nie-
mals ein Almosen gegeben und noch nie ein Stückchen Brot für einen armen
Schlucker übrig hatte! Ist er nicht ein Teufelskerl? Ich meine natürlich den
Frojke!«

(1910)

געשיכטע נומער עלף

אַ זעקס־און־זעכציק

דאָס האָט מיר דערציילט, פֿאָרנדיק אין וואַגאָן, אַ ייִד פֿון אַ יאָר זעכציק, ווײַזט אויס, אַ גאַנץ לײַטישער מענטש, אַ קאָמיוואָיאַזשער, ווי איך, און אפֿשר אַליין אַ סוחר. איך גיב איבער די מעשׂה וואָרט פֿאַר וואָרט, ווי איך בין מיך נוהג כּסדר די לעצטע צײַט.

– אין וועג, הערט איר, מע זאָל דאַרפֿן אַרויסקוקן נאָר אויף דעם, וואָס מע וועט זיך באַקענען מיט פּאַסאַזשירן און מע וועט האָבן מיט וועמען צו פֿירן אַ געשפּרעך – קאָן מען משוגע ווערן.

ערשטנס – ניט אַלע פּאַסאַזשירן זענען גלײַך. פֿאַראַן אַזעלכע, וואָס האָבן ליב רעדן גאָר אַ סך, אַ מאָל שוין צו פֿיל. אַזוי, אַז עס דרייט זיך אײַך אַזש דער קאָפּ און עס קלינגט אײַך אין די אויערן. און פֿאַראַן ווידער אַזעלכע, וואָס רעדן גאָרניט. לחלוטין גאָרניט. פֿאַר וואָס זיי ווילן ניט רעדן – ווייסט איר ניט. אפֿשר איז זיי אָנגעזאָליעט אויפֿן האַרצן? אפֿשר לײַדן זיי שטילער־הייט פֿון מאָגן־קאַטאַר, מרה־שחורה אָדער ציינווייטיק? און אפֿשר האָבן זיי זיך אַרויסגעכאַפּט פֿון דער היים, פּטור געוואָרן פֿון אַ גיהנום, אַ ווײַב אַ צרה, שלעכטע קינדער, בייזע שכנים, ביטערע געשעפֿטן – ווער קאָן וויסן, וואָס בײַ יענעם טוט זיך?

איך ווייס, איר וועט זאָגן, ס׳איז דאָ אַן עצה: אַז ס׳איז ניטאָ מיט וועמען צו רעדן, לייענט מען אַ בלאַט צײַטונג, אָדער מע קוקט אַרײַן אין אַ בוך. אַך, אַ בלאַט צײַטונג! אין וועג איז ניט דאָס, וואָס אין דער היים. אין דער היים האָב איך מיר מײַן צײַטונג. מיט מײַן צײַטונג בין איך שוין אַזוי געוווינט, ווי, למשל, מיט מײַנע שטעקשיך. אײַערע שטעקשיך זענען אפֿשר נײַע, מײַנע זענען אַלטע, מײַנע זענען אויסגעטראָטענע, האָבן אַ פּנים, איך בעט אײַך איבער אײַער כּבֿוד, ווי בלינעס. האָבן אָבער מײַנע שטעקשיך אַ מעלה, וואָס אײַערע האָבן עס ניט: זיי זענען מײַנע...

ווי מיט שטעקשיך, אַזוי איז מיט, להבֿדיל, אַ צײַטונג. איך האָב אַ שכן אין דער היים, וואָס וווינט מיט מיר אין איין הויף, אין איין הויז, אויף איין שטאָק, אַ טיר קעגן אַ טיר. שרײַבט ער אויס אַ צײַטונג, און איך שרײַב אויס אַ צײַטונג. ער – זײַן צײַטונג. איך – מײַן צײַטונג. זאָג איך צו אים איין מאָל: „דאַרפֿט איר אויסשרײַבן אַ באַזונדערע צײַטונג און איך אַ באַזונדערע צײַטונג – אַמער, גיט מיר צושטײַער אויף מײַן צײַטונג, וועלן מיר ביידע אויסשרײַבן

Geschichte Nummer elf

Keine Lust auf ein Spielchen ›Sechsundsechzig‹?

Diese Geschichte hat mir jemand erzählt, als wir während der Eisenbahnfahrt miteinander im Waggon saßen. Es war ein Mann um die sechzig, sichtlich ein wohlgestandener Mensch, ein Handelsreisender wie ich, vielleicht
sogar ein Kaufmann. Ich schreibe Euch die Geschichte Wort für Wort auf;
das habe ich mir in der letzten Zeit so angewöhnt.

»Wenn man unterwegs ist, hört Ihr, und man bemüht sich, die Mitreisenden kennenzulernen, Leute zu finden, mit denen man sich unterhalten
kann – geradezu verrückt könnte man da werden!

Erstens sind nicht alle Fahrgäste gleich. Ihr trefft welche, die gerne reden,
manchmal schon ein bisschen zu viel. Da dreht sich Euch der Kopf, und es
dröhnt Euch in den Ohren. Dann aber stoßt Ihr auf solche, die unterwegs
kein Wort herausbringen. Kein einziges Wort! Warum sie so schweigsam
sind, erfahrt Ihr nicht. Mag sein, ihnen ist das Herz schwer von einem Kummer. Möglicherweise leiden sie im Stillen unter Magenkatarrh, Trübsinn oder
Zahnschmerzen? Oder vielleicht haben sie sich von zu Hause weggestohlen,
sind einer Hölle entronnen, einem Schrecken von Ehefrau, schlimmen Kindern, bösen Nachbarn, oder vor schlechten Geschäften geflohen. Wer kann
schon genau sagen, was mit den anderen los ist?

Ich weiß schon, Ihr werdet mir den Rat geben: Wenn keiner da ist, mit
dem man sich unterhalten kann, soll man doch die Zeitung lesen oder die
Nase in ein Buch stecken. Aber mit der Zeitung ist es so eine Sache! Unterwegs ist es nicht so wie zu Hause. Zu Hause habe ich doch *meine* eigene
Zeitung. An *meine* Zeitung bin ich schon gewöhnt, so wie zum Beispiel an
meine Pantoffeln. Vielleicht habt Ihr neue Pantoffeln, meine aber sind alt und
ausgetreten und haben eine Form, mit Verlaub, wie Pfannkuchen. Dafür aber
haben meine Pantoffeln einen Vorzug, den Eure bestimmt nicht haben: *Sie
sind eben meine …!*

Und wie mit den Pantoffeln, so verhält es sich – nicht dass ich beides
gleichsetzen will – auch mit der Zeitung. Ich habe zu Hause einen Nachbarn.
Im selben Hof wohnt er mit mir, sogar im selben Stockwerk, Tür an Tür. Er
hält sich eine Zeitung, und ich auch. Er seine und ich meine. Einmal sage ich
zu ihm: ›Müsst Ihr denn extra eine Zeitung für Euch halten, und ich eine für
mich? Besser, Ihr gebt mir einen Anteil zu den Kosten für mein Blatt, dann
abonnieren wir eine Zeitung zusammen.‹ Er hört sich das an: ›Warum denn

איין צײַטונג". הערט ער מיך אויס און מאַכט צו מיר: „מהיכא־תּיתי. זייער פֿײַן. גיט מיר צושטײַער אויף מײַן צײַטונג". זאָג איך: „אײַער צײַטונג איז אַ שמאַטע, און מײַן צײַטונג איז אַ צײַטונג". זאָגט ער צו מיר: „ווער האָט אײַך געזאָגט, אַז מײַן צײַטונג איז אַ שמאַטע? טאָמער דאָס אייגענע פֿאַרקערט?" זאָג איך: „ווי קומט איר צו זײַן אַ מבֿין אויף צײַטונגען?" זאָגט ער צו מיר: „ווי קומט איר צו זײַן אַ מבֿין?" „ע! – זאָג איך – זענט איר דאָך פֿראָסט אַ ייִד אַן עזות־פּנים, וואָס זשע האָב איך מיט אײַך צו רעדן?"...

הקיצור, ער איז געבליבן בײַ זײַן צײַטונג, איך – בײַ מײַן צײַטונג. און ס'איז אַוועקגעגאַנגען אָט אַזוי אַ צײַט.

ויהי היום, טרעפֿט זיך אַ מעשׂה – דאָס איז געווען בעת, ניט הײַנט געדאַכט, די כאָלערע אין אָדעס. מיר ביידע, איך און מײַן שכן, האָבן געשעפֿטן מיט אָדעס. ער האָט זיך זײַנע געשעפֿטן, איך האָב מיר מײַנע געשעפֿטן. איין מאָל גייען מיר ביידע פֿון די טרעפּ אַראָפּ און באַגעגענען דעם טרעגער, וואָס צעטראָגט צײַטונגען. אָפּגענומען בײַם טרעגער די צײַטונגען, ער זײַן צײַטונג, איך מײַן צײַטונג, גייען מיר זיך ביידע אַזוי און קוקן אַרײַן אין די צײַטונגען. איך אין מײַן צײַטונג, ער אין זײַן צײַטונג. וואָס לייענט מען אין אַ צײַטונג פֿריִער פֿאַר אַלץ? – די טעלעגראַמעס. איך גיב אַ קוק די ערשטע טעלעגראַמע פֿון אָדעס: „נעכטן זענען קראַנק געוואָרן אויף כאָלערע 230, געשטאָרבן 160. טאָלמאַטשאָוו האָט געשיקט רופֿן צו זיך די גבאָים פֿון אַלע ייִדישע שולן..." און אַזוי ווײַטער. מילא, טאָלמאַטשאָוו מיט די גבאָים פֿון די ייִדישע שולן – בין איך אים מוחל. דאָס איז בײַ מיר קיין נײַעס. דערויף איז ער טאָלמאַטשאָוו, ער זאָל זיך אינטערעסירן מיט ייִדישע שולן. מיך אינטערעסירט נאָר די כאָלערע, וואָס אין אָדעס. רוף איך מיך אָן צו מײַן שכן (יענער גייט מיט מיר אויף איין טראָטואַר, ווי קאָן מען זײַן אַזוי גראָב?):

– געפֿעלט אײַך, זאָג איך, אָדעס? שוין ווידער די כאָלערע.

רופֿט זיך אָפּ צו מיר מײַן שכן:

– סע קאָן ניט זײַן.

פֿאַרדריסט דאָס מיך: וואָס הייסט – „סע קאָן ניט זײַן"? און איך נעם און לייען אים איבער פֿון מײַן צײַטונג אַרויס די טעלעגראַמע פֿון אָדעס: „נעכטן זענען קראַנק געוואָרן אויף כאָלערע 230, געשטאָרבן 160. טאָלמאַטשאָוו האָט געשיקט רופֿן צו זיך די גבאָים פֿון [אַלע] ייִדישע שולן..." און אַזוי ווײַטער. הערט ער מיך אויס, דער שכן מײַנער, און רופֿט זיך אָן צו מיר: „אָט וועלן מיר באַלד זען"... און שטעקט אַרײַן די נאָז אין זײַן צײַטונג. פֿאַרדריסט דאָס מיך שוין זייער שטאַרק און איך רוף מיך אָן צו אים:

– וואָס מיינט איר, אין אײַער צײַטונג זענען אַנדערע טעלעגראַמעס?

– מע קאָן ניט וויסן. – מאַכט ער צו מיר מיט אַ האַלבן מויל.

nicht? Eine gute Idee! Zahlt mir etwas zu den Kosten für meine Zeitung!‹ Ich antworte ihm: ›Aber Eure Zeitung ist ein Schmierblatt, keine richtige Zeitung wie meine.‹ Da meint er zu mir: ›Wer sagt Euch denn, dass meine Zeitung ein Schmierblatt ist? Vielleicht ist es gerade umgekehrt?‹ Ich antworte wieder: ›Aber was versteht Ihr denn von Zeitungen?‹ Und er: ›Aber *Ihr* natürlich, Ihr seid ein großer Experte!‹ ›Pah‹, sage ich, ›jetzt werdet Ihr noch unverschämt! Wozu soll ich mich überhaupt noch mit Euch unterhalten?‹

Kurzum, er ist bei seiner Zeitung geblieben – und ich bei meiner. So ging es eine Zeitlang.

Und siehe, es geschah…[55] Danach ist folgende Sache passiert: Es war zu der Zeit – nicht mehr daran denken will ich –, als in Odessa die Cholera grassierte. Wir beide, mein Nachbar und ich, hatten geschäftlich in Odessa zu tun. Natürlich er in seinen Geschäften und ich in meinen. Eines Tages laufen wir beide die Treppe hinunter und begegnen dem Mann, der die Zeitungen austrägt. Wir kriegen unsere Blätter vom Träger – er seins und ich meins – und schauen im Weitergehen in unsere Zeitungen hinein, er in seine und ich in meine. Nun, was liest man in der Zeitung vor allem anderen? Die letzten Meldungen! Ich werfe einen Blick auf die erste Kurznachricht: ›Gestern zweihundertdreißig neue Fälle von Cholera. Bereits einhundertsechzig Tote. Tolmatschow[56] bestellt alle Vorsteher der jüdischen Gemeinden zu sich…‹ und so weiter. Nun, das mit Tolmatschow und den Vorstehern der jüdischen Schulen, die er bestellt hat, will ich Euch schenken. Das ist für mich nichts Neues. Dafür ist er ja Tolmatschow, dass er die jüdischen Schulen nicht in Ruhe lässt. Mich interessiert allein die Cholera in Odessa. Ich wende mich an meinen Nachbarn (er geht wahrhaftig neben mir auf demselben Bürgersteig, so unverschämt ist er!).

›Nun, was sagt Ihr zu den Nachrichten aus Odessa? Schon wieder die Cholera.‹

Sagt mein Nachbar zu mir:

›Das kann nicht sein.‹

Das ärgert mich. Was soll das heißen: ›Das kann nicht sein‹? Ich reiche ihm also meine Zeitung und zeige auf die Kurzmeldungen: ›Gestern zweihundertdreißig neue Fälle von Cholera. Bereits einhundertsechzig Tote. Tolmatschow bestellt alle Vorsteher der jüdischen Gemeinden zu sich…‹ und so weiter. Mein Nachbar hört mich an und sagt dann zu mir: ›Das werden wir gleich haben!‹ Und schaut in seiner Zeitung nach. Das ärgert mich schon ziemlich, und ich sage wieder zu ihm:

›Was glaubt Ihr wohl, sind in Eurer Zeitung andere Kurzmeldungen?‹

›Wer weiß?‹, macht er halblaut in meine Richtung.

פֿאַרדריסט דאָס מיך מסתּמא נאָך שטאַרקער:

– אָדער וואָס רעכנט איר, זאָג איך, אין אײַער צײַטונג איז אַן אַנדער אָדעס, זאָג איך, מיט אַן אַנדער כאָלערע מיט אַן אַנדער טאָלמאַטשאָוו?

ענטפֿערט ער מיר שוין דערויף גאָרניט, נאָר ער הערט ניט אויף צו זוכן אין זײַן צײַטונג די טעלעגראַמע פֿון אָדעס. נו, גייט רעדט מיט אַ פּרא־אָדם!

ניין. אונטער וועגנס איז פֿאַראַן אַ בעסערע זאַך אויף די צײַט צו פֿאַרטרײַבן: אַ קערטל. אַ זעקס־און־זעכציק.

קאָרטן בכלל – איז אַ יצר־הרע. דאָס ווייסט איר דאָך. נאָר אין וועג זענען קאָרטן אַ גן־עדן. אין וואַגאָן, אַז איר מאַכט אַ קערטל, ווייסט איר ניט, ווו די צײַט קומט אַהין. אַוודאי דאַרף מען האָבן דערצו די ריכטיקע קאָמפּאַניע. וואָרעם איר קאָנט אַ מאָל אַרײַנפֿאַלן אין אַן אומגליק, זאָל גאָט שומר־ומציל זײַן! איר דאַרפֿט אײַך נאָר היטן, איר זאָלט זיך ניט אַרײַנכאַפּן צווישן דער גוטער חבֿרה קאָרטן־שפּילער, וואָס כאַפּן אַ פֿרײַער און מאַכן אים פּאַר אַ קדוש. געוויינטלעך, איז שווער צו דערקענען, ווער ס׳איז אַ פֿײַנער מענטש און ווער ס׳איז אַ שוליער. אַדרבה, זיי זעען אויס, מערסטנטייל, אָט די דאָזיקע חבֿרה־לײַט, ווי נעבעכלעך, גאָט די נשמה שולדיק, מאַכן זיך געפּגרט, שפּילן צווישן זיך „בלאַט", היצן זיך כּלומרשט בײַם פֿאַרשפּילן, אַזוי לאַנג, אַזוי ברייט, ביז זיי שלעפּן אײַך אַרײַן אין קאָן. זיי גיבן אײַך די מעגלעכקייט צו געווינען איין מאָל און צוויי מאָל און דרײַ מאָל, אַזוי לאַנג, אַזוי ברייט, ביז די קאָרט „מאַכט לעמל" און איר הייבט אָן צו פֿאַרשפּילן – דעמאָלט זײַט איר שוין אַ פֿאַרטיקער קרבן. איר וועט שוין ניט אַוועקגיין, זײַט זיכער, ביז וואַנען איר וועט זיי ניט פֿאַרשפּילן דעם זייגער מיט דער קייט מיט אַלץ, וואָס האָט נאָר עפּעס אַ ווערט. איר פֿילט, אַז איר האָט זיך אַרײַנגעכאַפּט צווישן אַ באַנדע שוליערס, נאָר איר קריכט, ווי אַ שעפּעלע, גלײַך צום וואָלף אין די ציין אַרײַן. אָ, איך קען זיי, די דאָזיקע לײַט! זיי קאָסטן מיך רבי־געלט!... איך האָב פֿון זיי צו דערציילן מעשׂיות, מיט מעשׂיות, מיט מעשׂיות, גאַנצע פּעק מיט מעשׂיות. מע פֿאָרט אין וועג, הערט מען זיך אָן.

למשל, איך ווייס אַ מעשׂה מיט אַ קאַסירער, וואָס האָט געפֿירט מיט זיך פֿרעמד געלט – אַ היפּשע פּויטיקע, – זיך אַוועקגעזעצט מיט דער חבֿרה און פֿאַרשפּילט עד־לפּ״ק, אַזוי, אַז ער האָט זיך געוואָלט פֿון וואַגאָן אַרויסוואַרפֿן.

הײַנט ווייס איך אַ מעשׂה מיט אַ יונגן־מאַנטשיק, אַן איידעם פֿון וואַרשע, וואָס איז נאָר וואָס אַראָפּ פֿון קעסט, געפֿירט מיט זיך דאָס גאַנצע ביסל נדן, און געפּטרט ביז איין גראָשן, און געבליבן חלשות אויפֿן אָרט.

Das ärgert mich natürlich noch mehr.

›Aha, dann schreibt also Eure Zeitung von einem anderen Odessa und einer anderen Cholera und einem anderen Tolmatschow?‹

Darauf kann er mir natürlich kein Wort antworten, sondern sucht immer weiter in seinem Blatt die letzten Meldungen aus Odessa. Seht Ihr, so ist es, wenn Ihr Euch mit einem ungehobelten Kerl streitet.

Nein, nein. Es gibt etwas Besseres, um sich unterwegs die Zeit zu vertreiben: ein Spielchen Karten! Ein ›Sechsundsechzig‹[57] zum Beispiel.

An sich ist das Kartenspiel ja ein Laster, Ihr wisst das selbst. Aber unterwegs wird es zu einer himmlischen Wonne. Wenn Ihr im Waggon sitzt und ein Spielchen macht, wisst Ihr nicht, wo die Zeit geblieben ist. Natürlich, man braucht dazu die richtige Gesellschaft. Denn sonst könnt Ihr wahrhaftig in ein Unglück hineinstolpern, dass Gott Euch davor bewahre! Hütet Euch davor, unter eine richtige Bande von Kartenspielern zu fallen, die sich einen ahnungslosen Menschen krallen und ihn total ausziehen. Obwohl es ja schwer zu erkennen ist, ob einer ein ehrlicher Mensch ist oder ein Falschspieler, vor allem, weil diese Kerle meistens ganz unschuldig aussehen, als könnten sie kein Wässerchen trüben. Sie tun so, als ob sie total erledigt seien, regen sich künstlich auf, wenn sie verlieren, so lange, bis sie Euch schließlich und endlich ins Spiel hineingezogen haben. Einmal, zweimal oder auch dreimal lassen sie Euch gewinnen, bis auf einmal die Karten ›verrückt‹ spielen, und Ihr anfangt zu verlieren. Aber dann seid Ihr schon erledigt und geliefert. Seid sicher, Ihr werdet nicht eher aufstehen, als bis Ihr Eure Uhr mit der Uhrkette und alles, was irgendeinen Wert hat, an sie verspielt habt! Ihr merkt zwar, dass Ihr an eine Bande von Falschspielern geraten seid, aber wie ein Lamm kriecht Ihr selbst dem Wolf zwischen die Zähne.

Ah, ich kenne sie, diese Herrschaften! Ich habe mein Lehrgeld an sie gezahlt… Ich könnte Euch da eine Geschichte nach der anderen erzählen, jede Menge von Geschichten! Man hört so viel, wenn man unterwegs ist.

Zum Beispiel die Sache von dem Kassierer, der mit fremdem Geld unterwegs war, einem hübschen Sümmchen. Er hat sich mit solch einer Bande hingesetzt und alles bis zur letzten Münze verspielt, so dass er sich am Ende aus dem Waggon stürzen wollte.

Oder die Geschichte von dem jungen Burschen, der gerade vom Schwiegervater aus Warschau zurückkam, wo er in ›Kost‹ gelebt hatte und all sein bisschen Mitgift bei sich trug. Sie haben ihn so fertiggemacht und ausgezogen, dass er keinen Groschen mehr übrig behielt und an Ort und Stelle ohnmächtig zusammenbrach.

אין נאָך אַ מעשׂה ווייס איך מיט אַ סטודענטל, וואָס איז געפֿאָרן אויף יום־טובֿ אַהיים, אין טשערניגאָווער גובערניע, געפֿירט מיט זיך עטלעכע קערבלעך, פֿאַרהאָרעוועטע נעבעך מיטן ביטערן שווייס פֿון זומערדיקע לעקציעס, און אין דער היים האָט אַרויסגעקוקט אויף אים אַן אַלטע מאַמע מיט אַ קראַנקער שוועסטער נעבעך...

ווי איר זעט, האָבן די אַלע מעשׂיות כּמעט איין אָנהייב מיט איין סוף, און קיינער איז אין זיי נישט אַזוי קלאָר, ווי איך. מיך וועט מען שוין אַזוי גיך ניט אונטערפֿירן, אָבער גאָר לא! זיך איין מאָל אָפּגעבריט – גענוג... פֿאַר אַ מייַל וועל איך אײַך די חבֿרה דערקענען, ווער ס׳איז אַ פֿויגל און ווער ניט. בײַ מיר איז אַ פּרינציפּ – מיט אומבאַקאַנטע מענטשן שפּיל איך ניט אין קיין קאָרטן. מע זאָל מיך גילטן, וועל איך מיך אין וועג ניט אַוועקזעצן מיט אַ קאָמפּאַניע שפּילן אין קאָרטן. סײַדן אין צווייען אַ זעקס־און־זעכציק. אַ זעקס־און־זעכציק – אָך, מיטן גרעסטן כּבֿוד! אין צווייען אַ זעקס־און־זעכציק – איך בעט אײַך, וואָס קאָן דאָ זײַן פֿאַר אַ געפֿאַר? ובפֿרט מיט מײַנע אייגענע קאָרטן – פֿאַר וועמען האָב איך מורא? איך פֿיר מיר תּמיד מיט זיך מײַנע אייגענע קאָרטן. ווי בײַם ערלעכן ייִדן אַ טלית־ותּפֿילין, אַזוי איז בײַ מיר, להבֿדיל, אַ פּעשל קאָרטן.

איך בין מיך מודה: איך האָב ליב אַ זעקס־און־זעכציק. זעקס־און־זעכציק איז אַ ייִדיש שפּיל. איך ווייס ניט, ווי אַזוי איר – איך שפּיל מיט דער אַלטער מעטאָדע: מיט די צוואַנציק און מיט די פֿערציק. דאָס נײַנטל בײַט. און אַז איך האָב אַ לעוויי, מעג איך דעקן, און אַז איך האָב ניט קיין לעוויי, טאָר איך ניט דעקן. אָנשטענדיק – וואָס? אַזוי שפּילן אַלע ייִדן. אַזוי שפּילן מיר אין דער היים, און אַזוי שפּיל איך אין וועג. איך, ווי איר קוקט מיך אָן, קאָן אײַך אַוועקזעצן זיך, אונטער וועגנס געוויינטלעך, בײַ אַ זעקס־און־זעכציק – און אַוועקזיצן אַזוי אַ טאָג מיט אַ נאַכט און שפּילן, און שפּילן, און גאָרניט אויפֿהערן. איך האָב נאָר פֿײַנט, אַז מע שטייט מיר הינטער די פּלייצעס און מע קוקט מיר אַרײַן אין בלעטל, אָדער מע גיט מיר עצות, ווי אַזוי איך זאָל גיין און צי איך זאָל דעקן, צי ניט... איך מוז אײַך אָבער דעם אמת זאָגן, אַז אונדזערע ייִדן, גאָט זאָל מיך ניט שטראָפֿן, זענען אַ מיאוס פֿאָלק. אונטער ייִדן איז שווער צו שפּילן אין זעקס־און־זעכציק בײַ אַ געזעלשאַפֿט. באַלד ווערט איר אַרומגערינגלט פֿון אַלע זײַטן מיט אַרײַנקוקערס, וואָס אַלע זענען זיי אײַך מבֿינים אויף אַ גאַנג און אַלע קאָנען זיי שפּילן אין זעקס־און־זעכציק. עס איז ניט אויסצובאַהאַלטן זיך פֿון זיי. ניט אָפּצוטרײַבן זיך! ווי זומער פֿון די פֿליגן! וויפֿל איר זאָלט זיי ניט טרײַבן, וויפֿל איר זאָלט זיי ניט זידלען: „פֿעטער! ווער פֿרעגט אײַך

Oder eine andere Geschichte könnte ich Euch erzählen von einem Studenten, der auf die Feiertage heimfuhr, in den Bezirk von Tschernigow. Bei sich trug er ein paar hübsche Rubel, die er den ganzen Sommer über mit viel Schweiß durch Nachhilfestunden verdient hatte. Und zu Hause erwarteten ihn sehnsüchtig die alte Mutter und eine kranke Schwester…

Wie Ihr seht, haben all die Geschichten fast denselben Anfang und dasselbe Ende, und niemand weiß das besser als ich! Mich kann man nicht so leicht verführen, mich nicht! Auf keinen Fall! Einmal bin ich reingefallen, das reicht mir! Auf eine Meile erkenne ich solch eine saubere Gesellschaft und weiß, ob einer ein Galgenvogel ist oder nicht. Es ist bei mir zum Prinzip geworden: Mit unbekannten Menschen spiele ich keine Karten. Man könnte mich mit Gold überschütten, ich würde mich unterwegs auf keinen Fall mit solch einer Kumpanei hinsetzen und Karten spielen – es sei denn ein ›Sechsundsechzig‹ zu zweit, das ja! Sogar mit dem größten Vergnügen! Ein ›Sechsundsechzig‹ zu zweit, ich bitte Euch, was kann denn daran gefährlich sein? Und vor allem, wenn man mit den eigenen Karten spielt, wovor sollte ich dann Angst haben? Ich habe nämlich immer mein eigenes Blatt bei mir. Wie bei einem ordentlichen Juden mit Tallit und Tefillin, so geht es mir – nicht dass ich das gleichsetzen will – mit dem Kartenspiel.

Ich will Euch gerne zugeben: Ich lebe für mein ›Sechsundsechzig‹. ›Sechsundsechzig‹ ist doch ein jüdisches Spiel. Ich weiß nicht, wie Ihr es haltet. Ich jedenfalls spiele nach der alten Regel, mit Hochzeiten von zwanzig und vierzig. Und die Neun kann man eintauschen. Wenn ich einen Stich habe, darf ich ›zudrehen‹, ohne Stich ist es nicht erlaubt. Das lässt sich hören, was? So jedenfalls spielt man es überall bei Juden. So spielen wir es zu Hause, und genauso spiele ich es auch unterwegs. Wie Ihr mich da seht, kann ich mich – da ich oft so lange unterwegs bin – zu einem ›Sechsundsechzig‹ hinsetzen und glatt einen Tag und eine Nacht lang sitzen bleiben und spielen, ohne aufzuhören. Ich kann nur nicht leiden, wenn einer hinter mir steht und mir über die Schulter ins Blatt schaut. Oder dass mir einer Ratschläge gibt, wie ich spielen soll und ob ich aufdecken muss oder nicht. Aber ich will Euch gleich zugeben, unsere Leute – Gott soll mich nicht strafen – sind darin ziemlich mies. In einer Gesellschaft von Juden ist es kaum möglich, in Ruhe ›Sechsundsechzig‹ zu spielen. Im Nu seid Ihr von allen Seiten umgeben von Leuten, die Euch in die Karten starren, und natürlich sind sie alle große Meister im ›Sechsundsechzig‹. Man kann sie nicht loswerden und nicht vertreiben. Sie sind wie die Fliegen im Sommer. Ihr wollt sie Euch vom Hals schaffen und fahrt sie ordentlich an: ›Wer hat Euch um Euren Rat gefragt?…‹ ›Mein Herr,

עצות?" „רב ייִד, ווער האָט געשיקט נאָך איַיך?" „רב זיַיט־זשע־מוחל! הענגט ניט איבער מיַין קאָפּ. עס שמעקט פֿון איַיך בשׂמים!" – ווייס איך וואָס, ווי אין אַן איַיזערנע[ר] וואַנט!

פֿון איינעם אַזאַ בעל־עצה האָבן מיר אַ מאָל געכאַפּט, הערט איר, אַ פּסק, און נאָך גליקלעך אָפּגעשניטן. איך קאָן מיך ניט איַינהאַלטן. איך מוז עס איַיך דערציילן.

דאָס איז געווען ווינטערציַיט. אויך אונטער ווענגס. דער וואַגאָן איז געווען געפּאַקט. וואַרעם, ווי אין אַ באָד. ערטער – ווינציק. ייִדן – קיין עין־הרע, אַ סך. ווי שטערן אין הימל. קאָפּ אויף קאָפּ. ניטאָ ווו אַ שפּילקע דורכצוּוואַרפֿן. און דאָ האָט מיר גאָט צוגעשיקט אַ פּאַרטנער אויף אַ זעקס־און־זעכציק. דווקא אַ ייִד אַ פּראָסטער און אַ שוויַיגער, נאָר ער גייט אויס אַ זעקס־און־זעכציק, אַזוי ווי איך. מיר זוכן אַן אָרט, ווו די טאַליע קאָרטן אַוועקצולייגן – נישטאָ, כאָטש צי זיך אויס! וואָס טוט גאָט? אַקוראַט אַקעגן אונדז אויף דער צווייטער באַנק ליגט אויסגעצויגן אַ מאָנאַך אין אַ שמויסענעם פּעלץ מיטן פּנים אַראָפּ און פּאָפּט. כראָפּעט, קיין עין־הרע, געשמאַק איבערן גאַנצן וואַגאָן. איך גיב אַ קוק אויף מיַין פּאַרטנער, מיַין פּאַרטנער – אויף מיר. גליַיך ווי מיר וואָלטן זיך אויפֿגערעדט. אַ מאָנאַך אַ פּעטער, אַ גלאַטער, אַן אויסגעפּאַשעטער, מיט אַ פּעלץ אַ ווייכן – אויף אים האָט גאָט אַליין געהייסן מאַכן אַ זעקס־און־זעכ־ציק... און ניט לאַנג געטראַכט, לייגן מיר אויס די טאַליע קאָרטן ביַים מאָנאַך אויפֿן ווי־הייסט־מען־דאָס, און מע שפּילט.

אַזוי ווי הײַנט געדענק איך עס – טריומף איז געווען פּיק. איך האָב אייבער, מלכּה, מלך יום־טובֿ, אַס טרעף, קיניג שערל. די זעקסטע קאָרט... האַ? די זעקסטע קאָרט האָב איך שוין פֿאַרגעסן: אונטער האַרץ אָדער אייב־ער האַרץ? מיר דאַכט, אַז אונטער האַרץ. און אפֿשר טאַקע אייבער האַרץ? נאָר ס׳איז שוין ניט קיין נפֿקא־מינה. דער עיקר – איך האָב געהאַט אין דער האַנט אַ שפּיל – ווי זאָגט איר, אַ שפּיל פֿון גאָט: די אמתע פֿערציק, כּשרע דריַי אויגן! די פֿראַגע איז נאָר: מיט וואָס, למשל, וועט מיַין פּאַרטנער אַרויסגיין? ער זאָל וועלן גיין מיט טרעף, טראַכט איך מיר, וואָלט ער געווען אַ ייִד אַ חכם. איַי, וואָלט איך אים ליב געהאַט!...

און כּך־הווה. מיַין פּאַרטנער טראַכט און טראַכט (רבונו־של־עולם! וואָס וועט ער דאָ אויסטראַכטן?) – און נעמט און גייט אַרויס מסתּמא אַקר־ראַט מיט אַ צענטל טרעף! קושן דאַרף מען אים! איז אָבער ביַי מיר אַ טבֿע, הערט איר, אַז איך שפּיל אין זעקס־און־זעכציק, האָב איך פֿיַינט, ווי אַנדערע, היצן זיך. פּאַוואָליע, געלאַסן. איך האָב ציַיט. פֿאַרקערט, איך האָב ליב אַ ביסל אָנשפּילן זיך. איך רײַב מיר דעם שטערן, מאַך כּלומרשט אַ קרום פּנים.

wer hat Euch hierher bestellt?...‹ ›Bitte, seid so freundlich und geht da von meinem Kopf weg!...‹ ›Euer Duft ist nicht gerade angenehm...!‹ Aber es hilft nichts, Ihr redet wie gegen eine Wand von Eisen.

Mit solch einem Oberschlauen habe ich einmal etwas erlebt und bin zum Glück gerade noch davongekommen. Es hilft nichts, ich muss Euch die Geschichte erzählen:

Es war im Winter, auch unterwegs. Der Waggon vollgestopft mit Menschen, eine Hitze wie im Bad. Kaum Sitzplätze, dafür aber unberufen jede Menge Menschen, zahlreich wie die Sterne am Himmel, Kopf an Kopf. Nicht mal Platz für eine Stecknadel. Und ausgerechnet da hat mir Gott einen Partner für ein ›Sechsundsechzig‹ geschickt. Wirklich ein ordentlicher Mann, schweigsam, aber Feuer und Flamme für ein ›Sechsundsechzig‹, genau wie ich. Wir suchen ein Plätzchen, wo wir die Karten ausspielen können. Aber nichts ist zu finden, beim besten Willen nicht. Was sollen wir machen? Da liegt aber direkt gegenüber von uns auf der zweiten Bank von oben ein Mönch in seinem Lammpelz, liegt da mit dem Gesicht nach unten, schläft und schnarcht unberufen ganz munter durch den Waggon. Ich werfe einen kurzen Blick auf meinen Partner, er blickt zurück zu mir. Es war so, als hätten wir uns abgesprochen. Vor uns liegt so ein Kerl von einem Mönch, glatt, feist und vollgefressen in seinem weichen Pelz! Hat nicht Gott selbst geboten, dass wir auf dem unser ›Sechsundsechzig‹ spielen sollen...? Nicht lange überlegt, wir breiten unser Blatt aus auf dem Allerwertesten von unserem Bruder Mönch und spielen.

Ich erinnere mich noch, als wäre es gestern gewesen. Pik war damals Trumpf. Ich hatte den Buben, die Dame und den König, Kreuz-As, den Karo-König und... was war denn die sechste Karte? Also die sechste Karte habe ich vergessen. War es Herz-Bube oder Herz-Zehn? Vielleicht doch eher Herz-Bube! Aber es macht keinen Unterschied. Jedenfalls, ich hatte ein Spiel in der Hand, wie man so sagt, ein Spiel vom Himmel. Sichere vierzig, saubere... Die Frage ist bloß: Mit was wird mein Partner rauskommen? Wenn er mit Kreuz rausgeht, denke ich bei mir, wäre das zu schön! Ach, wie gerne hätte ich das!

Und so kam es auch. Mein Partner denkt und denkt – Herr des Himmels, was wird er sich bloß ausdenken? – und geht wahrhaftig mit dem Kreuz-Zehner raus. Küssen könnte ich ihn! Aber es ist bei mir ein Prinzip, hört Ihr, wenn ich ›Sechsundsechzig‹ spiele, zeige ich nicht gerne meine Gefühle nach außen, wie es andere tun. Immer gemach, in aller Ruhe. Ich habe Zeit. Im Gegenteil. Ich habe gerne ein bisschen Spaß dabei. Ich reibe mir also die Stirn und mache ein besorgtes Gesicht. Was kann es mir schaden? Soll mein

וואָס אַרט עס מיך? לאָז מײַן פֿאַרטנער האָבן אַ חיי־שעה. לאָז ער מיינען, אַז איך בין אויף צרות... גייט זײַט אַ נבֿיא, אַז הינטער די פּלייצעס בײַ מיר שטייט אַ ייִדל, שטיין זאָל ער אײַך פֿראַווצעם, און קוקט מיר אַרײַן אין בלעטל – אַרויס זאָלן אים די אויגן! דערזען דאָס צענטל טרעף, רײַסט ער אַרויס בײַ מיר פֿון די הענט דאָס אַס טרעף, שלאָגט דאָס צענטל, דערלאַנגט אַ זעץ מיט דער האַנט איבער דער טאַליע קאָרטן, וואָס בײַם מאָנאַך אויפֿן פּעלץ, און לאָזט אַרויס אַ געשריי:

– ס׳איז געדעקט!!!...

. . . .

מיט קיין צען וואַסערן האָב איך זיך ניט געקאָנט אָפּוואַשן פֿונעם דאָזיקן מאָנאַך. די זידלערײַען מיט די קללות, וואָס ער האָט אויסגעשאָטן, זאָלן פֿאַלן אויף זײַן קאָפּ. ער האָט אונדז געסטראַשעט, אַז אויף דער ערשטער סטאַנציע קריכט ער אַראָפּ און קלאַפּט אַוועק אַ דעפּעש גלײַך צו פּורישקעוויטשן... נו? קאָן מען לעבן אויף דער וועלט?

נאָר ניט דאָס איז דער עיקר־המעשׂה. איך האָב אײַך נאָר געוואָלט אויספֿירן, בדרך־אַגבֿ, וואָס מע שטייט זיך אויס אין וועג צוליב אַ זעקס־און־זעכציק, אויב מען איז אַ ליבהאָבער, ווי איך, למשל. די רעכטע מעשׂה, וואָס איך וויל אײַך דערציילן, הייבט זיך ערשט אָן. איר מעגט עס האָרכן.

געווען איז דאָס אויך ווינטער, פּונקט אין דער צײַט, דאָס הייסט, חנוכּה־צײַט, און אויך אין וואַגאָן. געפֿאָרן בין איך קיין אָדעס און געפֿירט מיט זיך געלט, אַ היפּשע סומע – מיר ביידע מעגן עס פֿאַרדינען אַלע חודש. בײַ מיר איז אַ פּרינציפּ: אַז איך פֿיר מיט זיך געלט – שלאָף איך ניט. איך האָב טאַקע נישט מורא פֿאַר גנבֿים, וואָרעם איך, אַז איך פֿיר מיט זיך געלט, האַלט איך עס – זעט איר ווו? – אָט דאָ, אין בוזעם־קעשענע, אין אַ גוטן טײַסטער, פֿאַרבונדן מיט צוויי בענדלעך. אַ מכּה וועט אַ גנבֿ צוקומען! נאָר גאָרניט. הײַנטיקע צײַטן – כוליגאַנעס, עקספּראָפּריאַציעס... אַ קשיא אויף אַ מעשׂה... זיץ איך מיר אַזוי, הייסט עס, איינער אַליין. דאָס הייסט, ניט איינער אַליין. עס פֿאָרן נאָך פּאַסאַזשירן, נאָר ניט קיין ייִדן. וואָס האָב איך פֿון זיי? ניטאָ מיט וועמען צו מאַכן אַ זעקס־און־זעכציק. דערווײַל, אַזוי ווי איך זיץ מיר פֿאַרזאָרגט און בענק נאָך אַ ייִדן, עפֿנט זיך די טיר פֿון אונדזער וואַגאָן – דאָס איז געווען גוטע עטלעכע סטאַנציעס ביז אָדעס – און עס קומען ניט אַרײַן צוויי פּאַסאַזשירן? און דווקא אַחינו־בני־ישׂראל. איך דערקען אַ ייִדן באַלד, ער מעג אײַך גיין אָנגעטאָן ווי אַכצן פּאָניעס און מעג מיט אײַך רעדן ניט נאָר אויף רוסיש, אַפֿילו אויף טערקיש. די צוויי פּאַסאַזשירן זענען געווען איינער אַן עלטערער, דער אַנדערער אַ ייִנגערער, און ביידע אָנגעטאָן אין פֿײַנע פּעלצלעך, מיט פֿײַנע היטלען, אָבער טאַקע וואָס פֿײַן הייסט!

Partner sich nur stark fühlen. Soll er ruhig meinen, ich säße in Schwierig-keiten. Seid aber ein Prophet und ahnt, dass hinter meinem Rücken ein Kerl steht, dass er starr und steif werde und ewig stehen bleibe! Und schaut mir ins Blatt, die Augen sollen ihm aus dem Kopf fallen! Kaum sieht er, dass der Kreuz-Zehner rausgespielt ist, da reißt er mir glatt mein Kreuz-As aus der Hand, knallt es auf den Zehner, haut mit der Hand auf den Kartenstoß, der auf dem Pelz unseres Mönches liegt, und schreit heraus:

›As geht drüber! …‹

.   .   .   .

Was sich da über mich ergoss, von Seiten unseres Bruders Mönch, das konnte ich mit zehn Wassern nicht abwischen. Soll das Geschimpfe und Geschrei, das er über mich schüttete, auf ihn selbst zurückfallen! Auf dem nächsten Bahnhof, so drohte er, wird er runterspringen und eine Depesche direkt an Purischkewitsch[58] jagen. Also, sagt selbst, in was für Zeiten leben wir?

Aber das ist noch nicht meine eigentliche Geschichte. Ich wollte Euch nur im Vorübergehen zeigen, was man wegen eines ›Sechsundsechzig‹ aus-zustehen hat, wenn man so begeistert ist wie zum Beispiel ich. Die richtige Geschichte, von der ich Euch erzählen will, fängt jetzt erst an. Hört also zu.

Es war auch im Winter, genau um die gleiche Zeit wie jetzt, das heißt so um Chanukka, und wieder einmal im Waggon. Damals fuhr ich nach Odessa und hatte Geld bei mir, eine hübsche Summe, so viel mögen wir beide in jedem Monat verdienen! Nun habe ich mir zum Prinzip gemacht: Wenn ich Geld bei mir trage, schlafe ich nie. Dabei habe ich wahrhaftig keine Angst vor Dieben, denn mein Geld habe ich immer… seht Ihr, wo? Genau da, in der Brusttasche, in einem festen Beutel, dazu noch mit zwei Schnüren zugebun-den. Der arme Dieb, der da rankommen will! Aber man sagt das so einfach in diesen Zeiten mit brutalen Schlägern und Raubüberfällen, wer kann sich da sicher sein? Ich sitze also ganz allein. Das heißt nicht wirklich allein. Andere Reisende waren auch da, aber keine Juden. Was soll ich mit diesen ande-ren? Jedenfalls war niemand da, mit dem man ein ›Sechsundsechzig‹ spielen kann. Aber auf einmal, während ich so dasitze, nachdenke und mir einen Juden herbeiwünsche, da geht die Waggontür auf und – es waren noch einige Stationen vor Odessa – da kommen doch wahrhaftig zwei neue Fahrgäste rein und beide sind wirklich von der Schar der ›Kinder Israels‹. Einen Juden erkenne ich sofort, da mag er sich anziehen wie achtzehn Iwans und mag mit Euch russisch reden oder sogar türkisch! Einer der Reisenden war schon äl-ter, der andere ein junger Mann. Beide trugen sie teure Pelze und auch feine

אַוועקגעשטעלט די טשעמאָדאַנעס, אויסגעטאָן די פּעלצלעך, אַראָפּגענומען די היטלען, פֿאַררייכערט צו פּאַפּיראָסן, מיר אויך געגעבן אַ פּאַפּיראָס – און מע רעדט. פֿריִער, געוויינטלעך, רעדט מען בלשון־יוונית, דערנאָך יידיש. „פֿון וואַנעט איז אַ ייִד? ווּהין פֿאָרט איר?“ – „ווּהין פֿאָרט איר?“ – „קיין אָדעס“. – „קיין אָדעס? איך פֿאָר דאָך אויך קיין אָדעס“. – „פֿאָרן מיר, הייסט עס, אַלע דרײַ קיין אָדעס“. אַהין־אַהער, מע האָט זיך צערעדט. „ווייסט איר, וואָס פֿאַר אַ יום־טובֿ בײַ אונדז איז הײַנט?“ – „דהײַנו?“ – „איר האָט פֿאַרגעסן? חנוכּה!“ – „אוי, חנוכּה? חנוכּה איז דאָך אַ מיצווה צו מאַכן אַ קערטל! אַ זעקס־און־זעכציק!“ – „געררעכט!“ – כאַפּט זיך אויף דער יונגער־מאַן און ציט אַרויס פֿונעם אַלטנס קעשענע אַ טאַליע קאָרטן און רופֿט זיך אָן צום עלטערן: „פּאַפּאַ! לכּבֿוד חנוכּה אַ זעקס־און־זעכציק?“...

די משמעות – אַ טאַטע מיט אַ זון. טשיקאַווע צו זען, ווי אַ זון שפּילט מיט אַ טאַטן אין זעקס־און־זעכציק. איך וואָלט אַפֿילו אַ בעלן געווען אַליין מאַכן אַ זעקס־און־זעכציק, נאָר דעם יצר־הרע נאָכגעבן, ווי זאָגט איר, טאָר מען ניט. מיר וועלן זיך באַנוגענען דערמיט, וואָס מיר וועלן קוקן, ווי יענער שפּילט...

איבערגעקערט אַ טשעמאָדאַן, אַוועקגעשטעלט צווישן די פּיס – מע וואַרפֿט אויס קאָרטן. דער טאַטע איז ערשטע האַנט, דער זון צווייטע האַנט, און מע שפּילט אין זעקס־און־זעכציק. איך זיץ בײַ דער זײַט און קוק אַרײַן צום אַלטן. טוט מיך דער אַלטער אַ פֿרעג פֿאַרבײַגייענדיק, אויב מיר איז באַקאַנט דאָס שפּיל פֿון זעקס־און־זעכציק? צעלאַך איך מיך מן־הסתם: אַ שיינע מעשׂה, נאָר אַ קורצע. איך בין אַליין דער מחבר פֿון זעקס־און־זעכציק, פֿרעגן זיי מיך, אויב איך שפּיל אין זעקס־און־זעכציק! און איך זיץ מיר אַזוי מן־הצד און קוק, ווי די צוויי, דער טאַטע מיטן זון, שפּילן אין זעקס־און־זעכציק. און איך בין שטאַרקער פֿון אײַזן: דער אַלטער הינער־פֿרעסער מאַכט געגנג, אַז מע קאָן שטאַרבן. שטעלט אײַך פֿאָר: אַ מענטש האָט אין דער האַנט צוויי מאָל טריומף מיטן נײַנטל, צוויי שטאַרקע פּיק מיט איין מאָל טרעף, – גיי זשע אָפּ מיטן טרעפֿל, וועסטו צוקויפֿן נאָך אַ מאָל טריומף צו אַ פֿערציק און אפֿשר קאָנען דעקן? ניין! אַמער, גייט ער בעסער מיטן ייִנגערן פּיק און בלײַבט שטיין, ווי אַ ליימענער גולם, מיט אַ נאַקעט צענטל פּיק! נעמט דאָך מסתּמא דער זון, די צירונג, און דעקט, און גייט אַרויס צו אים פֿריִער מיט איין מאָל יום־טובֿ, נאָך אַ מאָל יום־טובֿ, ווי גאָט האָט געבאָטן, ציט אָפּ דאָס צענטל פּיק, דעקט אויף אַ צוואַנציק – און אַ גוטן טאָג מיט דער קאַפּאָטע. דרײַ אויגן, ווי די בעכער!

דאָס איז געווען איין מאָל אַ גאַנג.

דאָס אַנדערע מאָל איז געווען נאָך ערגער. טאַקע הימלשרײַענד! הערט אַ מעשׂה: אַ ייִד האָט זײַן אייגנס זעקס אויגן. עס פֿעלט אים סך־הכּל איין

Hüte, wirklich, was man nur fein nennen kann. Sie stellen die Koffer weg, schälen sich aus ihren Pelzen, nehmen die Hüte ab, zünden sich Zigaretten an – mir geben sie gleich auch eine Zigarette –, und man kommt ins Gespräch. Wie immer spricht man zuerst russisch und wechselt dann über ins Jiddische. ›Wo kommt Ihr her?‹ ›Wo fahrt Ihr hin?‹ ›Und *Ihr?*‹ ›Nach Odessa.‹ ›Nach Odessa? Nach Odessa fahre ich doch auch.‹ ›Fahren wir also alle drei miteinander nach Odessa.‹ Ein Wort ergibt das andere. Wir sind ins Reden gekommen. ›Wisst Ihr, welchen Feiertag wir heute haben?‹ ›Nein, welchen, bitte schön?‹ ›Ihr wisst das nicht mehr? Chanukka!‹ ›Chanukka, wirklich?‹ ›Nun, an Chanukka ist doch ein Spielchen Karten fällig, das gehört sich doch, ein „Sechsundsechzig“!‹ ›Richtig!‹, richtet sich der junge Mann auf, zieht aus der Tasche des Älteren ein Kartenspiel und ruft dem anderen zu: ›Auf, Papa! Ein „Sechsundsechzig“ zu Ehren von Chanukka!‹

Also, was stellt sich heraus? Sie sind Vater und Sohn. Ich bin neugierig darauf, wie wohl ein Vater mit dem Sohn ›Sechsundsechzig‹ spielt. Ich hätte ja selbst nicht übel Lust auf ein ›Sechsundsechzig‹, aber dem bösen Trieb nachgeben, wie man so sagt, das soll man nicht. Begnügen wir uns damit, zuzuschauen, wie die zwei spielen.

Ein Koffer wird umgekippt und zwischen die Füße gestellt, schon gibt man die Karten aus. Der Vater kommt raus, der Sohn folgt, und das ›Sechsundsechzig‹ geht los. Ich sitze daneben und schaue dem Alten zu. So ganz nebenbei fragt er mich, ob ich mich mit dem Spiel auskenne, also mit ›Sechsundsechzig‹. Ich muss natürlich lachen. Wirklich, ein guter Witz! Man könnte fast behaupten, ich selbst habe es erfunden, und sie fragen mich, ob ich etwas davon verstehe. Ich sitze also ganz unbeteiligt und unauffällig da und schaue zu, wie die beiden ihr ›Sechsundsechzig‹ spielen, der Vater mit dem Sohn. Und ich sage Euch, stark wie Eisen musste man da sein, denn dieser alte Hühnerfresser spielte so, dass man hätte tot umfallen können. Stellt Euch vor: Der Mann hat zwei starke Trümpfe in der Hand und dazu den Neuner, zwei dicke Pik und einmal Treff. Na, da wirf doch Treff ab, vielleicht wirst du noch mal Trumpf ziehen für eine vierziger Hochzeit und vielleicht sogar zudrehen können! Aber nein, was tut er? Er geht mit der niedrigen Pik raus und sitzt dann da wie der Golem aus Lehm.[59] Da geht natürlich das Prachtstück von seinem Sohn hin, dreht zu, spielt zuerst Trumpf raus und dann noch einmal Trumpf, wie es genau richtig ist, und zieht ihm den Pik-Zehner raus, sagt seine zwanzig an, und gute Nacht, Jakob! Drei Punkte wie nichts.

Das war die erste Runde.

Bei der zweiten wurde es noch schlimmer. Es schrie direkt zum Himmel! Hört Euch das an: Der Mann hat schon sechs Spielpunkte zusammen. Es

אויג. און דער פּאַרטנער, דער זון הייסט עס, האָט ערשט צוויי. אין האַנט איז בײַם אַלטן תּרח אַזוי גרויס ווי דרײַ מאָל טריומף מיט אַ צוואַנציק. כאַפּט ער און דעקט צו און גייט ניט אָפּרופֿן יום־טובֿ. ניין. ער זאָגט בעסער צוואַנציק. גייט דער פּאַרטנער, דער זון הייסט עס, און ציט אָפּ בײַ אים דעם צוואַנציק מיט אַ טריומף און מיט נאָך אַ קאָרט און זאָגט אַליין צוואַנציק – און פֿאַרטיק מיט דרײַ אויגן! טוט עס מיך אַ טראָג אויף: אַ וויסטער אַ פֿינצטערער חנר־כּה!... ניין, איך קאָן שוין מער ניט צוזען. „האָט קיין פֿאַראיבל ניט, זאָג איך צום אַלטן גאַנאַמניק, בײַ מיר איז אַ פּרינציפּ ניט אַרײַנמישן זיך בעת יענער שפּילט. נאָר איך וואָלט אַ בעלן זײַן וויסן, מאַכט מיך קלאָר, וואָס איז דער שׂכל, וואָס איר האָט געדעקט? ניין, זאָגט מיר, איך בעט אײַך, וואָס פֿאַר אַ רעכענונג האָט איר דאָ געהאַט? ממה־נפֿשך: האָט אײַער פּאַרטנער שראַגע, זענט איר דאָך אַוודאי אין דער היים. אלא וואָס דען? טאָמער האָט ער גאָלד? געזונטערהייט! מיט וואָס ריזיקירט איר דאָ? מיט איין אויג, בעת איר האָט זעקס און יענער צוויי? מע דאַרף דאָך זײַן ערגער ווי געשמדט!“... ענטפֿערט ער מיר ניט דאָס צווייטע וואָרט, דער אַלטער כלבֿ, נאָר דער זון, דער קדיש, שמייכלט: „דער פּאַפּאַ, זאָגט ער, שפּילט שוואַך. דער פּאַפּאַ, זאָגט ער, קאָן ניט שפּילן אין זעקס־און־זעכציק“. „אײַער פּאַפּאַ, זאָג איך, טאָר ניט שפּילן אין זעקס־און־זעכציק. אין זעקס־און־זעכציק, זאָג איך, לאָזט מיך!“ ווײַל אָבער דער אַלטער הונט ניט אָפּטרעטן בשום אופֿן און שפּילט ווײַטער, און מאַכט אַזעלכע געגג, אַז מע קאָן באַקומען די אַפּאָפּלעקציע! קוים מיט צרות האָב איך מיך אײַנגעבעטן, דער אַלטער שמאָראַווידלעק זאָל מיר איבערגעבן די האַנט מער ניט אויף צוויי־דרײַ פּאַרטיעס. „לכּבֿוד חנוכּה, זאָג איך, לאָזט מיך אויך פֿאַרדינען אַ מיצווה“...

„ווי טײַער שפּילן מיר?“ – מאַכט צו מיר דער קדיש. – „ווי טײַער איר ווילט“. – „צו איינערלעך?“ – „לאָז זײַן צו איינערלעך. נאָר מיט אַ תּנאַי, זאָג איך אין אַ ליצנות, דער פּאַפּאַ אײַערער זאָל אײַך ניט אַרײַנקוקן, זאָג איך, אין בלאַט אַרײַן און זאָל אײַך חלילה ניט געבן קיין עצות“... ווערט אַ געלעכטער, און מיר הייבן אָן שפּילן. איין פּאַרטיע, די אַנדערע, די דריטע. עס גייט מיר, קיין עין־הרע, דורך טיר און דורך טויער. מײַן פּאַרטנער הייבט זיך אָן צו היצן. ער וויל, זאָגט ער, שטעלן צוויי מאָל אַזוי פֿיל. ווילסט צוויי מאָל, לאָז זײַן צוויי מאָל אַזוי פֿיל. ווערט ער מסתּמא באַגראָבן צוויי מאָל אַזוי פֿיל און היצט זיך נאָך מער. ער וויל, זאָגט ער, פֿיר מאָל אַזוי פֿיל. ווילסט פֿיר מאָל, לאָז זײַן פֿיר מאָל אַזוי פֿיל. און ער ווערט ווידער באַגראָבן. ווערט ער שוין גוט אין כּעס: ער וויל, זאָגט ער, אויף אַ כּף־האער. שטעלט זיך אַוועק דער אַלטער צדיק, דער פֿאָטער הייסט עס: ער וועט ניט דערלאָזן! הערט ער אים

fehlt ihm also wohlgemerkt noch ein einziger Punkt. Sein Partner, also der Sohn, hat aber erst zwei. Und die alte Mumie hält gerade dreimal Trumpf und eine Hochzeit von zwanzig in der Hand. Und er weiß nichts Eiligeres zu tun, als zuzudrehen. Er verlangt nicht mal Trumpf. Nein, er denkt nicht daran! Er sagt bloß zwanzig an. Der Partner, also der Sohn, geht natürlich hin und zieht ihm König und Dame raus, dazu noch einen Trumpf und eine Farbe, sagt nun selbst seine zwanzig an, und schon hat er drei Spielpunkte. Da kann ich nicht mehr an mich halten. Was für ein trauriges und verdorbenes Chanukka! Nein, ich sehe mir das nicht weiter mit an. ›Nehmt es mir nicht übel‹, sage ich zum alten Narren, ›es ist ja ein Grundsatz bei mir, dass ich mich nicht einmische, solange ein anderer spielt. Ich würde aber zu gerne wissen, erklärt es mir bitte, was hat das für einen Sinn, dass Ihr zugedreht habt? Nein, ehrlich, sagt, was Ihr Euch dabei gedacht habt! Denn eins ist doch klar: Entweder Euer Partner hat ein schlechtes Blatt, dann habt Ihr doch Euer Spiel sowieso zu Hause. Oder aber er hat gute Karten, bitte schön, lasst ihn nur laufen, warum wollt Ihr jetzt etwas riskieren? Wo Ihr nur noch einen einzigen Punkt braucht, denn Ihr habt schon sechs, er aber erst zwei? Es ist ja schlimmer, als vom Glauben abzufallen!‹ Der alte Gauner antwortet mir darauf kein einziges Wort, dagegen lacht der Sohn, der prächtige Erbe. ›Mein Papa‹, sagt er, ›spielt schlecht, ganz schlecht. Mein Papa‹, sagt er, ›kann gar nicht richtig „Sechsundsechzig“ spielen.‹ ›Euer Papa‹, sage ich, ›sollte überhaupt nicht „Sechsundsechzig“ spielen. *Lasst lieber mich* „Sechsundsechzig“ spielen!‹ Aber der alte Hund will auf keinen Fall aufhören, sondern spielt immer weiter und macht solche Züge, dass einen der Schlag treffen könnte. Also mit Mühe habe ich durchgesetzt, dass mir der alte Schmierlappen wenigstens seinen Platz für zwei oder drei Partien überlässt. ›Chanukka zu Ehren‹, sage ich, ›lasst auch mich ein gutes Werk tun…‹

›Wie hoch wollen wir spielen?‹, meint der Sprössling zu mir. ›So hoch, wie Ihr wollt.‹ ›Um einen Rubel?‹ ›Meinetwegen um einen Rubel. Allerdings unter der einen Bedingung‹, sage ich scherzhaft, ›dass Euch Euer Papa nicht ins Blatt guckt und Euch, Gott bewahre, keine Tipps gibt…‹ Darauf lachen wir alle und fangen an zu spielen. Eine Partie, eine zweite und die dritte Partie. Kein schlechter Anfang für mich, Tor und Türen öffnen sich, alles läuft wie geschmiert. Mein Partner beginnt sich aufzuregen. Er will, sagt er, doppelt so viel setzen. Bitte sehr, willst du das Doppelte, mir soll es recht sein. Er geht auch mit dem doppelten Einsatz unter und gerät noch mehr in Feuer. Er will, sagt er, gleich das Vierfache einsetzen. Und verliert wieder. Jetzt gerät er schon richtig in Wut. ›Setzen wir einen *Kafhejer*‹, sagt er, einen ›Fünfundzwanziger‹. Jetzt mischt sich der Alte ein, diese Leuchte unter den

אָבער, דער תּכשיט, אין טראָק, און עס גייט בײַ אונדז אויף אַ כּף־האער – און ער פֿאַרשפּילט. ווערט דער אַלטער תּנא בייז, הייבט זיך אויף און זעצט זיך אָבער באַלד צוריק אַוועק, קוקט מיר אַרײַן אין די קאָרטן, זינגט בעת־מעשׂה אונטער און שמאָרעט צו מיט דער נאָז – און מײַן פּאַרטנער ברענט, ווי אויף פּאָקן. וואָס מער ער פֿאַרשפּילט, מער היצט ער זיך. וואָס מער ער היצט זיך, מער פֿאַרשפּילט ער. דער אַלטער אינדיק איז אויסער זיך! ער בייזערט זיך, זידלט זיך, קוקט אַרײַן צו מיר אין די קאָרטן, זינגט אונטער און שמאָרעט צו מיט דער נאָז. און דער זון, די צאַצקע, אַ קאָן נאָך אַ קאָן, ער ברענט, ווי אַ שטרויענער דאַך. „זאָל איך שלעכטס האָבן, – זאָגט צו אים דער פֿאָטער – אויב דו וועסט ווײַטער שפּילן!“ „פּאַפּאַ! – בעט זיך בײַ אים דער זון. – מער ניט, אַז נאָך איין קאָן. אַניט, זאָל איך ניט דערלעבן אויפֿשטיין פֿון דעם אָרט!“ „מער ניט, אַז איין קאָן, זאָג איך צום אַלטן פּאָקערלאָ, וואָס וועט אײַך אַרן?“...

הכּלל, מע גיט קאָרטן – דאַנקען גאָט, ער האָט געוווּנען. איך בין שוין אַליין אויך צופֿרידן, וואָס ער האָט געוווּנען. ווייל ער אָבער, זאָגט ער, נאָך אַ קאָן. נאַרישקייטן. מע קאָן דאָך ניט זײַן אַזוי גראָב, בעת יענער האָט זיך אַזוי פֿאַרשפּילט. נאָך דעם קאָן – נאָך אַ קאָן, און נאָך אַ קאָן, און נאָך אַ קאָן. וואָס טויג אײַך, עס האָט זיך איבערגעדרייט דאָס רעדל אין גאַנצן אויף זײַן זײַט. „נו? – רוף איך מיך אָן צום אַלטן המן. – פֿאַר וואָס בייזערט איר זיך איצטער ניט אויף אײַער קדיש?“ „איך וועל אים שוין אין דער היים, זאָגט ער, געבן אַ וויסטן סוף. ער וועט מיך האָבן צו געדענקען!“

אַזוי זאָגט דער אַלטער גנבֿ און הערט ניט אויף צו קוקן מיר אין די קאָרטן אַרײַן און אונטערזינגען און אונטערהוסטן און צושמאָרען מיט דער נאָז. מיר איז באַלד ניט געפֿעלן זײַן אַרײַנקוקן צו מיר אין בלאַט און זײַן זינגען מיט זײַן הוסטן מיט זײַן שמאָרען מיט דער נאָז. נאָר כּל־זמן מיר איז געגאַנגען דאָס קערטל, האָב איך מיך מיישבֿ געווען: „זינג, הוסט, שמאָרע מיט דער נאָז“... איצט, אַז עס האָט אָנגעהויבן גיין צוריק, איז מיר אַרײַן אַ געדאַנק, איך זאָל מיך צוהערן צו זײַן זינגען מיט זײַן הוסטן מיט זײַן שמאָרען מיט דער נאָז, צי שטעקט דאָ ניט דרינען אָקערשט אַ שמד־שטיק? דערווײַל גיט מען קאָרטן. אַ פּאַרטיע נאָך אַ פּאַרטיע – שלעכט! איך האַלט אין איין פֿאַרשפּילן. איך גיי אַלע מאָל אָפּ אָן אַ זײַט, בינד אויף די זײַט־קעשענע, צי אַרויס אַ הונדערטער נאָך אַ הונדערטער. עס האַלט שוין שמאָל. עס טאָגט! פּלוצעם נעמט מיך אָן דער אַלטער באַנדיט בײַ דער האַנט: „זאָל איך שלעכטס האָבן, זאָגט ער, אויב איך וועל אײַך לאָזן שפּילן, זאָגט ער; ס׳איז בײַ אײַך דער לעצטער הונדער־טער“. ווער איך מסתּמא אויפֿגעבראַכט: „פֿון וואַנען ווייסט איר, אַז ס׳איז בײַ מיר דער לעצטער הונדערטער?“ – און אים אויף צו להכעיס שטעל איך אַוועק דעם גאַנצן הונדערטער.

Gerechten. Er erklärt, dass er das nicht zulassen wird. Der saubere Sprössling hört aber kein bisschen auf ihn, und wir spielen um unsere fünfundzwanzig. Und er verliert. Da wird der alte Kerl, der große Weise, richtig böse. Springt auf, setzt sich wieder, schaut mir in die Karten und schnaubt mit der Nase. Mein Partner glüht, als wenn er die Pocken hätte. Je mehr er verliert, umso mehr gerät er in Feuer, und je hitziger er wird, umso mehr verliert er. Der alte Truthahn wird wütend. Er regt sich auf, schimpft vor sich hin und guckt mir in die Karten, er singt dabei irgendwas und schnauft mit der Nase. Und der Sohn, das Juwel, ein Spiel und noch ein Spiel, er brennt schon lichterloh wie ein Strohdach. ›Soll mich der Teufel holen, wenn ich dich noch weiterspielen lasse‹, sagt der Vater zu ihm. ›Papa‹, bittet ihn der Sohn, ›nur noch ein einziges Spiel! Sonst komme ich hier nicht lebendig heraus.‹ ›Nur noch ein einziges Spiel!‹, sage ich auch zum alten Wirrkopf. ›Was könnt Ihr dagegen haben?‹

Kurzum, die Karten werden verteilt, und Gott sei Dank, diesmal hat er gewonnen. Ich bin schon selbst froh, dass er gewonnen hat. Jetzt aber will er noch ein Spiel. Man sollte ja mit dem Unsinn nicht weitermachen, aber wo er die ganze Zeit verloren hat, kann man doch nicht unhöflich sein. Also noch ein Spiel und dann noch eines und ein drittes. Was soll ich Euch viel erzählen, das Glücksrad hat sich total zu seinen Gunsten gedreht. ›Na also!‹, ruf ich zum alten Haman. ›Warum seid Ihr jetzt nicht ärgerlich auf Euren Sprössling?‹ ›Zu Hause‹, sagt er, ›werde ich ihm schon ordentlich geben, wie er's verdient. Er wird das so schnell nicht vergessen!‹

So sagt der alte Strauchdieb und guckt mir immer weiter in die Karten, singt auch dauernd etwas vor sich hin, hustet und schnauft mit der Nase. Das hat mir mehr und mehr missfallen, wie er mir ins Blatt schaut, singt und hustet und schnauft. Aber solange bei mir das Spiel gut lief, hatte ich gedacht: Sing du nur, huste nur, schnaufe nur mit der Nase! Jetzt aber, wo es stark rückwärts lief, kam mir der Gedanke, ich sollte vielleicht genauer auf dieses Singen und Husten und Naseschnaufen achten, ob da nicht ein Schurkenstück dahintersteckt? Währenddessen werden weiter die Karten ausgeteilt. Eine Partie nach der anderen, und es läuft schlecht! Ich verliere immer weiter. Immer wieder muss ich mich zur Seite drehen und meine Brieftasche aufknöpfen: Einen Hunderter nach dem anderen ziehe ich raus. Es wird langsam knapp. Ich bin schon fast blank. Auf einmal fasst der alte Bandit meine Hand: ›Der Teufel soll mich holen, wenn ich Euch noch weiterspielen lasse‹, sagt er, ›es ist schon Euer letzter Hunderter.‹ Ich aber gerate in Wut: ›Woher wollt Ihr wissen, dass es mein letzter Hunderter ist?‹ Und ihm zum Trotz lege ich den ganzen Hunderter zum Einsatz hin.

ערשט דעמאָלט, אַז איך האָב מיך אין גאַנצן אויסגעלייִדיקט און איך האָב מיך געגעבן אַ כאַפּ, אַז איך בין נקי, ריין ווי אַ טעלער און נאַקעט ווי די מאַמע האָט מיך געהאַט, און ס'איז שוין ניט געווען מער וואָס צו שטעלן אין קאָן, און מייַן פּאַרטנער האָט גענומען פֿאַרשפּיליען זיך אויף אַלע קנעפּלעך און די בעקלעך האָבן אים געפּלאַמט – ערשט דעמאָלט האָב איך גענומען אַרומקוקן זיך, ווּ בין איך אויף דער וועלט? עפּעס האָט מיר דאָס האַרץ געזאָגט, אַז איך האָב מיך אַרייַנגעכאַפּט אין דער טומאה, אַז איך בין אַרייַן אין אַ נעץ... עס האָט מיר אָנגעהויבן אויסווייַזן, אַז דער טאַטע איז ניט קיין טאַטע און דער זון איז ניט קיין זון... מיר איז ניט געפֿעלן זייער קוקן, וואָס זיי האָבן זיך איבערגעקוקט, מיטן אויפֿשטיין פֿונעם זון און אַוועקגיין אויף אַ זייַט און מיטן נאָכגיין פֿונעם טאַטן. עס האָט זיך מיר אויסגעוויזן, אַז דער אַלטער האָט עפּעס אַ זאָג געגעבן דעם יונגן, און איך וואָלט געמעגט שווערן, אַז דער יונגער האָט עפּעס אַרייַנגערוקט דעם אַלטן אין יד אַרייַן...

דער ערשטער געדאַנק איז בייַ מיר געווען: „אפּשר זיך אַרויסוואַרפֿן דורכן פֿענצטער?“... נאָך דעם האָב איך מיר געזאָגט: „ניין, אַ מעסער זיי ביידן איבערן האַלדז, אָדער אַ פּיסטויל זיי אין האַרצן אַרייַן, אָדער גלאַט אָנפֿאַלן אויף זיי, כאַפּן פֿאַרן גאָרגל און נעמען וואַרגן, וואַרגן!... נאָר גיי מאַך, אַז איך בין איינער און זיי זענען צוויי. און דערווייַלע דער צוג לויפֿט. די רעדער קלאַפּן. דער קאָפּ דרייט זיך. אין האַרצן ברענט אַ פֿייַער... וואָס וועט זייַן? אָט־אָט, אָקערשט ווי מע זעט ניט, זענען מיר אין אָדעס. וואָס וועל איך טאָן? ווּהין וועל איך גיין? וואָס וועל איך זאָגן?... איך טו אַ קוק – מייַנע חבֿרה־לייַט נעמען זיך צו די טשעמאָדאַנעס. „ווּ זענען מיר?“ „אין אַ שטאָט, מאַכן זיי צו מיר, וואָס זי הייסט אָדעס“. איך טו מיך אַ כאַפּ צו דער קעשענע – איך האָב דאָך ניט אַפֿילו מיט וואָס דעם טרעגער צו באַצאָלן! עס באַשלאָגט מיך אַ קאַלטער שווייס. עס שטייען בייַ מיר טרערן אין די אויגן. די הענט טרייסלען זיך מיר. איך גיי צו צום אַלטן קצבֿ: „איך האָב, זאָג איך, צו אייַך אַ בקשה... כאָטש איין פֿינפֿאונצוואַנציקער“... „וואָס זאָגט איר מיר? זאָגט אים“. – מאַכט צו מיר דער אַלטער גזלן און ווייַזט מיר אָן אויפֿן יונגן. דער יונגער זשוליק דרייט זיך די וואָנצעס, מאַכט זיך, ווי ער הערט ניט. דער לאָקאָמאָטיוו פֿייַפֿט. סטאָפּ – מיר זענען שוין אין אָדעס. דער ערשטער, וואָס איז אַרויסגעשפּרונגען פֿון וואַגאָן – דאַרפֿט איר שוין אַליין פֿאַרשטיין, אַז דאָס בין געווען איך. און אַ גוואַלד האָט געמאַכט אויך ניט קיין אַנדערער. מיט די לעצטע כּוחות האָב איך גענומען שרייַען: „זשאַנדאַר! זשאַנדאַר!!“... און עס האָט ניט פֿיל גענומען, און עס איז אויסגעוואַקסן אַ זשאַנדאַר, און נאָך אַ זשאַנדאַר, און נאָך צוויי זשאַנדאַרן, און נאָך דרייַ זשאַנדאַרן... נאָר ביז עפּעס־וואָס, איז שוין דער ייִנגערער ימח־שמוניק נעלם געוואָרן. געבליבן איז נאָר דער אַלטער מתושלח, וועלכן איך האַלט צו בייַ דער האַנט שטאַרק־שטאַרק, ער זאָל ניט אַנטלויפֿן. וואָס טויג אייַך, ס'איז געוואָרן אויפֿן וואָקזאַל אַ צונויפֿלויף פֿון מענטשן, ערד־טרעטעניש! און מע האָט אונדז

Erst danach, als ich schon alles verloren hatte, und es mich durchfuhr, dass ich blank war, blank wie ein leerer Teller, nackt und bloß, wie mich meine Mutter zur Welt gebracht hatte, und ich schon nichts mehr fürs Spiel einsetzen konnte und mein Partner anfing, mit den Knöpfen zu spielen, und seine Backen glühten – erst dann habe ich mich mal umgeschaut, wo ich überhaupt hingeraten war. Und irgendwie sagte mir mein Gefühl, dass ich in einen Sumpf gefallen und ins Netz gegangen war. Es wurde mir langsam klar: Der *Vater* ist gar nicht sein Vater, und der *Sohn* nicht sein Sohn. Sein Umherblicken ist mir verdächtig geworden, und wie sie sich angeschaut haben und wie der Sohn aufgestanden ist und zur Seite ging und der Alte hinterher… Es ist mir auf einmal klar geworden, dass der Alte irgendwas zum Jungen gesagt hat, und ich hätte schwören können, dass der Junge auch dem Alten etwas in die Hand geschoben hat…

Mein erster Gedanke war: Es bleibt mir nichts übrig, als mich zum Fenster hinauszustürzen. Danach aber sagte ich mir: Nein, besser, ich gehe ihnen mit dem Messer an den Schlund oder ziele mit der Pistole direkt ins Herz. Ich werde mich glatt auf sie stürzen, sie an der Gurgel packen und würgen, erwürgen werde ich sie! Aber wie soll ich etwas ausrichten, wo ich doch allein bin, sie dagegen zu zweit? Unterdessen aber fährt der Zug immer weiter, die Räder klopfen. Mir dröhnt der Kopf. Im Herzen brennt es. Was kann man machen? Schon bald, eh man sich's versieht, werden wir in Odessa sein. Was soll ich nur tun, wohin mich wenden? Was soll ich sagen? Ich blicke um mich. Meine zwei sauberen Kerle holen ihre Koffer und machen sich fertig. ›Wo sind wir?‹ ›In einer Stadt, sie heißt Odessa‹, meinen sie zu mir. Ich tue einen Griff in die Tasche: Nicht mal den Träger kann ich mehr bezahlen. Kalter Schweiß überkommt mich. Die Tränen stehen mir in den Augen. Meine Hände zittern. Ich wende mich an den alten Schlächter: ›Ich habe‹, sage ich, ›eine Bitte an Euch. Wenigstens einen Fünfundzwanziger!‹ ›Wieso fragt Ihr mich? Wendet Euch an ihn!‹, meint der alte Gauner zu mir und zeigt auf den Jungen. Der junge Schurke aber dreht an seinem Schnurrbart und tut so, als höre er nicht zu. Die Lokomotive pfeift. Halt. Schon sind wir in Odessa. Der Erste, der aus dem Waggon springt, das könnt Ihr Euch schon denken, war ich. Und klar, dass ich sofort ein Riesengeschrei anfing. ›Gendarm! Gendarm!‹ Und wahrhaftig, nach kurzer Zeit taucht auch ein Gendarm auf und gleich ein zweiter und noch ein anderer und danach drei zusammen. Aber bis dahin war der junge Lump schon verschwunden. Zurück blieb wenigstens der Methusalem, den ich eisern am Arm festhielt, damit er mir nicht auch entwischen konnte. Was soll ich Euch erzählen? Es gab einen Menschenauflauf auf dem Bahnsteig, einen Riesenaufstand. Man hat uns beide in einen

אַרײַנגעבעטן בײדן אין אַ באַזונדער חדר אַרײַן. דאָרט האָב איך דערצײלט די גאַנצע מעשׂה פֿון אַלף ביז תּיו. ניט געזשאַלעוועט אַ טרער, אויסגעגאָסן מײַן גאַנץ ביטער האַרץ. מײַן געשיכטע, ווײַזט אויס, האָט זײ רעכט אָנגענומען בײַם האַרצן, וואָרעם מע האָט זיך באַלד אַ נעם געטאָן צום אַלטן כּישוף־מאַכער, ער זאָל אויפֿדעקן דעם גאַנצן אמת. לאָזט זיך אויס, אַז ווער־וואָס? ער ווייסט ניט פֿון וואָס צו זאָגן. פֿרעגט אים בחרם: וואָסערע לאָקשן? וואָסערע זעקס־און־זעכציק? וואָסערע קאָרטן? וואָסער זון? ער האָט גאָרניט קײן זון. גאָרניט געהאַט קײן מאָל. „אָט דער מענטש איז גערירט״... – אַזוי מאַכט דער אַלטער ממזר און ווײַזט אויפֿן קאָפּ, אַז איך בין אַ קראַנקער. „אַזאַ מעשׂה? – זאָג איך. – זאָל מען אים נאָר גוט באַזוכן!״ און מע נעמט אים און מע טוט אים אויס, איך בעט איבער אײַער כּבֿוד, ביזן העמד – ניט קײן קאָרטן, ניט קײן געלט! סך־הכּל פֿאַרמאָגט ער אַרום און אַרום צוויי און צוואַנציק מיט זיבעציק, און אַלײן זעט ער אויס אַזאַ נעבעך, אַזאַ כּשרע זאַך, אַז איך הייב אָן איבערצוטראַכטן, אפֿשר בין איך טאַקע ניט בײַ אַלע געדאַנקען? אפֿשר האָט זיך מיר געחלומט, אַז דאָס איז אַ טאַטע מיט אַ זון און אַז איך האָב געשפּילט מיט זײ אין זעקס־און־זעכציק, און אַז איך האָב פֿאַרשפּילט אַ פֿאַרמעגן?... וואָס איז געוועזן דער סוף? – פֿרעגט גאָרניט. לאָמיר בעסער צעשלאָגן זיך די געדאַנקען, מאַכן אין צווייען אַ זעקס־און־זעכציק לכּבֿוד־חנוכּה...

אַזוי לאָזט אויס דער פֿאַרשוין, וואָס זעט אויס אַ לײַטישער מענטש צו זײַן, אַ קאָמיוואָיאַזשער, אַזוי ווי איך, און אפֿשר אַלײן אַ סוחר. און עס וואַקסט אויס בײַ אים אין די הענט אַ טאַליע קאָרטן, און ער וואַרפֿט אויס, ווער ס׳זאָל זײַן ערשט – „ווי טײַער שפּילן מיר?״...

איך קוק אויף מײַן פֿאַרשוין, ווי ער וואַרפֿט די קאָרטן עפּעס צו קונציק, צו גלאַט און צו גיך. צו ווײַסע הענט בײַ אים. צו ווײַסע און צו ווייכע. און עס פֿליט מיר דורך אין קאָפּ אַ מיאוסע מחשבֿה...

– מיט פֿאַרגעניגן, זאָג איך, וואָלט איך מיט אײַך געמאַכט אַ זעקס־און־זעכציק לכּבֿוד־חנוכּה, נאָר איך ווייס ניט, זאָג איך, מיט וואָס מע עסט דאָס. וואָס הייסט עס, זאָג איך, אייגנטלעך, זעקס־און־זעכציק?...

מײַן פֿאַרשוין האָט מיר געגעבן אַ קוק אַרײַן אין די אויגן מיט קוים־קוים אַ שמייכעלע אויף די ליפּן, און שטיל, מיט אַ גרינגן זיפֿץ, אַראָפּגעלאָזט די קאָרטן צוריק אין קעשענע.

אויף דער ערשטער סטאַנציע האָט ער ניט געסטײַעט אונטער די הענט. איך בין אַ בעלן געוועזן אויסגיין נאָך דעם אַלע וואַגאָנעס צוויי מאָל הין און צוריק – עס איז פֿון אים קײן זכר ניט געבליבן.

ענדע געשיכטע נומער עלף.

געשריבן אין יאָר 1910.

Extraraum gebracht. Dort habe ich die ganze Geschichte von Anfang bis Ende erzählt und dabei nicht nur Tränen geweint, sondern mein ganzes bitteres Herz ausgeschüttet. Meine Erzählung hat die Leute wirklich tief getroffen, denn man hat sich den alten Hexenmeister gleich gepackt und ihn gedrängt, dass er mit der ganzen Wahrheit herausrücken solle. Aber was stellt sich raus? Er versteht gar nichts. Was will man von ihm? Er weiß überhaupt nichts von der Sache! Ihr könnt ihn fragen, bis Ihr schwarz werdet! Sechsundsechzig? Wieso ›Sechsundsechzig‹? Was für ein Kartenspiel? Welcher Sohn? Er hat gar keinen Sohn. Er hat niemals einen gehabt. ›Der Mann dort hat den Verstand verloren…!‹ So macht der alte Bastard und zeigt dabei auf den Kopf, als ob ich nicht ganz gesund wäre. ›Aha, so ist die Sache?‹, sage ich, ›dann soll man ihn mal gut durchsuchen!‹ Und sie nehmen ihn sich vor, er muss sich ausziehen, mit Verlaub, bis aufs Hemd. Aber siehe, kein Kartenspiel zu finden, nicht eine Spur vom Geld. Alles zusammen hat er gerade mal zweiundzwanzig Rubel und siebzig Kopeken bei sich. Und dabei sieht er auch so anständig und koscher aus, dass ich schon anfange zu überlegen, ob ich wirklich noch bei klarem Verstand bin. Vielleicht habe ich das alles nur geträumt, dass da ein Vater mit dem Sohn war, und wir haben zusammen ›Sechsundsechzig‹ gespielt, und ich hab dabei ein Vermögen verloren? Was aber war das Ende vom Spiel? Fragt mich lieber nicht! Vertreiben wir uns lieber die Gedanken und spielen ein ›Sechsundsechzig‹ zu zweit, zu Ehren von Chanukka!…«

So also endet der Reisende, der aussieht wie ein gestandener Mensch, ein Handelsreisender wie ich, vielleicht sogar ein Kaufmann. In seiner Hand taucht plötzlich ein Päckchen Karten auf, und er spielt auf, damit klar wird, wer anfangen soll. »Wie hoch setzen wir?«

Ich sehe meinen Mann an, wie er die Karten ein bisschen zu geübt auswirft, zu behände und zu glatt. Seine Hände sind ein bisschen zu weiß und auch etwas zu weich. Und es geht mir ein übler Gedanke durch den Kopf…

»Mit dem größten Vergnügen würde ich ›Sechsundsechzig‹ spielen und noch Chanukka zu Ehren, aber ich habe nicht die leiseste Ahnung, wie das Spiel geht! Was ist das eigentlich, ›Sechsundsechzig‹?«

Der Mann schaut mir nur für einen einzigen Augenblick in die Augen, mit einem ganz leisen Lächeln auf den Lippen und steckt die Karten in die Tasche zurück.

Auf dem nächsten Bahnhof verschwand er vor meinen Augen. Ich war neugierig geworden und bin alle Waggons gleich zweimal durchgelaufen. Keine Spur war mehr von ihm zu sehen.

(1910)

געשיכטע נומער צוועלף

גימנאַזיע

ווינטער. אַקעגן מיר זיצט אַ ייִד פֿון מיטעלע יאָרן, מיט אַ געל בערדל, שוין אַ ביסל גרוילעך. אַ טכוירן טולעפּל, אַ ביסל אָפּגעבאַרעט. מיר האָבן זיך צערעדט.

– דער ערגסטער שׂונא, הערט איר, – רופֿט ער זיך אָן צו מיר – וועט אײַך נישט טאָן דאָס, וואָס אַ מענטש קאָן טאָן זיך אַליין, ובֿפֿרט אַז עס מישט זיך אַרײַן אַ ייִדענע, אַ ווײַב הייסט עס. אַקעגן וואָס, מיינט איר, זאָג איך עס? אַקעגן מיר אַליין טאַקע. אָט נעמט מיך, למשל, ווי איר זעט מיך אָטאָ – דאַכט זיך, וואָס? אַ ייִד, כּלעבן, אַ מיטלמעסיקער. אויף דער נאָז בײַ מיר שטייט ניט אויפֿגעשריבן: צי האָב איך געלט, צי האָב איך קיין געלט ניט, צי אפֿשר בין איך גאָר דערונטער? עס קאָן זײַן, אַז אַ מאָל האָב איך דווקא יאָ געהאַט געלט, און ניט אַזוי געלט אַליין, געלט איז בלאָטע – פּרנסה האָב איך געהאַט, און בכּבֿוד, און שטיל, נישט געפֿלויגן, נישט געטראַסקעט, ווי אַנדערע, וואָס האָבן ליב פּי־פּו־פּאַ. ניין! איך גיי מיט דעם גאַנג, אַז שטיל און פּאַמעלעך איז בעסער. שטיל און פּאַמעלעך האָב איך מיר געהאַנדלט, שטיל און פּאַמעלעך אַ פּאָר מאָל געשטעלט זיך, שטיל און פּאַמעלעך אָפּגעעקט מיט די סוחרים, און ווידער גענומען זיך שטיל און פּאַמעלעך צו דער אַרבעט. איז דאָך אָבער פֿאַראַן אַ גאָט אויף דער וועלט, האָט ער מיך מזכּה געווען מיט מײַן אייגנס אַ ווײַב... זי איז דאָ נישטאָ, קאָנען מיר רעדן אָפֿנטלעך... אַ ווײַב, הייסט דאָס, ווי אַלע ווײַבער, דאָס הייסט, אַזוי אויפֿן קוק איז זי אַפֿילו דווקא גאָר נישקשהדיק. אַן „אָסאָבע“, קיין עין־הרע, צוויי מאָל אַזוי די גרייס ווי איך, און ניט קיין מיאוסע, טאַקע אַ יפֿת־תּואר, קאָן מען זאָגן, און ניט קיין נאַרישע, אַ קלוגע, מע קאָן זאָגן אַ גאַנץ קלוגע, אַ בר־דעת, אַ גאַנצער מאַנצביל – און דאָס איז ערשט דער רעכטער חסרון: אוי, ניט גוט, הערט איר, אַז דאָס ווײַב איז אַ מאַנצביל! טויזנט מאָל קלוג – אַז דער אייבערשטער האָט פֿאָרט באַשאַפֿן פֿריִער אָדם הראשונען און נאָך דעם שוין חוהן. גייט זשע אָבער רעדט מיט איר, זאָגט זי: „וואָס דער אייבערשטער האָט באַשאַפֿן פֿריִער אײַך און נאָך דעם אונדז – דאָס איז, זאָגט זי, זײַן עסק; נאָר דאָס, זאָגט זי, וואָס ער האָט מיר, זאָגט זי, אַרײַנגעגעבן אין פּיאַטע מער שׂכל, ווי דו האָסט אין קאָפּ, בין איך אין דעם, זאָגט זי, כּלל ניט שולדיק“. „אַקעגן וואָס, זאָג איך, איז דאָס געקומען צו רייד?“ „אַקעגן דעם, זאָגט זי, איז דאָס געקומען צו רייד, וואָס פֿאַר אַלצדינג דאַרף מיר דאַרן דער קאָפּ; אַפֿילו דאָס קינד, זאָגט זי, אַרײַנגעגעבן אין גימנאַזיע באַדאַרף אויך אין זינען האָבן איך“. „ווו שטייט

Geschichte Nummer zwölf

Aufs Gymnasium!

Es ist Winter. Mir gegenüber in der Bahn sitzt ein Mann in mittleren Jahren; sein blonder Bart ist schon ein wenig angegraut. Er trägt einen verschlissenen Iltispelz. Wir kommen ins Gespräch.

»Der schlimmste Feind, hört Ihr‹ – so wendet er sich an mich –, ›kann das nicht anrichten, was der Mensch sich selbst antut. Und ganz besonders, wenn sich eine Frau hineinmischt, eine Ehefrau, meine ich. Was denkt Ihr, von wem ich wohl spreche? Natürlich von mir selbst. Seht mich nur an, wie ich da vor Euch sitze. Nun, was meint Ihr? Nicht wahr, ein ganz normaler Mensch, wie andere auch! Es steht mir nicht auf der Stirn geschrieben, ob ich Geld besitze oder nicht oder ob es mir vielleicht sogar dreckig geht. Kann ja sein, dass ich einmal Geld genug hatte, und nicht nur Geld – was ist schon Geld? –, sondern es ging mir wirklich gut, ich hatte meine Arbeit und lebte anständig, ohne Aufhebens, nicht mit Geschrei und Spektakel, wie es andere gerne tun, die viel Tamtam von sich machen. Ich lebe nach der Devise: in aller Ruhe und langsam. In aller Ruhe und langsam hab ich mich hochgehandelt, in aller Ruhe und langsam ein paarmal Bankrott gemacht, in aller Ruhe und langsam mich mit den Gläubigern geeinigt und in aller Ruhe und langsam von neuem begonnen... Es gibt aber doch einen Gott auf der Welt! Und er hat mich mit einer Gattin gesegnet...! Sie ist nicht hier, wir können offen reden. Eine Gattin... eigentlich eine Frau wie andere auch, das heißt, wenn man sie ansieht, nicht zu verachten. Groß und stark, unberufen, doppelt so groß wie ich, und sieht nicht schlecht aus, man kann sie sogar eine Schönheit nennen – und keinesfalls dumm! Gescheit ist sie, sehr gescheit sogar, muss man sagen. Ein Mensch mit Verstand, fast wie ein Mann! Aber das ist ja der ganze Jammer! – Ach, es ist nicht gut, hört Ihr, gar nicht gut, wenn die Frau wie ein Mann sein will! Tausendmal recht hatte der Allerhöchste, als er zuerst den Adam geschaffen hat und danach erst die Eva. Aber erklärt ihr das mal! ›Wenn der Allerhöchste euch zuerst erschaffen hat und danach uns, so ist das‹, sagt sie, ›Seine Sache. Aber wenn Er mir‹, sagt sie, ›in dem kleinen Zeh mehr Verstand gegeben hat als dir in deinem ganzen Kopf, so kann ich‹, sagt sie, ›erst recht nichts dafür.‹ ›Wie kommst du denn darauf?‹, frage ich. ›Ich komme darauf‹, antwortet sie, ›weil ich es bin, die sich um alles den Kopf zerbrechen muss. Zum Beispiel wie das Kind‹, sagt sie, ›aufs Gymnasium kommt, darüber muss natürlich ich mir Gedanken machen!‹

דאָס, זאָג איך, געשריבן „גימנאַזיע״? איך קאָן ניט באַשטיין, זאָג איך, אַז ער זאָל די תּורה אויסלערנען אין דער היים?״ „איך האָב דיר שוין טויזנט מאָל, זאָגט זי, געזאָגט, אַז דו וועסט בײַ מיר ניט פּועלן, איך זאָל, זאָגט זי, גיין קעגן דער וועלט; די וועלט איז זיך, זאָגט זי, נוהג, אַז קינדער גייען הײַנט אין גימנאַזיע״. „נאָך מײַן שׂכל, זאָג איך, קומט אויס, אַז די וועלט איז משוגע״. „נאָר דו איינער, זאָגט זי, ביסט אַ קלאָרער! די וועלט, זאָגט זי, זאָל גיין מיט דײַן שׂכל, וואָלט זי טאַקע געהאַט אַ שיין פּנים!״ „איטלעכער מענטש, זאָג איך, גייט זיך מיט זײַן שׂכל״. „מײַנע שׂונאים, זאָגט זי, און מײַנע פֿרײַנדס שׂונאים מעגן דאָס פֿאַרמאָגן אין קעשענע, אין קאַסטן און אין שאַפֿע, וואָס דו פֿאַרמאָגסט אין קאָפּ, וואָלט שוין דעמאָלט געווען אויף איין אופֿן״. „אַז אָך און וויי איז, זאָג איך, דעם מאַנצביל, אַז אַ נקבֿה דאַרף אויף אים זאָגן מבֿינות!״... „אַז אָך און וויי איז, זאָגט זי, דער נקבֿה, וואָס האָט אַזאַ מאַנצביל, וואָס די נקבֿה זאָל דאַרפֿן זאָגן אויף אים מבֿינות!״... הײַנט גייט טענהט זיך אויס מיט אַ ווײַב! אַז איר זאָגט איר דאָס, ענטפֿערט זי אײַך בוידעם, איר זאָגט איר אַ וואָרט, גיט זי אײַך אויסגאָב צוועלף, און טאָמער שווײַגט איר איר אָפּ, הייבט זי גאָר אָן צו וויינען, אָדער זי נעמט, איך בעט איבער אײַער כּבֿוד, און פֿאַלט חלשות – זעט איר, דעמאָלט בין איך אײַך שוין אַוודאי מקנא! בקיצור, אַהין־אַהער, אויסגעפֿירט האָט זי, ניט איך. וואָרעם לאָמיר זיך ניט נאַרן, אַז זי וויל, איז עפּעס אַ תּירוץ?...

על־כּפּנים, וואָס זאָל איך אײַך דערציילן? – גימנאַזיע! מע באַדאַרף, הייסט עס, זיך נעמען צוגרייטן אים, ער זאָל אַרײַן, ראשית־חכמה, אין „מלאַדשי פּריגאָטאָוויטעלנע״. אַוודאי איז עס אַ גרויסע תּורה: אַ קלייניקייט – „מלאַדשי פּריגאָטאָוויטעלנע״! דאַכט מיר, אַז בײַ אונדז אַ ליאַדע חדר־ייִנגל, אַ דרדקי, וועט זיי אַלע פֿאַרשטעקן אין גאַרטל. ובפֿרט נאָך אַזעלכער, ווי מײַנער, וואָס מע זאָל אויספֿאָרן אַ[ן] אימפּעריע, וועט איר ניט געפֿינען דעם צווייטן! איך בין דאָך אַ פֿאָטער, ניט שייך צו זאָגן; נאָר יענער האָט אַ קאָפּ, וואָס סע עקט זיך די וועלט! וואָס טויג אײַך לאַנגע רייד, ער איז אַוועקגעגאַנגען און האָט זיך געשטעלט און האָט געהאַלטן און האָט... ניט אויסגעהאַלטן. וואָס איז די מעשׂה? ער האָט געכאַפּט אַ צוויי פֿאַר רעכענען. ער איז, זאָגן זיי, שוואַכלעך אינעם חשבונען, אין „חכמת־המאַטעמאַטיקע״ הייסט עס. ווי געפֿעלט אײַך אַזאַ געשיכטע? יענער האָט אַ קאָפּ, וואָס סע עקט זיך די וועלט, מע זאָל אויספֿאָרן אַ[ן] אימפּעריע, דערציילן זיי מיר מעשׂיות – מאַטעמאַטיקע! בקיצור, ער האָט ניט אויסגעהאַלטן! האָט דאָס מיך אַוודאי זייער גוט פֿאַרדראָסן: ער איז שוין געגאַנגען האַלטן, נעכײַ בײַ וואָלט ער אויסגעהאַלטן. נאָר איך בין דאָך אַ מאַנצביל, ניט קיין נקבֿה, האָב איך מיך מישבֿ געווען: אַ שיינע ריינע כּפּרה, אַ ייִד איז געווינט געוואָרן... גייט זשע אָבער שמועסט מיט איר, אַז זי האָט זיך אַרײַנגענומען אין קאָפּ אַ משוגעת: איין מאָל פֿאַר אַלע מאָל – גימנאַזיע! טענה איך מיט איר: „זאָג מיר, זאָג איך, זאָלסט מיר זײַן געזונט, צו וואָס, זאָג איך, דאַרפֿסטו דאָס? צום

›Wo steht denn geschrieben‹, sage ich, ›dass er aufs Gymnasium muss? War-
um soll mir's nicht recht sein, wenn er bei uns zu Hause die Tora gründlich
studiert?‹ ›Ich habe es dir schon tausendmal gesagt‹, sagt sie, ›bei mir wirst
du nicht erreichen, dass ich mich‹, sagt sie, ›gegen den Lauf der Welt stelle.
Und der Lauf der Welt geht dahin‹, sagt sie, ›dass Kinder heutzutage aufs
Gymnasium gehen.‹ ›So wie ich es sehe‹, sage ich, ›merkt man daran, dass die
Welt verrückt geworden ist.‹ ›Und natürlich du allein‹, sagt sie, ›bist gescheit!
Wenn sich die Welt nach dir richten würde, so würde sie schön aussehen!‹
›Jeder Mensch‹, sage ich, ›muss auf seine Weise zurechtkommen!‹ ›Mögen all
unsere Feinde‹, sagt sie, ›so viel in der Tasche und im Schrank haben, wie du
im Kopf hast‹, sagt sie, ›glatt würden sie alle verhungern!‹ ›Wehe dem Mann,
der auf den Rat einer Frau hört!‹ ›Schlimm genug‹, sagt sie, ›wenn die Frau
dem Mann sagen muss, was er zu tun hat.‹ Geh, disputiere mit einer Frau!
Sagt man ihr etwas, so antwortet sie was ganz anderes. Spricht man einen
Satz, gibt sie gleich zwölf zurück. Und schweigt man darauf, fängt sie noch
an zu heulen oder kippt gleich um. Ja, man ist wirklich nicht zu beneiden!
Kurzum, hin und her geredet, wer hat's am Ende geschafft? Sie, nicht ich.
Denn wollen wir uns nichts vormachen, wenn sie sich was in den Kopf ge-
setzt hat, helfen keine Argumente mehr!

Auf jeden Fall, was soll ich viel erzählen, heißt es also: ›Aufs Gymnasi-
um!‹ Natürlich muss man sich erst vorbereiten. Zunächst in die *Mladschi Pri-*
gotowitelne,[60] in die Vorstufenklasse. Unter uns gesagt, was ist schon dabei?
Mladschi Prigotowitelne, eine Kleinigkeit! Ich meine, jeder Chederjunge[61]
bei uns, der sein Hebräisch ordentlich lernt, steckt sie dort alle in die Tasche.
Und dann noch solch einer wie mein Sohn, da könnt Ihr die halbe Welt ab-
fahren und weit und breit suchen, bis Ihr einen findet wie meinen! Natürlich
bin ich der Vater, und ich sollte so etwas vielleicht nicht sagen; aber er hat ein
Köpfchen, so eins findet man nicht noch einmal! Was soll ich lange reden;
er ist losgezogen und hat sich zur Prüfung gestellt und... *nicht* bestanden!
Was ist geschehen? Er hat nur zwei Punkte in Rechnen bekommen. Er ist ein
bisschen schwach im Zählen, in der Kunst der ›Mathematik‹, sagen sie. Was
sagt Ihr dazu? Ein Köpfchen, wie man weit und breit kein zweites findet,
und sie erzählen mir was von Mathematik! Aber was nützt das, er hat *nicht*
bestanden. Das hat mich ziemlich geärgert. Wenn er sich schon zur Prüfung
stellt, dann sollte er doch wohl durchkommen! Aber ich bin ein Mann und
kein Frauenzimmer; so habe ich also im Stillen gedacht: Was soll's. Wir Ju-
den haben schon allerhand mitgemacht! Versucht aber mit ihr zu reden, wo
sie sich die fixe Idee in den Kopf gesetzt hat: Gymnasium! Ich disputiere
mit ihr. ›Sag mir‹, sage ich, ›gesund sollst du sein, aber wozu brauchst du

פּריזיוו? – איז ער, ברוך־השם, אַ באַוואָרנטער, זאָג איך, אַן איין־און־איינציקער. צו פּרנסה? – באַדאַרף איך עס, זאָג איך, אויך אויף כּפּרות: וואָס אַרט מיך, זאָג איך, אַז ער וועט זײַן אַ קרעמער גלײַך מיט מיר, צי אַזוי אַ סוחר, ווי אַלע ייִדן? און טאָמער איז אים, זאָג איך, חלילה באַשערט צו זײַן אַ נגיד, אַ באַנקיר, בין איך, זאָג איך, אויך ניט בדלות“. אַזוי טענה איך מיט איר. הערט עפּעס די וואַנט? „גלײַכער אַזוי, וואָס ער איז, זאָגט זי, ניט אַרײַן אין מלאַדשי פּריגאָטאָוויטעלנע“. „וואָס איז דען?“ „אַזוי, זאָגט זי: ער וועט שוין, זאָגט זי, בעסער אַרײַן גלײַך אין סטאַרשע פּריגאָטאָוויטעלנע“. מילא, סטאַרשע פּריגאָטאָוויטעלנע איז סטאַרשע פּריגאָטאָוויטעלנע. עס שפּילט בײַ מיר אַוודאי אַ גרויסע ראָלע, אַז יענער האָט אַ קאָפּ, מע זאָל אויספּאָרן אַ[ן] אימפּעריע! וואָס לאָזט זיך אויס דער סוף? ס'איז געקומען צו דעם רעכטן שפּיל – ווידער אַ צוויי. שוין ניט פֿאַר מאַטעמאַטיקע; אַ נײַער אומגליק: דאָס אויסלייגעכץ איז בײַ אים ניט ווי מע באַדאַרף, דאָס הייסט, לייגן לייגט ער אויס גוט, נאָר וואָס דען? אויף איין אות איז ער אַ ביסל דאָסיק: אויף דער „בוקווע יאַטי“. דאָס הייסט, שטעלן שטעלט ער אים, דעם „יאַטי“, פֿאַר וואָס זאָל ער אים ניט שטעלן? דער חסרון, זאָגן זיי, ער שטעלט אים ניט דאָרט, ווו מע באַדאַרף. בין איך בדלות! איך ווייס גאָר ניט, הערט איר, ווי אַזוי וועל איך קאָנען פֿאָרן קיין פּאָלטאַווע און קיין לאָדזש אויפֿן יריד, אַז טאָמער וועט ער חלילה ניט שטעלן דעם „יאַטי“ אָט דאָרטן, ווו זיי ווילט זיך! הכּלל, אַז מע האָט אונדז אָנגעזאָגט די גוטע בשורה, האָט זי דאָך מסתּמא אײַנגעלייגט די וועלט; געפֿלויגן צום דירעקטאָר, געטענהט, אַז ער קאָן, ער יכלט: אַ סימן, זאָגט זי, אָט לאָז מען אים אַרײַנרופֿן און פֿאַרהערן איבער אַ נײַס, נאָך אַ מאָל פֿונעם אָנהייב. האָט מען זי דאָך געהערט מסתּמא ווי דעם פֿאַראַיאָריקן שניי – געשטעלט אַ צוויי, און נאָך אַ מין צוויי, מיט אַ מינוס אַ צוויי, און גיי רוף מיך קנאַקניסל! אַ גוואַלד, אַ געפּילדער: סטײַטש, ווידער ניט אויסגעהאַלטן! זאָג איך צו איר: „נו, אם־כּן, זאָג איך, וואָס זאָל מען טאָן? באַדאַרף מען זיך, זאָג איך, טאַקע נעמען דאָס לעבן?! אַ ייִד, זאָג איך, איז געוווינט געוואָרן“... ווערט זי דאָך מסתּמא אָנגעצונדן און הייבט דאָך אָן מסתּמא צו פֿײַערן, באַגראָבן און שילטן, ווי זיי קאָנען... נאָר דאָס בין איך אײַ ך מוחל. אַ רחמנות איז נעבעך געווען אויף אי ם, אויפֿן קליינעם, אַ צער־בעלי־חיים. סטײַטש, אַזאַ אומגליק: אַלע וועלן זיך אָנטאָן אין ווײַסע קנעפּלעך, און ער ניט!... טענה איך מיט אים: „שוטה איינער וואָס דו ביסט! פּרא־אָדם! ס'איז דען אַ היכא־תּימצא, זאָג איך, אַז די גאַנצע וועלט זאָל אַרײַן? נאַרעלע, עמעצער מוז דאָך, זאָג איך, בלײַבן אין דער היים אויך, צי ניין? עלעהיי, זאָג איך, צום פּריזיוו“... ווערט זי מלא־כּעס און פֿאַלט אָן אויף מיר מיט אַ גוואַלד: אַ שיינער בעל־רחמניק, זאָגט זי. ווער בעט דיך, זאָגט זי, זאָלסט אים טרייסטן מיט אַזעלכע קלוגע דיבורים? דו זע בעסער, זאָגט זי, מע זאָל פֿון זײַנעטוועגן קריגן עפּעס אַ רעכטן לערער, זאָגט זי, אַ באַזונדערן, אַ רוסישן, אויף גראַמאַטיקע!“...

das? Soll es ihn vorm Militärdienst bewahren?[62] Da ist er, Gott sei Dank, geschützt als einziges Kind. Wegen des Lebensunterhaltes? Habe ich nicht im Geringsten nötig. Was stört es mich, wenn er wie ich ein Krämer wird? Oder ein Kaufmann wie alle Juden? Und ist es ihm, Gott behüte, beschert‹, sage ich, ›ein reicher Mann zu werden, ein Bankier, so will ich darüber nicht unglücklich sein.‹ So also rede ich mit ihr. Aber es ist gerade so, als wenn ich gegen die Wand spreche. ›Es ist besser so, dass er nicht in die *Mladschi Prigotowitelne* gekommen ist!‹ ›Wieso denn?‹ – ›Weil er jetzt‹, sagt sie, ›am besten gleich in die *Sstarschi Prigotowitelne*[63] geht, in die erste Schulklasse.‹ Von mir aus auch gleich in die erste Klasse! Mir macht es nichts aus, er hat doch ein Köpfchen, wie man weit und breit keines findet! Aber was kommt raus? Wieder das gleiche Spiel. Zur Prüfung angemeldet, wieder zwei Punkte, ungenügend. Diesmal nicht in Mathematik. Ein neues Unglück! Mit dem Russischen hapert's ein bisschen. Das heißt, er schreibt die Wörter schon richtig, nur mit einem einzigen Buchstaben tut er sich schwer, mit dem *Jat'*.[64] Das heißt, er setzt das *Jat'* schon, wieso auch nicht? Der Fehler ist nur, sagen sie, er setzt es nicht an die richtige Stelle. Nein, welch ein Unglück! Ich weiß gar nicht, hört Ihr, wie ich noch nach Poltava fahren kann oder auf den Markt in Lodz, wenn er dieses *Jat'* nicht platzieren kann, wohin sie es haben wollen! Jedenfalls, als man uns die frohe Kunde brachte, was machte sie für einen Aufruhr! Zum Drektor gerannt, mit ihm hin und her geredet: Er kann, er kann es sehr gut! ›Zum Beweis‹, sagt sie, ›soll man ihn reinrufen und gleich noch einmal abfragen, von Anfang an.‹ Man hat sie aber beachtet wie den Schnee von gestern. Sie geben ihm eine Zwei und dazu noch eine Zwei mit minus! Nichts zu machen! Gewalt! Mörder! Ein Geschrei! Aber es bleibt dabei, wieder nicht bestanden. ›Nun‹, sage ich, ›was kann man tun? Muss man sich deshalb gleich das Leben nehmen? Wir Juden haben schon allerhand mitgemacht!‹ Sie gerät aber in Zorn und fängt an, Gift und Galle zu spucken, mich zu verwünschen, zu schimpfen, wie nur *Frauen* es fertigbringen. Nun, das will ich *Euch* schenken! Aber *er* hat mir leidgetan, der arme Junge. Stellt Euch das Unglück vor: Alle werden sie die Uniform mit den weißen Knöpfen tragen, nur er nicht! Ich leg es ihm auseinander: ›Dummkopf, der du bist, Kalbskopf, kann denn die ganze Welt aufgenommen werden? Närrchen‹, sage ich, ›irgendjemand muss doch zu Hause bleiben oder nicht? Wenn's noch wegen des Militärdienstes wäre!‹ Sie aber gerät erst recht in Wut und fällt über mich her: ›Ein schöner Tröster bist du! Wer hat von dir verlangt, ihm mit solchen Worten zu kommen! Kümmere du dich besser darum, dass wir für ihn einen ordentlichen Lehrer kriegen, einen wirklich guten, einen russischen, der was von Grammatik versteht!‹

איר הערט ווערטער? שוין צוויי לערערס זאָל איך האַלטן; איין לערער מיט איין מלמד איז קאַרג! בקיצור, אַהין־אַהער, אויסגעפּירט מסתּמא האָט זי, ניט איך. וואָרעם אַז זי וויל, איז עפּעס אַ תּירוץ?...

על־כּפּנים, וואָס זאָל איך אײַך דערציילן? מע האָט צוגענומען אַ נײַעם לערער, אַ רוסישן שוין, נישט חלילה קיין ייִדישן, פֿע! נאָר טאַקע אַ גוי ממש. וואָרעם גראַמאַטיקע, פֿאַרשטייט איר מיך, אין ערשטע[ר] קלאַס אַרײַן – דאָס איז דאָך האַרבער פֿון כריין. אַ קלייניקייט – גראַמאַטיקע! „בוקווע יאַטי״! מילא, איך זאָל אײַך דערציילן פֿונעם לערער, וואָס גאָט האָט אונדז צוגעשיקט, איז גאָר אַ בזיון אויסצוזאָגן. מיר האָבן געהאַט פֿון אים אָפּגעשני־טענע יאָר. ער האָט אונדז אַלעמען געמאַכט מיט דער בלאָטע גלײַך, געלאַכט און געשפּעט פֿון אונדז אין די אויגן. למשל, ער האָט, ברענען זאָל ער, קיין אַנדער זאַך אים ניט געקאָנט אויסקראַצן, בשעת לערנען מיט אים גראַמאַטי־קע, ווי קנאָבל: „טשאַסנאָק, טשאַסנאָקאַ, טשאַסנאָקו, טשאַסנאָקאָוו״ – דער רוח זאָל אים נעמען! ווען ניט זי, וואָלט איך אים אָנגענומען פֿאַרן גאָרגל און וואָלט אים אַרויסגעוואָרפֿן צו אַלדע שוואַרצע יאָר מיט זײַן שיינער גראַמאַ־טיקע! בײַ איר איז אָבער אַלצדינג געווען כּדאַי. וואָס איז? ער וועט וויסן, ווו מע דאַרף שטעלן אַ „יאַטי״ און ווו ניט. מאָלט אײַך, מע האָט אים דעם ווינטער גענוג אָנגעמוטשעט, און ערשט אַרום שבֿועות האָט ער באַדאַרפֿט גיין צו דער שחיטה. געקומען נאָך שבֿועות, איז ער געגאַנגען און געשטעלט זיך און געבראַכט צו טראָגן אַהיים שוין נישט קיין צוויי, נאָר אַ פֿיר מיט אַ פֿינף. אַ שימחה, אַ גדולה – מזל־טובֿ! מזל־טובֿ!... שאַט, כאַפּט זיך נאָר ניט אַזוי מיטן מזל־טובֿ! מע ווייסט נאָך ניט אַקוראַט, צי ער איז אַרײַן; דאָס וועט מען ערשט וויסן אַרום אַווגוסט. פֿאַר וואָס ניט באַלד? גייט פֿרעגט זיי! נאָר וואָס זאָל מען טאָן? אַ ייִד איז געוווינט געוואָרן...

געקומען אַווגוסט, איך טו אַ קוק – מײַנע רוט ניט; פֿונעם דרעקטאָר צום ספּעקטאָר, פֿונעם ספּעקטאָר צום דרעקטאָר. „וואָס לויפֿסטו הײַנט אַרום, זאָג איך צו איר, ווי אַ פֿאַרסמטע מויז, זאָג איך, פֿון שמונין צו בונין?״... „וואָס הייסט, זאָגט זי, וואָס איך לויף? ביסט ניט קיין היגער? דו ווייסט, אַ פּנים, ניט, זאָגט זי, וואָס עס טוט זיך אָפּ הײַנטיקע יאָרן, זאָגט זי, אין די גימנאַזיעס מיט די פּריצענטן?״... כּך־הווה – וואָס לאָזט זיך אויס? ער איז דאָך טאַקע ניט אַרײַן! פֿאַר וואָס, ווילט איר וויסן? דערפֿאַר, וואָס ניט קיין צוויי פֿינפֿן. ער זאָל געווען, זאָגן זיי, האָבן צוויי פֿינפֿן, וואָלט ער אפֿשר, זאָגן זיי, אַרײַן. איר הערט? – אפֿשר! געפֿעלט אײַך דער „אפֿשר״? מילא, וואָס איך האָב געהאַט פֿון איר – דאָס בין איך אײַך מוחל. אַ רחמנות איז נעבעך געווען אויף אים,

Habt Ihr so was schon mal gehört? Jetzt soll ich schon zwei Lehrer anstellen, ein Lehrer und der Melamed sind zu wenig. Kurzum, hin und her geredet, wer hat's am Ende geschafft? Sie, nicht ich. Denn wenn sie sich etwas in den Kopf gesetzt hat, helfen keine Argumente mehr!

Nun ja, was soll ich Euch viel erzählen, wir haben einen zweiten Lehrer angestellt, natürlich einen Russen. Ein Jude ist ja nicht gut genug, Gott bewahre! Also ein richtiger Goj! Denn, stellt Euch vor, Grammatik in der ersten Klasse, das ist schärfer als Rettich! Grammatik, dieses *Jat'*, wahrhaftig kein Kinderspiel! Um Euch von diesem Lehrer zu erzählen, den Gott uns geschickt hat, um uns für unsere Sünden zu strafen, es ist geradezu eine Schande: Nur Ärger hatten wir mit ihm, um Jahre sind wir gealtert! Wie Dreck hat er uns behandelt, ins Gesicht herein verspottet und ausgelacht. Um nur eines zu nennen: Dem Kerl, zur Hölle soll er fahren, ist nichts anderes eingefallen, als Grammatik zu üben mit dem Wort… *Tschassnok*! Knoblauch,[65] stellt Euch vor! *Tschassnok, Tschassnoka, Tschassnoku, Tschassnokow*! Soll ihn der Teufel holen! Wäre sie nicht gewesen, ich hätte ihn an der Gurgel gepackt und ihn dahin geschickt, wo der Pfeffer wächst, mit seiner feinen Grammatik! Aber in *ihren* Augen hat sich das alles gelohnt. Hauptsache, er lernt, wo man das *Jat'* hinsetzt und wo nicht! Ihr könnt es Euch denken; den ganzen Winter hat man den Kleinen gequält. Erst um Schwu'ess rum musste er wieder zur Schlachtbank.[66] Schwu'ess ist also vorbei, meldet er sich zur Prüfung – und wahrhaftig, diesmal bringt er nicht zwei Punkte, sondern einmal vier Punkte, ›gut‹, und einmal sogar fünf Punkte, ›sehr gut‹. Na, die Freude, der Jubel! Maseltow, Maseltow! – Maseltow? Nur langsam, beeilt Euch nicht mit dem Maseltow. Immer noch ist nicht klar, ob er wirklich reinkommt. Denn erst im August werden wir's genau erfahren. Warum nicht sofort? Geht, fragt sie! Zu machen ist da gar nichts. Nun, wir Juden haben schon allerhand mitgemacht!

Kommt also der August, ich schau mich verstohlen um: Die Meinige gibt keine Ruhe. Vom Drektor zum Spektor und wieder vom Spektor zum Drektor.[67] ›Was rennst du da herum‹, sage ich, ›wie eine vergiftete Maus, von einem zum andern?‹ ›Wieso ich herumlaufe?‹, sagt sie, ›Bist du nicht von hier? Du weißt offenbar nicht, wie es heutzutage auf den Gymnasien zugeht mit den Prozenten und den Quoten?‹ Und sie hat es wirklich genau getroffen, denn was kommt heraus? Er ist doch nicht drin! Wieso er nicht drin ist, wollt Ihr wissen? Weil er keine zwei ›sehr gut‹ hat. Hätte er zwei ›sehr gut‹ gehabt, wäre er vielleicht reingekommen! Hört Ihr? Vielleicht! Wie schmeckt Euch dieses ›vielleicht‹? Nun, was ich da von *ihr* zu hören bekam, will ich *Euch* lieber ersparen. Nur um *ihn* hat es mir leidgetan. Der arme Junge! Liegt

אויפֿן קליינעם; ליגט מיטן פּנים אין קישן און הערט נישט אויף צו וויינען. אַזוי לאַנג, אַזוי ברייט, ביז מע האָט אים געמוזט נעמען אַ נײַעם לערער, טאַקע אַ סטודענט פֿון דער גימנאַזיע, און מע האָט אים געגומען צוגרייטן שוין אין דער צווייטער קלאַס אַרײַן, גאָר באופֿן־אַחר, וואָרעם צווייטע קלאַס איז ניט קיין שפּילעכל: אַהין צו צו דאַרף מען שוין, אַחוץ מאַטעמאַטיקע און גראַ־מאַטיקע, אויך געאָגראַפֿיע, מיט טשיסטאָפּיסאַניע, מיט איך ווייס אַליין ניט וואָס! כאָטש אַז מע וויל צוריק, נאָט אײַך דרײַ גראָשן; אַ שטיקל מהרש״אָ איז אַ סך שווערער פֿון אַלע זייערע לערנעכצן, און אפֿשר שׂכלדיקער אויך. נאָר וואָס זאָל מען טאָן? אַ ייִד איז געוווינט געוואָרן...

בקיצור, עס האָט זיך אָנגעהויבן אַ סדרה אורעָקן: אויפֿגעשטאַנען גאַנץ פֿרי – די אורעָקן. אָפּגעדאַוונט און איבערגעביסן – די אורעָקן. אַ גאַנצן טאָג – אורעָקן. ביז שפּעט בײַ נאַכט הערט מען ווי ער טאַראַבאַנעט: „אימעניטע־לנע־דאַטעלנע, סלאָזשיטעלנע־וויטשיטאַטעלנע“ – עס גרילצט אַזש אין די אויערן! ווער עסן? וואָס שלאָפֿן? „געגומען נעבעך אַ נפֿש, זאָג איך, און מע מוטשעט אים אומזיסט־אומנישט! ס׳איז, זאָג איך, אַ צער־בעלי־חיים, דאָס קינד, זאָג איך, וועט חלילה קראַנק ווערן!“ „בײַס זיך אָפּ, זאָגט זי, די צונג!“ וואָס טויג אײַך, ער איז אַוועקגעגאַנגען ווידער אַ מאָל צו דער שחיטה און ער האָט געבראַכט צו טראָגן גאָלע פֿינפֿן! וואָס דען? יענער האָט אַ קאָפּ, מע זאָל אויספֿאָרן אַ[ן] אימפּעריע! איז, דאַכט זיך, גוט? אַיאָ? געקומען צום שפּיץ, מע האָט אַרויסגעהאַנגען אין דער גימנאַזיע די נעמען פֿון אַלע צוגענומענע קינדער אויף דער וואַנט, מע טוט אַ קוק – ניטאָ מײַנער! אַ גוואַלד, אַ געשריי: סטייטש, אַזאַ רציחה! גאָלע פֿינפֿן!!! אָט וועט זי גיין, אָט וועט זי לויפֿן, אָט וועט זי זיין אַזוי און אַזוי!... בקיצור, זי איז געגאַנגען און געלאָפֿן – אַזוי לאַנג, ביז מע האָט זי געבעטן, זי זאָל אויפֿהערן דולן אַ קאָפּ, דאָס הייסט, מע האָט זי פּשוט, צווישן אונדז רעדנדיק, מחילה, דורכגעטריבן. און אַז מע האָט זי דורכגעטריבן, איז זי ערשט דעמאָלט אַרײַנגעפֿאַלן אין שטוב אַרײַן מיט אַ גוואַלד עד־לבֿ־השמים: „סטייטש, זאָגט זי, וואָס פֿאַר אַ פֿאָטער ביסטו? דו זאָלסט זײַן, זאָגט זי, אַ געטרײַער פֿאָטער, אַ וואַרעמער, אַזוי ווי אַנדערע פֿאָ־טערס, וואָלטסטו, זאָגט זי, אויך געפֿונען זכות־אָבֿות, אַזוי ווי אַנדערע, צום דרעקטאָר, פּראָטעקציעס, קענטשאַפֿט!“... געפֿעלט אײַך אַן אײַנפֿאַל פֿון אַ ייִדענע? „קאַרג, אַ פּנים, וואָס איך טראָג אויפֿן קאָפּ די זמנים מיט די ירידים, מיט די קוויטלעך, מיט די וועקסלען, מיט די פּראָטעסטן, מיט די איבעריקע צרות? צי דו ווילסט אפֿשר, זאָג איך, איך זאָל זײַן אַן אָנזעצער איבער דײַן גימנאַזיע מיט דײַנע קלאַסן, וואָס ליגן מיר שוין, זאָג איך, אָט אַדאָ?!“...

mit dem Kopf auf dem Kissen und weint unaufhörlich. So lange, bis wir ihm einen neuen Lehrer holen mussten, diesmal einen Schüler vom Gymnasium, der ihn gleich für die zweite Klasse vorbereitet hat. Das ist nun schon etwas anderes, denn die zweite Klasse ist wirklich kein Kinderspiel. Außer Mathematik und Grammatik muss man noch Geographie können und Kalligraphie und ich weiß nicht was noch! Obwohl ich selbst keine drei Groschen für all den Kram gebe. Ein Absatz aus dem Maharscho[68] ist viel schwerer als all ihre Lernerei und ergibt auch mehr Sinn. Aber was soll man tun, wir Juden haben schon allerhand mitgemacht!

Kurzum, jetzt geht das Kapitelchen ›Büffeln‹ los. Früh am Morgen, kaum aufgestanden: ›Büffeln‹. Nach dem Morgensegen und dem Frühstück: ›Büffeln‹, den ganzen Tag ›Büffeln‹, bis spät in die Nacht hört man, wie er paukt und aufsagt: Nominativ, Dativ, Additiv, Subtraktiv. Es tut mir schon weh in den Ohren. Wer denkt noch an Essen? Wer hat Zeit zum Schlafen? ›Sieh‹, sage ich zu ihr, ›du quälst das Kind umsonst. Er wird uns noch, Gott bewahre, krank werden.‹ ›Beiß dir dafür lieber die Zunge ab!‹, sagt sie. Also, was soll ich weiter erzählen? Von neuem geht er zur Schlachtbank. Diesmal wirklich: lauter ›sehr gut‹! Na, wieso auch nicht, mit solch einem Köpfchen, wie man weit und breit keines findet. Also endlich ist alles in Ordnung! Alles in Ordnung? Wie es zur Entscheidung kommt, als die Namen am Schwarzen Brett vom Gymnasium rausgehängt werden von allen, die aufgenommen sind: Ich schaue hin. Meiner ist nicht dabei! Hilfe! Betrüger! Mord! Wie kann das sein? Lauter ›sehr gut‹! – Aber jetzt reicht es ihr, jetzt wird sie sich aufmachen, sie wird losrennen, sie wird es ihnen zeigen! Kurz gesagt, sie ist so lange gerannt und hat es ihnen so lange gezeigt, bis man ihr zu verstehen gab, sie möge ihnen nicht weiter auf die Nerven gehen. Das heißt unter uns gesagt, man hat sie einfach rausgeworfen. Aber an dem Tag, als man sie rauswarf und sie dann nach Hause kam, da ging es erst richtig los, mit einem Geschrei, dass man es im Himmel hören musste. ›Was bist du bloß für ein Vater! Wärest du wirklich ein Vater‹, sagt sie, ›der sein Kind liebt, ein Vater wie andere Väter auch‹, sagt sie, ›dann hättest du die Verdienste der Ahnen bemüht, einen Ausweg gesucht und wärest zum Drektor gegangen, hättest jemand von Einfluss besorgt und Beziehungen ausfindig gemacht!‹ Was sagt Ihr dazu? Auf welche Gedanken eine Frau kommt! ›Reicht es noch nicht, was ich alles im Kopf habe mit Termingeschäften, mit Jahrmärkten, mit Rechnungen und Wechseln, mit Einsprüchen und all den anderen Sorgen? Willst du vielleicht‹, sage ich, ›dass ich bankrottgehe wegen deines Gymnasiums und all deiner Klassen, die mir schon bis zum Halse stehen? Man ist doch

וואָרעם מע איז דאָך, ווי זאָגט איר, ניט מער ווי אַ מענטש, און איטלעכער מענטש האָט דאָך אַ גאַל, שיסט מען אויס... נאָר אויסגעפּירט האָט מסתּמא זי, ניט איך. וואָרעם אַז זי וויל, איז עפּעס אַ תּירוץ?...

על־כּפּנים, וואָס זאָל איך אײַך דערציילן? איך האָב געגומען זוכן זכות־אָבֿות, קענטשאַפּט; איך האָב מיר געשוואָרצט דאָס פּנים, געליטן בזיונות, וואָרעם יעדער פֿרעגט אַ קשיא, און איז גערעכט. „איר זענט, קיין עין־הרע, זאָגן זיי, רב אַהרן, אַ ייִד אַ בעל־הבית און האָט איין שטיקל בן־יחיד, – וועלכער גוטער יאָר טראָגט אײַך, איר זאָלט זיך מיט אים שטופּן ווו מע דאַרף ניט?"... נו, גיי דערצייל זיי מעשׂיות, אַז איך האָב מײַן אייגנס אַ ווײַב ביז הונדערט און צוואַנציק יאָר, וואָס האָט זיך אַרײַנגענומען אַ משוגעת אין קאָפּ אַרײַן: גימנאַזיע און גימנאַזיע און גי־מע־נאַ־זיע! וואָס טויג אײַך, איך בין, ווי איר זעט מיך אָטאָ, אַליין אויך נישט פֿון די גרויסע שלימזלניקעס. איך האָב מיר מיט גאָטס הילף אויסגעטראָטן אַ שטיקל וועג, גלײַך אַהין ווו מע באַדאַרף, און האָב מיך דערשלאָגן צום אָדון־בפֿקדך אין קאַבינעט אַרײַן, צום דירעקטאָר הייסט עס, און האָב מיך אַוועקגעזעצט מיט אים אײַנטענהן, אַזוי און אַזוי – איך קאָן, ברוך־השם, רעדן מיט אַ פּריץ, אַז איך וויל, די צונג פּיקן באַדאַרף מען מיר ניט. „טשטאָ וואַם אוגאָדנאָ?" – פֿרעגט ער מיך און בעט מיך זיצן. זאָג איך אים שטיל אויפֿן אויער: „גאָספּאָדין דירעקטאָר, זאָג איך, מי, זאָג איך, ליודי נע באָגאַטיע, נאָ או נאַס, זאָג איך, יעסט, זאָג איך, מאַלענקע סאָסטאָיאַניע אי אָדין כאַראָשעי, זאַמעטשאַטעלנע מאַלטשיק, קאַטאָרע, זאָג איך, כאָטשעט אוטשיטסאַ; אי יאַ, זאָג איך, כאָטשו; נאָ מאָיאַ זשענאַ, זאָג איך, אָ ט ש ע ן כאָטשעט!"... מאַכט ער צו מיר נאָך אַ מאָל: „טשטאָ וואַם אוגאָדנאָ?" זאָג איך צו אים נאָך אַ מאָל און רוק מיך צו צו אים נאָך נעענטער: „פּריצוניו, זאָג איך, מי, זאָג איך, ליודי נע באָגאַטיע, נאָ או נאַס, זאָג איך, יעסט, זאָג איך, מאַלענקע סאָסטאָיאַניע אי אָדין כאַראָשעי, זאַמעטשאַטעלנע מאַלטשיק, קאַטאָרע, זאָג איך, כאָטשעט אוטשיטסאַ; אי יאַ, זאָג איך, כאָטשו; נאָ מאָיאַ זשענאַ, זאָג איך, אָ ט ש ע ן כאָטשעט!"... און קוועטש אים דעם „אָטשען", ער זאָל מיך פֿאַרשטיין... איז דאָך עס אָבער אַ גוייִשער קאָפּ, שטויסט ער זיך ניט וואָס איך מיין, און מאַכט צו מיר שוין מיט כּעס: „טאַק טשטאָ־זשע וואַם אוגאָדנאָ?!" גיי איך און לייג אַרײַן די האַנט אין קעשענע פּאַוואָלינקע און נעם אַרויס פּאַוואָלינקע און מאַך צו אים פּאַוואָלינקע: „איז־וויניטיע, גאָספּאָדין דירעקטאָר, מי, זאָג איך, ליודי נע באָגאַטיע, נאָ או נאַס, זאָג איך, יעסט מאַלענקע, זאָג איך, סאָסטאָיאַניע אי אָדין כאַראָשעי, זאַמע־טשאַטעלנע מאַלטשיק, קאַטאָרע, זאָג איך, כאָטשעט אוטשיטסאַ; אי יאַ, זאָג איך, כאָטשו; נאָ מאָיאַ זשענאַ, זאָג איך, אָ ט ש ע ן כאָטשעט!" און קוועטש דעם „אָטשען" נאָך שטאַרקער, און נעם און רוק אים אַרײַן... בקיצור – יאָ! ער האָט פֿאַרשטאַנען וואָס איך מיין, און גייט און נעמט אַרויס אַ ביכעלע און פֿרעגט מיך אויס, ווי אַזוי איך הייס, און ווי אַזוי הייסט דער זון מײַנער, און אין וואָסער קלאַס וויל איך, ער זאָל אַרײַן?... קלער איך מיר: „אָט אַזוי זשע

nur ein Mensch, und ein Mensch kann doch nicht alles aushalten!‹ Aber wer hat's am Ende geschafft? Sie, nicht ich. Denn wenn sie sich etwas in den Kopf gesetzt hat, helfen keine Argumente mehr!

Was werde ich Euch viel erzählen! Ich hab mich also um die Verdienste der Ahnen bemüht, um Leute mit Einfluss. Ich habe mich lächerlich gemacht, habe alle Demütigungen ertragen. Denn natürlich fragt jeder dasselbe und zu Recht: ›Reb Aaron, Ihr seid doch ein wohlhabender Mann, und Ihr habt nur ein einziges Kind, was in aller Welt müsst Ihr ihn dahinschleifen, wo er gar nicht hinbraucht?‹ Ja, aber erklärt es ihnen mal, dass ich eine Frau habe, hundertundzwanzig Jahre soll sie leben, die sich diese fixe Idee in den Kopf gesetzt hat: ›Gymnasium‹ und wieder ›Gymnasium‹ und noch einmal Gym-na-si-um! Aber, wie Ihr seht, bin ich auch nicht von gestern! Und mit Gottes Hilfe habe ich einen Weg gefunden und mein Ziel erreicht und hab mich vorgekämpft zum hohen Herrn selbst, das heißt bis zum Drektor. Ich habe mich mit ihm zusammengesetzt und ihm die Sache auseinandergelegt, so und so, ich weiß, Gott sei Dank, wie man mit solchen Leuten reden muss, wenn's drauf ankommt. Mir muss man nicht extra die Zunge schmieren! ›*Tschto wam ugodno?*‹, fragt er mich, ›was kann ich für Euch tun?‹, und bittet mich Platz zu nehmen. Geh ich etwas näher zu ihm heran: ›*Gospodin Drektor*‹, sage ich, ›*mi ljudi ne bogatie*, wir sind keine reichen Leute, aber wir haben ein einziges Kind‹, sage ich zu ihm, ›das studieren will, und ich möchte es auch, und meine Frau‹, sage ich, ›möchte es *sehr*!‹ Und er wieder zu mir ›*Tschto wam ugodno?* Was wünscht Ihr?‹ Geh ich noch etwas näher an ihn heran. ›Euer Ehren‹, sage ich, ›*mi ljudi ne bogatie*, wir sind keine reichen Leute, aber wir haben ein einziges Kind, das studieren will, und ich‹, sage ich, ›will es auch, und meine Frau‹, sage ich, ›wünscht es *sehr*‹, und drücke ihm das ›sehr‹ gut auf, damit er versteht. Es ist aber ein gojischer Kopf, er versteht nicht im Geringsten, was ich meine, und er sagt schon etwas ärgerlich zu mir: ›*Tak tschto-she wam ugodno?* Ein für alle Mal, was wollt Ihr?‹ Ich stecke also ganz langsam und vorsichtig die Hand in die Tasche, zieh sie ganz langsam und vorsichtig wieder raus und sage ganz langsam und vorsichtig zu ihm: ›Verzeihung, Herr Drektor, *mi ljudi ne bogatie*. Wir sind keine reichen Leute, aber wir haben einen Jungen, unser einziges Kind‹, sage ich, ›er möchte studieren‹, und ich schaue ihn bedeutsam an, ›und ich möchte es auch, und meine Frau‹, sage ich, ›möchte *sehr*, dass er studiert‹, und diesmal betone ich das ›sehr‹ noch mehr als vorher und lege meine Hand in seine… Kurzum, ja! Diesmal hat er mich verstanden. Er zieht ein Büchlein raus und fragt mich nach meinem Namen und wie mein Sohn heißt und in welche Klasse ich ihn haben will. Ich denke, endlich redet er vernünftig! Und erkläre ihm, dass ich

רעד!״ און איך מאַך אים קלאָר, אַז הייסן הייס איך כּץ, אַהרן כּץ, און מײַנער הייסט משה, מאָשקע הייסט עס, און אַרײַן, וויל איך, זאָל ער אין דריטע[ר] קלאַס. רופֿט ער זיך אָן צו מיר: ווי באַלד אַז איך הייס כּץ און מײַן זון הייסט משה, מאָשקע הייסט עס, און וויל אַרײַן אין דריטע[ר] קלאַס, זאָל איך אים ברענגען, זאָגט ער, צו פֿירן אין יאַנוואַר, וועט ער דעמאָלט געוויס אַרײַן. איר פֿאַרשטייט? שוין גאָר אַנדערע דיבורים! אַ פּנים, אַז מע שמירט, פֿאָרט מען?... דער חסרון איז נאָר, וואָס ניט באַלד. נאָר וואָס זאָל מען טאָן? מע הייסט וואַרטן, דאַרף מען וואַרטן. אַ ייִד איז געוווינט געוואָרן...

געקומען יאַנוואַר – ווידער אַ מאָל אַ טאַרעראַם, אַ לויפֿעניש אַהין, אַהער, הײַנט־מאָרגן דאַרף זײַן אַן אַסיפֿה, אַ סאָוועט הייסט דאָס. עס וועלן זיך צונויפֿקלײַבן דאָרטן דער דירעקטאָר מיטן ספּעקטאָר מיט אַלע לערערס פֿון דער גימענאַזיע, און ערשט נאָך דער אַסיפֿה, נאָכן סאָוועט הייסט דאָס, וועט מען וויסן, צי ער איז אַרײַן, צי ניין. געקומען צו דער רעכטער אַרבעט – מײַנע איז ניטאָ אין דער היים; ניטאָ קיין וואַרעמעס, ניטאָ קיין סאַמאָוואַר. ניטאָ גאָרניט. ווו איז זי ערגעץ? זי איז אין גימענאַזיע איז זי. דאָס הייסט, ניט אין גימענאַזיע, נאָר בײַ דער גימענאַזיע; דרייט זיך אַרום אין דרויסן אויפֿן פֿראָסט פֿון גאַנץ פֿרי אָן און וואַרט, ביז מע וועט זיך צעגיין פֿון דער אַסיפֿה, פֿונעם סאָוועט הייסט דאָס... דער פֿראָסט ברענט, אַ זאַווערוכע, ס׳קערט די וועלט – און זי דרייט זיך אַרום אין דרויסן בײַ דער גימענאַזיע און וואַרט. אַ שיינע מעשׂה! דאַכט מיר, דו ווייסט גאַנץ גוט, אַז ווי באַלד מע זאָגט צו, איז מסתּמא הייליק, ובפֿרט... איר פֿאַרשטייט? נאָר גייט רעדט מיט אַ ייִדע־נע! בקיצור, זי וואַרט אַ שעה, זי וואַרט צוויי, זי וואַרט דרײַ, זי וואַרט פֿיר; אַלע קינדער זענען זיך שוין לאַנג צעגאַנגען אַהיים פֿון דער גימענאַזיע, און זי וואַרט נאָך. וואָס טויג אײַך, זי האָט אָבער אַזוי לאַנג געוואַרט, ביז זי האָט זיך פֿאָרט דערוואַרט: עס עפֿנט זיך די טיר און עס גייט אַרויס פֿון דאָרטן איינער פֿון די לערערס. שפּרינגט זי צו צום לערער און טוט אים אַ כאַפּ, צי ווייסט ער ניט, מיט וואָס האָט זיך אויסגעלאָזט די אַסיפֿה, דער סאָוועט הייסט דאָס? זאָגט ער: פֿאַר וואָס זאָל ער ניט וויסן? מע האָט, זאָגט ער, צוגענומען אַרום און אַרום פֿינף און אַכציק קינדער, דרײַ און אַכציק קריסטלעכע און צוויי ייִדישע. פֿרעגט זי: וועמען? זאָגט ער: איינעם אַ שעפּסלזאָן און איינעם כּץ. דערהערט דעם נאָמען כּץ, מײַנע – פֿײַל אויסן בויגן, פֿאַלט אַרײַן אין שטוב אַרײַן מיט אַ גדולה: „מזל־טובֿ! איך דאַנק דיר, רבונו־של־עולם! איך דאַנק דיר! צוגענומען! צוגענומען!“... און בשעת־מעשׂה שטייען איר טרערן אין די אויגן. מיר, פֿאַרשטייט זיך, טוט אַוודאי אויך הנאה די מעשׂה, נאָר גיין טאַנצן בין איך ניט מחויבֿ; דערויף בין איך דאָך עפּעס אַ מאַנצביל, ניט קיין נקבֿה... „איך זע אַרויס, מאַכט זי צו מיר, אַז בײַ דיר איז דאָס ווינציק וואָס אָנגעלייגט?“ „פֿון וואַנען, זאָג איך, לערנסטו דיר אַזוי דעם פּשט?“ „אַזוי, זאָגט זי, וואָרעם דו ביסט אַ קאַלטער מלאך. דו זאָלסט, זאָגט זי, וויסן, ווי אַזוי דאָס קינד נעבעך צאַפּלט, וואָלטסטו אַזוי ניט געזעסן. דו וואָלטסט שוין

Katz heiße, Aaron Katz, und mein Sohn heißt Mojsche oder Moschke, und er soll in die dritte Klasse. Er sagt zu mir: ›Wenn Ihr Name Katz ist, und Ihr Sohn heißt Mojsche oder Moschke, und er soll in die dritte Klasse, so bringt ihn im Januar her, dann kommt er *bestimmt* rein.‹ Ihr versteht, das klingt schon anders! Ja, wenn man den Wagen schmiert, läuft er... Einen Fehler hat die Sache: Warum nicht gleich? Aber was kann man machen? Heißt man Euch warten, müsst Ihr warten! Wir Juden haben schon allerhand mitgemacht!

Also kommt der Januar, wieder die Aufregung, eine Lauferei hin und her, heute Morgen soll die Konferenz sein, den *Sowjet* nennen sie es. Der Drektor und der Spektor und alle Lehrer vom Gymnasium werden zusammenkommen, und nach der Konferenz, nach dem *Sowjet*, wird klar sein, ob er drin ist oder nicht. Der große Tag kommt; meine Frau lässt sich zu Hause nicht blicken. Kein Essen, kein Tee, kein Garnichts. Wo ist sie wohl? Im Gymnasium ist sie. Das heißt nicht *im* Gymnasium, sondern *vor* dem Gymnasium läuft sie rum, in eisiger Kälte, vom frühen Morgen an, wartet, bis die Konferenz zu Ende ist, der *Sowjet* meine ich. Der Frost klirrt, ein Schneesturm tobt dazu, es nimmt einem den Atem. Aber sie läuft da draußen vor dem Gymnasium hin und her und wartet. Eine schöne Geschichte! ›Weißt du denn nicht, dass ein Versprechen heilig ist? Vor allem, da...‹ Ihr versteht? Aber erklärt das einer Frau! Sie wartet also eine Stunde, sie wartet zwei Stunden, sie wartet drei, sie wartet vier Stunden. Alle Kinder sind schon lange heim vom Gymnasium, sie wartet noch immer. Und wartet so lange, bis sich schließlich die Tür öffnet und einer der Lehrer rauskommt. Sie springt auf ihn zu und hält ihn fest. Ob er nicht weiß, mit welchem Ergebnis die Konferenz ausgegangen ist, der Sowjet nämlich. Natürlich weiß er es. Es sind alles in allem fünfundachtzig Kinder aufgenommen worden. Dreiundachtzig Christen und zwei Juden. Sie fragt: ›Wer sind die beiden?‹ Er sagt, ›einer heißt Schepselson und der andere Katz.‹ Den Namen Katz gehört, rennt sie nach Hause mit einem Geschrei, einem Jubel, einem Freudenausbruch, Maseltow! Geschafft! Ich danke dir, allmächtiger Gott! Ich danke dir! Aufgenommen! Aufgenommen! Und dabei stehen ihr die Tränen in den Augen. Versteht sich, auch ich freue mich riesig. Nur, muss ich deshalb gleich einen Tanz aufführen? Schließlich bin ich doch ein Mann und kein Frauenzimmer! ›Es sieht so aus‹, sagt sie zu mir, ›als ob du dir nicht gerade viel daraus machst?‹ ›Woraus schließt du das?‹, frage ich sie. ›Weil dich alles kaltlässt‹, sagt sie. ›Würdest du merken, wie das Kind bald vor Freude platzt, könntest du nicht so ruhig hier herumsitzen. Du wärst schon lange rausgerannt und hättest ihm die Schuluniform bestellt

לאַנג, זאָגט זי, געלאָפֿן אים באַשטעלן אַ מונדירל, זאָגט זי, און אַ היטעלע און אַ רענצעלע, זאָגט זי, און מאַכן, זאָגט זי, אַ סעודה פֿאַר גוטע פֿרײַנד". „וואָס עפּעס פּלוצעם אַ סעודה אין מיטן דרינען, זאָג איך, ס'איז אַ בר־מצווה? צי אַ קנס־מאָל?" אַזוי מאַך איך צו איר גאַנץ רויִק, וואָרעם איך בין דאָך עפּעס אַ מאַנצביל, ניט קיין נקבֿה... ווערט זי ברוגז און הערט גאָר אויף צו רעדן! און אַ ווײַב, אַז זי הערט אויף צו רעדן, איז דאָך טויזנט מאָל ערגער ווי געשאָלטן, וואָרעם אַז זי שילט, הערט מען כאָטש אַ קול פֿון אַ מענטשן, און אַזוי – גיי רעד צו דער וואַנט!... בקיצור, וואָס זאָלט איר דאָ קלערן? מסתּמא האָט זי אויסגעפֿירט, ניט איך. וואָרעם אַז זי וויל, איז עפּעס אַ תּירוץ?...

על־כּפּנים, מע האָט געמאַכט אַ סעודה, מע האָט צונויפֿגערופֿן פֿרײַנט און גוטע פֿרײַנד, און מײַנעם האָט מען אָנגעטאָן פֿון קאָפּ ביז די פֿיס, אַ מונדיר זייער אַ שיינעם מיט ווײַסע קנעפּלעך, אַ היטעלע און פֿון פֿאָרנט אַ צאַצקע – אַ גובערנאַטאָר!... אָן אים, אָנעם קליינעם הייסט עס, האָט מען באמת געהאַט אַ מיצווה נעבעך, באמת אַרײַנגעזעצט אַ נײַע נשמה, ממש מחיה געווען. ער האָט געשײַנט, זאָג איך אײַך, ווי די זון אום תּמוז! דער עולם האָט געטרונקען לחיים, געווינטשעוועט: „ער זאָל לערנען געזונטערהייט און ענדיקן געזונטערהייט די גימענאַזיע, און זאָל גיין און גיין"... „עט, זאָג איך, דאָס איז דווקא ניט אַזוי נייטיק; מע וועט זיך באַגיין, זאָג איך, אָן דעם אויך. לאָז ער מיר נאָר דורכגיין די ערשטע עטלעכע קלאַסן גימענאַזיע, זאָג איך, מאַך איך אים חתונה, אם־ירצה־השם, מיט גאָטס הילף"... רופֿט זיך אָן מײַנע מיט אַ שמייכעלע און קוקט בשעת־מעשה אויף מיר מיט אויגן: „זאָגט אים, אַז ער האָט, זאָגט זי, מחילה, אַ גרויסן טעות: ער גייט נאָך, זאָגט זי, מיטן אַלטן שניט"... „זאָגט איר, אַז איך זאָל, זאָג איך, האָבן די ברכות, וואָס דער אַלטער שניט איז, זאָג איך, געווען בעסער פֿונעם נײַעם שניט"... זאָגט זי: „זאָגט אים, אַז ער איז, לאָז ער מיר מוחל זײַן..." ווערט צווישן עולם אַ געלעכטער: „אוי, זאָגן זיי, רב אַהרן, האָט איר אַ ווײַב, קיין עין־הרע! אַ קאָזאַק, ניט קיין ווײַב!"... בתּוך־כּך האָט דער עולם גענומען צו גלעזלעך ווײַן, גוט אַ לעק געטאָן, איז מען געוואָרן, ווי זאָגט ער, לעבעדיק, און מע האָט געכאַפּט אַ ריקודל גאָר אויף אַן אַנדער אופֿן; מע האָט אונדז גענומען ביידן אין קאָן אַרײַן, און דעם קליינעם אויך אין מיטן, און מע האָט געהעפּעט גאָר קיין מעשׂה ניט, טאַקע ביזן ווײַסן טאָג אַרײַן. אין דער פֿרי זענען מיר אַוועק מיט אים אַהין צו צו. געקומען אַהין צו צו, איז נאָך מסתּמא פֿרי, צוגעשלאָסן טיר און טויער, ניטאָ, ווי זאָגט ער, קיין משוגענער הונט אין דער ווײַבערשער שול. אָנגעשטאַנען זיך אין דרויסן און גוט אָנגעפֿרוירן זיך אויפֿן פֿראָסט, האָבן מיר זיך פּשוט מחיה געווען, אַז מע האָט אונדז געעפֿנט די טיר און מע האָט אונדז, ברוך־השם, אַרײַנגעלאָזט אינ[ע]ווייניק. גיך האָבן אָנגעהויבן צונויפֿקומען זיך די חבֿרה קליינוואַרג מיט די רענצלעך אויף די פּלייצעס. ס'איז געוואָרן אַ ליאַרעם, אַ טומל, אַ גערעדערײַ, מיט אַ לאַכערײַ, מיט אַ הו־האַ – אַ יריד! בתּוך־כּך קומט צו צו אונדז עפּעס איינער מיט גאָלדענע קנעפּ, אַ לערער פֿון

mit einer Mütze und dem Ranzen‹, sagt sie, ›und ein Fest veranstaltet mit guten Freunden.‹ ›Was, gleich ein Fest, mitten im Jahr? Ist denn Bar-Mizwa? Oder gar Verlobung?‹ So frag ich sie, aber ganz ruhig, denn ich bin, wie gesagt, ein Mann und kein Frauenzimmer. Jetzt aber ist sie beleidigt und redet kein Wort mit mir. Und wenn eine Frau wie sie kein Wort redet, ist es noch schlimmer, als wenn sie schimpft. Denn wenn sie schimpft, hört man immerhin noch eine menschliche Stimme. Aber so, genauso gut kann ich zur Wand reden! Na, was meint Ihr? Wer hat's am Ende geschafft? Sie, nicht ich. Denn wenn sie sich etwas in den Kopf gesetzt hat, helfen keine Argumente mehr!

Also wir haben ein Fest veranstaltet, Freunde und Verwandte eingeladen, meinen Sohn neu eingekleidet von Kopf bis Fuß. Eine wunderschöne Schuluniform gekauft mit weißen Knöpfen, die Mütze mit einem Abzeichen vorne dran, wie ein kleiner General! Ihr hättet ihn sehen sollen! Ein ganz anderer Junge mit einer neuen Seele! Er hat gestrahlt wie die Sonne im Tamus. Die ganze Gesellschaft hat auf sein Wohl getrunken mit vielen Wünschen: Möge er gesund sein und lernen und das Gymnasium durchlaufen und weiterstudieren. ›Ach‹, sage ich, ›das ist nicht so wichtig. Man kann auch ohne das alles auskommen. Lasst ihn nur die ersten paar Klassen im Gymnasium machen, dann werde ich ihn mit Gottes Hilfe verheiraten.‹ Meine Frau antwortet mit einem bitteren Lachen und schaut dabei auf mich: ›Sagt ihm, dass er sich mit Verlaub schwer irrt. Er ist eben ein altmodischer Mensch.‹ ›Und ihr‹, sage ich darauf, ›sagt ihr, dass die alte Mode sicher besser war als die neue.‹ Sie antwortet wieder: ›Sagt ihm, er soll mir's nicht übelnehmen, aber er ist ein…‹ Die Leute fangen an zu lachen. ›Oh, Reb Aaron, Ihr habt eine Frau, Gott bewahre sie, ein Kosak, keine Frau!‹ Daraufhin fingen sie an zu essen und sprachen dem Wein gut zu, alle wurden richtig munter. Ein Tänzchen begann, und wir beide und unser Söhnchen in der Mitte, spielten und sprangen bis in den Morgen hinein. Frühmorgens sind wir mit ihm hin. Als wir ankamen, war es natürlich noch zu früh. Tür und Tor verschlossen. ›Kein tollwütiger Hund in der Weiberschul‹,[69] wie man sagt. Wir haben uns draußen angestellt und gut gefroren bei der eisigen Kälte. Richtig glücklich waren wir, als endlich die Tür aufging, und wir gottlob hereingelassen wurden. Schnell strömten ganze Kinderscharen herbei mit Ranzen auf den Rücken. Ein Lärm, ein Durcheinander, ein Schwatzen und Lachen, ein richtiger Jahrmarkt. Mittendrin aber kommt ein Mann auf uns zu, mit goldenen Knöpfen, offensichtlich einer der Lehrer des Gymnasiums. Er hat einen

דער גימענאַזיע ווײַזט אויס, און מיט אַ בויגן פּאַפּיר אין די הענט, און טוט מיך אַ פֿרעג: וואָס דאַרף איך? ווײַז איך אים אויף מײַנעם, אַז דאָס האָב איך אים געבראַכט צו פֿירן אין חדר, אין גימענאַזיע הייסט דאָס. פֿרעגט ער מיך: אין וועלכע[ר] קלאַס? זאָג איך: אין דריטע[ר]; ערשט ניט לאַנג, זאָג איך, צוגענומען. פֿרעגט ער מיך: ווי אַזוי איז דער נאָמען זײַנער? זאָג איך: קאַץ, משה קאַץ, דאָס הייסט – מאָשקע קאַץ. זאָגט ער: מאָשקע קאַץ? מאָשקע קאַץ איז בײַ אים ניטאָ אין דריטע[ר] קלאַס; פֿאַראַן, זאָגט ער, בײַ אים אַ קאַץ, אָבער ניט קיין מאָשקע, נאָר מאָרדוך קאַץ... זאָג איך: „קאַקאָי מאָרדוך? מאָשקע, אַ ניע מאָרדוך!" מאַכט ער צו מיר: „מאָרדוך", און טיטשעט מיר דאָס פּאַפּיר איז פּנים אַרײַן. איך אים: מאָשקע! און ער מיר: מאָרדוך! בקיצור, מאָשקע־מאָרדוך, מאָרדוך־מאָשקע, מיר האָבן זיך אַזוי לאַנג געמאָשקעט און געמאָרדוכט, ביז מיר זענען געוואָרע געוואָרן אַ שיינע מעשׂה: וואָס סע האָט געזאָלט זײַן מײַנעם, איז געווען יענעם. איר פֿאַרשטייט אַ חתונה? טעות גוי מותּר... מע האָט טאַקע צוגענומען איינעם אַ קאַץ – יאָ! – נאָר על־פּי־טעות, אַן אַנדערן, נישט אונדזערן. פֿאַראַן, פֿאַרשטייט איר מיך, צוויי קעץ בײַ אונדז אין שטאָט!...

וואָס זאָל איך אײַך זאָגן? איר האָט באַדאַרפֿט זען דאָס צער־בעלי־חיים פֿון מײַנעם, בשעת מע האָט אים געהייסן, מחילה, אַראָפּנעמען די צאַצקע פֿונעם היטעלע! אַ כּלה צום באַדעקנס באַדאַרף געוויס אַזוי פֿיל טרערן ניט פֿאַרגיסן, וויפֿל מײַנער האָט יענעם טאָג אויסגעגאָסן! וואָס איך האָב אים ניט געבעטן – ניט מיט גוטן, ניט מיט בייזן! „זעסטו, זאָג איך צו איר, וואָס דו האָסט אָנגעאַרבעט פֿאַר אַ חתונה? האָב איך דיר, זאָג איך, ניט געזאָגט, אַז דײַן גימענאַזיע איז פֿאַר אים אַ שחיטה? גאָט זאָל העלפֿן, זאָג איך, עס זאָל אונדז כאָטש, זאָג איך, אָפּלויפֿן גלאַט, ער זאָל דאָס חלילה, זאָג איך, ניט אויסקרענקען"... „לאָזן מײַנע שׂונאים, זאָגט זי, קרענקען, אַז זיי ווילן. מײַן קינד, זאָגט זי, מוז אַרײַן אין גימענאַזיע! איז ער ניט אַרײַן, זאָגט זי, איצטער, וועט ער אַרײַן, אם־ירצה־השם, איבער אַ יאָר; איז ער ניט אַרײַן, זאָגט זי, דאָ, וועט ער אַרײַן אין אַן אַנדער שטאָט – אַרײַן מוז ער, סײַדן, זאָגט זי, איך וועל חלילה צומאַכן אַן אויג און די ערד וועט מיך צודעקן!" – איר האָרכט דיבורים? און ווער, מיינט איר, האָט אויסגעפֿירט – איך, צי זי? לאָמיר זיך ניט נאַרן – אַז זי וויל, איז עפּעס אַ תּירוץ?...

על־כּפּנים, איך וועל אײַך שוין קיין סך ניט מאריך זײַן. איך האָב מיך דאָס אַ ביסל אָנגעהעצקעט מיט אים, אויסגעוועזן מיט אים ווו די וועלט האָט אַן עק, ווו ערגעץ אַ שטאָט, ווו ערגעץ אַ גימענאַזיע – דאָרט זענען מיר געווען, זיך געשטעלט, געהאַלטן, און דווקא אויסגעהאַלטן, און דווקא גוט אויסגעהאַלטן, און דווקא ניט אַרײַן. פֿאַר וואָס? אַלץ איבער די פּריצענטן! איר מעגט מיר גלייבן, איך האָב מיך דעמאָלט אַליין אָנגעקוקט, ווי אַ משוגענעם: „שוטה! וואָס? וואָס איז דאָס פֿליִען, וואָס דו פֿליסט אַרום פֿון איין שטאָט אין דער אַנדערער? צו וועלכע גוטע יאָר באַדאַרפֿסטו דאָס האָבן? נו, און אַז ער

Bogen Papier in der Hand und fragt mich, was ich wünsche. Ich zeige auf meinen Sohn: Ich hätte ihn gebracht, damit er in die Schule gehe, ins Gymnasium. Er fragt mich: ›In welche Klasse?‹ ›In die dritte‹, sage ich, ›er ist erst vor kurzem aufgenommen worden.‹ Fragt er weiter: ›Wie heißt er?‹ Sage ich: ›Katz, Mojsche Katz oder auch Moschke Katz.‹ Darauf er: ›Moschke Katz? In der dritten Klasse gibt es keinen Moschke Katz. Ein Katz ist wohl bei uns, aber nicht Moschke, sondern Mordechai Katz.‹ ›Was soll das heißen?‹, sage ich zu ihm, ›Mordechai? Nicht Mordechai, Moschke!‹ Sagt er zu mir: ›Mordechai‹ und fuchtelt mit dem Papier vor meinem Gesicht herum. Ich darauf: ›Moschke‹, und er wieder: ›Mordechai!‹ Kurzum, Moschke-Mordechai, Mordechai-Moschke, wir haben so lange gemoschket und gemordechait, bis wir die schöne Geschichte begriffen hatten: Man hat meinen Sohn und einen anderen verwechselt. Versteht Ihr? Wie es so ein Goj durcheinanderbringt! Sie haben wirklich einen Katz aufgenommen, nur haben sie sich geirrt und den anderen aufgenommen, nicht unseren. Es gibt tatsächlich, versteht Ihr, zwei Katzen in unserer Stadt...

Was soll ich Euch erzählen? Ihr hättet das Elend des Jungen miterleben sollen, als man ihn aufforderte, das Abzeichen von der Mütze zu entfernen, zum Herzzerreißen! Eine Braut vor dem Einkleiden zur Hochzeit vergießt nicht so viele Tränen, wie meiner an diesem Tag geweint hat. Was habe ich auf ihn eingeredet, im Guten und im Bösen. Zu ihr sag ich: ›Siehst du, was du dir für ein Theater eingehandelt hast! Habe ich dir nicht gesagt‹, sag ich, ›dass dein Gymnasium ihn glatt umbringen wird? Gott helfe uns, dass es noch gut zu Ende geht und er uns nicht krank wird darüber!‹ ›Sollen meine Feinde krank werden, wenn sie wollen‹, sagt sie, ›mein Kind *muss* aufs Gymnasium! Und hat es *diesmal* nicht geklappt, so wird er, so Gott will, *im nächsten Jahr* reinkommen, und kommt er *hier* nicht rein‹, sagt sie, ›so wird er in einer *anderen* Stadt reinkommen. Aber rein muss er. Sonst will ich mich lieber unter die Erde legen!‹ Habt Ihr so was schon mal gehört? Aber wer hat's am Ende geschafft? Sie oder ich? Machen wir uns nichts vor, wenn sie sich etwas in den Kopf gesetzt hat, helfen keine Argumente mehr!

Also ich will es nicht lang und breit erzählen. Ich bin mit ihm herumgefahren. Hierhin und dahin, bis ans Ende der Welt, wo es nur irgendwo eine Stadt, wo es nur irgendwo ein Gymnasium gibt, dort sind wir gewesen, haben uns vorgestellt, zur Prüfung angemeldet, die Prüfung tatsächlich bestanden und noch wirklich gut bestanden... und doch *nicht* aufgenommen. Weshalb nicht? Wegen dieser Quoten, dieser Prozente! Ihr könnt mir's glauben, ich hab mich damals selbst für verrückt gehalten. ›Du Dummkopf, was soll das, dein Herumjagen von einer Stadt zur anderen? Was zum Teufel nützt

וועט שוין אַרייַן, וואָס וועט דעמאָלט זייַן?״ ניין, זאָגט איַיך וואָס איר ווילט – נצחון איז אַ גרויסע זאַך! ס׳איז שוין בייַ מיר אַליין אַרייַן אַ מין עקשנות, פֿאַרשטייט איר מיך, און דער אייבערשטער האָט רחמנות געהאַט און האָט מיר צוגעשיקט אין פּוילן אַ גימענאַזיע אַזעלכע, אַ „קאָמערטשעסקע״, וואָס אַהין צו צו נעמט מען צו אויף איטלעכן קריסט, להבֿדיל, איינעם אַ ייִדן, סע מאַכט אויס אַזוי גרויס ווי פּופּציק פּריצענט הייסט עס. נאָר וואָס דען? יעדער ייִד, וואָס וויל, אַז זייַן קינד זאָל אַרייַן, מוז ער קומען צו גיין מיט זייַן קריסט, איז אויב ער האַלט אויס, דער קריסט הייסט דאָס, און מע טראָגט אַרייַן פֿאַר אים די קלינגערס, פּראַוואָאוטשעניע הייסט דאָס, איז דעמאָלט פֿאַראַן אַ שטיקל האָפֿענונג... אַנשטאָט איין פּעקל האָט מען דעמאָלט אויף זיך, הייסט דאָס, צוויי. איר פֿאַרשטייט? גענוג סע טריקנט מיר דער מוח אויף מייַנעם, באַדאַרף מיר נאָך דאַרן דער קאָפּ אויף יענעמס, וואָרעם טאָמער האַלט ניט אויס חלילה עשׂו, איז דעמאָלט יעקבֿ אין דער ערד... כּך־הווה. איידער איך האָב געקריגן דעם קריסט, איינעם אַ שוסטער, כאָליאַוואַ הייסט ער, איז מיר אָנגעקומען מיט גרינע ווערעם. צום סוף, ס׳איז געקומען צו דעם רעכטן שפּיל, מיינט איר, אַז מייַן שוסטער איז ניט אַרייַן אין דער אַדמה, אַזוי ווי קורח? און דווקא אויף „זאַקאָן באָזשע״! וואָס טויג איַיך, מייַנער האָט זיך געמוזט בכבֿודו־ובֿעצמו, אַוועקזעצן מיט אים חזרן „זאַקאָן באָזשע״... איַי, די קשיא: ווי קומט מייַנער צו „זאַקאָן באָזשע״? דאָס זאָלט איר ניט פֿרעגן, וואָרעם אַז יענער האָט אַ קאָפּ, מע זאָל אויספּאָרן אַ[ן] אימפּעריע, איז דאָך ניט שייך!... בקיצור, גאָט האָט געהאָלפֿן די גוטע שעה, די גליקלעכע – זיי זענען ביידע אַרייַן. זענט איר שוין פֿאַרטיק? געקומען צום אַרייַנשרייַבן אין די ביכער אַרייַן, אַרויסנעמען אַ קוויטאַנציע – מייַן גוי איז ניטאָ! וואָס איז די מעשׂה? ער וויל ניט, דער ערל, אַז זייַן זון זאָל זיך געפֿינען צווישן אַזוי פֿיל יהודים, כאָטש נעם גיב אים אַ קרענק! ער זאָגט: צו וואָס נוצט עס אים, אַז אַלע טירן זענען פֿאַר אים סייַ־ווי־סייַ אָפֿן און ער קאָן אַרייַן וווהין ער וויל? און גייט זאָגט אים אפֿשר, אַז ער איז אומגערעכט! „וואָס זשע, זאָג איך, וויל־סטו, פּאַני כאָליאַוואַ?״ זאָגט ער: „גאָרנישט״. בקיצור, אַהין־אַהער, מענטשן, גוטע ברידער – מע איז אַוועק מיט אים אין אַ טראַקטיר, געמאַכט אַ כּוסע, איינע און צוויי און דרייַ – איידער כ׳האָב דערלעבט זען דאָס גוטע קוויטל, אַז ער איז אַרייַן, זענען מיר די אויגן אַרויסגעקראָכן, און דאַנקען השם־יתברך, כ׳האָב געמאַכט אַ ברכה „ברוך שפּטרני״.

געקומען אַהיים – אַ נייַע צרה! וואָס איז שוין ווייַטער? מייַנע האָט זיך איבערגעלייגט און באַטראַכט: סטייַטש, אַן איין־און־איינציקער, איין אויג אין קאָפּ, וועט ער זייַן דאָרטן, און מיר – דאָ? ווי באַלד אַזוי, צו וואָס טויג איר,

dir das? Und wenn er aufgenommen wird, was ist damit erreicht?‹ Aber, sagt, was Ihr wollt, jetzt ging es auch mir darum, dass ich es schaffe. Ich hatte mich schon richtig in die Sache verbohrt, versteht Ihr? Und der Allmächtige hatte Erbarmen mit mir und hat mir in Polen wirklich und wahrhaftig ein Gymnasium geschickt, solch eine *Komertscheska*, wie sie es nennen, ein Wirtschaftsgymnasium, wo sie für jeden Christen – sie seien wohl von uns unterschieden! – einen Juden aufnehmen, so dass man sage und schreibe auf fünfzig Prozent kommt. Ja, wie geht das wohl zu? Nun, jeder Jude, der sein Kind reinschaffen will, muss ›seinen Christen‹ mitbringen, und der muss natürlich erst mal bestehen, der Christ, meine ich, man muss die Moneten für ihn springen lassen, also seine Gebühren bezahlen, und dann, nur dann, gibt es ein bisschen Hoffnung! So hat man also nicht nur seinen eigenen Packen zu tragen, sondern gleich zwei! Versteht Ihr? Nicht genug, dass ich mir über meinen Sohn Gedanken mache, jetzt hab ich mir auch noch über den anderen den Kopf zu zerbrechen, denn wenn Esau durchfällt, liegt auch Jakob mit ihm im Dreck! Und so geschah es. Aber, bis ich ›meinen Christen‹ fand, den Sohn eines Schusters, Choljawa heißt er, habe ich fast grüne Würmer gekriegt. Und als der entscheidende Tag da war, ist natürlich mein Schusterssohn mit Pauken und Trompeten untergegangen, wie die Rotte Korah![70] Und worin, meint Ihr wohl? In ›Religion‹! Muss sich also wahrhaftig mein Sohn hinsetzen und mit dem anderen ›Religion‹ büffeln! Ihr werdet sicher fragen: Was versteht mein Sohn von ihrer ›Religion‹? Obwohl Ihr Euch da nicht wundern müsst, denn ein Köpfchen hat er, da müsst Ihr weit und breit suchen, bis Ihr so eines findet. Kurzum, Gott hat geholfen, und sie sind beide glücklich aufgenommen worden. Aber meint Ihr, jetzt war es geschafft? Der Augenblick kommt, wo man sich einschreibt und die Gebühren bezahlt. Wer aber ist nicht da? Mein Goj! Was ist jetzt wieder los? Er findet es nicht gut, dieser Unbeschnittene, dass sein Sohn mit so vielen Juden zusammen sei! Dass ihn der Schlag treffe! Er meint: Was bringt ihm das, da ihm sowieso alle Türen offenstehen und er reinkann, wo er will! Und dann erklärt ihm noch mal, dass er unrecht hat. ›Aber was wollt Ihr, Panje Choljawa?‹, sage ich ihm. ›Gar nichts!‹, antwortet er. Kurzum, hin und her überlegt: ›Wir sind doch unter Menschen, unter Brüdern!‹ Rein in ein Gasthaus, ein, zwei, drei Gläschen getrunken. Bis ich das Papierchen seiner Anmeldung in der Hand halte, habe ich fast graue Haare bekommen. Aber schließlich und endlich, Dank sei Gott, Sein Name sei gepriesen: Es ist geschafft!

Ich komm nach Hause. Wieder neuer Ärger! Was ist los? Inzwischen hat die Meinige hin und her überlegt: Wenn man's richtig nimmt, ein einziges Kind, der Augapfel, und nun er dort, weit weg, und wir hier? Welche Freude

זאָגט זי, איר וועלט? „וואָס זשע, זאָג איך, ווילסטו, למשל?“ זאָגט זי צו מיר: „וואָס זאָל איך וועלן? דו ווייסט ניט, וואָס איך וויל? איך וויל, זאָגט זי, זײַן מיט אים“. „נו? און די שטוב?“ – זאָג איך. „די שטוב, זאָגט זי, איז אַ שטוב“... האָט איר עפּעס צו איר? וואָס טויג אײַך, זי האָט זיך אויפֿגעזעצט און איז אַוועקגעפֿאָרן מיט אים אַהין צו צו, און איך בין געבליבן איינער אַליין איבער דער גאַנצער שטוב. מאָלט אײַך אַ שטוב – אַזאַ יאָר אויף מײַנע שׂונאים! דאָס לעבן איז געוואָרן אויס לעבן, דאָס געשעפֿט איז געוואָרן אויס געשעפֿט. אַלצדינג איז געגאַנגען אָרצה, און מיר האָבן געהאַלטן אין איין שרײַבן בריוולעך; איך שרײַב צו איר, זי שרײַבט מיר אָפּ; בריוולעך אַהין, בריוולעך אַהער: „שלום לזוגתי היקרה“... „שלום לבעלי היקר“... „אין גאָטעס ווילן, שרײַב איך איר, וואָס וועט זײַן דער תּכלית? מע איז דאָך ניט מער ווי אַ מענטש! אָן אַ בעל־הביתטע, מישטיינס געזאָגט“... בקיצור, עס האָט מיר געהאָלפֿן, ווי דער פֿאַראַיאָריקער שניי. אויסגעפֿירט מסתּמא האָט זי, ניט איך. וואָרעם אַז זי וויל, איז עפּעס אַ תּירוץ?...

על־כּפּנים, איך ענדיק אײַך שוין די מעשׂה. איך האָב מיך צעבראָכן, צעלאָמעט, געמאַכט אַ תּל פֿונעם געשעפֿט, אויסגעפֿאַרקויפֿט, בדיל־הדל געוואָרן, און האָב מיך איבערגעפּעקלט, מחילה, אַהין, צו זיי. געקומען אַהין, צו זיי, אָנגעהויבן אַרומקוקן זיך, ווו בין איך אין דער וועלט, שמעקן, אויסשמעקן, קוים מיט צרות איך האָב מיך אַרויפֿגעשלאָגן אויף אַ שטיקל דרך, געמאַכט אַ שטיקל שותּפֿות מיט איינעם אַ סוחר, אַפֿילו אַזוי אַ גאַנץ לײַטישער מענטש, אַ פֿײַנער בעל־הבית, אַ וואַרשעווער פֿון די נאַלעווקעס, און אַ שטיקל גבאי אין שול; נאָר אין תּוך אַרײַן אַ דרייער, אַ שווינדלער, אַ קעשענע־גנבֿ – מיך שיִער אומגליקלעך געמאַכט! פֿאַרשטייט איר שוין מסתּמא, ווי דער קאָפּ איז מיר דעמאָלט געווען אין דער ערד? דערווײַל, איך קום צו גיין איין מאָל אַהיים, מײַנער גייט מיר אַקעגן עפּעס מאָדנע, רויטלעך אויפֿן פּנים און אָן אַ צאַצקע אויפֿן היטל. מאַך איך צו אים: „הער נאָר, משהל, ווו איז ערגעץ די צאַצקע דײַנע?“ מאַכט ער צו מיר: „וואָסער צאַצקע?“... זאָג איך: „דאָס קנעפּל“. זאָגט ער: „וואָסער קנעפּל?“... זאָג איך: „דאָס קנעפּל, וואָס אויפֿן היטל; ערשט אויף יום־טובֿ געקויפֿט אַ נײַ היטל מיט אַ נײַער צאַצקע!“... ווערט ער נאָך רויטער ווי פֿריִער און מאַכט צו מיר: „אַראָפּגענומען“... זאָג איך: „וואָס הייסט אַראָפּגענומען?“ זאָגט ער: „איך בין פֿרײַ“... זאָג איך: „וואָס הייסט דו ביסט פֿרײַ?“ זאָגט ער: „מיר זענען אַלע פֿרײַ“... זאָג איך: „וואָס הייסט איר זענט אַלע פֿרײַ?“ זאָגט ער: „מיר גייען שוין ניט“... זאָג איך: „וואָס הייסט איר גייט שוין ניט?“ זאָגט ער: „מיר האָבן געמאַכט יד־אַחת, מיר זאָלן ניט גיין“... זאָג איך: „וואָס הייסט איר האָט געמאַכט

hat sie dann noch am Leben? ›Was willst du denn?‹, frage ich. Sagt sie: ›Du
verstehst nicht, was ich will? Ich will bei ihm sein!‹ ›So, und das Haus?‹, sage
ich. ›Das Haus ist nur ein Haus!‹ Und was meint Ihr, was sie getan hat? Sie
hat sich wirklich aufgemacht und ist mit ihm gefahren, dorthin, und ich bin
ganz alleine im Haus zurückgeblieben. Stellt Euch nur solch ein Leben vor!
Solch ein Schicksal möge meine Feinde treffen! Das war kein Leben mehr.
Mit dem Geschäft war es aus. Alles ging schief. Wir haben dauernd Briefe
geschrieben. Ich an sie und sie an mich, Briefe hin und Briefe her. ›Meiner
ehrenwerten und teuren Gattin zum Gruß!‹ ›Ein Gruß meinem treuen Ehe-
mann!‹ ›Um Gottes willen‹, schreib ich ihr, ›was hat das alles für einen Sinn?
Man ist doch schließlich nur ein Mensch! Ohne Frau im Haus, welch ein
Elend…‹ Aber es hat mir so viel genützt wie der Schnee von gestern. Wer
hat's am Ende geschafft? Sie, nicht ich! Denn wenn sie sich etwas in den Kopf
gesetzt hat, helfen keine Argumente mehr.

Nun, ich komme gleich zum Ende der Geschichte. Ich hab mich so da-
hingeschleppt, schließlich Bankrott gemacht, mein Geschäft war ruiniert, al-
les hab ich verkaufen müssen, bin bettelarm geworden. Und schließlich habe
ich mich aufgemacht, hin zu ihnen. Dort angekommen, hab ich mich erst
ein bisschen umgesehen, wie sieht die Welt da aus, wie komme ich zurecht?
Ich habe hier und dort reingeschaut. Mit aller Mühe habe ich ein bisschen
was für mich gefunden, ein Kompaniegeschäft mit einem Kaufmann, einem
scheinbar ganz respektablen Menschen, sozusagen einem feinen Mann, ei-
nem Warschauer Bürger von der Nalewki,[71] der feinsten Straße dort, auch
noch so was wie ein Vorsteher in der Synagoge. In Wirklichkeit aber ein
Gauner, ein Betrüger, ein Schwindler und Taschendieb. Er hat mich beinahe
ins Unglück gestürzt. Könnt Ihr Euch vorstellen, wo mir damals der Kopf
gestanden hat? Ich war schon fast unter der Erde! Indessen gehe ich einmal
nach Hause, da kommt mir mein Sohn entgegen, ein bisschen rot im Ge-
sicht, und auf der Mütze – kein Abzeichen mehr. Ich sag zu ihm: ›Hör mal,
Moschkel, wo ist dein Abzeichen geblieben?‹ Er fragt mich: ›Welches Abzei-
chen?‹ Ich sage ihm: ›Na, der Knopf da vorne!‹ Er fragt: ›Welcher Knopf?‹
Ich sage: ›Nun, der Knopf vorne an der Mütze. Wir haben doch erst zu den
Feiertagen eine neue Mütze gekauft mit einem neuen Knopf.‹ Er wird noch
röter als vorher und sagt schließlich zu mir: ›Abgerissen!‹ Ich sage: ›Was heißt
das, abgerissen?‹ Er sagt: ›Jetzt bin ich frei.‹ Ich frage: ›Was heißt das, du
bist frei?‹ Er sagt: ›Wir sind jetzt *alle* frei.‹ Ich sage: ›Was heißt, ihr seid jetzt
alle frei?‹ Er sagt: ›Wir gehen nicht mehr hin.‹ Ich frage ihn: ›Was heißt, ihr
geht nicht mehr hin?‹ Er sagt: ›Wir haben miteinander beschlossen, dass wir
nicht mehr hingehen.‹ Ich sage: ›Was heißt ›Ihr‹, welche ›Ihr‹ und was habt

יד־אַחת? וואָס פֿאַר מאַכערס? וואָס פֿאַר יד־אַחתניקעס? – זאָג איך. – דערויף האָב איך מיך טאַקע אויסגעבראַכט, מפֿקיר געווען פֿון דייַנעטוועגן, דו זאָלסט נאָך דעם קאָנען מאַכן יד־אַחת?! אַז אָך און ווײ, זאָג איך, צו דיר און צו מיר און צו אונדז אַלעמען! גאָט זאָל געבן, זאָג איך, עס זאָל זיך כאָטש ניט אויסלאָזן צו יִדישע קעפּ, וואָרעם אומעטום, זאָג איך, איז דאָך דער ייִד דאָס כּפּרה־הינדל!“... אַזוי מאַך איך צו אים און הייב אָן פֿײַערן, זאָגן מוסר, ווי געוויינטלעך אַ פֿאָטער רעדט מיט אַ קינד. איז דאָך אָבער פֿאַראַן אַ ווײַב, זאָל מאריך־ימים־ונשים זײַן, קומט זי צו לויפֿן און לייגט מיר אַוועק אַ מענה־לשון, אַזוי און אַזוי, אַז איך בין שוין גאָר אויסגעוועבט געוואָרן, אַז איך הייב ניט אָן צו וויסן, זאָגט זי, וואָס אויף דער וועלט טוט זיך, אַז עס איז הײַנט געוואָרן, זאָגט זי, אַן אַנדער וועלט גאָר, אַ קלוגע וועלט, אַן אָפֿענע וועלט, אַ פֿרײַע וועלט, אַ וועלט, זאָגט זי, פֿון אַלע גלײַך, אויס אָרעם, אויס רײַך, אויס האַרעלע־קנעכטעלע, אויס שעפֿעלע־שערעלע, אויס הינטעלע־האַוקעלע, אויס קעצעלע־דראַפּעלע, אויס מײַזעלע־בײַסעלע... „טע־טע־טע, זאָג איך, פֿון וואַנען האָט זיך גענומען צו דיר, מײַן ווײַב, אַזאַ מאָדנע שפּראַך? עפּעס אַ נײַ לשון, זאָג איך, נײַע ווערטער! אפֿשר וואָלטסטו שוין, זאָג איך, אין איין וועגס אַרויסגעלאָזט די הינער, זאָג איך, פֿון דער שטײַג, קיש־קיש, קורע נאַ סוואָבאָדע?“... ווערט זי אָנגעצונדן, גלײַך ווי איך וואָלט אויף איר אויסגעגאָסן צען עמער זודיק וואַסער – און נננו! – ווי זײ קאָנען... מילא, מוז מען שוין אויסהערן די דרשה ביזן סוף. איז אָבער דער חסרון, וואָס ס׳איז אָן אַ סוף. „ווייסטו וואָס, זאָג איך, שאַ, זאָג איך, אָבער לאָז זײַן גענוג, זאָג איך, און שלאָג מיך אין האַרצן: חטאָתי, זאָג איך, עויתי ופֿשעתּי, זאָג איך, און אַן עק, זאָג איך. אַבי לאָז זײַן שטיל!“ וויל זי ניט הערן, ניט זען. „ניין, זאָגט זי, זי וויל וויסן, למאַי, און סטײַטש, און גוואַלד, און בפֿירוש, און אַדרבה, און וואָס הייסט עס, און ווי געשיקט זיך עס, און נאָך אַ מאָל, און טאַקע נאָך אַ מאָל דאָס אייגענע!“...

. . . .

. . . .

. . . .

איך בעט אײַך – ווער האָט דאָס אויסגעטראַכט? אַ... ווײַב?

ענדע געשיכטע נומער צוועלף.

געשריבן אין יאָר 1902.

›*Ihr*‹ miteinander beschlossen? Darum hab ich also alles aufgegeben und hab mich für dich geopfert, damit du dich mit anderen verschwörst? Ach und Weh über dich und über mich und über uns alle zusammen! Bewahre uns Gott, dass das alles nicht einmal auf uns zurückfällt, denn überall und für alles‹, sage ich, ›ist doch der Jude der Sündenbock!‹ So rede ich auf ihn ein und leg mich auch ordentlich ins Zeug und halt ihm eine Predigt, wie es ein ordentlicher Vater mit seinem Kind tut. Hab ich aber doch eine Frau, Gott segne sie! Sie kommt gleich hergerannt und legt los mit einer Tirade, so und so, dass mir anscheinend schon der Verstand abhandengekommen sei, und wann ich endlich anfange zu begreifen, was jetzt in der Welt los ist, sagt sie, dass die Welt anders geworden ist: eine vernünftige Welt, eine veränderte Welt, sagt sie, eine freie Welt, eine Welt, in der alle gleich sind, keine Reichen und Armen mehr, keine Herren und Knechte, keine Lämmer mehr, die geschoren werden, und keine Schafscherer, die die Lämmer scheren, keine Hunde, die kläffen, keine Katzen, die kratzen, und keine Mäuse, die nagen! ›Papperlapapp‹, sage ich zu ihr, ›meine Liebe, wo hast du denn diese neuen Töne aufgeschnappt? Eine neue Sprache, neue Ausdrücke – vielleicht willst du gleich den Hühnerstall aufmachen und alle Hühner rauslassen, puttputt-putt... ihr seid alle frei!?...‹ Bei diesen Worten aber fängt sie an zu kochen, als hätte ich gleich zehn Eimer heißes Wasser über sie geschüttet. Und dann, oh, so kann nur *sie* reden!... Und ich muss die ganze Predigt anhören vom Anfang bis zum Ende, aber es gibt kein Ende. ›Einen Moment nur‹, sage ich, ›hör doch zu, ich bitte dich!‹, und ich schlage an meine Brust, wie wir es am Jom Kippur tun, ›ich habe gesündigt, ich habe gefehlt, ich habe mich vergangen‹, sage ich, ›aber jetzt ist es genug, bitte, hör auf!‹ Aber sie hört nicht und sieht nicht, nein, sie will alles wissen, das ›Wann‹ und das ›Wie‹, mit aller Gewalt und ganz genau und auf jeden Fall und all die Zusammenhänge und die Gründe und wie alles vor sich geht und wer dies sagt und wer das sagt und dasselbe noch einmal und noch einmal ...

.   .   .   .

.   .   .   .

.   .   .   .

Ich bitte Euch, um alles in der Welt, wer hat sie nur erfunden, die Frau?«

(1902)

געשיכטע נומער דרײַצן

פֿונעם פּריזיוו

– פֿון וואַנען איך פֿאָר? – רופֿט זיך אָן צו מיר אַ ייִד אַ הויכער, אַ דאַרער, אַ באָרדיקער, מיט אַ פּליושן היטל; ער האָט נאָר וואָס אָפּגעדאַוונט און לייגט צונויף דעם טלית און תּפֿילין. – פֿון וואַנען איך פֿאָר? אַז אָך און ווײ איז מיר, איך פֿאָר פֿונעם פּריזיוו פֿאָר איך. דאָס איז מײַנער טאַקע אַ זון, אָט דער יונגער־מאַן, וואָס ליגט אָט דאָ אויסגעצויגן אויף דער באַנק. דאָס פֿאָר איך מיט אים פֿון יעהופּעץ פֿאָר איך. געווען בײַ אַדוואָקאַטן זיך אַן עצה האַלטן, און אין איין וועגס בײַ פּראָפֿעסאָרן האָרכן, וואָס וועלן זײ זאָגן וואָס? אַ פּריזיוו האָט מיר גאָט צוגעשיקט. פֿיר מאָל געשטאַנען, און נאָך ניט פֿאַרטיק. און דווקא אַ בן־יחיד, איין־און־איינציקער הייסט דאָס, אַ ריינער, אַן אמתער, אַ כּשרער פּערוויזראַדניק... וואָס קוקט איר מיך אָן וואָס? ס׳איז אײַך פּריקרע? איר מעגט דאָס האָרכן מעגט איר עס.

די היסטאָריע פֿון דער געשיכטע איז אַזאַ מעשׂה: אַליין בין איך אַ מעזרעטשער פֿון מעזערעטש; אַ נולד בין איך, דאָס הייסט אַ געבוירענער, ווי מע זאָגט, אַ מאַזעפּעווקער; אַ ניכתּבֿ, אַ צוגעשריבענער הייסט דאָס, אַ וואָראָנטיליווקער; דאָס הייסט, אַ מאָל בין איך, ניט הײַנט געדאַכט, געזעסן אין וואָראָנטיליווקע בין איך, נאָר הײַנט זיץ איך אין מעזערעטש. ווער איך בין און ווי אַזוי איך הייס – איז אײַך קיין גרויסע נפֿקא־מינה, דאַכט מיר; נאָר מײַן זונס נאָמען מוז איך אײַך יאָ זאָגן, וואָרעם עס געהער זיך אָן צום ענין, און שטאַרק! הייסן הייסט ער איציק, דאָס הייסט אַבֿרהם־יצחק, נאָר רופֿן רופֿט מען אים אַלטער; אַזוי האָט זי אים אַ נאָמען געגעבן, מײַנע זאָל געזונט זײַן, מחמת ער איז אַ ציטעריקער, איין־און־איינציקער איז ער, אַ בן־יחיד. דאָס הייסט, מיר האָבן געהאַט, אַחוץ אים, נאָך אַ ייִנגל האָבן מיר געהאַט, אַ ייִנגערן פֿון אים מיט אַ יאָר אָדער אָנדערטהאַלבן, אים צו לענגערע יאָר; ער האָט געהייסן אײַזיק האָט ער געהייסן. באַדאַרף זיך טרעפֿן אַן אומגליק, מע האָט אים קינדווײַז, אײַזיקן הייסט דאָס, איבערגעלאָזט איינעם אַליין (איך בין, ניט הײַנט געדאַכט, דעמאָלט נאָך געווען אַ וואָראָנטיליווקער בין איך נאָך געווען, דאָס הייסט, איך בין געזעסן אין וואָראָנטיליווקע); איז זיך מישבֿ דאָס קינד, אײַזיק הייסט דאָס, און קריכט צו גלײַך אונטערן סאַמאָוואַר און גיסט אויס אויף זיך אַ זודיקן סאַמאָוואַר, ניט פֿאַר אײַך געדאַכט, און קאָכט זיך אָפּ, אים צו לענגערע יאָר, אויף טויט קאָכט ער זיך אָפּ! פֿון דעמאָלט אָן איז ער, איציק, אַבֿרהם־יצחק הייסט דאָס, געבליבן אַ בן־יחיד, און זי האָט אים פֿאַרצויגן, מײַנע זאָל געזונט זײַן, געגעבן אַ נאָמען אַלטער.

וועט איר דאָך פֿרעגן: סטײַטש, אַ בן־יחיד, איין־און־איינציקער, וואָס געהער זיך אָן מיט אים אַ פּריזיוו, וואָס? הערסטו, אָט דאָס איז דאָך דער

Geschichte Nummer dreizehn

Die Einberufung

»Woher ich gefahren komme?«, wendet sich jemand an mich, ein großer dünner Mann mit einem Bart und Filzhut. Er ist gerade mit dem Abendsegen fertig und legt den Gebetsschal mit den Tefillin nach oben. »Woher ich komme? Ach, mir geht's schlecht, bei der Einberufung war ich. Dort ist mein Sohn, der junge Mann da, der ausgestreckt auf der Bank liegt. Von Jehupez komme ich mit ihm. Wir haben Rechtsanwälte und gleichzeitig auch Professoren besucht, um uns einen Rat zu holen, was wir machen *sollen*. Denn eine ›Einberufung‹ hat mir Gott geschickt! Viermal probiert rauszukommen und immer noch kein Ende! Und das bei nur einem Sohn, einem Einzelkind meine ich, einem reinen und echten *Perwisradnik*,[72] einem, der von vorneherein von der Einberufung befreit ist! Was schaut Ihr mich an? Ist es Euch peinlich? Oh, Ihr könnt ruhig zuhören.

Mit der Sache verhält es sich so: Ich selbst bin Meseritscher, ich meine, dort wohne ich. Das heißt, gebürtig bin ich aus Masepewke und gemeldet in Worotiliwke, also früher habe ich mal in Worotiliwke gewohnt – nicht mehr denken will ich dran –, aber jetzt wohne ich in Meseritsch. Wer ich bin und wie ich heiße, tut nichts zur Sache, meine ich, nur den Namen vom Sohn müsst Ihr wissen, denn der Name hat was mit der ganzen Geschichte zu tun – und wie! Izik heißt er, das heißt Abraham-Jizchak, aber alle nennen ihn ›Alter‹.[73] Den Namen hat ihm meine Frau gegeben, gesund soll sie sein. Er ist doch so zart und schwach und dazu unser einziges Kind. Das heißt, früher hatten wir außer ihm noch einen Sohn, ungefähr anderthalb Jahre jünger als der da, lang möge er leben. Aisik hieß der andere. Mit ihm ist aber ein Unglück passiert. Als er noch ein Kind war, haben wir ihn mal, den Aisik meine ich, allein zu Hause gelassen. Nämlich damals, als ich noch in Worotiliwke war, genau gesagt: dort gewohnt habe, nicht mehr denken will ich dran. Da kommt das Kind auf die Idee, der Aisik also, und kriecht ausgerechnet unter den Samowar und schüttet den kochenden Samowar auf sich – Gott möge Euch verschonen! – und verbrüht sich dabei so schrecklich, dass er daran gestorben ist. Seit damals ist der Izik, ich meine Abraham-Jizchak, unser einziger Sohn, und sie hat ihn verwöhnt, meine Frau nämlich, und hat ihm den Namen ›Alter‹ gegeben.

Ihr werdet sicher fragen, wie man das zusammenreimen soll: ein Sohn, ein einziges Kind, wie kann es da Probleme mit der Einberufung geben?

גאַנצער פֿאַרדראָס! שאַ! אפֿשר מיינט איר, חס־ושלום, אַז ער איז אַ געזונטער יונג, ווי עס גיט זיך אויס אַ מאָל אַ קינד, וואָס וואַקסט אין ראָסקאָש? האָט איר אויך אַ טעות. איר וועט פֿאַר אים קיין צוויי גראָשן ניט געבן; אַ פֿאַרזעעניש, אַ קראַנקער! שייך צו זאָגן אַ קראַנקער? קיין קראַנקער, חלילה, איז ער ניט, נאָר אַ געזונטער אַוודאי ניט. אַן עבֿירה, ער שלאָפֿט איצטער, ווייל איך אים ניט וועקן; אָט וועט ער אויפֿשטיין, וועט איר זען אַ סנאַסט פֿון אַ מענטשן, הויט און ביינער, לאַנג און שמאָל, אַ פּנימל ווי אַ פֿייַג, גרוגרת־דרבי־צדוק, און אַ וווּקס, מישטיינס געזאָגט, אויסגעצויגן ווי אַ לולבֿ, אין גאַנצן געראָטן אין איר, אין מייַנער, זאָל געזונט זייַן, אויך אַ הויכע און אַ מאָגערע, אַן איידעלע הייסט דאָס... היינט פֿרעג איך אייַך: באַדאַרף איך עפּעס אין זינען האָבן אַ פּריזיוו, אַז דין און לאַנג איז ער, טויגן טויג ער ניט, און אַ ווילגאָטע האָט ער?

ס׳איז געקומען צום פּריזיוו – ווער מיר ווילגאָטע? וואָס מיר ווילגאָטע? עס הייבט זיך גאָרניט אָן! וואָס איז די מעשׂה? די מעשׂה איז אַ פּשוטע מעשׂה. דאָס אַנדערע ייִנגל מייַנס, אייַזיק, דער וואָס האָט זיך קינדווייַז, ניט פֿאַר אייַך געדאַכט, אָפּגעקאָכט מיטן סאַמאָוואַר, האָט מען פֿאַרגעסן, אַ פּנים, אויסשטרייַכן פֿון די מעטריקעס. בין איך דאָך אַוועקגעלאָפֿן צום קאַזיאָנעם רבֿ, צום שוטה, מיט אַ גוואַלד: „סטייַטש, גזלן, רוצח איינער, וואָס האָט איר געהאַט צו מיר? למאַי האָט איר ניט אויסגעמעקט מייַן אייַזיקן למאַי?" פֿרעגט ער מיך, דער טיפּש: „ווער איז געווען דער אייַזיק?" „וואָס הייסט, זאָג איך, אייַזיקן ווייסט איר ניט? מייַן זון אייַזיק, דער וואָס האָט איבערגעקערט אויף זיך דעם סאַמאָוואַר", זאָג איך. „וואָסער סאַמאָוואַר?" – מאַכט ער. „גוט מאָרגן, זאָג איך, איר זענט אַ היגער? אַ גוטער קאָפּ אויף אייַך! אויף אַזאַ קאָפּ, זאָג איך, איז גוט קנאַקן ניס... ווער געדענקט ניט, זאָג איך, די מעשׂה מיט מייַן אייַזיקן, וואָס האָט זיך אָפּגעקאָכט מיטן סאַמאָוואַר? איך פֿאַרשטיי ניט, זאָג איך, וואָס זענט איר דאָס פֿאַר אַ ראַבינער בייַ אונדז אין שטעטל, אַז קיין שאלות, זאָג איך, פּאַסקודעט איר ניט, דערויף איז פֿאַראַן, זאָג איך, אַ רבֿ, זאָל מאריך־ימים זייַן; איז, דאַכט זיך, אַ יושר, איר זאָלט כאָטש אַכטונג געבן, זאָג איך, אויף די געשטאָרבענע זאָלט איר; אלא ניט – צו וואָס באַדאַרף מען אייַך מיט אייַער טאַקסע?"... צום סוף, הערט וואָס ס׳לאָזט זיך אויס. אומזיסט־אומנישט האָב איך אים אָפּגעזידלט, דעם שיינעם רבֿ, וואָרעם די מעשׂה מיטן סאַמאָוואַר איז גאָר געווען ניט דאָ אין מעזערעטש, ס׳איז גאָר געווען בשעת מיר זענען, ניט היינט געדאַכט, געזעסן אין וואָראָטיליווקע. איר פֿאַרשטייט אַ מעשׂה? ס׳איז מיר גאָר אַרויסגעפֿלויגן פֿון קאָפּ איז דאָס מיר!

Recht habt Ihr, nur da liegt das ganze Elend! Sagt lieber nichts! Vielleicht meint Ihr, dass er, Gott behüte, wenigstens gesund ist, wie es ja manchmal vorkommt, wenn einer in besseren Verhältnissen aufwächst? Aber da irrt Ihr! Keinen blanken Heller würdet Ihr für ihn geben. Erbärmlich sieht er aus und krank dazu. Das heißt, richtig krank will ich nicht sagen, Gott bewahre, nur gesund ist er auch nicht. Schade, dass er jetzt schläft, ich will ihn nicht extra aufwecken. Aber wenn er aufsteht, werdet Ihr es sehen: dünn wie ein Bindfaden, Haut und Knochen, lang und dürr, verschrumpeltes Gesicht wie die Feige von Rabbi Zaddok.[74] Es geht einem unter die Haut! Und der Wuchs, offen gesagt: krumm gewachsen wie ein Lulaw. Er kommt ganz auf sie raus, meine Frau, meine ich, gesund soll sie sein. Sie ist auch so groß und mager und zerbrechlich. Nun überlegt mal, warum muss ich mir Sorgen machen wegen der ›Einberufung‹, dünn und schwach, wie er ist? Auf keinen Fall ist er tauglich, und hat auch die Wilgote, die Bescheinigung, dass er von der Armee befreit ist.

Nun, es kommt zum Termin. Was ist mit der Bescheinigung? Was nützt mir der Schein? Nichts! Und woran hängt es? Die Sache ist schnell erklärt. Den anderen Sohn, ich meine den Aisik, der sich als Kind mit dem Samowar verbrüht hat und gestorben ist, den hat man vergessen aus dem Register zu streichen. Ich laufe zum *Kasionem row*, zum Regierungsrabbiner,[75] diesem Trottel, und mache ein ordentliches Geschrei: ›Mörder, Bandit, was habt Ihr gegen mich? Warum habt Ihr meinen Aisik nicht ausgestrichen?‹ Er fragt mich doch ganz ruhig, der Esel: ›Wer war der Aisik?‹ ›Soll das heißen‹, frage ich, ›Ihr kennt die Sache mit dem Aisik nicht? Mit meinem Sohn Aisik, der den kochenden Samowar über sich gegossen hat?‹ ›Was für einen Samowar?‹, fragt er. ›Mahlzeit!‹, sage ich, ›seid Ihr nicht von hier? Wozu habt Ihr Euren Kopf? Taugt er zu was anderem, als dass man Nüsse darauf knackt? Wer erinnert sich hier nicht‹, sage ich, ›an die traurige Geschichte von meinem Aisik, der sich so schrecklich mit dem Samowar verbrüht hat und daran gestorben ist? Ich begreife nicht‹, sage ich, ›was Ihr für ein Rabbiner bei uns im Schtetl seid; mit Schajles plagt Ihr Euch nicht, dafür haben wir‹, sage ich, ›den richtigen Rabbiner, lang soll er leben. Da kann man doch wohl verlangen‹, sage ich, ›dass Ihr Euch wenigstens um die Verstorbenen kümmert! Wenn nicht, wozu braucht man Euch mit Eurer ewigen Fleischsteuer?‹[76] Schließlich aber, hört, was sich rausgestellt hat. Zu Unrecht habe ich ihn beschimpft, den feinen Rabbiner, denn die Sache mit dem Samowar ist ja gar nicht in Meseritsch passiert, sondern als wir noch in Worotiliwke wohnten. Ich hatte es glatt vergessen.

קיצור־הדבֿר, וואָס טויג אײַך היסטאָריעס – זאַכן – מעשׂיות, ביז איך האָב מיך אַ ריר געטאָן, פֿאַפּירן אַהער, פֿאַפּירן אַהין, האָט מײַן אַבֿרהם־יצחק, איציק הייסט דאָס, וואָס מע רופֿט אים אַלטער, אָנגעווירן די גאַנצע ווילגאָטע. נישטאָ קיין ווילגאָטע! נישטאָ קיין ווילגאָטע? שלעכט! אַ גוואַלד, אַ געפּילדער, סטײַטש, אַ בן־יחיד, איין־און־איינציקער, אַ ריינער, אַן אמתער, אַ כּשרער פּערוויזראַדניק, און אָן אַ שום ווילגאָטע! נאָר גיי שרײַ חי־וקים – פֿאַרפֿאַלן!

האָבן מיר דאָך אָבער אַ גרויסן גאָט אויף דער וועלט! גייט מײַן אַלטער, איציק הייסט דאָס, און שלעפּט ניט אַרויס דעם גרעסטן זשערעב, נומער 699? די פּריסוטסטווע האָט זיך דעמאָלט געוויגט. דער פּרינצעדאַטעל אַליין האָט אים געגעבן אַ זעץ אין פּלייצע: „בראַוואָ, איצקאָ, מאָלאָדיעץ!“ די גאַנצע שטאָט האָט מיר מקנא געווען: נומער זעקס הונדערט נײַן און נײַנציק! אָט אַ גליק! מזל־טובֿ! מזל־טובֿ!... מיט מזל זאָלט איר לעבן! – פּונקט ווי איך וואָלט דאָ אויסגענומען דאָס גרויסע געווינס, די רי״ש אַלפֿים!

נאָר אונדזערע ייִדעלעך... ס'איז געקומען צום פּריאָם – אַז מע האָט אָנגעהויבן צו בראַקעווען, בראַקעוועט מען נאָך! אַלע זענען געוואָרן מיט אַ מאָל וויסטע פֿינצטערע קאַליקעס; דער מיט אַזאַ חסרון, דער מיט אַזאַ חסרון...

קיצור־הדבֿר, וואָס טויג אײַך היסטאָריעס – זאַכן – מעשׂיות, ס'איז אָנגעקומען צו מײַן זונס נומער 699, און מײַן איציק, אַלטער הייסט דאָס, האָט נעבעך געמוזט מיט זײַן כּבֿוד שטעלן זיך צום פּריאָם מיט אַלע שנײַדערס און מיט אַלע שוסטערס, און עס איז געוואָרן בײַ מיר אין שטוב אַ געוויין. שייך זאָגן אַ געוויין? אַ יללה, חושך! מײַן ווײַב, זאָל געזונט זײַן, לייגט אײַן די וועלט, די שנור חלשט: סטײַטש, ווי איז דאָס געהערט געוואָרן, אַ בן־יחיד, איין־און־איינציקער, אַ ריינער, אַן אמתער, אַ כּשרער פּערוויזראַדניק – און אָן אַ פּיצל ווילגאָטע?! און ער, מײַן זון הייסט דאָס, גאָרניט, גלייך ווי ניט אים מיינט מען: „וואָס עס וועט זײַן מיט כּל־ישׂראל, וועט זײַן מיט רב ישׂראל“. – אַזוי זאָגט ער כּלומרשט מיט אַ ווערטל, און דער פּופּיק בשעת־מעשׂה ציטערט אים מסתּמא גוט, וואָס זאָלט איר דאָ קלערן?

האָבן מיר דאָך אָבער אַ גרויסן גאָט אויף דער וועלט! פֿירט מען אַרײַן מײַן איציקן, מחילה, אַ נאַקעטן, נעמט דער דאָקטער באַטראַכטן מײַן איציקן, אַלטערן הייסט דאָס, אויסמעסטן אים אין דער לענג און אין דער ברייט, טאַפּן, קוקן, מוטשען, אַהער־אַהין – וואָס, מישטיינס געזאָגט, אַז ער טויג ניט, דער הונט (דאָס הייסט, טויגן טויג ער, נאָר פֿאַר קיין סאָלדאַט טויג ער ניט): ער כאַפּט ניט סך־הכּל קיין דריטהאַלבן ווערשקעס אין דער ברייט כאַפּט ער ניט! ניע גאָדיען, אַ ווײַסער בילעט... ווידער אַ מאָל אַ שׂימחה, אַ גדולה, מזל־טובֿ,

Mit einem Wort, was soll ich Euch viel erzählen, bevor ich mich rühren konnte, um dieses Papier und jenes Papier zusammenzukriegen, war mein Abraham-Jizchak, ich meine Izik, den wir ›Alter‹ nennen, schon seinen Befreiungsschein los! Keine *Wilgote*! Es ist zum Heulen! Bei uns ein Geschrei, ein Aufstand, man stelle sich das vor: ein Sohn, Einzelkind, ein reiner und echter *Perwisradnik*, und – kriegt keine Bescheinigung! Vergebens, dass du schreist und protestierst. Die Sache sieht nicht gut aus.

Aber wir haben doch einen großen Gott in der Welt. Trifft es sich also, dass mein ›Alter‹, ich meine Izik, wahrhaftig das günstigste Los zieht, die Nummer sechshundertneunundneunzig. In der Erfassungsstelle war was los! Der Kommissar selbst gab ihm einen Schlag auf die Schulter: ›Bravo Jizko, braver Kerl!‹ Die ganze Stadt hat mich beneidet: ›die Nummer sechshundertneunundneunzig! Welch ein Glück, Maseltow! Dass es immer so weitergehe!‹ Geradeso, als hätte ich das große Los gezogen, gleich zweihunderttausend Rubel.

Aber Ihr kennt doch unsere Leute! Sie wissen sich zu helfen. Bei der Untersuchung versucht jeder, sich rauszureden. Auf einmal waren sie alle elende Krüppel.

Der hatte ein Gebrechen und der andere auch, mit einem Wort, was soll ich Euch viel erzählen, mein Izik, ich meine ›Alter‹, muss mit seiner Nummer sechshundertneunundneunzig wahrhaftig zur Untersuchung vor den Doktor, mit allen Schustern und Schneidern. Bei mir zu Hause war natürlich ein großes Elend! Was sage ich Elend, ein Jammer, himmelschreiend! Meine Frau, gesund soll sie sein, verliert gleich die Fassung; die Schwiegertochter fällt in Ohnmacht, und ehrlich, wo hat man so was schon mal gehört: Ein Sohn, Einzelkind, ein reiner und echter Perwisradnik, und doch kein Schimmer von einem Schein! Er selbst, mein Sohn nämlich, tut so, als gehe ihn das Ganze nichts an. ›Heißt es nicht bei uns: „Was ganz Israel trifft, muss auch Reb Israel aushalten"?‹ So redet er leichthin mit einem Spruch, obwohl ihm die Sache schwer im Magen liegt, das könnt Ihr Euch vorstellen.

Aber es ist doch ein Gott auf der Welt! Man führt meinen Izik rein, mit Verlaub splitternackt, und der Doktor fängt an, Izik, also ich meine ›Alter‹, zu untersuchen, ihn lang und breit abzumessen, abzuklopfen, abzuhorchen und abzutasten, ihn hin und her zu striezen. Was wollen sie nur, er ist doch untauglich, der arme Kerl! Das heißt, er taugt schon zu etwas, nur nicht zum Soldaten! Er misst ja nicht mal zweieinhalb *Werschkess*[77] um die Schulter! Und wirklich, er kommt raus: ›nicht tauglich‹! Endlich der weiße Schein!

מזל־טובֿ!... מיט מזל זאָלט איר לעבן!... צונויפֿגעקומען זיך די משפּחה, געשטעלט משקה, געטרונקען לחיים. דאַנקען השם־יתברך, געפּטרט דעם פּריזיוו!

נאָר אונדזערע ייִדעלעך... מיינט איר דאָך, אַז עס האָט זיך ניט געפֿונען אַ שייגעץ, וואָס איז אַ בעלן געווען מסרן אין דער גובערניע, אַז איך האָב „געשמירט״? וואָס טויג אײַך, ס׳איז ניט אַוועקגעגאַנגען צוויי חדשים פֿונעם פּריזיוו, קומט מיר אָן אַ פּאַפּיר, אַז מע בעט מײַן איציקן, אַלטערן הייסט דאָס, ער זאָל זיך מטריח זײַן אַהין צו צו, אין דער גובערסקי פּריסוטסטווע, נאָך אַ מאָל, „נאַ וואָספּיטאַניע״ הייסט דאָס. געפֿעלט אײַך, אַ שטייגער, די גוטע בשׂורה, האַ? אַ שיינע חתונה! מײַן ווײַב, זאָל געזונט זײַן, לייגט אײַן די וועלט, די שנור חלשט: סטײַטש, סטײַטש, צוויי מאָל צום פּריזיוו, אַ בן־יחיד, איין־און־איינציקער, אַ ריינער, אַן אמתער, אַ כּשרער פּערוויזראַדניק!

קיצור־הדבֿר, וואָס טויג אײַך היסטאָריעס – זאַכן – מעשׂיות, אַז מע רופֿט אין דער גובערניע אַרײַן, קאָן מען קיין חזיר ניט זײַן און מע מוז פֿאָרן. געקר־מען אין דער גובערניע, הייב איך דאָך מסתּמא אָן אַרומלויפֿן, אַהין־אַהער, טאָמער זכות־אָבֿות, אַ גוט וואָרט – גיי שרײַ „אַני שלמה״, דערציייל יענעם אַ מעשׂה, אַ בן־יחיד, איין־און־איינציקער, און ניט קיין געזונטער דערצו, – מאַכט ער נאָך דאָס גרעסטע געלעכטער! און מײַן זון? אַ שענערן לייגט מען אין קבֿר אַרײַן. ניט מחמת דער פּריזיוו; ער הערט, זאָגט ער, דעם פּריזיוו הערט ער אין דער לינקער פּיאַטע; אויב ס׳איז אים באַשערט, זאָגט ער, דינען, וועט ער דינען; נאָר וואָס דען? ער קאָן ניט איבערטראָגן אונדזערע יסורים קאָן ער ניט, דאָס הייסט, די יסורים פֿון די ווײַבער קאָן ער ניט צוזען: אַ גובער־סקי פּריסוטסטווע, אַ קשיא אויף אַ מעשׂה, טאָמער, איך ווייס? ס׳איז דאָך נאָר אַ גורל, ווי זאָגט איר, אַ לאָטעריע איז דאָך עס!

האָבן מיר דאָך אָבער אַ גרויסן גאָט אויף דער וועלט! מע האָט אַרײַנגעפֿירט מײַן איציקן, אַלטערן הייסט דאָס, אין דער גובערסקי פּריסוט־סטווע, איך בעט איבער אײַער כּבֿוד, אַ נאַקעטן, ווי די מאַמע האָט אים געהאַט, און מע האָט אים גענומען ווידער אַ מאָל פֿון מה־טובֿו, באַטראַכטן אין דער לענג און אין דער ברייט, ווידער אַ מאָל טאַפּן, קוקן, מוטשען. וואָס, מישטיינס געזאָגט? אַז ער טויג ניט, דער הונט (דאָס הייסט, טויגן טויג ער, נאָר פֿאַר קיין סאָלדאַט טויג ער ניט). איינער האָט זיך אַפֿילו געשטעלט אַקעגן און געפּרוּווט אַ זאָג טאָן: „גאָדיען״. האָט אים דער דאָקטער אָפּגעהאַקט: „ניע גאָדיען!״ דער זאָגט: „גאָדיען״, דער זאָגט: „ניע גאָדיען״. „גאָדיען, ניע גאָדיען״ – אַזוי לאַנג, אַזוי ברייט, ביז דער גובערנאַטאָר אַליין האָט זיך מטריח געווען פֿונעם בענקל, צוגעגאַנגען, אַ קוק געטאָן און געזאָגט: „סאָווערשענאָ ניע גאָדיען״,

Von neuem eine Freude, Jubel, Maseltow! Möge es so weitergehen! Die ganze Verwandtschaft kommt zusammen, man trinkt ein Gläschen Schnaps auf unser Wohl. Gelobt sei Sein Name, die Einberufung ist erledigt.

Aber Ihr wisst ja, wie unsere Leute sind. Glaubt ja nicht, es hätte sich nicht ein Schuft gefunden, der einen ›kleinen Hinweis‹ an die Behörde gab. Ich hätte jemand bestochen! Was hilft es, keine zwei Monate nach der Einberufung kommt ein Schreiben bei mir an. Mein Izik, ›Alter‹ meine ich, wird aufgefordert, sich bei der *Prissutsstwe* einzufinden, dort, wo man die Soldaten erfasst. Das heißt: noch einmal zur Untersuchung! Nun, was sagt Ihr dazu? Eine schöne Bescherung, nicht wahr? Meine Frau, gesund soll sie sein, verliert gleich die Fassung, die Schwiegertochter fällt in Ohnmacht. Denn wie ist das möglich? Zweimal zur Einberufung! Und dabei doch ein Sohn, Einzelkind, ein reiner und echter *Perwisradnik*!

Was soll ich lange erzählen. Wenn die Regierung ruft, kann man sich nicht taub stellen, sondern muss hingehen. Als wir zur Behörde kommen, fang ich natürlich gleich an herumzuschauen, hierhin und dahin, vielleicht legt jemand doch ein gutes Wort ein, die Verdienste der Vorfahren mögen mir helfen. Geh aber und schrei *ani Schlojme* [78]! Macht Ihr ihnen klar: einziger Sohn, ein Einzelkind und nicht mal gesund, lachen sie Euch noch aus. Und er selbst, mein Sohn? Als wäre er schon halb begraben, noch nicht mal wegen der Einberufung! Um die Einberufung, sagt er, kümmert er sich kein bisschen. Wenn es ihm von oben bestimmt ist, zu dienen, dann wird er eben Soldat. Nur eines bedrückt ihn, *unseren* Kummer kann er nicht ertragen, das heißt, den Jammer der Frauen kann er nicht mit ansehen… Also da stehen wir. Eine Einberufungsstelle der Regierung, wer weiß da genau Bescheid? Wie kann ich sicher sein? Es ist doch alles Schicksal oder, wie Ihr sagt, ein großes Lotteriespiel!

Es ist aber doch ein Gott auf der Welt! Man bringt meinen Izik, ich meine ›Alter‹, ins Untersuchungszimmer herein, und zwar, verzeiht den Ausdruck, splitternackt, wie am Tage seiner Geburt. Sie fangen noch einmal an, ihn gründlich zu untersuchen, lang und breit. Noch einmal abklopfen, noch einmal genau betrachten, noch einmal alles Mögliche mit ihm anstellen. Obwohl sie es doch gut wissen könnten: Er ist nicht tauglich, der arme Kerl, das heißt, er taugt schon zu etwas, aber nicht zum Soldaten! Einer von den Herren hat aber anders entschieden und geurteilt: ›godjen – tauglich!‹ Der Doktor hat ihm widersprochen: *nje godjen* – nicht tauglich!‹ Der sagt ›tauglich‹, der andere ›nicht tauglich‹! ›Tauglich‹ – ›nicht tauglich‹, es ging so lange hin und her, bis der Gouverneur selbst aufmerksam wurde. Er stand auf, kam näher heran, warf einen Blick auf den Sohn und meinte: ›ssowerscheno

דאָס הייסט – ער טויג אויף נײַן און נײַנציק כּפּרות... האָב איך באַלד אַוועקגעקלאַפּט אַ דעפּעש אַהיים, געווײנטלעך פֿאַרשטעלט: „מזל־טובֿ! טאָוואַר אָקאָנטשאַטעלנע זאַבראַקאָוואַן".

דאַרף זיך טרעפֿן אויף מײַן גליק, וועט איר האָרכן אַ שיינס, אַז מײַן דעפּעש קומט אָן ניט צו מיר אַהיים, נאָר צו מײַנעם אַ געשוועסטערקינד, מײַן נאָמען טאַקע הייסט ער, אַ ייִד אַ נגיד, און, איך בעט איבער אײַער כּבֿוד, אַ גרויסער דבֿר־אַחר. און ס'איז קיין חידוש ניט – ער האַנדלט מיט אָקסן האַנדלט ער. האָט ער געהאַט אַרויסגעטריבן טאַקע אין דער אייגענער גובערניע אַ פּאַרטיע אָקסן און אַרויסגעקוקט אויף אַ דעפּעש, אַז די אויגן זענען אים שיִער ניט אַרויס. קאָנט איר פֿאַרשטיין, ווי אַזוי אים איז געוואָרן אויפֿן האַרצן, אַז מע האָט אים אָפּגעגעבן מײַן דעפּעש: „ט אָ וו אַ ר אָ ק אָ נ ט ש אַ ט ע ל נ ע ז אַ ב ר אַ ק אָ וו אַ ן "... איך האָב געמיינט, ער וועט מיך אויפֿעסן אַ לעבעדיקן, אַז איך בין געקומען אַהיים. איר פֿאַרשטייט אַ השׂגה פֿון אַ נגיד אַ דבֿר־אַחר, וואָס האַנדלט מיט אָקסן? גענוג ער נעמט איבער פֿרעמדע דעפּעשן, איז ער נאָך גערעכט!...

אַצינד וועלן מיר זיך אומקערן נאָך אַ מאָל צוריק צו יענער צײַט, ווען איך בין נאָך געזעסן, ניט היינט געדאַכט, אין וואָראָטיליווקע, און מײַן איציק, אַלטער הייסט דאָס, איז נאָך געווען אַ קליין קינד איז ער נאָך. ויהי היום טרעפֿט זיך אַ מעשׂה, עפּעס אַ רעוויזיע אין שטאָט, מע איז אַרומגעגאַנגען פֿון שטוב צו שטוב און מע האָט איבערגעשריבן איטלעכן באַזונדער, פֿון קליין ביז גרויס, ווי אַזוי ער הייסט און וויפֿל ער איז אַלט, און וויפֿל קינדער האָט ער, צי זכרים, צי נקבֿות, און ווי אַזוי רופֿט מען זיי?... אַז ס'איז געקומען צו מײַן איציקן: ווי אַזוי רופֿט מען אים? זאָגט מײַן ווײַב, זאָל געזונט זײַן: אַלטער. איז זיך מישבֿ יענער, מע זאָגט אים אַלטער – אַ שיינע ריינע כּפּרה; גייט ער און פֿאַרשרײַבט: „אַלטער".

אַוודאי קומט מיר אָן פּונקט אין אַ יאָר אַרום נאָכן פּריזיוו אַ נײַע בשׂורה: מע זוכט מײַן זון אַלטערן, ער זאָל זיך שטעלן מחילה צום פּריזיוו אין וואָראָטילוקע! – וואָס סע האָט זיך מיר געחלומט יענע נאַכט און הײַנטיקע נאַכט און אַ גאַנץ יאָר! נאַ דיר אַזאַ נײַעס! ברוך־הבאָ, אַ ייִד רב אַלטער!

קיצור־הדבֿר, וואָס טויג אײַך היסטאָריעס – זאַכן – מעשׂיות, מע רופֿט מײַן איציקן, אַלטערן הייסט דאָס, נאָך אַ מאָל צום פּריזיוו גאָר איבער אַ נײַס! מײַן ווײַב, זאָל געזונט זײַן, לייגט אײַן די וועלט, די שנור חלשט. סטײַטש, ווו איז דאָס געהערט געוואָרן, מע זאָל אויספּאָרן די גאַנצע וועלט פֿון איין עק ביזן אַנדערן עק, אַז אַ בן־יחיד, איין־און־איינציקער, אַ ריינער, אַן אמתער, אַ כּשרער פּערוויזראַדניק זאָל באַדאַרפֿן שטיין דרײַ מאָל צום פּריזיוו! נאָר גיי רעד טערקיש, רעד טאָטעריש – וואָס טוט מען וואָס? בין איך אַוועקגעלאָפֿן צו אונדזער „אָבטשעסטווע", געמאַכט אַ גוואַלד, קוים געפּועלט, צען

nje godjen, vollkommen untauglich!‹ Sofort schicke ich eine Depesche nach Hause, verschlüsselt natürlich wie immer: ›*Maseltow, towar okontschatelne sabrakowan* – Ware für unbrauchbar deklariert!‹

Jetzt hört aber, was für ein Pech ich habe! Meine Depesche kommt nicht bei mir zu Hause an, sondern bei einem Vetter, der genauso heißt wie ich. Ein vornehmer Mann und – entschuldigt den Ausdruck – doch ein richtiges Schwein! Das ist ja kein Wunder, er handelt mit Ochsen! Er hat also gerade in den gleichen Bezirk ein paar Ochsen geschickt und wartet auf eine Depesche. Da fallen ihm fast die Augen aus dem Kopf! Ihr könnt Euch wohl vorstellen, wie es in ihm tobte, als man ihm meine Botschaft durchgab: › *Ware für unbrauchbar deklariert!*‹ Ich dachte fast, er würde mich lebendig auffressen, als ich heimkam. Stellt Euch so was vor, ein vornehmer Mensch, ein Schwein dazu und handelt ausgerechnet mit Ochsen! Was sich so einer einbildet. Nicht nur fremde Depeschen nimmt er entgegen, auch noch recht behalten will er!

Jetzt müssen wir aber noch einmal anhalten und zurück in die Zeit, als ich noch in Worotiliwke wohnte, ich will gar nicht mehr dran denken. Damals war mein Izik, ich meine ›Alter‹, noch ein kleines Kind. Und es geschah an jenem Tag... Also in diesen Tagen wurde in unserer Stadt eine Volkszählung abgehalten. Von Haus zu Haus sind sie rumgegangen und haben jeden Einzelnen aufgeschrieben, klein und groß, Name und Alter, die Zahl der Kinder, ob männlich oder weiblich, und wie sie heißen. Als die Reihe an meinen Izik kam und wie er heißt, antwortet meine Frau, gesund soll sie sein, ›Alter‹. Der Mann von der Zählung glaubt, er heiße wirklich ›Alter‹, und wie es der Teufel will, schreibt er hin ›Alter‹.

Und genau ein Jahr nach der ersten Einberufung kriege ich Nachricht: Man ersucht meinen Sohn ›Alter‹, er möge bitte schön zur Einberufung nach Worotiliwke kommen. Was ich für Albträume davon bekommen habe! Jetzt so etwas! Schon wieder was Neues! Also, in Gottes Namen hereinspaziert, Herr ›Alter‹!

Was soll ich Euch viel erzählen, mein Izik, ich meine ›Alter‹, wird also erneut zur Einberufung bestellt. Meine Frau, lang möge sie leben, gerät aus der Fassung, die Schwiegertochter fällt in Ohnmacht. Und es ist doch wahr: Man kann weit und breit rumsuchen im Land, bevor man so was erlebt! Ein Sohn, Einzelkind, ein reiner und echter *Perwisradnik*! Und soll schon zum dritten Mal einberufen werden! Aber redet türkisch oder tatarisch mit ihnen, zu machen ist da gar nichts! Ich renne zu den Leuten mit Einfluss, schreie Zeter und Mordio und erreiche mit Mühe, dass zehn Männer per Eid und mit

ייִדן זאָלן אָפּשווערן און חתמענען זיך, אַז זיי ווייסן פּאָזיטיוו, אַז איציק איז אַבֿרהם־יצחק, און אַבֿרהם־יצחק איז אַלטער, און אַז אַלטער און איציק און אַבֿרהם־יצחק זענען אַלע איין פּאַרשוין.

באַקומען דאָס פּאַפּיר, בין איך אַוועק מיטן פּאַפּיר קיין וואָראָטיליווקע. געקומען קיין וואָראָטיליווקע – אַ גאַסט! וואָס מאַכט אַ ייִד רב יאָסל? וואָס טוט איר הי? וויל איך דאָך מסתּמא ניט אויסזאָגן – צו וואָס דאַרף איך עס? גלײַכער אַז אַ ייִד ווייסט ווינציקער. „גאָרניט, זאָג איך, איך באַדאַרף דאָ האָבן צו אַ פּריץ“... „מכּוח וואָס?“... „מכּוח פּראָסע, זאָג איך, איך האָב געהאַנדלט, זאָג איך, פּראָסע האָב איך געהאַנדלט, גענעבן אַן אַדערויף, ניטאָ ניט קיין פּראָסע, ניט קיין אַדערויף, פֿאַרפֿאַלן, זאָג איך, די קו מיטן שטריקל!“ און לאָז מיך אַוועק גלײַך אין דער פּריסוטסטווע. איך קום אין דער פּריסוטסטווע קום איך, טרעף איך דאָרט אַ שרײַבער פֿון די שרײַבערס און דערלאַנג אים דאָס פּאַפּיר. איבערגעלייענט דאָס פּאַפּיר, ווערט ער מלא־רציחה, דער שרײַבער הייסט דאָס, און טוט מיר אַ שמיץ דאָס פּאַפּיר אין פּנים אַרײַן מיט אַ מין פֿײַער, מע זאָל באַהיט און באַוואָרנט ווערן! סטופּאַיטיע – גיין זאָלט איר, הייסט דאָס, צו אַלדע רוחות מיט אַלע אײַערע נעמען און מיט אַלע אײַערע ייִדישע מאַניפּאָרגעס! „איר ווילט זיך, זאָגט ער, אויסדרייען פֿונעם פּריזיוו, זשידי מאַשעניקי, זאָגט ער, ווערט בײַ אײַך פֿון אַבֿרהם – יצחק, און פֿון יצחק – איציק, און פֿון איציק – אַלטער. ניין, בײַ אונדז גייען נישט אָן אַזעלכע שטיקלעך, שאַכער־מאַכער!“... נו, קלער איך מיר, ווי באַלד „שאַכער־מאַכער“, מיינט ער מסתּמא אַ קערבל“... און איך נעם אַרויס אַ מטבע און וויל אים אַרײַנרוקן אין האַנט אַרײַן, און רוף מיך אָן צו אים שטילערהייט: „איזווינטיע, וואַשע וויסאָקע־פּראַוואָזשיטעלסטווע!“... אַז ער כאַפּט זיך ניט אויף מיט אַ געשריי: „ווזיאַטקי!?“... עס זענען זיך צונויפֿגעלאָפֿן נאָך שרײַבערס, און, וואָס טויג אײַך, מע האָט מיר געגעבן דעם וועג האָט מען מיר... אַזאַן אומגליק – באַדאַרף איך אָנטרעפֿן גראָד אויף אַ „נקי־כּפּימניק“!... מאָלט אײַך, עס רעדט זיך נאָר אַזוי, אַז ער נעמט ניט – צווישן ייִדן ווערט מען ניט פֿאַרפֿאַלן; איך האָב געפֿונען אַ ייִדן, וואָס דורך אים נעמט ער... עס האָט געהאָלפֿן ווי אַ טויטן באַנקעס – און ס׳איז געבליבן, אַז איך האָב נאָך אַ זון, וואָס ער הייסט אַלטער. זאָל ער מוחל זײַן, אַלטער הייסט דאָס, זיך שטעלן אין וואָראָטיליווקע צום פּריזיוו זאָל ער זיך. אַ גוט פּעקל!

ווי אַזוי איך האָב איבערגעלעבט דאָס יאָר – בין איך שטאַרקער פֿון אײַזן בין איך! כאָטש אַז מע וויל שמועסן צוריק, וואָס האָב איך, שוטה, מורא צו האָבן? צען מאָל פּריזיוו, אַז איך ווייס, אַז ער טויג ניט, דער הונט (שייך זאָגן, טויג ניט? טויגן טויג ער, נאָר פֿאַר קיין סאָלדאַט טויג ער ניט); ובפֿרט, אַז מע האָט אים שוין צוויי מאָל אַרויסגעבראַקעוועט האָט מען אים. נאָר צוריק בין איך זיך מישבֿ: אַ פֿרעמדע שטאָט, אַ פּריסוטסטווע מיט „נקי־כּפּימניקעס“, אַ קשיא אויף אַ מעשׂה?...

Unterschrift bestätigen: Sie wissen positiv, dass Izik Abraham-Jizchak ist, und Abraham-Jizchak ist ›Alter‹. Dass also ›Alter‹ und Izik und Abraham-Jizchak ein und dieselbe Person sind.

Mit der Erklärung in der Tasche bin ich sofort nach Worotiliwke gefahren. Ich komme in den Ort und werde natürlich gleich aufgehalten: ›Siehe da, lange nicht hier gewesen! Wie geht es, Reb Jossel? Was führt Euch hierher?‹ Natürlich will ich ihnen von alldem lieber nichts erzählen, wieso auch? Am besten sollen die Leute möglichst wenig erfahren. ›Nichts Besonderes‹, sag ich. ›Ich muss da zu einem Gutsherren‹. ›Weswegen?‹ ›Um Hirse geht es‹, sage ich, ›ich habe mit Hirse gehandelt und eine Anzahlung gemacht. Jetzt ist keine Hirse da, wenn ich nun auch die Anzahlung verliere, ist die Kuh mit dem Strick dahin.‹ Und mach mich gleich davon, zur Erfassungsstelle. Ins Büro reingekommen, stoße ich auf einen der Sekretäre. Ich gebe ihm mein Papier. Kaum hat er es überflogen, gerät er schon in Wut, der Sekretär nämlich, und schmeißt mir das Papier direkt ins Gesicht, dass einem angst und bange werden kann. ›*Sstupajtje*‹, schreit er, ›verschwindet dahin, wo der Pfeffer wächst, mit Euren Namen und Euren jüdischen Machenschaften. Ihr wollt Euch‹, sagt er, ›vor der Armee drücken, Ihr jüdischen Schwindler. Bei Euch wird aus Abraham Jizchak und aus Jizchak Izik und aus Izik „Alter". Aber bei uns laufen solche Sachen nicht, ihr Schacher-Macher…‹ Oh, denke ich, als ich ›Schacher-Macher‹ höre, vielleicht meint er ein Rubelchen! Ich nehme also ein Geldstück aus der Tasche und will es ihm sachte in die Hand drücken und sage dabei leise zu ihm: ›Mit meiner demütigsten Empfehlung, Euer Ehren…‹ Fährt er auf mit einem Gebrüll und schreit mich an: ›Bestechung!‹ Im Nu laufen die anderen Sekretäre zusammen. Und man hat mich glatt rausgeworfen. Welch ein Pech! Muss gerade ich auf einen stoßen, der nichts nimmt? Na ja, man sagt das einfach so: Er nimmt nichts! Juden lassen einander nicht im Stich, und ich habe schließlich einen gefunden, über den er es doch genommen hat. Aber genützt hat es mir so viel wie Schropfköpfe einem Leichnam, denn am Ende stand für sie fest, dass ich noch einen Sohn mit Namen ›Alter‹ habe. Also musste sich wahrhaftig mein ›Alter‹, Gott sei's geklagt, nach Worotiliwke zur Einberufung begeben. Da stehen wir nun!

Nur weil ich eine solch starke Natur habe, konnte ich dieses Jahr überleben. Obwohl, wenn man heute ruhig zurückdenkt, was hatte ich Narr denn zu befürchten? Meinetwegen sollen sie zehnmal mit der Einberufung kommen! Wenn er doch nicht tauglich ist, der arme Kerl! Obwohl, was das anbelangt, tauglich ist er schon, aber nicht zum Soldaten! Und besonders, da man ihn ja schon zweimal ausgemustert hat. Und doch, als ich zurückfuhr, habe ich mir überlegt: … eine fremde Stadt, ein Erfassungsbüro mit ›reinen Händen‹, da kann alles passieren, wer weiß?

האָבן מיר דאָך אָבער אַ גרויסן גאָט אויף דער וועלט! מײַן אַלטער, איציק הייסט דאָס, האָט ווידער אַ מאָל געצויגן אַ זשערעב, ווידער אַ מאָל זיך געשטעלט צום פּריאָם, און גאָט האָט אַ נס געטאָן, די וואָראָטילײַוקער פּריסוטסטווע האָט אויך געזאָגט „ניע גאָדיען“, און האָט אים אַרויסגעגעבן אויף אַ ווײַסן בילעט. האָבן מיר שוין, מיט גאָטס הילף, צוויי ווײַסע בילעטן!

געקומען אַהיים – ששון־ושימחה! געמאַכט אַ סעודה, צונויפֿגערופֿן כּמעט די גאַנצע שטאָט, געהוליעט, געטאַנצט ביז טאָג. ווער ווער איך איך? ווער ווער איז צו מיר גלײַך? אַ קיסר!

אַצינד וועלן מיר זיך אומקערן צוריק צו מײַן אײַזיקן, עליו־השלום, דער וואָס האָט, אים צו לענגערע יאָר, איבערגעקערט אויף זיך דעם סאַמאָוואַר נאָך קינדווײַז, – וועט איר הערן אַ שיינס וועט איר הערן. איר פֿאַרשטייט אַ מעשׂה? גיי זײַ אַ נבֿיא, אַז דער שיינער רבֿ דער קאַזיאָנער פֿון וואָראָטי־ליווקע וועט אים פֿאַרגעסן אויסמעקן פֿון די מעטריקעס, דעם געשטאָרבע־נעם הייסט דאָס, און עס וועט זיך רעכענען אויף מיר אַ חובֿ, אַז איך האָב נאָך ערגעץ אַ זון אײַזיק, וואָס באַדאַרף זיך שטעלן הײַנטיקס יאָר צום פּריזיוו! נאַ דיר אַזאַ מין באָמבע! וואָס איז דאָס פֿאַר אַן אומגליק אויף מיר? ווער מיר אײַזיק? אײַזיק איז שוין לאַנג אויף דער אמתער וועלט! אַזוי טענה איך, האַלט מיך אַן עצה מיט אונדזער ראַבינער: וואָס טוט מען, וואָס? זאָגט ער: „ס'איז ניט גוט!“ „פֿאַר וואָס, זאָג איך, איז ניט גוט, פֿאַר וואָס?“ „דערפֿאַר, זאָגט ער, ווײַל איציק און אײַזיק איז איין נאָמען“. „ווי אַזוי, זאָג איך, איז איציק און אײַזיק איין נאָמען, חכם איינער?“ זאָגט ער: „איציק איז יצחק, יצחק איז איסאַק, איסאַק איז איזאַק און איזאַק איז אײַזיק“... אַ גוטער משל!

קיצור־הדבֿר, וואָס טויג אײַך היסטאָריעס – זאַכן – מעשׂיות? מע זוכט מײַן אײַזיקן, מע טרעגט פֿון מיר די אָדערן, איך זאָל אים שטעלן צום פּריזיוו זאָל איך אים! אין שטוב בײַ מיר איז געוואָרן אַ נײַער געוויין. שייך זאָגן, אַ געוויין? חורבן בית־המקדש. ערשטנס, האָט מײַן ווײַב, זאָל לעבן, זיך דער־מאָנט אינעם געשטאָרבענעם, אויפֿגעוועקט די אַלטע ווונדן. „נעכײַ וואָלט ער, זאָגט זי, בעסער לעבן און שטיין איצטער צום פּריזיוו, איידער, זאָגט זי, ער זאָל ליגן אין דער ערד און די ביינער זײַנע זאָלן פֿוילן“... והשנית, האָט זי מורא, טאָמער חלילה איז טאַקע, לא יעלה ולא יבֿוא, ווי דער ראַבינער זאָגט, אַז איציק איז יצחק, יצחק איז איסאַק, איסאַק איז איזאַק און איזאַק איז אײַזיק, איז דאָך טאַקע ניט פֿריילעך!... אַזוי זאָגט זי, מײַן ווײַב זאָל געזונט זײַן, און לייגט אײַן די וועלט, און מײַן שנור, געוויינטלעך, חלשט! אַ ווערטעלע אויס־צורעדן – אַ בן־יחיד, איין־און־איינציקער, אַ ריינער, אַן אמתער, אַ כּשרער פּערוויזראַדניק, דרײַ מאָל געשטעלט זיך צום פּריזיוו, צוויי ווײַסע בילעטן – און איז נאָך ניט פֿאַרטיק!...

Aber es ist doch ein Gott auf der Welt! Mein Sohn ›Alter‹, Izik meine ich, hat von neuem das Los gezogen, ist wieder vor die Untersuchung gekommen. Und Gott hat ein Wunder getan, auch die Worotiliwker Kommission befand ›nicht tauglich‹ und hat ihm eine Bescheinigung ausgestellt, den weißen Zettel. Jetzt haben wir mit Gottes Hilfe schon zwei weiße Scheine!

Als wir heimkommen: eine Riesenfreude! Ein Fest haben wir veranstaltet, beinah die ganze Stadt eingeladen, gespielt, getanzt bis früh in den Morgen. Na, was sagt Ihr nun! Wer hatte es so gut wie ich? Nicht einmal der Zar!

Jetzt müssen wir wieder ein bisschen zurück zu meinem Aisik, Gott hab ihn selig, Ihr wisst: der, der leider Gottes den Samowar auf sich geschüttet hat, als er noch ein Kind war. Jetzt werdet Ihr was Schönes zu hören bekommen. Kann ich denn ein Prophet sein und ahnen, dass der wunderbare Rabbiner, der Regierungsrow von Worotiliwke, vergessen hat, ihn aus dem Register zu streichen, ich meine den verstorbenen Sohn? Kann ich ahnen, dass sie nun kommen werden: Ich wäre verpflichtet, da ich einen zweiten Sohn, Aisik, hätte, diesen noch im laufenden Jahr bei der Erfassung zu melden? Da habt Ihr's schon wieder! Warum kommt das Unglück immer zu mir? Welcher Aisik? Aisik ist doch schon lange in der besseren Welt! Ich überlege hin und her und berate mich mit unserem Rabbiner, was man machen kann. Der sagt aber: ›Die Sache steht nicht gut!‹ Wieso steht die Sache nicht gut? ›Darum‹, sagt er, ›weil Izik und Aisik derselbe Name ist.‹ ›Ihr seid mir ein Schlauer‹, sage ich, ›wieso ist Izik und Aisik dasselbe?‹ Meint er: Izik ist Jizchak, Jizchak ist Issak, Issak ist Isaak und Isaak ist Aisik.‹ Da haben wir's!

Mit einem Wort, was soll ich lange erzählen: Man sucht meinen Aisik. Das Blut zapft man mir aus den Adern! Ich muss ihn auf jeden Fall zur Erfassung bringen. Natürlich bei mir zu Hause, wieder ein Jammer, ach, was sage ich Jammer, ein Heulen! Es war wie bei der Zerstörung des Tempels! Meine Frau hat sich natürlich wieder an unser verstorbenes Kind erinnert, und die alten Wunden sind aufgebrochen. ›Es wäre besser, wenn er noch lebte und zu den Soldaten müsste‹, sagt sie, ›als dass er in der kalten Erde liegt und ihm die Knochen vermodern.‹ Auf der anderen Seite hat sie Angst. Wenn es wirklich so ist, wie der Rabbiner sagt, was Gott verhüten möge, dass Izik Jizchak und Jizchak Issak und Issak Isaak und Isaak Aisik ist, was dann? Eine schöne Bescherung! So sagt meine Frau, gesund soll sie sein; sie gerät auch gleich aus der Fassung, und wie immer fällt die Schwiegertochter in Ohnmacht. Man erzähle das mal weiter: Ein Sohn, ein Einzelkind, ein reiner und echter *Perwisradnik*! Schon dreimal vor der Kommission, zwei weiße Zettel, und immer noch hat er keine Ruhe!

האָב איך גענומען, הייסט דאָס, די פֿיס אויף די פּלייצעס און בין זיך דורכגעפֿאָרן קיין יעהופּעץ בין איך זיך, אַן עצה האַלטן זיך מיט אַ רעכטן אַדוואָקאַט, און אַגבֿ האָב איך טאַקע מיטגענומען מײַן זון, איך זאָל זײַן מיט אים בײַם פּראָפֿעסאָר, הערן וואָס דער פּראָפֿעסאָר וועט זאָגן, צי טויג ער, צי טויג ער ניט, כאָטש איך ווייס אַליין גאַנץ גוט, אַז ער טויג ניט, דער הונט (שייך זאָגן, ער טויג ניט? טויגן טויג ער, נאָר פֿאַר קיין סאָלדאַט טויג ער ניט)... און אַז איך וועל הערן וואָס דער אַדוואָקאַט וועט מיר זאָגן און וואָס דער פּראָפֿעסאָר וועט מיר זאָגן, וועל איך שוין דעמאָלט קאָנען שלאָפֿן רויִק, אויפֿהערן האָבן צו טאָן מיטן פּריזיוו... צום סוף, וואָס לאָזט זיך אויס? עס לאָזט זיך אויס, אַז די אַדוואָקאַטן מיט די פּראָפֿעסאָרן ווייסן אַלע מער פֿון אַ טויטן ווייסן זיי. אַז דער זאָגט אַזוי, און דער זאָגט אַזוי; וואָס איינער זאָגט, דרינגט דער אַנדערער קאַפּויער. דול און משוגע צו ווערן! וועט איר הערן.

צום ערשטן אַדוואָקאַט האָב איך אָנגעטראָפֿן אויף איינעם אַ גראָבן קאָפּ אַ שטומפּיקן, און דווקא מיט אַ גרויסן שטערן און מיט אַ גלאַטן קאָפּ, אַ ליסינע, כאָטש נעם קאַטשע אויס אויף איר אַ בלאַט לאָקשן. ער האָט בשום־אופֿן ניט געקאָנט פֿאַרשטיין, דער חכם, ווער איז אַלטער, און ווער איז איציק, און ווער איז אַבֿרהם־יצחק, און ווער איז געוועזן איַיזיק? דערציילן איך אים דאָך איבער נאָך אַ מאָל און נאָך אַ מאָל, אַז אַלטער און איציק און אַבֿרהם־יצחק – דאָס איז איין מענטש, און איַיזיק איז דער, וואָס האָט איבערגעקערט אויף זיך דעם סאַמאָוואַר, בשעת איך בין נאָך געוועזן אַ וואָראָטילייוקער, אין וואָראָטילייוקע הייסט עס... מיין איך, אַז איך בין שוין מיט אים פֿאַרטיק. צום סוף טוט ער מיך אַ פֿרעג גאָר איבער אַ נײַס: „פּאַזוואָלטי, שטייט נאָר שטייט, ווער זשע איז צווישן זיי דער עלטערער, איציק, צי אַלטער, צי אַבֿרהם־יצחק?“ „אָט האָסטו דיר! – מאַך איך צו אים. – איך האָב אײַך שוין, דאַכט זיך, פֿופֿצן מאָל געזאָגט האָב איך אײַך, אַז איציק און אַבֿרהם־יצחק און אַלטער איז אַלץ איין פֿאַרשוין, דאָס הייסט, דער אמתער נאָמען זײַנער איז איציק, דאָס הייסט אַבֿרהם־יצחק, נאָר רופֿן רופֿט מען אים אַלטער, די מאַמע זײַנע, זאָג איך, האָט אים אַזוי פֿאַרצויגן, און איַיזיק, זאָג איך, איז דער, וואָס האָט איבערגעקערט אויף זיך דעם סאַמאָוואַר, זאָג איך, בשעת איך בין נאָך געוועזן אַ וואָראָטילייוקער, אין וואָראָטילייוקע הייסט עס“... „ווען זשע, מאַכט ער, וואָסער יאָר הייסט דאָס, איז געשטאַנען אַבֿרהם־אַלטער, מיין איך, יצחק־איַיזיק, צום פּריזיוו?“ „וואָס באַלעבעטשעט ער? – זאָג איך. – וואָס האָט איר צונויפֿגעמישט קאַשע מיט באָרשט? דאָס ערשטע מאָל אויף מײַן לעבן, זאָג איך, טרעפֿט זיך מיר, אַז אַ ייִד זאָל טראָגן אויף זיך אַזאַ גוייִשן קאָפּ, זאָג איך! מע זאָגט דאָך אײַך, אַז יצחק און אַבֿרהם־יצחק און איציק און איַיזיק און אַלטער – דאָס איז אַלץ איין מענטש! איין מענטש!“ – „שאַט, זאָגט ער, שרײַט ניט אַזוי, וואָס שרײַט איר?“... איר האָרכט? ער איז נאָך גערעכט!...

Ich habe also die Beine unter die Arme genommen und bin diesmal gleich nach Jehupez gefahren, um mir bei einem richtigen Rechtsanwalt Rat zu holen. Meinen Sohn nahm ich gleich mit; ich wollte mir bei einem Professor ein Gutachten besorgen, ob er nun wirklich tauglich ist oder nicht. Natürlich weiß ich selbst ganz gut, dass er nicht tauglich ist, der arme Kerl, aber was heißt hier ›tauglich‹, tauglich ist er schon, aber auf keinen Fall zum Soldaten! Wenn ich erst einmal die Auskünfte vom Rechtsanwalt und vom Professor habe, werde ich bestimmt ruhiger schlafen können und die Sache mit der Einberufung endgültig los sein. Nur, was stellt sich heraus? Es stellt sich heraus, dass all die Rechtsanwälte zusammen mit allen Professoren nichts wissen, nur ein Toter kann noch weniger sagen. Der eine meint dies, der andere das. Was der eine behauptet, stellt der andere auf den Kopf. Man könnte verrückt werden! Hört aber selbst.

Beim ersten Rechtsanwalt treffe ich auf einen massigen wuchtigen Kopf mit großer Stirn und einem Schädel, so kahl, dass man Nudeln drauf ausrollen könnte. Er schaffte es partout nicht, dieser große Gelehrte, zu begreifen, wer ›Alter‹ ist und wer Izik und wer Abraham-Jizchak und wer Aisik. Ich erkläre es ihm wieder und wieder, dass nämlich ›Alter‹ und Izik und Abraham-Jizchak ein und derselbe Mensch sind, und Aisik war der, der als Kind den Samowar über sich geschüttet hat, als ich noch ein Worotiliwker war, nämlich dort wohnte. Ich bin der Meinung, nun hat er es endlich kapiert, da stellt er mir am Ende eine Frage: ›*Paswolti*, bleibt noch einen Augenblick. Wer von ihnen ist denn nun der Ältere, Izik oder „Alter“ oder Abraham-Jizchak?‹ ›Das musste grade noch kommen!‹, sage ich zu ihm. ›Ich habe Euch doch schon fünfzehnmal erklärt, dass Izik und Abraham-Jizchak und „Alter“ ein und derselbe Mensch sind, das heißt, der richtige Name ist Izik, ich meine Abraham-Jizchak, aber gerufen wird er „Alter“. Seine Mutter hat ihn so genannt. Und Aisik‹, sage ich, ›Aisik ist der, der den Samowar über sich geschüttet hat, als ich noch‹, sage ich, ›ein Worotiliwker war, genau gesagt: in Worotiliwke wohnte.‹ ›Wann denn‹, sagt er, ›und in welchem Jahr ist denn Abraham-„Alter“, ich meine Jizchak-Aisik, zum Militär gekommen?‹ ›Was redet Ihr denn da herum‹, sage ich, ›wieso vermischt Ihr Birnen mit Äpfeln? Zum ersten Mal im Leben‹, sage ich, ›begegnet mir ein Jude mit dem Kopf eines Gojs. Ich sage Euch doch, dass Jizchak und Abraham-Jizchak und Izik und Aisik und „Alter“ ein und derselbe Mensch sind!‹ ›Bitte sehr‹, sagt er, ›seid nicht so laut! Was schreit Ihr hier herum?‹ Hört Ihr? Er will auch noch recht behalten!

בקיצור, כ׳האָב אַ שפּיַי געטאָן און אַוועקגעגאַנגען צו אַן אַנדער אַדוואָקאַט, און האָב אָנגעטראָפֿן שוין דווקא אויף אַ גמרא־קעפּל האָב איך אָנגעטראָפֿן, נאָר אַ ביסל שוין צו פֿיל איבערגעשפּיצט. ער האָט זיך געריבן דעם שטערן און געלערנט דעם פּשט, געדרייט, געמוטשעט די זאַקאָנעס, גערדונגען, אַז נאַ אָסנאָוואַניע טאַקאָי טאָ סטאַטיאַ האָט די מעזערעטשער פּריסוטסטווע אים גאָר ניט געטאָרט צושרײַבן. נאָר וואָס דען? ס׳איז פֿאַראַן אַ זאַקאָן, זאָגט ער, אַז ווי באַלד די פּריסוטסטווע האָט אים יאָ צוגעשריבן, דאַרף אים יענע פּריסוטסטווע אויסשרײַבן, „וויקליוטשאַיען״ הייסט עס. און ווידער איז פֿאַראַן, זאָגט ער, אַ זאַקאָן, אַז די פּריסוטסטווע האָט אים צוגעשריבן און יענע פּריסוטסטווע האָט אים ניט אויסגעשריבן, „וויקליוטשאַיעט״ הייסט עס, מוז זי אים אויסשרײַבן, „וויקליוטשאַיען״ הייסט עס. און ווידער איז פֿאַראַן אַ קאַסאַציע, אַז ווי באַלד יענע פּריסוטסטווע וויל ניט אויסשרײַבן, „וויקליוטשאַיען״ הייסט עס...

בקיצור, אַזאַ זאַקאָן און אַזאַ זאַקאָן, אַזאַ קאַסאַציע און אַזאַ קאַסאַציע – ער האָט מיר אָנגעקאַסאַציעט אַ פֿולן קאָפּ האָט ער מיר אָנגעקאַסאַציעט, און איך האָב געמוזט גיין צו אַ דריטן האָב איך געמוזט, און האָב אָנגעטראָפֿן אויף אַ נײַעם שלימזל, נאָך גאָר אַ יונג אַדוואָקאַטל, נאָר וואָס פֿון דער נאָדל אַרויס, דאָס הייסט, וואָס האָט ניט לאַנג געענדיקט „יורי״, זייער אַ צוגעלאָזט מענטשל אַפֿילו, מיט אַ צינגעלע ווי אַ גלעקל – און סע קלינגט. ווײַזן ווײַזט אויס, אַז ער לערנט זיך נאָך רעדן לערנט ער זיך, מחמת אַז ער רעדט, זעט מען, אַז ער האָט הנאה האָט ער, ממש סע קומט אים צו אַ שטיק געזונט. ער האָט זיך אַזוי צערעדט, אַזוי צעפֿלאַקערט, געהאַלטן אַ גאַנצע דרשה געהאַלטן, אַז איך האָב געמוזט אים איבערשלאָגן אין מיטן און זאָגן: „זייער פֿײַן, זאָג איך, איר זענט אַוודאי זייער גערעכט; נאָר וואָס טויג מיר, זאָג איך, אײַער ווײנען, וואָס איר באַווײנט מיך? איר גיט מיר בעסער אַן עצה, זאָג איך, מיט מײַן זון וואָס טו איך, טאָמער חלילה טוט מען אים אַ רוף טאָמער?״

קיצור־הדבֿר, וואָס טויג אײַך היסטאָריעס – זאַכן – מעשׂיות, איך האָב מיך דערשלאָגן צום רעכטן, צום אמתן אַדוואָקאַט. דאָס איז, פֿאַרשטייט איר מיך, שוין אַן אַדוואָקאַט פֿון די אַלטע אַדוואָקאַטן, אַן אַדוואָקאַט, וואָס פֿאַרשטייט אַן ענין. איך האָב אים אויסדערציילט די גאַנצע געשיכטע פֿון אַלף ביז תּיו, און ער איז געזעסן די גאַנצע צײַט צוגעמאַכט די אויגן און געהאָרכט. אויסגעהערט, מאַכט ער צו מיר: „שוין? האָט איר שוין געענדיקט? פֿאָרט אַהיים, ס׳איז בלאָטע, מער ווי דרײַ הונדערט קערבלעך שטראָף וועט איר ניט צאָלן״. „אָט דאָס איז גאָר? – זאָג איך. – ע! איך זאָל וויסן, אַז דאָ שמעקט נאָר מיט דרײַ הונדערט קערבלעך שטראָף! איך האָב מורא פֿאַר מײַן זון האָב איך מורא!״ „וואָסער זון?״ „וואָס הייסט, זאָג איך, וואָסער זון? מײַן אַלטער, איציק הייסט דאָס!״ „וואָס געהער זיך דאָס אָן, זאָגט ער, מיט איציקן?״ „וואָס הייסט, זאָג איך, וואָס סע געהער זיך אָן? טאָמער, חלילה, שלעפּט מען אים נאָך אַ מאָל טאָמער?״ „ער האָט דאָך, זאָגט איר, אַ ווײַסן בילעט״.

Kurzum, ich habe darauf gespuckt und bin von diesem weg zu einem zweiten Rechtsanwalt. Diesmal habe ich einen ganz gelehrten gefunden, bloß ein bisschen überdreht. Die Stirn hat er sich gerieben, seine Bücher gewälzt, hin und her überlegt, seine Paragraphen studiert und ist zu dem Schluss gekommen, ›... dass auf der Grundlage dieses und jenes Paragraphen ihn die Meseritscher Kommission gar nicht einschreiben durfte‹. Und jetzt? ›Es gibt eine Verfügung‹, sagt er, ›dass, wenn ihn jene Kommission eingeschrieben hat, ihn auch dieselbe Kommission wieder ausstreichen muss, *wikljutschajen*‹, sagt er, ›und weiter gibt es einen Paragraphen‹, sagt er, ›der ausführt, wenn ihn diese Kommission eingeschrieben hat, und jene Kommission wollte ihn nicht streichen, *wikljutschajen*‹, sagt er, ›muss sie ihn trotzdem *wikljutschajen*, das heißt streichen. Und außerdem gibt es ein Urteil, wenn jene Kommission ihn nicht streichen will, *wikljutschajen*‹, meint er, ›bedeutet es, dass...‹

Kurzum, diese Vorschrift und jene Vorschrift, dieser Paragraph und jener Paragraph. Er hat mir den Kopf so voll paragraphiert, dass ich schließlich zu einem dritten Rechtsanwalt gehen musste. Diesmal bin ich noch an einen richtigen Schlemihl gekommen. Ein ganz junger Mann, gerade mit der Rechtswissenschaft fertig. Ein freundlicher Mensch mit unermüdlicher Zunge! Man merkte gleich, dass er erst das freie Reden lernte, und wenn er sprach, hatte er seine Freude an sich selbst und fühlte sich richtig wohl. Er hat sich so sehr in Feuer geredet und solch einen Wortschwall losgelassen, dass ich ihn mittendrin unterbrechen musste: ›Schon gut, schon gut‹, sage ich, ›Ihr habt natürlich recht, aber was nutzen mir Eure wunderbaren Reden, mit denen Ihr mir Euer Mitgefühl ausdrückt? Gebt mir lieber einen Rat‹, sage ich, ›was ich wegen meinem Sohn machen soll, denn am Ende holen sie ihn sich noch wirklich!‹

Mit einem Wort, was soll ich Euch lange Geschichten erzählen, ich kam schließlich zu einem gestandenen Rechtsanwalt. Zu einem, versteht Ihr, von der alten Sorte, der sein Fach beherrscht. Ich erzählte ihm die ganze Geschichte von A bis Z, und er saß die ganze Zeit mit geschlossenen Augen da und hörte zu. Nachdem er sich alles angehört hat, sagt er zu mir: ›Schon fertig? Ist das alles? Fahrt ruhig nach Hause, es ist eine Bagatelle, mehr als dreihundert Rubel Strafe[79] werdet Ihr nicht zahlen müssen!‹ ›Was soll denn das‹, rufe ich aus! ›Wenn es nur auf dreihundert Rubel Strafe rauskäme! Ich mache mir Sorgen wegen meinem Sohn! Und welche Sorgen!‹ ›Welcher Sohn?‹, fragt er. ›Wie könnt Ihr sagen ›welcher Sohn‹? Mein „Alter", ich meine Izik!‹ ›Was hat denn das mit dem Izik zu tun?‹ ›Was heißt: Was hat das mit dem Izik zu tun? Vielleicht schleppt man ihn, Gott behüte, wirklich zum Militär!‹ ›Aber er hat doch, wie Ihr gerade sagt, einen weißen Zettel!‹

„ער האָט, זאָג איך, צוויי ווייַסע בילעטן!“ „נו, אם־כּן, וואָס זשע ווילט איר?“ „וואָס זאָל איך ווערלן? ווילן וויל איך גאָרניט; איך האָב נאָר מורא, זאָג איך, אַזוי ווי מע זוכט איצטער אייַזיקן, און אייַזיק איז ניטאָ, און אַזוי ווי אַלטער, איציק הייסט עס, שטייט פֿאַרשריבן אַבֿרהם־יצחק, און יצחק – אַזוי זאָגט דער ראַבינער אונדזוערער דער לעקיש – איז איסאַק, און איסאַק איז איזאַק, און איזאַק איז אייַזיק, קאָן מען חלילה זאָגן אויף מייַן איציקן, אָדער אַבֿ־רהם־יצחקן, אַלטערן הייסט דאָס, אַז ער איז דאָס דער אייַזיק!“ „נו, וואָס זשע איז, מאַכט ער; אַדרבה, נאָך גלייַכער! אויב איציק איז אייַזיק, וועט איר פֿאַרשפּאָרן צאָלן שטראָף אויך. ער האָט דאָך, זאָגט איר, אַ ווייַסן בילעט?“ „צוויי, זאָג איך, ווייַסע בילעטן! די בילעטן האָט אָבער איציק, ניט אייַזיק“. „איר זאָגט דאָך, מאַכט ער, אַז איציק איז אייַזיק?“ „ווער זאָגט דען, זאָג איך, אַז איציק איז אייַזיק?“ „אָט האָט איר דאָך נאָר וואָס, זאָגט ער, געזאָגט, אַז איציק איז אייַזיק!“ „איך זאָג? ווי קאָן איך, זאָג איך, זאָגן אַזאַ זאַך, אַז איציק איז גאָר אַלטער, און אייַזיק איז דער, וואָס האָט איבערגעקערט אויף זיך דעם סאַמאָוואַר, בשעת איך בין נאָך געווען אַ וואָראָטילעווקער, אין וואָראָטי־ליווקע הייסט עס!“... ווערט ער אָנגעצונדן און הייסט מיר גיין: „סטופּאַיטיע, זאָגט ער, ווי, זאָגט ער, נאַדאָיעדליווע, זאָגט ער, יעווריי“, זאָגט ער!... איר פֿאַרשטייט וואָס דאָס הייסט? דאָס הייסט: איך בין אַ נודניק. איר הערט? איך בין אַ נודניק! איך!!!

ענדע געשיכטע נומער דרייַצן.

געשריבן אין יאָר 1902.

›Er hat‹, sage ich, ›sogar *zwei* weiße Zettel‹! ›Nun, wenn es so ist, was wollt
Ihr noch?‹ ›Was soll ich wollen? Ich will gar nichts! Ich hab nur Angst‹, sage
ich, ›dass man jetzt den Aisik sucht, und den Aisik gibt es gar nicht mehr,
aber „Alter“, ich meine Izik, ist registriert als Abraham-Jizchak, und Jizchak,
so sagt unser Rabbiner, der Trottel, bedeutet Issak, und Issak ist Aisik, so wer-
den sie schließlich – Gott bewahre – von meinem Izik oder Abraham-Jizchak,
ich meine von „Alter“, behaupten, dass er der Aisik ist.‹ ›Also, wenn es so ist,
umso besser! Wenn Izik Aisik ist, müsst Ihr nicht einmal die dreihundert Ru-
bel Strafe zahlen! Denn er hat doch, wie Ihr sagt, die Bescheinigung!‹ ›Zwei‹,
sage ich, ›zwei Bescheinigungen, aber die Scheine hat Izik, nicht Aisik!‹ ›Aber
Ihr sagt doch‹, meint er darauf, ›dass Izik Aisik ist!‹ ›Wer sagt, dass Izik Aisik
ist?‹ ›Ihr selbst habt doch gerade eben noch gesagt‹, antwortet er, ›dass Izik
Aisik ist!‹ ›Ich hätte das gesagt? Wie kann ich‹, sage ich, ›denn so etwas sa-
gen, wo doch der Izik „Alter“ ist. Und Aisik war der, der den Samowar auf
sich geschüttet hat, als ich noch in Worotiliwke war, dort wohnte!‹ Er braust
auf und fordert mich auf zu verschwinden. ›*Sstupajtje*‹, sagt er, ›macht Euch
davon! *Wi nadojedliwe*‹, sagt er, ›*Jewrej!*...‹ Versteht Ihr, was das heißt? Das
heißt: Ich wäre ein Schwätzer, hört Ihr: *Ich wäre ein Schwätzer! Ich!!!*«

(1902)

געשיכטע נומער פֿערצן

מען טאָר ניט זײַן קיין גוטער!

– מע טאָר ניט זײַן קיין גוטער! – מאַכט צו מיר אַ ליטווישער ייִד מיט אַ גילקע אויף דער נאָז און נעמט בײַ מיר אַ פּאַפּיראָס אויף צו פֿאַררייכערן. – הערט איר, וואָס איך זאָג אײַך? מע טאָר ניט זײַן קיין גוטער! איבער מײַן גוטסקייט, איבער מײַן פּאָדלע ווייכן כאַראַקטער, האָב איך מיר אַליין אָנגעאַרבעט אַ חתונה, אויסגעהאָדוועט אַן אומגליק בײַ זיך אין שטוב, צוויי אומגליקן! איר מעגט דאָס האָרכן!

גאָט האָט מיך געוואָלט מזכּה זײַן מיט אַ מיצווה, האָט ער מיר צוגעשיקט אַ יתומה מיט אַ יתום. דער אייבערשטער האָט מיך געשטראָפֿט, מיר ניט גע־געבן קיין קינדער, האָב איך מיר אַליין גענומען; גענומען פֿרעמדע קינדער, זיי געטאָן גוטס, געמאַכט פֿאַר לײַט, צאָלן זיי מיר איצטער מיט שטיינער.

קודם דאַרף מען אײַך דערציילן פֿון דער יתומה, פֿון וואַנען האָט זיך צו מיר גענומען אַ יתומה? איז אַזוי די מעשׂה. מײַן ווײַב האָט געהאַט אַ מאָל אַ שוועסטער, אַ ייִנגערע, פּערל האָט זי געהייסן. איז זי געווען, פּערל הייסט דאָס, וואָס זאָל איך אײַך זאָגן, איין פּאַרשוין אין דער וועלט. זיי זענען אַלע שיינע. דאָס הייסט, מײַן ווײַב איז נאָך הײַנט אויך אַ שיינע ייִדענע. פֿאַר זייער שיינקייט פֿלעגט מען זיי נעמען ווי זיי שטייען און גייען, אָפּגילטן. בין איך אײַך ניט אויסן.

אַז זי האָט חתונה געהאַט, די שוועגערין מײַנע, האָט מען געזאָגט, אַז זי האָט געטראָפֿן אַ שמאַלצגרוב, אַ גליק, וואָס טרעפֿט זיך איין מאָל אין הונדערט יאָר, אַ גבֿיריש קינד, וואָס האָט באַדאַרפֿט ירשענען אַ ייִדן אַ גבֿיר און אַ טאַטן אַ גבֿיר און אַ פֿעטער אַ „בעזדיעטניק" אַ גבֿיר – פֿון אַלע זײַטן גבֿירים. אַ גליק! בין איך אײַך ניט אויסן. איז אָבער דער חסרון, וואָס דער יונגער־מאַן אַליין איז געווען אַ דער־רוח־ווייסט־וואָס. דאָס הייסט, אַזוי איז ער אַפֿילו געווען אַ גאַנץ פֿײַנער יונגער־מאַן, ניט קיין נאַרישער און ניט קיין גראָבער יונג, און אַ גוטער מענטש, אַ צוגעלאָזטער, אַ פֿרײלעכער. נאָר וואָס דען? אַ שאַרלאַטושקע! לאָז ער מיר מוחל זײַן, ער איז שוין אויף דער אמתער וועלט. דהײַנו, וואָס הייסט אַ שאַרלאַטושקע? ער האָט ליב געהאַט אַ קערטל. אָבער ווי אַזוי, מיינט איר, ליב געהאַט? דאָס חיות מיט דער נשמה! צוליב אַ קערטל וואָלט ער אײַך געגאַנגען הונדערט מײַל צו פֿוס. תּחילת איז געווען אַ „זעקס־און־זעכציק", אַ ייִדישע „אָקע", אַ „סטוקלקע", אַ „טערטל־מערטל" – צווישן אייגענע, איין מאָל אין חודש, אין די לאַנגע

Geschichte Nummer vierzehn

Man soll nie zu gütig sein!

»Man soll nie zu gütig sein!« – so wendet sich ein recht vornehmer Mann an mich. Er hat eine Warze auf der Nase und nimmt sich ohne weiteres eine meiner Zigaretten, um sie anzuzünden. »Hört nur zu, was ich Euch sage! Man darf nicht zu gütig sein! Glaubt mir, wegen meiner Gutmütigkeit, wegen meines weichherzigen Charakters habe ich mir zu Hause ein Durcheinander besorgt, ein richtiges Unglück, ja ein doppeltes Unglück! Hört nur die Geschichte!

Gott hat mir die Gelegenheit zu einer Wohltat gegeben, indem er mir zwei Waisenkinder geschickt hat, ein Mädchen und einen Jungen. Der Allmächtige hat mich ja gestraft und mir eigene Kinder nicht geschenkt; so habe ich sie mir selbst besorgt. Fremde Kinder habe ich aufgenommen, ihnen Gutes getan und Brot gegeben. Jetzt zahlen sie mir mit Steinen zurück.

Zuerst will ich von dem Waisenmädchen erzählen und wie es zu mir kam. Es verhält sich so: Meine Frau hatte eine jüngere Schwester mit Namen Perel. Sie war, Perel meine ich, wirklich eine besondere Schönheit. Beide waren sie schön, und meine Frau kann sich heute noch sehen lassen. Man hätte sie beide ohne Mitgift verheiraten können, und wenn's darauf angekommen wäre, hätte man sie noch mit Gold überzogen, so schön waren sie. Aber das ist nicht der Punkt.

Als meine Schwägerin geheiratet hat, meinte man, sie wäre in eine Schmalzgrube gefallen, das große Los hätte sie gezogen, wie es alle hundert Jahre nur einmal vorkommt: ein Sohn aus vornehmer Familie, dazu noch mit einem reichen Großvater und einem reichen Vater und einem kinderlosen Onkel, auch wieder ein reicher Mann. Wohlstand, wohin man auch sieht, welch ein Glück! Aber das ist nicht der Punkt. Denn es war ein Haken dabei, der junge Ehemann war so einer, weiß der Teufel wie! Das heißt, an sich ist er ein ganz feiner junger Mann gewesen, nicht dumm und auch nicht ungehobelt, sondern umgänglich und freundlich – ein vernünftiger Mensch. Also dann, was war mit ihm los? Ein Scharlatan war er, er soll's mir verzeihen, er ist ja schon in der besseren Welt! Aber was heißt Scharlatan? Man muss es genau sagen: Er spielte gerne Karten. Aber nicht nur ›gerne‹! Mit Leib und Seele! Fürs Kartenspiel wäre er hundert Meilen zu Fuß gegangen. Anfangs war es nur ›Sechsundsechzig‹ oder unser jüdisches ›Oke‹, ein ›Stukelke‹ oder ein ›Tertel-Mertel‹,[80] und wer kann was dagegen haben, unter Freunden, einmal

ווינטערדיקע נעכט... נאָך דעם האָט זיך אָנגעהויבן אָפּטער און אָפּטער, מיט יונגע־לײַט, מיט ווײַסע־חבֿרהניקעס, מיט ווו ערגעץ אַ שלאַק, אַ פּוסטע־פּאַסניק, אַ לײדיק־גײער. און איר זאָלט וויסן זײַן, אַז דאָרט ווו אַ קערטל, איז שוין אַלצדינג, וואָס אין דער קאָרט! ווער קוקט דעמאָלט אויף אַ מינחה? ווער רעדט פֿון אָן אַ היטל? פֿון חילול־שבת? און כּדומה אַזעלכע זאַכן, וואָס זענען שייך צו ייִדישקייט? און ווי אויף צו להכעיס, איז פּערל, מײַן שווערגערין הייסט דאָס, געווען אַ פֿרום ווײַבל, אַ כּשרס, און האָט מסתּמא ניט געקאָנט לײַדן זײַנע שיינע חפֿציות מיט זײַנע גענג. איז זי געלעגן טאָג ווי נאַכט מיטן פּנים אין קישן און האָט געוויינט אויף אירע יאָר און טעג, אַזוי לאַנג, ביז זי האָט אָנגעהויבן אונטערצוקרענקען, פֿריִער פּאַוואָלינקע, נאָך דעם שטאַרקער און שטאַרקער. וואָס טויג אײַך, פּערל איז געשטאָרבן. בין איך אײַך ניט אויסן.

פּערל איז געשטאָרבן און האָט געלאָזט אַ קינד, אַ מיידל פֿון אַ יאָר זעקס־זיבן, דער מאַן איז געווען ערגעץ אין אַלדע שוואַרצע יאָר אין אָדעס; ער האָט זיך אַרײַנגעלאָזט אין דעם שפּילן אַזוי ווײַט, אַז ער האָט געמאַכט אַ תּל פֿון זײַן געלט און פֿון זײַן טאַטנס געלט און פֿונעם זיידנס ירושה – אַ תּל־עולם איז פֿון אים געוואָרן! ס'איז גאָר אַ סבֿרא, אַז ער האָט זיך אַרײַנגעכאַפּט ערגעץ אין אַ טורמע. נאָך דעם האָט ער זיך אַ צײַט אַרומגעשלײַעט ערגעץ, באַקומען עפּעס אַ מאָדנע קרענק און איז געשטאָרבן אין פֿרעמדע תּכריכים. אָט האָט איר אײַך אויף אַ מינוט אַ סך־הכּל פֿון אַ געזינדל. און אָט אַזוי איז בײַ מיר פֿאַרבליבן זייער טעכטערל, אַ יתומהלע נעבעך, רייזל הייסט זי. איך האָב זי גענומען צו זיך נאָך קינדווײַז, וואָרעם קיין קינדער, פֿאַרשטייט איר מיך, האָב איך ניט, דער אייבערשטער האָט מיך געשטראָפֿט – לאָז זי זײַן אַ קינד. וואָלט געווען גוט, איז אָבער דער חסרון, וואָס צו גוט טויג אויף כּפּרות! בײַ אַן אַנדער פֿעטער וואָלט אַזאַ מיידל אַ יתומה געוואַקסן אין קיך, געווען אַ הילף אין שטוב, געשטעלט דעם סאַמאָוואַר, געפֿאָלגט אַ גאַנג און דאָס גלײַכן, און בײַ מיר איז זי געווען פֿאַררעכנט פֿאַר אַן אייגן קינד – דאָס אייגענע קליידל מיט די אייגענע שיך מיטן אייגענעם עסן, וואָס מײַן ווײַב. וואָס איז שייך זאָגן – בײַ איין טיש גלײַך מיט אונדז. בין איך אײַך ניט אויסן.

שפּעטער, אַז די דאָזיקע רייזל האָט אָנגעהויבן אונטערוואַקסן, האָב איך זי אַוועקגעגעבן לערנען צו אַ שרײַבער. און פֿון דעם אמת קאָן מען ניט אַוועקגיין – זי איז געווען אַ געראָטן קינד, אַ שטילס, אַן ערלעכס, אַ גוטס און אַ קלוגס, און שיין – שיין ווי די גאַנצע וועלט. איך האָב זי באמת ליב געהאַט, ווי מײַנס אַן אייגן קינד. קינדער, ווייסט איר דאָך, וואַקסן, ווי פּעטשעריצעס; איידער מע קוקט זיך אַרום, אַהאַ – מע דאַרף שוין קלערן מכּוח חתונה מאַכן. און ווי אויף צו להכעיס, איז מײַן פּלימעניטשקע געוואַקסן טאַקע נאָר ווי אויף הייוון, הויך און שיין און געזונט און אַן אָסאָבע – אַ רויז. מײַן ווײַב האָט

im Monat, an den langen Winterabenden? Aber da ging es bei ihm erst los, immer häufiger, mit jungen Leuten, mit Schlägern, Banden. Wo sich irgendwo ein Streitsüchtiger fand, ein Dieb und Faulenzer, war er dabei. Und Ihr wisst doch, wo man Karten spielt, *hat man immer etwas zu verbergen*. Wenn einen die Karten gepackt haben, was kümmert ihn dann das Nachmittagsgebet? Bald geht er mit bloßem Kopf herum und achtet den Sabbat nicht mehr! Am Ende pfeift er auf all die Dinge, die doch für uns Juden wichtig sind. Im Gegensatz dazu war Perel, also meine Schwägerin, eine fromme Frau und eine ganz brave. Vielleicht hat sie seine schönen Spielchen nicht mit ansehen können, Tag und Nacht lag sie im Bett, das Gesicht in die Kissen vergraben, und beweinte ihre Tage und Jahre – so lange, bis sie wirklich krank wurde, zuerst ganz unauffällig, dann mehr und mehr… was hilft es, Perel ist gestorben. Aber das ist nicht der Punkt.

Perel ist also tot und lässt ein Kind zurück, ein Mädchen von sechs oder sieben Jahren. Der Ehemann war weg, weiß der Teufel wo, irgendwo in Odessa. Er ließ sich so sehr in die Spielerei ziehen, dass von seinem Geld und seines Vaters Geld und seines Großvaters Erbe nichts mehr übrig geblieben ist. Total ruiniert hat er sich. Wahrscheinlich ist er dann in irgendein Gefängnis geraten, hat sich später eine Zeitlang irgendwo rumgetrieben, sich eine selsame Krankheit eingefangen und ist so arm gestorben, dass er nicht mal das eigene Totenhemd anhatte. Da habt Ihr in Kürze die ganze Familiengeschichte! So ist also ihre Tochter bei mir geblieben, das Waisenmädchen, Rejsel heißt sie. Ich habe sie noch als Kind aufgenommen, denn Ihr wisst ja, eigene Kinder habe ich nicht, Gott hat mich gestraft. Also lass sie das Kind sein! Alles wäre in Ordnung gewesen, aber zu viel des Guten ist auch schlecht. Bei einem anderen Onkel wäre solch ein Waisenkind in der Küche aufgewachsen, hätte im Haushalt geholfen, den Samowar bedient, Gänge erledigt und dergleichen mehr! Bei mir aber war sie wie das eigene Kind. Kleider, Schuhe und Essen bekam sie, gerade wie meine eigene Frau. Wenn man's genau betrachtet: in allem gleich wie wir. Aber das ist nicht der Punkt.

Später, als diese Rejsel größer wurde, gab ich sie zu einem Schreiber in die Lehre. Und man muss bei der Wahrheit bleiben: Gut stellte sie sich an, still und ehrlich, gutherzig und klug war sie. Und schön, schön wie der lichte Tag! Ich hatte sie gern, so als wenn sie mein eigenes Kind gewesen wäre. Nun, Ihr wisst ja, Kinder wachsen wie Petersilie in der Nacht. Kaum schaut man hin, oh! Man muss sich schon Gedanken wegen der Hochzeit machen. Und man hält es nicht für möglich, wie eine Blume war mein Nichtchen herangewachsen, groß und schön und gesund, eine wahre Pracht – eben ein Röschen! Meine Frau hat ihr nach und nach ein bisschen Zeug zusammengestellt, et-

איר ביסלעכווײַז אָפּגעלייגט אַ ביסל גרעט, „פּאָווּעלע״, העמדער, לײַלעכער, טיכלעך. איך, פֿון מײַן זײַט, האָב גאָר אַנדערש ניט גערעכנט, ווי צו געבן איר עטלעכע הונדערט קערבלעך נדן אויך. און מע האָט איר אָנגעהויבן רעדן שידוכים. ווען מען רעדט מען אַזאַ מיידל אַ יתומה? אַז קיין עלטערן האָט זי ניט, אַ טאַטן האָט זי געהאַט, לאָז ער מיר מוחל זײַן, עפּעס ניט אַזאַ פֿײַנעם מענטשן, און קיין טויזנטערס נדן קאָן איך איר ניט אַנידערלייגן. באַדאַרף מען איר געפֿינען איר גלײַכן, אַ יונגן־מאַן אַזעלכן, וואָס זאָל איר קאָנען געבן ברויט. ווי זשע קריגט מען אַזעלכעס, אַז קיין בעל־הבתּישן שידוך קאָן מען ניט גרייכן, און קיין בעל־מלאָכה וויל איך ניט – זי איז דאָך פֿאָרט מײַנע אַ שטיקל אייגענע, מײַן ווײַבס אַ שוועסטערס אַ מיידל? האָט מיר גאָט צו־געשיקט אַ בחורל אַ פּריקאַזטשיק פֿון אַ יאָר עטלעכע און צוואַנציק, וואָס פֿאַרדינט שוין זייער שיין אַ קערבל און קלײַבט אַ קערבל און האָט שוין אַ קערבל. בקיצור, איך האָב אַ רעד געטאָן מיטן בחור – יאָ, סע גייט אַ גאַנג, ווי איך בין אַ מענטש. זי איז אים דווקא געפֿעלן. איך האָב אַ רעד געטאָן מיט איר – ווער? וואָס? אַן אײַזערנע וואַנט! וואָס איז די מעשׂה? זי וויל אים ניט און זי דאַרף אים ניט, און גענוג! ווער דען, זאָג איך, וועט דיך נעמען? דעם באַראָן הירשס אַן אייניקל? ענטפֿערט די וואַנט – אַזוי ענטפֿערט זי. קוקט אַראָפּ און שווײַגט. בין איך אײַך ניט אויסן.

אַצינד באַדאַרף איך אײַך איבעררײַסן אין מיטן דער מעשׂה און אײַך דערציילן אַ נײַע מעשׂה, וואָס געהער זיך טאַקע אָן מיט יענער מעשׂה, דאָס הייסט, די מעשׂה און יענע מעשׂה זענען טאַקע איין מעשׂה.

איך האָב געהאַט אַזוי גרויס ווי אַ ייִנגערן ברודער משה־הערשל, האָט זיך מיט אים געטראָפֿן אַ מעשׂה – ס׳איז בײַ מיר אַ מעשׂה מיט גאָלע מעשׂיות:

– ניט דאָ געדאַכט, ניט פֿאַר קיין מענטשן געדאַכט, ער איז געווען אין מרחץ פֿרײַטיק און האָט זיך געוואָלט אָפּגיסן מיט קאַלט וואַסער, האָט ער געכאַפּט אַ שעפֿל מיט זודיק וואַסער און האָט דאָס איבערגעקערט אויפֿן קאָפּ און האָט זיך אָפּגעקאָכט, און האָט זיך געמוטשעט אַ טאָג אַכט און איז געשטאָרבן, און האָט איבערגעלאָזט אַ ווײַב מיט איין קינד – אַ ייִנגל פֿון אַ יאָר זעקס, פּייסע הייסט ער. האָט ניט געדויערט קיין האַלב יאָר און מע האָט איר אָנגעהויבן רעדן שידוכים. האָט דאָס מיך זייער אָנגענומען בײַם האַרצן, און איך בין אַוועקגעגאַנגען צו איר, צו מײַן שוועגערין הייסט דאָס, און זאָג איר: „אויב דו ווילסט חתונה האָבן, גיב מיר אָפּ דאָס קינד״. האָט זי זיך תּחילת אַ ביסל געבערעקלט, כּלומרשט ניט געוואָלט הערן, ניט זען. אַהער־אַהין – בקיצור, איך האָב בײַ איר געפּועלט. זי האָט מיר דאָס קינד געבראַכט, און אַליין איז זי אַוועק ערגעץ קיין פּוילן, דאָרטן חתונה געהאַט, און מע זאָגט, ס׳איז איר ניט שלעכט... מילא, בין איך אײַך ניט אויסן.

was Aussteuer, Hemden, Leintücher, Laken, Kissenbezüge. Ich für meinen Teil hatte natürlich nichts anderes vor, als ihr einige hundert Rubel Mitgift zu schenken. Also fingen wir an, eine Partie für sie auszuhandeln. Aber wer kommt in Frage für solch ein Mädchen, ein Waisenkind? Eltern hat sie nicht, jawohl, sie hatte mal einen Vater, er soll es mir verzeihen, nicht gerade ein Muster von einem Menschen, und Tausende von Rubeln kann ich auch nicht für sie hinschütten. Muss man ihr also ihresgleichen suchen, einen jungen Menschen, der sie ernähren kann. Wo aber treibt man so einen auf? Eine Heirat in eine bessere Familie kommt nicht in Frage. Einen Handwerker will *ich* nicht, sie ist doch schließlich und endlich ein Stück von mir, Tochter der Schwester meiner Frau! Da schickte mir Gott einen Burschen, ein besonderes Glück. Ein Handlungsgehilfe, etwas über zwanzig, *verdient* auch schon ein paar Rubel und *hält sie zusammen*, so dass er einiges gespart hat. Ich habe also mit dem Burschen geredet. Solche Sachen schiebe ich nicht auf die lange Bank, das ist nicht meine Art. Jawohl, sie gefällt ihm. Ich will mit ihr reden: Wer? Was? Stumm wie die Wand! Was ist los? Nun, sie will ihn nicht und sie braucht ihn nicht und damit fertig! ›Was meinst du denn‹, frage ich, ›wer dich nehmen wird? Vielleicht der Enkel vom Baron Hirsch[81]?‹ Sie aber bleibt stumm. Schaut unter sich und schweigt. Das ist aber nicht der Punkt.

Jetzt muss ich die Geschichte mittendrin unterbrechen und eine andere Geschichte erzählen, die aber mit dieser Geschichte zu tun hat, das heißt, diese und die andere Geschichte sind in Wahrheit eine Geschichte.

Ich hatte mal einen jüngeren Bruder mit Namen Mojsche Herschel. Mit ihm ist folgende Sache passiert (es ist wahr, bei mir kommt eine Geschichte daher mit lauter neuen Geschichten). Mein Bruder – Gott möge uns und alle Menschen davor bewahren – geht freitags ins Bad und will sich kaltes Wasser überschütten. Aus Versehen hat er aber ein Gefäß mit kochendem Wasser erwischt, hat es sich auf den Kopf gegossen und sich verbrüht. Acht Tage quälte er sich noch rum, dann starb er. Zurück lässt er seine Frau und ein Kind, einen Jungen von ungefähr sechs Jahren mit Namen Peissi. Nun, es dauert kein halbes Jahr, da hat man für sie eine neue Partie abgesprochen. Das alles hat mich sehr mitgenommen. Ich gehe also zu ihr, ich meine zur Schwägerin, und sage ihr: ›Wenn du heiraten willst, überlass mir das Kind.‹ Anfangs hat sie sich ein bisschen gewehrt, sie tat so, als wolle sie nichts davon wissen. Aber hin und her, kurzum, ich habe es erreicht. Sie hat mir das Kind gebracht, ist dann selbst weggezogen, irgendwohin nach Polen, hat dort geheiratet, und es geht ihr, nach allem, was man hört, nicht schlecht. Lasst gut sein, das ist nicht der Punkt.

האָט מיך שוין, הייסט דאָס, גאָט געבענטשט מיט אַ זון אויך. איך זאָג „מיט אַ זון“, ווײַל איך האָב אים טאַקע צוגעשריבן צו זיך פֿאַר אַ זון, און דאָס ייִנגל איז דווקא אַ געראָטן ייִנגל, אָבער טאַקע וואָס געראָטן הייסט. ער איז דאָך מײַנעם אַ ברודערס אַ זון, איז דאָך ניט שייך, איך זאָל אים אײַך לויבן. נאָר איר מעגט מיר גלייבן בנאמנות, אַז נאָך אַזאַ פּייסע וועט איר ניט געפֿינען – איך וועל אײַך ניט זאָגן אין דער גאַנצער וועלט, נאָר בײַ אונדז אין שטאָט און נאָך אין עטלעכע שטעט מיט עטלעכע גובערניעס, אַז איר וועט אויספֿאָרן, געפֿינט איר ניט דעם צווייטן. וואָס, אַ שטייגער, ווילט איר? לערנען איז לערנען, שרײַבן איז שרײַבן, חשבונען איז חשבונען. אפֿשר ווילט איר פֿראַנצויז – רעדט ער אײַך פֿראַנצויז. טאָמער ווילט איר פֿידל – שפּילט ער אײַך אויפֿן פֿידל. הײַנט איז ער, קיין עין־הרע, אַ ווּקס, און אַ פּאַרשוין, און אַ פּיסק, און... און... און... אַז מע שמועסט אַ געראָטענער, איז דאָך ניט שייך צו זאָגן! און דערצו גיב איך אים נאָך עטלעכע טויזנט קערבלעך נדן אויך, וואָרעם ער איז דאָך מײַן ברודערס אַ קינד און מײַנער אַ צוגעשריבענער, כּמעט אַ זון הייסט דאָס, און קיין נחות־דרגא, ברוך־השם, איז ער אויך ניט, – קו־קו־קומט אים שוין עפּעס אַ פֿײַנע כּלה, האַ? וואָס זאָגט איר? אַוודאי האָט מען אים גערעדט די גרעסטע, די שענסטע שידוכים אין דער וועלט, און אַוודאי האָב איך איבערגעקליבן. וואָס דען? עפּעס אָט אַזוי־אָ גיט מען אַוועק אַזאַ יונגאַטש? בין איך אײַך ניט אויסן.

הכּלל, האָט מען מיר אָנגעשלאָגן שידוכים פֿון דער גאָרער וועלט: פֿון קאַמעניץ, און פֿון יעליסאַוועט, און פֿון האָמעל, און פֿון לובען, און פֿון מאָלעוו, וואָס אין דער ליטע, און פֿון בערדיטשעוו, און פֿון קאַמינקע, און פֿון בראָד. מע האָט מיך אָפּגעשאָטן מיט גאָלד; צען טויזנט, און צוועלף טויזנט, און פֿופֿצן טויזנט, און אַכצן טויזנט – איך האָב ניט געוווּסט, וווּהין איך זאָל מיך וואַרפֿן. האָב איך מיך מישבֿ געווען: וואָס טויג מיר קריכן אין דער פֿרעמד, מי־יודע וווּהין און צו וועמען? בעסער, ווי זאָגט מען, אַ נאָענטער שוסטער, איידער אַ ווײַטער רבֿ. פֿאַראַן בײַ אונדז אין שטאָט אַ ייִד אַ נגיד, האָט ער אַ מיידל אַ בת־יחידה מיט שיינע עטלעכע טויזנט קערבלעך נדן, און דאָס מיידל אַליין איז אויך זייער אַ פֿײַן מיידל, און ווילן וויל מיך יענער, – פֿאַר וואָס זאָל דאָס ניט זײַן קיין שידוך? האַ? ובפֿרט שדכנים זענען פֿאַראַן בײַ אונדז, ברוך־השם, צוויי, לויפֿן זיי אַרום הין און צוריק, פֿון מיר צו יענעם און פֿון יענעם צו מיר, און טרײַבן האַלדז־און־נאַקן, ס׳זאָל שוין גיכער זײַן, זיי האָבן קיין צײַט ניט, פֿאַרשטייט איר, זיי האָבן אַליין טעכטער אויף חתונה מאַכן, און נאָך דער־וואַקסענע דערצו. בין איך אײַך ניט אויסן.

הקיצור, ס׳איז געבליבן, מיר זאָלן זיך צונויפֿקומען אויף אַ „וואָרט“. איז דאָך אָבער הײַנטיקע צײַטן ניט דאָס, וואָס אַ מאָל. אַ מאָל האָט מען אַ שידוך געטאָן מיט אַ קינד הינטער די אויגן גאָר, געקומען צו גיין אַהיים, אָפּגעגעבן מזל־טובֿ און געגנוג. הײַנט איז גאָר געוואָרן אַ מאָדע, אַז מע מוז פֿריִער איבעררעדן מיט די קינדער, זיי זאָלן זיך פֿריִער אָנקוקן און זאָגן, צי זיי

So hat Gott mich nun also auch noch mit einem Sohn gesegnet. Ich sage mit Bedacht ›Sohn‹, weil ich ihn wirklich an Sohnes statt angenommen habe. Und der Junge ist tatsächlich wohlgeraten, und wie! Nun, er ist ja meines Bruders Kind, da sollte ich ihn nicht vor Euch rühmen. Aber ehrlich, Ihr könnt mir glauben, solch einen wie Peissi werdet Ihr nicht mehr finden, ich will ja nicht behaupten ›auf der ganzen Welt nicht‹, aber jedenfalls nirgend-wo bei uns in der Stadt und noch in einer Reihe von Städten mehr und ein paar Bezirke weiter, da könnt Ihr lange fahren und werdet nicht einen finden wie ihn. Nehmt, was Ihr wollt: Lernen? – kann er! Schreiben? – kann er! Rechnen? – auch! Hättet Ihr gerne Französisch, er spricht auch französisch! Wollt Ihr Geigenspiel, er kann auch Geige spielen. Dazu ist er, unberufen, gut gewachsen und sieht auch gut aus. Reden kann er auch und… und… und. Es ist fast egal, was man nennt. Ich gebe ihm dazu noch ein paar tau-send Rubel Mitgift, denn schließlich ist er doch der Sohn meines Bruders, und ich hab ihn praktisch angenommen wie meinen Sohn. Auch ist er Gott sei Dank kein leichtfertiger Mensch. Das alles sieht schon nach einer feinen Braut aus, nicht wahr? Natürlich hat man ihm die größten und schönsten Partien der Welt vorgeschlagen, aber ich war wählerisch. Denn, sagt selbst, solch einen Burschen gibt man doch nicht so einfach weg! Aber das ist nicht der Punkt.

Kurzum, man bietet mir Partien an, aus der ganzen Welt. Aus Kamenez, aus Jelisawet, aus Homel, aus Luben und aus Mohilew in Litauen, aus Ber-ditschew und Kaminke und Brod. Man hat mich mit Geld überschüttet: zehntausend und zwölftausend und fünfzehntausend und achtzehntausend. Ich weiß nicht, wo ich zugreifen soll. Da überlege ich mir aber: Was nützt es, mich in die Ferne zu begeben, wer weiß wohin und zu wem? Besser, wie man sagt, ein Schuster von nebenan als ein Rabbiner weit weg. Da haben wir bei uns in der Stadt einen Mann, gut gestellt, mit einer einzigen Tochter und ei-nigen tausend Rubeln Mitgift. Sein Mädchen selbst ist auch nicht übel, und er ist einverstanden, warum soll das keine Partie sein? Wie gerufen haben wir bei uns in der Stadt zwei Schadchen, sie rennen schon hin und her, von ihm zu mir und von mir zu ihm und machen uns Dampf, wir sollen uns beeilen, versteht Ihr, sie haben auch selbst heiratsfähige Töchter, richtig ausgewachse-ne schon. Aber das ist nicht der Punkt.

Kurzum, wir vereinbaren, dass wir ›auf ein Wort‹ zusammenkommen. Aber heutzutage ist es nicht mehr so wie früher einmal. Früher hat man die Partie für die Kinder geschlossen, ohne dass sie mitmischten. Man kam nach Hause, ›Maseltow!‹ und fertig! Heutzutage ist es aber die neue Mode, dass man die Sache zuerst mit den Kindern selbst beredet. Die jungen Leute sol-

זענען זיך געפֿעלן, צי ניין? מע פֿאַרשפּאָרט זיי גאָר זאָגן – זיי זעען זיך אַליין... איז דאָך אַוודאי גוט. נעם איך מײַן בחור און טו אים אַ פֿרעג: „געפֿעלט דיר, אַ שטייגער, פּייסעניו, אַזעלכע און אַזעלכע?“ ווערט ער רויט אַזוי ווי פֿײַער און ענטפֿערט ניט דאָס צווייטע וואָרט. „געשוויגן איז גערעדט“, טראַכט איך מיר; „קיין תּשובֿה איז אויך אַ תּשובֿה“. אײַ, וואָס ער איז רויט געוואָרן? מסתּמא האָט ער זיך פֿאַרשעמט. און ס׳איז געבליבן, הייסט דאָס, אַז מע קומט זיך צונויף אויף דער נאַכט, פֿריִער, געוויינטלעך, בײַ דער כּלה, נאָך דעם וועט מען זײַן בײַ מיר – נו, וואָס באַדאַרף מען נאָך? באַקט מען לעקעך און מע גרייט זיך אויף אַ וועטשערע, ווי געוויינטלעך. בין איך אײַך ניט אויסן.

ויהי היום, איך שטיי אויף אין דער פֿרי, גיט מען מיר אָפּ אַ בריוו. פֿון וואַנען איז אַ בריוו? עפּעס אַ בעל־עגלה האָט געבראַכט צו פֿירן. איך נעם דעם בריוו, עפֿן אויף דעם בריוו, איך הייב אָן לייענען דעם בריוו – איז מיר פֿינצטער געוואָרן אין די אויגן. וואָס איז דאָס געווען פֿאַר אַ מין בריוו? אָט וועט איר באַלד הערן. דאָס שרײַבט מיר מײַן פּייסע, אַז איך זאָל ניט קיין פֿאַראיבל האָבן, וואָס ער איז אַוועקגעפֿאָרן מיט רייזלען – איר הערט וואַרטער? – אָן אונדזער וויסן חתונה האָבן – איר הערט ווערטער? אַז איך זאָל זיך גאָר ניט פּרוּוון, זאָגט ער, אַפֿילו זיי זוכן, וואָרעם זיי זענען שוין ווײַט־ווײַט, זאָגט ער, פֿון דאַנען – איר הערט ווערטער? און אַז זיי וועלן, אם־ירצה־השם, האָבן חופּה־וקידושין, זאָגט ער, וועלן זיי נאָך דעם קומען צוריק... ווי געפֿעלט אײַך עפּעס אַזאַ מין בריוול? מילא, פֿון מײַן ווײַב שמועסט מען ניט: זי איז געפֿאַלן דרײַ מאָל חלשות, וואָרעם ס׳איז דאָך דורך אי ר דער סקאַנדאַל; רייזל איז דאָך אי ר פּלימעניצע, ניט מײַנע. „נאַ, זאָג איך צו איר, האָסט אויסגעהאָדעוועט אַ שלאַנג אויף דײַן שויס“... און האָב מײַן גאַנץ ביטער האַרץ אויסגעלאָזט צו איר, געוויינטלעך, מכבד געווען, ווי זי איז ווערט. בין איך אײַך ניט אויסן.

איך באַדאַרף אײַך ניט דערציילן, איר פֿאַרשטייט אַליין, ווי ווײַט דאָס האָט מיך געברענט און געבראָטן. סטײַטש, מע נעמט אַ פֿרעמד קינד, אַן אָרעמע, אַ נאַקעטע יתומה, מע האָדעוועט זי אויס און מע וויל זי גליקלעך מאַכן – גייט זי און טוט אָפּ אַזאַ זאַך, פֿירט אַרויף מײַן ברודערס קינד אויף אַ גליטש! איך האָב געשריגן, געטופּעט מיט די פֿיס, געריסן אויף זיך די האָר פֿונעם קאָפּ – שיִער ניט משוגע געוואָרן! און צוריק ווידער האָב איך מיך באַטראַכט: וואָס, אַ שטייגער, וועט מיר העלפֿן מײַן כּעס? וואָס וועל איך מאַכן מיט מײַן טופּען מיט די פֿיס? מע באַדאַרף עפּעס אָנהייבן טאָן, טאָמער וועל איך נאָך פֿאַרכאַפּן און וועל קאָנען עפּעס העלפֿן? האָב איך מיך, ראשית־חכמה, אַ וואָרף געטאָן צו „נאַטשאַלסטווע“, אונטערגעשמירט מיט אַ כּאַבאַרל, און האָב אויפֿגעגעבן, אַז בײַ מיר איז געווען אַ פּלימעניצע אַזעלכע און אַזעלכע, האָט זי מיך באַגנבֿעט און האָט איבערגערעדט מײַן זון, ער איז געווען בײַ מיר פֿאַרשריבן פֿאַר אַ זון, און איז מיט אים אַנטלאָפֿן, איך ווייס

len sich erst einmal anschauen und dann sagen, ob sie einander gefallen oder nicht. Man braucht es ihnen nicht einmal zu sagen, sie treffen sich schon von alleine… Wunderbar! Nehme ich mir also meinen Knaben beiseite und frag ihn ein bisschen: Peissi, was hältst du von der und der…? Er wird feuerrot und antwortet mir kein Wort. Oh, keine Antwort ist auch eine Antwort, denke ich. Wie rot er angelaufen ist! Vielleicht aus Verlegenheit? Also kann es weitergehen. Man wird wie üblich zuerst abends im Haus der Braut zusammenkommen und danach bei mir. Was bleibt noch übrig? Die Kuchen muss man backen, eine Mahlzeit herrichten wie gewöhnlich. Aber das ist nicht der Punkt.

Und es geschah an jenem Tag[82]… Ich steh morgens auf; da wird mir ein Brief abgegeben. Woher der Brief? Irgendein Fuhrmann hat ihn hereingebracht. Ich nehme den Brief, ich öffne den Brief, ich fang an, den Brief zu lesen – mir ist schwarz vor den Augen geworden. Denn, was haben wir da für ein Briefchen? Ihr werdet's gleich erfahren. Mein Peissi schreibt mir, ich soll es ihm nicht übelnehmen, dass er mit Rejsel weggefahren ist – hört Ihr? Und sie werden nun ohne unser Einverständnis heiraten, und ich soll nicht versuchen, sagt er, sie zu finden, sie seien schon weit, weit weg – habt Ihr so was schon einmal gehört? Und wenn sie mit Gottes Hilfe getraut sind, so werden sie auch wieder zurückkommen. Nun, wie gefällt Euch solch ein Briefchen? Reden wir nicht davon, wie meine Frau die Sache aufgenommen hat. Sie ist gleich dreimal ohnmächtig geworden. Der ganze Skandal kommt ja auch von *ihrer* Seite, Rejsel ist doch *ihre* Nichte, nicht meine. Siehst du, sag ich zu ihr, da hast du eine Schlange am Busen großgezogen. Und mein ganzes bitteres Herz schütte ich über sie aus und lasse sie einiges hören, wie sie es verdient hat. Aber das ist nicht der Punkt.

Ihr könnt Euch vorstellen, wie es in mir gekocht und gebrannt hat. Man nimmt ein fremdes Kind auf, ein Waisenkind, arm und bloß, zieht es groß und will es noch glücklich machen, und es geht hin und fädelt solch eine Sache ein und bringt noch meines Bruders Sohn auf krumme Wege! Gebrüllt habe ich, mit den Füßen gestampft und mir die Haare gerauft. Ich hätte verrückt werden können! Aber dann denke ich wieder bei mir: Was nützt dir deine Wut? Was hat das für einen Sinn, mit den Füßen zu stampfen? Man muss etwas in die Wege leiten, vielleicht kann ich noch eingreifen und etwas retten. Als Erstes habe ich also vor allem die ›Obrigkeiten‹ bemüht, nachgeholfen mit ein paar Rubeln und gemeldet, dass bei mir ein Waisenmädchen wohnte, so und so sieht sie aus, und sie hat mich bestohlen, dazu noch meinen Sohn – den ich an Sohnes statt angenommen habe – verführt und ist mit ihm durchgebrannt, wohin weiß ich nicht. Danach hab ich ordentlich in

ניט וווּהין. נאָך דעם האָב איך אָנגעהויבן שיטן מיט געלט, צעשיקט דעפּעשן אין אַלע אַרבע פּינות העולם, אין אַלע שטעט און שטעטלעך פֿון דער סבֿיבֿה – און גאָט האָט מיר געהאָלפֿן, מע האָט זיי געפּאַקט. ווּ האָט מען זיי געפּאַקט? טאַקע ניט ווײַט פֿון אונדז, אין אַ קליין שטעטל. מזל־טובֿ!

אַז ס׳איז אָנגעקומען צו מיר די גוטע ידיעה, אַז מע האָט זיי געפּאַקט, האָבן מיר זיך אויפֿגעזעצט מיט נאַטשאַלסטווע און מיר זענען געפֿאָרן גלײַך אַהין, אין יענעם שטעטל אַרײַן. מילא, איך זאָל אײַך דערציילן פֿון דער נסיעה – איז ניט שייך צו זאָגן. איך בין געווען אין איינע פּחדים. איך האָב אַלץ מורא געהאַט, טאָמער, אַ קשיא אויף אַ מעשׂה, מע שטעלט דאָרט אַ חופּה, איז דאָך פֿאַרפֿאַלן, ווי זאָגט ער, די קו מיטן שטריקל... גאָט האָט מיר געהאָלפֿן, מיר זענען געקומען צו פֿאָרן – זיי האָבן נאָך קיין חופּה ניט געשטעלט. נאָר וואָס דען? אַ נײַער אומגליק: אַזוי ווי איך האָב אײַנגעגעבן, אַז מע האָט מיך באַגנבֿעט, לכן האָט מען זיי דערווײַלע, ביז עפּעס וואָס, אײַנגעזעצט. אײַנגעזעצט – איז דאָך מיר געוואָרן שלעכט, געמאַכט אַ גוואַלד, אַז באַגנבֿעט האָט מיך זי, די פּלימעניצע הייסט דאָס, און ער, דער זון הייסט דאָס, ער האָט זיך דאָך גערעכנט פֿאַר מײַן זון, איז ריין. עס קומט צו עפּעס, מע וויל אים שוין אַרויסלאָזן, פּייסען הייסט דאָס, מאַכט ער: „אויב מע האָט געגנבֿעט, האָבן זיי, זאָגט ער, ביידע געגנבֿעט“. איר הערט ווערטער? דאָס האָט זי אים, די ימח־שמהניצע, אַרויפֿגעפּירט, ער זאָל אַזוי זאָגן. אַ הולטײַקע קאָן!... נו, טאָר מען זײַן אַ גוטער? באַדאַרף מען רחמנות האָבן אויף אַן אָרעמער יתומה? איך פֿרעג אײַך אַליין – איז כּדאַי? וואָס טויג אײַך, עס האָט מיך געקאָסט גענוג בלוט, ביז איך האָב זיי אַרויסגענומען, וואָרעם צוליב אים האָב איך געמוזט זי אויך אָפּרייניקן – און מיר זענען געקומען אַהיים. בין איך אײַך ניט אויסן.

געוויינטלעך, האָב איך זי צו מיר אין שטוב מער ניט אַרײַנגעלאָזט. איך האָב איר אָפּגעדונגען אַ קוואַטיר און קעסט טאַקע בײַ אירן אַ קרובֿ אין אַ דאָרף, משה־מאיר הייסט ער, אַ פּראָסטער ייִד, אַ דאָרפֿסמאַן, און מײַן פּייסען האָב איך גענומען אַהיים, גענוג גערעדט איבער אים: „סטײַטש, איך נעם דיך און שרײַב דיך צו צו מיר, ווי אַן אייגענעם זון, און וויל דיר געבן עטלעכע טויזנט קערבלעך נדן, און מאַך דיך פֿאַרן יורש מיט אַלצדינג, – גייסטו און מאַכסט מיר אַזאַ סקאַנדאַל!“ זאָגט ער: „וואָס איז דאָ דער סקאַנדאַל? זי איז אײַך אַ פּלימעניצע, איך בין אײַך אַ פּלימעניק – אַלץ איין ייִחוס“. זאָג איך: „וואָס גלײַכסטו זיך צו איר? דײַן טאַטע איז געווען, זאָג איך, מיר אַן אייגענער ברודער און אַ לײַטישער מענטש, און איר פֿאָטער איז געווען, זאָל ער מיר מוחל זײַן, אַ שאַרלאַטושקע, זאָג איך, אַ קאַרטיאָזשניק“... איך טו אַ קוק – מײַן ווײַב חלשט. אַ טאַרעראַם, אַ געפּילדער. וואָס איז? זי קאָן ניט הערן, למאַי מע רעדט אויף איר שוועסטערס מאַן. זיי זענען שוין, זאָגט זי, ביידע אויף דער אמתער וועלט, באַדאַרף מען זיי לאָזן צו רו. איר הערט ווערטער?

die Tasche gegriffen und Depeschen ausgeschickt in alle vier Winde, in alle Städte und Dörfer der Umgebung. Und Gott hat geholfen, sie sind gefasst worden. Wo, glaubt Ihr, sind sie gefasst worden? Gar nicht weit von uns in einem kleinen Dorf. Immerhin noch ein Glück!

Als ich die gute Nachricht bekam, dass sie gefasst sind, haben wir uns mit der ›Obrigkeit‹ verständigt und sind gleich in die betreffende Stadt gefahren. Also, wenn ich von der Reise erzählen wollte, wie wir dahin kamen! Ich hatte nur einen Gedanken, die Angst, sie hätten dort schon die Chupe gestellt und die Ehe geschlossen, man kann ja nie wissen. Alles wäre verloren gewesen, wie man so sagt ›die Kuh mit dem Strick…!‹ Aber Gott hat geholfen, wir kommen an: noch keine Chupe! Dafür ein neues Unglück! Da ich angegeben hatte, ich wäre bestohlen worden, hat man sie natürlich bis auf weiteres beide eingesperrt. Beide eingesperrt, mir ist bald schlecht geworden, denn bestohlen hat doch *sie* mich, ich meine die Waisentochter, während er, ich meine der Sohn – er ist bei mir doch wie ein Sohn –, natürlich unschuldig ist. Kurz darauf, man will ihn schon rauslassen, den Peissi meine ich, sagt er: Wenn gestohlen wurde, dann haben wir beide, sagt er, gestohlen. Hört Ihr das? Natürlich hat sie, diese Hexe, ihm eingegeben, dass er so aussagen soll. Solch ein Weibsstück bringt manches fertig. Nun, sagt selbst, zahlt es sich aus, wenn man gütig ist? Soll man mit einer armen Waise Mitleid haben? Sagt ehrlich: Hat es einen Sinn? Was hilft's, Blut habe ich geschwitzt, bis ich sie beide frei hatte, denn ihm zuliebe musste ich auch sie für unschuldig erklären. So kommen wir nach Hause. Aber das ist noch nicht der Punkt.

Natürlich habe ich sie nicht mehr in mein Haus gelassen. Bei einem Verwandten von ihr in einem Dorf, Mojsche Maier heißt er, habe ich ihr Unterkunft und Verpflegung ausgemacht. Ein ordentlicher Mensch, so einer, der immer auf dem Dorf gelebt hat. Meinen Peissi aber habe ich nach Hause geholt und ausführlich mit ihm geredet. ›So ist es also, ich nehme dich bei mir auf, erkläre dich für meinen eigenen Sohn, ich will dir ein paar tausend Rubel Mitgift geben und dich in allem zum Erben machen, und du besorgst mir solch einen Skandal!‹ ›Wo steckt da der Skandal? Sie ist Eure Nichte und ich bin Euer Neffe, das ist doch die gleiche Sache.‹ Ich antworte: ›Wie kannst du dich mit ihr vergleichen? Dein Vater war mein eigener Bruder und ein ordentlicher Mensch, ihr Vater dagegen, er soll mir's verzeihen, war ein Scharlatan‹, sage ich, ›ein Kartendrescher.‹ Ich seh mich um, meine Frau fällt in Ohnmacht. Große Aufregung, ein Hin und Her. Und was ist der Grund? Sie kann es nicht ertragen, wie man vom Mann ihrer Schwester spricht. Sie sind schon beide, sagt sie, in der besseren Welt; soll man sie in Frieden ruhen lassen. Hört Ihr? ›Und doch war er‹, sage ich, ›ein Abschaum von Mensch!‹

„ער איז אָבער פֿאָרט געווען, זאָג איך, לאָז ער מיר מוחל זײַן, אַן אויסוואָרף!“ זי חלשט ווײַטער – אַזאַ אומגליק, אַ גלות, מע קאָן בײַ זיך אין שטוב קיין וואָרט ניט אויסרעדן! בין איך אײַך ניט אויסן.

בקיצור, איך האָב מײַן פּייסען גענומען רעכט אין די ידים אַרײַן און האָב אָנגעהויבן אַכטונג געבן, קוקן אויף אים מיט אויגן, ער זאָל מיר ניט מאַכן נאָך אַ מאָל דאָס שפּיל. און גאָט האָט מיר געהאָלפֿן, ער איז אַוועקגעגאַנגען בדרך־הישר, האָט זיך געלאָזט אײַנרעדן און איז געוואָרן אַ חתן צו מזל, ניט פֿון אַזאַ אײַ־אײַ־אײַ, נאָר פֿאָרט פֿון אַ בעל־הבתּיש אָרט, מיט אַ מחותּן, מיט אַ נאָמען, מיט נדן, מיט... מיט... מיט... ווי מיר שטייט אָן – און איך בין געווען אויפֿן זיבעטן הימל. איז דאָך גוט, אַיאָ? האָט זשע צײַט, וועט איר עפּעס הערן אַ מעשׂה.

איך קום צו גיין פֿון געשעפֿט איין מאָל אַהיים עסן אָנבײַסן, איך וואַש מיך, זעץ מיך צום טיש, מאַך המוציא, איך קוק מיך אַרום – ניטאָ פּייסע! פֿליט מיר דורך אַ מחשבֿה אין קאָפּ: אפֿשר האָט ער ווידער געמאַכט אַ ויבֿרח? איך נעם מיך צו מײַנער: ווּ איז פּייסע? זאָגט זי: זי ווייסט ניט. אָפּגעגעסן, לויף איך אַרויס אין שטאָט, אַהער, אַהין – קיינער ווייסט ניט! שיק איך דאָך אַוועק אַ שליח אין דאָרף אַרײַן צום קרובֿ, צו משה־מאירן, געוואָרע ווערן, וואָס מאַכט עפּעס רייזל? ענטפֿערט ער מיר דורך אַ בריוול, אַז זי איז נאָך נעכטן אַוועקגעפֿאָרן, געזאָגט, אַז זי פֿאָרט אין שטאָט אַרײַן אויף קבֿר־אָבֿות. האָב איך גענוג מסתּמא געאַרבעט, אויסגעלאָזט מײַן גאַנץ ביטער האַרץ צום ווײַב, געוויינטלעך, וואָרעם ס׳איז דאָך דורך איר אַלע אומגליקן – ס׳איז דאָך איר פּלימעניצע! בין איך אײַך ניט אויסן.

איך לויף אַוועק אין פּאָליציע, איך קלאַפּ אומעטום דעפּעשן, צעשיק מענטשן, שיט מיט גאָלד – ניטאָ, ווי אין וואַסער אַרײַן! איך אַרבעט, איך שרײַ, איך בין אויס מענטש – עס העלפֿט ניט! וואָס טויג אײַך – ס׳איז אַוועק־געגאַנגען דרײַ וואָכן, איך בין שיִער ניט משוגע געוואָרן! פּלוצעם קומט מיר אָן אַ בריוו מיט אַ מזל־טובֿ, אַז זיי האָבן, ברוך־השם, חתונה געהאַט אין אַ גוטער שעה, און האָבן שוין הײַנט פֿאַר מיר קיין מורא ניט – איר הערט ווערטער? אַז מע וועט שוין איצט נאָך זיי מער ניט נאָכלויפֿן, מע וועט שוין אויף זיי קיין בילבולים ניט אויסטראַכטן – איר הערט ווערטער? אַז זיי האָבן זיך ליב געהאַט פֿון קינדווײַז אָן און האָבן, דאַנקען גאָט, דערגרייכט אַלץ־דינג, וואָס זיי האָבן געוואָלט. אײַ, ווּ וועלן זיי נעמען אויף צו לעבן? זאָל מען זיך פֿאַר זיי גאָרניט זאָרגן: ער לערנט און גרייט זיך צום עקזאַמען אַרײַן אין אוניווערסיטעט שטודירן אויף דאָקטער, און זי לערנט זיך אויף אַקושערקע – איר הערט ווערטער? און דערווײַל גיבן זיי יידע שטונדן און פֿאַרדינען, מיט גאָטס הילף, ביז פֿופֿצן קאַרבן אַ חודש, קאָסט זיי די דירה זעקס מיט אַ האַלבן, אַכט צאָלן זיי פֿאַר עסן, און אויפֿן איבעריקן איז גאָט אַ פֿאָטער – איר הערט ווערטער?... נו־נו, קלער איך מיר, איר וועט אַ ביסל פֿריִער

Sie wird wieder ohnmächtig! Welch ein Unglück, eine Katastrophe, elend wie der Goless! Im eigenen Hause kann man kein Wort mehr sprechen. Aber das ist nicht der Punkt.

Immerhin, ich hab meinen Peissi ordentlich in die Mangel genommen. Auch gewöhnte ich mir an aufzupassen, dass er mir nicht noch einmal so ein Stückchen spielt. Und Gott hat geholfen, er kam drüber weg, ließ sich, gelobt sei Sein Name, schließlich eine Heirat einreden und wurde mit Glück ein Bräutigam, nicht von so einer, na ja, Ihr wisst schon…, sondern von einem Mädchen aus ordentlichen Verhältnissen. Der Schwiegervater hat einen guten Namen und Mitgift und… und… – wie es zu mir passt. Ich war im siebten Himmel! Ist das nicht schön? Wartet nur, jetzt werdet Ihr was hören!

Ich komme einmal von Geschäften zur Essenszeit nach Hause, ich wasche mir die Hände, setze mich zu Tisch, spreche den Segen. Ich schaue mich um: Peissi ist nicht da! Mir schießt ein Gedanke durch den Kopf. Ist er vielleicht wieder auf und davon? Ich frage meine Frau: ›Wo ist Peissi?‹ Antwortet sie: ›Ich weiß nicht.‹ Ich esse zu Ende, ich laufe in die Stadt, hierhin, dorthin, niemand weiß etwas. Ich schicke also einen Boten in jenes Dorf, zum Verwandten, zu Mojsche Maier, um rauszufinden, was denn mit Rejsel ist. Er sendet mir eine Antwort per Brief, gestern sei sie weggefahren, zu den Gräbern der Eltern,[83] hat sie gesagt. Das hat mich nun wirklich umgehauen. Meinen ganzen Schmerz und Verdruss habe ich an ihr ausgelassen, an meiner Frau, Ihr werdet's nicht anders erwarten. Denn all das Unglück kommt doch von ihrer Seite, es ist doch *ihre* Nichte! Aber das ist nicht der Punkt.

Ich renne zur Polizei, ich schicke Depeschen und Leute zum Auskundschaften, ich gebe einen Haufen Geld aus, nichts, sie sind spurlos verschwunden. Ich quäle mich, brülle herum, ich bin schon kein Mensch mehr, aber helfen tut es nichts. Was soll ich lange erzählen, es gehen drei Wochen vorbei, ich bin fast verrückt geworden. Auf einmal kommt ein Brief mit einem ›Maseltow!‹. Sie hätten, gelobt sei Sein Name, glücklich Hochzeit gehalten und vor mir hätten sie jetzt keine Angst mehr. Hört Euch das an! Denn nun könne ich ihnen nicht mehr hinterherlaufen und sie nicht mehr verleumden – hört Ihr? Sie hätten sich schon als Kinder gerngehabt und nun, Gott sei Dank, erreicht, was sie immer wollten. Ach ja, von was sie leben wollen? Darüber sollen wir uns keine Sorgen machen. Er studiert und bereitet sich zum Aufnahmeexamen an der Universität vor, um Arzt zu werden, und sie ist in Ausbildung als Hebamme – hört Ihr? Und bis es so weit ist, geben sie beide Nachhilfestunden und verdienen mit Gottes Hilfe bis zu fünfzehn Rubel im Monat. Die Miete kostet sie sechseinhalb Rubel, acht zahlen sie für das Essen, und im Übrigen ist Gott ein Vater – hört Euch das an! Na wartet,

אונטערפֿגרן גוט פֿאַר הונגער, ווערט איר זיך אָנהייבן בעטן בײַ מיר, ווועל איך אײַך באַווײַזן, ווער עלטער איז! און צו מײַן ווײַב זאָג איך: „הײַנט זעסטו, זאָג איך, וואָס הייסט אַ ביטערער שורש? פֿון אַזאַ טאַטן אַ שאַרלאַטאַן, אַ קאַר־טיאָזשניק, זאָג איך, קאָן דען עפּעס אַרויסקומען רעכטס?" וכדומה אַזעלכע שטעכווערטער זאָג איך צו איר, און איר זאָלט זאָגן, זי זאָל דאָס מיר ענטפֿערן דאָס אַנדערע וואָרט! „פֿלעגסט דאָך, זאָג איך, אַ מאָל חלשן, אַז איך האָב גערעדט אויף דײַן שוואָגערוק, פֿאַר וואָס חלשסטו הײַנט ניט?" ענטפֿערט די וואַנט? אַזוי ענטפֿערט זי. „דו מיינסט, זאָג איך, אַז איך ווייס ניט, אַז דו האַלטסט מיט זיי, אַז דו ביסט מיט זיי יד־אַחת, זאָג איך, אַז סע וואַקסט אין גאַנצן פֿון דיר?" זי שווײַגט, ענטפֿערט ניט דאָס אַנדערע וואָרט. וואָס קאָן זי מיר, אַ שטייגער, ענטפֿערן, אַז זי פֿילט, אַז איך בין גערעכט? זי ווייסט, אַז סע פֿאַרדריסט מיך. פֿאַר וואָס קומט מיר – פֿאַר מײַן גוטסקייט, מע זאָל מיר אַזוי צאָלן? בין איך אײַך ניט אויסן.

נאָר איר מיינט אַוודאי, איר זענט שוין פֿאַרטיק? האַרט אויס, איר ווערט נאָך האָרכן שענערס.

בקיצור, ס'איז אַוועקגעגאַנגען אַ יאָר, בריוולעך שרײַבן זיי, נאָר פֿון געלט דערמאָנען זיי ניט אַ וואָרט. פּלוצעם קומט מיר אָן אַ מזל־טובֿ – זי האָט געהאַט אַ ייִנגל און מע רופֿט אונדז אויפֿן ברית! רוף איך מיך אָן צו מײַן ווײַב: „מזל־טובֿ דיר מיט דײַן נחת, אַן אָנגעלייגטער ברית, זאָג איך, און אַ נאָמען נאָך דײַן שיינעם שוואָגערוק"... ענטפֿערט זי מיר ניט, נאָר זי ווערט בלייך ווי די וואַנט, טוט זיך אָן און גייט אַוועק פֿון שטוב. קלער איך מיר: מסתּמא ווערט זי באַלד קומען. איך וואַרט אַ שעה, איך וואַרט צוויי, איך וואַרט דרײַ, איך וואַרט פֿיר, ס'איז שוין פֿאַרנאַכט, ס'איז שוין שטאָק נאַכט – ניטאָ זי! אַ שיינע מעשׂה, נאָר אַ קורצע! וואָס טויג אײַך – זי איז אַוועקגעפֿאָרן צו זיי, און פֿון דעמאָלט אָן, שוין באַלד צוויי יאָר, זי קומט ניט צוריק און הייבט גאָר ניט אָן צו קלערן מכּוח קומען אַהיים! האָט איר געהערט אַ מאָל אַזאַ מעשׂה? פֿריִער האָב איך געוואַרט, טאָמער ווערט זי מיר שרײַבן אַ בריוול. און אַז איך האָב געזען, זי שרײַבט ניט, האָב איך איר אַוועקגעשריבן אַ בריוול, און שרײַב איר: „היתּכן? וואָס פֿאַר אַ פּנים האָט דאָס פֿאַר דער וועלט?!" ענטפֿערט זי מיר, אַז איר וועלט איז דאָרטן, בײַ אירע קינדער – איר הערט ווערטער? אַז דאָס אייניקל, וואָס איז געבוירן געוואָרן, – ער הייסט דווקא הערשעלע, נאָך מײַן ברודער הערשל – איז בײַ איר טײַערער פֿון אַכצן וועלטן. ס'איז אַזאַ הערשעלע, זאָגט זי, וואָס מע קריגט דאָס ניט, מע זאָל אויספֿאָרן די גאַנצע וועלט פֿון איין עק ביזן אַנדערן. און ווינטשעוועט מיר, איך זאָל זיך עלטערן אין עושר און אין כּבֿוד אַליין אָן איר – איר הערט ווערטער?...

denke ich mir, ihr werdet schon bald genug vor Hunger krepieren, und dann werdet ihr ankommen und betteln. Aber dann werde ich euch zeigen, wer hier der Herr im Hause ist. Und zu meiner Frau sage ich: ›Da siehst du, was aus einer faulen Wurzel herauskommt, von solch einem Scharlatan von Vater, einem Kartendrescher‹, sage ich, ›kann man da was Anständiges erwarten?‹ Und weiter gebe ich ihr noch ein paar freundliche Sachen zu verstehen. Aber glaubt nicht, dass sie mir darauf ein einziges Wort antwortet. ›Sonst bist du doch gleich umgekippt, wenn ich deinen sauberen Schwager nur erwähnt habe, warum fällst du jetzt nicht in Ohnmacht?‹ Sie aber bleibt stumm wie die Wand, kein Wort antwortet sie. ›Meinst du, ich merke nicht, dass du zu ihnen hältst? Vielleicht machst du mit ihnen gemeinsame Sache‹, sage ich, ›und zu guter Letzt kommt noch alles von dir?‹ Sie aber schweigt und antwortet rein gar nichts. Was kann sie mir auch antworten, wo sie doch merkt, dass ich recht habe? Und sie weiß, wie mich das aufregt. Wieso zahlt man mir so heim für meine Gutmütigkeit? Aber das ist nicht der Punkt.

Ihr meint vielleicht, das sei nun endlich alles? Passt auf, Ihr werdet noch was Schöneres zu hören bekommen!

Kurz gesagt, ein Jahr geht vorbei; sie schicken wohl Briefe, aber Geld erwähnen sie mit keinem Wort. Auf einmal kommt noch ein ›Maseltow‹; sie hat einen Sohn bekommen, und man lädt uns ein zum Briss, zur Beschneidung. ›Maseltow‹, sage ich zu meiner Frau, ›welch ein Vergnügen, der Briss kommt wie gerufen‹, sage ich, ›und den Namen haben sie ihm von deinem herrlichen Schwager gegeben!‹ Sie antwortet mir aber so viel wie die Wand. Zieht sich an und geht aus dem Haus. Nun, denke ich mir, sie wird schon bald zurückkommen. Ich warte eine Stunde, ich warte zwei Stunden, drei und vier Stunden, es ist schon Abend, es wird spät in der Nacht, sie ist nicht da. Eine schöne Bescherung! Was soll ich lange herumreden, sie ist weggefahren, hin zu ihnen, und seitdem, bald zwei Jahre lang, kommt sie nicht zurück; sie denkt nicht mal daran, heimzukommen! Habt Ihr so was schon mal gehört? Zuerst habe ich gewartet, dass sie mir einen Brief schreibt. Und als ich merke, sie schreibt nicht, schicke ich *ihr* einen Brief. ›Gehört sich so etwas? Wie sieht das vor der Welt aus?‹ Sie antwortet, ihre Welt sei jetzt dort, bei den Kindern – hört Ihr? Und ihr Enkelkind, das Neugeborene – es heißt wirklich Herschel – nach meinem Bruder Herschel –, ist ihr mehr wert als alles in der Welt. Solch ein ›Herschelkind‹, sagt sie, findet man nicht noch einmal, man kann weit und breit in der Welt herumfahren, von einem Ende bis ans andere. Und mir wünscht sie, ich solle ohne sie in Wohlstand und Ehren alt werden – hört Ihr gut zu?

שרײַב איך דאָך איר נאָך אַ מאָל און נאָך אַ מאָל, און זאָג איר מיטן האַרבן וואָרט, אַז איך וועל ניט שיקן קיין גראָשן! ענטפֿערט זי מיר, אַז זי דאַרף ניט מײַן געלט – איר הערט ווערטער? שרײַב איך איר ווידער אַוועק אַ בריוו, אַז איך בין זיי אַלע מעבֿיר־נחלה און וועל אָפּזאָגן דאָס גאַנצע געלט אויף עול־מות! פֿוילט זי זיך ניט און ענטפֿערט מיר אָפּ, אַז זי האָט צו מיר קיין טענות ניט – איר הערט ווערטער? אַז זי לעבט דאָרטן בײַ די קינדער מיט כּבֿוד, הלוואַי ווײַטער ניט ערגער, וואָרעם פּייסע איז שוין אַרײַן אין אוניווערסיטעט און רייזל איז שוין באַלד אַן אַקושערקע. זיי פֿאַרדינען שוין אַזוי גרויס, ווי זיבעציק קאַרבן אַ חודש – איר הערט ווערטער? און מכּוח מעבֿיר־נחלה זײַן, זאָגט זי, מעג איך מײַן גאַנץ פֿאַרמעגן אַוועקשענקען אַפֿילו הײַנטיקן טאָג וועמען איך וויל, אַפֿילו אויף אַ קלויסטער – איר הערט ווערטער? און לאָזט אויס, אַז איך בין אַ ריינער משוגענער. די וועלט, זאָגט זי, שטעקט מיך אַרום מיט פֿעדערן פֿאַר דער מעשׂה, וואָס איך האָב אָפּגעטאָן. „וואָס איז דאָ, זאָגט זי, דער אומגליק? וואָס דײַן ברודערס זון האָט גענומען מײַן שוועס־טערס טאָכטער? וואָס שטייט דיר דאָ אַזוי ניט אָן, דו נאַרישער לעקיש?“ – איר הערט ווערטער? „דו זאָלסט, זאָגט זי, זײַן דאָ און אַ קוק טאָן אויפֿן קינד, אויף הערשעלען, ווי ער ווײַזט מיטן פֿינגער אויפֿן זיידנס פּאַטרעט און מאַכט „דיעדיאַ“, וואָלטסטו זיך, זאָגט זי, אַליין געגעבן דרײַ פּעטש“ – איר הערט ווערטער? אַזוי שרײַבט זי מיר פֿון דאָרטן. בין איך אײַך ניט אויסן...

נו, באַדאַרף מען ניט זײַן שטאַרקער פֿון אײַזן? ווי מיינט איר, ברענט דאָס מיך, אַ שטייגער, אַז איך קום צו גיין אַהיים און דריי מיך אַרום איינער אַליין צווישן די פֿיר ווענט? איך הייב מיך אָן באַרעכענען: וואָס איז מײַן לעבן, איך בעט אײַך, אויף דער וועלט? פֿאַר וואָס קומט מיר אַזאַ סוף? פֿאַר וואָס קומט מיר אַזאַן עלטער? פֿאַר וואָס און פֿאַר ווען? פֿאַר מײַן גוטסקייט? פֿאַר מײַן פּאָדלע ווייכן כאַראַקטער?... האָט קיין פֿאַראיבל ניט: אַז איך הייב אָן רעדן דערפֿון, איז פֿאַר דאָסאַדע שטעלן זיך מיר טרערן, און איך קאָן ניט, איך קאָן ניט רעדן!

אוי, מע טאָר ניט זײַן קיין גוטער. הערט איר? מע טאָר ניט זײַן קיין גוטער!

ענדע געשיכטע נומער פֿערצן.

געשריבן אין יאָר 1903.

Ich schicke ihr einen Brief zurück und sage ihr klipp und klar, dass ich ihr jedenfalls keinen einzigen Groschen schicken werde. Sie antwortet mir aber, mein Geld habe sie nicht nötig – hört Ihr? Ich schreibe noch mal hin, dass ich sie alle miteinander enterben werde, und das Geld werde ich für einen guten Zweck geben. Sie, nicht faul, schreibt mir zurück, sie sei mir gar nicht böse und sie habe keine Ansprüche an mich. Sie lebe in Ehren bei den Kindern, gebe Gott, dass es so bliebe! Peissi sei schon an der Universität, und Rejsel bald eine fertige Hebamme. Sie verdienten ganz gut, siebzig Rubel im Monat. Habt Ihr so was schon mal gehört? Und was die Enterbung anbelangt, schreibt sie, könne ich mein ganzes Vermögen noch heute verschenken, wem ich will. Ihretwegen an eine Kirche – hört Ihr? Und sie fügt noch dazu, dass ich total verrückt sei. Die Leute machten sich drüber lustig, was ich getan hätte. ›Wo ist denn da ein Unglück?‹, schreibt sie. ›Wenn deines Bruders Sohn die Tochter meiner Schwester zur Frau genommen hat? Was kann man dagegen haben, du blöder Kopf!‹ – Habt Ihr so was schon mal gehört? ›Wenn du hier wärst und das Kind anschauen würdest, den Herschel, wie er mit der Hand auf Großvaters Bild zeigt und macht dazu „*djedja*“, du würdest dir selbst dreimal vor den Kopf hauen!‹ – ›Hört Euch das an! So schreibt sie mir von dort. Doch das ist nicht der Punkt.

Nicht wahr, man müsste härter sein als Eisen! Was meint Ihr, wie mich das wurmt, wenn ich heimkomme und treibe mich da allein herum in der Wohnung und rede mit den vier Wänden! Ich fang schon an, über mein Leben nachzudenken. Was tue ich, bitte sehr, auf der Welt? Wieso habe ich solch ein Ende verdient, solch ein Alter? Warum? Und noch einmal: warum? Kommt nicht alles von meiner Gutmütigkeit? Von meinem zu weichen Charakter? Verzeiht mir, wenn ich anfange davon zu reden, kommen mir vor Kummer glatt die Tränen, und ich finde keine Worte mehr.

Ach, man soll nie zu gütig sein – hört Ihr? *Man soll nie zu gütig sein!*«

(1903)

געשיכטע נומער פֿופֿצן

אַ נישׂרף

– אונדזערע ייִדן, – הער איך דרשענען אַ ייִדן הינטער מײַנע פּלייצעס און פֿאַסאַזשירן הערן אים צו – אונדזערע ייִדן, הערט איר, ס׳איז דאָך ניט שייך צו זאָגן, גאָט זאָל ניט שטראָפֿן פֿאַר די רייד, ס׳איז אַן עמא־פּזיזא – וואָס איז די טײַטש? – מיט אַ ייִדן איז נאָר גוט קוגל עסן, דאַוונען פֿון איין סידור, און ליגן אויף איין בית־הקבֿרות, און אַ רוח אין זיי אין טאַטן, און גאָרניט!...

איר פֿרעגט, וואָס בין איך אַזוי אָנגעדרודלט און וואָס ליאַפּע איך אַזוי אויף ייִדן? איר זאָלט האָבן אויף זיך מײַן פּעקל און ייִדן זאָלן אײַך אַזוי טאָן, ווי מע טוט מיר, וואָלט איר אָנגעכאַפּט מענטשן אין די גאַסן, אָדער איר וואָלט געשלאָגן מיט אַ שטעקן! נאָר גאָרניט, איך בין אַזאַ ייִד, וואָס קאַטאָרע איך האָב פֿײַנט קריגן זיך מיט אַ וועלט. איך גיי תּמיד מיט דעם גאַנג: לאָז מײַנס איבערגיין, אָדער ווי שטייט דאָרט: עולם כּמנהגו – וואָס איז די טײַטש? – לאָז זיך מיט זיי גאָט רעכענען, און אַ רוח אין זיי אין טאַטן, און גאָרניט!...

הערט אַ מעשׂה: איך בין אַליין, ניט פֿאַר אײַך געדאַכט, אַ באָסלעווער, פֿון אַ קליין שטעטל פֿון באָסלעוו, אַ קליינס, נאָר אַ ווילס, פֿון די שטעטלעך, וואָס מע זאָגט אויף זיי, אַז מע זאָל זיי געדיכט זייען און שיטער אויפֿגיין; פֿון די שטעטלעך, וואָס אַז מע וויל עמעצן רעכט באַשטראָפֿן, זאָל מען אים ניט פֿאַרשיקן קיין סיביר – פֿע! – צו אונדז קיין באָסלעוו זאָל מען אים פֿאַרשיקן, און מאַכן אים פֿאַר אַ קרעמער, און געבן אים קרעדיט, ער זאָל קאָנען רעכט אָנזעצן, און נאָך דעם זאָל ער כאַפּן אויף זיך אַ שׂרפֿה, פֿאַרברענט ווערן מיט האַק און פּאַק, ניט אַרויסצוראַטעווען אַ פֿאָדעם, און באָסלעווער ייִדן זאָלן זאָגן, אַז דאָס האָט ער אַליין געמאַכט „בורא מאורי האש“, בכדי... איר פֿאַרשטייט דאָך שוין מסתּמא, וואָס באָסלעווער ייִדן קאָנען אויסטראַכטן און קאָנען זאָגן און טאַקע אָוועקשרײַבן אַהין צו, וווּ מע באַדאַרף, און אַ רוח אין זיי אין טאַטן און גאָרניט!...

דערפֿון קאָנט איר שוין פֿאַרשטיין, מיט וועמען איר האָט צו טאָן; איר האָט צו טאָן מיט אַן אומגליקלעכן מענטשן, וואָס איז דרײַ מאָל אומגליקלעך, מיט אַ מענטשן, וואָס האָט אויף זיך אַ דרײַיענדיק פּעקל: ערשטנס, בין איך אַ ייִד, צווייטנס, בין איך אַ באָסלעווער ייִד, און דריטנס, בין איך אַ באָסלעווער ייִד אַ נישׂרף, און נאָך וואָס פֿאַר אַ נישׂרף – פֿון די אמתע „פּרים הנישׂרפֿים“, וואָס אין סידור! איך בין, הייסט עס, הײַנטיקס יאָר

Geschichte Nummer fünfzehn

Abgebrannt![84]

»Unsere Leute«, höre ich einen Mann hinter meinen Schultern deklamieren, während die anderen Fahrgäste ihm zuhören, »unsere Juden, hört Ihr, dass Gott mich nicht strafe, aber man kann es nicht anders sagen, unsere Juden sind wirklich ein *amo psiso*![85] Was das bedeutet? Mit einem Juden kann man gut Kugel essen, aus demselben Gebetbuch beten und zusammen auf einem Friedhof liegen, aber im Übrigen: Zum Henker mit ihnen, und fertig!

Ihr fragt, warum ich so aufgebracht bin und warum ich dermaßen auf unsere Leute schimpfe? Ihr solltet mal tragen, was ich auf dem Buckel habe! Die Leute sollten Euch mal antun, was sie mit mir machen, Ihr würdet auf offener Straße über sie herfallen oder sie mit dem Stock verprügeln! Versteht mich nicht falsch: Ich bin keiner, der mit der halben Welt im Streit liegen will. Ich lebe nach dem Motto ›Lasst mich zufrieden!‹ oder wie es geschrieben steht: *ojlem keminhogoj*.[86] Was das bedeutet? Überlasst es Gott, Er soll es ihnen heimzahlen, und im Übrigen: Zum Henker mit ihnen, und fertig!

Hört nur, was mir passiert ist. Also, ich komme aus Boslew,[87] einem kleinen gottserbärmlichen Schtetl, es heißt wirklich so: Boslew. Ein kleines, prächtiges Schtetl, wahrhaftig! Eines, dem man wünscht: dicht gesät und spärlich geerntet! Ach, ein Schtetl – wenn ein Mensch ordentlich bestraft werden soll, braucht man ihn nicht extra nach Sibirien zu schicken, ach was, zu uns nach Boslew soll man ihn schicken und dann einen Krämer aus ihm machen und ihm gerade so viel Kredit geben, dass er richtig Bankrott machen kann, und danach muss ihn noch ein Brand treffen, mit Sack und Pack abbrennen soll er, dass er nicht mal ein Fädchen raus rettet, und dann sollen die Leute von Boslew ankommen und behaupten, er habe selbst *bojre me'ojre ho'ejsch*[88] gemacht, alles selbst angesteckt. Nun, begreift Ihr langsam, was die Boslewer Leute sich ausdenken und herumerzählen und nach überallhin schreiben können, gerade wie es ihnen gefällt? Ach, was soll's: Zum Henker mit ihnen, und fertig!

Jetzt könnt Ihr Euch schon vorstellen, mit wem Ihr es zu tun habt. Einen unglücklichen, dreimal unglücklichen Menschen habt Ihr vor Euch, der gleich einen dreifachen Packen zu tragen hat. Erstens bin ich ein *Jude*, zweitens einer aus *Boslew* und drittens ein Boslewer, der noch dazu einen *Brand* hatte, und was für einen Brand! Ein wahrhaftiges Höllenfeuer, eins von den *porim hanissrofim*,[89] einen Großbrand, wie er im Buche steht. Kurz gesagt, es

אָפּגעברענט געוואָרן. ווי אַזוי, מיינט איר? ווי אַ שטרויענער דאַך! איך בין אַרויס ממש בחרבי־ובֿקשתּי – וואָס איז די טײַטש? – ווי די מאַמע האָט מיך געהאַט. און ווי סע פֿירט זיך, באַדאַרף איך מסתּמא יענע נאַכט אַקוראַט ניט זײַן אין דער היים! ווּ בין איך געווען? איך בין געווען ניט ווײַט פֿון אונדז, אין טאַראַשטשע בין איך געווען, בײַ מײַנער אַ שוועסטער אויף אַ קנס־מאָל בין איך געווען. געווען זייער אַ פֿײַנער קנס־מאָל, מיט אַ סעודה, מיט זייער פֿײַנע געסט, ניט באָסלעווער פֿאַרכעס. איר קאָנט פֿאַרשטיין, אַז מע האָט אויסגעטרונקען אָנדערטהאַלבן עמער בראָנפֿן, אַחוץ ביר און אַחוץ ווײַן. קורץ, מע האָט פֿאַרבראַכט די צײַט כּדבעי – וואָס איז די טײַטש? – ווי גאָט האָט געבאָטן. פּלוצעם קומט מיר אָן אַ דעפּעש: „זשענאַ באָליען, דיעטי באָליען, טיאָשטשאַ באָליען, אָטשעם אָפּאַסנע!" האָב איך דאָך מסתּמא געכאַפּט די פּיס אויף די פּלייצעס און הלך משה־מרדכי אַהיים! איך קום אַהיים – אַ חתונה! ניט קיין שטוב, ניט קיין קלייט, ניט קיין סחורה, ניט קיין קישעלע, ניט קיין העמד אויפֿן לײַב. בגפּו יבֿוא בגפּו יצא – וואָס איז די טײַטש? – געוועזן אַן אָרעמאַן און אַרויס אַן אבֿיון... דאָס ווײַב נעבעך וויינט, די קינדער – אויף איר קוקנדיק, נישטאָ ווו דעם קאָפּ אַנידערצולייגן. אַ שטיקל גליק כאָטש, וואָס ס׳איז געווען געסטראַכירט, און גוט געסטראַכירט, און דאָ, פֿאַרשטייט איר מיך, ליגט דער הונט באַגראָבן... נאָר דאָס אַליין וואָלט נאָך געווען אַ האַלבע צרה. איז אָבער געווען דער גאַנצער אומגליק, וואָס דאָס מאָל איז געווען ניט דאָס ערשטע מאָל; מחמת איך האָב שוין, דאַרפֿט איר וויסן, אַ מאָל, ניט הײַנט געדאַכט, געברענט, אויך בײַ נאַכט איז דאָס געווען, און אויך בשעת איך בין ניט געווען אין דער היים. נאָר דעמאָלט איז דאָס, דאַנקען גאָט, אָפּגעלאָפֿן גלאַט: געקומען דער אינספּעקטאָר, איבערגעשריבן די געברענטע שמאַטעס, אָפּגעשאַצט דעם היזק, זיך אויסגעגלײַכט, פֿײַן, שיין, אַ רענדל אַראָפּ, אַ רענדל אַרויף, און אַ רוח אין זיי אין טאַטן, און גאָרניט!...

איז דאָס געווען איין מאָל אַ מעשׂה. איצטיקס מאָל אָבער האָט מען מיר צוגעשיקט אַן אינספּעקטאָר, זאָל גאָט שומר־ומציל זײַן אַלע ייִדן! אַ רשע־מרושע! און אויף מײַן גליק – אַ נקי־כּפּימניק, ער נעמט ניט!... האָט איר געהערט אַ מעשׂה? – ער נעמט ניט, און גיי מאַך! זוכט ער און נישטערט און גריבלט און גראָבט, וויל זיך דע[ר]ביוועזן, איך זאָל אים קלאָר מאַכן, ווי אַזוי האָט דאָס געברענט, און פֿון וואַנען? און וויפֿל איז פֿאַרברענט געוואָרן? און פֿאַר וואָס איז ניט געבליבן קיין שׂריד־ופּליט? קיין סליד אַפֿילו?... „אָ, זאָג איך, מײַן טענה!... איך טענה אויך דאָס אייגענע! גייט, זאָג איך, פֿרעגט בײַם רבונו־של־עולם"... „ס׳איז ניט גלאַט, זאָגט ער, מיינט ניט, אַז אַזוי גיך נעמט איר בײַ אונדז געלט"... געפֿעלט אײַך אַ ביסל אַ חכם? ער שרעקט די

hat also in diesem Jahr bei mir gebrannt. Und wie, meint Ihr? Wirklich, wie
ein Strohdach! Ich bin tatsächlich übrig geblieben *becharbi uwekaschti*![90] Was
das bedeutet? Nackt und bloß, wie mich die Mutter geboren hat! Und wie
es der Zufall will, war ich in jener Nacht gar nicht zu Hause. Wo ich war?
Nicht weit weg von Boslew war ich, in Taraschtsche, bei meiner Schwester
auf der Verlobungsfeier. Eine prächtige Feier war es, mit einem Festessen und
vornehmen Gästen, nicht mit solchem Gesindel wie denen aus Boslew! Ihr
könnt Euch das sicher vorstellen, anderthalb Eimer Branntwein haben wir
getrunken, vom Bier und vom Wein ganz zu schweigen. Kurzum, wir hatten
ein paar wunderbare Stunden, richtig *kedebo'e*![91] Was das bedeutet? Wie es
Gott selbst wohlgefällt! Plötzlich kriege ich eine Depesche: *Shena boljen dieti
boljen tjoschtscha boljen, otschem opassne*, Frau krank, Kinder krank, Schwie-
germutter krank, sehr gefährlich! Gleich hab ich mich aufgemacht, die Beine
unter die Arme genommen und nichts wie heim, Mojsche Mordechai! Ich
komme nach Hause, welch eine Katastrophe! Kein Haus mehr da, kein La-
den, keine Ware, kein Kissen, kein Hemd zum Anziehen! *Begape jowe begape
jejze*.[92] Was das bedeutet? Arm war ich schon vorher, jetzt aber geh ich am
Bettelstab! Natürlich heult die Frau, die Kinder schauen auf sie und wissen
nicht, wohin sie den Kopf legen sollen. Nur ein Glück war wenigstens dabei,
ich hatte alles versichert und noch *gut* versichert dazu. Aber, Ihr werdet noch
sehen, da liegt ja der Hund begraben! Es wäre an sich nur halb so schlimm
gewesen, aber zu meinem Pech war es nicht der erste Brand. Es hat nämlich
bei mir, Gott sei's geklagt, schon mal gebrannt, müsst Ihr wissen. Und das
war auch in der Nacht, und auch da bin ich nicht zu Hause gewesen. Damals
allerdings ist Gott sei Dank alles glatt abgelaufen. Der Inspektor kam, hat die
verbrannten Fetzen aufgeschrieben, den ganzen Schaden geschätzt, wir haben
es sauber und ordentlich ausgehandelt, einen Rubel rauf, einen Rubel runter.
Und was weiter? Ach, was soll's: Zum Henker mit ihnen, und fertig!

So lief damals die Sache. Diesmal aber schicken sie mir einen Inspektor,
Gott behüte und bewahre alle Juden vor solch einem Menschen! Ein wirklich
niederträchtiger Kerl, und zu allem Unglück noch ein *Neki-kapajmnik*![93] Er
nimmt nichts! Habt Ihr gut verstanden? Er will nichts nehmen, jetzt geh und
sieh zu, wo du bleibst! Da sucht er und schnüffelt und gräbt und wühlt und
will auf jeden Fall, dass ich ihm erkläre, wieso es gebrannt hat und warum.
Was ist alles verbrannt? Und warum ist rein gar nichts übrig geblieben? Nicht
die Spur? ›Ach‹, sage ich, ›das soll meine Sorge sein? Das frage ich mich auch.
Fragt doch beim Allerhöchsten nach!‹ ›So einfach läuft das nicht‹, sagt er,
›glaubt nur nicht, dass Ihr so schnell an unser Geld kommt!‹ Nun, was sagt
Ihr zu solch einem klugen Kopf? Er macht schon die Gänse scheu! Genau wie

גענדז. פּונקט ווי דער סליעדאָוואַטעל אונדזערער וויל מיך כאַפּן בײַ דער צונג, דערטאַפּט אַ מלופּם־קינד: „סקאַזשי־נאָ, מאָשקע, זאָגט ער צו מיר, סקאַזשי מניע, ליובעזנעי, אָטטשעוואָ טי קאַזשדי ראַז גאָריש?“ – דאָס הייסט, איך זאָל אים גיין זאָגן, וואָס איז דער שׂכל, וואָס איך ברען אַלע מאָל? „אָט פּאָזשאַראַ, זאָג איך אים, וואַשע בלאַהאָראָדיע“ – פֿון אַ שׂרפֿה ברען איך... „פֿאַר וואָס האָסטו, זאָגט ער, עפּעס גראָד געסטראַכירט פֿריִער מיט צוויי וואָכן, איי־דער דו האָסט געברענט?“ „וואָס דען, זאָג איך, האָסטו געוואָלט, פּריץ, איך זאָל סטראַכירן מיט צוויי וואָכן ש פּ ע ט ע ר ?“... „פֿאַר וואָס, זאָגט ער, ביסטו גראָד ניטאָ אין דער היים, בשעת דו ברענסט?“ „נו, און אַז איך זאָל זײַן אין דער היים, זאָג איך, בשעת־מעשׂה, וואָלט דיר שוין געווען גרינגער?“... „פֿאַר וואָס, זאָגט ער, האָט מען דיר געטעלעגראַפֿירט, אַז די קינדער זענען שלאַף, און דאָס ווײַב איז שלאַף, און די שוויגער איז פֿאַרבײַ?“ „בכדי, זאָג איך, איך זאָל קומען צו פֿאָרן וואָס גיכער“... „פֿאַר וואָס האָט מען דיר ניט געשריבן בעסער דעם אמת?“ „בכדי, זאָג איך, איך זאָל מיך ניט דערשרעקן“... „אויב אַזוי, מאַכט ער צו מיר, פֿאַרשטיי איך שוין, ווו איך האַלט מיט דיר. זאָלסט וויסן זײַן, זאָגט ער, אַז איך זעץ דיך אײַן“... „פֿאַר וואָס און פֿאַר ווען? – זאָג איך. – וואָס האָסטו צו מיר? דו נעמסט, זאָג איך, אַ מענטשן, וואָס איז גאָט די נשמה שולדיק, און מאַכסט אים אומגליקלעך! ס׳אַ קונץ, זאָג איך, קוילען? ווילסט קוילען – קוילע! דו פֿאַרגעסט, זאָג איך, אַז ס׳איז פֿאַראַן אַ זאַקאָן און ס׳איז דאָ אַ גאָט אויף דער וועלט“... איז ער געוואָרן אָנגעצונדן: „דו רעדסט נאָך מיט גאָט? דו אַזעלכער און אַזעלכער!“... נאָר וואָס הער איך אים, אַז איך בין ריין, ריין ווי גינגאָלד, ווי זאָגט ער: אַל תּהי בז לכל בשׂר – וואָס איז די טײַטש? – אַז מע עסט ניט קיין קנאָבל, הערט זיך ניט נאָך, און אַ רוח אין זיי אין טאַטן, און גאָרניט!...

וואָלט געווען גוט; איז דאָך אָבער באָסלעוו! קאָן עפּעס אַ באָסלעווער ייִד ליידן, אַז יענער זאָל נעמען אומזיסט געלט? האָט מען זיך צעלאָזט מיט פּאַפּירן, מיט מסירות הייסט דאָס. אַ סך האָבן אַוועקגעשריבן דורך דער פּאָסט, און אַ סך האָבן זיך אַליין מטריח געווען מיט זייער כּבֿוד אין דער „אָבשטשעסטווע“ אַרײַן, מיך געמסרט, אַז דאָס האָב איך אַליין געמאַכט „בורא מאורי האש“... איר הערט, שקצים קאָנען?... אַז דאָס בין איך אור־מיסטנע אַוועקגעפֿאָרן יענע נאַכט פֿון דער היים, בכדי... איר פֿאַרשטייט, הולטײַעס קאָנען?... און אַז ס׳איז בײַ מיר קיין מאָל ניט געווען, זאָגן זיי, אַזוי פֿיל סחורה, וויפֿל איך ווײַז אָן, און אַז די חשבונות מיט די ביכער, וואָס איך האָב צוגעשטעלט, זענען פֿאַלשע חשבונות, און זיי ווען דאָס אויפֿווײַזן, זאָגן זיי, מיט אותות־ומופֿתים, מיט המנס מסירות, מיט... מיט... מיט אַ רוח אין זיי אין טאַטן, און גאָרניט!...

unser Untersuchungsbeamter, der mir ein verkehrtes Wort rauslocken will, was aber schon ein Chederjunge im ersten Jahr merkt. ›*Skashi-no*, Moschke‹, sagt er zu mir, ›*skashi mnje, ljubesni, otschewo ti kashdi ras gorisch?*‹[94] Das heißt, ich soll ihm sagen, woher es kommt, dass es bei mir dauernd brennt. ›*Ot poshara*‹, sag ich zu ihm, ›*wasche blahorodje*‹. Durch ein Feuer brennt es bei mir! ›Wieso hast du dich‹, sagt er, ›ausgerechnet zwei Wochen vor dem Brand versichert?‹ ›Was soll das heißen, lieber Herr?‹, sage ich, ›Euer Ehren, hättest du mir vorgeschlagen, mich zwei Wochen *nachher* zu versichern?‹ ›Warum‹, fragt er, ›bist du ausgerechnet dann nicht zu Hause, wenn es bei dir brennt?‹ ›Und wenn ich zu Hause gewesen wäre, hättest du es dann besser gefunden?‹ ›Weshalb‹, sagt er, ›hat man dir telegrafiert, die Kinder seien krank, die Frau sei krank und die Schwiegermutter schon fast tot?‹ ›Natürlich, damit ich schneller heimkomme.‹ ›Warum hat man dir denn nicht gleich die Wahrheit durchgegeben?‹ ›Das ist doch klar‹, sage ich, ›damit ich nicht so erschrecken soll.‹ ›Ich merke langsam‹, sagt er, ›wo ich mit dir dran bin. So mach dich drauf gefasst‹, sagt er, ›dass ich dich einsperren werde!‹ ›Was, einsperren, mit welcher Begründung?‹, frage ich. ›Was hast du gegen mich? Du stürzt einen unschuldigen Menschen ins Unglück. Ist es vielleicht eine Kunst, jemanden umzubringen? Willst du mich umbringen, nur zu! Aber du vergisst‹, sage ich, ›dass es Gesetze gibt und einen Gott auf der Welt.‹ Da wird er richtig wütend. ›Gerade du wagst es, mit Gott zu kommen? Einer wie du?‹ Aber was soll ich auf ihn hören, wo ich doch unschuldig bin, rein wie der frischgefallene Schnee, wie man sagt: *Al tehi bos lochol bossor!*[95] Was das bedeutet? Wer keinen Knoblauch isst, stinkt auch nicht, und im Übrigen: Zum Henker mit ihnen, und fertig!

Es wäre noch alles gutgegangen, wenn da nicht mein Boslew wäre! Gibt es einen Einzigen in Boslew, der nicht vor Neid platzt, wo ein anderer einmal etwas Geld kriegen soll? Sie fangen also an, allerhand Briefchen zu schreiben, lauter Verleumdungen. Einige schicken es durch die Post, andere schämen sich wirklich nicht, zur Versicherungsgesellschaft zu rennen und mich anzuschwärzen, ich selbst hätte das eingefädelt, *bojre me'ojre ho'ejsch!* Hört nur, was solche Lumpen fertigbringen: Ich wäre also absichtlich an diesem Abend von zu Hause weggefahren, damit... stellt Euch vor, was solche Dreckskerle in die Welt setzen können! Und dass bei mir niemals so viel Ware gewesen wäre, wie ich angebe, und dass die Rechnungen und Bücher, die ich abgeliefert habe, gefälscht sind. Und das werden sie zeigen, sagen sie, mit klaren Beweisen und... lauter Hamanslügen! Und... und... ach, zum Henker mit ihnen, und fertig!

נאָר ווער הערט זיי, איך בעט אײַך, אַז איך בין פֿאָרט ריין, ריין ווי גינגאָלד?... מילא, דאָס וואָס זיי זאָגן, אַז איך אַליין האָב געמאַכט „בורא מאורי האש“, איז דאָך גלאַט בלאָטע. אַ מינדסט קינד פֿאַרשטייט דאָך, אַז מע וויל שוין אָפּטאָן אַזאַ זאַך, טוט מען דאָס ניט אַליין. סע געפֿינט זיך שוין אַזעלכער, אַ שליח פֿון די „מלאַכי־השרת“, וואָס ער טוט דאָס אָפּ פֿאַר אַ דרײַערל... וואָס? ניט אַזוי? ווי אַזוי איז בײַ אײַך?... און דאָס וואָס זיי זאָגן, אַז איך בין אומיסטנע אַוועקגעפֿאָרן פֿון דער היים, איז אַ שטותערײַ. ס'איז פֿאָרט געווען אַ קנס־מאָל בײַ מײַן שוועסטער. איך האָב איין־און־איינציקע שוועסטער אין טאַראַשטשע, מאַכט זי חתונה די מיטלסטע טאָכטער, זאָל איך נישט פֿאָרן אויפֿן קנס־מאָל? טאַקע אַ יושר? איך פֿרעג אײַך אַליין: ווי וואָלט געווען, אַ שטייגער, ווען איר האָט איין־און־איינציקע שוועסטער, און זי טוט אַ שידוך מיט דער מיטלסטער טאָכטער, וואָלט איר געזעסן אין דער היים און נישט געפֿאָרן צו דער שוועסטער אויפֿן קנס־מאָל? ניין, וואָס שווײַגט איר? צי, אַ שטייגער, איך זאָל זײַן אַ נבֿיא און טרעפֿן, אַז גראָד דעמאָלט, ווען מײַן שוועסטער אין טאַראַשטשע טוט אַ שידוך מיט דער מיטלסטער טאָכטער, וועט בײַ מיר אין באָסלעוו זײַן אַ שׂרפֿה! אַ גליק כאָטש, וואָס איך האָב געסטראַכירט. און געסטראַכירט האָב איך טאַקע איבער די הײַנטיקע שׂרפֿות. קומט דער זומער, איז נישט אויסצוהאַלטן פֿון די שׂרפֿות, וואָס אין די קליינע שטעטלעך. איין שׂרפֿה נאָך דער אַנדערער. אָדער אין מיר אַ שׂרפֿה, אָדער אין באָברויסק, אָדער אין רעטשיצע, אָדער אין ביאַליסטאָק – דער עולם ברענט!... האָב איך מיך מישבֿ געווען: כּל־ישׂראל חבֿרים – וואָס איז די טײַטש? – אַלע ייִדן ברענען; נו, איז ווו בין איך? וואָס באַדאַרף איך, שוטה בן־פּיקהאָלץ, שטיין אין ריזיקע מיט אַ קראָם, פֿאַרלאָזן זיך אויף נסים, אַז איך קאָן זי פֿאַרסטראַכירן? נו, און ווי באַלד סטראַכירן, פֿאַר וואָס זאָל איך שוין נישט סטראַכירן ווי סע געהער צו זײַן? ממה־נפֿשך, אַז עסן חזיר, זאָגט ער, זאָל כאָטש רינען איבערן באָרד. דער רוח וועט די „אָבשטשעסטווע“ ניט נעמען, און איבער מײַנע עטלעכע קערבלעך וועט זי אָרעמער ניט ווערן, און אַ רוח אין זיי אין טאַטן, און גאָרניט!...

בין איך מיר אַוועקגעגאַנגען גאַנץ פֿײַן צו מײַן אַגענט און זאָג אים: „הער נאָר אויס, זײַנוול, אַזוי און אַזוי איז די מעשׂה. דער עולם ברענט, למאַי זאָל איך שטיין אין ריזיקע? איך וויל, דו זאָלסט מיר פֿאַרסטראַכירן מײַן קראָם“. „טאַקע באמת?“ – מאַכט ער און קוקט אויף מיר מיט אַ מאָדנע שמייכעלע. „וואָס שמייכלסטו, זאָג איך, ווי אַ פּגר אומגעוואַשן?“ „איך האָב, זאָגט ער, הנאה און סע טוט מיר באַנג“. „וואָס הייסט, זאָג איך, דו האָסט הנאה און סע טוט דיר באַנג?“ „באַנג טוט מיר, וואָס איך האָב אײַך, זאָגט ער, איין מאָל געסטראַכירט. און הנאה האָב איך, וואָס דאָס אַנדערע מאָל וועל איך אײַך שוין ניט סטראַכירן“. „וואָס איז די מעשׂה?“ – זאָג איך. „אַזוי, זאָגט ער, ווײַל איר

Glücklicherweise brauche ich nicht im Geringsten auf sie zu hören, wo ich doch unschuldig bin, rein wie der frischgefallene Schnee! Also, wenn sie behaupten, ich selbst hätte *bojre me'ojre ho'ejsch* gemacht, das ist doch reiner Unsinn! Das kleinste Kind begreift schon, wenn man so was vorhat, tut man's doch nicht selbst. Man findet doch immer ein Prachtexemplar von einem Boten Gottes, der so was für drei Rubel erledigt. Nicht wahr? Stimmt es etwa nicht? Oder wie ist das bei Euch? Und wenn sie behaupten, ich sei extra von zu Hause weggefahren, so ist das doch Schwachsinn! Es war wirklich eine Verlobungsfeier bei meiner Schwester. Ich habe nur eine einzige Schwester, sie wohnt in Taraschtsche. Und sie verheiratet die mittlere Tochter, soll ich da vielleicht nicht zur Feier gehen? Ist das nicht mehr als recht und billig? Ich frage Euch: Wenn Ihr zum Beispiel eine einzige Schwester hättet, und sie würde für die mittlere Tochter die Heirat ausmachen, wärt Ihr da zu Hause geblieben und nicht zur Schwester auf die Verlobungsfeier gefahren? Nein, sagt nur ehrlich, was Ihr denkt! Und kann ich denn ein Prophet sein und ahnen, dass ausgerechnet dann, wenn meine Schwester in Taraschtsche für die mittlere Tochter die Heirat ausmacht, bei mir in Boslew das Feuer ausbricht? Ein Glück nur, dass ich mich versichert hatte! Und gerade wegen der heutigen Brände hatte ich mich versichert. Wenn der Sommer kommt, kann man sich vor lauter Bränden nicht mehr retten in den kleinen Schtetl. Es passiert ein Brand nach dem anderen. Entweder in Mir oder in Babrujsk oder in Retschize oder in Białystok. Jedermann hat heute seinen Brand. Also habe ich überlegt: *Kol jissroel chawejrim.*[96] Was das bedeutet? Alle Leute brennen ab, was soll ich da machen? Warum soll ich Narr und armer Specht mit dem Laden ein Risiko eingehen? Warum soll ich auf ein Wunder hoffen, wenn ich mich doch versichern kann? Und wenn ich mich schon versichere, warum nicht ordentlich? Das ist doch klar, wenn man schon Schwein isst, soll das Fett auch am Bart runterlaufen! Die Versicherung wird schon nicht kaputtgehen, wegen meiner paar Rubelchen wird sie auch nicht ärmer, und im Übrigen: Zum Henker mit ihnen, und fertig!

Ich gehe also ganz ruhig zu meinem Agenten und sage zu ihm: ›Hör gut zu, Seinwel, so und so sieht es aus. Überall auf der Welt brennt es, warum soll ich so viel riskieren? Bitte, versichere mir meinen Laden.‹ ›Ist das dein Ernst?‹, meint er und geht mit einem seltsamen Lächeln auf mich zu. ›Was lachst du wie ein ungewaschener Leichnam?‹ ›Ich bin froh und traurig zugleich!‹ ›Was soll das heißen‹, frage ich, ›du bist froh und traurig zugleich?‹ ›Traurig bin ich, weil ich Euch einmal versichert habe. Und froh bin ich, weil ich Euch ein zweites Mal bestimmt nicht versichern werde.‹ ›Was soll das heißen?‹, frage ich. ›Nun, Ihr habt mich schon einmal drangekriegt.‹ ›Wann hätte ich dich

האָט מיך איין מאָל אָפּגענאַרט״. „ווען האָב איך דיך אָפּגענאַרט?״ „דעמאָלט, ווען איר האָט געברענט״. „זאָג כאָטש „ניט היַינט געדאַכט״, דו גראָבער יונגאַטש!״ „ניט היַינט געדאַכט, ניט דאָ געדאַכט, ניט פֿאַר קיין ייִדן געדאַכט!״ – זאָגט ער און לאַכט מיר גלײַך אין פּנים אַריַין. אַ שייגעץ קאָן!... מאָלט איַיך, איך האָב אָפּגעזוכט אַן אַנדער אָרט אויף צו סטראַכירן. אַ גרויסע דאגה! המבלי אין פּגרים במצרים – וואָס איז די טיַיטש? – קאַרג אָבשטשעסטוועס פֿאַראַן ביַי אונדז? טאַטעניו! אַגענטן, ווי די הינט! האָב איך דערטאַפּט אַ יונגן־מאַן, וואָס איז נאָר וואָס אַראָפּ פֿון קעסט און איז געוואָרן אַן אַגענט פֿון אַן „אָבשטשעסטווע״ און זוכט אַרבעט. נו, ווי פֿאַרשטייט איר, מסתּמא האָט ער מיך פֿאַרסטראַכירט, און טאַקע אויף עשׂרת אַלפֿים רו״כ – פֿאַר וואָס ניט? איך בעט איַיך, סע שטייט מיר ניט אָן צו האָבן נאָך מער ווי פֿאַר צען טויזנט שמאַרדאָוועצעס סחורה אין קלייט? „טאָוואַר וואָבאָראָטי״ – וואָס איז די טיַיטש? – היַינט איז ניטאָ, מאָרגן איז פֿאַראַן... איַי, זיי זאָגן איצט, די באָסלעווער ייִדן, הייסט עס, אַז איך האָב קיין מאָל ניט געהאַט אַזוי פֿיל סחורה? ווער הערט זיי? לאָזן זיי גיין דערוויַיזן, לאָזן זיי זאָגן, לאָזן זיי רעדן, לאָזן זיי בילן, לאָז אַ רוח אין זיי אין טאַטן, און גאָרניט!...

דאָס גליק איז געווען, וואָס בשעת־מעשׂה, בשעת איך האָב געסטראַכירט, האָט ביַי אונדז אין באָסלעוו קיינער ניט געוווּסט פֿון דער מעשׂה, איז טאַקע דערפֿאַר אָפּגעלאָפֿן די מעשׂה גלאַט... און ערשט נאָך דעם, אַז עס האָט זיך געמאַכט דאָס אומגליק, איך בין אָפּגעברענט געוואָרן דאָס אַנדערע מאָל, הייסט עס, האָבן אַחינו־בני־ישׂראל באַלד אַ וואָרף געטאָן זיך צו די אַגענטן: ווו איז געווען געסטראַכירט? און ווען איז געווען געסטראַכירט? און אויף וויפֿל איז געווען געסטראַכירט?... און אַז מע איז געוואָר געוואָרן, אַז אויף צען טויזנט, איז געוואָרן אַ רעש – הימל עפֿן זיך! סטיַיטש, צען טויזנט?! משה־מרדכי וועט נעמען צען טויזנט קאַרבן!... האָב איַיך אַכציק שוואַרצע יאָר! וואָס אַרט איַיך, אַז משה־מרדכי וועט נעמען צען טויזנט? וואָס האָט איר מורא, טאָמער פֿאַרדינט חלילה משה־מרדכי אַ קערבל? און ווי וואָלט געווען פֿאַרקערט, ווען משה־מרדכי זאָל דאַרפֿן דערלייגן צו דער שׂרפֿה, וואָלט איר אים אומגעקערט?... אַ קלייניקייט באָסלעוו! איר שפּילט זיך מיט באָסלעוו? אַ שטאָט פֿון גאָלע ערלעכע ליַיט! צדיקים! קאָנען קיין עוולות נישט פֿאַרטראָגן!... דאַכט זיך, איך ווייס? מע זעט פֿאַר זיך אַזאַ אומגליק, יענער שפּרינגט אַרויס קוים מיט די נפֿשות, האָט אַזאַ היזק!... און אַז ער האָט ניט אַזאַ היזק, איז וואָס? מאָלט איַיך, די מכּות מעג זיך זיי זעצן, וויפֿל איך וועל דאָ פֿאַרדינען מער... מיין איך ווינציקער ווי צען טויזנט! נו, בכן? און אַפֿילו איך זאָל דאָ פֿאַרדינען די גאַנצע צען טויזנט, איז וואָס? וואָס?... ווּעמען באַדאַרף דאָס ווײַ טאָן דער קאָפּ?... יענער ברענט – לאָז ער ברענען!

drangekriegt?‹ ›Damals, als Ihr Euer Feuer hattet!‹ ›Du könntest wenigstens sagen, dass es dir leidtut, du unverschämter Kerl!‹ ›Aber sicher, es tut mir schrecklich leid für Euch und für jeden und wofür Ihr es wünscht‹, sagt er und lacht mir glatt ins Gesicht rein. Was so ein Flegel sich erlaubt! Nun, Ihr könnt Euch vorstellen, ich habe mich gleich anderswo umgesehen, wo ich mich versichern lassen kann. Was macht mir das aus! *Hamibli ajen pegorim bemizrajim?*[97] Was das bedeutet? Gibt es etwa nur eine Versicherung bei uns? Guter Gott im Himmel! So viel Agenten wie Hunde gibt es, sie beißen sich schon. Ich bin also auf einen jungen Mann gestoßen, seit kurzem nicht mehr auf ›Kost‹, er ist Agent einer Versicherung geworden und sucht Kundschaft. Nun, Ihr könnt Euch schon denken, er hat mich prima versichert und noch auf zehntausend Rubel! Warum auch nicht? Ist es mir etwa nicht erlaubt, für mehr als zehntausend Rubel Ware zu haben? *Towar woboroti!*[98] ... Was das heißt? Vielleicht heute noch nicht, dann eben morgen! ... Nur, jetzt sagen sie, die Leute von Boslew natürlich, ich hätte niemals so viel Ware besessen! Aber wer hört schon auf sie! Lasst sie es beweisen, lasst sie erzählen, lasst sie reden, lasst sie kläffen: zum Henker mit ihnen, und fertig!

Zum Glück hat damals, als ich den Handel abschloss, also als ich mich versicherte, niemand bei uns in Boslew davon Wind gekriegt, und so ist alles glattgelaufen. Erst nachher, als das Unglück schon passiert war und ich den zweiten Brand hatte, haben sich unsere jüdischen Brüder an die Agenten rangemacht: Wo hat er sich denn versichert? Und wann war das genau? Und auf welche Summe? Als sie aber rauskriegten: auf zehntausend Rubel, da ging ein Sturm los! Der Himmel öffnete sich! Wieso auf zehntausend? Mojsche Mordechai soll zehntausend Rubel kriegen? Dass Ihr doch hundertmal zur Hölle fahrt! Was stört es Euch, wenn Mojsche Mordechai zehntausend kriegt? Und was habt Ihr Angst, dass Mojsche Mordechai vielleicht zufällig einen Rubel dabei verdient? Und wie wäre es andersrum gewesen, wenn Mojsche Mordechai bei dem Brand verloren hätte, wärt Ihr dann Eurerseits ...? Ach, dieses Boslew! Nehmt Ihr es mal auf mit Boslew! Einer Stadt mit lauter grundehrlichen Leuten! Lauter Gerechten! O nein, Unrecht können sie um alles in der Welt nicht ertragen! Wie soll einer das verstehen! Man hat ein Unglück vor Augen, der andere kommt gerade noch mit dem Leben davon und hat solch einen Riesenverlust! Und wenn der Schaden nicht ganz so groß ist, was macht das denn aus? Der Schlag soll sie treffen, wenn ich etwas dabei verdiene, jedenfalls weniger als zehntausend Rubel! Nun, und wenn es wirklich so wäre? Wenn ich tatsächlich die ganzen zehntausend verdiene, was ist dabei? Was denn? Wer muss sich deshalb den Kopf zerbrechen? Wenn einer Fragen stellt, lasst ihn doch fragen! Er sollte mal selbst ein Feuer kriegen und

ברענט אויך, ווערט פֿאַרברענט!... אַרייַנגיין אין יענעמס פּאָלאָזשעניע, טאָמער איז גאָר אַ מיצווה? טאָמער איז גאָר יענער אַ מטופּל מיט קינדער? טאָמער האָט יענער אַ טאָכטער חתונה צו מאַכן, אַ קינד אַ גאָלד, אַ געראָטענע און מיט אַלע מעלות? טאָמער האָט יענער קוים דערלעבט און האָט ניט אויף קיין שדכנות צו באַצאָלן אַפֿילו? טאָמער האָט יענער אַ ייִנגל אַ זעלטענעם קאָפּ, וואָס רייַסט זיך, וויל נעבעך לערנען, און ס'איז ניטאָ מיט וואָס? טאָמער מוטשעט זיך יענער, ציט פֿון זיך די קליי, צוליב וואָס? צוליב ווייַב און קינדער! – דאָס וויל קיינער ניט באַרעכענען! איטלעכער רעכנט מיך נאָר אָפּ פֿון דער זייַט, אולי ירחם – וואָס איז די טייַטש? – טאָמער חלילה פֿאַרדין איך דאָ! און למאַי זאָל איך פֿאַרדינען? און אַ רוח אין זיי אין טאַטן, און גאָרניט!...

נאָר וואָס דען? איך וועל אייַך זאָגן דעם אמת. מילא, אַז די קרעמער פֿאַרגינען מיר ניט, איז כאָטש ניט אַזוי פֿאַרדראָסיק: אָרעמע־לייַט זענען מקנא, למאַי איך נעם געלט און זיי ניט; אָבער מיט די נגידים וואָס געהער זיך דאָס אָן? מער פֿון אַלעמען ברענט מיך אויף אונדזער גבֿירס זונדל. אונדזער גבֿיר האָט אַ זונדל, הייסט ער „משה חכם מה הוא אומר“ – אַ ווויל ייִדל, אַ וואַרעמס, אַ קלוגער יונגאַטש און אַ ווייך הערצל, האָט פֿייַנט פּראָצענט, אַ ווילדער בעל־צדקה און אַ בעל־יושר און גלאַט אַ פֿייַן מענטשל... אַלע מאָל, ווען ער דערזעט מיך, שטעלט ער מיך אָפּ: „וואָס הערט זיך עפּעס מיט אייַער פּעקל? איך האָב, זאָגט ער, געהערט, אַז איר האָט נעבעך געהאַט אַ גרויסן היזק!“... און בשעת־מעשׂה לייגט ער אַרייַן די הענט אין די קעשענעס, שטעלט אַרויס דאָס בייַכל, קוקט מיט בהמהשע אויגן און מאַכט אַזאַ פּנים, אַז סע גלוסט זיך אים געבן פּעטש, אוי גלוסט זיך!... נאָר מע מוז שווייַגן. וואָס זאָל מען טאָן? פּשוט, זאָגט ער, נבֿלה ואַל תּצטרך – וואָס איז די טייַטש? – אַ קניפּ אין באַק, די פֿאַרב זאָל שטיין... לאָז נאָר גאָט געבן, ס'זאָל שוין אָפּלויפֿן די סליעדסטווע, איך האָב אויף זיך אַ סליעדסטווע האָב איך, אַלע מאָל רופֿט מען מיך צום סליעדאָוואַטעל, אַלע מאָל אַן אַנדער שאלה... כאָטש סע אַרט מיך, ווי דער פֿאַראַיאָריקער שניי, וואָרעם וואָס, מישטיינס געזאָגט? וואָס הער איך זיי, אַז איך בין ריין, ריין ווי גינגאָלד?... דערווייַלע, ביז עפּעס וואָס, האָט מען בייַ מיר גענומען אַ חתימה, אַז איך טאָר ניט אָפּפֿאָרן פֿון דער היים, און איך פֿאָר דווקא אַרום, ווי איר זעט מיך, טאָג ווי נאַכט, די באָסלעווער

abbrennen! Sich in anderer Leute Angelegenheiten mischen, ist das vielleicht ein gutes Werk? Und wenn dieser andere vielleicht noch ein Familienvater mit vielen Kindern ist? Vielleicht muss er noch eine Tochter verheiraten, ein Juwel von einem Kind, gut erzogen und mit allen Tugenden? Vielleicht hat dieser andere kaum was zum Leben und kann nicht mal den Schadchen bezahlen? Vielleicht hat dieser andere einen Sohn mit einem klugen Köpfchen, der sich alle Mühe gibt und etwas lernen will, und er weiß nicht wovon? Vielleicht quält sich dieser andere, muss sich das Mark aus den Knochen ziehen! Und weswegen? Wegen der Frau und der Kinder! Das bedenkt keiner! Alle betrachten nur das eine bei mir: *Ulaj jerachem?*[99] Was das bedeutet? Dass ich, Gott bewahre, vielleicht etwas verdiene! Und wenn ich etwas dabei verdiene? Ach, zum Henker mit ihnen und fertig!

Also, wie geht es weiter? Ich will Euch die reine Wahrheit sagen. Dass die Kleinkrämer mir nichts gönnen, ist noch nicht so schlimm. Arme Leute sind neidisch, wenn einer Geld kriegt und sie nicht. Aber wie ist das bei den vornehmen Herrschaften zu verstehen? Viel mehr als alle anderen macht mir der Sprössling unseres Reichen die Hölle heiß! Unser Reicher hat ein Söhnchen, er heißt *Mojsche-chochem-ma-hu-ojmer*,[100] Mojsche-Neunmalklug. Oh, ein prächtiger Knabe, so zartfühlend, müsst Ihr wissen, so gescheit und mit einem ganz weichen Herzen! Zinsgeschäfte? Nein, so etwas lehnt er ab, außerdem ist er ein gewaltiger Wohltäter und ein Gerechter vor dem Herrn, alles was recht ist, ein edler Mensch! Jedes Mal wenn er mich sieht, macht er sich an mich ran: ›Wie steht es eigentlich mit Eurer Sache? Wie ich höre, hattet Ihr einen Riesenverlust?‹ Und dabei steckt er die Hände in die Taschen, streckt den Wanst nach vorne, guckt mit seinen Kalbsaugen umher und macht dabei ein Gesicht, dass man nicht übel Lust hätte, ihm eine reinzuhauen, wirklich und wahrhaftig! Aber man muss an sich halten, denn was kann unsereiner machen? ›Pschojt‹, sagt er, *›newejle we'al tiztarejch.‹*[101] Was das bedeutet? Kneif dich nur in die Backe, Hauptsache, die Farbe bleibt! Aber gebe Gott, dass die Untersuchung schon vorbei wäre! Denn ich habe da eine Untersuchung auf dem Hals, das kann ich Euch flüstern! Dauernd bestellt man mich zum Beamten, jedes Mal mit einer anderen Frage… Obwohl es mir so viel ausmacht wie der Schnee vom letzten Jahr! Denn was bringt das alles, ehrlich gesagt? Was werde ich auf sie hören, wo ich doch unschuldig bin, rein wie frisch gefallener Schnee. Leider musste ich für den Zeitraum, bis alles geklärt ist, unterschreiben, dass ich nicht von zu Hause wegfahre. Ich fahre aber doch herum, wie Ihr ja sehen könnt, bei Tag und bei Nacht! Gerade ihnen zum Trotz, den Leuten aus Boslew! *Kol dichfin jejssej*

ייִדן אויף צו להכעיס! כּל דכּפֿין ייתי ויצרך – וואָס איז די טײַטש? – ווער עס וויל, לאָז ער מיר נאָכפֿאָרן, און לאָזן זיי מיך לאָדן צום ונתנה־תּוקף, און אַ רוח אין זיי אין טאַטן, און גאָרניט!...

קערט איר אפֿשר מיינען, ווי באַלד איך האָב אויף זיך אַזאַ פּעקל, וויל מסתּמא די „אָבשטשעסטווע" מיט מיר ניט אָפּענדיקן פֿאַר דער שׂרפֿה? אַזוי פֿיל מכּות זאָל זיך זעצן דעם באָסלעוווער גבֿירס זונדל אויף זײַן נאַריש פּנים, וויפֿל טויזנטער איך קאָן בײַ זיי נעמען! אײַ, וועט איר דאָך פֿרעגן: פֿאַר וואָס נעם איך ניט? – ע! קענט איר דאָך מיך ניט! איך בין, דאַרפֿט איר וויסן, אַ ייִד אַ גזלן; ניט אַזוי גיך בײַסט מען מיך אײַן. איך גיי מיר מיט מײַן גאַנג: אַז ווי באַלד החילות לנפּול – וואָס איז די טײַטש? – אַז עס האָט זיך שוין [יאָ] אַזוי געמאַכט, איז נפּול תּפּול – וואָס איז די טײַטש? – לאָז זיך עס גיין ווי סע גייט זיך... אײַ, די סליעדסטווע? די סליעדסטווע איז אַ סליעדסטווע! וואָס האָב איך מורא, אַז איך בין פֿאָרט ריין, ריין ווי גינגאָלד?... ס'איז נאָר שלעכט דערווײַלע, וואָס סע וואַקעוועט זיך מײַן געלט אומזיסט, און וואָס איך בין דערווײַלע געענגט, איך ווער שיִער ניט דערוואָרגן פֿאַר ענגשאַפֿט! אָט דאָס איז ביטער! ס'איז אָבער טאַקע אַ פֿאַרדראָסיקע זאַך, כּלעבן: דאָס געלט, וואָס איך דאַרף נעמען, וועל איך דאָך נעמען, עס וועט זיך זיי דען עפּעס העלפֿן? הײַנט למאַי זאָל מען מיך ציִען אומזיסט־אומנישט? גיט מיר אָפּ מײַן געלט, טענה איך, מײַן געלט גיט מיר אָפּ! רוצחים, וואָס האָט איר צו מײַנע קינדער? – טענה איך. – איך וויל דען עפּעס בײַ אײַך אַ סך? גיט מיר אָפּ מײַנע צען טויזנט קערבלעך, מײַנע קינדערס געלט – ס'איז דען מײַן געלט? ס'איז מײַנע קינדערס געלט! גיט מיר אָפּ מײַנע קינדערס געלט, און לאָזט מיך צו רו, און לאָז דאָס האָבן אַן עק, און אַ רוח אין אײַער טאַטן, און גאָרניט!...

נאָר וואָס העלפֿט טענהן? וואָס העלפֿט שרײַען? דערווײַלע איז שלעכט, שלעכט, ביזן עק אַרײַן שלעכט! פֿון געשעפֿט אָפּגעשלאָגן זיך, חתונה אָפּגעשטעלט, נדן איז ניטאָ, קינדער לערנען דאַרף מען, געלט קאָסט, ברוך־השם, אַלע טאָג, מע ברענגט זיך אויס. הײַנט די יסורים! מע שלאָפֿט דען? מע הייבט ניט אָן צו שלאָפֿן! מע האָט טאַקע קיין מורא ניט; וואָרעם וואָס האָב איך מורא צו האָבן, אַז איך בין פֿאָרט ריין, ריין ווי גינגאָלד? נאָר גאָרניט, מע איז דאָך ניט מער ווי אַ מענטש, עס גייען דורך אַלערליי רעיונות, מחשבֿות: ס'איז אַ סליעדסטווע, מיט אַ פּרעקאָראָר, מיט באָסלעוווער ייִדן, וואָס ווילן אײַך גיין עדות זאָגן און שווערן, אַז זיי האָבן אײַך אַליין געזען אַרומגיין בײַ נאַכט מיט אַ הבֿדלה אויפֿן בוידעם... איר שפּילט זיך מיט באָסלעוווער ייִדן? גלייבט מיר, ס'איז פֿאַראַן בײַ אונדז איינער אַ דוד־הערש – זאָל איך עס פֿאַרדינען אַלע וואָך מיט אײַך אין איינעם, וואָס דער דוד־הערש קאָסט מיך שוין

wejizrejch![102] Was das bedeutet? Wer Lust hat, kann mir ja nachfahren! Sollen sie mich ruhig vor Gottes Richterstuhl laden! Sie können mir doch alle nichts anhaben! Und im Übrigen: Zum Henker mit ihnen, und fertig!

Ihr sagt vielleicht: Wenn es so übel steht, wird dann die Versicherung überhaupt den Brand mit mir abrechnen? Aber soll das Söhnchen von unserem Reichen nur so viele Schläge in seine blöde Visage kriegen, wie viel Tausender ich von ihnen rausholen werde! Ihr fragt: Warum ich sie mir nicht einfach abhole? Oho, da kennt Ihr mich aber schlecht! Ich bin doch kein Dummkopf! So schnell kriegen sie mich nicht! Ich halte mich an die alte Weisheit *hachilojsso linpojl*... Was das heißt? Wenn es einmal angefangen hat – folgt auch irgendwann *nofojl tipojl*[103]... – dann wird es schon zu einem Ende kommen! Warten wir nur ab... Ah, Ihr meint, da ist immer noch die Untersuchung? Die Untersuchung soll laufen, wie sie läuft! Muss ich denn Angst haben, wo ich doch unschuldig bin, rein wie der frischgefallene Schnee? Schlecht ist im Moment nur, dass mein Geld nutzlos irgendwo rumliegt und ich nichts davon habe. Außerdem, mir wird es bei der Sache allmählich eng, so eng, dass ich fast ersticke vor lauter Würgerei! Das ist hart! Aber wenn ich jetzt auch den Ärger habe, jede Wette, ich kriege das Geld, das mir zusteht! Was nützt ihnen alles? Und warum ziehen sie die Sache für nichts und wieder nichts in die Länge? Gebt mir mein Geld, disputiere ich mit ihnen, gebt es endlich heraus! Ihr Banditen, was habt Ihr gegen meine Kinder? So klage ich sie an. Was will ich denn schon von Euch? Gebt mir meine zehntausend Rubel, sie sind doch nicht für mich, es ist das Geld meiner Kinder, und lasst mich in Ruhe, damit endlich Schluss ist mit der Sache, und dann: Zum Henker mit ihnen, und fertig!

Nur was hilft all das Jammern? Was hilft das Schreien? Inzwischen geht es mir schlecht, sehr schlecht sogar, es könnte gar nicht schlimmer sein! Mit dem Geschäft ist es zu Ende, die Hochzeit ist aufgeschoben, Mitgift ist nicht da, die Kinder müssen lernen, gelobt sei Sein Name, jeder Tag kostet Geld! Man lebt schon nicht mehr! All die Sorgen! Kann man denn noch schlafen? Wirklich, ich schlafe nicht mehr ein. Nicht, dass ich vor irgendetwas Angst haben muss. Warum soll ich auch Angst haben, wo ich doch unschuldig bin, rein wie der frischgefallene Schnee! Aber was hilft das alles, man ist ja nicht mehr wie ein Mensch, und es gehen einem so allerlei Gedanken und Ideen durch den Kopf: Da ist diese Untersuchung, noch mit einem Staatsanwalt, dazu unsere Leute aus Boslew, die bezeugen und beschwören, dass sie mich selbst nachts mit einer Kerze auf dem Dachboden rumgehen sahen. Stellt Euch vor, wir haben da einen bei uns, Dowid Hersch heißt er, ich möchte gerne mit Euch zusammen in der Woche verdienen, was dieser Dowid

לא־יחרץ־געלט! און דווקא אַ גוטער ברודער, און דווקא אַ טאַטנס אַ קינד, און דווקא מיט אַ שמייכעלע, און דווקא מיט אַן „אם־ירצה־השם“ און מיט אַ „גאָט־וועט־העלפֿן“, און מיט אַ רוח אים אין טאַטן, און גאָרניט!...

הייַנט פֿאַרשטייט איר שוין, וואָס באַסלעוו איז? בין איך שוין געֶרעכט, וואָס איך בין אַזוי אויפֿגעטראָגן אויף אונדזערע ייִדן? וואַרט צו, לאָז מיר נאָר גאָט העלפֿן, איך נעם אָפּ מייַנע עטלעכע קערבלעך, וועל איך זיך שוין מיט זיי צערעכענען! קודם־כּל בין איך מנדר אויף דער שטאָט, איך קאָן ניט זאָגן וויפֿל, נאָר נישט ווינציקער וויפֿל אונדזערע נגידים; איך וועל מיך שטעלן, מעגט איר מיר זיכער גלייבן, ווי דער שענסטער נגיד: אַן עליה אין שול די שענסטע, מיטן גרויסן „בעבֿור־שנדר־עשׂרה־פֿונט־נרות־על־בית־המדרש“, ס׳זאָל קלינגען, און לאָזן זיי צעזעצט און צעשפּרונגען ווערן! פֿונעם „ביקור־חולים“ און פֿון דער „תּלמוד־תּורה“ שמועסט מען ניט: אין „ביקור־חולים“ אַרייַן אַ האַלב טוץ זאָנענע העמדער פֿאַר די קראַנקע, און אַלע תּלמוד־תּורה־ייִנגלעך שפּאָגל־נייַע אַרבע־כּנפֿותלעך... און ערשט נאָך דעם מאַך איך חתונה די טאָכטער מייַנע. נאָר אַלץ הייסט חתונה! איר קערט אַוודאי מיינען, אַז איך נעם גלאַט אַזוי און מאַך חתונה, ווי אַלע ייִדן מאַכן חתונה? פֿע! קענט איר דאָך מיך גאָרניט, ווער איך בין! איך, אַז איך מאַך חתונה, מאַך איך אַ חתונה, אַשר לא חתונו אַבֿותינו – מע האָט נאָך בייַ אונדז אַזאַ חתונה ניט געהערט און ניט געזען! אַ שאַלאַש איבערן גאַנצן שולהויף! כּלי־זמר קאָן איך באַשטיין דווקא פֿון סמילע! אַן אָרעם־מאָלצייַט פֿאַר דרייַ הונדערט אָרעמע־לייַט, מיט דער פֿייַנער סעודה, מיט די גוטע קוילעטשלעך און מיטן רעכטן ביסל בראָנפֿן, און מיט דער שיינער נדבֿה, אַ פֿיטאַקל אויף צווייען... און אויף דער חופּה־וועטשערע – דווקא די גאַנצע שטאָט, אָבער טאַקע פֿון איין עק ביזן אַנדערן עק, און די שׂונאים, וואָס האָבן מיך געוואָלט דערטרינקען, דווקא אויבן אָן, און דווקא לחיים, און דווקא אַ טאַנץ, און נאָך אַ טאַנץ, און נאָך אַ טאַנץ! שפּילט, כּלי־זמר, אויף וואָס די וועלט שטייט, און לאָמיר, ייִדן, טאַנצן!... אָט אַזאַ ייִד בין איך! איר קענט מיך גאָרניט. הערט איר, וואָס איך זאָג אייַך? איר הייבט מיך גאָרניט אָן צו קענען! איך, אַז איך צעהוליע זיך, איז בייַ מיר געלט בלאָטע – נאָך אַ קוואָרט בראָנפֿן און נאָך אַ קוואָרט בראָנפֿן, און תּמות נפֿשי עם פּלשתּים – וואָס איז די טייַטש? – איר זאָלט, קינדער, צעזעצט ווערן טרינקענדיק, און וואָן פֿון שטוב, און אַ רוח אין אייַער טאַטנס טאַטן, און גאָרניט!

ענדע געשיכטע נומער פֿופֿצן.

געשריבן אין יאָר 1903.

Hersch mich schon an Schweigegeld gekostet hat! Dabei ist er ein ordentlicher Mensch, auch gut erzogen, und das alles noch mit einem Lächeln und mit einem ›So Gott will‹ und einem ›Dass Gott helfe!‹. Und weiter? Ach, zum Henker mit ihnen, und fertig!

So, begreift Ihr langsam, was Boslew ist? Habe ich nicht recht, wenn ich so ärgerlich bin auf unsere Leute? Wartet nur, bis Gott mir hilft und ich meine paar Rubelchen einkassiere, dann werde ich schon mit ihnen abrechnen! An erster Stelle werde ich etwas für die Stadt spenden, ich weiß noch nicht wie viel, aber jedenfalls nicht weniger als unsere Reichen! Ich werde dastehen, das könnt Ihr mir glauben, wie der Allerreichste und Vornehmste. Die beste Lesung in der Synagoge werde ich bekommen.[104] Die Posaune soll blasen, und ein gewaltiges *ba'awur schenodar*[105] wird ertönen für die zehn Pfund Kerzen, die ich dem Bethaus stiften werde. Lasst es ihnen nur in den Ohren klingen, dass sie sich glatt hinsetzen und zerplatzen müssen! Vom Krankenspital und der Tora-Schule[106] will ich erst gar nicht reden! Dem Spital gleich ein halbes Dutzend Baumwollhemden für die Kranken und für alle Toraschüler funkelnagelneue Gebetstücher! Danach erst verheirate ich die Tochter, aber dann sollt Ihr mal sehen, was man eine Hochzeit nennt! Oder meint Ihr vielleicht, dass ich eine Hochzeit mache wie alle anderen Leute auch? Pah! Da kennt Ihr mich aber schlecht! Wenn ich mal eine Hochzeit feiere, dann aber richtig, eine Hochzeit *ascher loj chassejnu awossejnu*,[107] wie man's noch nie gehört und gesehen hat! Am Nachmittag eine Festtafel im ganzen Synagogenhof! Die Musikanten lasse ich sogar aus Smila kommen, das soll es mir wert sein! Und Speisung für dreihundert arme Leute! Mit dem besten Festmahl! Prima Weißbrot und ordentlich Branntwein. Dazu noch ein Geschenk, ein Fünfkopekenstück für je zwei! Beim Hochzeitsessen wahrhaftig die ganze Stadt, von einem Ende bis zum anderen! Und die Feinde, die mich jetzt glatt ersäufen wollen, obenan. Und dann: Prost! Und dann ein Tänzchen und noch ein Tänzchen und noch eines! ›Spielt, Musikanten, dass der Boden wackelt! Lasst uns tanzen, Leute!‹ So einer bin ich! Ihr kennt mich noch nicht! Habt Ihr gehört, was ich sage? Ihr kennt mich noch kein bisschen! Wenn ich meinen Spaß haben will, spielt das Geld keine Rolle! Noch ein Viertel Branntwein und noch eines und *tomojs nafschi im plischtim!*[108] Was das bedeutet? Ihr sollt trinken, bis Ihr nicht mehr stehen könnt, und dann, raus aus dem Haus und zum Henker mit Euch, und fertig!...«

(1903)

געשיכטע נומער זעכצן

ניטאָ קיין מזל!

– איר רעדט פֿון גנבֿים? – רופֿט זיך אָן איינער אַן אָפּגעפּוצטער פֿאַרשוין מיט אַ רענצל אין האַנט, וואָס ער היט עס, ווי דאָס שוואַרצאַפּל פֿונעם אויג (דאָס איז געווען בײַ נאַכט אין וואָקזאַל צווייטער קלאַס; מיר זענען געזעסן זאַלבע דריט און געוואַרט אויפֿן קוריער, וואָס האָט פֿאַרשפּעטיקט אויף אַ שעה מיט אַ פֿערטל, און גערעדט פֿון גנבֿים און גנבֿות). – פֿון גנבֿים רעדט איר? גנבֿים לאָזט מיך. ווּ האָט איר אויף דער וועלט נאָך אַזוי פֿיל גנבֿות, ווי אין אונדזער בראַנזשע? אַ קלייניקייט בריליאַנטן? דער יצר־הרע פֿון בריליאַנטן איז אַזוי גרויס, אַז צווישן די קונים גופֿא זענען פֿאַראַן גנבֿים. און ניט אַזוי נאָך צווישן די קונים, ווי צווישן די קונהטעס, צווישן די דאַמען. מיר קוקן אויף יעדע[ר] דאַמע, וואָס מיר קענען זי ניט, מיט זיבן און זיבעציק אויגן. און ניט אַזוי גיך גנבֿעט מען בײַ אַ יוּוועליר סחורה. איך קען מיך באַרימען, אַז זינט איך בין אַ סוחר און האַנדל מיט בריליאַנטן, האָט מען מיך נאָך קיין מאָל ניט באַגנבֿעט. נאָר אַז ס׳איז באַשערט אַן אומגליק, וועט איר הערן וואָס סע קען זיך טרעפֿן.

איך אַליין בין סך־הכּל ניט קיין יוּוועליר. דאָס הייסט, אַ יוּוועליר בין איך, נאָר איך פֿאַרנעם מיך ניט מיט יוּוועלירערײַ. איך בין ניט מער ווי אַ סוחר, וואָס האַנדלט מיט בריליאַנטן. איך קויף און פֿאַרקויף בריליאַנטן, צום מיינסטן, אַנגראָ, און, צום מיינסטן, אין דער פֿרעמד, אויף די ירידים, אָדער אַזוי, אַז עס מאַכט זיך ערגעץ אַ קונה, נעם איך מיר מײַן רענצל, אָט דאָס־אָ, אין האַנט, זעץ מיך אויף דער באַן און פֿאָר.

דערווײַל טרעפֿט זיך אַ מעשׂה, איך ווער געוואָר, אַז אין יעהופּעץ איז דאָ אַ גבֿיר, מאַכט ער חתונה אַ טאָכטער. באַדאַרף ער דאָך מסתּמא בריליאַנטן. איז אַפֿילו, אַז מע וויל שמועסן צוריק, איז אין יעהופּעץ אויך פֿאַראַן גענוג יוּוועלירן, אפֿשר מער, ווי מע דאַרף. נאָר איינס צום אַנדערן קער זיך ניט אָן. עס מעג זיך זײַן אַכצן טויזנט יוּוועלירן, איר גיט מיר נאָר אַהער אַ קונה, וועל איך שוין ווײַזן, ווער ס׳וועט לייזן געלט, איך צי זיי. פֿאַרקויפֿן בריליאַנטן איז אַ מלאָכה, וואָס מע דאַרף קענען. מע דאַרף וויסן, וואָס צו ווײַזן, און ווי צו ווײַזן, און וועמען צו ווײַזן. איך דאַרף מיך פֿאַר אײַך ניט אַרויסשטעלן, און בסך־הכּל האָב איך פֿײַנט באַרימערײַ. נאָר אַז איר וועט אַ רעד טאָן וועגן מיר מיט יוּוועלירן, וועלן זיי אײַך אַלע זאָגן, אַז מיט מיר קאָנקורירן איז ניט גרינג. דאָרט, ווּ אַן אַנדערער וועט לייזן אַ הונדערטער, וועל איך לייזן דרײַ. איך קען די מלאָכה.

Geschichte Nummer sechzehn

Vom Pech verfolgt!

»Ihr sprecht von Dieben?«, ruft ein fein herausgeputzter Herr aus. In der Hand hält er ein Täschchen und hütet es sichtbar wie seinen Augapfel. Es war auf einem Bahnhof in einem Wartesaal zweiter Klasse. Wir saßen zu dritt da und warteten auf den Kurierzug, der schon eineinviertel Stunden Verspätung hatte. Wir sprachen von Dieben und Diebstählen. »Ihr sprecht von Dieben? Da kann ich Euch was erzählen. Denn wo auf der ganzen Welt wird so viel gestohlen wie in unserer Branche? Kein Wunder, geht es bei uns doch um Brillanten. Bei Brillanten ist die Versuchung so groß, dass selbst die Kunden zu Dieben werden. Und nicht mal so sehr die Käufer wie die Käuferinnen, die Damen! Jede Dame, die wir nicht genau kennen, schauen wir uns mit siebenundsiebzig Augen an! Dabei kann man bei einem Juwelier ja nicht so ohne weiteres stehlen. Von mir darf ich sagen, dass man mich noch niemals bestohlen hat, seit ich Kaufmann geworden bin und mit Brillanten handle. Nur, wenn einen sein Unglück treffen soll!… Ich werde Euch mal erzählen, was alles passieren kann.

Genaugenommen bin ich kein Juwelier. Das heißt, Juwelier bin ich schon, aber ich arbeite nicht im Handwerk. Ich bin nur ein ganz gewöhnlicher Händler in Brillanten. Ich kaufe und verkaufe sie, meist ›en gros‹ und vorwiegend außerhalb, auf den Jahrmärkten oder wenn sich gerade ein Handel anbietet. Dann nehme ich mein Täschchen in die Hand, genau dieses hier, setze mich in die Bahn und fahre los.

Da passiert mir einmal Folgendes. Ich erfahre, dass in Jehupez ein reicher Mann wohnt und seine Tochter verheiratet. Da hat er doch sicher Brillanten nötig! Obwohl, wenn man es genau betrachtet, gibt es in Jehupez wohl genügend Juweliere, vielleicht mehr, als man braucht. Aber was spielt das für eine Rolle? Sollen meinetwegen achtzehntausend Juweliere da sein, bringt mir nur einen Kunden her, da will ich Euch zeigen, wer das Geld aus ihm herausholt, ich oder sie! Brillanten verkaufen ist ein Geschäft, auf das man sich verstehen muss. Es kommt darauf an, was man vorzeigt und wie man es vorzeigt und natürlich auch wem. Ich will mich nicht vor Euch aufspielen, weil ich Angeberei nicht leiden kann. Aber wenn Ihr mal in Juwelierkreisen die Rede auf mich bringt, werden Euch alle sagen: Mit mir zu konkurrieren ist nicht gerade ein Kinderspiel. Denn wo ein anderer hundert Rubel verdient, da hole ich dreihundert raus. Ich verstehe mich aufs Geschäft.

הכּלל, פֿאָר איך, הייסט עס, קיין יעהופּעץ. מיטגענומען האָב איך מיט זיך, לאָז זיך אײַך דאַכטן, אַ היפּש ביסל סחורה, לאָמיר דאָס אַלע פֿאַרמאָגן, וואָס ס׳האָט אָנגעטראָפֿן, כאָטש ס׳איז אַרײַן אין אָט דעם דאָזיקן רענצל. און איך האָב מיך אַוועקגעזעצט און זיץ. פֿאַרשטייט זיך, אַז זיצן זיץ איך אָנגע־שפּאַרט האַרט אויף מײַן רענצל, טרעט ניט אָפּ פֿון אָרט. און פֿון שלאָפֿן איז שוין אָפּגערעדט. אַז מע פֿאָרט מיט סחורה, שלאָפֿט מען ניט. מיט יעדן נײַעם פֿאַרשוין, וואָס קומט אַרײַן אין וואַגאָן אַרײַן, רײַסט זיך מיר אָפּ אין האַרצן: אפֿשר איז דאָס אַ גנבֿ? אויף דער נאָז שטייט ניט אויפֿגעשריבן בײַ קיינעם.

גאָט האָט געהאָלפֿן, אָפּגעפֿאָרן אַ טאָג מיט אַ נאַכט, ניט געגעסן, ניט געשלאָפֿן, געקומען קיין יעהופּעץ צום גבֿיר, אַרויס מיט דער קראָם, גערעדט, גערעדט, זיך אָנגערעדט, ווי אַ פּויק, און, ווי דער שטייגער איז, געלייזט אַ מכּה, ניט קיין געלט.

די גבֿירים, איך וויל אויף זיי קיין שלעכטס ניט רעדן, נאָר עס מעג אויף זיי קומען אַ גוטע כאָלערע. זיי קאָכן אויס דאָס וואַסער. קוקן אָן, טאַפּן איבער יעדן אַרטיקל, שפּיגלען זיך, צאַצקען זיך, און קומט צו עפּעס – אַ נעבטיקער טאָג. מילא, וואָס זאָל מען טאָן? יאָ געלייזט, ניט געלייזט, מע דאַרף לויפֿן ווײַטער. טאָמער ווייסט איר, וואָס וועט מען פֿאַרשפּעטיקן? גאָרניט, מע לויפֿט. כאַפּ איך מסתּמא אַ דראָשקע און לויף צו דער באַן. דערווײַל הער איך, עמעצער פֿון הינטן שרײַט מיר: „פֿעטער, פֿעטער!“ איך קוק מיך אום – אַ יונגער־מאַן לויפֿט מיר נאָך, האַלט אַ רענצל אין האַנט, פּונקט אַזאַ רענצל ווי מײַנס, און זאָגט צו מיר:

– אָט האָט איר פֿאַרלוירן!...

אַ צרה, אַ שלאַק! דאָס איז דאָך מײַן רענצל! ווו? ווען? ווי אַזוי? אַז ס׳איז באַשערט, האָט זיך עס אַרויסגעגליטשט בײַ מיר פֿון דער האַנט, און אָט דער יונגער־מאַן האָט דאָס אויפֿגעהויבן – און גאָרנישט, וואָס פֿרעגט איר? איך נעם מיך צו מײַן יונגן־מאַן, איך קוועטש אים די האַנט, איך דאַנק אים: „אַ דאַנק אײַך, גאָט זאָל אײַך געבן, זאָג איך, געזונט און הצלחה. אַ דאַנק, זאָג איך, און נאָך אַ מאָל אַ דאַנק“. מאַכט ער צו מיר: „ניטאָ פֿאַר וואָס“. זאָג איך: „וואָס הייסט, ניטאָ פֿאַר וואָס? איר האָט דאָך מיך, זאָג איך, בײַ מײַן לעבן דערהאַלטן. איר האָט דאָך, זאָג איך, פֿאַרדינט אַזאַ מיצווה, אַז די וועלט מיט יענער וועלט איז פֿאַר אײַך קאַרג. זאָגט מיר, זאָג איך, וויפֿל זאָל איך אײַך געבן? זאָגט, שעמט זיך ניט“. און איך וויל מיך אַ נעם טאָן צו דער קע־שענע. מאַכט ער צו מיר: „ווי באַלד איר אַליין זאָגט, אַז ס׳איז אַזאַ גרויסע מיצווה, זאָגט ער, הייַנט למאַי זאָל איך זי, זאָגט ער, פֿאַרקויפֿן פֿאַר געלט?“ דערהערט פֿון אים אַזעלכע דיבורים, כאַפּ איך מסתּמא אַרום מײַן יונגן־מאַן און הייב אים אָן קושן: „גאָט אַליין זאָל אײַך, זאָג איך, באַצאָלן דערפֿאַר, וואָס איר האָט מיט מיר געטאָן! קומט כאָטש אַרײַן מיט מיר, זאָג איך, וועלן מיר עפּעס נעמען אין מויל אַרײַן, זאָג איך, טרינקען אַ גלעזל ווײַן“. „אַ גלעזל ווײַן,

Ich bin also nach Jehupez gefahren. Und Ihr könnt Euch denken, dass ich ein hübsches Sortiment an Ware mitnahm. Möge das jeder von uns besitzen, was damals hier in dem Täschchen drin war! Ich suche mir einen Platz und setze mich, versteht sich von selbst, fest an mein Täschchen gedrückt und rühre mich nicht von der Stelle. Von Schlafen kann natürlich keine Rede sein. Wenn man mit Ware unterwegs ist, schläft man nicht. Und bei jedem Fahrgast, der in den Wagen reinkommt, überlege ich mir: Ist es vielleicht ein Dieb? So etwas steht ja niemandem auf der Nase geschrieben.

Gott hat geholfen, ich fahre einen Tag und eine Nacht, nichts gegessen, nicht geschlafen, ich komme nach Jehupez, gleich rein zum Reichen und gleich raus mit der Ware. Geredet und geredet, bis es nicht mehr ging. Aber wie es passieren kann, jede Menge Ärger eingehandelt und keinen roten Heller verdient.

Diese reichen Herren, ich will ja nicht schlecht von ihnen reden, aber dass sie ordentlich die Cholera kriegen! Ausgekocht sind sie! Alles schauen sie genau an, jeden Artikel klopfen sie ab, sie tun begeistert, dann zieren sie sich, und wenn's ans Geschäft geht – rein gar nichts! Also, was soll man machen? Ob was verdient ist oder nicht, irgendwann muss es ein Ende haben. Schließlich kommt man noch zu spät zum Zug! Am besten gehe ich. Ich nehme mir also eine Droschke und will zur Bahn fahren. Da höre ich, wie mir jemand von hinten her nachschreit: ›He, Onkel!‹ Ich dreh mich um. Ein junger Mann läuft mir nach, ein Täschchen hält er in der Hand, geradeso wie mein Täschchen, und sagt zu mir:

›Ihr habt das verloren…!‹

O Schreck, o Graus, es ist wirklich mein Täschchen! Wie konnte das passieren? Wie es aussieht, ist es mir aus der Hand gerutscht, und der junge Mann hat es aufgehoben. So schnell geht das, was fragt Ihr noch! Ich wende mich zu meinem jungen Mann, drücke ihm die Hand und bedanke mich bei ihm: ›Danke‹, sage ich, ›Gott gebe Euch Gesundheit und Glück! Tausend Dank.‹ Er aber meint zu mir: ›Keine Ursache!‹ Darauf antworte ich: ›Was heißt „keine Ursache", Ihr habt mir doch‹, sage ich, ›mein Leben gerettet. Ihr habt‹, sage ich, ›solch eine gute Tat getan, dass man sie nicht belohnen kann, nicht auf dieser und nicht auf jener Welt. Sagt nur, wie viel ich Euch geben soll! Heraus mit der Sprache, ziert Euch nicht.‹ Und ich will schon in die Tasche greifen. Da meint er wieder zu mir: ›Wenn Ihr selbst sagt, dass es ein gutes Werk gewesen ist, soll ich das jetzt‹, sagt er, ›für Geld verkaufen?‹ Wie ich diese Worte höre, nehme ich mir wahrhaftig meinen jungen Mann vor und fange an, ihn zu küssen: ›Gott selbst‹, sage ich, ›soll Euch für das belohnen, was Ihr mir getan habt. Kommt mit mir‹, sage ich, ›wir wollen

זאָגט ער, מהיכא־תּיתי, פֿאַר וואָס ניט?״ און מיר זעצן זיך אויף בײדע אויף
דער דראָשקע, און ווער מיר באַן? וואָס מיר באַן? מיר פֿאָרן שוין אין „קאַפֿע״
עפּעס נעמען אין מויל אַרײַן.

גענקומען אין „קאַפֿע״, האָב איך גענומען אַ באַזונדער קאַבינעט, געהייסן
דערלאַנגען פֿון כּל־טובֿ און אַוועקגעזעצט זיך מיטן יונגן־מאַן אַ ביסל שמור־
עסן. דער דאָזיקער יונגער־מאַן, אויסער וואָס ער האָט מיך, מע קאָן זאָגן,
בײַ מײַן לעבן דערהאַלטן, איז מיר גלאַט געפֿעלן געוואָרן. אַ סימפּאַטישער
יונגער־מאַן מיט אַ סימפּאַטיש פּנים, מיט טיפֿע, שוואַרצע, ערנסטע אויגן – אַ
יונגער־מאַן אַ גאָלד. און דערצו נאָך אַ שעמעוודיקער – סכּנות. איך האָב אים
געבעטן, ער זאָל זיך גאָר ניט זשענירן און זאָל זיך הייסן געבן צום טיש וואָס
זײַן האַרץ געלוסט, פֿונעם שענסטן און פֿונעם בעסטן. און וויפֿל ער האָט זיך
געהייסן געבן, האָב איך מסתּמא געהייסן געבן צוויי מאָל אַזוי פֿיל. און מיר
האָבן גוט אויסגעטרונקען און רעכט פֿאַרביסן, אַזוי ווי גאָט האָט געבאָטן.
חלילה ניט אויף אָנצושיכּורן זיך. אַ ייִד איז ניט קיין שיכּור. נאָר „ויהי כּטובֿ
לבֿ המלך ביין״, זאָג איך צו מײַן יונגן־מאַן: „איר ווייסט כאָטש, זאָג איך, וואָס
איר האָט מיט מיר געטאָן? דאָס, וואָס איר האָט מיר מציל געווען, זאָג איך,
אַזאַ פֿאַרמעגן – פֿון דעם, זאָג איך, שמועסט מען ניט. לאָמיר דאָס בײדע, זאָג
איך, פֿאַרמאָגן, וואָס איך בין אויף דער סחורה שולדיק. ס׳איז פֿריִער גאָטס,
זאָג איך, נאָך דעם פֿרעמדס. איר האָט מיך פּשוט, זאָג איך, דערהאַלטן בײַ
מײַן כּבֿוד און בײַ מײַן לעבן, וואָרעם מײַנע קרעדיטאָרן, זאָג איך, ווען איך
קום אַהיים אָן דעם דאָזיקן רענצל, וואָלטן געוויס געמיינט, אַז דאָס איז עפּעס
אַ מאַניפֿאָרגע, וואָס אונדזערע לײַט יוּוועלירער מאַכן אָפֿטלעך. זיי זעצן אָפּ
דאָס ביסל סחורה און לאָזן אַרויס אַ קלאַנג, אַז מע האָט זיי באַגנבֿעט. מיר
וואָלט, זאָג איך, הערט איר, געקומען נאָר קויפֿן אַ שטריקל און אויפֿהענגען
זיך אויפֿן ערשטן בוים! לחיים, זאָג איך, גאָט זאָל אײַך ממלא זײַן, ווי איר
ווינטשט אײַך אַליין, זאָג איך, און זײַט מיר געזונט, זאָג איך, לאָמיר זיך צע־
קושן, וואָרעם מע דאַרף, זאָג איך, פֿאָרן״. און איך געזעגן מיך אָפּ און איך צע־
צאָל מיך אין „קאַפֿע״ און טו מיך אַ כאַפּ צו מײַן רענצל – וואָס מיר רענצל?
ווער מיר יונגער־מאַן? ניטאָ!

און איך בין געפֿאַלן חלשות.

געפֿאַלן חלשות, האָט מען מיך געמינטערט. אָפּגעמינטערט – בין איך
ווידער אַ מאָל געפֿאַלן חלשות. און אַז מע האָט מיך שוין גוט אָפּגעמינטערט,
האָב איך ערשט דעמאָלט געמאַכט אַ גוואַלד, אויפֿגעהויבן די גאַנצע
יעהופּעצער פּאָליציע אויף די פֿיס, צוגעזאָגט אַ פֿעט שטיקל, אַרומגעלאָפֿן
מיט זיי אין אַלע גוטע ערטער, אויסגעזוכט אַלע מײַזנלעכער, זיך באַקענט

zusammen etwas essen und ein Gläschen Wein trinken.‹ ›Ein Gläschen Wein, warum nicht, das lässt sich hören.‹ Beide steigen wir in die Droschke. Was kümmert mich der Zug! Wir fahren also direkt ins Café, um etwas zu essen.

Im Café angekommen, bestellte ich ein separates Kabinett und ließ auffahren, was das Herz begehrt. Ich habe mich mit dem jungen Mann hingesetzt, und wir haben uns unterhalten. Und ich muss schon sagen, ganz abgesehen davon, dass er mir das Leben gerettet hat, gefiel mir dieser junge Mann auch sonst. Ein liebenswerter junger Mensch, mit einem sympathischen Gesicht und tiefen, schwarzen, ernstblickenden Augen. Ein prächtiger Mensch, und dazu noch scheu und bescheiden, man hält es kaum für möglich. Ich dringe in ihn, er soll sich nur nicht zieren, sondern zum Essen bestellen, was sein Herz begehrt, vom Besten und vom Edelsten. Und von allem, was er sich auswählte, bestellte ich gleich die doppelte Menge. So haben wir gut getrunken und gut gegessen, wie es sich gehört. Nicht dass wir uns betrunken haben, Gott bewahre! Ein Jude ist doch kein Säufer! Aber siehe, es geschah, als das Herz des Königs vom Wein fröhlich wurde[109] … Ich sage also zu meinem jungen Mann: ›Wisst Ihr eigentlich, was Ihr da an mir getan habt? Dass Ihr mir‹, sage ich, ›ein Vermögen gerettet habt, davon wollen wir nicht reden. Mögen wir beide das besitzen, was ich noch für die Ware zu zahlen habe. Alles, was hier drin ist, gehört zuerst Gott und dann fremden Leuten. Ihr habt mir buchstäblich meine Ehre und mein Leben gerettet‹, sage ich, ›denn meine Gläubiger, wenn ich ohne dieses Täschchen heimkäme, würden bestimmt vermuten, dass da irgendwelche Machenschaften dahinterstecken, wie sie sich unsere Juweliere öfters ausdenken. Sie setzen das bisschen Ware ab und dann fangen sie an zu schreien, man hätte sie bestohlen. Ich hätte mir nur noch, hört Ihr, einen Strick kaufen und mich am erstbesten Baum aufhängen können! Zum Wohl‹, sage ich, ›Gott soll Euch reichlich geben, alles was Ihr Euch selbst wünscht, und bleibt gesund, und jetzt lasst mich Euch küssen, denn ich muss fahren.‹ Ich verabschiede mich also von ihm, ich bezahle die Rechnung im Café und will nach meinem Täschchen greifen. Nach dem Täschchen? Wo ist das Täschchen? Und was ist mit dem jungen Mann? Sie sind beide weg!

Ich bin gleich in Ohnmacht gefallen.

Aus meiner Ohnmacht hat man mich bald aufgeweckt. Kaum war ich wieder munter, ist mir gleich noch einmal alles vor den Augen schwarz geworden, und erst als man mich dann richtig ins Leben zurückholte, fing ich ein Geschrei an, die gesamte Polizei von Jehupez habe ich in Gang gebracht, eine fette Belohnung versprochen. Überall bin ich hingelaufen, in die unmöglichsten Ecken, alle Mauselöcher habe ich abgesucht, auf alle Diebe der

מיט אַלע וועלט־גנבֿים – מײַן יונגער־מאַן איז ווי אין דער ערד אַרײַן! איך בין שוין געבליבן אָן כּוחות, ס'איז מיר נימאס געוואָרן די וועלט. און איך האָב מיך אַוועקגעלייגט בײַ זיך אויף דער סטאַנציע אויף אַ בעטל און טראַכט מיר, ווי אַזוי מאַכט מען אַן עק מיטן לעבן? קוילען זיך מיט אַ מעסער? הענגען זיך אויף אַ שטריק? אָדער גאָר אַרײַנוואַרפֿן זיך אין דניעפּר אַרײַן? און אַזוי ווי איך ליג מיר פֿאַרטיפֿט אין טרויעריקע מחשבֿות, הער איך, מע קלאַפּט. ווער איז? מע איז געקומען מיך נעמען אין פּאָליציע: מע האָט געכאַפּט דעם פֿויגל מיטן רענצל, מיט דער גאַנצער סחורה!

דאַרף איך אײַך דערציילן, וואָס מיט מיר איז געווען, אַז איך האָב דערזען מײַן רענצל מיט מײַנע בריליאַנטן? איך בין ווידער אַ מאָל געפֿאַלן חלשות. בײַ מיר איז אַ טבֿע פֿון חלשן. און אַז איך בין געקומען צו זיך, גיי איך צו צו מײַן יונגן־מאַן און רוף מיך אָן צו אים: „איך פֿאַרשטיי ניט, זאָג איך, מאַכט מיר קלאָר, איך ווער שיִער ניט משוגע. וואָס איז דער שׂכל, זאָג איך, וואָס אַז איר האָט געפֿונען מײַן רענצל, זענט איר מיר נאָכגעלאָפֿן און אָפּגעגעבן מיר און אַפֿילו נישט געוואָלט נעמען פֿאַר דער מיצווה קיין באַצאָלט, און אַז איך האָב מיך נאָר אָפּגעקערעוועט אויף אַ ווײַלע, גייט איר און גנבֿעט אַוועק בײַ מיר מײַן גוטס, מײַן פֿאַרמעגן, מײַן נשמה? איר האָט דאָך מיך, זאָג איך, שיִער אומגליקלעך געמאַכט. עס איז דאָך מיר אָפּגעגאַנגען, זאָג איך, אַ מינוט צום טויט!"... קוקט ער אויף מיר, דער יונגער־מאַן הייסט עס, מיט די טיפֿע ערנסטע שוואַרצע אויגן, און מאַכט צו מיר גאַנץ געלאַסן: „וואָס געהער זיך אָן, זאָגט ער, דאָס צו דעם? אַ מיצווה איז אַ מיצווה, און גנבֿענען – דאָס איז, זאָגט ער, מײַן פּרנסה"... „יונגער־מאַן, זאָג איך צו אים, ווער, זאָג איך, זײַט איר?" „ווער, זאָגט ער, זאָל איך זײַן? איך בין, זאָגט ער, נעבעך אַ ייִד אַ גנבֿ און אַ בעל־מטופּל מיט קינדער און אַ גרויסער שלימזלניק. איך האָב, זאָגט ער, קיין עין־הרע, אַ גרינגע פּרנסה, נאָר איך האָב צו מײַן פּרנסה קיין הצלחה ניט. דאָס הייסט, איך קאָן מיך ניט באַקלאָגן. דאַנקען גאָט, גנבֿענען, זאָגט ער, גנבֿעט זיך אַפֿילו קיין מעשׂה ניט; נאָר דער חסרון איז, זאָגט ער, וואָס ניט אַלע מאָל געראָט עס מיר. ניטאָ קיין מזל!"...

ערשט אַז איך בין געזעסן אין באַן, האָב איך מיך אַרומגעזען, אַז איך בין אַ פֿערדישער קאָפּ. מיט אַ קלייניקייט וואָלט איך דעמאָלט געקאָנט אויס־קויפֿן דעם דאָזיקן גנבֿ. למאַי זאָל איך זײַן זײַן גואל־הדם? לאָז ער איבערגיין אויף אַנדערע הענט...

זענט איר אפֿשר אַ בעלן אויף אַ פּאָר בריליאַנטענע אויערינגלעך אין גלײַכן געלט? וועל איך אײַך עפּעס ווײַזן. איר האָט אַזעלכע בריליאַנטן ניט געזען אַפֿילו אין חלום. פּרימאַ־שבפּרימאַ!...

ענדע געשיכטע נומער זעכצן.

געשריבן אין יאָר 1910.

Welt bin ich gestoßen, nur nicht auf meinen jungen Mann, als ob ihn die Erde verschlungen hätte! Die Kräfte haben mich schon verlassen, das ganze Leben war mir überdrüssig. In meiner Unterkunft legte ich mich aufs Bett und überlegte. Wie macht man seinem Leben ein Ende? Bringt man sich am besten mit dem Messer um? Oder soll man lieber einen Strick nehmen und sich aufhängen? Oder sich gleich in den Dnjepr stürzen? Aber wie ich so daliege, ganz vertieft in meine traurigen Gedanken, höre ich es klopfen. Wer ist da? Jemand ist gekommen, um mich auf die Polizei zu rufen. Sie haben den Vogel gefangen und das Täschchen dazu, noch mit der gesamten Ware darin!

Muss ich Euch erzählen, wie mir zumute war, als ich mein Täschchen und die Brillanten wiedersah? Ich bin gleich noch einmal ohnmächtig geworden. Das ist so meine Natur, dass ich gleich in Ohnmacht falle. Als ich aber wieder zu mir kam, gehe ich zu meinem jungen Mann hin und rufe ihm zu: ›Eines verstehe ich nicht, erklärt mir das, ich werde bald verrückt! Was steckt dahinter? Ihr habt meinen Beutel gefunden, seid mir nachgerannt und habt ihn mir abgeliefert. Noch nicht mal eine Belohnung für das gute Werk wolltet Ihr haben! Und dann, als ich mich einen Augenblick abwende, geht Ihr hin und stehlt mir mein Hab und Gut, mein Vermögen, meinen Leib und meine Seele? Ihr habt mich‹, sage ich, ›um ein Haar ins Elend gestürzt! Noch einen Augenblick und ich wäre tot gewesen!…‹ Da schaut er mich an, dieser junge Mann, mit seinen tiefliegenden, ernsten, schwarzen Augen, und sagt ganz ruhig zu mir: ›Was hat denn das eine mit dem anderen zu tun? Ein gutes Werk ist ein gutes Werk. Aber Stehlen‹, meint er, ›ist mein Beruf.‹ ›Junger Mann‹, sage ich zu ihm, ›was seid Ihr bloß für ein Mensch?‹ ›Was soll ich für ein Mensch sein‹, antwortet er, ›ich bin eben ein armer Dieb, dazu noch gesegnet mit vielen Kindern, und außerdem ein großer Pechvogel. Ich habe‹, sagt er, ›einen leichten Beruf, Gott sei Dank. Nur habe ich in meinem Beruf keinen Erfolg. Nicht, dass ich mich beklagen will. Das Stehlen‹, meint er, ›ist nicht das Problem. Der Jammer ist nur‹, sagt er, ›es gelingt mir nicht immer. Ich habe kein Glück! Ich bin vom Pech verfolgt.‹

Erst als ich wieder im Zug sitze, überlege ich mir, dass ich doch ein richtiger Schafskopf bin. Mit einer Kleinigkeit hätte ich damals meinen Dieb frei kriegen können. Muss ich das Werkzeug seiner Strafe sein? Das hätten ihm besser andere besorgt!

Ihr seid nicht zufällig an ein paar Ohrringen mit Brillanten zu einem anständigen Preis interessiert? Ich kann Euch da was Gutes zeigen. Solche Brillanten habt Ihr nicht mal im Traum gesehen. Das Beste vom Besten! Ausgezeichnete Ware!«

(1910)

געשיכטע נומער זיבעצן

באַשערט אַן אומגליק

ברייטלעך און געלאַסן, מיט געפּערלטע ווערטער, האָט אונדז דערציילט אַ מעשׂה, טאַקע פֿון זיך אַליין, אַ שיינער ייִד מיט אַ שבתדיקער קאַפּאָטע און מיט אַ ברייטן דעניק אויפֿן זײַדענעם קאַשקעט און מיט אַן אויסגעצוואָגן פּנים, אַ ביסל פֿאַרזאָרגט און מיט קנייטשן אויפֿן ברייטן ווײַסן שטערן:

– אַז ס׳איז באַשערט, הערט איר, אַן אומגליק, טרעפֿט דאָס אײַך גלײַך אין שטוב אַרײַן. איר מעגט זײַן מיט אַכצן קעפּ, וועט איר זיך פֿון דעם ניט אויסבאַהאַלטן. איך בין מיר, ווי איר זעט מיך, אַ ייִד אַ ספּאָקאָינער, אַ רויִקער, כ׳פּלי ניט, כ׳לויף ניט, כ׳האָב פֿײַנט קהלשע געשעפֿטן, איך אַנטלויף פֿון גבאָות, סנדק, חתן־בראשית, דאָס, יענץ, וכדומה.

קיצור, דאַרף זיך טרעפֿן אַ מעשׂה, בײַ אונדז אין שטעטל איז געשטאָרבן אַ ייִד, „מנשה־גוי“, וואָרעם ער איז געווען, זאָל ער מיר מוחל זײַן, אַ פּראָסטער נפֿש, ניט געקאָנט כּמעט דאַוונען, ווי זאָגט מען עס, קיין צלם פֿאַר קיין אַלף, ניט לייענען, ניט שרײַבן, ניט דאָס, ניט יענץ, וכדומה.

קיצור, אַ פּראָסטער שלש־סעודות, נאָר אַן ערלעכער מענטש, אַן אָרנטלעבער ביז גאָר; דאָס וואָרט איז געווען הייליק, יענעמס קערבל קודש־קדשים, און קאַרג, קאַרג! – זיך לאָזן אַרויסנעמען בײדע אויגן פֿאַר איין גראָשן, דאָס גאַנצע לעבן געקליבן געקליבן, געקליבן געקליבן – און סאַמע אין מיטן... געשטאָרבן. מילא, געשטאָרבן – געשטאָרבן. אַז מנשה איז געשטאָרבן, קומט מען צו גיין צו מיר און מע זאָגט מיר: באשר אַזוי ווי מנשה איז געשטאָרבן און האָט איבערגעלאָזט גאַנץ פֿײַנע עטלעכע קערבלעך, מיט חובֿות, מיט בעל־הבתּישקייט, מיט הײַזער, מיט דאָס, מיט יענץ, מיט וכדומה, – לכן, אַזוי ווי ס׳איז ניטאָ, ווער ס׳זאָל פֿירן די געשעפֿטן, די קינדער נעבעך זענען נאָך קליינע קינדער, פֿיר ייִנגלעך און איינס אַ מיידל, און זי אַליין, די אַלמנה מיינט מען, איז אַ ייִדענע, לכן זאָל איך זײַן דער בעל־הבית, דער אַפּוטרופּוס, דער אָפּעקון הייסט עס. וויל איך דאָך מסתּמא ניט הערן, ניט זען: וואָס טויג מיר אָפּעקון – אַפּיקומן? וואָס דאַרף איך דאָס? האָט זיך אָנגעהויבן אַן עסק: סטײַטש, איר זענט בײַ אונדז דער איינציקער אין שטאָט, דאָס, יענץ, וכדומה, אַן עבֿירה אַזאַ פֿאַרמעגן, און וואָס וועט זײַן דער תּכלית פֿון די קינדער,

Geschichte Nummer siebzehn

Wenn einen das Unglück trifft!

Breit ausladend, mit Worten, die sich wie Perlen aneinanderreihten, erzählte uns ein Reisender seine Geschichte; er hatte sie selbst erlebt. Ein vornehmer Mann war er, in Sabbatkaftan,[110] mit einem breiten Rand an der Seidenkappe, das Gesicht frisch gewaschen, nur ein wenig kummervoll und mit Falten auf der breiten, hellen Stirn.

»Wenn Euch Euer Unglück bestimmt ist, hört Ihr, dann kommt es auch von selbst ins Haus. Und hättet Ihr achtzehn Köpfe, so könntet Ihr's Euch doch nicht vom Leibe halten. Wie Ihr mich so vor Euch seht, darf ich sagen: Ein stiller, ruhiger Mensch bin ich. Ich hetze nicht und renne nicht herum, um meine Sachen in aller Öffentlichkeit zu verhandeln, davon halte ich gar nichts. Ich dränge mich nicht nach Ehrenämtern, etwa Gevatter bei einer Beschneidung[111] zu sein oder Bräutigam[112] an Simchat Tora oder dies und jenes und wer weiß was noch…

Da aber passiert es bei uns im Schtetl, dass ein Mann stirbt; Menasche Goj[113] nannte man ihn. Weil er, möge er mir's verzeihen, eine einfältige Seele war, gerade noch, dass er die Gebete aufsagen konnte, aber sonst ein reiner Gimpel. Keinen einzigen Buchstaben kannte er, konnte nicht schreiben und nicht lesen und nicht dies und nicht jenes und wer weiß was noch…

Kurzum, ein braver, guter Mensch, eine ehrliche Haut und durch und durch ordentlich. Ein gegebenes Wort war ihm heilig und anderleuts Rubel gleich doppelt heilig! Dabei für sich selbst geizig, was man nur geizig nennen kann. Die Augen hätte er sich rausnehmen lassen für einen Groschen; im ganzen Leben nur zusammengebracht und zusammengerafft und plötzlich – gestorben! Als nun der Menasche tot war, kamen sie zu mir und sagten: Da doch der Menasche gestorben sei und allerhand Rubelchen zurückgelassen hätte, dazu Wechsel und Schuldscheine, einen Haushalt, ein paar Häuser und dies und das und wer weiß was noch… und da niemand in Sicht sei, der die Geschäfte führen könne, denn seine Kinder seien noch klein – vier Jungen und ein Mädchen – und sie selbst, die Witwe, sei doch nur eine Frau, deshalb also solle ich den Vormund machen, versteht Ihr, Verwalter sein. Natürlich wollte ich nichts davon hören und sehen. Vormund, Verwalter, was soll ich damit?[114] Habe ich so etwas nötig? Da ging's aber los: ›Ihr seid bei uns der Einzige, der in Frage kommt, und dies und jenes und wer weiß was noch. Es wäre geradezu eine Sünde bei solch einem Vermögen! Und was

קליינע קינדער נעבעך, פֿיר ייִנגלעך און איינס אַ מיידל? וואָס וועט אײַך אַרן? זײַט איר דער אָפּעקון, און זי, די אַלמנה מיינט מען, וועט זײַן די אָפּעקונשע!... בעט איך זיך בײַ זיי רחמים: וואָס ווילט איר האָבן פֿון מיר? וואָס בין איך בײַ אײַך פֿאַר אַן אַפֿיקומן, אַז איך ווייס אַפֿילו ניט מיט וואָס מען עסט דאָס?... האָבן זיי דאָך אָנגעהויבן ווידער אַ מאָל: און סטײַטש, און ווו איז מענטשלעכ־קייט, און טאַקע אַ מיצווה אויך, און דאָס, און יענץ, און וכדומה...

קיצור, איך האָב ניט געקאָנט אָפּזאָגן און בין געוואָרן אַן אַפֿיקומן, אַן אָפּעקון הייסט עס, אַ „געטווערדעוועטער", אין איינעם מיט איר טאַקע, מיט דער אַלמנה מיינט מען. און אַז איך בין געוואָרן, מיט גאָטס הילף, אַן אַפֿי־קומן, אַן אָפּעקון הייסט עס, האָב איך קודם־כּל גענומען מאַכן אַ סך־הכּל, וואָס האָבן זיי געלט, די קינדער נעבעך? צונויפֿגעשלאָגן ווו ס'איז געוועןערגעץ אַ ביסל אייגנס, אַ שטוב, אַ קלייט, אַ פֿערד, אַ בהמה, אַ דאָס, אַ יענץ, אַ וכדומה – פֿון אַלצדינג האָב איך געמאַכט געלט... ניט אַזוי גרינג, מאָלט אײַך, איז דאָס מיר אָנגעקומען, וואָרעם מנשה, עליו־השלום, איז געווען אַ ייִד אַ נגיד, אַ פֿאַרפֿונדעוועטער, ווי מע זאָגט, אַ „בעל־הגוף". וויפֿל מע האָט אים געשאַצט, האָט ער געהאַט מער... נאָר קיין חשבון איז בײַ אים ניט געווען קיין מאָל. געווען, זאָל ער מיר מוחל זײַן, אַ ייִד אָן אַ פּען. אַלע מאָל האָט זיך אָפּגעזוכט אַן אַנדער חובֿ. געווען צעשטעקט אויף דער גאַנצער וועלט, פֿון איטלעכן איז אים געקומען געלט. האָב איך באַדאַרפֿט, פֿאַרשטייט איר מיך, דאָס אַלצדינג טראָגן אויפֿן קאָפּ, צונויפֿנעמען, מאַכן געלט, אַ ברירה האָב איך געהאַט? און אַלצדינג אַליין, וואָרעם זי, די אָפּעקונשע מיינט מען, איז אַ „טאָפּ־ייִדענע", ווייסט ניט פֿון דאַנען אַהין. אַפֿילו אַן ערלעכע, נאָר אַ כּשרע בהמה. פֿרעגט זי בחרם, וואָס איז אַ גוט וועקסל, וואָס איז אַ שלעכט וועקסל, וואָס איז דאָס, וואָס איז יענץ, וואָס איז וכדומה!...

קיצור, איך האָב צונויפֿגעשלאָגן די עטלעכע קערבלעך, אַ היפּשע פּר־תּיקא. צונויפֿגעשלאָגן מיט צרות, מיט לייד די עטלעכע קערבלעך, באַדאַרף מען זען עפּעס טאָן מיט זיי, וואָרעם וואָס וועט זײַן דער תּכלית, אַז זיי וועלן עסן פֿונעם גרייטן? קינדער נעבעך דאַרפֿן האָבן אַ העמדעלע, אַ שיכעלע, אַ דאָס, אַ יענץ, אַ וכדומה. הײַנט עסן? מע וועט אַזוי לאַנג עסן, ביז מע וועט אויפֿעסן אין גאַנצן? וואָס וועט זײַן נאָך דעם? אַ מענטש אַן אָרנטלעכער, פֿאַרשטייט איר מיך, איז מחויבֿ פֿאַרזאָרגן דעם תּכלית. האָב איך אָנגעהויבן קלערן, אַהער־אַהין, וואָס מאַכט מען מיטן געלט? אַ געשעפֿט? – ווער וועט דאָס פֿירן, אַז זי, די אָפּעקונשע מיינט מען, איז, מישטיינס געזאָגט, אַ בהמה, און די קינדער נעבעך זענען קינדער?... פֿאַרלײַען? אַוועקגעבן דאָס אויף פּראָצענט? – טאָמער זעצט יענער אָן, ווער וועט נאָך דעם זײַן שולדיק? דער

soll aus den Kindern werden, wo sie doch noch klein sind, vier Jungen und
ein Mädchen! Außerdem, was macht Euch das schon aus? Ihr gebt den Ver-
walter, und sie, nämlich die Witwe, macht die Verwalterin…‹ Ich bat sie um
Erbarmen: ›Was verlangt Ihr da von mir? Ihr haltet mich für was Besonderes,
aber ich weiß nicht mal, wie man so eine Sache anfängt!‹ Sie beginnen wieder
von vorne, nämlich, wo bleibt denn da die Menschlichkeit, und man muss
doch ein gutes Werk tun und dies und jenes und wer weiß was noch…

Kurzum, ich konnte nicht ablehnen und wurde also mit Gottes Hilfe
Vormund, ein Verwalter, zusammen mit ihr, natürlich mit der Witwe. Wie
ich nun aber Vormund war, also Verwalter, habe ich erst einmal Bilanz ge-
macht: Wie viel Geld besitzen sie, die Kinder nämlich? Ich habe zusammen-
getragen und zusammengerechnet, wo irgendwo ein bisschen Eigentum war,
ein Haus, ein Laden, ein Pferd, eine Kuh, dies und jenes und wer weiß was
noch… Alles habe ich zu Geld gemacht, Ihr könnt Euch vorstellen, das ist
mir gar nicht leichtgefallen, denn der Menasche, er ruhe in Frieden, war ein
wohlhabender Mann, ein Reicher, ein richtiger Krösus, wie man so sagt. Wie
hoch man ihn auch einschätzen mochte, er besaß immer noch mehr. Nur
eine Aufstellung über alles, die hat er nicht zurückgelassen. Er war eben,
möge er mir's verzeihen, für so was nicht begabt. Dauernd tauchten neue
Außenstände auf, über die ganze Welt waren sie verstreut. Aus allen Him-
melsrichtungen hatte er Geld zu kriegen. Und Ihr könnt Euch vorstellen,
das alles musste ich im Kopf behalten, musste es zusammentragen und zu
Geld machen. Hatte ich denn eine andere Wahl? Und alles ganz alleine, denn
sie, meine Mitverwalterin, ist doch leider ein besonderes Exemplar von einer
Frau, sie versteht überhaupt nichts. Eine ehrliche Haut zwar, aber eine reine
Kuh. Versucht nur mal genau nachzufragen: Welcher Wechsel ist gut, wel-
cher ist schlecht, was ist dies und jenes und wer weiß was noch…!

Kurzum, ich mache eine hübsche Menge Rubel flüssig, wirklich eine net-
te Summe. Jetzt muss man nur noch überlegen, was man damit anfängt.
Denn schließlich, wie wird es ausgehen, wenn sie dauernd vom Bestand le-
ben? Die Kinder brauchen doch Hemden, Schuhe, dies und jenes und wer
weiß was noch! Einfach aufzehren? Sie würden so lange zehren und zehren,
bis alles verzehrt ist. Und danach? Ein verantwortungsvoller Mensch, ver-
steht mich recht, muss doch das Ganze im Auge behalten. Ich fange also an
und denke nach, hin und her, was macht man am besten mit dem Geld?
Ein Geschäft einrichten? Wer aber soll es führen? Da sie doch, meine Mit-
verwalterin, nichts anderes ist als ein Rindvieh, und die Kinder sind eben
noch Kinder! Das Geld verleihen? Mit Zinsen anlegen? Und wenn am Ende
einer Bankrott macht, wer ist dann schuld? Der Verwalter natürlich! Ich habe

אַפּיקומן! האָב איך מיך מישבֿ געווען: וואָס דאַרף מען אַ בעסער געשעפֿט, ווי מײַן געשעפֿט? האַ? און וואָס דאַרף מען אַ גרעסערן בטוח, ווי איך? האַ? איך האָב, ברוך־השם, קרעדיט אומעטום, אויף אַלע ירידים, און אַ נאָמען האָב איך – ביז מײַן לעבן זאָל איך קיין ערגערן נאָמען ניט האָבן. ניט גלײַכער טויזנט מאָל, איך זאָל אַרײַנבראָקן די עטלעכע קערבלעך צו מיר אין קראָם אַרײַן? האַ? אונטערפֿרישן מיט נאָך סחורה און מיט נאָך סחורה? האַ? און פֿאַר מזומנים אַז מע קויפֿט סחורה, האָט דאָך דאָס טאַקע גאָר, זאָגט איר, אַן אַנדער טעם, וואָרעם איטלעכער וויל זיך זען מיט אַ מזומן קערבל. מזומנע קערבלעך איז הײַנט, פֿאַרשטייט איר מיך, ווינציק פֿאַראַן. אומעטום איז נאָר פּאַפּיר, נאָר וועקסל, אַ שרײַב אַהער, אַ שרײַב אַהין, אַ דאָס, אַ יענץ, אַ וכדומה...

קיצור, כ׳האָב אַרײַנגעלייגט דאָס גאַנצע געלט צו מיר אין געשעפֿט אַרײַן, און ס׳איז אַוועקגעגאַנגען קיין מעשׂה ניט, דאָס הייסט, ניט שלעכט, טאַקע גאָר ניט שלעכט! דער פּדיון, פֿאַרשטייט איר מיך, איז געוואָרן אַ סך גרעסער, וואָרעם אַז ס׳איז פֿאַראַן אַ סך סחורה, לייזט זיך גאָר אַנדערש, ווי זאָגט איר: אַז ס׳איז פֿאַראַן אַ סך פֿיש אין טײַך, כאַפּט זיך גאָר אַנדערש. נאָר וואָס דען? איין זאַך איז געווען שלעכט: די הוצאה! איך בין געוואָרן אַ צווייענדיקער בעל־הוצאה. צוויי געזינדלעך, קיין עין־הרע!... איך מיט מײַן הויזגעזינד, קיין עין־הרע, שמועסט מען ניט. נו, און זי, די אַלמנה מיינט מען, באַדאַרף, און די קינדער נעבעך באַדאַרפֿן, פֿינף קינדער פֿרעמדע, פֿיר ייִנגלעך, איינס אַ מיידל. נישט קיין קלייניקייט! שוכן און קליידן, אין חדר געבן, דעם שרײַבער צאָלן. הײַנט אַ מאָל אַ פֿאָר, אַ נאַשערײַ, אַ דאָס, אַ יענץ, אַ וכדומה – מע קאָן דאָך אַנדערש ניט! וואָס וועט יענער זאָגן? אַ שלעכטער אַפּיקומן – צוגענומען דאָס געלט און זשאַלעוועט די יתומים אַ גראָשן אויף אַ צוקערקע... אײַ, וואָס איך האָרעווע, דריי זיך דעם קאָפּ, פֿאָר נאָך סחורה, האָב אויף זיך אַ בוך מיט חובֿות, מיט שלעק, מיט צרות, מיט דאָס, מיט יענץ, מיט וכדומה? – דאָס איז נישט יענעמס עסק! קיין שותּפֿות האָט זי דאָך, די אַלמנה מיינט מען, מיט מיר נישט געמאַכט, מיר זאָלן זיך טיילן אויף דער האַלב!... אײַ, זי האָט מיר אַרײַנגעלייגט געלט? איז, ערשטנס, ליגט דאָס געלט אין סחורה, און והשנית, ליגט דאָס ניט אומזיסט, איך צאָל דאָך פּראָצענט!... איז וואָס איז ווערט דער טאַרעראַם, וואָס איך האָב צו טאָן טאָג ווי נאַכט, טאָ דאָס, טאָ יענץ, טאָ וכדומה? גיי זײַ אַן אַפּיקומן! האָב אין זינען נעבעך פֿרעמדע קינדער, צי זיי ווילן לערנען, צי זיי ווילן ניט? צי זיי גייען אַהין, ווו מע דאַרף, צי ווו מע דאַרף ניט? צי דאָס, צי יענץ, צי וכדומה? וואָס בין איך – טאַקע זייער אַפּוטרופּוס, וואָס איך בין מחויבֿ זיי צו באַוואָרענען?

mir also überlegt: Welche Art von Geschäft kann denn besser sein als mein eigenes? Nicht wahr? Und wo kann man mehr Sicherheit finden als bei mir selbst? Oder nicht? Ich habe – gelobt sei Sein Name – überall Kredit, auf allen Märkten, und einen guten Ruf! Bis an mein Lebensende will ich keinen besseren haben! Ist es nicht tausendmal besser, wenn ich die ganzen Rubel in meinen eigenen Handel stecke? Was meint Ihr? Ihn auffrischen mit neuer Ware und noch einmal Ware dazu? Nicht wahr? Wenn man Ware mit barem Geld kauft, ist das doch, sagt nur selbst, eine andere Sache. Denn bare Rubel auf die Hand will jeder gerne sehen. Geld ist heutzutage rar, versteht Ihr? Überall nur Papiere, Wechsel, Scheine hier, Scheine da und dies und jenes und wer weiß was noch…

Kurzum, ich habe das ganze Geld in mein eigenes Geschäft gesteckt. Alles zusammen war es wirklich eine solide Sache und ist auch nicht schlecht gelaufen, wirklich nicht übel. Der Ertrag, versteht Ihr mich, ist um einiges größer geworden, denn wenn genug Ware da ist, verdient man schon anders, wie man so sagt: Sind ordentlich Fische im Fluss, fischt sich's gleich besser! Also, was kann man dagegen sagen? Nur, ein Ding war schlecht, die Unkosten! Ich musste jetzt immer doppelt zahlen. Zwei Haushalte, Gott bewahre! Von meinem eigenen Haushalt will ich gar nicht reden. Aber sie, die Witwe nämlich, hat doch auch was nötig, und die Kinder natürlich ebenfalls, fünf fremde Kinder, vier Jungen und ein Mädchen! Das ist doch nicht gerade wenig! Schuhe kaufen und Kleider kaufen, den Cheder regeln und den Schreiber bezahlen. Heute einmal eine Fuhre, dann wieder was zum Naschen und dies und jenes und wer weiß was noch… Man kommt doch nicht drum herum! Was würde *man* sonst sagen? Ein schlechter Vormund! Das Geld nehmen und dann mit den Waisen um jeden Groschen für jede Süßigkeit knausern! Oh, was ich geschuftet habe, der Kopf dreht sich mir. Ich fahre herum wegen der Ware und habe ein Buch mit den Außenständen, mit Plagen und mit Mühen mit diesem und jenem und wer weiß was noch… Das ist wirklich nichts für einen einfachen Menschen! Mit ihr habe ich mich ja nicht verständigen können, mit der Witwe, meine ich, dass wir auf halb und halb teilen. Und ehrlich gesagt, hat sie vielleicht Geld bei mir eingezahlt? Erstens steckt das Geld doch in der Ware, und zweitens habe ich es nicht umsonst dort, ich muss doch Zinsen zahlen! Und was kriege ich für das ganze Hin und Her, dass ich mir Tag und Nacht zu schaffen mache, mal dies, mal jenes und wer weiß was noch? Seid Ihr mal ein Verwalter! Da muss ich mir den Kopf wegen fremder Kinder zerbrechen, ob sie lernen *wollen* oder *nicht*! Ob sie dahin gehen, wo sie hin *sollen* oder *nicht* und dies und jenes und wer weiß was noch! Wie komme ich, ihr Verwalter, dazu, dass ich auf sie aufpassen

מע קאָן הײַנטיקע צײַטן, זאָגט איר, קיין אייגענע קינדער נישט באַוואָרענען, ובפֿרט אַז גאָט העלפֿט, עס גיט זיך נאָך אײַן אַ שלעכט קינד – איז גאָר אַ ברכה פֿון גאָט! מנשה, זאָל מיר מוחל זײַן, איז געווען אַ ייִד אַ פּראָסטאַק, נאָר אַן ערלעכער ייִד כּאָטש; און קינדער האָט ער איבערגעלאָזט – זאָל זיך גאָט מרחם זײַן! איינס ערגער פֿונעם אַנדערן! מילא, די עלטערע זענען נאָך צו דערלײַדן: איינער איז אַ טויבער, נעבעך אַ דערשלאָגענער, האָב איך אים געמאַכט פֿאַר אַ בעל־מלאָכה. דער אַנדערער איז גלאַט אַ[ן] אידיאָט, נאָר אַ שטילער, טשעפּעט קיינעם נישט און דאַרף גאָרנישט. דער דריטער האָט זיך באַוויזן קינדווײַז יאָ אַ געראָטענער, נאָר אַז ער איז אונטערגעוואַקסן, האָט ער זיך צונויפֿגעסקאָמפּאַניעט מיט ווו ערגעץ אַ שלעפּער און איז געוואָרן אַ שאַרלאַטאַן, מע זאָל באַהיט און באַוואָרנט ווערן!... ער האָט אַזוי לאַנג געבושעוועט, געוואָיעוועט, געאַרבעט, געדאָסט, געיענצט, געוכדומהט, אַז איך האָב אים געמוזט געבן עטלעכע קערבלעך – און גיי געזונט קיין אַמע־ריקע! פֿון קינדווײַז אָן האָט דאָס אים געצויגן קיין אַמעריקע! און מיר זענען פּטור געוואָרן... און דאָס מיידל האָב איך חתונה געמאַכט, געגעבן כּמעט טויזנט קאַרבן נדן, אויסגעקלײדט, געפּראַוועט אַ חופּה מיט כּלי־זמר, מיט דאָס, מיט יענץ, מיט וכדומה, אַלצדינג ווי עס געהער צו זײַן, כּמעט ווי בײַ אַן אייגענער טאָכטער. וואָס דען? ס׳איז עפּעס אַ תּירוץ? וואָס, מישטיינס געזאָגט? אַז קיין טאַטן נעבעך האָבן זיי ניט, און זי, די מאַמע מיינט מען, איז אַ בהמה – ווער וועט זיך פֿאַר זיי שלאָגן קאָפּ אָן וואַנט, אַז ניט איך?... „שוטה! אָפּגעריסענער נאַר! – פֿלעגט צו מיר אָפֿט מאָל זאָגן מײַן אַלטע. – אַוודאי באַדאַרפֿסטו זיך מפֿקיר זײַן פֿון פֿרעמדע קינדערס וועגן! אָט וועסטו זען, ווי מע וועט דיר אָפּדאַנקען מיט שטיינער פֿאַר דײַן אַפֿיקומן, וואָס דו ביסט!“... אַזוי פֿלעגט זי צו מיר זאָגן, און זי האָט געטראָפֿן: מע דאַנקט מיר אָפּ, מע דאַנקט מיר אָפּ מיט שטיינער, און נאָך מיט וואָסערע שטיינער! אָט וועט איר באַלד האָרכן, וואָס איך האָב אויף זיך פֿאַר אַ פּעקל. איך בין שטאַרקער פֿון אײַזן, הערט איר, אַז איך טראָג עס אַריבער...

קיצור, פֿון אַלע קינדער, וואָס מנשה, עליו־השלום, האָט איבערגע־לאָזט, איז דאָ איינער, דער קלענערער פֿון אַלע, הייסט ער דניאלטשיק – איז דאָס, ברוך־השם, אַ געראָטנס, אַ צאַצקעלע, אַ דניאלטשיק פֿון גאָט! פֿון קינדווײַז אָן איז דאָס געווען טאַקע עפּעס נאָר אַן אָנשיקעניש, און גענוג. ער האָט געקאָנט זיך פֿאַרגינען צו פֿינף יאָר פּאַטשן די מאַמע זײַנע מיט אַ כּאָ־ליעווע פֿון אַ שטיוול איבער די פּיסקעס, און דווקא שבת אין דער פֿרי פֿאַרן דאַוונען! אַראָפּרײַסן בײַ איר דעם שלייער, בשעת עס זיצט אַ פֿרעמדער מענטש – דאָס איז בײַ אים געווען אַ וואָכעדיקער גאַנג! די ייִדענע, זאָג איך אײַך, איז אַן אײַזערנע ייִדענע, אַז זי האָט דאָס געקאָנט אַריבערטראָגן פֿון אים! טאָג ווי נאַכט האָט מען געהאַט צו טאָן מיט דניאלטשיקן. אַלע מאָל,

muss? Man kann ja heutzutage, wie Ihr selbst sagt, nicht einmal auf die eige-
nen Kinder aufpassen und vor allem, wenn mit Gottes Hilfe noch ein böses
Kind dabei ist, dann ist es ganz und gar ein Segen! Der Menasche, er möge
mir's verzeihen, war ja ein einfacher Mensch und eine ehrliche Haut. Aber
Kinder hat er zurückgelassen, dass Gott sich erbarme! Eins schlimmer als das
andere! Nun ja, die älteren kann man noch ertragen. Einer ist taub, ein arm-
seliger Bursche, aus dem habe ich einen Handwerker gemacht. Der Zweite ist
nichts weiter als ein Schwachkopf, aber ruhig und still, er ärgert niemanden
und verlangt nichts. Beim Dritten hatten wir als Kind die Hoffnung, dass
etwas aus ihm wird, aber als er heranwächst, stellt sich heraus, er sucht die
Gesellschaft von allen Rumtreibern und war bald ein richtiger Scharlatan,
dass man vor ihm behütet und bewahrt bleiben möge! Er hat es so lange
getrieben, hat gewütet und getobt, geackert und gezackert und dies und das
und wer weiß was noch angestellt, bis ich ihm ein paar Rubel geben musste
und ab und ›Auf Wiedersehen‹ nach Amerika![115] Von Kind an hatte es ihn ja
nach Amerika gezogen, so waren wir ihn endlich los. Das Mädchen habe ich
verheiratet. Fast tausend Rubel Mitgift habe ich ihr gegeben, sie eingekleidet,
ihr die Hochzeit ausgerichtet mit Musikanten, mit diesem, mit jenem und
wer weiß was noch dazu. Alles wie es sich gehört, fast wie bei der eigenen
Tochter. Gibt's da was zu kritisieren? Was denn, ehrlich gesagt? Einen Vater
haben sie nicht, und sie, die Mutter nämlich, ist doch ein Rindvieh, wer wird
sich da für sie den Kopf zerbrechen, wenn nicht ich? ›Du Esel! Unverbesser-
licher Narr!‹, sagte mir meine Alte oft genug. ›Musst du dich denn unbedingt
wegen fremder Kinder umbringen? Du wirst es noch erleben, mit Steinen
wird man dir's bezahlen, was du als Vormund getan hast!‹ So sprach sie zu
mir; und wie recht sollte sie behalten! Jawohl, man dankt mir, man dankt mir
wirklich mit Steinen, und mit was für Steinen! Gleich werdet Ihr hören, was
ich mir da aufgebürdet habe. Ich muss wirklich härter als Eisen sein, hört Ihr,
wenn ich das alles aushalten kann.

Kurzum, von allen Kindern, die Menasche, Gott hab ihn selig, zurück-
ließ, ist einer da, der Jüngste von allen – Danieltschik heißt er –, das ist
mal ein Prachtstück, ein Danieltschik Gottes, gelobt sei Sein Name! Von
Kind an war er schon das reine Verhängnis, unglaublich! Als Fünfjähriger
besaß er die Dreistigkeit, seine eigene Mutter mit dem Stiefelschaft ins Ge-
sicht zu schlagen, und noch dazu am Sabbatmorgen, vor dem Gebet! Ihr den
Schleier runterzureißen, in Gegenwart eines Fremden, das war für ihn die
allernormalste Sache. Ich sage, die Frau muss ja von Eisen sein, dass sie das
alles von ihm hat aushalten können. Tag und Nacht gab es immer etwas mit
Danieltschik. Jedes Mal wenn ich zu ihnen kam, traf ich sie, die Witwe, in

ווען איך בין געקומען אַהין, האָב איך זי געטראָפֿן, די אַלמנה מיינט מען, זיצן און וויינען, מיט אַ טענה: פֿאַר וואָס האָט זי גאָט געשטראָפֿט מיט אַזאַ קינד? פֿאַר וואָס איז ער ניט אויסגערונען ביַי איר אין בויך, איידער ער האָט גאָר באַדאַרפֿט געבוירן ווערן אויף דער וועלט? דאָס, וואָס דניאלטשיק האָט איר געטאָן, קאָן מען גאָר נישט איבערדערציילן. ער האָט אַרויסגעגנבֿעט ווו ס׳איז געווען ביַי איר אַ שטיקל צירונג, אַ פֿינגערל, אַן אויערינגל, אַ שנירל פּערל, אַ זיַידן טיכל, אַ לעמפּל, אַ מעסערל, אַן אַלטע פּאָר ברילן, אַ דאָס, אַ יענץ, אַ וכדומה – אַלצדינג איז ביַי אים געווען אַ קרן, אַלצדינג האָט ער אַרויסגעטראָגן פֿון שטוב, פֿאַרקויפֿט און אויסגעגעבן אויף צוקערקעס, מיט ניס, מיט קאַוועגעס, מיט גוטן טיטון פֿאַר זיך און פֿאַר זיַינע חבֿרים. מאָלט איַיך, שיינע חבֿרימלעך! שלעפּערס, גנבֿים, שיכּורים – דער רוח ווייסט אים, ווו ער האָט זיי דערטאַפּט! וואָס ער האָט געהאַט האָט ער אַוועקגעגעבן די חבֿרים זיַינע: אַ ניַיע פּאָר שטיוול, אַ קאַפּעליוש, דאָס אייבערשטע העמד פֿון זיך... „דניאלטשיק, וואָס טוסטו? אַ ניַיע פּאָר שטיוול גייסטו און גיסט אַוועק?“... „נאַפּליעוואַט! – זאָגט ער. – אַ רחמנות, יענער גייט נעבעך באָר־וועס“... וואָס זאָגט איר אויף דעם בעל־רחמנות?! פֿון געלט שמועסט מען ניט: ווו ער האָט דערטאַפּט אַ מזומנעם גראָשן – האָט ער אַוועקגעגעבן דער חבֿרה זיַינער. „דניאלטשיק, אום גאָטעס ווילן, וואָס טוסטו דאָס?“... „נאַ־פּליעוואַט! – זאָגט ער. – יענער האָט אויך אַ נשמה, יענער באַדאַרף אויך עסן“... ווי געפֿעלט איַיך אַזאַ מין פֿילאָסאָף, אַ מכניס־אורח? אַז מע שמועסט אַ כּלי־שלמה, אַן „אויסוווירפֿלינג“ פֿון דער נאַטור! און אפֿשר מיינט איר – אַ נאַריש ייִנגל, אָדער חלילה נישט קיין שיין קינד? – אַ דורכגעטריבענער, אַ שיינער יונג, אַ געזונטער, אַ פֿריילעכער, אַ זינגער און אַ טענצער, נאָר עפּעס אַ בלוט אַזאַ טרפֿהס, צון אַלדע שוואַרצע יאָר!... וואָס האָבן מיר מיט אים נישט איבערגעטאָן? געפּרוּווט זיך מיט גוטן, געפּרוּווט זיך מיט בייזן; געהאַלטן דריַי טאָג מיט דריַי נעכט באַזונדער אין אַ קאַמער פֿאַרשלאָסן, געשלאָגן מיט אַן אַראַפּניק, צעבראָכן אויף אים אַ גוטן יאַמשאָוון שטעקן פֿון אַ דריַיערל – מיַינעם אַן אייגענעם שטעקן... ווי אַן אַרבעס אָן דער וואַנט! אַוועקגעגעבן אים צו אַ בעל־מלאָכה, געוואָלט מאַכן פֿון אים אַ זייגער־מאַ־כער, אַ גאָלדשמיד, אַ סטאָליער, אַ כּלי־זמר, אַ קאָוואַל, אַ דאָס, אַ יענץ, אַ וכדומה – אוממעגלעך! ער וויל נישט אַרבעטן, כאָטש נעם צעשניַיד אים אויף צווייען! „וואָס וועט זיַין פֿון דיר, דניאלטשיק?“ „אַ פֿריַי פֿייגעלע“. – זאָגט ער און לאַכט נאָך. „אַ פֿריַי פֿייגעלע? – [זאָג איך. –] אַן אַרעסטאַנט, אַ גנבֿ וועט פֿון דיר זיַין!“ „נאַפּליעוואַט!“ – מאַכט ער און דרייט זיך אויס און ווערט פֿאַרשוווּנדן.

קיצור, מיר האָבן אַ שפּיַי געטאָן אויף אים, געלאָזט וואַקסן, און ס׳איז אויסגעוואַקסן פֿון אים אַ תּכשיט, וואָס זאָלט איר קלערן! דאָס הייסט, גנבֿע־נען האָט ער אויפֿגעהערט; ס׳איז שוין ניט געווען כּמעט וואָס. נאָר גלאַט, די

Tränen und unter Klagen: Warum hat Gott sie mit so einem Kind gestraft? Warum ist er ihr nicht schon im Leib abgegangen, bevor er zur Welt kommen musste? Man kann gar nicht alles aufzählen, was Danieltschik ihr angetan hat. Und wie er gestohlen hat! Wo sich bei ihr ein bisschen Schmuck fand, ein Ring oder Ohrringe, eine Perlenkette, ein Seidentuch, eine Lampe, ein Messer, eine alte Brille, dies und jenes und wer weiß was noch, alles machte er zu Kapital, alles trug er aus dem Haus, verkaufte es und setzte es um, und zwar in Süßigkeiten, in Nüsse, Wassermelonen und teuren Tabak für sich und seine Kumpane. Ihr könnt Euch vorstellen, was für saubere Kameraden das waren! Rumtreiber, Diebe, Säufer, der Teufel mag wissen, wo er sie aufgeschnappt hat. Was er besaß, hat er den Kumpanen weitergegeben. Ein paar neue Stiefel, seinen Hut, sein Hemd. ›Danieltschik, was machst du da? Neue Stiefel gibst du einfach weg?‹ ›Napljewat!‹[116] – Ist mir vollkommen egal‹, sagt er. ›Soll der andere mir nicht leidtun? Er geht doch schon fast barfuß!‹ Was sagt Ihr zu solch einem Wohltäter? Von Geld ganz zu schweigen. Wo er einen Groschen erwischte, schaffte er ihn gleich zu seiner Kumpanei. ›Aber um Gottes willen, Danieltschik, warum machst du das?‹ ›Napljewat!‹, sagt er. ›Der andere hat doch auch eine Seele, er muss doch auch essen.‹ Nun, was sagt Ihr zu solch einem Philosophen und edlen Gastgeber? Es passt alles zusammen, er war wirklich ein Auswurf der Natur. Nun denkt Ihr vielleicht: Na ja, so ein dummer Kopf und eine traurige Figur? O nein, im Gegenteil, ein aufgeweckter, hübscher Junge, gesund und munter, immer am Singen und Tanzen. Nur durch und durch verdorben, dass ihn der Teufel hole! Was haben wir nicht alles mit ihm angestellt! Im Guten haben wir es versucht und im Bösen, ihn drei Tage und Nächte allein in eine Kammer eingeschlossen, mit einer Knute haben wir ihn verdroschen, einen kräftigen Bambusstock auf ihm zerschlagen – meinen eigenen Stock, drei Rubel war er wert –, alles umsonst! Zu Handwerkern schickten wir ihn in die Lehre, wir wollten einen Uhrmacher aus ihm machen oder einen Goldschmied, meinetwegen auch einen Schreiner oder Musikanten oder Hufschmied oder dies oder jenes und wer weiß was noch… Unmöglich! Arbeiten wollte er nicht, und wenn Ihr ihn in Stücke schneidet! ›Was soll aus dir werden, Danieltschik?‹ ›Ein Vogel ohne Käfig‹, sagt er und lacht dazu. ›Ein Vogel ohne Käfig? Hinter Gitter wirst du kommen, als Dieb wirst du enden!‹ ›Napljewat!‹, macht er nur, dreht sich um und verschwindet.

Kurzum, wir haben es aufgegeben, die Achseln gezuckt, haben ihn wachsen lassen, und als er richtig ausgewachsen war, ist ein Prachtstück aus ihm geworden. Ihr könnt Euch das vorstellen! Das heißt, mit dem Stehlen hat er Schluss gemacht, es war ja auch kaum noch was zu holen. Aber nicht mit

הנהגה זייַנע, די שיינע חבֿרימלעך און די פֿאַסטעמפּקעלעך זייַנע, מיט אַ מין הלבשה: אַ רויט העמדל איבער די הויזן מיט אַ פּאָר גרויסע שטיוול, האָר האָט ער זיך פֿאַרלאָזט, ווי אַ דיאַק, די מאָרדע האָט ער זיך אָפּגעגאָלט – אַ פּײַן בחורל!... צו מיר האָט ער קיין מאָל ניט געהאַט קיין העזה צוטרעטן. אַז ער האָט עפּעס באַדאַרפֿט האָבן, האָט ער געשאָסן דורך איר, דורך דער מאַמע מיינט מען. און די מאַמע איז אַזאַ בהמה, אַז זי האָט אים נאָך ליב אויך, דעם טײַערן קדיש. ס'איז פֿאַר איר אַלצדינג רעכט! איין מאָל קום איך אַרויס אין קלייט אַרײַן, איך טו אַ קוק – מײַן חבֿרה־מאַן איז דאָ, ער וואַרט אויף מיר.

– ברוך־הבא, אַ גאַסט, דניאלטשיק, זאָג איך. וואָס וועסטו זאָגן עפּעס גוטס?

– איך בין געקומען, מאַכט ער, אײַך זאָגן, אַז איך האָב חתונה.

– מזל־טובֿ, זאָג איך, אין אַ גוטער שעה. פֿאַר וועמען האָסטו חתונה?

– פֿאַר אַסנהן, – מאַכט ער.

– וואָסער אַסנה?

– אונדזער אַסנה, מאַכט ער, די וואָס זי איז געווען בײַ אונדז אין שטוב.

– אַלע בייזע וויסטע חלומות! – זאָג איך. – פֿאַר אַ דינסטמויד האָסטו חתונה?

– נאַפּליעוואַט! – מאַכט ער, – אַ דינסטמיידל איז דען קיין מענטש ניט?

– אַז אָך און וויי, זאָג איך, איז דער מאַמע דײַנער! ביסטו געקומען, הייסט עס, מיך רופֿן אויף דער חתונה?

– ניין! – מאַכט ער. – איך בין געקומען צו אײַך מכּוח מלבושים, מכּוח אויסקליידן זיך צו דער חתונה. מיר האָבן אויסגערעכנט, איך מיט אַסנהן, אַז מיר דאַרפֿן האָבן אַזוי: מיר אַ גאַרניטער אַ קאָרטענעם, און אַ גאַרניטער פֿון פּאַרוסינע אויף זומער, און העמדער אַ טוץ אונטערשטע, און אייבערשטע אַ האַלב טוץ; און אַסנהן – ציץ אויף אַ קליידל, און איין קליידל אַ וועלנס, און זאָנע אַ גאַנץ שטיקל אויף העמדער, מאַראָזאָווס זאָנע, און פֿוטער אויף אַ בורנעס, און שאַלעכלעך צוויי, און אַ האַלב טוץ נאָזטיכלעך, און אַ ביסל דאָס, און אַ ביסל יענץ, און אַ ביסל וכדומה...

– און ווײַטער גאָרנישט? – זאָג איך און האַלט זיך קוים אײַן פֿאַר געלעכטער.

– און ווײַטער גאָרנישט. – מאַכט ער.

קיצור, דאָ האָב איך מיך שוין מער ניט געקאָנט אײַנהאַלטן; ס'איז מיט אַ מאָל אָנגעפֿאַלן אויף מיר אַזאַ געלעכטער, אַז איך בין שיִער אַראָפּגעפֿאַלן פֿונעם בענקל. און אויף מיר קוקנדיק, האָבן זיך צעלאַכט אַלע מײַנע מענטשן. מיר האָבן שיִער צעטראָגן די קלייט פֿאַר געלעכטער! אַז איך האָב מיך גוט אויסגעלאַכט, רוף איך מיך אָן צו מײַן שיינעם חתן:

– זאָג מיר נאָר, איך בעט דיך, דניאלטשיק סערדצע, האָסט עפּעס אַרײַנגעלייגט צו מיר אַ גרויסן חלק אין קלייט אַרײַן, וואָס דו ביסט געקומען צו מיר מיט אַזאַ צעטל?

seinem Umgang, mit seiner schönen Kumpanei und seinen krummen Stück-
chen! Und dann auch sein Aufzug: das rote Hemd über den Hosen, große
Stiefel, die Haare aufgelöst, sie hängen rum wie bei einem Popen, das Gesicht
glattrasiert – ein feines Bürschchen! Zu mir zu kommen, traute er sich schon
gar nicht mehr. Wenn er etwas nötig hatte, verlangte er es durch sie, durch
seine Mutter. Und die Mutter ist solch ein Rindvieh, dass sie noch an ihm
hängt, dem teuren Sprössling. Alles ist ihr recht! Einmal komme ich zu ihr
in den Laden, ich schau mich um: Mein feiner Knabe ist wahrhaftig da, er
wartet sogar auf mich.

›Willkommen, Danieltschik, welch ein seltener Gast‹, sage ich, ›was hört
man Gutes?‹

›Ich komme vorbei, um Euch Bescheid zu sagen, dass ich heiraten will.‹

›Herzlichen Glückwunsch‹, sage ich, ›ich gratuliere. Wer ist denn die
Glückliche?‹

›Assna‹, sagt er.

›Welche Assna?‹

›Unsere Assna‹, meint er, ›die bei uns im Haus gewohnt hat.‹

›Ich glaube, ich träume‹, sage ich, ›eine Dienstmagd willst du heiraten?‹

›*Napljewat!*‹, meint er. ›Ist eine Magd vielleicht kein Mensch?‹

›Ach und Weh!‹, sage ich, ›es tut mir nur leid um deine Mutter. Und du
bist extra gekommen, um mich zur Hochzeit einzuladen?‹

›Nein‹, meint er, ›wegen der Kleider komme ich. Wegen der Sachen, die
wir für die Hochzeit brauchen. Wir beide, ich und Assna, haben ausgerech-
net, was nötig ist: für mich einen Anzug aus Baumwolle und einen anderen
aus Leinen für den Sommer, ein Dutzend Unterhemden und sechs Oberhem-
den und für Assna ein Kleid aus Kaliko, dazu eins aus Wolle, weiter ein gutes
Stück Kaliko für Hemden, Marke Morosow,[117] dann Pelz für einen Burnus,
zwei Schals, ein halbes Dutzend Taschentücher und ein wenig dies und jenes
und noch was.‹

›Und weiter nichts?‹, sage ich und habe Mühe, ernst zu bleiben.

›Weiter nichts‹, meint er.

Nun, jetzt konnte ich nicht mehr an mich halten. Ich musste auf einmal
so lachen, dass ich fast vom Stuhl gefallen bin. Meine Leute im Haus schauen
mich an und brechen ebenfalls in Gelächter aus. Wir haben so sehr gelacht,
dass wir fast den Laden demoliert haben. Aber, als ich mich ausgelacht hatte,
sagte ich zu meinem schönen Bräutigam:

›Sag mir, bitte sehr, mein lieber Danieltschik, hast du vielleicht etwas bei
mir in den Laden eingezahlt, dass du mit solch einer Liste zu mir kommst?‹

– איך ווייס ניט, מאַכט ער צו מיר, איך ווייס ניט אַקוראַט, וויפֿל עס נעמט זיך אָן אויף מײַן חלק. נאָר ווערדליך דאָס געלט, וואָס ס׳איז געבליבן פֿון מײַן טאַטן, אַז מע זאָל דאָס טיילן אויף פֿינף חלקים, וועט דאָס אויף מײַנע חתונה־קליידער כאַפּן, און עס וועט נאָך עפּעס, דאַכט מיר, בלײַבן אויף נאָך דער חתונה אויך...

קיצור, וואָס זאָל איך אײַך זאָגן? אַז ער האָט מיר אויסגערעדט די דאָזיקע ווערטער, איז גלײַך ווי עמעצער זאָל מיר געבן מיט אַ פּיסטויל אין האַרצן, אָדער אָפּשיטן מיט פֿײַער, אָדער אָפּגיסן מיט הייס וואַסער, אָדער איך ווייס אַליין ניט מיט וואָס! ס׳איז מיר פֿינצטער געוואָרן אין די אויגן! איר פֿאַרשטייט? לאָ־די וואָס איך האָב געהאַט מיט זיי צו טאָן אַזוי פֿיל יאָרן, געטראָגן אויף זיך אַן אַלמנה נעבעך מיט פֿינף קינדער, אַלעמען פֿאַרזאָרגט און חתונה געמאַכט, און געדאָסט, און געיענצט, און געוואָכדומהט, צום סוף וואַקסט אויס אַזאַ שייגעץ אויף מײַן קאָפּ און גיט מיר אָנצוהערעניש וועגן חלקים גאָר!...

– נו, נישט מײַנע ווערטער? – מאַכט צו מיר מײַנע. – האָב איך דיר ניט געזאָגט, אַז מע וועט דיר אָפּדאַנקען מיט שטיינער?...

קיצור, וואָס טויג אײַך, איך האָב געגעבן אַלצדינג, וואָס ער האָט געוואָלט. וואָס וועל איך גיין האָבן צו טאָן מיט אַזאַ שנעק? עס פּאַסט גאָר נישט פֿאַר מיר! נאַ, גיי צו אַלדע שוואַרצע יאָר, וואַרג זיך, ווער פֿאַרברענט, פֿאַרשׂרפֿהט, אַבי פּטור ווערן פֿון אַ שלאַק!... מיינט איר, אַז איך האָב שוין דערמיט געפּטרט? וואַרט אויס, וועט איר ערשט הערן. אין אַ חודש אַרום נאָך דער חתונה קומט ער צו גיין צו מיר, דער שיינער יונגער־מאַנטשיק, איך זאָל אים, למען־השם, באַלד געבן צוויי הונדערט מיט דרײַ און צוואַנציק קערבלעך.

– וואָס איז פֿאַר אַ חשבון צוויי הונדערט מיט דרײַ און צוואַנציק קערבלעך? – פֿרעג איך אים.

– אַזוי טרעפֿט אָן, מאַכט ער צו מיר גאַנץ קאַלטבלוטיק, דאָס בירשענקל מיטן ביליאַרד.

– וואָסער בירשענקל? וואָסער ביליאַרד?

– איך האָב מיר געמאַכט, זאָגט ער, אַ געשעפֿט: איך האָב איבערגענומען אַ בירשענקל מיט אַ ביליאַרד. אַסנה וועט פֿאַרקויפֿן ביר און איך וועל זײַן בײַם ביליאַרד, אַכטונג געבן, ווי מע שפּילט אויף ביליאַרד. מע קאָן דערפֿון, זאָגט ער, האָבן שיין פּרנסה.

– אַ שיינע פּרנסה! – זאָג איך צו מײַן נײַעם בעל־פּרנסה. – עס פּאַסט טאַקע פֿאַר דיר אַזאַ פּרנסה, אַ שענקל מיט אַ ביליאַרד!

– נאַפּליעוואַט! – מאַכט ער. – אַבי נישט צונעמען בײַ יענעם. איין מאָל אין טאָג אַ שטיקל טרוקן ברויט, אַבי נישט קיין פֿרעמדס...

ווי געפֿעלט אײַך, אַ שטייגער, דניאַלטשיק רעדט מיר פֿילוסופֿיה!...

– געזונטערהייט! – זאָג איך. – פֿאַרקויפֿט אײַך ביר און שפּילט אײַך אויפֿן ביליאַרד. וואָס געהער זיך דאָס אָן מיט מיר?

›Ich weiß nicht‹, meint er zu mir, ›jedenfalls nicht genau, wie viel mein Anteil ist. Aber was das Geld angeht, das von meinem Vater her noch da sein muss, wenn man das in fünf Teile aufteilt, wird es für meine Hochzeitskleider reichen, und ich bin sicher, es wird noch etwas übrig bleiben, wenn die Hochzeit vorbei ist.‹

Nun, was soll ich Euch erzählen? Als er diese Sätze sprach, da war mir's, als hätte mich jemand mit einer Pistole ins Herz getroffen, mich mit Feuer überschüttet oder heißes Wasser über mich gegossen oder wer weiß was noch… Es wurde mir fast schwarz vor den Augen. Begreift Ihr das? Nicht genug, dass ich mit ihnen all die Jahre so viel Scherereien hatte! Die Verantwortung tragen für eine Witwe mit fünf Kindern, jeden Einzelnen versorgen und verheiraten und dies und jenes und wer weiß was noch! Und am Ende wächst da so ein Flegel heran und erzählt mir was von Anteilen…

›Na, hab ich es dir nicht gesagt?‹, meint meine Alte. ›Hab ich es dir nicht gleich gesagt, dass man dir mit Steinen danken wird?…‹

Kurzum, was soll's, ich hab es ihm gegeben, alles was er verlangt hat. Was soll ich mich mit solch einem Wicht abgeben? Das ist unter meiner Würde. Da, hast du's, scher dich zum Teufel, ersticke, gehe im Feuer unter, verbrenne, wenn man nur solch ein Verhängnis wie dich loswird!

Meint Ihr aber, dass ich ihn wirklich los war? Wartet nur ab, Ihr werdet was Schönes hören: Etwa einen Monat nach der Hochzeit taucht er wieder bei mir auf, der prächtige junge Herr. Ich solle ihm, bitte schön, zweihundertdreiundzwanzig Rubel geben.

›Was soll denn das wieder heißen? Wie kommst du denn auf solch einen Betrag, zweihundertdreiundzwanzig Rubel?‹, frage ich ihn.

›So viel‹, sagt er ganz seelenruhig und kühl zu mir, ›kostet die Bierkneipe mit dem Billardtisch.‹

›Was für eine Bierkneipe? Welcher Billardtisch?‹

›Ich habe ein Geschäft angefangen. Ich übernehme eine Bierschenke mit einem Billardtisch. Assna verkauft das Bier, und ich stehe beim Billard und passe auf, dass richtig gespielt wird. Davon kann man gut leben.‹

›Gut leben?‹, sage ich zu meinem neuen Großverdiener. ›Passt das vielleicht für dich, ist das das Richtige, eine Schenke und ein Billard?‹

›Napljewat!‹, meint er, ›wenn man nur nicht von anderen Leuten abhängig ist. Und wenn's nur ein Stück trocken Brot ist, aber wenigstens nicht von fremden Leuten.‹

Was sagt Ihr dazu, Danieltschik lehrt mich Philosophie!

›Alles Gute‹, sage ich! ›Verkauft nur Euer Bier und spielt Euer Billard, aber was habe ich damit zu tun?‹

– עס געהער זיך אָן, זאָגט ער, מיט אײַך, ווײַל איר דאַרפֿט געבן געלט, צוויי הונדערט מיט דרײַ און צוואַנציק קערבלעך.

– וואָס הייסט, איך דאַרף געבן? – זאָג איך. – פֿון וואָסער געלט, אַ שטייגער?

– פֿון מײַן טאַטנס געלט, מאַכט ער און פֿאַרקרימט זיך אַפֿילו ניט!

איר ווײט מיר גלייבן? עס האָט זיך מיר בשעת־מעשׂה געגלוסט אָננעמען אים פֿאַרן קאַרק און אַרויסוואַרפֿן אים פֿון קלייט צו אַלדע שוואַרצע יאָר!... נאָר צוריק האָב איך מיך מישבֿ געווען: מיט וועמען וועל איך מיר דאָ, מי־שטיינס געזאָגט, פֿאַסקודיקן די הענט? כאַפּט אים דער וואַטן־מאַכער! לאָז מײַנס איבערגיין!...

– זאָג מיר, דניאלטשיק, מאַך איך צו אים, דו ווייסט כאָטש, וויפֿל ס׳איז פֿון דײַן טאַטן געבליבן געלט?

– ניין, מאַכט ער, וואָס דאַרף איך עס וויסן? איך וועל נאָך צײַט האָבן צו וויסן איבער אַ יאָר, אם־ירצה־השם, אַז ס׳וועט מיר ווערן איין און צוואַנציק יאָר, וועל איך בײַ אײַך דעמאָלט אָפּנעמען דין־וחשבון... דערווײַל גיט מיר די צוויי הונדערט דרײַ און צוואַנציק קערבלעך, לאָמיך גיין.

דערהערט אַזעלכע דיבורים, איז מיר פֿינצטער געוואָרן אין די אויגן. מיינט איר, פֿאַר וואָס? נישט מחמת איך האָב חלילה מורא פֿאַר עמעצן, וואָרעם וואָס האָב איך מורא צו האָבן? איך האָב קאַרג אויסגעבראַכט זיך אויף זיי? אַ ווערטעלע אויסצורעדן – אויסגעהאַלטן אַזוי פֿיל צײַט אַן אַלמנה נעבעך מיט פֿינף קינדער, אַלעמען פֿאַרזאָרגט און חתונה געמאַכט, און גע־דאָסט, און געיענצט, און געוכדומהט, – קומט אַזאַ שנעק און רעדט גאָר פֿון אָפּנעמען בײַ מיר דין־וחשבון!

קיצור, איך האָב אַרויסגענומען און האָב אים געגעבן צוויי הונדערט דרײַ און צוואַנציק קאַרבן, און געבעטן גאָט, ער זאָל מיך כאָטש לאָזן צו רו... און ס׳איז טאַקע אַוועקגעגאַנגען אַ צײַט, איך האָב נישט אָנגעקוקט דעם פּנים זײַנעם. פּלוצעם, איך קום אַ מאָל צו גיין אַהיים – אַהאַ, ער איז דאָ!... עס האָט זיך מיר אָפּגעריסן אין האַרצן, אַז איך האָב אים דערזען. נאָר אַרויסבאַווײַזן אים, אַז עס אַרט מיך, טאָר מען נישט. מאַך איך זיך תּמעוואַטע און רוף מיך אָן צו אים:

– אָ! אַ גאַסט! וואָס איז די מעשׂה, דניאלטשיק, וואָס מע זעט דיך ניט? וואָס מאַכסטו עפּעס אין געזונט? ווי גייט דאָס דיר אין די „געשעפֿטן"?

– געזונט, מאַכט ער, נאַפּליעוואַט! נאָר די געשעפֿטן זענען נישט אין בעסטן.

„מזל־טובֿ דיר! – טראַכט איך מיר. – זאָלסט דערלעבן אָנזאָגן בעסערע בשׂורות!... דאָס שמעקט שוין מיט פֿריש געלט"...

– דהײַנו, וואָס איז? – זאָג איך. – עס לייזט זיך ניט קיין געלט?

›Es hat mit Euch zu tun‹, sagt er, ›weil Ihr mir das Geld geben werdet. Genau zweihundertdreiundzwanzig Rubel.‹

›Was heißt, ich *werde* dir geben?‹, sage ich, ›von welchem Geld zum Beispiel?‹

›Vom Geld meines Vaters‹, meint er und verzieht nicht einmal das Gesicht dabei.

Ihr könnt mir's ehrlich glauben, ich hatte in diesem Moment nicht übel Lust, ihn beim Kragen zu packen und ihn aus dem Laden zu werfen, dahin, wo der schwarze Pfeffer wächst!… Aber dann habe ich mir wieder überlegt: An wem würde ich mir da die Hände schmutzig machen? Soll er sich doch zum Teufel scheren, besser, ich packe ihn mir auf *meine* Weise: ›Sag mir, Danieltschik‹, meine ich ganz ruhig zu ihm, ›anscheinend weißt du genau, wie viel Geld von deinem Vater übrig geblieben ist?‹ ›Nein‹, meint er, ›warum muss ich das wissen? Es reicht mir, dass ich es in einem Jahr erfahre, wenn ich, so Gott will, einundzwanzig werde, dann will ich wiederkommen und genau mit Euch abrechnen. Derweil gebt mir die zweihundertdreiundzwanzig Rubel, und ich bin weg.‹

Als ich diese Worte hörte, ist mir wirklich schwarz vor den Augen geworden. Was glaubt Ihr warum? Nicht etwa, dass ich vor irgendjemand Angst habe, Gott bewahre, wovor sollte ich Angst haben? Habe ich mir vielleicht nicht genug Mühe gegeben? Schon der Gedanke allein ist eine Frechheit! So lange Zeit eine Witwe mit fünf Kindern unterhalten und sie alle miteinander versorgt und verheiratet, dies getan und jenes getan und wer weiß was noch! Und da kommt so ein Wicht daher und will von mir Rechenschaft fordern?

Kurzum, ich habe die zweihundertdreiundzwanzig Rubel herausgeholt und sie ihm gegeben – und Gott gebeten, er möge mich jetzt wenigstens in Ruhe lassen. Und es vergeht wirklich eine ganze Zeit, in der ich ihn nicht zu Gesicht bekomme.

Aber eines Tages, ich komme einmal nach Hause, oho, da ist er wieder! Einen Riss gab es mir im Herzen, als ich ihn sah. Aber ihm noch zeigen, was in mir vorgeht, das geht natürlich nicht. Ich stelle mich also dumm und rufe ihm zu:

›Aha, welch hoher Gast, was ist los, Danieltschik, dass man dich niemals sieht? Du bist doch noch gesund? Was machen die Geschäfte?‹

›*Napljewat!*‹, meint er, ›die Gesundheit ist mir vollkommen egal, aber die Geschäfte gehen nicht sehr gut.‹

Du kannst dir noch gratulieren, sage ich mir, wenn nicht noch etwas Schöneres kommt! Das riecht wieder nach neuem Geld!

›Was denn?‹, frage ich, ›was ist denn los? Verdienst du dein Geld nicht mehr?‹

– וואָסער געלט? ווער רעדט פֿון געלט? געלט, מאַכט ער, נאַפּליעוואַט! איך האָב שוין ניט קיין בירשענק, איך האָב שוין ניט קיין ביליאַרד, איך האָב שוין ניט קיין ווײַב. זי האָט מיך אַוועקגעוואָרפֿן, אַסנה הייסט עס. נאָר כאַפּט זי דער רוח, נאַפּליעוואַט! איך פֿאָר אַוועק, זאָגט ער, קיין אַמעריקע. מײַן ברודער רופֿט מיך שוין לאַנג קיין אַמעריקע.

דערהערט, אַז ער פֿאָרט קיין אַמעריקע, איז מיר אַראָפּ אַ שטיין פֿונעם האַרצן. ער האָט מיט אַ מאָל באַקומען חן אין מײַנע אויגן. איך זאָל מיך ניט שעמען, וואָלט איך אים אַרומגעכאַפּט קושן...

– קיין אַמעריקע? – זאָג איך, – מהיכא־תּיתי. אַמעריקע, זאָגט מען, איז אַ פֿרײַ לאַנד. מענטשן, זאָגט מען, ווערן דאָרט גליקלעך, זענען מאַסף־ממון. ובפֿרט, אַז מע האָט נאָך דאָרטן אַן אייגענעם, איז גאָר גוט... ביסטו געקומען, הייסט דאָס, זיך געזעגענען מיט מיר? זײַער פֿײַן פֿון דײַן זײַט... זאָלסט כאָטש ניט פֿאַרגעסן דאָרטן אַ מאָל אַרײַנשרײַבן אונדז אַ בריוול. פֿאָרט היימישע מענטשן, ווי זאָגט ער... דניאל, אפֿשר כאַפּט דיר נישט אויף הוצאָות? קאָן איך דיר געבן צושטײַער...

– צוליב דעם, זאָגט ער, בין איך טאַקע אַרײַנגעקומען צו אײַך. גיט מיר דרײַ הונדערט קאַרבן, דאַרף איך האָבן.

– דרײַ הונדערט קאַרבן? – זאָג איך. – עס וועט אפֿשר זײַן אַ ביסל צו פֿיל? טאָמער וואָלט געווען גענוג ק״ן?

– וואָס באַדאַרפֿט איר זיך מיט מיר דינגען? איך ווייס דען ניט, אַז איך זאָל אײַך זאָגן פֿיר הונדערט, וועט איר מיר געבן פֿיר הונדערט אויך, און פֿינף הונדערט אויך, און זעקס הונדערט אויך?... נאָר איך באַדאַרף ניט קיין געלט, נאַפּליעוואַט! איך באַדאַרף נאָר דרײַ הונדערט קאַרבן אויף הוצאָות.

אַזוי מאַכט ער צו מיר, דניאלטשיק הייסט עס, און קוקט מיר גלײַך אין די אויגן אַרײַן. „דרײַ הונדערט מכּות, קלער איך מיר, זאָל זיך מײַנע שׂונאים זעצן אויפֿן לײַב! איך זאָל כאָטש וויסן – אַן עק, אַז דערמיט האָט זיך פֿאַר־שלאָסן די ערד, און ער וועט שוין אויפֿהערן קומען צו מיר אַלע מאָל דאָסן און יענצן און וכדומהן!“...

קיצור, כ'האָב אַרויסגענומען און אָפּגעציילט אים דרײַ הונדערטער אַחת־ואַחת, און נאָך געקויפֿט אַ מתּנה דעם עלטערן ברודער זײַנעם, אַ גאַנצן פֿונט טיי וויסאָצקיס, מיט גוטע פּאַפּיראָסן אַ טויזנט, מיט עטלעכע פֿלעשלעך כּרמל־ווײַן, און חוץ־לזה האָט אים מײַן ווײַב אָפּגעבראָטן אַ קאַטשקע, מיט־געגעבן בולקעס מיט מאַראַנצן, מיט צרות, מײַנע שׂונאים, מיט האַרצווייטיק, מיט דאָס, מיט יענץ, מיט וכדומה אויפֿן וועג, און מיר האָבן אים אַרויסבאַגלייט צום באַן, זיך גאַנץ פֿײַן אָפּגעזעגנט מיט אים, צעקושט, ווי מיט אַן אייגן קינד, געוויינט מיט טרערן, גאָט זאָל מיר אַזוי העלפֿן, פֿאָרט אויף מײַנע הענט אויסגעוואַקסן, און טאַקע אַ ווױלער יונג, למאַי זאָל איך לייקענען? ער איז

›Wieso Geld, wer redet von Geld? Geld‹, meint er, ›ist mir vollkommen egal, *napljewat!* Die Bierschenke ist dahin, das Billard ist dahin und die Frau auch. Sie hat mich rausgeschmissen, Assna, meine ich. Dass sie zur Hölle fahre, *napljewat!* – ist mir auch vollkommen egal! Ich fahre weg‹, sagt er, ›nach Amerika! Mein Bruder will schon lange, dass ich nach drüben komme.‹

Als ich höre, er will nach Amerika fahren, ist mir ein Stein vom Herzen gefallen. Mit einem Mal sah er gar lieblich aus in meinen Augen. Wär es nicht aus Scheu, ich hätte ihn glatt umarmt und geküsst…

›Nach Amerika, nach Amerika?‹, sage ich, ›nun ja, warum nicht? Man sagt ja, Amerika ist ein freies Land. Die Leute machen dort ihr Glück und haben einen Haufen Geld. Und vor allem, wenn man drüben noch eigenes Fleisch und Blut hat, das kann nie schaden. So bist du also vorbeigekommen, um dich zu verabschieden? Das ist schön von dir. Vergiss ja nicht, uns mal ein Briefchen zu schreiben, wenn du angekommen bist. Man hängt doch aneinander, wie man so sagt… Daniel, vielleicht brauchst du etwas für die Kosten? Soll ich dir vielleicht einen Vorschuss geben…?‹

›Genau deshalb bin ich zu Euch gekommen‹, sagt er, ›gebt mir dreihundert Rubel, die fehlen mir.‹

›Dreihundert Rubel?‹, sage ich. ›Reichen nicht vielleicht hundertfünfzig?‹

›Was werde ich mit Euch feilschen! Ich weiß gut genug, wenn ich vierhundert sage, werdet Ihr mir auch vierhundert geben und auch fünfhundert und sogar sechshundert! Aber ich brauche kein Geld, *napljewat* – das ist mir vollkommen egal! Ich habe nicht mehr als dreihundert Rubel für die Fahrtkosten nötig.‹

So redet er zu mir, Danieltschik, und schaut mir direkt in die Augen. Dreihundert Schläge sollen meine Feinde kriegen, denke ich bei mir. Wenn ich nur sicher bin, dass endlich Schluss ist, dass die Erde über ihm zugeht, und er nicht mehr dauernd zu mir kommt wegen diesem und jenem und wer weiß weswegen noch…

Kurzum, ich habe dreihundert Rubel geholt und sie ihm auf die Hand ausgezahlt. Dazu kaufte ich noch ein Geschenk für den älteren Bruder, ein ganzes Pfund Wissotzky-Tee,[118] dazu runde eintausend gute Zigaretten und ein paar Flaschen Karmelwein. Außerdem hat ihm meine Frau eine Ente gebraten, Semmeln und Orangen auf die Reise mitgegeben, und das alles mit Klagen, mit Jammern, meine Feinde sollen so etwas erleben. Lauter Herzeleid und Kummer und dies und jenes und wer weiß was noch… Wir haben ihn zur Bahn gebracht, haben uns brav von ihm verabschiedet, haben ihn geküsst wie das eigene Kind, echte Tränen geweint. Gott helfe mir, unter meinen eigenen Händen ist er doch aufgewachsen, und im Grunde ist es ein

נאָר אַ ביסל פֿאַרשייט, ווײַטער האָט ער אַ האַרץ, אויף מיר אַזאַ יאָר! איך וועל אײַך זאָגן דעם ריינעם אמת: אַ ביסל בין איך געווען צופֿרידן, וואָס ער איז אַוועקגעפֿאָרן, פּטור געוואָרן פֿון אַ פּריטשעפּע... און אַ ביסל האָט מיר ווײ געטאָן דאָס האַרץ: אַ יונג קינד, נעבעך נע־ונד, מי־יודע ווּוּהין ער קאָן פֿאַרפֿאָרן, און וואָס סע קאָן פֿון אים ווערן דאָרטן?... ער זאָל כאָטש שרײַבן אַ מאָל אַ בריוול... און אפֿשר איז גלײַכער, ער זאָל גאָר ניט שרײַבן. לאָז ער זיך לעבן דאָרטן הונדערט און צוואַנציק יאָר און זײַן גליקלעך! איך האָב געבעטן גאָט פֿאַר אים, ווי פֿאַר אַן אייגן קינד, מעגט איר מיר גלייבן!...

כּך־הווה. עס איז ניט אַוועקגעגאַנגען קיין צוויי יאָר אַפֿילו פֿון זינט ער האָט זיך אַוועקגעלאָזט קיין אַמעריקע, עפֿנט זיך ניט די טיר און עס קומט ניט אַרײַן עפּעס אַ מין דײַטש מיט אַ הויכן קאַפּעליוש, אַ שיינער יונגאַטש, אַ געזונטער, אַ ברייט־ביינעקער און אַ פֿריילעכער, און כאַפּט מיך ניט אַרום קושן?

– וואָס איז די מעשׂה? – זאָגט ער. – איר האָט מיך ניט דערקענט, צי איר מאַכט זיך, אַז איר דערקענט מיך ניט?

– טפֿו זאָלסטו ניט ווערן! דניאלטשיק, ס׳איז דו? – זאָג איך מיט אַ געלעבטער כּלומרשט, און אין האַרצן קאָכט אין מיר אַ פֿײַער, און איך טראַכט מיר: „פֿאַר וואָס ביסטו דאָרטן נישט געהרגעט געוואָרן, מײַנע שׂונאים, ערגעץ אויפֿן באַן, אָדער דערטרונקען געוואָרן אויפֿן ים?“... – ווען קומסטו אָן, דניאלטשיק, און וואָס טוסטו הי?

– קומען קום איך אָן, זאָגט ער, הײַנט אין דער פֿרי. און וואָס טו איך הי? איך בין, זאָגט ער, געקומען צו אײַך זיך צערעכענען.

דערהערט אָט דאָס וואָרט „זיך צערעכענען“, איז מיר שוין געוואָרן דרײַ לעבער אין האַרצן. וואָס פֿאַר חשבונות האָט ער מיט מיר, דער שאַרלאַטאַן?... נאָר איך האָב מיך אָנגענומען מיט האַרץ און רוף מיך אָן צו אים:

– וואָס האָסטו זיך נאָך באַדאַרפֿט מטריח זײַן אַזש פֿון דאָרטן אַהער? ממה־נפֿשך, האָסט געוואָלט מאַכן אַ חשבון, האָסטו געקאָנט אָפּשיקן מיר דורך דער פּאָסט, וואָס מיר קומט אַרויס...

– וואָס אײַך קומט אַרויס? – זאָגט ער מיט אַ שיין געלעכטערל. – איך ווייס ניט, פֿון וועמען עס קומט אַרויס... איך האָב מורא, אַז עס קומט פֿון אײַך אַרויס...

– וועמען? – זאָג איך. – דיר אפֿשר קומט אַרויס?...

– מיר, זאָגט ער, און מײַנע ברידער און מײַן שוועסטער – אונדז אַלעמען... איך בין דאָס געקומען אומיסטנע פֿון אַמעריקע זיך צערעכענען מיט אײַך פֿאַר אונדז אַלעמען... איך וויל אַ חשבון פֿונעם טאַטנס געלט. וואָס אײַך קומט – וועט איר זיך אָפּנעמען; וואָס אונדז קומט – וועט איר אונדז אַרויסצאָלן. און טאָמער וועט גיין דאָרטן אין אַ קלייניקייט, איז נאַפּליעוואַט; מיר וועלן מסתּמא דורכקומען, חלילה זיך נישט קריגן... וואָס זשע מאַכט איר עפּעס? וואָס מאַכן די קינדער אײַערע? איך האָב זיי געבראַכט איטלעכן באַזונדער אַ מתּנה...

guter Junge, warum soll ich das abstreiten? Er ist nur ein bisschen dreist, aber im Übrigen hat er ein gutes Herz, wirklich und wahrhaftig. Ich will Euch die reine Wahrheit sagen: Ein bisschen froh war ich schon, dass er wegfuhr und ich den ewigen Schmarotzer los war, aber ein bisschen tat es mir auch leid im Herzen: ein halbes Kind noch, allein auf der Welt, wer weiß, wo er hinkommt und was dort aus ihm wird? Wenn er wenigstens mal ein Briefchen schreibt... Aber vielleicht ist es auch besser, wenn er gar nicht schreibt, soll er dort hundertzwanzig Jahre alt werden und glücklich sein. Ich habe Gott für ihn angerufen wie für das eigene Kind, das könnt Ihr mir glauben.

So war es nun gut. Es vergehen aber nicht mal zwei Jahre, seit er nach Amerika weg ist, da geht die Tür auf und herein kommt ein Typ, gekleidet wie ein Deutscher, mit einem hohen Hut, ein gutaussehender junger Mann, gesund, breitbeinig und munter. Er umarmt und küsst mich.

›Was ist denn los‹, sagt er, ›habt Ihr mich nicht erkannt?‹

Da soll einem nicht schlecht werden! ›Danieltschik, du bist es wirklich!‹, sage ich und tue, als ob ich lache, aber tief im Herzen kocht es in mir, und ich denke bei mir: Warum bist du da drüben nicht umgekommen, bei meinen Feinden, irgendwo auf der Bahn oder im Meer ertrunken? ›Seit wann bist du da, Danieltschik, und was machst du hier?‹

›Heute Morgen bin ich angekommen‹, sagt er. ›Und was ich hier will? Ich bin gekommen, um mit Euch abzurechnen!‹

Als ich höre ›abzurechnen‹, ist mir *gleich* ganz übel geworden. Was will er mit mir abrechnen, der Scharlatan? Aber ich habe mich gefasst und sage zu ihm: ›Warum musstest du dafür extra von dort herkommen? Du willst mit mir abrechnen, in Ordnung, da hättest du mich doch durch die Post fragen können, was du mir schuldig bist?...‹

›Was ich Euch schuldig bin?‹, sagt er und lacht dabei aus vollem Hals. ›Ich weiß nicht, wer wem was schuldig ist... Ich fürchte, Ihr habt eine Schuld zu bezahlen.‹

›Was soll denn das heißen‹, sage ich, ›sollte ich vielleicht *dir* noch etwas bezahlen?‹

›Mir‹, sagt er, ›und meinen Brüdern und meiner Schwester. Uns allen miteinander. Deshalb bin ich extra aus Amerika gekommen, um mit Euch für uns alle abzurechnen. Ich brauche eine Abrechnung von Vaters Geld. Was *Ihr* ausgegeben habt, könnt Ihr abziehen, und was *uns* gehört, werdet Ihr *uns* auszahlen. Wo es dabei um Kleinigkeiten geht, *napljewat*, das ist mir vollkommen egal. Wir werden schon zurechtkommen und nicht miteinander streiten... Nun, wie geht es *Euch*? Was machen Eure Kinder? Ich habe für jedes extra ein Geschenk mitgebracht...‹

מיר איז אָפּגעגאַנגען אַ מינוט צו חלשן, אָדער כאַפּן אַ בענקל און פּלעטן אים דעם קאָפּ... איך האָב מיך אײַנגעהאַלטן און האָב אים געהייסן קומען, אם־ירצה־השם, נאָך שבת, וועלן מיר זיך רעכענען, און אַליין בין איך אָפּגע־פֿאָרן פֿון דער היים זיך צעפֿרעגן בײַ אַדוואָקאַטן, וואָס טוט מען, ווי אַזוי ווע־רט מען פּטור פֿון דעם דאָזיקן פּעקל?... די אַדוואָקאַטן אָבער, ווייסט זיי דער גוטער יאָר, צי זיי ווייסן טאַקע ניט, צי זיי מאַכן זיך ניט ווויסנדיק?... דער זאָגט, אַז ווי באַלד ס׳איז איבערגעלאָפֿן מער פֿון צען יאָר, איז פֿאַרפֿאַלן. דער זאָגט: ניין, בין איך אַן אַפּיקומן, אַן אָפּעקון הייסט עס, מעג איבערגיין הונדערט יאָר, דין־וחשבון באַדאַרף איך אָפּגעבן... פֿרעג איך אַ קשיא: „ווי אַזוי זאָל איך געבן דין־וחשבון, אַז איך האָב נישט קיין בוך און קיין שום חשבונות?״... זאָגט דער אַדוואָקאַט: „איז טאַקע נישט גוט״... „נישט גוט, זאָג איך, ווייס איך אַליין; איר גיט מיר בעסער אַן עצה, וואָס טוט מען?״... איז נישטאָ קיין ווערטער!... איך בין אַן אײַזערנער, הערט איר, אַז איך האַלט דאָס אויס! צו וואָס האָט דאָס מיר געטויגט, פֿרעג איך אײַך, דער גאַנצער משא־ומתן מיטן קלאַפּאָט, מיטן גאַנצן דאָס, מיטן יענץ, מיטן וכדומה? וועלכער רוח האָט מיך געטראָגן, איך זאָל ווערן אַן אַפּיקומן אויף פֿרעמדע קינדער? וואָלט דען ניט געווען גלײַכער טויזנט מאָל, איך זאָל געווען דעמאָלט ליגן אויף אַ היציק שלאַפֿקייט, אָדער אויסברעכן זיך אַ פֿוס, אָדער אַזוי עפּעס אַן אומגליק זאָל מיך געווען טרעפֿן, אַבי ניט האָבן אויף זיך אַזאַ פּעקל, מיט אַן אַפּיקומן, מיט אַן אַלמנה נעבעך, מיט יתומים, מיט אַ דניאַלטשיק, מיט אַ חשבון, מיט אַ דאָס, מיט אַ יענץ, מיט אַ וכדומה?...

ענדע געשיכטע נומער זיבעצן.

געשריבן אין יאָר 1902.

Noch eine Minute, und ich wäre ohnmächtig geworden oder hätte mir einen Stuhl gegriffen und ihm den Schädel eingeschlagen… Ich habe mich aber bezwungen und ihm gesagt, dass er, so Gott will, nach dem Sabbat wiederkommen soll. Sofort danach bin ich von zu Hause weggefahren, um mich bei den Advokaten zu erkundigen: Was soll man tun, und wie kann ich aus dieser Sache rauskommen? Die Advokaten aber – soll sie der Teufel ins Gebet nehmen! –, entweder wissen sie wirklich nichts oder sie tun so. Der eine sagt, wenn mehr als zehn Jahre vorbeigegangen sind, ist alles erledigt. Der andere aber meint, nein, wenn ich ein Vormund bin, ein Verwalter also, könnten hundert Jahre vorübergehen, ich muss doch Rechenschaft ablegen. Ich frage also: Wie soll ich Rechenschaft ablegen, wenn nichts aufgeschrieben und nichts aufgestellt war? Der Advokat aber sagt: In diesem Fall steht es wirklich schlecht. Schlecht, schlecht, sage ich, das weiß ich selbst, gebt mir besser einen Rat, was ich machen soll! Hat man da noch Worte! Ich muss von Eisen sein, hört Ihr, wenn ich das durchstehe! Was hat mir das Ganze eingebracht, der ganze Handel und die ganze Plackerei und dies und jenes und wer weiß was noch? Welcher böse Geist hat mich getrieben, dass ich ein Vormund für fremde Kinder geworden bin? Wäre es nicht tausendmal besser gewesen, das hitzige Fieber hätte mich damals niedergeworfen oder ich hätte mir ein Bein gebrochen oder irgendein Unglück wäre über mich gekommen, als dass ich solch eine Last auf dem Hals habe, ein Vormund zu sein, ein Verwalter, mit einer Witwe, dazu mit Waisenkindern, mit einem Danieltschik, mit einer Abrechnung, mit diesem, mit jenem und wer weiß mit was noch?«

(1902)

רוף מיך קנאַקניסל

אַקעגן מיר, בײַם פֿענצטער, זיצט אַ ייִדל מיט אַ שמייכלענדיק פּנים און מיט אַזעלכע אויגן, וואָס ווילן זיך אַרײַנקלײַבן צו אײַך אין האַרצן אַרײַן. דאָס ייִדל קוקט שוין לאַנג אַרויס, איך זאָל אים זאַטשעפּען, נאָר איך האַלט מיך פֿון דער ווײַטן. עס ווײַזט אויס, אַז ס׳איז אים נמאס געוואָרן זיצן אין צווייען מיט אַ ייִדן אין וואַגאָן און שווײַגן. צעלאַכט ער זיך פּלוצעם צו זיך אַליין און רופֿט זיך אָן צו מיר:

– איר פֿרעגט, וואָס איך לאַך? איך האָב מיך דערמאָנט אַ שטיקל, ווי אַזוי איך האָב אָפּגענאַרט יעהופּעץ, כאַ־כאַ! יאָ, ווי איר קוקט מיך אָן – איך, איך משה־נחמן פֿון קענעלע, אַ ייִד מיט אַ הוסט און מיט אַ זאַדישקע, דאַכט זיך, אַיאָ? האָב איך אָפּגעטאָן אַ שפּיצל אין יעהופּעץ, אָבער אַ שפּיצל, כאַ־כאַ, זיי וועלן מיך האָבן צו געדענקען! אָט גיט מיר נאָר עטלעכע מינוט צײַט, איך וועל מיך אויסהוסטן – אוי, אַ הוסט, אויף פּורישקעוויטשן געזאָגט געוואָרן!

– וועט איר הערן, וואָס אַ ייִד קאָן.

ויהי היום, קום איך מיר צו פֿאָרן איין מאָל קיין יעהופּעץ. וואָס פֿאָרט אַזאַ ייִד, ווי איך, מיט אַ הוסט און מיט אַ זאַדישקע, קיין יעהופּעץ? געוויינט־לעך, צום פּראָפֿעסאָר. איך בין מיט מײַן הוסט און מיט מײַן זאַדישקע, ווי איר קאָנט זיך פֿאָרשטעלן, אַן אָפּטער גאַסט אין יעהופּעץ. אַפֿילו ניט אַזאַן אָנגעלייגטער גאַסט, וואָרעם ווי טאָר איך, משה־נחמן פֿון קענעלע, זײַן אין יעהופּעץ, אַז איך האָב ניט קיין שום „פּראַוואָזשיטעלסטווע“?... נאָר אַז מע האָט אַ הוסט מיט אַ זאַדישקע און מע דאַרף צום פּראָפֿעסאָר, יעדנאָ ס׳דרו־גים, איז עפּעס אַ תּירוץ? באַהאַלט מען זיך. מוטשעט מען זיך. קומט מען אין דער פֿרי, און בײַ נאַכט אַנטלויפֿט מען. אַניט, כאַפּט מען אַ „פּראָכאָדנאָיע“ און מע קומט נאָך אַ מאָל. אַבי ניט גיין „פּאָעטאַפּאָם“. איך זאָל, הערט איר, חלילה דאַרפֿן גיין „פּאָעטאַפּאָם“, ווייס איך ניט, אויב איך וואָלט דאָס אויס־געהאַלטן. איך וואָלט, דאַכט מיר, דרײַ מאָל געשטאָרבן פֿאַר בושה אַליין. וואָרעם, ווי איר קוקט מיך אָן, בין איך, דאַנקען גאָט, אַ שטיקל בעל־הבית בײַ אונדז אין קענעלע מיט אַ[ן] „אימושטשעסטווע“: אַ דירה אַן אייגענע, מיט אַ בהמהלע, און מיט טעכטער צוויי, איינע אַן אויסגעגעבענע און די אַנדערע אויף חתונה צו מאַכן. יעדנאָ ס׳דרוגים, וואָס איז שייך!...

Geschichte Nummer achtzehn

»Ein tolles Stückchen, sagt, was Ihr wollt...«

Mir gegenüber beim Fenster sitzt ein Mann mit heiterem Gesicht und Augen, die geradezu in Euer Inneres dringen wollen. Lange schaut er zu mir hin, so als wolle er unbedingt von mir angesprochen werden. Aber mit Bedacht halte ich Abstand. Ganz offensichtlich wird es ihm immer langweiliger, mit einem Menschen, also zu zweit im Waggon zu sitzen, ohne etwas zu reden. Plötzlich lacht er auf und ruft zu mir herüber:

»Ihr wollt wissen, warum ich lache? Ich erinnere mich an ein Stückchen, wie ich die von Jehupez mal drangekriegt habe, haha! Ja, schaut mich nur an: Ich, Mojsche Nachman aus Kénele, ein Mann mit Husten und Asthma noch dazu, das könnt Ihr Euch wohl nicht vorstellen? Aber ich habe da in Jehupez eine tolle Sache gemacht, haha, da werden sie noch lange dran denken. Lasst mir nur ein paar Minuten, damit ich mich richtig aushuste – ah, dieser Husten, dass Purischkewitsch[119] ihn kriege! –, danach will ich Euch erzählen, was einer wie ich fertigbringen kann.

Siehe, es geschah an jenem Tag[120] ... Ich fahre also einmal nach Jehupez. Wieso fährt einer wie ich – mit solch einem Husten und mit Asthma dazu – nach Jehupez? Versteht sich doch von selbst, zum Professor, denn mit dem Husten und mit dem Asthma bin ich, wie Ihr Euch vorstellen könnt, ein häufiger Gast in Jehupez. Also nicht wegen der Geschäfte, denn wie darf ich, Mojsche Nachman von Kénele, nach Jehupez kommen, wo ich doch nicht die Spur von einer *Prawoshitelsstwe*[121] habe, einer Aufenthaltsgenehmigung? Aber nicht wahr, wenn einer solch einen Husten hat und Asthma dazu, muss man doch zum Professor, fürs eine wie fürs andere, was soll man denn sonst machen? So versteckt man sich also dort. Man lebt dauernd in Angst. Frühmorgens reist unsereiner an, und abends verschwindet man wieder. Sonst kriegt man einen Ausweisungsbefehl verpasst und muss das Ganze von vorne anfangen. Wenn man nicht gleich mit der ›Etappe‹ abmarschiert![122] Aber wenn ich mit der ›Etappe‹ gehen sollte, hört Ihr, ob ich das überleben würde? Schon wegen der Schande wäre ich dreimal gestorben! Denn wie Ihr mich da vor Euch seht, bin ich, Dank sei Gott, immerhin ein angesehener Bürger bei uns in Kénele, mit ein wenig Besitz, mit eigener Wohnung, einer Kuh und zwei Töchtern, eine schon verheiratet und die andere kurz vor der Hochzeit. Alles recht und gut, was will man mehr?

הכּלל, קום איך צו פֿאָרן קיין יעהופּעץ צום פּראָפֿעסאָר. איצטיקס מאָל – ניט צום פּראָפֿעסאָר, נאָר צו די פּ ר אָ פֿ ע ס אָ ר ן. דאָס הייסט, אויף אַ קאָנסולים פֿון גאַנצע דרײַ פּראָפֿעסאָרן, הייסט עס. איך האָב געוואָלט, פֿאַרשטייט איר מיך, איין מאָל פֿאַר אַלע מאָל, דערגיין אַ טאָלק, וויסן וואָס בין איך מיט זיי – מילכיק, צי פֿליישיק? אַז בײַ מיר איז אַ זאַדישקע – דאָס זענען זיי, הייסט עס, אַלע מודה, נאָר וואָס מע טוט צו דער זאַדישקע, איך זאָל אירער פּטור ווערן – דאָס איז שוין, זעט איר, עפּעס אַנדערש. זיי מוטשען זיך נעבעך. זיי פּרוּוון זיך. זיי גייען, ווי זאָגט איר, האַרט בײַ די ווענט. למשל, איך קום צו גיין צו מײַן אַלטן פּראָפֿעסאָר, סטריצל הייסט ער, אַ דימענט פֿון אַ פּראָפֿעסאָר. נעמט ער און פֿאַרשרײַבט מיר אַ רעצעפּט „קאַדעיני סאַכאַרי פּולווערײַטי״. קאָסט דאָס ניט טײַער און ס׳איז זיסלעך אויפֿן טעם. קום איך צו אַן אַנדער פּראָפֿעסאָר. גייט ער און פֿאַרשרײַבט מיר „טינקטוראַ אָפּיע״, טראָפּנס אַזעלכע. האָבן זיי אַ טעם פֿון חלשות. קום איך צום דריטן פּראָפֿעסאָר, פֿאַרשרײַבט ער מיר אויך טראָפּנס, האָבן זיי כּמעט דעם זעלביקן טעם, נאָר הייסן זיי ניט „טינקטוראַ אָפּיע״, נאָר „טינקטוראַ טעביאַקאַ״. זענט איר שוין פֿאַרטיק? קום איך צו אַ פֿרישן פּראָפֿעסאָר, נעמט ער און פֿאַרשרײַבט מיר גאָר אַ מין ביטערניש מיטן נאָמען „מאָרפֿיום אַקוואַ אַמיגדאַלאַריום״. איר חידושט זיך, וואָס איך קען לעטײַן? איך קען אַזוי לעטײַן, אַזוי ווי איר איינגעלש, נאָר אַז מע האָט אַ הוסט מיט אַ זאַדישקע מיט אַ טובערקולאָז, יעדנאָ ס׳דרוגים, קאָן מען זיך אויסלערנען לעטײַן אויך.

הכּלל, בין איך געקומען קיין יעהופּעץ אויף אַ קאָנסולים. ווּ שטעלט זיך אָפּ אַזאַ ייִד, ווי איך, אַז ער קומט קיין יעהופּעץ? געוויינטלעך, ניט אין קיין האָטעל און ניט אין קיין גאָסטינעץ. ערשטנס, רײַסן זיי די הויט. און אַגבֿ, ווי קאָן איך מיך אָפּשטעלן אין אַ האָטעל, אַז איך האָב ניט קיין שום „פּראַוואָזשיטעלסטווע״? שטעל איך מיך אָפּ אַלע מאָל בײַ מײַנעם אַ שוואָגער. איך האָב מײַן אייגנס אַ שוואָגער אַ שלימזל, איז ער אַ ייִד אַ מלמד, און אַן אָרעמאַן איז ער, חוץ זײַן שאָדן אויף פּורישקעוויטשן געזאָגט געוואָרן, און אַ מטופּל מיט קינדער – זאָל דער אייבערשטער היטן! נאָר וואָס דען? גאָט האָט אים געהאָלפֿן, ער האָט אַ „פּראַוואָזשיטעלסטווע״ האָט ער, און דווקא אַ כּשרע „פּראַוואָזשיטעלסטווע״. ווי קומט צו אים אַ „פּראַוואָזשיטעלסטווע״? – בראָצקי! ער איז אַ „סלוזשיטעל״ בײַ בראָצקין. חלילה ניט קיין דירעקטער פֿון זאַוואָדן, נאָר ער איז אין בראָצקיס שול אונטן בײַ די שנײַדערס אַ בעל־קורא איז ער. אַ „דוכאָוונע ליצאָ״, אָדער, ווי מע רופֿט עס דאָרטן, „אַן אָבראַדטשיק״. און ווי באַלד אַן „אָבראַדטשיק״, אַזוי מעג ער שוין זיצן אויף מאַלאָוואַסילקאָווסקי, דאָרט ווּ דער געוועזענער פּאָליצמײַסטער איז אַ מאָל געזעסן. זיצט ער, הייסט עס, אויף דער מאַלאָוואַסילקאָווסקי, טאַקע ניט ווײַט פֿונעם געוועזענעם פּאָליצמײַסטער, און מוטשעט זיך, קוים־קוים וואָס

Ich fahre also wieder einmal nach Jehupez zum Professor und diesmal nicht zu einem Professor, sondern zu den *Professoren*. Genau gesagt gleich zu drei Professoren, zu einer gründlichen Beratung. Ich wollte nämlich, versteht Ihr, ein für alle Mal der Sache auf den Grund gehen und wissen, woran ich mit ihnen bin, ob milchig oder fleischig?[123] Dass ich Asthma habe, sehen sie ja nur zu gut. Aber was macht man gegen das Asthma, damit man es endlich loswird, das ist schon was anderes! Zwar bemühen sie sich, sie probieren alles Mögliche und tappen doch im Dunkeln, wie man so sagt. Nehmt nur ein Beispiel: Ich komme zu meinem alten Professor – er heißt Striezel, ein Juwel von einem Professor –, er verschreibt mir ein Rezept *codeini sacchari pulverati*. Es kostet nicht viel und hat einen süßlichen Geschmack. Ich komme zum zweiten Professor. Er verschreibt mir *tinctura opia*, irgendwelche Tropfen; sie schmecken nach eingeschlafenen Füßen. Ich komme zum dritten Professor, der verschreibt mir auch Tropfen, und sie haben fast den gleichen Geschmack, aber sie heißen nicht *tinctura opia*, vielmehr *tinctura tebiacca*. Meint Ihr, das wäre schon alles? Ich suche mir einen neuen Professor, er, nicht faul, verschreibt mir so etwas Bitteres mit Namen *morphium aqua amygdalarium*. Ihr wundert Euch vielleicht, dass ich Latein kann? Nun, ich kann geradeso Latein wie Ihr Englisch, aber wenn man solch einen Husten hat mit Asthma und noch Tuberkulose dazu, alles zusammen, dann lernt man am Ende auch Latein.

Also ich komme nach Jehupez zur Konsultation. Und wo steigt einer ab, so einer wie ich, wenn er in Jehupez ist? Natürlich nicht im Hotel und auch nicht in einem Gasthaus. Einmal ziehen sie Euch da das Fell ab. Und dann, wie kann ich in einem Hotel wohnen, wenn ich nicht die Spur von einer *Prawoshitelsstwe* habe? So wohne ich jedes Mal bei einem Schwager von mir. Ich habe da einen richtigen Schwager, so einen Pechvogel, Melamed ist er, Kleinkinderlehrer, und arm dabei, dass Purischkewitsch so arm wäre wie er! Eine Familie, mit einer solchen Zahl von Kindern, dass uns der Allmächtige davor bewahre! Aber wisst Ihr was? Gott hat ihm doch geholfen, und er hat seine *Prawoshitelsstwe*, jawohl, seine Aufenthaltsgenehmigung, und noch eine ohne Einschränkung, total koscher! Wie kommt er an das Papierchen? Brodski[124] natürlich! Er ist der Diener bei Brodski. Gott bewahre, nicht gerade Direktor einer Fabrik, aber in Brodskis Synagoge unten bei den Schneidern ist er so etwas wie ein Vorleser. Also gilt er als Religionsangestellter oder, wie man da unten sagt, er ist ein *Obradtschik*. Da er einmal *Obradtschik* ist, hat er sogar das Recht, auf der Malowassilkowsker Straße zu wohnen, in der Gegend, wo der frühere Polizeimeister sein Haus hat. So wohnt er also, versteht Ihr, auf der Malowassilkowsker Straße, nicht weit vom früheren Polizeimeister, und

ער קומט אויס מיטן שטיקל ברויט. דער גאַנצער אַרויסקוק זייערער מסתמא איז אויף מיר. איך בין, הייסט עס, דער נגיד אין דער משפּחה, מישטיינס געזאָגט... קום איך צו פֿאָרן קיין יעהופּעץ, האַלט איך בײַ זיי סטאַנציע, עס איך בײַ זיי אַ וואַרעמעס, אַ וועטשערע, פֿאָלגט מען מיך אַ גאַנג – יעדנאָ ס׳דרוגים, פֿאַלט זיי אַ מאָל אַרײַן אַ קערבל, אַ מאָל צוויי, אויף פּורישקעוויטשן געזאָגט געוואָרן... איצטיקס מאָל אָבער, איך קום צו פֿאָרן, איך זע – מײַנע לײַט זענען חושך, גייען אַרום אָן קעפּ. „וואָס איז די מעשׂה?“ „ס׳איז שלעכט“. „דהײַנו?“ „אָבלאַוועס“. „פּכע, כ׳האָב געמיינט, זאָג איך, מי־יודע וואָס! אָבלאַוועס – דאָס איז דאָך אַן אַלטע מכּה, זאָג איך, נאָך מששת־ימי־בראשית“... „ניין, זאָגן זיי, אָבלאַוועס צו אָבלאַוועס איז ניט גלײַך. איצט, זאָגן זיי, איז ניטאָ די נאַכט, ס׳זאָל ניט זײַן קיין אָבלאַווע. און כאַפּט מען אַ ייִדן, איז יהיה מי שיהיה – איינס־צוויי־דרײַ, מיטן עטאַפּ“. „נו, און געלט?“ „בלאָטע“. „אַ קערבל?“ „בלא“. „אַ דרײַערל?“ „אַפֿילו ניט אַ מיליאָן!“ „אויב אַזוי, זאָג איך, איז דאָך טאַקע גוט פּאַסקודנע“. „פּאַסקודנע צו פּאַסקודנע, זאָגן זיי, איז ניט גלײַך. קודם, זאָגן זיי, איז שטראָף. און נאָך דעם ערשט – מיטן עטאַפּ. הײַנט דער סקאַנדאַל פֿאַר בראָצקין!“... „מילא, זאָג איך, בראָצקי הײַנט, בראָצקי מאָרגן. איך קאָן, זאָג איך, צוליב בראָצקין, זאָג איך, מיט מײַן געזונט ניט שפּעקולירן. איך בין געקומען, זאָג איך, אויף אַ קאָנסולים פֿון פּראָפֿעסאָרן, קאָן איך צוריק, זאָג איך, ניט אַנטלויפֿן“. הכּלל, טענות אַהין, טענות אַהער – דער טאָג שטייט ניט. מע דאַרף לויפֿן צו די פּראָפֿעסאָרן מכּוח אַ קאָנסולים. נאָר וואָס מיר קאָנסולים? ווער מיר קאָנסולים? אַז דער קאָן קומען ערשט מיטוואָך פֿאַר האַלבן טאָג, און דער – מאָנטיק נאָך האַלבן טאָג, און יענער – נישט פֿריִער ווי איבער אַכט טאָג דאָנערשטיק. הײַנט גיי! אַ מעשׂה אויף דרײַ וואָכן מיט אַ מיטוואָך! וואָרעם וואָס גייט זיי אָן, למשל, וואָס משה־נחמן פֿון קענעלע האָט אַ זאַדישקע מיט אַ הוסט, און שלאָפֿט ניט קיין נעכט, אויף פּורישקעוויטשן געזאָגט געוואָרן?... דערווײַל ווערט נאַכט. עסט מען וועטשערע און מע לייגט זיך שלאָפֿן. איך ווער נאָר וואָס אַנטשלאָפֿן, איך הער: טראַך־טאַרעראַך! איך רײַס אויף די אויגן: „ווער איז?“ „מיר זענען פֿאַרפֿאַלן!“ זאָגט צו מיר דער שוואָגער מײַנער, דער שלימזל, שטייט איבער מיר אַ טויטער מענטש און טרייסלט זיך, ווי אַ הושענא. „וואָס טוט מען, זאָג איך, איצטער?“ „אַדרבה, זאָגט ער, זאָג דו, וואָס טוט מען?“ „וואָס, זאָג איך, זאָל מען טאָן, ס׳איז ביטער“. „ביטער צו ביטער, זאָגט ער, איז ניט גלײַך. ס׳איז, זאָגט ער, ביטער אַזוי ווי גאַל“. און אין דרויסן בײַ דער טיר: טראַך־טאַרעראַך! די קליינע קינדער נעבעך האָבן זיך אויפֿגעכאַפּט מיט אַ גוואַלד, מיט אַ געוויין: „מאַ־מע!“ שטיקט זי זיי, די מוטער הייסט עס, און וואַרגט זיי, ס׳זאָל זײַן שטיל – אַ

quält sich herum, kaum dass es ihm für sein Stückchen Brot reicht. Seine ganze Hoffnung liegt auf mir. Ich gelte, versteht Ihr mich, als der Begüterte in der Familie, frei und offen gesagt. Komme ich also nach Jehupez, nehme ich bei ihnen Quartier, esse bei ihnen die warmen Mahlzeiten und das Abendbrot. Sie erledigen für mich hier und da einen Gang, so fällt für sie ein Rubelchen ab und auch einmal zwei, dass Purischkewitsch nicht mehr verdiene!… Diesmal komme ich aber an und sehe gleich, bei meinen Leuten sieht es finster aus, ganz kopflos gehen sie herum. ›Was ist los?‹ ›Schlecht geht es.‹ ›Und warum?‹ ›*Oblawess!* Razzien!‹ ›Pah, ich dachte schon wunder was! Razzien, das ist doch die alte Plage, das kennen wir doch seit der Erschaffung der Welt.‹ ›Nein‹, sagen sie, ›Razzien und Razzien sind nicht dasselbe. Zurzeit haben wir keine Nacht ohne Razzien. Und schnappt man einen Juden‹, sagen sie, ›dann kann sein, was will, eins zwei drei ab mit dem Transport.‹ ›Und mit Geld lässt sich nichts machen?‹ ›Hilft alles nichts.‹ ›Ein Rubel?‹ ›Umsonst.‹ ›Oder drei?‹ ›Nicht mal eine Million!‹ ›Wenn es so steht‹, sage ich, ›sieht es wirklich schlecht aus.‹ ›Schlecht und schlecht ist noch nicht gleich‹, sagen sie, ›in jedem Fall kriegst du eine Strafe und erst danach: ab zum Transport. Und dann der Skandal vor Brodski!‹ ›Also bitte‹, sage ich, ›Brodski hin und Brodski her, ich kann doch wegen Brodski meine Gesundheit nicht aufs Spiel setzen. Ich bin schließlich zur Konsultation gekommen, zu mehreren Professoren, da kann ich doch nicht einfach wieder zurückfahren.‹ Nun, man redet hin, man redet her, der Tag bleibt nicht stehen. Es wird Zeit, wegen der Konsultation zu den Professoren zu laufen. Aber das sagt sich so leicht. Der eine kommt erst Mittwochvormittag zurück, der andere am Montagnachmittag und ein dritter auf keinen Fall früher als Donnerstag in einer Woche. Jetzt sieh du zu! Eine schöne Geschichte von drei Wochen und einem Mittwoch! Natürlich, was kümmert es sie, dass Mojsche Nachman aus Kénele solch ein Asthma hat und seinen Husten dazu und keine Nacht ein Auge zumachen kann, dass es Purischkewitsch treffe! Unterdessen wird es spät am Tag. Wir essen unser Abendbrot und legen uns schlafen. Kaum dass ich eingeschlafen bin, höre ich auf einmal: poch, poch! Ich reiße die Augen auf: ›Wer ist da?‹ ›Wir sind verloren‹, sagt mein Schwager zu mir, dieser Unglücksrabe, steht wie ein Toter über mich gebeugt und zittert wie ein Hoschanazweig. ›Sag, was sollen wir machen?‹ ›Gib du mir lieber einen Rat, was wir machen!‹ ›Ja aber was kann man da tun, die Sache sieht wirklich übel aus.‹ ›Übel ist gar kein Wort‹, sagt er, ›bitter ist es wie Galle.‹ Und draußen vor der Tür, immer weiter: poch, poch. Die kleinen Kinder sind natürlich mit einem Geschrei aus dem Schlaf gefahren, sie heulen ›Mama, Mama‹. Sie hält ihnen natürlich den Mund zu, erstickt sie schon fast, damit sie nur ruhig sind. Eine schöne

שיינע חתונה! „ע, טראַכט איך מיר, משה־נחמן פֿון קענעלע, דו ביסט גוט אין דער אַרבעט, אויף פּורישקעוויטשן געזאָגט געוואָרן!“ און עס פֿאַלט מיר אַריַין פּלוצעם אַ קאָמבינאַציע אין קאָפּ און איך רוף מיך אָן צו מיַין שוואָגער: „שאַ, זאָג איך, ווייסטו וואָס, דוד? זיַי דו איך, און איך וועל זיַין דו“. קוקט ער אויף מיר, ווי אַ לעמעשקע: „וואָס הייסט?“ „דאָס הייסט, זאָג איך, מיר וועלן זיך ביַיטן מיט די יוצרות. דו וועסט מיר געבן דיַין פּאַס, איך וועל דיר געבן מיַין פּאַס; וועסטו זיַין משה־נחמן, און איך וועל זיַין דוד“. אַ טומפּיקער מוח! קוקט אויף מיר, ווי אַ זינדיקער מענטש, פֿאַרשטייט ניט, וואָס מע רעדט צו אים: „בהמה, זאָג איך, וואָס פֿאַרשטייסטו דאָ ניט? דאַכט זיך, אַ פּראָסטע קאָמבינאַציע, זאָג איך. אַ מינדסט קינד קאָן עס פֿאַרשטיין. דו וועסט זיי וויַיזן מיַין פּאַס, און איך וועל זיי וויַיזן דיַין פּאַס, יעדנאָ ס׳דרוגים – האָסטו דאָס צעקיַיט, צי מע דאַרף עס דיר צעקיַיען און לייגן אין מויל אַריַין?“

אַ פּנים, ער האָט דאָס צעקיַיט, און מיר האָבן גענומען זיך ביַיטן מיט די יוצרות. איך אים מיַין פּאַס, ער מיר זיַין פּאַס. און דאָרטן די טיר ווערט שיִער ניט צעשפּרונגען: טראַך־טאַרעראַך! טראַך־טאַרעראַך! „סייטשאַס! – זאָג איך. – וואָס האָט איר אַזוי קיין ציַיט ניט? דער טיַיך ברענט ניט!“ – זאָג איך. און צו מיַין שוואָגער רוף איך מיך אָן: „געדענק זשע, דוד, דו הייסט שוין נישט מער דוד, נאָר משה־נחמן“... און איך לאָז מיך צו דער טיר. – „ברוך־הבאָ, געסט!“ – אַ גאַנצע כאַליאַסטרע, יוצר משרתים ואשר משרתיו. ווי זאָגט איר, אַ גדולה, פֿריילעך אין שטעטל...

ס׳פֿאַרשטייט זיך, אַז קודם האָט מען זיך געגעבן אַ נעם צו מיַין שוואָגער דעם שלימזל. וואָס עפּעס צו אים? וויַיל איך האָב מיך געהאַלטן, פֿאַרשטייט איר מיך, מעשׂה מענטש, ווי זאָגט איר, אַ קניפּ אין באַק, די פֿאַרב זאָל שטיין. און ער – אויף פּורישקעוויטשן געזאָגט געוואָרן. האָט מען אים מסתּמא אַ כאַפּ געטאָן: „אָטקודעוואַ, גאָספּאָדין יעווריי?“ – ניטאָ קיין לשון. שטעל איך מיך אַרויס פֿאַרן מליץ־יושר און מאַך צו אים: „יהודי בלא, וואָס שוויַיגסטו? דבר! דבר זיי, אַז דו ביסט משה־נחמן פֿון קענעלע“. און צו זיי טו איך מיך אַ וואָרף מיט תּחנונים: „אַזוי און אַזוי, זאָג איך, וואַשע וויסאָקע פּראַוואָזשיטעלסטווע, זאָג איך, אַן אָרעמער קרובֿ נעבעך. שוין לאַנג, זאָג איך, ניט געזען זיך, גע־קומען צו מיר פֿון קענעלע“. און אינ[ע]ווייניק אין האַרצן שטיקט מיך, איך ווער שיִער ניט צעשפּרונגען פֿאַר געלעכטער, כאַ־כאַ! איר פֿאַרשטייט? איך, משה־נחמן פֿון קענעלע, בעט רחמים פֿאַר משה־נחמנען הייסט עס, פֿאַר מיר אַליין טאַקע, כאַ־כאַ־כאַ! איז אָבער די צרה, וואָס מיַין רעדן מיט מיַינע בקשות האָבן געהאָלפֿן, ווי דער פֿאַראַיאָריקער שניי, און מע האָט מיַין בחור אויפֿגעכאַפּט, ווי דער רוח דעם מלמד, און מע האָט אים אָפּגעפֿירט גאַנץ פֿיַין אין חד־גדיא אַריַין, מיטן גאַנצן קנאַק, ווי גאָט האָט געבאָטן. און מיך

Bescherung! O weh, sage ich zu mir, Mojsche Nachman aus Kénele, jetzt sitzt du richtig in der Tinte, soll es Purischkewitsch treffen! Da aber schießt mir blitzartig ein Gedanke durch den Kopf, und ich rufe zum Schwager hinüber: ›Ruhig, sei doch mal still, weißt du was? Am besten, wir machen es so: Du bist ich, und ich bin du!‹ Sieht er mich an wie ein Mondkalb. ›Wie meinst du das?‹ ›Ich meine, wir tauschen alles, du gibst mir deinen Pass, und ich gebe dir meinen. Dann bist du Mojsche Nachman, und ich bin David.‹ Was für ein Schafskopf! Er sieht aus wie der größte Übeltäter und kapiert kein bisschen, was ich meine. ›Du Ochse‹, sage ich, ›wieso verstehst du das nicht? Was ist schwer daran zu begreifen? Ist das nicht eine prima Idee? Dem kleinsten Kind leuchtet das doch ein! Du zeigst ihnen meinen Pass und ich deinen, hast du es endlich geschluckt, oder muss man dir's vorkauen und ins Maul schieben?‹

Offenbar hatte er schließlich kapiert, und wir haben also alles getauscht. Er gibt mir seinen Pass und ich ihm meinen. Draußen fällt die Tür fast aus den Angeln. ›Poch, poch, poch!‹ ›Einen Moment‹, rufe ich, ›habt Ihr nicht einen Augenblick Zeit?‹, sage ich. ›Der Fluss steht doch nicht in Flammen!‹ Und dem Schwager schärfe ich ein: ›Denk daran, David, ab jetzt bist du nicht mehr David, sondern Mojsche Nachman …‹ Und ich geh zur Tür: ›Willkommen, Ihr Gäste!‹ Eine ganze Bande, ›die Schar der Engel Gottes‹. Wie man so sagt: Eine lustige Gesellschaft, das kann ja heiter werden im Schtetl.

Es versteht sich von selbst, sie haben sich zuerst meinen Schwager vorgenommen, den Unglücksraben. Wieso ihn? Na, weil ich mich ganz still verhalten habe, was denkt Ihr denn? In solchen Situationen muss man ruhig Blut bewahren. Aber ihn, dass es Purischkewitsch so gehe, nehmen sie sich gleich ordentlich vor. ›*Otkudewa*, woher kommt Ihr, Herr Jude?‹ Keine Antwort. Ich mache einen Schritt auf ihn zu, damit er sich endlich rührt, und sage zu ihm: ›Warum schweigst du denn! Mach doch den Mund auf! Sag ihnen doch, dass du Mojsche Nachman aus Kénele bist.‹ Und zu ihnen sage ich mit Nachdruck und bitte sie: ›Ach, Ihr mit Euren wunderbaren *Prawoshitelsstwess*, bitte habt doch Verständnis, seid nicht so hart, es ist nur ein armer Verwandter‹, sage ich, ›wir haben uns schon lange nicht mehr gesehen, darum ist er von Kénele rübergekommen.‹ Inwendig zerspringe ich fast vor Lachen. Hahaha, könnt Ihr Euch das vorstellen? Ich, Mojsche Nachman aus Kénele, bitte um Erbarmen für Mojsche Nachman, für mich selbst, versteht Ihr? Haha! Ein Jammer ist nur, mein ganzes Betteln und Bitten hat so viel geholfen wie der Schnee vom letzten Jahr. Man hat den armen Kerl gepackt wie der Teufel den Melamed und hat ihn ohne viel Federlesens ins Kittchen gesteckt. Mich wollten sie auch einsperren. Das heißt ganz genau, sie hatten mich schon eingesperrt,

האָט מען אויך געוואָלט צונעמען. דאָס הייסט, מע האָט שוין טאַקע מיך געהאַט צוגענומען; מע האָט מיך אָבער באַלד אַרויסגעלאָזט. וואָרעם וואָס הער איך זיי, איך בעט אײַך זייער? אַ מענטש מיט אַ „פּראַוואָזשיטעלסטווע״ שוואַרץ אויף ווײַס, בפֿירוש פֿאַרשריבן אין בראָצקיס שול בײַ די שנײַדערס אַן אָבראַדטשיק, און אַ קערבל אויך מסתּמא, יעדנאָ ס׳דרוגים, איר פֿאַר־שטייט? „כאַראַשאָ, זאָגן זיי צו מיר, גאָספּאָדין אָבראַדטשיק. דו גיי דיר דערווײַל אַהיים עסן קוגל. מיר וועלן דיר שוין נאָך דעם באַווײַזן, ווי אַזוי צו האַלטן קאָנטראַבאַנדע אויף דער מאַלאָוואַסילקאָווסקי!“... מיט אַ פֿרישן קוילעטש, הייסט עס, גלײַך אין פּנים אַרײַן, כאַ־כאַ!...

זאָל איך אײַך דערציילן ווײַטער? מילא פֿון קאָנסולים איז דאָך שוין אָפּגערעדט. ווער האָט אין זינען געהאַט אַ קאָנסולים, אַז מע האָט גאָר באַ־דאַרפֿט ראַטעווען דעם שוואָגער? פֿון וואָס, מיינט איר, ראַטעווען? פֿונעם עטאַפּ? חלילה! דאָס האָט ניט געהאָלפֿן. מיטן עטאַפּ איז ער געגאַנגען, נאָך אַ מין גיין! אויף פּורישקיעוויטשן געזאָגט געוואָרן! איידער מיר האָבן אים דערלעבט זען אין קענעלע, דעם שלימזל, זענען אונדז, הערט איר, שיִער די אויגן אַרויסגעקראָכן. און אַז מע האָט אים שוין קוים אַ מאָל געבראַכט צו פֿירן קיין קענעלע, האָט ער ערשט געהאַט אויף זיך אַ נײַעם אומגליק. אַ פֿרעמדן פּאַס מיט אַ פֿרעמדן נאָמען, יעדנאָ ס׳דרוגים, פֿרעגט ניט. איך האָב מיט אים געהאַט צו זינגען און צו זאָגן. לאָמיך עס פֿאַרדינען, הערט איר, אַלע דרײַ חדשים, וואָס סע האָט געקאָסט. אַחוץ וואָס איך האָב אויף זיך אַ פּעקל, איך מוז אים נאָך עד־היום אויסהאַלטן מיט ווײַב און קינדער. וואָרעם ער טענהט, אַז איך האָב אים אומגליקלעך געמאַכט, טענהט ער. ער זאָגט, אַז איבער מיר האָט ער אָנגעווירן די גאַנצע „פּראַוואָזשיטעלסטווע״ מיט דער שטעלע בײַ בראָצקין. און עס קאָן זײַן, אַז ער איז אפֿשר ניט אין גאַנצן אומגערעכט אויך. דער עיקר איז אָבער, כאַ־כאַ, נישט דאָס. דער עיקר איז דער אײַנפֿאַל, די קאָמבינאַציע, איר פֿאַרשטייט? דאַכט זיך, וואָס? אַ ייִדל פֿון קענעלע, מיט אַ הוסט און מיט אַ זאַדישקע און מיט אַ טובערקולאָז אויך, אויף פּורישקעוויטשן געזאָגט געוואָרן, יעדנאָ ס׳דרוגים, און אָן אַ שום „פּראַוואָזשיטעלסטווע“, – פֿון דעסט וועגן, אַז מע דאַרף, קומט ער זיך קיין יעהופּעץ, שטעלט זיך אָפּ אויף מאַלאָוואַסילקאָווסקי, ניט ווײַט פֿונעם גע־וועזענעם פּאָליצמייסטער, און – רוף מיך קנאַקניסל!

ענדע געשיכטע נומער אַכצן.

געשריבן אין יאָר 1911.

haben mich dann aber wieder rausgelassen. Warum wohl? Nun, was hab ich mit ihnen zu tun? Ein Mann mit einer *Prawoshitelsstwe*, schwarz auf weiß ausgeschrieben als Obratschik bei Brodskis Schneider-Synagoge und natürlich noch ein Rubelchen dazugegeben, versteht sich von selbst, beides zusammen! ›In Ordnung‹, sagen sie zu mir, ›Genosse *Obradtschik*, geh du vorläufig heim und iss deinen Kugel. Später werden wir dir dann schon noch zeigen, was herauskommt, wenn man auf der Malowassilkowsker krumme Sachen macht.‹ Nun, es war so schlimm für mich, wie ein Stück frisches Weißbrot ins Maul geschoben zu bekommen, haha.

Muss ich noch weiter erzählen? Von den Konsultationen ist natürlich keine Rede mehr, das versteht sich von selbst. Wie könnte einer noch an Konsultationen denken, wenn es jetzt darum gehen muss, den Schwager rauszuholen! Wo rauszuholen, was denkt Ihr? Von der ›Etappe‹? Du lieber Gott, das war leider nicht möglich. Er ist wirklich mit der ›Etappe‹ marschiert. Ach, was heißt marschiert! Möge so etwas Purischkewitsch treffen! Bis wir ihn wieder in Kénele zu Gesicht bekamen, den Unglücksraben, sind uns fast die Augen aus dem Kopf gefallen. Und kaum, dass sie ihn endlich zu uns nach Kénele brachten, traf ihn gleich ein neues Unglück. Er hatte ja einen anderen Pass mit einem anderen Namen, beides zusammen, fragt lieber nicht! Wie viel Scherereien ich mit ihm hatte! Und was mich das gekostet hat! Möge ich in drei Monaten so viel verdienen, hört Ihr! Mal abgesehen davon, dass ich ihn nun auf dem Hals habe, denn ich muss ihn ja mit Frau und Kindern bis auf den heutigen Tag ernähren! Und er jammert mir noch die Ohren voll! Ich hätte ihn ins Unglück gestürzt, beschwert er sich. Wegen mir, sagt er, ist er seine gute *Prawoshitelsstwe* los und die Stelle bei Brodski dazu. Vielleicht hat er nicht mal unrecht. Aber darum geht es nicht, haha. Das Tollste war doch mein Einfall, die Idee von damals, versteht Ihr? Nicht wahr? Stellt Euch das mal vor: Ein Mann aus Kénele mit einem Husten und Asthma und einer Tuberkulose dazu, dass Purischkewitsch alles miteinander kriege, und nicht die Spur von einer *Prawoshitelsstwe*! Aber weil es doch sein muss, geht er nach Jehupez, steigt in der Malowassilkowsker Straße ab, nicht weit vom früheren Polizeimeister und dann… Ein tolles Stückchen, sagt, was Ihr wollt!«

(1911)

געשיכטע נומער נײַנצן

דער צענטער

נײַן זענען מיר געווען אינעם גאַנצן וואַגאָן. נײַן ייִדן. אונדז האָט געפֿעלט אַ צענטער, צו אַ מנין.

אייגנטלעך, איז געווען אַ צענטער אויך. נאָר דער צענטער איז געווען בײַ אונדז ספֿק ייִד, ספֿק קריסט. אַ שטילשווײַגנדיקער פֿאַרשוין מיט אַ גאָלדענעם פּענסנע. אַ ראַבעטינע פּנים מיט קלײַען, נאָר אָן אַ באָרד. אַ נאָז אַ ייִדישע, נאָר וואָנצעס – מאָדנע פֿאַרדרייט אַרויף. אויערן אָפּגעשטאַנענע, נאָר אַ האַלדז אַ רויטער. די גאַנצע צײַט האָט ער זיך געהאַלטן פֿון אונדז גאַנץ באַזונדער. געקוקט אין פֿענצטער און געפּײַפֿט. געזעסן איז ער, געווײנטלעך, אָן אַ היטל. און אַ רוסיש בלאַט אויף די קני. און שאַ, קיין וואָרט נישט אַרויסגעלאָזט. דורכויס מעשׂה רוס. אַן עכטער פֿאָניע. האַ? נאָך אַ מאָל: זאָל דאָס טאַקע זײַן אַ גוי? סטײַטש, ס׳איז דאָך אָבער פֿאָרט נישט קיין גוי. בלאָטע! אַ ייִד אַ ייִדן וועט נישט נאַרן. אַ ייִד אַ ייִדן וועט דערקענען פֿאַר אַ מײַל אין אַ פֿינצטערער נאַכט. גוואַלד, דער צלם־אלוקים! ניין, ס׳אַ ייִד. אַזאַ שטיק גאָלד, ווי אַ ייִד דאָס איז! און ווידער צוריק, טאָמער ניין? אַ קשיא הײַנטיקע צײַטן... האָבן מיר זיך מיישבֿ געווען: אויך די אייגענע מעשׂה. אַ ייִד נעבעך וויל, מע זאָל כאָטש מיינען, אַז ער איז אַ גוי – לאָז אים ווויל באַקומען. וואָס זשע טוט מען אָבער – אונדז גייט אָפּ אַ צענטער? מיר האָבן אַ יאָרצײַט אין וואַגאָן. איר מיינט, עפּעס גלאַט אַ יאָרצײַט? אַ יאָרצײַט נאָך אַ טאַטן? אָדער נאָך אַ מאַמען? ניין. דאָס איז געווען אַ יאָרצײַט נאָך אַ קינד. נאָך אַ זון. איין־און־איינציקן זון האָט אַ ייִד באַגראָבן. קוים אויסגעבעטן, מע זאָל אים אַרויסגעבן פֿון דער טורמע, שוין לאַחר־המעשׂה, מע זאָל אים ברענגען צו קבֿר־ישׂראל... דער פֿאָטער שווערט, אַז ער איז געווען גאָט די נשמה. צו גיך, זאָגט ער, האָט מען אים אָפּגעמישפּט. דאָס הייסט, אַ חבֿרה־מאַן צווישן חבֿרה איז ער אַפֿילו, זאָגט ער, געווען, נאָר הענגען איז אים, זאָגט ער, נישט געקומען. מע האָט אים אָבער געהאַנגען – פֿאַרפֿאַלן! איז די מוטער באַלד נאָך אים אַוועקגעגאַנגען. דאָס הייסט, נישט אַזוי גיך. אָהאָ! זיך פֿריִער גוט אָנגעמוטשעט. אַליין געמרטשעט זיך און אויך אים גרוי און אַלט געמאַכט.

– וויפֿל, מיינט איר, בין איך אַלט מײַן אייגנס?

מיר קוקן אַלע אויפֿן דאָזיקן פֿאַרשוין און ווילן טרעפֿן, וויפֿל אַלט ער איז. ס׳איז אוממעגלעך: יונגע אויגן, גרויע האָר. אַ געקנייטשטער שטערן, אַ שמייכלענדיק־וויינענדיק פּנים. און דער גאַנצער נפֿש – עפּעס אַ מאָדנער. טאַקע אַ פּידזשאַק, נאָר אַ לאַנגלעכער. טאַקע אַ קאַפּעליושל, נאָר פֿאַררוקט אַהינטער. טאַקע אַ בערדל, נאָר שטאַרק פֿאַרקײַלעכיקט. און אויגן... אַך, אויגן! אַזעלכע אויגן, ווען איר זעט איין מאָל, וועט איר זיי שוין

Geschichte Nummer neunzehn

Der zehnte Mann

Wir waren gerade neun im ganzen Waggon. Neun jüdische Männer. Und ein zehnter hat uns gefehlt zum Minjan.

Genaugenommen war der zehnte Mann da. Aber bei diesem zehnten waren wir uns nicht sicher; ist er Jude oder Christ? Ein verschwiegener Mensch mit goldenem Kneifer. Fleckiges Gesicht, Sommersprossen, aber ohne Bart. Jüdische Nase, nur der Schnurrbart so seltsam nach oben gedreht. Abstehende Ohren und ein rötlicher Hals. Die ganze Zeit hielt er von uns Abstand, schaute aus dem Fenster und pfiff. Saß da, natürlich ohne Hut, auf den Knien eine russische Zeitung. Und schweigsam, kein Wort war aus ihm rauszulocken. Sieht doch mehr nach Russe aus, ein echter Iwan! Andererseits, wenn man genau hinsieht, ist es doch kein Goj, kein bisschen! Ein Jude kann doch seinesgleichen nicht täuschen! Ein Jude erkennt den andern doch auf eine Meile weit, mitten in der finstersten Nacht. Seht ihn Euch nur an. Es muss ein Jude sein. Goldstücke könnte man wetten, dass er Jude ist. Oder doch lieber nicht? Vielleicht ist er doch keiner? Heutzutage kann man das schwer sagen. Wir haben uns schließlich geeinigt; es ist die alte Geschichte: ein Jude, der gerne für einen Goj gehalten sein will. Soll er seine Freude dran haben! Aber was machen wir, uns fehlt der zehnte Mann! Wir haben eine Jahrzeit im Waggon! Ihr meint vielleicht eine ganz normale Jahrzeit? Für einen Vater oder eine Mutter? Irrtum. Es ist das Jahrgedächtnis für ein Kind. Für den Sohn. Ein Mann hat seinen einzigen Sohn begraben. Mit Mühe erreicht, dass man ihn aus dem Gefängnis rausgegeben hat für ein jüdisches Begräbnis, *nachdem alles* vorbei war. Der Vater schwört, dass er unschuldig war. Zu schnell haben sie ihn abgeurteilt. Zugegeben, ein Kumpan in schlechter Gesellschaft war er. Aber dass man ihn aufhängt, das hat er nicht verdient. Und doch ist er gehängt worden, und alles war verloren. Die Mutter ist ihm bald nachgegangen, das heißt nicht sofort. Vorher hat sie noch gehörig gelitten, sich selbst und den Mann gequält; darüber ist er grau und alt geworden.

»Was meint Ihr, wie alt ich bin?«

Wir betrachten unseren Mann und möchten sein Alter schätzen. Es ist unmöglich: jugendliche Augen, aber graue Haare, die Stirn zerfurcht, das Gesicht voll Lachen und Weinen zugleich. Und der ganze Mensch, seltsam, wie er aussieht: Die Weste ist ein bisschen zu lang, den Hut hat er nach hinten geschoben, sein Bart ist rund geschnitten. Und die Augen! Ach, seine

קיין מאָל, קיין מאָל נישט פֿאַרגעסן. שמייכלענדיק־וויינענדיקע, אָדער וויינענדיק־שמייכלענדיקע אויגן... וואָלט ער כאָטש באַקלאָגט זיך, וואָלט ער כאָטש געלאָזט אַ טרער. איז ניין. דווקא פֿריילעך און דווקא לעבעדיק – אַ מאָדנער, מאָדנער נפֿש.

– הכּלל, ווּ נעמט מען אַ צענטן? – האָט זיך איינער אָפּגערופֿן און געוואָרפֿן אַן אויג אויפֿן פֿײַפֿער, וואָס מאַכט זיך גלײַך ווי ער הערט נישט, קוקט אין פֿענצטער אַרײַן און פֿײַפֿט אויס עפּעס אַ באַקאַנטן ניגון, דאַכט זיך, אַז „קעקוואָק“.

– וואָס הייסט, אַ צענטער? – רופֿט זיך אָן נאָך איינער. – מיר האָבן דען נישט קיין מנין?

און ער האָט גענומען ציילן מיטן פֿינגער: נישט איינס, נישט צוויי, נישט דרײַ...

– אָן מיר! – האָט זיך אָנגערופֿן דער פֿײַפֿער, דווקא אויף ייִדיש.

מיר זענען אַלע געבליבן דערשטוינט.

– איר זענט דען קיין ייִד נישט?

– אַ ייִד בין איך, נאָר איך האַלט נישט פֿון די זאַכן.

אַ היפּשע ווײַלע זענען מיר געזעסן אַלע, ווי געפּלעפֿט, געקוקט איינס אויף דאָס אַנדערע אָן לשון. נאָר איין בעל־יאָרצײַט האָט זיך נישט פֿאַרלוירן. מיט זײַן פֿריילעך־וויינענדיקן שמייכל האָט ער זיך אָנגערופֿן צום יונגן־מאַן דעם פֿײַפֿער:

– הונדערט און צוואַנציק יאָר זאָלט איר לעבן. אײַך קומט אַ גאָלדענע מעדאַל.

– פֿאַר וואָס אַ גאָלדענע מעדאַל?

– איך וועל אײַך זאָגן, ס׳איז אַ ביסל אַ צו לאַנגע מעשׂה. אויב איר ווילט זײַן אַ צענטער צום מנין, זאָג איך אָפּ אויף אַ מינוט קדיש נאָך מײַן זון, וועל איך אײַך דערציילן אַ שיינע געשיכטע.

און דער פֿריילעכער בעל־יאָרצײַט נעמט אַרויס אַ פֿאַטשיילע, גאַרטלט זיך אַרום דעם פּידזשאַק און שטעלט זיך אַוועק מיטן פּנים צו דער וואַנט:

– אַשרי יושבֿי ביתך עוד יהללוך סלה...

איך ווייס נישט, ווי אַזוי איר. איך בין מיך מודה, אַז איך האָב ליב אַ וואָכעדיקע מינחה. איין וואָכעדיקע שמונה־עשׂרה איז בײַ מיר זיסער פֿון צען חזנישע קונצנדיקע שטיק, שבתדיקע דריידלעך מיט יום־טובֿדיקן שטייגער. די שמונה־עשׂרה פֿון דעם בעל־יאָרצײַט דאָ אין וואַגאָן איז געווען מיט אַזוי פֿיל האַרץ, מיט אַזוי פֿיל נשמה, אַז עס האָט אונדז אַלעמען צענומען. און מיר דאַכט, אַז אַפֿילו דעם צענטן פֿאַרשוין דעם פֿײַפֿער – אויך. האָרכן אַ טאַטן,

Augen! Wenn Ihr solche Augen nur einmal gesehen habt, werdet Ihr sie nie wieder vergessen! Lachend und weinend, weinend und lachend in einem. Wenn er sich noch beklagen würde, Tränen vergießen! Aber nein. Ganz fröhlich und ganz lebendig ist er, wirklich eine seltsame Gestalt.

»Also Leute, wo kriegen wir unseren zehnten Mann her?«, ruft einer aus und wirft dabei einen Blick auf den pfeifenden Menschen. Der aber tut so, als ob er nicht hört. Er schaut weiterhin aus dem Fenster und pfeift dabei eine bekannte Melodie, irgend so was wie ›Cake-walk‹.[125]

»Wieso fehlt denn der zehnte Mann?«, ruft ein anderer aus, haben wir nicht den Minjan zusammen?« Und fängt an, mit den Fingern zu zählen: »Eins, zwei, drei…«

»Ohne mich!«, ruft der Pfeifer, und auf Jiddisch noch dazu. Wir waren alle miteinander bass erstaunt.

»Seid Ihr denn kein Jude?«

»Sicher bin ich Jude, aber von solchen Sachen halte ich nichts.«

Eine ganze Weile sitzen wir verblüfft da. Einer schaut den andern an, ohne ein Wort herauszubringen. Nur einer von uns, ausgerechnet der Mann mit dem Jahrgedächtnis, gibt sich nicht geschlagen. Mit seinem besonderen Lächeln, fröhlich und traurig zugleich, sagt er zum jungen Mann, dem Pfeifer:

»Mögt Ihr hundertzwanzig Jahre leben! Ihr habt eine goldene Medaille verdient!«

»Eine goldene Medaille, weswegen?«

»Ich werde Euch das erklären, aber es ist eine längere Geschichte. Seid so gut und macht gerade unseren Minjan voll. Ein paar Minuten nur, und ich habe das Kaddisch für den Sohn gebetet, danach erzähle ich Euch eine schöne Geschichte.«

Und ohne zu warten, nimmt der muntere Mensch mit der Jahrzeit ein Tuch heraus, gürtet sich die Jacke[126] und stellt sich mit dem Gesicht zur Wand:

»Wohl denen, die in deinem Hause wohnen. Immerwährend preisen sie dich…«[127]

Ich weiß nicht, wie Ihr darüber denkt. Ich will Euch gestehen: Solch ein Nachmittagsgebet, mitten in der Woche, hab ich gern. Ein Schemone Esre an Werktagen ist mir lieber und geht mir mehr ans Herz als zehn kunstvolle Partien vom Kantor, solche Kunstgenüsse am Sabbat und Feiertagsdarbietungen. Der Mann mit seiner Jahrzeit bei uns im Waggon hat das Achtzehngebet mit so viel Herz und Seele gebetet, dass wir alle miteinander ergriffen waren. Und wenn ich mich nicht täusche, ging es sogar dem zehnten Mann so, dem Pfeifer. Es ist auch keine kleine Sache, wenn Ihr einen Vater hört, wie er für

ווי ער זאָגט קדיש נאָך אַ זון – איז עפּעס אויך נישט פֿון די קלײנע זאַכן. און דערצו האָט דער בעל־יאָרצײַט געהאַט אַ זיסע האַרציקע שטימע, וואָס האָט זיך געגאָסן ווי אַ בוימל גלײַך אין די ביינער אַרײַן. און איבער הויפּט – דער קדיש! דער קדיש! נאָר אַ שטיין האָט דער קדיש געקאָנט נישט רירן...

קורץ – דאָס איז געווען שוין איין מאָל אַ מינחה.

אָפּגעדאַוונט און אָפּגעבונדן די פֿאַטשײלע, האָט זיך אונדזער בעל־יאָרצײַט אַוועקגעזעצט אַקעגן דעם צענטן פֿאַרשוין און מיט אַ פֿרײלעך־װײנענדיק פּנים, ווי זײַן שטייגער איז, האָט ער אָנגעהויבן צו דערציילן די געשיכטע, וואָס ער האָט אים צוגעזאָגט. בעת־מעשׂה האָט ער זיך געגלעט דאָס בערדל און גערעדט פּאַוואָלינקע, ווי אַ מענטש, וואָס האָט צײַט:

– די מעשׂה, וואָס איך וויל אײַך, יונגער־מאַן, דערציילן, איז, אייגנטלעך, נישט איין מעשׂה, נאָר דרײַ מעשׂיות. דרײַ קלײנינקע מעשׂהלעך.

די ערשטע מעשׂה האָט זיך געטראָפֿן אין אַ דאָרף, בײַ אַ רענדאַר. געזעסן אין אַ דאָרף אַ רענדאַר מיט אַ רענדאַרקע. דאָס דאָרף איז געווען אַ גרויס דאָרף. גויים אַ סך, ייִדן נישט אײנער. אַ יחיד הייסט עס. אַדרבה, נאָך בעסער. פּרנסה בשפֿע. ווי זאָגט מען: זיצן זאָל מען צווישן גויים... איין זאַך נאָר האָט זיי געפֿעלט – קינדער. אַ צײַט נישט געווען בײַ זיי קיין קינדער. איז זיי נישט אײַנגעגאַנגען דאָס לעבן. ערשט אויף דער עלטער האָט גאָט רחמנות געהאַט. די רענדאַרקע איז פֿאַרגאַנגען אויף טראָגן און האָט געבוירן דעם רענדאַר למזל אַ ייִנגל. אַ בן־זכר. אַ גדולה! דאַרף מען, הייסט עס, פּראַוועןאַ ברית, ווי גאָט האָט געבאָטן. אויפֿן אַכטן טאָג האָט מײַן רענדאַר גאַנץ פֿײַן אײַנגעשפּאַנט פֿערד און וואָגן און איז אַוועק אין שטאָט אַרײַן, אַראָפּגעבראַכט דעם רבֿ מיטן שוחט מיטן שמשׂ מיט נאָך פֿינף ייִדן. אַ וואַרעמעס האָט די רענדאַרקע מסתּמא צוגעגרייט אַ גרויסאַרטיקן. אַלצדינג פֿײַן אַרום און אַרום. מע טוט זיך אַ כאַפּ – ניטאָ קיין מנין. עס פֿעלט אַ צענטער. וואָס איז די מעשׂה? אַ רענדאַרישער קאָפּ. אַרײַנגערעכנט די רענדאַרקע אויך אין קאָן. איז מסתּמא געוואָרן אַ גרויס געלעכטער. אַהין־אַהער – דער טאָג שטייט נישט. וואָס טוט מען? אַ גרויס דאָרף. גויים אַ סך. ייִדן, להבֿדיל, נישט אײנער. שלעכט! מע טוט אַ קוק – עס פֿאָרט צו גלײַך צו דער קרעטשמע אַ בויד. און אין בויד – אַ בעל־עגלה. לאָז זײַן אַ בעל־עגלה, אַבי אַ ייִד... „ברוך־הבאָ!“ „שלום עליכם!“ „קומט אַרײַן, וועט איר זײַן אַ צענטער!“... די שׂימחה איז געווען נישט צו באַשרײַבן. הײַנט זעט, וואָס פֿאַר אַ גרויסן גאָט מיר האָבן. אַ גאַנץ דאָרף מיט גויים קאָנען גאָרנישט מאַכן. קומט איין ייִד, אַ בעל־עגלה, דאַכט זיך – אַהאַ, שוין גוט!

den Sohn das Kaddisch sagt. Und dazu hatte unser Mann solch eine sanfte, zarte Stimme, dass es uns wie Balsam einging und wir es ganz tief innen ge-spürt haben. Und sowieso: das Kaddisch! Ach, das Kaddisch! Der muss ein Herz von Stein haben, den das Kaddisch nicht rührt.

Kurzum, es war ein Gebet am Nachmittag, wie man es nicht vergisst.

Als er aber das Kaddisch beendet und das Tuch abgebunden hatte, setzte sich unser Jahrzeiter gleich hin, dem zehnten Mann gegenüber, und mit sei-nem fröhlich-traurigen Gesicht, wie wir ihn nun schon kannten, begann er seine Erzählung, genau wie er es vorher versprochen hatte. Dabei streichelte er seinen Bart und sprach so gemächlich wie einer, der viel Zeit hat.

»Junger Mann, die Geschichte, die ich Euch erzählen will, ist genauge-nommen nicht eine, sondern es sind drei Geschichten, drei kleine Ge-schichten.

Die erste passierte bei einem Schankpächter in einem Dorf. In diesem Dorf wohnte also ein Pächter mit seiner Frau. Groß war das Dorf, eine Men-ge Gojim, aber kein anderer Jude weit und breit. Umso besser, er verdiente gut. Wie man ja sagt: Unter Gojim ist gut wohnen. Nur eines fehlte ihnen, Kinder. Lange Zeit hatten sie kein Kind. Und das machte ihnen das Le-ben schwer. Erst im Alter hatte Gott ein Erbarmen. Die Pächtersfrau wur-de schwanger und brachte ihrem Mann glücklich ein Kind zur Welt, einen Knaben. Ein Geschenk vom Himmel! Welche Freude! Einen Briss, eine Be-schneidung, wird man feiern, wie Gott es geboten hat. Am achten Tag spannt mein Pächter Pferd und Wagen ein, fährt in die Stadt und bringt auch den Rabbi, den Beschneider und den Schammes nach Hause, dazu noch fünf andere jüdische Männer. Natürlich hat die Pächtersfrau eine prächtige Mahl-zeit gerichtet. Alles läuft wunderbar. Auf einmal, man schaut genau hin: Der Minjan ist nicht voll, der zehnte Mann fehlt! Wie kann so was passieren? Na ja, was so ein Schankwirt im Kopf hat! Seine Frau hat er glatt mitgezählt! Natürlich haben sie zuerst einmal ordentlich gelacht. Aber danach – man überlegt hin und her. Der Tag bleibt nicht stehen, die Zeit vergeht. Was soll man machen? Ein großes Dorf, jede Menge Gojim. Aber Juden, sie seien wohl unterschieden, nicht ein einziger. Schlimm! Man schaut noch einmal umher. Vor der Wirtschaft fährt eine Kutsche vor. Und in der Kutsche ein Fuhrmann.[128] Hm, ein Fuhrmann? Na wenn schon, macht nichts, wenn es nur ein Jude ist. ›Willkommen bei uns! Scholem alejchem! Ein Jude! Kommt rein, macht den Zehnten!‹ Ihr könnt Euch die Freude nicht vorstellen! Und nun seht Ihr, welch einen großen Gott wir haben. Ein ganzes Dorf voller Gojim – nichts können sie ausrichten, kommt ein Jude daher, ein armseliger Fuhrmann, und was passiert? Alles kommt in Ordnung!

די צווייטע מעשׂה, מײַן ליבער ייִד, האָט זיך געטראָפֿן שוין נישט אין אַ דאָרף, נאָר אין שטאָט. און דווקא אין אַ ייִדישער שטאָט. שבת איז דאָס געווען. פֿרײַטיק־צו־נאַכטס, הייסט עס, נאָך ליכטבענטשן. געקומען פֿון שול. אָפּגעמאַכט קידוש. זיך געוואַשן. מע זעצט זיך צום טיש – איז זיך מיישבֿ אַ ליכט און הייבט אָן שמעלצן זיך. שטעלט מען אַוועק מסתּמא אַ שבת־קוילעטש אַקעגן שנויץ – עס העלפֿט נישט. אַראָפּגעפֿאַלן דער שנויץ אויפֿן טיש, אָנגענומען דאָס טישטעך. אָט באַלד ווערט אַ שׂרפֿה. וואָס טוט מען? פֿאַרלעשן? טאָר מען נישט – שבת! האָבן זיך צונויפֿגעקליבן די שכנים, די גאַנצע גאַס. אַ גוואַלד, אַ געפּילדער: „ייִדן, מיר זענען פֿאַרפֿאַלן!“... מע טוט אַ קוק – כוועדער דער שבת־גוי. „כוועדער סערדצע! טשי טי באַטשייס אָנאָ דוזשע סוויטלאָ?“... אויף ייִדיש הייסט עס: צי זעסטו, גוי, ווי דאָרט איז ליכטיק?... און כוועדער, כאָטש אַ גויִישער קאָפּ, האָט פֿאַרשטאַנען וואָס מע מיינט. אַ שפּײַ אויף דער האַנט און מיט צוויי גראָבע גויִישע פֿינגער האָט ער געגעבן אַ נעם אַפּיר דעם שנויץ – אויס שׂרפֿה. נו, פֿרעג איך אײַך: איז גאָטס ווונדער דען אָפּצושאַצן? קיין עין־הרע, אַזוי פֿיל ייִדן האָבן גאָרנישט געקאָנט מאַכן. געקומען איין גוי – אָפּגעראַטעוועט אַ גאַנצע שטאָט.

אַצינד באַדאַרף מען אײַך, הייסט עס, דערציילן די דריטע מעשׂה. דאָס האָט שוין געטראָפֿן, פֿאַרשטייט איר מיך, בײַם רבין אַליין. דער רבי זאָל לעבן האָט געהאַט אַ בן־יחיד, און דווקא אַ געראָטענעם בן־יחיד, מיט אַלע מעלות, ווי עס גיט זיך אײַן בײַ אַ רבין. האָט מען אים מסתּמא יונג חתונה געמאַכט, געגעבן אַ ווײַב, מיט נדן, מיט אייביקע קעסט, און אַוועקגעזעצט, ער זאָל זיצן און לערנען. זיצט ער און לערנט. וואָלט אַלצדינג געווען גוט און פֿײַן – ווען זשע? ס׳זאָל נישט זײַן קיין „פּריזיוו“ אויף דער וועלט. כאָטש אַפֿילו, אין פֿלוג, וואָס הערט דעם רבינס זון אַ פּריזיוו? אַז, ראשית, איז ער אַ בן־יחיד, איין־און־איינציקער. והשנית, טאָמער וועט דאַרפֿן קאָסטן געלט, וועט אין געלט קיין מניעה נישט זײַן. איז אָבער געוואָרן אַ ביטערע צײַט, מישטיינס געזאָגט. מע האָט אָנגעהויבן נעמען בײַ ייִדן בני־יחידים, און קיין געלט העלפֿט שוין אויך נישט. אַפֿילו קיין צען טויזנט! ביטערע נאַטשאַל־סטווע, אַ רשע אַ דאָקטער – שלעכט, שלעכט! וואָס טויג אײַך, מײַן ליבער יונגער־מאַן, מע האָט אַרײַנגעפֿירט דעם רבינס זון אַ נאַקעטן. דאָס ערשטע מאָל אויף זײַן לעבן איז אים אויסגעקומען צו שטיין בגלוי־ראָש, אָן אַ היטל הייסט עס. און דאָס איז געווען זײַן גליק. וואָרעם אויפֿן קאָפּ האָט זיך באַוויזן

Meine zweite Geschichte, junger Freund, hat sich diesmal nicht im Dorf zugetragen, sondern in der Stadt. Und zwar in einer jüdischen Stadt. Sabbat war es. Freitagabend nach dem Lichtersegen. Die Leute kommen aus der Synagoge, der Kiddusch ist gesagt, die Hände gewaschen. Man will sich zu Tisch setzen, da fällt es einer Kerze ein, dass sie anfängt zu schmelzen und sich zu biegen. Die Leute stellen schnell einen Topf mit Sabbatspeise dagegen. Es nützt aber nichts. Die Kerze ist schon auf den Tisch gefallen, das Tischtuch fängt an zu schwelen. Noch einen Augenblick und alles wird in Flammen stehen. Was soll man machen? Einfach löschen? Das darf man nicht. Es ist doch Sabbat![129] Die Nachbarn in der ganzen Straße rennen zusammen. Ein Aufruhr, ein Geschrei: Leute, wir sind verloren. Man schaut sich um: Sieh, dahinten, Fjodor, der Schabbes-Goj! ›Fjodor, Guter! Bester! *Tschi ti batschejs ono dushe switlo?…*‹ auf Jiddisch: Bester Goj, siehst du nicht, dass es da drüben so hell ist? Und Fjodor mit seinem gojischen Kopf hat wahrhaftig begriffen, was die Leute meinen. Er spuckt in die Hand und mit seinen zwei gojischen Fingern löscht er den brennenden Docht. Die Gefahr ist vorbei! Nun frag ich Euch, kann ein Mensch Gottes Wunder ermessen? So viele Juden, Gott bewahre uns, konnten gar nichts tun. Kommt ein Goj daher und rettet eine ganze Stadt!

Und jetzt will ich Euch noch die dritte Geschichte erzählen. Sie ist nun wirklich beim Rebben selbst passiert. Der Rebbe, leben soll er, hatte einen einzigen Sohn. Und der war gut geraten, mit allen Eigenschaften und Vorzügen, wie es sich für einen Rebben gehört. Noch in der Jugend hat man ihn verheiratet, mit einer Frau, reich an Mitgift, ›Kost‹ für unbegrenzte Zeiten. Die besten Voraussetzungen, dass er lernen kann. Und das tut er auch, sitzt da und lernt. Alles könnte wunderbar sein. Wieso auch nicht? Wenn es auf der Welt nicht die Einberufung zum Militär[130] gäbe! Obwohl man ja fragen kann, was hat der Sohn vom Rebben mit der Einberufung zu schaffen? Denn erstens ist er der einzige Sohn, und zweitens, wenn's nun etwas kosten soll, Geld ist da, das wird kein Hindernis sein. Es waren aber, Gott sei's geklagt, böse Zeiten. Den Juden hat man auch die einzigen Söhne eingezogen. Und mit Geld war nichts mehr zu machen, nicht mal mit zehntausend Rubeln! Eine harte Obrigkeit, der Doktor bei der Musterung ein Judenhasser, übel sieht es aus, sehr übel. Was hilft es, junger Freund, sie haben den Sohn vom Rebben ins Untersuchungszimmer gebracht. Splitternackt dazu! Es war das erste Mal im Leben, dass er barhäuptig dastand, ohne eine Mütze auf dem Kopf. Und gerade das war sein Glück! Denn, mögt Ihr davon verschont bleiben, oben auf seinem Kopf kommt ein Prachtexemplar von einem Grind

בײַ אים, נישט פֿאַר אײַך געדאַכט, אַ צאַצקע, און דווקא נישט קיין געמאַכטע. אַ סבֿרא, אַז דאָס איז אים פֿאַרבליבן נאָך פֿון קינדווײַז. געווען אַ קינד אַן עקשן. זיך נישט געלאָזט צוואָגן... פֿאַרשטייט זיך, אַז מע האָט אים געגעבן דעם וועג.

הײַנט פֿרעג איך אײַך, מײַן ליבער יונגער־מאַן, וואָס זענט איר ווערט? אַ ייִד זענט איר, און אַ גוי ווילט איר זײַן, און דאָס דריטע זענט איר במילא – נו, קומט אײַך נישט קיין גאָלדענע מעדאַל?...

. . . .

אויף דער ערשטער סטאַנציע איז אונדזער „צענטער“ נעלם געוואָרן.

ענדע געשיכטע נומער נײַנצן.

געשריבן אין יאָר 1910.

zum Vorschein. Und es besteht gar kein Zweifel, solch einen Grind kann man nicht machen, der ist echt! Wahrscheinlich war es ein Überbleibsel aus der Kindheit. Denn als Kind war er ein Starrkopf. Er wollte sich partout nicht die Haare waschen lassen... Es versteht sich von selbst, dass man ihn gleich wieder zurückgeschickt hat.

Und jetzt frage ich Euch noch einmal, mein lieber junger Mann, was Ihr wert seid. Ein Jude seid Ihr, ein Goj wollt Ihr sein, und das Dritte seid Ihr auf jeden Fall, ein richtiger Grindkopf!

Nun, habt Ihr nicht eine goldene Medaille verdient?«

. . . .

Auf der nächsten Bahnstation verschwand unser zehnter Mann.

(1910)

געשיכטע נומער צוואַנציק

דריטע קלאַס

דאָס איז, אייגנטלעך, שוין נישט קיין געשיכטע, נאָר גלאַט אַ שמועס, אַ פּאָר ווערטער פֿאַרן געזעגענען זיך און אַן עצה פֿון אַ גוטן פֿרײַנד.

האַלטנדיק בײַם צעשיידן זיך מיט אײַך, פֿרײַנד־לעזער, ווילט זיך מיר צום סוף, אויס דאַנקבאַרקייט, וואָס איר האָט אויסגעהערט פֿון מיר אַזוי פֿיל געשיכטעס, אײַך מיט עפּעס וואָס נוצלעך זײַן, זאָגן אײַך עטלעכע וואַרעמע ווערטער פֿון אַ פּראַקטישן מענטשן, פֿון אַ קאָמיוואָיאַזשער. הערט מיך אויס און פֿאַרשרײַבט מײַנע ווערטער.

אַז איר פֿאָרט אין באַן, געוויינטלעך אַ לענגערע שטרעקע, און איר ווילט וויסן, אַז איר פֿאָרט, דאָס הייסט, איר ווילט הנאה האָבן פֿון אײַער נסיעה, זאָלט איר אײַך נישט דערוועגן פֿאָרן נישט ערשטע, נישט צווייטע קלאַס.

מילא, פֿון ערשטער קלאַס איז אָפּגערעדט. זאָל אײַך גאָט היטן! דאָס הייסט, איך מיין נישט דאָס פֿאָרן. דאָס פֿאָרן אַליין איז אין ערשטער קלאַס אַפֿילו גאַנץ נישקשהדיק. ווייך און גראָם און רייַך – מיט אַלע באַקוועמ־לעכקייטן. איך רעד נישט פֿונעם פֿאָרן. איך רעד פֿון די מענטשן, פֿון די פּאַ־סאַזשירן. וואָס פֿאַר אַ טעם, פֿרעג איך אײַך, האָט דאָס פֿאַר אַ ייִדן פֿאָרן אײנער אַליין און נישט רעדן אַ וואָרט? איר קאָנט דאָך אַזוי חלילה פֿאַרגעסן רעדן! און אַפֿילו אַז איר טרעפֿט שוין דאָרט אַ מאָל אַ פּאַסאַזשיר איין מאָל אין אַ יובֿל, איז דאָס אָדער אַ גראָבער פּריץ מיט געשוואָלענע באַקן, ווי בײַ אַ טרובאַטש, וואָס שפּילט אויף אַ טראָמבאָן, אָדער אַן אָנגעבלאָזענע דאַמע, בייז ווי אַ שוויגער, אָדער אַ שטומער אויסלענדער מיט קעסטלדיקע הויזן, וואָס איז צוגעזאָטן געוואָרן צום פֿענצטער, נישט אָפּצורײַסן אים, עס מעג ברענען דער גאַנצער וואַגאָן. מיט אַזעלכע פֿאַרשווינען אַז איר פֿאָרט, קומען אײַך אַלערליי טרויעריקע געדאַנקען און נישט ווילנדיק דערמאָנט איר אײַך אינעם טויט... צו וואָס טויג עס אײַך?

אין צווייטער קלאַס, מיינט איר, איז בעסער? איר זיצט אין איין וואַגאָן מיט אַלערליי פֿאַרשווינען, די זעלבע מענטשן, דאַכט זיך, וואָס איר, מיטן זעלבן יצר־הרע. זיי ווילן נעבעך רעדן אַ וואָרט, גייען אויס וויסן, וווהין איר פֿאָרט, און פֿון וואַנען איר זענט, און וואָס איר זענט. נאָר מע זיצט, ווי די טאָקן, און מע קוקט איינס אויפֿן אַנדערן. מע האָט אָנגענומען אַ פֿול מויל מיט וואַסער – און שאַ!

Geschichte Nummer zwanzig

Fahrt lieber dritter Klasse!

Dies ist eigentlich keine richtige Geschichte, sondern mehr ein Geplauder, ein paar Gedanken vor dem Abschied und zugleich der Rat eines guten Freundes.

Wo wir nun im Begriff sind, auseinanderzugehen, lieber Freund und Leser, möchte ich Euch aus Dankbarkeit dafür, dass Ihr so lange bei meinen Geschichten ausgehalten habt, ein wenig nützlich sein und ein paar Ratschläge geben aus der Erfahrung eines Handelsreisenden. Sie kommen von Herzen. Darum hört mir gut zu und schreibt auf, was ich Euch sage.

Ihr wollt mit der Bahn fahren und dazu noch eine längere Strecke? Ihr wollt von der Fahrt etwas haben, das heißt Spaß an der Reise bekommen? Dann hütet Euch vor der ersten oder zweiten Klasse!

Was die erste Klasse angeht, so gibt es keinen Zweifel: Nur abraten kann man Euch, die erste Klasse kommt gar nicht in Frage, um Gottes willen! Wobei ich nicht die Fahrt selbst meine. Die Fahrt in der ersten Klasse an sich ist ganz angenehm: weich und geräumig, mit allerhand Luxus und allem Komfort. Von der bloßen Fahrt spreche ich nicht. Ich rede von den Menschen, von den Passagieren. Ich frage Euch ehrlich, welchen Geschmack kann ein Mensch daran finden, mutterseelenallein zu reisen, ohne ein Wort zu sprechen? Ihr könntet, unberufen, das Reden verlernen! Und wenn Ihr schon einmal alle Jubeljahre einen Fahrgast trefft, so ist es entweder ein ungehobelter Gutsbesitzer mit aufgeblasenen Backen, als würde er Posaune spielen, oder eine eingebildete Dame, bösartig wie eine Schwiegermutter, oder gar ein schweigender Ausländer mit karierten Hosen, der am Fenster festklebt und hinausstarrt, selbst wenn der ganze Waggon brennen sollte! Wenn Ihr mit solchen Leuten fahrt, kommen Euch allerhand trübe Gedanken, und ohne dass Ihr es wollt, fangt Ihr an, ans Sterben zu denken. Also, wozu soll das gut sein?

Meint Ihr etwa, in der zweiten Klasse ist es besser? Ihr sitzt in einem Waggon mit allerhand Leuten, scheinbar alles Menschen wie Ihr auch, meint Ihr. Mit den gleichen Lastern und Leidenschaften, wie Ihr sie habt. Sie möchten sich gerne unterhalten, sie brennen darauf, zu erfahren, wohin Ihr fahrt und woher Ihr kommt und was Ihr treibt. Aber steif wie die Holzpuppen sitzt man da, einer starrt auf den anderen. Stumm wie die Fische – kein Wort kommt heraus!

פֿונקט אַקעגן אײַך זיצט אײנער אַ פֿראַנט מיט אַ לאַנגן נאָגל און מיט שײנע וואָנצעס, וואָס איר וואָלט געמעגט שווערן, אַז ער איז אײַך קענטלעך, איר האָט אים ערגעץ געזען, נאָר איר ווײסט נישט ווו; עס דאַכט זיך אײַך, אַז ער באַדאַרף זײַן מזרע־היהודים, דאָס הײסט, פֿון אונדזעריקע... נאָר גײ מאַך, אַז יענער דברט נישט! ער האָט פֿאַרדרײט די וואָנצעס אַרויף, קוקט אין פֿענצטער און פֿײַפֿט!

אויב איר ווילט אַזאַ פֿאַרשוין דערגײן די יאָרן, באַגראָבן, ער זאָל קײן תּחית־המתים נישט אויפֿשטײן, זאָלט איר זיך ווענדן צו אים אויף וואָס פֿאַר אַ שפּראַך איר ווילט, בשעת אַקעגן זיצן קריסטן, און ווער שמועסט נאָך – דאַמען. נאָר בעסער איר זאָלט אים אַ פֿרעג טאָן אויף רוסיש:

– יעסלי יאַ ניע אָשיבאַיוס, יאַ אימיעל אודאָוואָלסטוויע ווסטריעטיטסאַ ס׳וואַמי וו׳בערדיטשעוויע?... אויף אונדזער לשון וועט עס הײסן אַזוי גוט ווי: „אויב איך בין מיך נישט טועה, האָב איך געהאַט דאָס פֿאַרגעניגן זיך צו טרעפֿן מיט אײַך אין בערדיטשעוו?“... – דאָס איז ערגער טויזנט מאָל ווי אין טאַטן אַרײַן געשאָלטן!

אָדער, אויב איר טרעפֿט זיך אויף מיט אַזאַ פֿאַרשוין ערגעץ אין פּאָדאָליע אָדער אין וואָלין, קאָנט איר אָנהײבן צו רעדן מיט אים אויף פּויליש:

– פּשעפּראַשאַם פּאַנאַ! יעזשעלי סיען ניע מילען זנאַלעם אָיטצאַ פּאַנאַ ז׳יאַרמעלינצו, קטורי, ביל וו׳לאַסקאַך או יאַסנאָ־וועלמאָזשנעגאָ פּאָטאָצקעגאָ?... אויף ייִדיש גערעדט, וועט דאָס הײסן: „איך בעט איבער אײַער כּבֿוד, אויב איך האָב קײן טעות, בין איך געווען באַקענט מיט אײַער פֿאָטער פֿון יאַרמעלינעץ; ער איז געווען אַ חשובֿ בײַם גראַף פּאָטאָצקי“... קײן גרויסע באַלײדיקונג איז דאָ טאַקע נישט פֿאַראַן, נאָר יאַרמעלינעץ און אַ חשובֿ בײַם גראַף פּאָטאָצקי שמעקט מיט „ייִד“... נאָר שאַ! אָט וועל איך אײַך בעסער דערצײלן אַ געשיכטע, וואָס איך אַלײן בין געווען דערבײַ.

דאָס איז געווען אין קוריערצוג. נישטאָ קײן דריטע קלאַס, בין איך, באין־ברירה, געפֿאָרן צווײטע קלאַס. אַקעגן מיר האָב איך געהאַט אַ פֿאַרשוין, ספֿק ייִד, ספֿק קריסט. נאָר דאַכט זיך, מער ייִד אײדער קריסט... און אפֿשר? ווער קאָן עס וויסן? אַ שײנער יונג, אַ געגאָלטער, אָנגעטאָן ווי אַ ספּאָרטסמען, מיט אַ שוואַרצן פּאַס אויף די ווײַסע הויזן, און אַ קאַוואַליער. פֿאַר וואָס זאָג איך: אַ קאַוואַליער? – ווײַל ער האָט די גאַנצע צײַט זיך געדרײט אַרום אַ שײנער „באַרישניע“, אַ פֿרײַלין מיט אַ הויכן שיניאָן און מיט אַ פּענסנע אויף אַ קלײן אויסגעטאָקט נעזל. באַקענט האָט מען זיך טאַקע דאָ אין וואַגאָן און גיך געוואָרן באַפֿרײַנדט. זי האָט אים מכבד געווען מיט שאָקאָלאַד, און ער האָט זי אַמוזירט, פֿריִער מיט אַרמענישע און דערנאָך מיט ייִדישע אַנעקדאָטן, און בײדע האָבן געקײַכט פֿאַר געלעכטער. און דער הויפּט האָט מען געלאַכט פֿון די ייִדישע אַנעקדאָטן, וואָס דער פֿאַרשוין האָט דערצײלט מיט אַזאַ געשמאַק, ווי עס ווערט דערצײלט צווישן קריסטן, גאָר נישט געקוקט

Euch gegenüber sitzt ein feiner Pinkel mit einem langen Fingernagel und einem gepflegten Schnurrbart. Ihr könntet schwören, dass Ihr ihn von irgendwoher kennt, Ihr habt ihn schon irgendwo gesehen, aber Ihr erinnert Euch nicht wo. Ihr schätzt, dass er zu den ›Kindern Abrahams‹ gehört, das heißt zu unseren Leuten. Aber was wollt Ihr machen, wenn der Mensch keinen Ton redet? Er hat den Schnurrbart nach oben gedreht, schaut zum Fenster hinaus und pfeift vor sich hin.

Wenn Ihr solch einen Menschen ordentlich ärgern und ihm so zusetzen wollt, dass er sich nicht einmal bei der Auferstehung der Toten erhebt, so müsst Ihr Euch nur – während vielleicht Christen oder sogar Damen Euch gegenübersitzen – in irgendeiner anderen Sprache an ihn wenden. Am besten fragt Ihr ihn in Russisch:

»*Jessli ja nje oschibajuss, ja imjel udowolsstwie wsstrjetitsa ss'wami w'Berditschewje?...*« In unserer Muttersprache heißt das so viel wie: ›Wenn ich mich nicht irre, hatte ich schon mal das Vergnügen, Euch in Berditschew zu treffen?...‹ Das ist tausendmal schlimmer, als ihn mit allen Schimpfwörtern zu traktieren!

Begegnet Ihr solchen Leuten irgendwo in Podolien oder in Wolhynien,[131] könnt Ihr aber auch auf Polnisch anfangen:

»*Pscheprascham pana! Jesheli ssjen nje milen snalem ojtza pana s'Jarmelinzu, kturi bil wlasskach u jassno-welmoshnego Potozkiego?...*« Auf gut Jiddisch: ›Verzeihung, mein Herr, wenn ich mich nicht täusche, kenne ich Euren Vater von Jarmelinez her. Hat er nicht mit dem Grafen Potocki[132] verkehrt?...‹ Das ist keine direkte Beleidigung, aber ›Jarmelinez‹ und ›mit den Grafen Potocki verkehren‹ riecht stark nach Jude! Doch Schluss damit. Ich will Euch lieber eine Geschichte erzählen, die ich selbst miterlebt habe.

Es war im Kurierzug. Da es keine dritte Klasse gab, musste ich notgedrungen zweiter Klasse fahren. Auf dem Platz mir gegenüber hatte ich einen Fahrgast, vielleicht ein Jude, vielleicht aber auch ein Christ. Doch anscheinend mehr Jude als Christ, wenn man's überlegt... Aber wer kann so was genau sagen! Ein feiner junger Mann, rasiert, angezogen wie ein *sportsman* mit schwarzem Gürtel auf weißer Hose – ganz Kavalier. Warum betone ich das: Kavalier? Weil er sich die ganze Zeit sichtbar um ein vornehmes, junges Fräulein bemühte, eine Mademoiselle, mit hochgestecktem Knoten und einem Zwicker auf der zierlichen Nase. Man hatte sich im Waggon kennengelernt und war schnell vertraut geworden. Sie erfreute ihn mit Schokolade. Er dagegen amüsierte sie mit Anekdoten, zuerst mit armenischen, danach mit jüdischen. Beide erstickten fast vor Lachen. Und besondere Freude hatten sie an den jüdischen Witzen, denn der Mann erzählte sie mit solch einem Genuss,

דערויף, וואָס טאָמער בין איך אַ ייִד און געפֿין מיך באַליידיקט... קורץ, דער ראָמאַן איז ביי זיי געגאַנגען, ווי אויף פּוטער. ער איז שוין אויסגעוואַקסן נעבן איר (פֿריִער איז ער געזעסן אַקעגן איר) און פֿאַרקוקט איר אין די אויגן אַרייַן, און זי האָט זיך געשפּילט מיטן קייטל פֿון זייַן זייגערל, וואָס איז געווען אַרייַנגעשטעקט אינעם שוואַרצן פּאַס אויף די ווייַסע הויזן. פּלוצעם – פֿון וואַנען האָט זיך גענומען אויף אַ סטאַנציע – איך האָב שוין פֿאַרגעסן דעם נאָמען – קומט אַרייַן אַ הינקענדיקער ייִד, אַ געלער, אַ פֿאַרשוויצטער, מיט אַ ווייַסן פּאַראַסאָל, שטרעקט אויס די האַנט צו מייַן ספּאָרטסמען מיטן שוואַרצן פּאַס אויף די ווייַסע הויזן, און רופֿט זיך אָן צו אים פּשוט אויף אונדזער ייִדיש לשון:

– נאַט אייַך אָפּ שלום... איך האָב אייַך דערקענט דורכן פֿענצטער. איך קאָן אייַך אָפּגעבן אַ גערוס פֿון אייַער פֿעטער זלמן פֿון מאַנעסטרישטש...

פֿאַרשטייט זיך, אַז אויף דער זעלבער סטאַנציע איז מייַן ספּאָרטסמען נעלם געוואָרן, און די „באַרישניע" איז געבליבן אַליין. דערמיט ענדיקט זיך אָבער נאָך נישט די געשיכטע. מייַן „באַרישניע" – שוין געוויס אַ קריסטין, וואָרעם אַז ניט, וואָס האָט דער ספּאָרטסמען באַדאַרפֿט אַנטלויפֿן? – האָט אין עטלעכע סטאַנציעס אַרום גענומען פּאַקן זיך, נישט אויסגערעדט צו מיר אַ וואָרט, אַפֿילו נישט אַ קוק געגעבן אין מייַן ווינקל אַרייַן, גלייַך ווי איך בין גאָר אויף דער וועלט נישטאָ. אויף דער סטאַנציע, ווו זי איז אַראָפּ, האָבן זי אָפּגעוואַרט אַ שיינער ייִד אַ פּאַטריאַרך מיט אַ באָרד, וואָס זעט אויס ווי אַ מין אַבֿרהם־אָבֿינו, און אַ ייִדענע אַ פּאַרשוין מיט אַ פּאַריק און מיט גרויסע דימענטן אין די אויערן. „ריוועניו! טעכטערל!" – האָבן אויסגערופֿן דאָס אַלטע פּאָרפֿאָלק און געפֿאַלן דער טאָכטער אויפֿן האַלדז מיט טרערן אין די אויגן.

קיין פּירוש צו דער געשיכטע באַדאַרף איך אייַך נישט מאַכן. איך האָב אייַך נאָר געוואָלט באַקענען מיט די פּאַרשוינען, וואָס מע באַגעגנט אין צווייטער קלאַס, און באַווייַזן, אַז איר דאַרפֿט נישט פֿאָרן צווייטע קלאַס, וואָרעם אין צווייטער קלאַס זענט איר אַ פֿרעמדער, צווישן אייגענע אַ פֿרעמדער.

אָבער אַז איר פֿאָרט דריטע קלאַס, זענט איר בײַ זיך אין דער היים. און ווער שמועסט, אַז אין וואַגאָן זענען נישטאָ קיין אַנדערע, נאָר אַחינו־בני־ישׂראל – זענט איר שוין צו פֿיל אין דער היים. אמת, דריטע קלאַס איז נישט אַזוי באַקוועם, אַ פּלאַץ דאַרפֿט איר פֿאַרכאַפּן מיט גוואַלד; עס איז אַ געווימל, אַ געטומל, אַ האַרמידער מיט אַ הו־האַ; איר ווייסט ניט, ווו זענט איר און ווו זענען אייַערע שכנים?... דערפֿאַר אָבער ווערט איר גיך באַקענט איינס מיטן אַנדערן. אַלע ווייסן, ווער איר זענט, וווּהין איר פֿאָרט און וואָס איז אייַער טועבץ; און איר ווייסט אַלעמען – ווער זיי זענען, וווּהין זיי פֿאָרן און וואָס איז זייער טועבץ. בײַ נאַכט פֿאַרשפּאָרט איר שלאָפֿן, וואָרעם איר האָט מיט וועמען צו רעדן; און אַז איר רעדט נישט, רעדן זיי און לאָזן

wie man es unter Christen tut, ohne darauf zu achten, dass ich ein Jude und
vielleicht gekränkt sein könnte. Kurzum, die Romanze lief wie geschmiert.
Auf einmal saß er neben ihr (vorher war sein Platz ihr *gegenüber*); er schaute
ihr tief in die Augen; sie spielte mit seiner Uhrkette am schwarzen Gürtel auf
der weißen Hose. Plötzlich halten wir an einem Bahnhof – den Namen habe
ich vergessen –, da hinkt ein Mann herein, verschwitzt, mit gelblicher Ge-
sichtsfarbe und einem weißen Sonnenschirm. Er streckt meinem *sportsman*
in den weißen Hosen und dem schwarzen Gürtel die Hand hin und sagt im
breitesten Jiddisch zu ihm:

»Willkommen hier! Ich habe Euch durchs Fenster erkannt. Ich soll Euch
grüßen von Eurem Onkel Salmen aus Manestríschtsch…«

Es versteht sich von selbst, dass mein *sportsman* noch auf dem selben
Bahnhof verschwunden ist, so dass das junge Fräulein nun allein blieb. Aber
damit ist die Geschichte noch nicht zu Ende. Meine junge Dame – also doch
eine Christin, denn warum sonst musste der *sportsman* verschwinden? – hat
wenige Stationen später angefangen ihre Sachen zu packen. Kein Wort hat
sie an mich gerichtet, nicht einmal einen Blick in meine Ecke geworfen, so,
als würde es mich gar nicht geben. Auf dem Bahnhof, wo sie ausstieg, wurde
sie von einem vornehmen Mann abgeholt, einer Patriarchengestalt mit Bart,
der aussah wie unser Vater Abraham selbst. Daneben eine Frau mit Perücke[133]
und schweren Diamanten an den Ohren. »Riwenju, Riwenju,[134] Tochter«,
rief das alte Paar aus, und beide fielen sie der Tochter um den Hals, mit Trä-
nen in den Augen.

Ich brauche Euch keinen Kommentar zu dieser Geschichte zu geben. Ich
wollte Euch nur die Leute vorstellen, die man in der zweiten Klasse trifft,
und Euch klarmachen, dass man auch zweiter Klasse nicht fahren soll. Denn
in der zweiten Klasse seid Ihr ein Fremder, ein Fremder unter den eigenen
Leuten.

Wenn Ihr aber in der dritten Klasse fahrt, da seid Ihr wie zu Hause!
Umgekehrt, da im Waggon keine anderen Fahrgäste sind als die Schar der
Kinder Israels allein, fühlt Ihr Euch auch schon ein bisschen zu viel daheim!
Es stimmt, die dritte Klasse ist nicht so bequem, mit Gewalt müsst Ihr Euch
einen Platz erkämpfen, es herrscht ein Getümmel, ein Gewühl, ein Durch-
einander, ein Hallihallo! Ihr wisst nicht, wo Ihr seid und wo Eure Nachbarn
sind. Dafür aber werdet Ihr schnell miteinander bekannt. Alle wissen bald,
wer *Ihr* seid, wohin *Ihr* fahrt und was *Ihr* treibt, und Ihr wisst, wer *sie* sind,
wohin *sie* fahren und was *sie* treiben. Nachts spart Ihr Euch den Schlaf, denn
bestimmt ist jemand da, der sich unterhalten will. Und wenn *Ihr* nicht reden
möchtet, dann bestimmt die *anderen*; sie werden Euch schon nicht schla-

אײַך נישט שלאָפֿן. און וואָס איז דאָס טאַקע פֿאַר אַ שלאָפֿן פּלוצעם גאָר אין וואַגאָן? דאַכט זיך, גלײַכער, אַז מע קאָן רעדן מיט אַ מענטשן, וואָרעם אַז מע רעדט, דערשרעדט מען זיך. איך זאָל האָבן די גליקלעכע יאָר, וויפֿל מאָל עס מאַכט זיך, אַז פֿון אַזאַ רעדן אין וואַגאָן מיט ווילד פֿרעמדע מענטשן ווערט געשלאָסן אַ געשעפֿט, פּיקט זיך אויס אַ שידוך, אָדער מע ווערט גלאַט געוואָר אַ זאַך, וואָס קומט צו נוץ.

למשל, רעדן פֿון דאָקטוירים, מאָגן־קאַטאַר, „לימאַן“, צײַנווייטיק, נערוון, קאַרלסבאַד וכדומה – איז שוין, דאַכט זיך, גאָר פּוסטע רייד, אַיאָ? פֿון דעסט וועגן האָט זיך מיט מיר אַליין געטראָפֿן אַ געשיכטע. איך בין אַ מאָל געפֿאָרן מיט אַ קאָמפּאַניע ייִדן. מע האָט גערעדט פֿון דאָקטוירים און פֿון רעצעפּטן. איך האָב דעמאָלט שטאַרק געליטן, ניט פֿאַר אײַך גערעדט, אויפֿן מאָגן. האָט מיר איינער, אַ קאַמעניצער ייִד, געגעבן זײַנע אַ רפֿואה, אַ פּראָשעק אַזעלכן. דעם דאָזיקן פּראָשעק, זאָגט דער קאַמעניצער, האָט ער דווקא נישט פֿון אַ דאָקטער־מעדיצין, נאָר פֿון אַ צײַנדאָקטער, אַ דאַנטיסט, אָבער אַן אויסגעצייכנטער פּראָשעק, זאָגט ער, אַ געלער פּראָשעק. דאָס הייסט, דער פּראָשעק אַליין, זאָגט ער, איז אַ ווײַסער, ווי אַלע פּראָשקעס, נאָר אין אַ געל פּאַפּירל. און געשוואָרן האָט מיר דער קאַמעניצער ייִד בײַ זײַן געזונט און בײַ זײַן ווײַב און קינדער, אַז נאָר דעם געלן פּראָשעק האָט ער צו פֿאַרדאַנקען. ווען ניט דער געלער פּראָשעק, זאָגט ער, וואָלט ער איצט געווען שוין – ע־הע־הע! קיין סך פּראָשקעס, זאָגט ער, דאַרף איך ניט. צוויי־דרײַ פּראָשקעס, זאָגט ער, – און איר ווערט געזונט. אויס מאָגן, זאָגט ער, אויס דאָקטוירים, אויס געלטפֿרעסערס, אויס בלוטצאַפּערס. אַ רוח, זאָגט ער, אין זייער טאַטנס טאַטן אַרײַן! אויב איר ווילט, זאָגט ער, קאָן איך אײַך געבן אַ צוויי־דרײַ פּראָשקעס פֿונעם געלן פּראָשעק. איר וועט מיר, זאָגט ער, זאָגן אַ דאַנק...

כּך־הווה. איך בין געקומען אַהיים און האָב אײַנגענומען איין פּראָשעק, דעם אַנדערן, דעם דריטן, איז מיר געוואָרן, נישט באַלד, נאָר שפּעטער, אַרום האַלבע[ר] נאַכט, ניט פֿאַר אײַך גערעדט, אַזוי, אַז איך האָב געפֿאָכט מיט דער נשמה. איך האָב געמיינט, ס׳איז אַן עק פֿון מײַן לעבן! מע האָט מיר געבראַכט אַ דאָקטער, צוויי דאָקטוירים, קוים אָפּגעראַטעוועט מיך פֿון טויט... פֿון דעמאָלט אָן ווייס איך שוין אַ פּראַקטיקע, אַז אַ קאַמעניצער ייִד גיט אײַך זײַנע אַ רפֿואה, אַ געלן פּראָשעק – זאָל אַ רוח אין זײַן טאַטן אַרײַן! אַלצדינג אויף דער וועלט קאָסט רבי־געלט!

fen lassen! Warum soll man auch ausgerechnet im Waggon schlafen? Es ist doch viel gescheiter, man redet mit einem Menschen, denn wenn man sich unterhält, kommt etwas dabei heraus. Es ist nicht auszudenken, wie oft es sich ergibt, dass aus solch einer Unterhaltung mit wildfremden Menschen im Waggon ein Geschäft hervorgeht, sich eine Partie herausschält oder man einfach irgendetwas erfährt, das einem später nützlich sein kann.

Man unterhält sich zum Beispiel über die Gesundheit, über Ärzte, Magenkatarrh, Gallen- und Nierensteine, über Zahnschmerzen, Nervenleiden, Karlsbader Kuren und dergleichen mehr. Ihr denkt vielleicht, das sei lauter oberflächliches Geschwätz? Ich aber habe dabei einmal eine Geschichte erlebt! Damals fuhr ich mit einer Gesellschaft von Männern; man unterhielt sich über Ärzte und Rezepte. Ich litt in jener Zeit – möge es Euch erspart bleiben! – sehr stark unter Magenschmerzen. Da hat mir einer von der Gesellschaft, ein Mann aus Kameniz, seine Arznei angepriesen, irgendein Pulver. Das Pulver, sagt der aus Kameniz, hat er nicht von einem normalen Doktor, nein, von einem Zahnarzt, einem Dentisten hat er es, sagt er. Aber ein ausgezeichnetes Pulver, gelb war es! »Das heißt, das Pulver selbst ist weiß«, sagt er, »wie jedes Pulver, aber es war eingewickelt in ein gelbes Papier.« Der Kamenizer hat mir bei seiner Gesundheit und seiner Frau und den Kindern geschworen, dass er dem gelben Pulver sein Leben zu verdanken hat. Wenn nicht das gelbe Pulver gewesen wäre, meint er, dann wäre er heute schon… weiowei! »Wenn Ihr das nehmt«, sagt er, »braucht Ihr keine anderen Mittel mehr. Zwei, drei Portionen von dem Pulver«, sagt er, »und Ihr werdet geheilt sein. Ein für alle Mal Schluss mit den Magenschmerzen, Schluss mit den Ärzten, Schluss mit diesen Geldschefflern und Blutsaugern! Sollen sie samt ihren Vätern zum Teufel gehen! Wenn Ihr wollt, gebe ich Euch zwei, drei von den gelben Pülverchen, Ihr werdet«, sagt er, »dafür noch dankbar sein.«

Ich habe mich drauf eingelassen. Ich komme nach Hause und nehme zuerst eine Portion vom Pulver und dann die zweite und die dritte. Da ist mir – mögt Ihr so etwas nie erleben! –, nicht sofort, aber danach, mitten in der Nacht, so elend geworden, dass ich mit dem Tod gerungen habe. Ich habe gemeint, mein letztes Stündlein hätte geschlagen. Einen Arzt und gleich noch einen zweiten mussten sie rufen und haben mich gerade noch vor dem Tod gerettet. Von da an weiß ich eines ganz bestimmt: Wenn ein Mensch aus Kameniz kommt und gibt Euch eine von seinen Arzneien, vielleicht ein gelbes Pülverchen, zur Hölle mit ihm! – Ihr seht, für alles im Leben zahlt man Lehrgeld.

אַז איר פֿאָרט דריטע קלאַס און עס קומט אין דער פֿרי און איר האָט נישט מיט זיך קיין טלית־ותּפֿילין, זאָלט איר קיין יסורים נישט האָבן – אַבי איר ווילט נאָר, וועט מען אײַך שוין באַזאָרגן מיט אַ טלית און מיט תּפֿילין און מיט אַלצדינג. דערפֿאַר אָבער, אַז איר האָט זיך אָפּגעפּאַרטיקט, עפּנט אויף, זײַט מוחל, אײַער טשעמאָדאַנטשיקל און הייבט אָן אויסלייגן וואָס איר האָט: בראָנפֿן איז בראָנפֿן, קיכלעך איז קיכלעך, אייער איז אייער, פֿולקע איז פֿולקע, פֿישל איז פֿישל. טאָמער געפֿינט זיך בײַ אײַך אַן עפּל, אַ מאַראַנץ, אַ שטיקל שטרודל – נעמט אַרויס, לייגט אַנידער, שעמט זיך ניט! אַלע וועלן מיט אײַך פֿאַרבײַסן, קיינער וועט זיך ניט אָפּזאָגן! אונטער וועגנס און בקאָמפּאַניע, פֿאַרשטייט איר מיך, עסט זיך גאָר מיט אַן אַנדערן אַפּעטיט... ווער שמועסט, אַז איר פֿירט מיט זיך אַ גלעזל משקה, האָט איר בעלנים אַ סך און מבֿינים אויף אַ גלעזל ווײַן אָן אַ שיעור. איטלעכער וועט אײַך אָנרופֿן דעם ווײַן מיט אַן אַנדער נאָמען און שאַצן אַן אַנדער מקח: בײַ איינעם וועט ער הייסן אַ „בעסאַראַביער מושקאַט". דער אַנדערער וועט אים אַ נאָמען געבן „אויסלענדישער אַקערמאַן". וועט אויפֿשטיין אַ דריטער און וועט זאָגן מיט כּעס: „וואָסער מושקאַט? וואָסער אַקערמאַן? ס׳איז גאָר אַ „קאָוושאַנער באָרדאָ!" וועט אויפֿשטיין נאָך איינער, פֿון אַ ווינקל גאָר, מיט אַ שמייכל פֿון אַן אמתן מבֿין, אַוועקנעמען בײַ אײַך דאָס גלאָז, ווי איינער רעדט: „בהמות שפּאַרן זיך – אויף אַ גלעזל ווײַן לאָזט מיך!"... און נאָך דעם ווי ער וועט האָבן אָפּגעזופּט אַ פּאָר מאָל, וועט ער אַ זאָג טאָן, און די בעקלעך וועלן אים בעת־מעשׂה זײַן פֿאַרפֿלאַמט, ווי בײַ אַ בעל־שׂימחה:

– ווייסט איר, ייִדן, וואָס דאָס איז? ניין, איר ווייסט ניט וואָס דאָס איז. דאָס איז נעבעך אַ פּראָסטער, אַן ערלעכער, אַ בעל־הבתּישער, אַ כּשרער, אַ ריינער ווימאָראָזיק פֿון באַרדיטשעוו!...

און אַלע געפֿינען, אַז ער האָט רעכט, אַז ס׳איז אַן אמתער אַ באַרדיטשעווער ווימאָראָזיק. און אַז מע נעמט צו ביסלעך „ווימאָראָזיק", ווערט בײַ אַלעמען די צונג אויפֿגעבונדן. דעמאָלט הייבט איטלעכער אָן דערציילן אַלצדינג, וואָס עס טוט זיך בײַ אים, און אויסטאַפּן אַלצדינג, וואָס בײַ יענעם טוט זיך. אַלע רעדן, אַלע אין איינעם, כּל ישׂראל חבֿרים. און מע ווערט געוואָר איינס בײַ דעם אַנדערן כּל־הצרות, מיט אַלע רדיפֿות, מיט אַלע גזירות, וואָס עס טוט זיך אָפּ אויף דער וועלט – ס׳אַ מחיה!

אַז איר פֿאָרט דריטע קלאַס ערגעץ אין אַ שטאָט אַרײַן און ווייסט נישט, וווּהין איר זאָלט פֿאַרפֿאָרן, באַדאַרפֿט איר נאָר אַ פֿרעג צו טאָן בײַם עולם, צי ווייסט נישט עמעצער עפּעס אַן אָנשטענדיקע סטאַנציע? איז וויפֿל ייִדן עס פֿאָרן מיט אײַך אין וואַגאָן, אַזוי פֿיל סטאַנציעס און האָטעלן האָט איר. איינער גיט אײַך אַן אַדרעס: „האָטעל פֿראַנקפֿורט", און לויבט דאָס אײַך אָפּ אין טאָג אַרײַן: „האָטעל פֿראַנקפֿורט, זאָגט ער, איז ליכטיק און ציכטיק און וואַרעם און ביליק – בזיל־הזול". געפֿינט זיך באַלד אַ צווייטער און זאָגט

Wenn Ihr in der dritten Klasse fahrt, und der Morgen bricht an, und Ihr habt keinen Tallit und keine Tefillin, macht Euch keine Sorgen! Wenn Ihr nur wollt, wird man Euch schon Tallit und Tefillin und alles, was Ihr nötig habt, zur Verfügung stellen. Aber wenn Ihr mit dem Beten fertig seid, bitte sehr, öffnet Euer Köfferchen und breitet aus, was Ihr mitgebracht habt. Branntwein – wird nicht abgelehnt! Kuchen – ist willkommen! Auch Eier, Hühnerschlegel und Fisch! Habt Ihr vielleicht zufällig einen Apfel dabei, eine Orange oder ein Stück Strudel? Nur heraus damit, breitet alles aus, ziert Euch nicht! Jedermann wird mit Euch Mahlzeit halten, keiner lehnt ab! Denn unterwegs und in guter Gesellschaft speist man gleich mit anderem Appetit. Man muss es nicht besonders erwähnen: Falls Ihr ein Gläschen Schnaps habt, so finden sich gleich zahlreiche Liebhaber, und ist es Wein, so wird es an wahren Kennern nicht fehlen. Jeder wird einen anderen Namen nennen, einen anderen Preis schätzen. Einer urteilt: »Bessaraber Muskateller«! Der Nächste liefert Euch einen anderen Namen: »Importwein Akkermann«,[135] schon steht der Dritte auf und ruft ganz wild: »Was heißt hier ›Muskateller‹? Wieso ›Akkermann‹? Es ist Koweschaner[136] Bordeaux!« Wieder ein anderer springt auf und kommt aus seiner Ecke hervor mit dem Lächeln des wahren Kenners. Er nimmt Euch das Glas aus der Hand nach dem Motto ›Lass sich die Ochsen streiten, ich trink derweil ein Gläschen!‹, und nachdem er zwei, drei Schluck genommen hat, wird er mit flammendem Gesicht ausrufen, als ob er bei einem Bankett sei: »Leute, wisst Ihr, was das ist? Nein, Ihr wisst es nicht! Das ist nicht mehr und nicht weniger als ein sauberer, klarer, gestandener und reiner ›Wimorosik‹[137] aus Berditschew!«

Und alle stellen sie fest, dass er recht hat. »Ja, wahrhaftig, ein ›Berditschewer Wimorosik‹.« Und wo man ein wenig ›Wimorosik‹ zu sich nimmt, löst sich bei jedermann die Zunge, alle fangen an zu erzählen, was bei ihnen los ist, und wollen rauskriegen, was bei den anderen geschieht. Alle reden und alle reden durcheinander, wie man so sagt: ›Alles Juden – alles Brüder!‹ Man erfährt voneinander allerhand über die Missgeschicke und die Verfolgungen, all die schändlichen Regierungserlasse. Kurz, alles was auf der Welt geschieht – ein Vergnügen!

Wenn Ihr dritter Klasse fahrt und kommt in irgendeine Stadt und wisst nicht, wo Ihr Quartier finden könnt, so müsst Ihr nur ein wenig unter den Fahrgästen herumhorchen: »Kennt keiner eine gute Adresse, wo man bleiben kann?« Und so viel Menschen mit Euch im Waggon sitzen, so viel Unterkünfte und Hotels kriegt Ihr auch! Einer nennt euch das ›Hotel Frankfurt‹ und lobt es über den grünen Klee. »Das ›Hotel Frankfurt‹«, sagt er, »ist still und gediegen, gut geheizt und billig dazu, spottbillig!« Aber gleich meldet

אײַך: „האָטעל פֿראַנקפֿורט? זאָל אײַך גאָט היטן! ס׳איז דאָרט פֿינצטער און שמוציק און קאַלט און טײַער – מיט גאָלד גלײַך! אויב איר ווילט, זאָגט ער, האָבן הנאה, זאָלט איר זיך אָפּשטעלן אין האָטעל נעוויאָרק!" כאַפּט זיך אַרויס אַ דריטער און זאָגט: „וואָס ווערלן זיי טאָן אין האָטעל נעוויאָרק? זיי האָבן זיך פֿאַרבענקט נאָך וואַנצן? הערט נישט, וואָס מע וועט אײַך זאָגן „פֿראַנקפֿורט", „נעוויאָרק"! פֿאָלגט מיך, גיט אַהער דאָס פּעקל אײַערס, ווע־לן מיר אין איינעם פֿאַרפֿאָרן צו מיר אויף מײַן אַכסניה, אין האָטעל „ראָסיאַ" – דאָרט שטייען יידן!"...

אַוודאי באַדאַרפֿט איר אײַער טשעמאָדאַנטשיק גוט האָבן אין זינען, מע זאָל עס חלילה, צווישן יאָ און ניין, בײַ אײַך נישט אָפּרעדן... נאָר איך בעט אײַך – ווי גנבֿעט מען ניט הײַנטיקע צײַטן אין אונדזער געבענטשטער מדי־נה? באַגנבֿעט ווערן איז, אויב איר ווילט וויסן, מער ניט אַז אַ באַשערטע זאַך. אַז עס וועט אײַך זײַן באַשערט, וועט מען אײַך באַגנבֿענען אין מיטן העלן טאָג, ווי איר שטייט און גייט, עס וועט אײַך ניט העלפֿן קיין פּאָליציע, קיין זשאַנדאַרן, קיין שמע־ישראל. איר וועט בענטשן גומל, אַז איר וועט אַרויס מיטן לעבן...

קורץ, פֿאָרן זאָלט איר ד ר י ט ע קלאַס. דאָס האָט איר אַ צוואה פֿון אַ גוטן פֿרײַנד און פֿון אַ פּראַקטישן מענטשן – אַ קאָמיוואָיאַזשער.

אַדיעו!

ענדע געשיכטע נומער צוואַנציק.

געשריבן אין יאָר 1902.

sich ein Zweiter und fährt dazwischen: »Das ›Hotel Frankfurt‹? Gott bewah-
re Euch, geht nicht hin! In Wirklichkeit ist es da ausgesprochen dunkel und
schmutzig, kalt und noch teuer dazu. Teuer wie Gold. Wenn Ihr's angenehm
haben wollt«, sagt er, »steigt besser im ›Hotel New York‹ ab.« Mischt sich
ein Dritter ein und ruft: »Was wollt Ihr im ›Hotel New York‹? Habt Ihr viel-
leicht Sehnsucht nach Wanzen? Hört nicht auf die Ratschläge: ›Hotel Frank-
furt‹ und ›Hotel New York‹. Geht einfach mit mir, gebt mir Euer Gepäck,
und wir fahren zusammen zu mir, zu meinem Quartier, ins ›Hotel Rossia‹.
Dort steigen alle Juden ab.«

Natürlich müsst Ihr gut auf Euren Koffer achtgeben, damit er nicht, Gott
bewahre, zwischen zwei Worten das Weite sucht. Aber ich bitte Euch, wo
wird denn heutzutage nicht gestohlen in unserem gesegneten Land? Bestoh-
len werden ist nichts anderes als Schicksal. Ihr könnt es mir glauben, wenn es
Euch vorherbestimmt ist, dann wird man Euch am helllichten Tag bestehlen,
wo Ihr gerade seid, und keine Polizei wird Euch helfen. Kein Gendarm und
kein Schema Jisrael. Ihr werdet noch Gott danken, wenn Ihr heil mit dem
Leben davonkommt...

Kurzum, *dritter* Klasse müsst Ihr fahren! Nehmt dies zum Schluss mit als
Ratschlag eines guten Freundes und eines Menschen mit Erfahrung – eines
Handelsreisenden.

Adieu!

(1902)

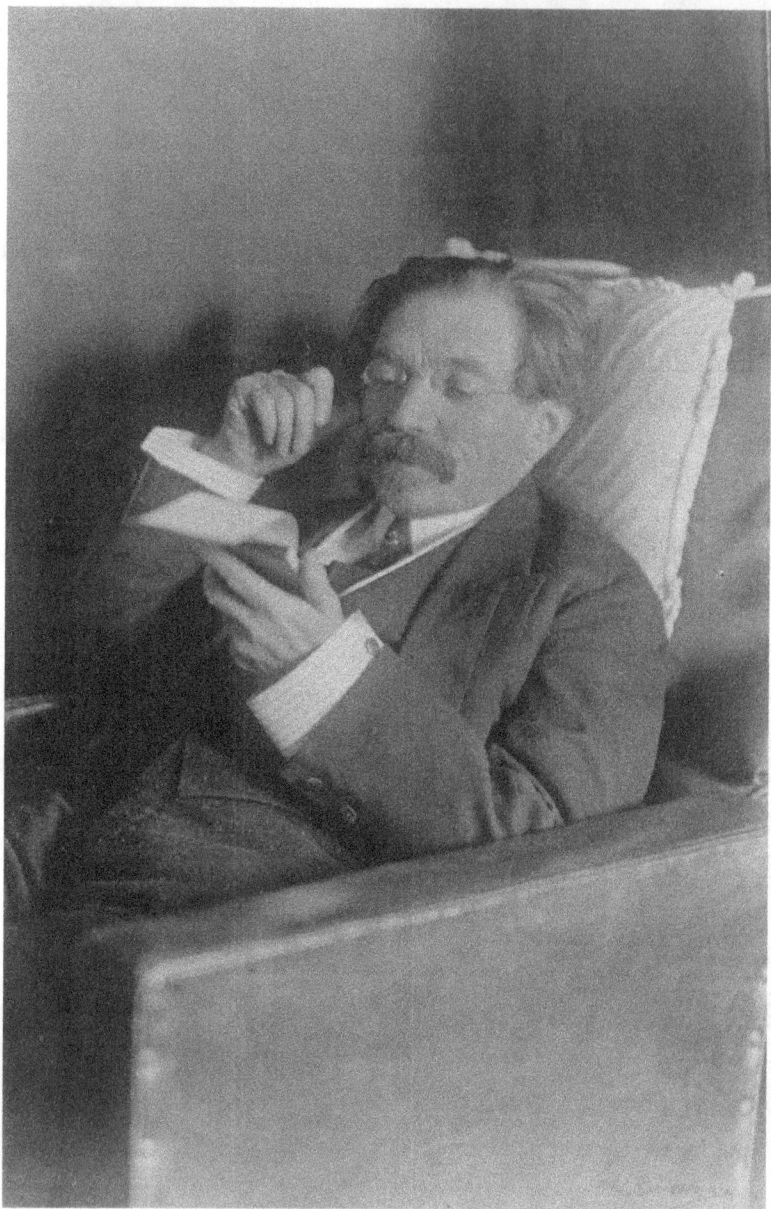

Scholem Alejchem, Ort und Jahr unbekannt, The National Library of Israel

Anmerkungen

An die Leser

1 Ab 1791 erließ die zaristische Regierung in Russland eine Reihe von Dekreten, die das Wohnrecht der Juden auf ein bestimmtes Gebiet im Westen Russlands, den sog. Ansiedlungsrayon, beschränkten. Zu diesen Gebieten gehörten die Provinzen Ukraine, Krim, Bessarabien, Weißrussland, Kurland, Litauen und Polen. Zeitweise war es Juden auch nicht erlaubt, in größeren Städten wie Kiew, Sewastopol, Nikolajew u. a. zu wohnen, die sich innerhalb des Rayons befanden. Kaufleute der besonderen Gilde konnten zu Geschäften für einige Wochen im Jahr in andere Gebiete Russlands reisen. Das Wohnen auf dem Land im Rayon und in Dörfern sowie in den genannten Städten war Juden verboten, es sei denn, sie erhielten Ausnahmegenehmigungen wie Kaufleute, Menschen in besonders begehrten Berufen und ausgediente jüdische Soldaten. Im 19. Jahrhundert machte die jüdische Bevölkerung im Rayon etwa ein Neuntel aus, sie lebten in den Städten und Marktflecken, von denen einige – die Schtetl – mehrheitlich von Juden bewohnt waren.

Nummer eins: **Konkurrenten**

Erstveröffentlichung 1909 in *Jidische folksszajtung*, Warschau / Krakau.

2 Der Erzvater Isaak hatte zwei Söhne: Esau und Jakob. Jakob, der in Gen 32, 29 den Namen Israel erhält, ist Stammvater der Juden, während Esau als Stammvater der Nichtjuden (*Gojim*) gilt. »Esaus Brut« ist hier gleichbedeutend mit ›Christen‹.

3 Bei Redensarten und Volksweisheiten berief man sich zum Spaß auf die Autorität von Raschi, dem berühmten Bibel- und Talmudkommentator (siehe *Raschi**).

4 In seiner Autobiographie *Funem jarid* (»Zurück vom Jahrmarkt« I, Nr. 45) beschreibt Scholem Alejchem seine Stiefmutter als eine Person, deren Umgangston sich dadurch auszeichnete, dass sie vielen Begriffen eine Verwünschung anfügte. Sprach sie vom Essen, setzte sie hinzu: »Dass dich die Würmer fressen…!« Redete sie vom Trinken: »Die Blutegel sollen dein Blut austrinken!«, vom Schreien: »Vor Zahnschmerzen mögest du schreien!« Die Händlerin in unserer Geschichte drückt sich in dieser Weise aus. Nicht alle Verwünschungen im Originaltext konnten übertragen werden, weil im Deutschen sonst der Redefluss künstlich und überladen wirkt.

5 Im Text wörtlich: ›bis zu den finsteren Tagen‹, siehe *Hoschana Rabba** und *Elul**.

Nummer zwei: **Der glücklichste Mensch in ganz Kodno**
Erstveröffentlichung 1909 in *Di naje welt*, Warschau, und in *Der amerikaner*, New York.

6   Einer der judenfeindlichen Erlasse im zaristischen Russland, vor allem nach der Ermordung Alexanders II. (1881), unter seinem Sohn Alexander III., bestand in der Einführung einer Quotenregelung für jüdische Kinder in Regierungsschulen. So durften nach 1887 die aufgenommenen jüdischen Schüler im Ansiedlungsrayon höchstens 10 % und außerhalb des Rayons nur 5 % der neuaufgenommenen christlichen Schüler ausmachen. Der Erlass wurde erst 1917 nach der Oktoberrevolution aufgehoben. Er bewirkte großes Leid in der jüdischen Bevölkerung, da ihr Anteil in den Städten des Rayons bis zu 80 % ausmachte. Dieser Erlass ist auch Hintergrund der Geschichte »Aufs Gymnasium!«.

7   Siehe *Goj**.

8   Gemeindebadehaus.

9   Gemeinsame Zubereitung und gleichzeitiger Verzehr von milchigen und fleischigen Speisen ist nicht erlaubt, siehe *Speisegebote**.

10   Nach der Tradition lässt sich ein frommer Jude nicht glatt rasieren. Der unrasierte Bart und der stets mit Mütze oder Hut bedeckte Kopf sind typische Kennzeichen für fromme Juden.

11   Russische Gemüsesuppe, idiomatischer Ausdruck für: ›auf jemand große Stücke halten‹.

12   Seit 1827 mussten Juden im zaristischen Russland als Rekruten dienen und konnten sich nicht wie in vorigen Zeiten durch eine hohe Steuer loskaufen. Sogar 12- bis 18-jährige Jungen wurden als sog. Kantonisten bis 1856 zu einer vormilitärischen Ausbildung gezwungen und hatten nach dem 18. Lebensjahr zeitweilig noch 25 Jahre Wehrdienst zu leisten. Nur in günstigen Perioden waren Einzelkinder von dieser Zwangsrekrutierung befreit. Viele Juden leisteten gegen diesen Zwang jeden erdenklichen Widerstand, Söhne wurden verstümmelt, um sie untauglich zu machen, oder früh verheiratet; viele flohen aus ihrer Heimat, wenn Proteste und Bestechungen nichts genutzt hatten (siehe auch Geschichte Nr. 4: »Wirklich genommen!«).

13   Wörtlich: ›Was ist los, mein Täubchen?‹

14   Die Zahl 25 wird im Jiddischen manchmal, besonders im Handelskontext durch die Buchstaben *kaf* (zwanzig) und *hej* (fünf) ausgedrückt. Daher *Kafhejer*, 25 Rubel.

Nummer drei: **Bahnhof Baranowitsch**
Erstveröffentlichung 1909 in *Di naje welt*, Warschau, und in *Der amerikaner*, New York.

15   Nach dem Russisch-Japanischen Krieg (1904/1905), in welchem unverhältnismäßig viele jüdische Soldaten zu kämpfen hatten, und verursacht durch

die russischen Niederlagen wie den Untergang der russischen Flotte, aber auch durch die Unzufriedenheit in der Bevölkerung wuchs in den Jahren 1904/1905, von der jüdischen Jugend und den Intellektuellen unterstützt, die revolutionäre Bewegung gegen die Regierung von Zar Nikolaus II. immer mehr. Juden unterstützten sie auch, weil die zaristische Regierung an vielen Orten Pogrome duldete oder gar förderte und der jüdischen Bevölkerung Russlands zahlreiche Einschränkungen auferlegte (Dubnow III, S. 567 ff.). Das Wohngebiet wurde beschränkt, der Aufenthalt außerhalb der Städte und Schtetl auf dem Lande verboten. Dazu kamen Beschränkungen beim Abschluss von Kauf- und Pachtverträgen, Verbote, an Sonn- und Feiertagen Handel zu treiben, Quoten für die Zulassung von jüdischen Ärzten und für den Besuch von Gymnasien, Heeresdienstpflicht und Zwangsrekrutierungen, Aberkennung des Wahlrechtes, Verbot der Namensänderung u. a. Auf Druck der revolutionären Kräfte erließ Zar Nikolaus II. im Oktober 1905 ein Manifest, das der Bevölkerung die staatsbürgerlichen Freiheiten gewährleisten sollte und eine Verfassung in Aussicht stellte. Wenn auch die Freiheit der Bürger und die Gleichberechtigung der Nationalitäten nicht erwähnt wurden, so löste die Ankündigung einer neuen Konstitution auch in der jüdischen Bevölkerung große Erwartungen aus. Das Manifest und das Anwachsen der revolutionären Bewegung rief jedoch die antirevolutionären Kräfte auf den Plan. Im Oktober 1905 richteten die berüchtigten ›Schwarzen Hundert‹ (Schwarzhemden), unterstützt von Militär und Geheimpolizei, eine Woche lang überall im Lande Blutbäder an. Sie wendeten sich auch gegen die russische Arbeiterschaft und die fortschrittliche Intelligenz, jedoch wurde die jüdische Bevölkerung besonders stark betroffen. In über fünfzig Städten des Landes (unter anderem in Odessa, Kiew, Kischinew, Krementschuk, Tschernigow, Jelisawetgrad) kam es zu Pogromen. 1906 proklamierte die zaristische Regierung das Standrecht, und in nur fünf Tagen wurden mehr als 1000 ›politische Verbrecher‹, darunter viele Juden, hingerichtet. In dieser Verfolgungszeit entschlossen sich über 125.000 Juden zur Auswanderung nach Amerika; Scholem Alejchem, der einen Pogrom in Kiew miterlebte, gehörte zu ihnen.

16 Purischkewitsch, Wladimir M. (1870–1920). Führer der antisemitischen Fraktion im russischen Parlament, Gründer der ›Schwarzen Hundert‹.

17 Asef, Jewno Fischelewitsch (1869–1918). Jüdischer Geheimagent der russischen Polizei. In die sozialrevolutionäre Partei eingeschleust, erreichte er dort eine führende Stellung. Er verriet zahlreiche Aktivisten, unter anderem viele Juden.

18 Nikolaus I. war 1825–1855 russischer Zar. Seine Regierung bedeutete für die jüdische Bevölkerung eine besonders finstere Zeit, vor allem wegen der Einführung der Zwangsrekrutierung von jüdischen Knaben (Kantonisten) für eine militärische Vorausbildung vor dem fünfundzwanzigjährigen Militär-

dienst. Er veranlasste zahlreiche harte Maßnahmen gegen ›den unnützen Teil der Juden‹ und Hunderte von antijüdischen Gesetzen.

19 Biblisches Zitat, im Original auf Hebräisch, Beginn des Buches Ruth 1,1 sowie Esther 1,1.

20 Auch Brody. Stadt an der Grenze Russlands, von 1772 bis 1890 zu Österreich-Ungarn gehörend. Während der Verfolgung im zaristischen Reich war Brod eine Sammelstelle für Auswanderer nach Westeuropa oder Amerika. Es gab in der Stadt viele Verbindungen nach Deutschland.

21 Eisenbahnknotenpunkt in Weißrussland.

22 Wörtlich: ›Ersuche ich zu senden‹. Formel aus der Briefsprache.

23 Hebräisch *birkat lewana*, jiddisch *kidesch-lewone*. Früher wurde der neue Monat bei Erscheinen des Neumondes durch zwei Augenzeugen in Jerusalem festgestellt und durch Feuerzeichen bzw. Boten in Palästina und der Diaspora bekanntgemacht. Nach der Einrichtung eines festen Kalenders hat sich der Brauch erhalten, am Sabbat des Neumondes einen Segen zu sprechen. Während der Zeremonie grüßen sich die nebeneinander Stehenden mit ›Scholem alejchem‹ bzw. ›Alejchem scholem‹. Die Zeremonie findet außerhalb der Synagoge statt, es ist daher dunkel. Möglicherweise erinnert sich der Autor mit ›Scholem Alejchem!‹ in Baranowitsch und der abschließenden Verwünschung daran, dass er ein Jahr vor der Entstehung der Geschichte (1908) in Baranowitsch einen gesundheitlichen Zusammenbruch hatte und dort mehrere Wochen ans Bett gefesselt war.

Nummer vier: **Wirklich genommen!**

Erstveröffentlichung 1909 in *Di naje welt*, Warschau, und in *Der amerikaner*, New York.

24 Das Gespräch der Reisenden am Anfang der Geschichte dreht sich um die Regierungserlasse zur Zeit des Zaren Alexander III., nach denen nur eine bestimmte Anzahl (Quote, Prozent) jüdischer Kinder auf Gymnasien im Ansiedlungsrayon aufgenommen (›genommen!‹) werden durfte.

25 Siehe Geschichte Nr. 2, Anmerkung 6.

26 Das Verb *zunemen* (Partizip *zugenumen*) kann sowohl ›zulassen‹ (aufs Gymnasium) als auch ›erfassen‹ (rekrutieren) von Soldaten bezeichnen. (Über die zwangsweise Einberufung von Juden als Soldaten in der zaristischen Armee siehe Anmerkung 12). Im Doppelsinn des Wortes steckt die Spannung der Geschichte (siehe auch Geschichte Nr. 12: »Aufs Gymnasium!« und Nr. 13: »Die Einberufung«).

Nummer fünf: **Der Mann aus Buenos Aires**

Erstveröffentlichung 1909 in *Di naje welt*, Warschau, und in *Der amerikaner*, New York.

27 Der Sprecher meint Kolophonium (nach dem Russischen *kanifol*).

28 Nach den Pogromen 1881 gab es eine verstärkte Auswanderung aus Osteuropa auch nach Argentinien. Die Jewish Colonisation Association (JCA), 1891 gegründet vom Baron Moritz Hirsch, organisierte Siedlungs- und Kolonisierungsaktionen vor allem in der argentinischen Provinz Entre Rios.

29 Wahrscheinlich ist keine bestimmte Person gemeint. Es soll eher angedeutet werden, dass der Rabbiner einer großen Stadt wie Lemberg mit so vielen frommen Juden bestimmt ein besonders frommer und gelehrter Mann sein muss.

30 Im Original heißt es: »Mit Etrogen (jidd. *essrojgim*) handle ich nicht«. Der Etrog ist eine Zitrusfrucht für den Feststrauß des Laubhüttenfestes; zugleich bedeutet *essreg* im Jiddischen auch eine Person von besonderer Schönheit und Frömmigkeit. Dem damaligen Leser der Geschichte war es schon früher klar, dass es sich bei dem Mann aus Buenos Aires um einen Mädchenhändler handeln musste. Buenos Aires hatte zu diesen Zeiten den Ruf einer sittlich verdorbenen Stadt.

Nummer sechs: **An den Gräbern der Lieben**

Erstveröffentlichung 1909 in *Di naje welt*, Warschau, und in *Der amerikaner*, New York.

31 Gemeint ist das Treiben und Reisen vor den hohen Feiertagen, wenn man die Gräber der Verstorbenen besucht (siehe *Elul**).

32 Anspielung auf die revolutionäre Bewegung um 1905 und die Konterrevolution der reaktionären ›Schwarzen Hundert‹ (siehe Geschichte Nr. 3, Anmerkung 15).

33 Der revolutionären Bewegung um 1905 schlossen sich viele jüdische Studenten und Intellektuelle an, die sich zum Teil von der jüdisch-religiösen Tradition wie z. B. dem Verbot des Bartschneidens, der Pflicht der Kopfbedeckung für Männer u. a. lösten.

34 Die drei jungen Leute lesen den Roman *Ssanin* von M. P. Arcybašev [Arzybaschew / Artsybaschew] (1878–1927). Das Erscheinen dieses Buches 1907 war im damaligen Russland eine literarische Sensation. In der Reaktion auf die Unterdrückungsmaßnahmen nach der gescheiterten Revolution von 1905 enthält es anarchistische und stark erotische Elemente sowie eine Todesbesessenheit, die tatsächlich eine Welle von Selbstmorden auslöste. Halkin vergleicht die Wirkung von *Ssanin* mit derjenigen von Goethes *Die Leiden des jungen Werther*. Die Inhaltsbeschreibung, die der Gehilfe Berel vom Roman gibt, ist natürlich stark verzerrt.

35 Diese waren im Spätjahr 1905 zusammen mit den Arbeiteraufständen und Massenstreiks Teil der revolutionären Bewegung dieser Zeit. Sie wurde von der zaristischen Regierung mit großer Härte bekämpft und oft den Juden angelastet, so dass an vielen Orten Pogrome die Folge waren.

36 Wörtlich: ›Die Seele ist Dein und der Körper ist Dein, ist Dein Werk!‹ An-
    fang und Name eines Gebetes am Vorabend des Versöhnungstages und in
    den Bußtagen. Der Satz wird im Gebet wiederholt. Die Worte werden vom
    Kantor mit besonderem Ausdruck gesungen.

37 Koseform von *Awrom*, der jidd. Aussprache von ›Abraham‹.

Nummer sieben: **Unser ›Langweiler‹**

Erstveröffentlichung 1909 in *Di naje welt*, Warschau, und in *Der amerikaner*,
New York.

38 Nach dem Krimkrieg begann auch in Russland – mit Hilfe mancher jüdi-
    scher Finanziers und Eisenbahnfachleute – der Bau von Eisenbahnstrecken.
    Er führte wie in anderen Ländern Europas in der zweiten Hälfte des 19. Jahr-
    hunderts zu einem regelrechten Eisenbahnfieber. Der Bau von Eisenbahn-
    strecken brachte auch der jüdischen Bevölkerung einige Beschäftigung und
    änderte das soziale Leben beträchtlich.

39 Witte, Sergei Juljewitsch, Graf (1849–1915). Russischer Eisenbahningenieur
    und Politiker. Er war 1892 Verkehrsminister, danach bis 1903 Finanzminister
    in der zaristischen Regierung. Er führte die Monopolisierung des Schnaps-
    brennens ein, wodurch Zehntausende jüdischer Familien ihre Lebensgrund-
    lage verloren. Witte setzte sich für die Verfassung vom Oktober 1905 ein und
    war bis 1906 Vorsitzender im Ministerrat. Die Diskriminierung der Juden
    lehnte er ab, da diese nach seiner Auffassung dadurch in die revolutionäre
    Bewegung getrieben würden.

40 Poljakow. Familie von mehreren jüdischen Bankiers und Eisenbahnbauern
    in Russland.

Nummer acht: **Das Wunder von Hoschana Rabba**

Erstveröffentlichung 1909 in *Di naje welt*, Warschau, und in *Der amerikaner*,
New York.

41 Siehe *Hoschana Rabba**.

42 Siehe *schmaden**.

Nummer neun: **Eine Hochzeit ohne Musikanten**

Erstveröffentlichung 1909 in *Di naje welt*, Warschau, und in *Der amerikaner*,
New York.

43 Siehe Geschichte Nr. 3, Anmerkung 19.

44 Russisch: ›Quelle‹. Der Informant hat einen sprechenden Namen: Tonko-
    nog, von russ. *tonkonogij,* ›dünne Beine‹.

45 Zitat von Num 22,7 aus der Bileamgeschichte: »… die Ältesten aus Moab
    und Midian zogen daher mit dem Lohn [fürs Wahrsagen] in ihrer Hand«;
    siehe aber *Tanchuma B*: »und die Ältesten der Midianiter führten Zauber-

mittel mit sich«, vgl. Bietenhard, Hans: *Midrasch Tanchuma B* (Midrasch Jelammedenu), Bd. 1, Frankfurt a. M. 1980/1982; Raschi, Pentateuch, zur Stelle: »und Zaubermittel waren in ihrer Hand«.

Nummer zehn: **Der Taless-Kotn**

Erstveröffentlichung 1910 in *Di naje welt*, Warschau, und in *Doss jidische Folk*, New York.

46 Idiomatischer Ausdruck für ein sehr schwieriges Tun; siehe Ex 12–15.

47 Es gilt bei frommen Juden als vorbildlich, möglichst oft ins Bethaus zu kommen, um Schrift und Talmud zu studieren.

48 Jidd. *scheli scheli, schelcho scheloch*, ein tendenziös verkürztes Zitat aus den Sprüchen der Väter (Awot 5, 13). Im vollständigen Wortlaut: »Vier Eigenschaften finden sich beim Menschen. ›Mein ist mein und dein ist dein‹, das ist die Gesinnungsart der gewöhnlichen Menschen oder gar der Sodomiter. ›Mein ist dein und dein ist mein‹, so spricht der Pöbel. ›Mein ist dein und dein ist dein‹, das ist die Gesinnung der Frommen. ›Mein ist mein und dein ist mein‹, das ist die Gesinnungsart des Frevlers.«

49 In der hebräischen Bibel findet man keinen Hinweis auf eine Pflicht für Männer und Knaben zur Bedeckung des Kopfes. Trotzdem wird der Brauch, den Kopf zu bedecken, von frommen Juden so streng wie ein biblisches Gebot gehandhabt. Erste Hinweise zum Tragen einer Kopfbedeckung finden sich im Talmud (bKidduschin 31a). Da wird von Raw Hunna, dem Sohn des Raw Jehoschua, berichtet, der aus Ehrfurcht vor Gott barhäuptig nicht weiter als vier Ellen schritt. Bei frommen Juden in Osteuropa wurden – um nicht vermeintlich Eitelkeit oder Verführung zu wecken – der Braut kurz vor der Hochzeit die Haare abgeschnitten. Sie trägt von nun an ein eng gebundenes Kopftuch, eine Haube, Kappe oder eine Perücke (den Schejtel). Viele fromme Juden in Osteuropa lehnten die Assimilationsbereitschaft in Teilen der jüdischen Bevölkerung (Aufgabe der religiösen Sabbat- und Speisegebote sowie anderer Vorschriften, die Bemühung um Schulbildung in den staatlichen Schulen des jeweiligen Landes u. a.) ab.

50 Vgl. Geschichte Nr. 2, Anmerkung 10.

51 Siehe *Haman**.

52 ›Abtrünniger‹, wörtlich: ›der Getaufte‹ (siehe *schmaden**).

53 Einer, der unreine Speisen isst.

54 Ukrainische Stadt, vor der Auswanderungsbewegung berühmt für ihre Gebetsmantel-Webereien.

Nummer elf: **Keine Lust auf ein Spielchen ›Sechsundsechzig‹?**

Erstveröffentlichung 1910 in *Di naje welt*, Warschau, und in *Togblat*, New York.

55 Siehe Geschichte Nr. 3, Anmerkung 19.

56 Tolmatschow, Iwan N., General, 1907–1911 Stadthauptmann von Odessa, ein berüchtigter Antisemit.

57 In Europa weitverbreitetes Kartenspiel, meist von zwei Personen mit 24 Karten gespielt. Von den vier Farben sind As (11 Punkte), die Zehn (10), König (4), Dame (3), Bube (2) und die Neun (0) im Spiel. Es gibt Punkte für die Karten in den gewonnenen Stichen und für Dame/König – ›Hochzeiten‹, die ein Spieler ansagt: zwanzig Punkte für eine Farben- und vierzig für eine Trumpfhochzeit. Wer zuerst sechsundsechzig Punkte erreicht, hat gewonnen. Der Austeilende gibt jedem Spieler sechs Karten und wirft dazwischen eine Karte offen auf, die dann Trumpf anzeigt. Wenn ein Spieler meint, er könne sechsundsechzig Punkte ohne weitere Karten aus dem Talon erreichen, kann er ›zudrehen‹, d. h., nun müssen beide Spieler Farbe bekennen bzw. trumpfen, während sie vorher abwerfen konnten, um sich gute Karten aufzuheben. Hat ein Spieler die Trumpf-Neun, so kann er sie – jedenfalls nach einer bestimmten Spielweise – gegen eine höhere Trumpf-Karte eintauschen, wenn diese aufgeworfen wird. Für ein Spiel werden eins bis drei Spielpunkte gegeben, je nachdem, wie viele Punkte der Gegner erreicht hat. Wer sieben Spielpunkte gewonnen hat, ist Sieger einer Runde (vgl. Halkin, S. 306).

58 Purischkewitsch. Siehe Geschichte Nr. 3, Anmerkung 16.

59 Nach Psalm 139,16 bezeichnet *golem* den Menschen als formlose Masse vor der Geburt. Seit dem 12. Jahrhundert ist der Golem ein stummer, willenloser Mensch, der mit Hilfe eines magischen Rituals – analog zur Erschaffung Adams – künstlich aus Lehm erschaffen wurde. Berühmt sind die Golem-Sagen um den Baal Schem Tow (ca. 1700–1760), den Gründer des Chassidismus, und im 16. Jahrhundert um den Prager Rabbi Löw. Im Jiddischen idiomatischer Ausdruck für einen Tölpel.

Nummer zwölf: **Aufs Gymnasium!**

Erstveröffentlichung 1902 unter dem Titel *Zu der schchite* in *Jidische folksszajtung*, Warschau/Krakau.

Die Geschichte berichtet von den Schwierigkeiten jüdischer Eltern in der Zeit nach 1881, für ihre Kinder einen Platz auf dem (russischen) Gymnasium zu finden, sowie vom Widerstand frommer Juden gegen diese Bemühungen und gegen die Assimilierungsbewegung überhaupt.

60 Russisch: ›untere Vorbereitungsklasse‹.

61 Siehe *Cheder**.

62 Vgl. Geschichte Nr. 2, Anmerkung 12.

63 Russisch: ›höhere Vorbereitungsklasse‹.

64 Der Buchstabe »ѣ«(*jat'*) wurde vor seiner Abschaffung in der Rechtschreibungsreform von 1918 mehrfach verwendet, obwohl er den gleichen Laut wie der Buchstaben »е« (*je*) repräsentierte. Die korrekte Verwendung von *Jat'* galt als Merkmal einer gebildeten Person.

65 Auch in Russland wurde über reichlichen Knoblauchverzehr und -geruch bei Juden gespottet.

66 Im Original heißt es »*zu der schchite*«, zur Schächtung (gleicher Wortstamm!). Daher der ursprüngliche frühe Titel der Geschichte *Zu der schchite*.

67 Gemeint ist: vom Direktor zum Inspektor.

68 Hebräisch MaHaRShA = Morenu ha Raw Schmuel Edels, Name für Samuel Elieser Ben Juda Halevi (1555–1631), einen berühmten Talmud-Kommentator. Wer dessen Kommentar *Chiddusche Halachot* verstand, galt viele Generationen lang als ein weit fortgeschrittener Talmud-Student.

69 Frauenabteilung der Synagoge.

70 Vgl. Num 16. Der Levit Korah und sein Anhang wurden von der Erde verschlungen, weil sie sich gegen Mose erhoben hatten.

71 Große Geschäftsstraße in Warschau vor der Zerstörung, mit vielen jüdischen Geschäften.

Nummer dreizehn: Die Einberufung
Erstveröffentlichung 1902 in *Der Jid*, Krakau.

72 Russisch eigentl. *perworasrjadnik*: von der ersten Kategorie (derer, die Recht auf Befreiung vom Militärdienst haben).

73 Beiname, oft für ein schwächliches Kind, mit dem der Wunsch ausgedrückt wird, der Sohn möge ein gesegnetes Alter erreichen.

74 Nach dem Talmud (bGittin 56 a/b) hat Rabbi Zaddok vor der Zerstörung Jerusalems im Jahre 70 n.d.Z. 40 Jahre gefastet, um die Verwüstung des Tempels abzuwenden. »… während der ganzen Zeit saugte er, um sich am Leben zu erhalten, täglich einmal an einer einzigen Feige, bis von derselben nur eine dünne Haut zurückblieb« (Bernstein, LII); synonymischer Vergleich für ein eingefallenes Gesicht.

75 Ab 1857 verpflichtete die zaristische Regierung jede jüdische Gemeinde, einen amtlich bestellten, auf einer staatlichen Regierungsschule ausgebildeten ›Kronrabbiner‹ einzustellen und zu bezahlen. Er wurde von den Frommen meist ignoriert und selten um Rat oder eine Entscheidung gebeten. Seine Aufgaben waren das Ausstellen von amtlichen Geburts-, Heirats- und Sterbeurkunden, die Überwachung der Fleischsteuer und anderer Sonderabgaben und die Verbindung des Schtetls zur Regierung.

76 Teil der *Korobka*, der Sondersteuer auf rituelle Nahrungsmittel wie koscheres Fleisch, Kerzen, Hefe, Mazzen. Die Fleischsteuer traf vor allem die armen jüdischen Bevölkerungsschichten hart.

77 Plural (jidd.) von *werschok*. Altes russ. Längenmaß; 1 W. = 4,445 cm.

78 Wörtlich: »ich bin Salomo…« Zitat aus dem Talmud (bGittin 68b), wonach König Salomo von Asmodai, dem König der Dämonen, aus Jerusalem weggezaubert worden war und mit den Worten »ich, Salomo, war König in Jerusalem« (Pred 1, 12) betteln ging, aber nicht erkannt und anerkannt wurde.

79 Vgl. Geschichte Nr. 2, Anmerkung 12. Simon Dubnow berichtet, dass tatsächlich Familien, deren Söhne nicht zur Musterung erschienen waren, eine Strafe von dreihundert Rubeln zu zahlen hatten (Dubnow III, 488).

Nummer vierzehn: **Man soll nie zu gutmütig sein!**
Erstveröffentlichung 1903 in *Jidische folksszajtung*, Warschau/Krakau.

80 Ebenso wie ›Sechsundsechzig‹ beliebte Kartenspiele im Schtetl.
81 Baron Moritz von Hirsch (1831–1896) war Bankier und Unternehmer im Eisenbahnstreckenbau in der Türkei und in Russland. Er hat einen Teil seines Vermögens für wohltätige Zwecke unter Juden eingesetzt und 1891 die Jewish Colonisation Association gegründet, die vielen Juden die Auswanderung nach Amerika, vor allem nach Argentinien ermöglichte.
82 Vgl. Geschichte Nr. 3, Anmerkung 19.
83 Siehe *Elul**.

Nummer fünfzehn: **Abgebrannt!**
Erstveröffentlichung 1902 in *Jidische folksszajtung*, Warschau / Krakau.

84 Die Hauptfigur in dieser Geschichte zitiert in ihrer Erzählung immer wieder Worte und Sätze aus Bibel, Talmud und Gebeten, um ihre Geschichte zu würzen. Die Übersetzungen allerdings, die der Erzähler selbst gibt, entsprechen nicht den wirklichen Bedeutungen der Zitate, sondern sind meist witzige Verdrehungen. In der Geschichte selbst sind die Zitate in der aschkenasischen Aussprache des Hebräischen wiedergegeben, und die richtige Erklärung des Wortsinns ist erst in den hier folgenden Anmerkungen zu suchen.
85 Wörtlich: ›voreiliges, übereifriges Volk‹. Begriff aus der talmudischen Auslegung von Ex 24, 7, »alles, was Er geredet hat, wollen wir tun und hören (anstatt zuerst zu hören, zu prüfen und dann zu tun)« (bSchabbat 88a/b).
86 Die Welt geht ihren Gang, dreht sich nach ihrer Weise (bAwoda Sara 54b).
87 Boguslaw, Stadt in der Umgebung von Kiew, wo Scholem Alejchem nach dem frühen Tod der Mutter einige Zeit bei den Großeltern lebte.
88 Schluss eines Segensspruches während der *Hawdole**-Zeremonie, wörtlich: »Gelobt seist Du Gott, unser Herr, der das leuchtende Feuer geschaffen hat« (daher witzige Umschreibung für ›Feuer legen‹).
89 Anspielung auf das Verbrennen der roten Kuh, Num 19,1 ff. Wörtlich: die Rinder, die verbrannt werden, daher übertragen: ›riesiges Brandopfer‹. Als Zitat aus bSewachim 35b auch im Morgengebet, vgl. Bamberger, Siddur, S. 11.
90 »Mit meinem Schwert und meinem Bogen«, Zitat aus Gen 48, 22.
91 ›Wie es sich gehört‹.
92 Zitat aus Ex 21, 3 (vom freigelassenen Sklaven): »… ist er alleine gekommen, so soll er auch alleine ausziehen«.

93 ›Ein Mensch mit reinen Händen‹, nach Psalm 24, 4.

94 ›Sag mir nur, Moschke, sag mir, mein Lieber, wieso brennt es dauernd bei dir?‹

95 Verdrehtes Zitat aus den Sprüchen der Väter, Mischna Awot 4, 3. Im Original heißt es: »Halte keinen Menschen für gering«. Der Erzähler macht daraus: »Ein Stück Fleisch sollst du nicht verachten«.

96 Wörtlich: ›alle in Israel sind Brüder, ganz Israel – alles Brüder!‹

97 »Waren in Ägypten nicht genug Leichname?«, verdreht aus Ex 14, 11: »Sie sprachen zu Mose: Gab es in Ägypten nicht Gräber genug?«

98 Russ.: ›Ware ist in Bewegung‹.

99 Wörtlich: ›Vielleicht wird Er sich erbarmen‹ (aus dem *Bußgebet** des 2. Buß-tages vor dem Neujahrsfest); häufig verwandt.

100 Wörtlich: ›Mojsche, der Kluge, wie drückt er sich aus?‹ Satz aus der *Haggada**, wo ausgeführt wird, wie vier Söhne die Frage über den Auszug aus Ägypten stellen: ein Kluger, ein Verruchter, ein Einfältiger und ein Unauf-merksamer. Die Antwort beginnt: »Der Kluge, wie drückt er sich aus?«

101 *Pschojt newejle (baschuk) we'al tiztarech (labrj'ess).* ›Schinde lieber einen Ka-daver auf der Straße, als von den Leuten abhängig zu sein‹ (bPessachim 113a).

102 Entstelltes Zitat aus der *Haggada*, zu Beginn des Sederabends, wenn die Seder-Schüssel in die Höhe gehalten wird, und der Hausvater spricht: »Wen hungert, der komme und esse, und wer in Not ist, komme und feiere Pessach«. Der Erzähler allerdings verdreht die Wörter und sagt: »Wer hung-rig ist, der komme und sei in Not...«.

103 Zitat aus Esther 6, 13 [die Frau und die Freunde Hamans sagen zu ihm]: »Wenn du angefangen hast zu fallen..., so wirst du vollends zu Fall kom-men«.

104 Der Stifter der Tora-Lesung lässt sich aufrufen, steht während der Lesung ›seines‹ Abschnittes neben dem Lesepult und stiftet dafür einen Geldbetrag.

105 Mit diesen Worten wird die Stiftung laut in der Synagoge bekanntgegeben. Wörtlich: ›wegen der [zugesagten] Stiftung‹.

106 Traditionelle Grundschule für arme Kinder, von der Gemeinde bezahlt.

107 Wie unsere Väter niemals Hochzeit gefeiert haben.

108 »Lasst mich untergehen mit den Philistern« (Simson in Ri 16, 30).

Nummer sechzehn: **Vom Pech verfolgt!**
Erstveröffentlichung 1910 in *Der grojsser Kundess*, New York.
Eine Kurzfassung dieser Geschichte findet sich unter dem Titel *haschowass-awej-de* als Witz in I. Olswanger (Hg.), *Rosinkess mit Mandlen*, Nr. 143, Zürich 1965.

109 Zitat aus der Megilla Esther 1, 10.

Nummer siebzehn: **Wenn einen das Unglück trifft!**
Erstveröffentlichung 1902 unter dem Titel *Der afikojmen* in *Jidische folksszajtung*,
Warschau / Krakau.

110 Siehe *Kapote**.
111 Siehe *Briss**.
112 Siehe *Simchat Tora**.
113 Siehe *Goj**.
114 Im Original ›woss tojg mir opekn – afikojmen?‹. Das russische Wort *opekun*
bedeutet ›Vormund‹, ›Verwalter‹, während der *afikojmen* das kleine Stück
Mazze ist, das der Hausvater zu Beginn des Sedermahles (siehe *Pessach**)
abbricht, damit es am Schluss der Mahlzeit gegessen werden kann. Nach
alter Sitte wird der *afikojmen* von den Kindern versteckt und muss vom Va-
ter durch ein Geschenk ausgelöst werden. Im Ostjiddischen ergibt sich vom
Gleichklang her eine witzige Assoziation zwischen *opekun* und *afikojmen*, so
dass beide Begriffe – auch an anderen Stellen der jiddischen Literatur nach-
weisbar – zum Spaß synonym gebraucht werden. Daher hatte die Geschichte
zuerst den Titel *Der afikojmen*.
115 Siehe Geschichte Nr. 3, Anmerkung 15.
116 Russisch, wörtlich: ›ich spucke drauf!‹.
117 Morosow war bis zur Verstaatlichung 1918 eine bekannte jüdische Familie
von Textilherstellern in Russland.
118 Weltbekannte russische Teefirma, 1858 vom jüdischen Philantropen K. W.
Wissozki gegründet.

Nummer achtzehn: **Ein tolles Stückchen, sagt was Ihr wollt!**
Erstveröffentlichung 1910 unter dem Titel *Sich gebitn mit di jojzress* in *Di naje
welt*, Warschau, und in *Der grojsser kundess*, New York.

119 Vgl. Geschichte Nr. 3, Anmerkung 16.
120 Siehe Geschichte Nr. 3, Anmerkung 19.
121 Siehe »An die Leser«, Anmerkung 1. In den harten Zeiten der zaristischen
Regierung war es Juden in Städten wie Kiew, obwohl sie im Ansiedlungsra-
yon lagen, nicht erlaubt zu wohnen. Eine Ausnahme-Aufenthaltsgenehmi-
gung gab es zeitweilig für Kaufleute und andere wichtige Berufe.
122 Wenn die Polizei einen Juden ohne Wohnrecht antraf, zog sie seinen Pass
ein und händigte ihm ein Dokument mit dem Inhalt aus, dass er sich auf
dem kürzesten Weg zu seinem Heimatort zu begeben habe. Fuhr ein Jude
mit solchem Ausweispapier nicht sofort zurück, nahm ihn die Polizei fest
und transportierte ihn von Gefängnis zu Gefängnis in Richtung Heimat-
ort. Dieser Weg in ›Etappen‹ konnte Wochen und Monate dauern (Scholem
Alejchem, Moskauer Ausgabe, Bd. II, Anmerkungen S. 346).
123 Siehe *Speisegebote**.
124 Brodski, I. M. (1823–1888), Zuckerindustrieller in Kiew.

Nummer neunzehn: **Der zehnte Mann**
Erstveröffentlichung 1910 im Sammelband *Fraje teg*, Warschau.
In etwas abgewandelter und stark reduzierter Form kursiert diese Geschichte im
Witz S. 72 ff. in Salcia Landmanns Sammlung *Jüdische Anekdoten und Sprich-
wörter*, München 1965, zu erkennen.

125 Amerikanisches Musikstück, das damals in Europa populär wurde.

126 Fromme Juden studieren oder beten nur mit einem Gürtel, um den pro-
fanen, unteren Teil des Körpers vom sakralen, oberen zu trennen (*Schtetl*,
S. 85).

127 Psalm 84,5.

128 Der Beruf des Fuhrmanns und Kutschers war ein wichtiger, aber wegen sei-
nes häufigen Umgangs mit den ›Gojim‹ (in Polen und der Ukraine waren
zu manchen Zeiten fast alle Fuhrleute und Kutscher Juden), vielleicht auch
wegen seiner häufigen Aufenthalte in Wirtshäusern, kein sehr angesehener
Beruf.

129 Zu den zahlreichen Beschäftigungen, die am Sabbat – er beginnt mit dem
Lichtersegen – verboten sind, gehört das Anzünden und Löschen von Feuer.
Für notwendige Arbeiten ist der *Schabbess-Goj*, ein Nichtjude, von der Ge-
meinde ›angestellt‹; er darf die unbedingt erforderlichen Arbeiten tun, weil
ihm die Gebote nicht auferlegt sind. Aber auch wenn der Nichtjude das Feu-
er löschen darf, so werden ihn fromme Juden nicht direkt dazu auffordern.
Daher: »... siehst du nicht, dass es da drüben so hell ist«. – Allerdings steht
das Erhalten von Leben auch für den frommen Juden über dem strikten
Einhalten der Gebote.

130 Vgl. Geschichte Nr. 2, Anmerkung 12.

Nummer zwanzig: **Fahrt lieber dritter Klasse!**
Erstveröffentlichung 1902 unter dem Titel *Briw fun weg* in *Jidische folksszajtung*,
Warschau / Krakau.

131 Gouvernements im Russischen Reich, westlich der Ukraine, gehörten zum
Ansiedlungsrayon (vgl. »An die Leser«, Anmerkung 1, und die Landkarten).

132 Graf Valentin Potocki, Mitglied der berühmten polnischen katholischen
Adelsfamilie Potocki, trat nach einer Begegnung mit jüdischen Talmudstu-
dierenden in Paris zum Judentum über. Er wurde denunziert und 1749 bei
Wilna verbrannt.

133 Vgl. Geschichte Nr. 10, Anmerkung 49.

134 Koseform von Rebekka, in jiddischer Aussprache ›Riwke‹.

135 Akkermann, bessarabische Stadt am Dnjestr gelegen, nicht weit von Odessa.
Bekannt für seinen Hafen, den Weinbau und die Fruchtsaftherstellung.

136 Rotwein aus der Weinbauregion Kovaszna in Transsilvanien / Rumänien.

137 Durch Gefrieren konzentrierter Süßwein.

Scholem Alejchem, Ort und Jahr unbekannt, The National Library of Israel

Zitierte Literatur

1. Jiddische Werkausgaben

SHOLEM ALEYKHEM, 1911: *Ksovim fun a komi-voyazher (Ayznbangeshikhten)*, in: *Yubileum-oysgabe*, Bd. 8. Warschau: Progres.
http://sammlungen.ub.uni-frankfurt.de/jd/content/pageview/1819256
www.yiddishbookcenter.org/collections/yiddish-books/spb-nybc203839

SHOLEM ALEYKHEM, 1923: *Ayznbangeshikhtes (ksovim fun a komi-voyazher)*, in: *Ale verk fun Sholem Aleykhem*, Bd. 28. New York: Folksfond.

SHOLEM ALEYKHEM, 1926: *Ayznbangeshikhtes (ksovim fun a komi-voyazher)*, in: *Ale verk fun Sholem Aleykhem*, Bd. 28. Wilna – Warschau: Kletskin.
www.yiddishbookcenter.org/collections/yiddish-books/spb-nybc203836

SHOLEM ALEYKHEM, 1952: *Ayznbangeshikhtes* [und: *Yidishe shrayber*], in: *Ale verk fun Sholem Aleykhem*, Bd. 10. Buenos-Aires: Ikuf.
www.yiddishbookcenter.org/collections/yiddish-books/spb-nybc202592

SHOLEM ALEYKHEM, 1923: *Funem yarid; lebensbashraybungen. tsveytes bukh*, in: *Ale werk fun Sholem Aleykhem*, Bd. 27, Kapitel 45, »A mayne-loshn fun a shtifmame«, S. 7 ff. New York: Folksfond.
www.yiddishbookcenter.org/collections/yiddish-books/spb-nybc200098

SHOLEM ALEYKHEM, 1952: *Dertseylungen un monologn*, in: *Oysgeveylte verk*, Bd. 2. Warschau: Yidish bukh.
www.yiddishbookcenter.org/collections/yiddish-books/spb-nybc203851

2. Frühere deutsche Übersetzungen

Nr. 6, An den Gräbern der Lieben:
»Im Monat Elul«, übersetzt von Alexander Eliasberg, in: *Ostjüdische Erzähler*. Weimar: Liebhaber-Bibliothek 34, 1916. Mehrere Nachdrucke.

Nr. 9, Eine Hochzeit ohne Musikanten:
»Eine Hochzeit ohne Musikanten«, übersetzt von Alexander Eliasberg, in: *Ostjüdische Erzähler*. Weimar: Liebhaber-Bibliothek 34, 1916. Mehrere Nachdrucke.
»Eine Hochzeit ohne Musikanten«, übersetzt von Leo Nadelmann, in: *Jiddische Erzählungen*. Zürich: Manesse Verlag o. J.

Nr. 10, Der Taless-Kotn:
»Eine Wette«, übersetzt von Mathias Acher (Nathan Birnbaum), in: *Die verlorene Schlacht*. Berlin: Jüdischer Verlag 1914. Nachdrucke.

Nr. 13, Die Einberufung:

»Die Assentierung«, anonyme Übersetzung, in: *Das Ghettobuch*, hrsg. von Arthur Landsberger. Berlin–Wien: Benjamin Harz Verlag 1921.

»Die Militaer-Gestellung«, anonyme Übersetzung, in: *Ost und West*, 28. Jahrgang, S. 391 ff. Berlin.

Nr. 16, Vom Pech verfolgt:

»Dieb ohne Glück«, übersetzt von Salcia Landmann, in: *Neue Anatewka-Geschichten*. Wiesbaden: Limes Verlag 1978.

3. Weitere Literatur

BAMBERGER, Selig, 1922: *Raschis Pentateuchkommentar*. Hamburg: Kramer. Nachdruck 1975. Basel: Goldschmidt.

BERNSTEIN, Ignaz, 1908: *Jüdische Sprichwörter und Redensarten*. Warschau: Kauffmann. Nachdruck 1969. Hildesheim: Olms; 1988 u. ö. Wiesbaden: Fourier.

Dos Scholem Alejchem Buch (hrsg. v. D. BERKOWITSCH), 1926. New York: Sholem-Aleykhem bukh komitet.

DUBNOW, Simon, 1971: *Weltgeschichte des jüdischen Volkes*, Bd. I–III. Jerusalem: Jewish Publishing House.

Encyclopaedia Judaica, Bd. 1–17, 1972. Jerusalem: Keter Publishing House.

HALKIN, Hillel, 1987: *Scholem Alejchem, Tevye the Dairman and The Railroad Stories*, translated and with an introduction by Hillel HALKIN, S. 285 ff. »Glossary and Notes«. New York: Schocken.

Jüdisches Lexikon. Ein enzyklopädisches Handbuch des Jüdischen Wissens, Bd. 1–4, 1927. Berlin: Jüdischer Verlag.

SHMERUK, Chone: »Sholem-Aleykhem« in: *Leksikon fun der nayer yidisher literatur* (jidd.), Bd. 8, 1981. New York: Alveltlekher yidisher kultur-kongres, 677–706.

LÖTZSCH, Ronald, 1990: *Jiddisches Wörterbuch*. Leipzig: Bibliographisches Institut, Nachdruck 1992. Mannheim: Duden.

NIBORSKI, Yitskhok, mit der mithilf fun Shimen NOYBERG, 1999: *Verterbukh fun loshn-koydesh-shtamike verter in yidish*, 2. Aufl. Paris: Bibliothèque Medem.

NIBORSKI, Yitskhok, VAISBROT, Berl, mit der tsuzamenarbet fun Shimen NOYBERG, 2002: *Yidish-frantseyzish verterbukh*. Paris: Bibliothèque Medem.

Philo-Lexikon. Handbuch des jüdischen Wissens, 1936. Berlin–Königstein / Ts.: *Philo*. Nachdruck 1982. Königstein / Ts.: Jüdischer Verlag im Athenäum Verlag.

»Scholem Alejchem« in: REYZEN, Zalmen, 1926–29: *Leksikon fun der yidisher literatur, prese und filologye* (jidd.), Bd. 4. Wilna: Kletskin.

WEINBERG, Werner, 1994: *Lexikon zum religiösen Wortschatz und Brauchtum der deutschen Juden*, hrsg. von Walter RÖLL. Stuttgart-Bad Cannstatt: Frommann-Holzboog.

ZBOROWSKI, Mark und HERZOG, Elisabeth, 1991: *Das Schtetl – Die untergegangene Welt der osteuropäischen Juden*. München: C. H. Beck.

Glossar

Die Transkription der jiddischen Wörter folgt dem System, das Ronald Lötzsch in seinem *Jiddischen Wörterbuch* für deutschsprachige Leser eingeführt hat: **s** ist stimmhaft wie in *sagen*, **ss** – auch im Anlaut – ist stimmlos wie in *Riss*, **ch** wird immer hart ausgesprochen wie in *lachen*, **sh** bezeichnet den stimmhaften Zischlaut wie in *Etage* oder *Journal*. In den Fällen, wo nicht die jiddische, sondern die im Deutschen allgemein übliche Lautform des hebräischen Wortes verwendet wurde, richtet sich die Schreibweise nach dem *Jüdischen Lexikon*.

Arbe-Kanfess hebr. *arba kanfot*, Gebetsmantel oder -tuch, wörtlich ›vier Ecken‹ (des Gebetstuches) auch ›Taless-Kotn‹ genannt (siehe dort).

Bar-Mizwe hebr. *bar mizwa*, wörtlich ›Sohn des Gebotes‹. Mit vollendetem 13. Lebensjahr wird der jüdische Junge ein ›bar mizwa‹, d. h. erwachsen im Hinblick auf religiös-sittliche Rechte und Pflichten. Am Tag der Bar-Mizwe legt er erstmals die Tefillin (Gebetsriemen) an und wird in der Synagoge zum Vorlesen der Tora aufgerufen. Auch: Feier des Tages.

Beerdigungs-Bruderschaft hebr. *ḥevrā’ qaddišā*, jidd. *chewre kedische*, wörtlich ›heilige Vereinigung‹, Bestattungsgesellschaft des Schtetls. Die chewre kedische kümmert sich um Fürsorge und Hilfe bei Krankheiten und erledigt das Nötige bei allen Todesfällen in der Gemeinde. Sie sorgt auch bei Armen für ein Begräbnis nach den religiösen Vorschriften.

Bess-Medresch hebr. *bet hamidrasch*, wörtlich ›Haus des Studiums‹, Lehrhaus, durchgehend zum Gebet und Studieren geöffnet. Ursprünglich von der Schul (Synagoge) getrennt, war das Bess-Medresch vor allem in kleineren Gemeinden mit ihr identisch. Bei den Chassiden auch *schtub* oder *schtibl* genannt.

Beschneidung siehe *Briss*.

Bime hebr. *bima*, erhöhter Platz, Estrade in der Synagoge zur Verlesung der Tora. Von der bime aus werden auch Predigten und Ankündigungen vorgetragen sowie Beschwerden vorgebracht.

Briss eigentlich *briss-mile*, hebr. *berit mila*, Beschneidung, wörtlich ›Bund der Beschneidung‹. Als Zeichen des Bundes Gottes mit Abraham (vgl. Gen 17, 9 – 14) und mit ganz Israel wird einem Jungen am 8. Tag nach der Geburt durch den Beschneider die Vorhaut entfernt. Durch die Beschneidung wird das Kind in diesen Bund aufgenommen. Der Gevatter (jidd. *ssandek*), einem

Paten vergleichbar, hält den Jungen bei der Beschneidung auf dem Schoß. Hiermit wurde gewöhnlich der Großvater, Onkel oder ein sonstiger naher Verwandter geehrt.

Bußgebete   hebr. *selichot*, jidd. *sslichess*, werden während der Tage vor dem Neujahrsfest im Morgengrauen gesprochen.

Chanukka   hebr., jidd. *chánike*, wörtlich ›Weihe‹, achttägiges Lichterfest zur Erinnerung an die Verfolgung des jüdischen Volkes im 2. Jahrhundert v. d. Z., die Siege der Makkabäer sowie besonders die Wiedereinweihung des durch Epiphanes IV. geschändeten Tempels in Jerusalem im Jahre 164. Chanukka beginnt am 25. Kislew (November / Dezember). Während der Festtage werden Chanukkalichter angezündet, sowie Chanukkageld an Kinder, Arme und Bedürftige ausgeteilt. Zu den Freuden von Chanukka gehört das Kartenspiel.

Chasan   hebr., jidd. *chasen*. ›Kantor‹, ›Vorsänger und Vorbeter in der Synagoge‹.

Cheder   hebr., jidd. *chejder*, wörtlich ›Stube‹, traditionelle jüdische Elementarschule, in der Jungen vom 5. Lebensjahr an bis zur Bar-Mizwe (siehe dort) vom Melamed, dem Kleinkinderlehrer, unterrichtet werden, vor allem in Bibel und Talmud. Die weiterführende Schule ist die Jeschiwe (siehe dort).

Chassid   hebr., jidd. *chossed*, wörtlich ›Frommer‹, Anhänger einer in der Mitte des 18. Jahrhunderts in Südostpolen entstandenen, später in ganz Osteuropa verbreiteten religiösen Bewegung, mit mystisch-ekstatischen, aber auch abergläubischen Zügen.

Chupe   hebr. *chupa*. Baldachin, unter dem die Trauung vollzogen wird. Von daher auch Bezeichnung für die Trauung.

Elul   Der letzte Monat im jüdischen Jahr (August / September), geht den ›hohen Feiertagen‹ voraus. Im Monat Elul wird beim Gottesdienst das Schofarhorn (Widderhorn) geblasen. In diesem Monat verrichtet der fromme Jude beim Morgengrauen besondere Bußgebete, sog. *sslichess*. Man besucht die Gräber der Verstorbenen. Diese Zeit beginnt mit *rosch-chojdesch-Elul*, dem ersten Tag im Monat Elul.

Erew-Pejssach   Der Abend, an dem mit der Sedermahlzeit das Pessachfest beginnt (siehe dort).

fleischig / milchig   siehe *Speisegebote*.

Goj   hebr. und jidd. *goj*, plural *gojim*, wörtlich ›Volk / Völker‹, Bezeichnung für Nichtjuden, Christen, übertragen auch für solche Juden, die sich in den religiösen Vorschriften nicht auskennen oder sie nicht befolgen. *Gojisch*: ›nichtjüdisch‹.

Goless hebr. *galut*, Exil des Volkes Israel, seit der Zerstörung des zweiten Tempels 70 n. d. Z. bis ins 20. Jahrhundert, die allgemeine Bezeichnung für die jüdische Diaspora.

Haggada hebr., jidd. *hagode*, Bericht vom Auszug Israels aus Ägypten (nach Ex 12 – 15), der an den beiden Pessachabenden (siehe dort) bei Tisch verlesen wird.

Hawdole hebr. *hawdala*, wörtlich ›Unterscheidung‹, Zeremonie zu Ausgang des Sabbats, bei dem der Unterschied zwischen Ruhe- und Werktag sichtbar gemacht wird. Auch Bezeichnung der Kerze, die bei der Zeremonie gelöscht wird.

Haman hebr., jidd. *Homen*, nach dem Buch Esther Regent unter dem Perserkönig Xerxes, der alle Juden vernichten wollte. Zur Erinnerung an den Fehlschlag der Pläne Hamans wird das Fest Purim (siehe auch dort) gefeiert. Wenn an Purim das Buch Esther verlesen wird, machen die Kinder mit ›Gragers‹ (Holzratschen, Klappern) Lärm, sooft der Name Hamans fällt.

Hoschana Rabba hebr., jidd. *heschajne rabe*, wörtlich ›großes Hilf mir!‹, der siebte Tag des Laubhüttenfestes. Letzter Tag der ›hohen, schrecklichen Tage‹ (der großen Bußtage). Entsprechend der Kabbala ist es ein Tag, an dem Gebete gen Himmel geschickt werden, um das dort gefällte Urteil, das für jeden Menschen bereits für das kommende Jahr fest und auf dem himmlischen *kwitl* (Zettel) geschrieben steht, doch noch verbessern zu können. Man wünscht sich *a gut kwitl*, einen guten ›Zettel‹. An Hoschana Rabba werden beim Gebet Hoschana-Zweige geschlagen, d. h., die ›Ruten‹, grüne Weidenzweige, werden in kleinen Bündeln auf den Fußboden oder gegen die Bänke geschlagen.

Hoschana-Zweige jidd. *heschajness*, ›Weidenruten‹ (siehe *Hoschana Rabba*).

Jahrzeit jidd. *jorzeit*, Gedenktag, an dem der Tod der Eltern oder der nächsten Verwandten sich jährt.

Jarmulke oder auch *kapl*, kleine runde Kopfbedeckung, die ein frommer Mann beim Gottesdienst, Gebet und Studium trägt. Der orthodoxe Jude trägt seinen Kopf immer bedeckt.

Jehupez Scholem Alejchems Bezeichnung für Kiew.

Jeschiwe hebr. *jeschiwa*, Schule für fortgeschrittenes Talmudstudium. Der Schüler, der *jeschiwe-bocher*, lebt meist bei den Schwiegereltern in ›Kost‹ (Kost und Logis) oder versucht, wenn er auswärts wohnt und arm ist, bei Gemeindemitgliedern abwechselnd einen Freitischplatz zu bekommen.

Jom Kippur   hebr., jidd. *jom-kiper*, ›Versöhnungstag‹, er wird als Fast- und Bußtag begangen, die Männer sind meist den ganzen Tag in der Synagoge. Er ist der letzte Tag und Höhepunkt der zehn Bußtage vom 1. bis 10. Tischri (September / Oktober).

Kaddisch   hebr., jidd. *kadesch*, liturgisches Gebet im Gottesdienst, Anbetung Gottes und Bekenntnis seiner Herrschaft. Wird auch von Trauernden während des Trauerjahres und bei Jahrzeiten für die Seelen der Verstorbenen gebetet.

Kapote   Langes, bis zu den Füßen reichendes Männergewand; auch Kaftan.

Kiddusch   hebr., jidd. *kidesch*, Segensspruch bzw. Gebet über dem Becher Wein, zu Beginn des Sabbats bei der häuslichen Sabbatmahlzeit.

›Kost‹   jidd. *kesst*, freie Wohnung und Verköstigung, die einem jungen Ehepaar von den Eltern bzw. den Schwiegereltern für eine bestimmte Zeit gewährt wird, damit der Ehemann sein Tora- und Talmudstudium fortsetzen kann.

Koscher   hebr.-talmudisch *kascher*, wörtlich ›tauglich‹, rein im Sinne der rituellen Reinheitsvorschriften (siehe *Speisegebote*).

Krankenbruderschaft, Krankenspital   jidd. *biker-chojlim*, eine der Wohltätigkeitsorganisationen im Schtetl, sie versucht, die Kosten für die Kranken zu decken, wenn die Familie dazu nicht in der Lage ist.

Kugel   jidd. *kugl*, bezeichnet Sabbat-Mehlspeisen verschiedener Art, Auflauf, süß oder mit Pfeffer.

Laubhütten   siehe *Ssukkot*.

Lichtersegen   Bei Sabbatbeginn, am Freitagabend, zündet man die Sabbatlichter an, die Frau des Hauses spricht dazu einen Segenswunsch: ›Gesegnet seist du, o Herr, unser Gott, König des Universums, der du uns geweiht hast mit deinen Geboten und uns befahlst, das Sabbatlicht zu entzünden‹.

Lulaw   hebr., jidd. *lulew*, ›Palmenzweig‹, Teil des Feststraußes beim Laubhüttenfest, siehe *Ssukkot*.

Maggid   wörtlich ›Verkünder‹, Prediger, Wanderprediger im Chassidismus, auch Wunderrabbi.

Maseltow   hebr. *masal tow*, wörtlich ›gut Glück!‹. Glückwunschformel bei allen Gelegenheiten, auch Bezeichnung für eine freudige Nachricht.

Mazze   hebr. *maza*, ungesäuertes Brot, das an Pessach gegessen wird.

Mazzengeld   jidd. *moess-chitin*, Geld, das man an die Armen an Pessach verteilt, damit sie das Fest begehen können.

Megile   hebr. *megila*, wörtlich ›Rolle‹, bezeichnet die Schriftrollen der Bücher Ruth, Hoheslied, Klagelieder, Prediger Salomo und Esther, meist Kurzform für die Megile Esther, die an Purim vorgetragen wird.

Melamed   Kleinkinderlehrer, siehe *Cheder*.

Meschumed   siehe *schmaden*.

Mesuse   hebr. *mesusa*, wörtlich ›Türpfosten‹, Pergamentröllchen mit handgeschriebenen Bibelstellen (Dtn 6, 4–9; 11, 13–21), das in einem Behälter am rechten Türpfosten der Eingangstür einer Wohnung angebracht und beim Herein- und Hinausgehen berührt wird.

Minjan   hebr., jidd. *minjen*, wörtlich ›Zahl‹, die vorgeschriebene Anzahl von zehn männlichen Personen im Alter von mindestens 13 Jahren (siehe *Barmizwe*), die für einen öffentlichen Gemeindegottesdienst in der Synagoge nötig sind; auch der Gottesdienst selbst. Der ›erste *Minjan*‹ am Tage ist etwas schneller fertig, da die Gebete schneller gesprochen werden, denn die Betenden, in der Regel einfache Arbeiter, müssen rasch zur Arbeit.

Mizwe   hebr. *mizwa*, wörtlich ›Gebot‹, gute, verdienstvolle Tat.

Mondkalender   jidd. *luech*, Taschenkalender, verzeichnet die Daten der Feiertage, der Jahreszeiten, die Wochenabschnitte der Tora- und Prophetenlesungen sowie die Zeiten für das Anzünden der Sabbat-, Chanukka- und Feiertagslichter.

Pessach   hebr., jidd. *pejssech*, wörtlich ›das Vorüberschreiten‹, die Verschonung. Pessach ist eines der drei großen Wallfahrtsfeste, gefeiert im Monat Nissan (März / April), zum Gedenken an den Auszug Israels aus Ägypten (Ex 12–15). Wichtig an der Festliturgie ist das Essen von ungesäuertem Brot (Mazzen), die Entfernung von allem Gesäuerten im Haus, das Reinigen des Geschirrs von allem Gesäuerten, die Sedermahlzeit am ersten Abend von Pessach (Erew-Pejssach), bei der die *Haggada* vom Auszug aus Ägypten vorgelesen wird.

Pitom und Ramses   Zwei Städte, die das Volk Israel nach Ex 1–3 in der Sklaverei für den ägyptischen Pharao bauen musste.

Pogrom   russ. Bezeichnung für Massaker, Plünderung; zunächst Begriff für die Verfolgung einer bestimmten Bevölkerungsgruppe, mit Plünderungen und Gewalttätigkeiten verbunden. Im 19. / 20. Jahrhundert übliche Bezeichnung für Judenverfolgungen.

Purim   Freudenfest zur Erinnerung an die Errettung vor der antisemitischen Verfolgung des Statthalters Haman während der jüdisch / persischen Diaspora. Der Tag wird karnevalsähnlich begangen, man führt Purimspiele auf, Geschenke (sog. *schalachmones*) werden ausgetauscht. In der Synagoge verliest man die Esther-Rolle. Immer wenn der verhasste Name Haman fällt, rasselt man mit entsprechenden Holzinstrumenten oder Klappern (Gragers) und stampft kräftig mit den Füßen.

Raschi   Abkürzung für Rabbi Schlomo Jizchaki (1040–1105), einen bedeutenden Kommentator von Bibel und Talmud.

Rebbe   jidd., Oberhaupt von Chassidim, oftmals nicht gleichzeitig Rabbiner der Gemeinde.

Reb   jidd., ›Herr!‹, Anrede für Männer.

Row   jidd., Rabbiner einer Gemeinde.

Rebezin   jidd., Ehefrau eines chassidischen Rebbe oder eines Rabbiners.

Rosch Chojdesch Elul   siehe *Elul.*

Rosch Haschana   hebr., jidd. *roscheschone*, wörtlich ›Jahresbeginn‹, einer der höchsten jüdischen Feiertage, am ersten und zweiten Tischri (September/ Oktober) gefeiert. An Rosch Haschana wird im Gottesdienst das Schofarhorn geblasen.

Ruten schlagen   siehe *Hoschana Rabba.*

Sabbatbrot   hebr. *chala*, jidd. *chale*, Weißbrot für den Sabbat.

Salzbrett   In ärmeren Haushalten ein Brett, das auf den Milchtisch gelegt wird, wenn Fleischspeisen zubereitet werden, siehe *Speisegebote.*

Schammes   hebr., jidd. *schamess*, ›Synagogen-, Gemeindediener‹, Helfer im *Bess-Medresch.*

Schadchen   hebr. *schadchan*, Heirats-, Ehevermittler.

Schajle   hebr. *sche'ela*, eine an eine rabbinische Autorität gerichtete rituelle, religiöse Frage.

Schechina   hebr., jidd. *schchine*, ›Einwohnung Gottes‹ (von hebr. *schachan*, ›wohnen‹), in der rabbinischen Literatur die Bezeichnung für Gottes Gegenwart in der Welt, an bestimmten Orten (z. B. im Dornbusch des Mose, im Tempel), beim Volk Gottes oder beim Einzelnen während des Gebetes. Eine Auffassung sagt, dass die Schechina nach der Zerstörung des ersten Tempels bis zu den messianischen Zeiten im Himmel weilt, nach anderen Auffassungen zog sie mit dem Volk Israel ins Exil.

Schejgez   jidd., ›Gassenjunge‹, ›Schlawiner‹ (ursprünglich ›nichtjüdischer Junge‹).

Schema Jisrael hebr., jidd. *schma jissroel*, wörtlich ›höre Israel!‹, wichtigstes jüdisches Gebet. Es besteht im Kern aus den drei Abschnitten der Tora: 5. Mose 6, 4–9, 11, 13–21 und 4. Mose 15, 37–41. Es wird im Abend- und Morgengebet, vor dem Schlafengehen und im Gottesdienst gesagt. Unter Schema Jisrael versteht man auch nur den ersten Satz, Dtn 6, 4: ›Höre Israel, JHWH ist Gott, JHWH ist einzig‹. Er gilt als das jüdische Glaubensbekenntnis und ist Gebetsruf in der Not und Sterbegebet. Er wird im Gottesdienst mehrfach wiederholt.

Schemone Esre hebr., jidd. *schimenessre*, wörtlich ›achtzehn‹, daher auch Achtzehngebet, neben dem Schema Jisrael eines der Hauptgebete im Gottesdienst der Synagoge oder außerhalb, wenn ein Minjan erreicht wird. Es gilt als *das Gebet*, wird daher auch *Tefila* genannt (Gebet) oder *Amida* (Stehen), weil es im Stehen gebetet wird. Das Schemone Esre besteht aus einer Reihe von Bitten, die jeweils mit einem Segen und einem Bekenntnis über Gottes Handeln abschließen.

schmaden jidd. *schmadn*, sich schmaden, sich christlich taufen lassen, d. h. den Glauben der Väter und die Gemeinschaft mit Israel aufgeben. Ein *Meschumed* ist ein getaufter Jude, d. h. ein Abtrünniger.

Schofar hebr., jidd. *schojfer*, ein Blasinstrument aus Widderhorn, vgl. Ex 19, 6. Der Schofar wird vor allem am Neujahrstag und am großen Versöhnungstag (Jom Kippur) im Gottesdienst geblasen.

scholem alejchem ›Friede sei mit Euch!‹ Gruß. Die Antwort lautet ›*alejchem scholem*, mit Euch sei Friede!‹

Schul traditioneller Ausdruck für die Synagoge. Die Schul ist ein Ort des Gebetes und des Lernens.

Schwu'ess jidd., hebr. *schawuot*, Wochenfest, wörtlich ›Wochen‹, Wallfahrtsfest wie Pessach und Ssukkot, das auf den fünfzigsten Tag nach Pessach fällt. Fest der Ernteerstlinge und des jungen Grüns sowie der Gabe der Tora am Sinai; daher wird im Festgottesdienst an Schawuot der Dekalog gelesen.

Simchat Tora hebr., jidd. *ssimchess tojre*, wörtlich ›Freude an der Tora‹, neunter Tag nach dem Beginn des Laubhüttenfestes, feierliche Vollendung und Wiederbeginn der jährlichen Toralesung im Synagogengottesdienst. Die Torarollen werden fröhlich durch die Synagoge getragen und gegrüßt. Derjenige, der zur Lesung des letzten Kapitels der Tora aufgerufen und so geehrt wird, heißt ›Bräutigam der Tora‹, der ›Bräutigam am Anfang‹ dagegen beginnt den neuen Zyklus. Simchat Tora liegt zwei Tage nach Hoschana Rabba (siehe dort).

Speisegebote Vorschrift über die Reinheit von Speisen. Zum Beispiel Verbot von nichtkoscherem Fleisch (Schwein, Wild u. a.), Verbot von Blutgenuss (daher Vorschrift des Schächtens); Milchiges und Fleischiges muss getrennt zubereitet und darf nicht zu gleicher Zeit verzehrt werden.

Ssukkot hebr., jidd. *Ssukess*, Laubhüttenfest, wörtlich ›Laubhütten‹. Zum Gedächtnis an die zeltartigen Hütten, in denen das Volk Israel während seiner Wüstenwanderung wohnte, hält sich die Familie an Ssukkot eine Woche lang vorwiegend in einer Laubhütte auf, durch deren geflochtenes Dach die Sterne sichtbar sein sollen. Die Hütte (*ssuke*) wird vorher aus Zweigen, Stangen und Brettern gebaut und in der Wohnung oder im Hof aufgestellt. Das Fest beginnt am fünften Tag nach Jom Kippur im Monat Tischri (September / Oktober).

Tallit hebr., jidd. *taless*, Gebetsmantel, viereckiges Umschlagtuch aus Wolle, Baumwolle oder Seide, weiß mit dunklen Streifen. An den vier Ecken sind Schaufäden, *zizess*, Quasten aus drei weißen und einem blauen Faden. Der Tallit wird beim Morgengebet und bei feierlichen Gottesdiensten getragen.

Taless-Kotn jidd., hebr. *talit katan*, wörtlich ›kleines Gebetstuch‹, ebenfalls mit *Zizess*, das unter dem Hemd getragen wird und dessen Schaufäden oft sichtbar heraushängen. Orthodoxe Juden tragen stets einen *Taless-Kotn*; sein Tragen wird als Vorschrift im Schema Israel erwähnt. Synonym mit *Arbekanfess*.

Talmud wörtlich: ›Studium, Lehre‹; die von der Schrift ausgehende jüdische Lehre, besteht aus Mischna und Gemara. Man unterscheidet den Jerusalemer und den Babylonischen Talmud, abgeschlossen Anfang 5. Jahrhundert bzw. Ende 6. / Anfang 7. Jahrhundert. n. d. Z. Der Talmud hat erzählende Teile (*Aggadot*) und Teile mit Vorschriften (*Halachot*).

Tamus hebr., jidd. *tames*, Monatsname (Juni / Juli).

taufen siehe *schmaden*.

Tefillin hebr., jidd. *tfiln*, Lederriemen, an denen zwei würfelförmige Kästchen befestigt sind, die, auf Pergament geschrieben, die Bibelstellen Ex 13, 1 – 10 und 11 – 16; Dtn 6, 4 – 9 und 11, 13 – 21 enthalten. Die Tefillin werden um die Stirn und den linken Arm gebunden und beim Gebet getragen. Nach der Vorschrift in Dtn 6, 8 sind sie Zeichen des Bundes mit Gott.

Tischebow hebr. *tischa beaw*, neunter Tag des Monats Aw, Trauertag zur Erinnerung an die Zerstörung des Tempels in Jerusalem im Jahre 586 v. d. Z. und 70 n. d. Z. Strenger Fasttag. Er fällt in die Zeit Juli / August.

Tora   hebr., jidd. *tojre*, wörtlich ›Lehre, Unterweisung‹, im engeren Sinn die fünf Bücher Mose, handschriftlich auf eine Rolle geschrieben. Diese wird im Toraschrein der Synagoge aufbewahrt und in fortlaufender Lesung jährlich im Gottesdienst gelesen. Im weiteren Sinne meint Tora die ganze hebräische Bibel sowie die Gesamtheit der jüdischen Lehre.

Verdienste der Ahnen   hebr. *sechut abot*, jidd. *ss'chuss owess*, die Verdienste der biblischen Gestalten wie auch der Vorfahren in der Familie. Man beruft sich auf die Ahnen, wenn man Gott um Hilfe bittet.

Zaddik   wörtlich ›Gerechter, Frommer‹. Bei den Ostjuden der Rebbe der Chassidim.

Zettel   siehe *Hoschana Rabba*.

Zizess   siehe *Tallit* und *Taless-Kotn*.

Dan Miron

Reise ins Zwielicht

Zu Scholem Alejchems *Eisenbahngeschichten**

Die Entstehung der *Eisenbahngeschichten*

Als Scholem Alejchem begann an dem Monologzyklus *Eisenbahngeschichten* (zunächst *Schriften eines Handelsreisenden* genannt) zu schreiben, befand er sich in einer schweren Lebenskrise. Das ganze Jahr 1909 verbrachte er unter »Halbtoten«[1] in mehreren Tuberkulosekliniken an der italienischen Riviera, im Schwarzwald und in der Schweiz. Obgleich wie stets und vielleicht sogar mehr als sonst von schöpferischer Leidenschaft erfüllt, erholte er sich nur mühsam von dem Ausbruch einer offenen Lungentuberkulose, den er unerwartet am Ende des Sommers 1908 auf dem Höhepunkt seines persönlichen und literarischen »Triumphzugs«[2] durch die Städte und Schtetl des jüdischen Ansiedlungsrayons in Polen, der Ukraine und Weißrussland erlitten hatte.

Scholem Alejchem verließ sein Geburtsland Ukraine 1905 nach den Pogromen, die in jenem Jahr in der Folge der gescheiterten Revolution ausgelöst worden waren. Zwar nahmen seine Familie und er keinen Schaden, doch sahen sie sich gefährdet und erlebten Dinge, die sie nie mehr vergessen sollten. So verließ der Schriftsteller das Zarenreich, brach in den Westen Europas auf und ging schließlich in die Vereinigten Staaten. Als populärster jiddischer Autor seiner Zeit hoffte er, in Amerika finanziell Fuß zu fassen, den Unterhalt seiner großen Familie zu sichern und eine neue Karriere zu beginnen, vor allem als Dramatiker, dessen Stücke auf den jüdischen Theaterbühnen New Yorks das jiddische Theater ›erlösen‹ würden, so wie 18 Jahre zuvor seine Romane und Erzählungen die populäre jiddische Fiktion von ihrem Status als vermeintliche Trivialliteratur erlöst hatten. Diese Hoffnung erfüllte sich nicht, so dass er nach drei Jahren des Umherziehens und der Enttäuschungen nach Russland zurückkehrte, nunmehr als Gast. Bei einer Reihe von öf-

* Das Original dieses Essays ist in hebräischer Sprache erschienen als Nachwort zu: Scholem Alejchem, *Sippürey rakkevet* (Tel-Aviv: Dvir, 1989), Übersetzung von Dan Miron. Englischsprachige Fassung: Dan Miron, *The Image of the Shtetl and Other Studies of Modern Jewish Literary Imagination* (Syracuse, N.Y.: Syracuse University Press 2000). Der deutschen Übersetzung liegt eine aktualisierte Fassung zugrunde.

1 Vgl. Berkowitz 1954: 254 [Anmerkung der Redaktion].
2 Vgl. Berkowitz 1954: 131–139.

Scholem Aejchems Lesereise 1908 durch Polen, den Ansiedlungsrayon und Lettland

Scholem Alejchem erreichte Warschau am 29. Mai 1908, gab fünf Lesungen im Elysium-Theater und schließlich im Muranowski-Theater. Am 11. August 1908 endete seine Lesereise in Baranowitsch. Wo immer er las, trat er vor vollen Sälen auf. In Białistok las er im Theater Roskosch, in Riga im Saal Ulej und in Dubbeln im Kurhaus. Zuhörer kamen auch aus umliegenden Städten, etwa nach Tschenstochau aus Sosnowitz und Bendsburg, nach Baranowitsch aus Slonim, Horoditsch, Njaswisch und Lechewitsch.

Orte und Chronologie der Lesereise wurden anhand von Hinweisen in der jiddischen und hebräischen Presse des Sommers 1908 rekonstruiert, darunter *Unser leben* (Warschau), *Der frajnd* (Petersburg) und *Ha-sĕmān* (Wilna); die Rekonstruktion ist möglicherweise unvollständig.

[Anmerkung der Herausgeber]

fentlichen Lesungen traf er sein treues, ihn über alles verehrendes Publikum wieder; diese Begegnungen waren nach den in New York erfahrenen Demütigungen und der in Westeuropa erlittenen Einsamkeit Balsam für seine Seele. Die ihm zu Ehren in allen Ecken und Winkeln des jüdischen Ansiedlungsrayons in Russland veranstalteten Literaturabende fanden den ganzen Sommer statt, und die jüdischen Massen bezeugten ihm ihre Liebe und Loyalität und feierten damit zugleich den fünfzigsten Geburtstag ihres Autors. Jedoch wurde die Triumphreise durch eine Katastrophe abrupt beendet. Nachdem der Schriftsteller in Baranowitsch, einem wichtigen Eisenbahnknotenpunkt an der ukrainisch-weißrussischen Grenze, ansonsten aber ein Provinznest, herzlich empfangen worden war, brach er mit einem Blutsturz zusammen. Man diagnostizierte eine offene Tuberkulose und fürchtete um sein Leben. Wochenlang musste er an diesem fremden Ort das Bett hüten. Auch als er sich langsam erholte, war es ihm bewusst, dass er fortan den Großteil seines restlichen Lebens in Spitälern und Sanatorien verbringen würde. Er »hatte das Privileg«, wie er es ausdrückte, »Seiner Majestät dem Todesengel von Angesicht zu Angesicht zu begegnen«.[3]

Das ganze Jahr 1909 blieb er in ärztlicher Betreuung, in Quarantäne mit anderen Tuberkulosekranken, die um ihr Leben rangen. Allmählich erkannte er, dass sein Leiden unheilbar war und ihm kein langes Leben beschieden sein würde (tatsächlich starb er schon 1916, sieben Jahre nach dieser Episode, im Alter von 57 Jahren). Dennoch oder vielleicht gerade deswegen machte er sich, kaum etwas erholt, mit gewohnter Schaffenslust wieder an die Arbeit. Verschiedene literarische Vorhaben schwirrten ihm durch den Kopf. Zunächst versuchte er, diese Projekte mithilfe seines Schwiegersohns, des Autors Y. D. Berkowitz, der für ihn gewissermaßen die Rolle des Sekretärs übernahm, zu realisieren. Jedoch erwies sich diese Arbeitsmethode für Scholem Alejchem als unbefriedigend und als Quelle von Frustration und Ärger. Er gehörte zu den Schriftstellern, die für sich allein arbeiten müssen. Der physische Kontakt mit einem Blatt Papier, das er mit Worten und Sätzen füllte, war ihm unverzichtbar: Aus dieser Berührung speiste sich sein schöpferischer Elan, der in Ideen, Situationen, Charakteren und einem dynamischen Erzählfluss Gestalt annahm. Solange er einen Bleistift und den kleinen, an die Bettkante oder die Knie gestützten Notizblock halten konnte, auf dem er die Erstfassungen seiner Erzählungen niederschrieb, blieb seine Schaffenskraft ungebrochen. Während er mit bleichem Gesicht in einem Sessel dieses oder

3 איך האָב זוכה געווען נאָך פֿאַר פֿופֿציק יאָר צו באַגעגענען זיך פּנים־אל־פּנים מיט זײַן מאַיעסטעט, מיטן מלאך־המוות. Vgl. das 1. Kapitel des Romans *Funem jarid* [Vom Jahrmarkt] (Scholem Alejchem 1923, Bd. 26: 16).

jenes Sanatoriums ruhte, sprudelten Teile der vielen literarischen Projekte, die in seinem Kopf umherschwirrten, hervor. Eines dieser Vorhaben war der Zyklus der *Eisenbahngeschichten*.

Die Idee zu diesem Projekt war ihm bereits auf dem Höhepunkt seiner triumphalen Tournee im Sommer 1908 gekommen. Die Lesereise brachte ihm nicht nur Begegnungen mit den jüdischen Massen im Rahmen der literarischen Abende in verschiedenen Städten und Schtetln, bei denen er seine Erzählungen vorlas oder vielmehr vorspielte, sondern auch ausgedehnte Reisen über das Eisenbahnnetz des Ansiedlungsrayons. Er bereiste alle Winkel des Rayons, von Süd nach Nord und von West nach Ost, auf den Hauptlinien und über die Bahnknotenpunkte, darunter Baranowitsch, die unvorhergesehene Endstation seiner Tournee, ebenso wie auf den Nebenstrecken, die von Bummelzügen, wie dem in mehreren der Eisenbahngeschichten geschilderten ›Langweiler‹, befahren wurden. Sosehr diese Reisen ihn auch strapazierten, womöglich sogar seine Gesundheit ruinierten, belebten sie jedoch seinen Geist und seine Kreativität. Hier, in den Abteilen der Züge, ob sie nun rasch oder gemächlich dahinfuhren, traf er auf die einfachen Menschen, die ›Juden wie du und ich‹,[4] in einer entspannteren, weniger förmlichen Atmosphäre als bei den Massenempfängen und literarischen Soirées. Hier stieß er auf Juden, die mit sich selbst beschäftigt waren, mit den Mühen, sich ihren Lebensunterhalt zu verdienen, mit ihren alltäglichen, aber drängenden Sorgen und Nöten. Diese Juden waren nicht gekommen, um den bewunderten Schriftsteller zu begrüßen und zu ehren; sie waren unterwegs, um ihre Angelegenheiten zu regeln, einen Friedhofsbesuch abzustatten, einen Spezialisten aufzusuchen, von dem sie sich Heilung versprachen, oder einen teuren Anwalt, der sie aus einer rechtlichen Verwicklung retten sollte. Während der langen Eisenbahnfahrten konnten diese Menschen über ihre Sorgen sprechen und ihr Herz erleichtern. Nach mehrjähriger Unterbrechung fand sich Scholem Alejchem wieder in Berührung mit der Quelle seiner Kreativität: der authentischen Sprache der Juden, in der die jüdische Lebenswelt in all ihren Facetten zum Ausdruck kam, und dem, was diesen Menschen vor allem gemeinsam war – Armut und Leid, gepaart mit unbändiger Lebenslust. So kehrte er zu jenem Genre zurück, mit dem er die jiddische Sprache in all ihren Ebenen auf unmittelbarste und reichste Art und Weise einsetzen konnte – der Monologerzählung. In dieser Gattung hatte er bereits mit »*Tewje der milchiker*« [Tewje der Milchmann], »*Doss tepl*« [Der Topf], »*An ejze*«

---

4   Im Original *a jid fun a ganz jor*, vgl. die Übersetzung des idiomatischen Ausdrucks in »ein Mensch wie du und ich« in der Erzählung »Der glücklichste Mensch in ganz Kodno« (33) [Anmerkung der Herausgeber].

[Ein Ratschlag], »*Finf un sibezik tojsnt*« [Fünfundsiebzigtausend], »*Draj al-moness*« [Drei Witwen] einige seiner literarischen Glanzpunkte gesetzt. Nun beschloss er, eine neue Galerie volkstümlicher Charaktere in Szene zu setzen, die sich während einer langen Zugreise in einem Redefluss offenbaren würden. Er wollte einen neuen Zyklus von Monologerzählungen schreiben, die durch die Präsenz eines auktorialen Erzählers miteinander verknüpft oder vielmehr zu einem narrativen Kontinuum verwoben sein würden. Dieser Erzähler sollte ein Handelsreisender mit einem Hang zum Literarischen sein, der die verschiedenen Monologe an- oder mithört, notiert und, mit seinen eigenen Kommentaren versehen, in Form bringt. Ein solcher Vertreter einer Handelsfirma, der, mit Warenmustern und Prospekten ausgerüstet, Kunden aufsucht, um Bestellungen entgegenzunehmen, ist in jedem Zug anzutreffen; die Fahrt selbst langweilt ihn, die Landschaft interessiert ihn nicht, und nur was er von seinen Mitreisenden hört, vermag ihm die Zeit zu vertreiben. Deswegen hält er die Ohren stets offen, kommt leicht ins Gespräch und weiß, wie er seinem Gegenüber interessante persönliche Geschichten entlocken kann. Wenn er literarische Ambitionen und eine Spur Talent hat, kann er versuchen, diese Geschichten zu veröffentlichen. Ein solcher Typus – ein Mensch, der sich nicht aus der Masse hervorhebt, schlau und doch naiv, provinziell, auch wenn er sich für einen Mann von Welt hält – schien Scholem Alejchem als Bindeglied für den geplanten Erzählungszyklus am besten geeignet.

Natürlich war es keineswegs sicher, dass aus dieser Idee ein literarisches Werk von bleibendem Wert hervorgehen würde. Zu rechnen war eher mit einer Serie von Reportagen, Feuilletons oder oberflächlichen journalistischen Porträts. Es galt, die erdachte Figur zu einer poetischen Idee oder Metapher zu verdichten, um dem Anspruch eines literarischen Kunstwerks zu genügen, das sich in seinen Schlüsselabschnitten genau am Schnittpunkt zwischen Komödie und Tragödie, Farce und Melodrama bewegte. Scholem Alejchem war sich von Anfang an der Schwierigkeit bewusst, einer scheinbar leichtfüßigen, journalistischen Erzählstruktur Tiefgang und Dichte zu verleihen. Diese Schwierigkeit erschien Scholem Alejchem anfangs derart überwältigend, dass er enttäuscht vom Ergebnis seiner Schreibversuche die *Eisenbahngeschichten* eine Zeit lang beiseitelegte. Sie mussten zu jener vollen Bittersüße heranreifen, die sie auszeichnen sollte. Die Monologe, die er im Winter 1908–1909 während seines Erholungsaufenthaltes im Sanatorium von Nervi[5] geschrieben hatte, hatten diesen Reifegrad noch nicht erreicht.

---

5   Zur Beschreibung von Scholem Alejchems Schwierigkeiten beim Schreiben seiner Geschichten vgl. Berkowitz 1954: 187–188.

Erst als er im Sommer 1909 aus der glühenden Hitze der italienischen Riviera ins regnerische St. Blasien im Südschwarzwald übergesiedelt war, begannen die Eisenbahngeschichten richtig aus seiner Feder zu fließen. Hier schrieb er während der bewölkten, düsteren Sommermonate neun der zwanzig Monologe, den Kern des gesamten Erzählungszyklus: »Konkurrenten«, »Der glücklichste Mensch in ganz Kodno«, »Bahnhof Baranowitsch«, »Wirklich genommen!«, »Der Mann aus Buenos Aires«, »An den Gräbern der Lieben«, »Unser ›Langweiler‹«, »Das Wunder von Hoschana Rabba«, »Eine Hochzeit ohne Musikanten«. Diese Erzählungen wurden im Herbst desselben Jahres in der kurz zuvor gegründeten Warschauer Zeitung *Di naje welt* [Die neue Welt] veröffentlicht.

Die Entstehungsumstände der letzten drei der neun in St. Blasien verfassten Erzählungen sind in einer interessanten und vielsagenden Episode festgehalten, die Y. D. Berkowitz überliefert hat: Ein Fremder (»Ein junger Mann, dem Aussehen nach ein typischer Vertreter der wohlhabenden Schicht des Schtetls«[6]) sprach den Schriftsteller und seinen Schwiegersohn während eines Spaziergangs auf den Waldwegen nahe der Stadt an. Er stellte sich als »begeisterter *chossid*«[7] (Anhänger) Scholem Alejchems und als einer der Reichen und Mächtigen einer bestimmten podolischen Gemeinde vor. Seine Ärzte hatten ihm zu einer Erholungskur geraten, und als er in der Zeitung las, dass sein Lieblingsschriftsteller den Sommer in St. Blasien verbrachte, hatte er beschlossen, sich an ebendiesen Ort in dasselbe Sanatorium zu begeben, um in den Genuss der Gesellschaft des verehrten Autors zu kommen und die Gelegenheit zu haben, mit ihm Gespräche zu führen.

Statt den reichen Mann aus Podolien mit seiner geistreichen Konversation zu unterhalten, fragte ihn Scholem Alejchem nach dessen Heimatstadt aus. Die Ärzte hätten dem Schriftsteller, wie dieser behauptete, Schweigen auferlegt, daher solle lieber der *chossid* sprechen. Als dieser begann, seine Heimatstadt mit literarischen Worten zu schildern (er hatte seine Eindrücke sogar schriftlich festgehalten), protestierte Scholem Alejchem: »Das Schreiben ist meine Aufgabe. Sie sollen bloß reden. Und keine Fiktion – Fakten!«[8] Aus dem Stoff, den ihm der junge Mann lieferte, gingen nach umfassender Überarbeitung die drei Geschichten hervor, die der Hajssiner Kaufmann erzählt und die alle um die »Langweiler« genannte Schmalspurbahn gruppiert sind, sowie die später entstandene Erzählung »Der Taless-Kotn«.[9] Die Bedeutung dieser Episode zeigt sich in ihrem Zusammenhang mit einem Brief, den

6   Ebd.: 256.
7   Ebd.
8   Ebd.: 257.
9   Ebd., 255–258.

Scholem Alejchem im Herbst 1909 aus St. Blasien dem Białystoker Journalisten Nojech Sablodowski schrieb, der sich zu jener Zeit auf einer Rundreise durch die Städte des Ansiedlungsrayons befand. In diesem Schreiben, das den Adressaten in Homel erreichte, bat ihn Scholem Alejchem inständig um ›Rohmaterial‹ von allem, was ihm unter die Augen komme – »Charaktere, Begegnungen, Märchen, Affären, Unglücksfälle, Glücksfälle, Ereignisse, Liebesgeschichten, Ehe- und Scheidungsgeschichten, destruktive Träume, Bankrotte, Familienfeiern, Begräbnisse – Gott schütze uns davor –, kurz, alles, was Sie unterwegs sehen und hören, oder gesehen und gehört haben, oder sehen und hören werden«. Als Gegenleistung bot der Schriftsteller Sablodowski an, ihn ›unsterblich‹ zu machen, denn die Geschichten sollten einer ihm nachempfundenen Figur in den Mund gelegt werden (ebenso wie die Figur des Kaufmanns aus Hajssin dem jungen Juden aus Podolien nachgebildet ist). Das war jedoch an zwei Bedingungen geknüpft. Zum einen sollten die Geschichten kein Fantasieprodukt sein, sondern auf wahren Begebenheiten fußen: »nichts Erfundenes, nur Fakten und nochmals Fakten. Das Leben ist reich an Fakten und Kuriositäten: viele Katastrophen, ein Meer von Tränen, und doch werden sie durch meine Brille betrachtet zu etwas Humorvollem, wie die Köstlichkeiten, die ich gerne habe«.[10] Die zweite Bedingung war: »Geben Sie sich beim Niederschreiben dieser Dinge nicht die Mühe, sie druckreif zu formulieren. Es genügt, dass sie leicht lesbar sind und der Papierbogen immer nur auf einer Seite beschrieben ist.«[11] Wie von dem jungen Mann aus Podolien verlangte Scholem Alejchem hier vom Adressaten wahre, nicht literarisch gestaltete Geschichten – ganz besonders waren ihm jene Leute zuwider, die versuchten, ihre Geschichten ›im Stil von Scholem Alejchem‹ zu erzählen. Die literarische Verarbeitung sollte seinem Talent überlassen bleiben, während diese anderen ›Quellen‹ lediglich zwischen dem Schriftsteller und dem ›Leben‹ vermitteln sollten. Dies entsprach seinem Bestreben, mit dem ›wahren Leben‹ in Berührung zu kommen, worauf unten noch einzugehen ist.

Der Brief an Sablodowski, aus dem sich offensichtlich keine literarische Zusammenarbeit entwickelte, bezeugt unter anderem die Absicht des Autors, an den *Eisenbahngeschichten* weiterzuschreiben, nachdem das während der Reise des Jahres 1908 gesammelte Material ausgeschöpft war, und tatsächlich erweiterte er 1910 den Zyklus um fünf Geschichten: »Der Taless-Kotn«, »Keine Lust auf ein Spielchen ›Sechsundsechzig‹?«, »Vom Pech verfolgt!«,

---

10 Vgl. Gen 27,4 [Anmerkung der Herausgeber].
11 Zu dem Brief an Nojech Sablodowski vgl. Berkowitz 1958: 295.

»›Ein tolles Stückchen, sagt, was Ihr wollt …‹«, »Der zehnte Mann«. Archiv-
materialien belegen die Absicht des Schriftstellers, zusätzliche Erzählungen
zu schreiben. So verfasste er zum Beispiel bereits im Sommer 1909 in St. Bla-
sien drei Versionen des Anfangs einer Erzählung über einen Handelsreisen-
den, der einen Vater und dessen Sohn trifft; einer der beiden hat nach der
Hinrichtung eines anderen Sohns, der sich während der Pogrome von 1905 in
Homel einer jüdischen Selbstverteidigungsorganisation angeschlossen hatte,
den Verstand verloren, jedoch ist sich der Handelsreisende unschlüssig, wer
von den beiden verrückt ist – der Vater oder der Sohn. Zweifellos plante
Scholem Alejchem, diese Erzählung in die *Eisenbahngeschichten* aufzuneh-
men. In einer Aufstellung von Titelentwürfen für die *Eisenbahngeschichten*,
die sich in einem seiner späteren Notizbücher (wahrscheinlich von 1913) be-
findet, bezeichnet der Titel »Wer fun sej« [Wer von ihnen] offensichtlich
diese Erzählung, die aus unbekannten Gründen unvollendet blieb.[12] Inwie-
fern andere Titel – »Doss knepl« [Der Knopf], »Provisor naftalin wegetal-
jewitsch« [Apotheker Naftalin Wegetaljewitsch], »Undser loschn« [Unsere
Sprache], »Odesser tipn« [Odesser Typen] – mit diesem Erzählungszyklus
zusammenhängen, ist unklar.[13]

Jedenfalls scheint die Entstehung der *Eisenbahngeschichten* im Lauf des
Jahres 1910 ins Stocken geraten zu sein – möglicherweise, weil der Autor
unter starkem Zeitdruck seine gesamte Energie in die Arbeit an *Blondzhende
schtern* [Wandernde Sterne], seinem großen Roman über das jüdische Thea-
ter, stecken musste. Dieses Werk war als Fortsetzungsroman für die Zeitung
Di naje welt gedacht und wurde dringend benötigt, damit sich die Zeitung in
der Konkurrenz mit dem Warschauer Blatt *Hajnt* [Heute] behaupten konn-
te. Dennoch ging Scholem Alejchem der Eisenbahnzyklus, der ihm so sehr
am Herzen lag, nicht aus dem Sinn. Die ihm zur Verfügung stehende Zeit
und Kraft setzte er in den Jahren 1910–1911 nicht ein, um neue Episoden zu
verfassen, sondern um den Zyklus durch die Überarbeitung sechs früherer
Monologe, die er in den Jahren 1902–1903 geschrieben und veröffentlicht
hatte, zu erweitern und abzurunden. Diese Monologe (von denen einige so-
gar einen hohen Bekanntheitsgrad erreicht und inzwischen fast den Rang
von Klassikern hatten) kamen deswegen dafür in Frage, in die *Eisenbahnge-
schichten* aufgenommen zu werden, weil die Erzählsituation etwas mit einer
Zugfahrt zu tun hatte (wie »Die Einberufung« und »Fahrt lieber dritter Klas-

---

12   Das Fragment wurde erstmals unter dem Titel »Der Vater und der Sohn« veröffentlicht,
      ebd., 335–336; vgl. die hebräische Übersetzung von Dan Miron in Scholem Alejchem 1989:
      221–223. Vgl. auch Erik 1934: 161.
13   Erik zufolge, ebd.

se!«) oder weil sie sich leicht in den Kontext einfügten, auf dem die Begegnung zwischen dem Handelsreisenden und seinem Gesprächspartner beruht (»Aufs Gymnasium«, »Abgebrannt!«, »Wenn einen das Unglück trifft!« und »Man soll nie zu gütig sein!«). Die Aufnahme dieser Geschichten verlieh dem zweiten Teil der *Eisenbahngeschichten* größeres Gewicht und erhöhte ihre Gesamtanzahl auf genau zwei *minjanim* (also zwanzig). Nun war der Erzählungszyklus für die Veröffentlichung in Buchform reif, als vollständiges, für sich stehendes Werk innerhalb des literarischen Œuvre Scholem Alejchems. Die gesammelten Werke des Autors wurden um diese Zeit vom Warschauer Progress-Verlag in einer Jubiläumsausgabe vorgelegt. Die *Eisenbahngeschichten* bildeten, hier noch unter dem Titel *Kssowim fun a komiwojazher* [Schriften eines Handelsreisenden], nunmehr den achten Band dieser 1911 erschienenen Ausgabe.

Selbst wenn der Autor die Absicht hatte, auch nach dem Erscheinen dieses Bandes an dieser Reihe weiterzuschreiben,[14] hat er dies offensichtlich nicht verwirklicht. Als er in seinen letzten Lebensjahren eine neue, umfassendere Edition seiner gesammelten Werke vorbereitete (ein Projekt, das erst nach seinem Tod in der sogenannten *Folkssfond*-Ausgabe verwirklicht wurde), ließ er den Band mit den *Eisenbahngeschichten*, wie er war, änderte jedoch den Titel in *Ajsnban geschichtes*. Auf diese Weise wurden das Eisenbahnmotiv und das damit einhergehende Motiv der Reise hervorgehoben und bildeten nun die thematische und strukturelle Achse der Sammlung. Das Motiv war bereits in den frühen Werken Scholem Alejchems aufgetaucht und in zentralen Werken wie *Tewje der milchiker* [Tewje der Milchmann] und *Menachem mendl* [Menachem Mendel] entwickelt und erweitert worden. In den *Eisenbahngeschichten* gelangte es nun zu seiner perfekten Ausdrucksform.

Der ambivalente Status der *Eisenbahngeschichten*

Von nun an erschien die Sammlung der Eisenbahngeschichten in allen jiddischen Scholem-Alejchem-Ausgaben sowie in einigen Übersetzungen als vollständiger und separater Band. Dass der Schriftsteller den Erzählungszyklus als ein Kernstück seines Werkkanons gedacht hatte, entzieht sich jedem Zweifel. Dessen ungeachtet klang in den Reaktionen der Leser- und Kritikergemeinde etwas an, das diesen kanonischen Status problematisch erscheinen ließ. Lange Zeit war der Rang des Werks unklar und unbestimmt. Doch

14 Erik, ebd.

allmählich kristallisierte sich unter den Kritikern eine Art ›Minderheitsmeinung‹ heraus, die den Zyklus unter die ausgereiften literarischen Leistungen Scholem Alejchems einordnet.

So etwa erklärte im Jahr 1934 Max Erik, einer der bedeutendsten Jiddischforscher in der Sowjetunion: »›Die Schriften eines Handelsreisenden‹ (die *Eisenbahngeschichten*) gehören zu Scholem Alejchems Meisterwerken. Sie sind unter seine bedeutendsten und künstlerisch wertvollsten Arbeiten einzuordnen, unmittelbar nach den großen literarischen Leistungen wie *Menachem mendl* [Menachem Mendel], *Tewje der milchiker* [Tewje der Milchmann] und *Motl pejße dem chasnss* [Motl, Sohn des Kantors Peiße]«.[15] In jüngerer Zeit hat Ruth Wisse, eine der herausragendsten zeitgenössischen jiddischen Literaturwissenschaftlerinnen, ihre hohe Wertschätzung für die *Eisenbahngeschichten* dadurch unter Beweis gestellt, dass sie im ersten Band einer englischsprachigen Reihe klassischer jiddischer Texte den vollständigen Zyklus in seiner richtigen Reihenfolge den Monologen Tewjes des Milchmanns zur Seite gestellt hat.[16] Zwar stieß diese Minderheitsmeinung weder auf expliziten Widerspruch, noch gab sie Anlass zu einer kritischen Diskussion, sie hatte jedoch bei Lesern oder Wissenschaftlern keine nachhaltige Wirkung. Gemäß der gängigen, seit über siebzig Jahren die Scholem-Alejchem-Forschung bestimmenden kritischen Meinung nehmen die *Eisenbahngeschichten* keineswegs eine Position »unmittelbar nach« den drei Werken ein, die als Höhepunkt von Scholem Alejchems Œuvre gelten (*Menachem mendl*, *Tewje der milchiker* und *Motl pejße dem chasnss*), ja sie werden weniger geschätzt als Werke, denen ein geringerer literarischer Rang zugeschrieben wird (etwa der autobiografische Roman *Funem jarid* [Vom Jahrmarkt]). In den Monografien maßgeblicher jüdischer Literaturkritiker wie Schmuel Niger und J. J. Trunk über Scholem Alejchem sind den *Eisenbahngeschichten* keine separaten Kapitel gewidmet (Trunk befasste sich am Rande seiner breit angelegten Erörterung der klassischen Monologe wie »*Finf un sibezik tojsnt*« [Fünfundsiebzigtausend] und »*An ejze*« [Ein Ratschlag] skizzenhaft mit den *Eisenbahngeschichten*[17]). Offenbar wurden manche Leserinnen und Leser durch den Erzählungszyklus abgeschreckt, insbesondere von einigen wesentlichen Teilen wie dem »Mann aus Buenos Aires«. Andere wiederum konnten sich nicht recht entschließen, ob ihnen die *Eisenbahngeschichten* gefielen oder nicht. In seinen literarischen Memoiren schilderte Berkowitz diese Geschichten als »glückliche und lebendige Dinge, die mit

15 Ebd.
16 Scholem Alejchem 1987.
17 Vgl. J. J. Trunk 1937: 218–224.

Leichtigkeit, einfach und erhaben zugleich, einem warmen, lichten Herzen entströmen«.[18] Allerdings räumte er dem Zyklus als ganzem in seiner eigenen hebräischen Scholem-Alejchem-Ausgabe keinen Platz ein. Selbst nachdem er sich entschlossen hatte, einige der Monologe darin aufzunehmen, brachte er es nicht über sich, zwei Kernstücke, den »Mann aus Buenos Aires« und »Abgebrannt!«, zu übertragen.

Diese in Bezug auf die *Eisenbahngeschichten* zu beobachtende Ambivalenz lässt sich auf drei Gründe zurückführen. Als Erstes springt ins Auge, dass keiner der Monologe einen großen komischen und rührenden Charakter in den Mittelpunkt stellt: einen Protagonisten, ausgestattet mit dem, was jiddische Kritiker im Allgemeinen als ›universell‹ bezeichnen; gemeint ist damit, dass die Figur nicht nur aus soziopsychologischer Sicht, sondern auch als mythologischer Archetypus überzeugend gezeichnet ist. Sosehr Scholem Alejchems große Charakterschöpfungen auch historische und gesellschaftliche Lebenswelten widerspiegelten, so hatten sie doch einen mythischen Kern und waren ›größer als das Leben‹. Dieser kraftvolle, leuchtende Kern verlieh ihnen den Status von Volkshelden. Gemeint sind hier nicht nur Menachem Mendel, Tewje, Motl oder der verhexte Schneider Schimen Elje Schma-Kolenu,[19] sondern auch einige Protagonisten in Werken von eher begrenztem literarischem Wert, wie der romantische Klezmer Sstempenju, Titelheld eines frühen Romans Scholem Alejchems, oder der autobiografisch gefärbte Protagonist von *Funem jarid* [Vom Jahrmarkt]. Mit diesen Gestalten hatte Scholem Alejchem nicht nur eine literarische Leistung erbracht, sondern auch Archetypen einer modernen jüdischen Volkskultur geschaffen. In den *Eisenbahngeschichten* finden sich solche Gestalten nicht. Wie überzeugend die Sprecher vieler Monologe psychologisch und stilistisch auch sein mögen, sie haben keinerlei Größe und nicht das Zeug zu volkstümlichen Helden – trotz ihrer überbordenden Energie, ihres obsessiven Verhaltens und des Fehlens jeder Selbsterkenntnis, Eigenschaften, die sie im Allgemeinen mit den meisten von Scholem Alejchems wichtigsten Helden teilen. Sie sind nicht größer als das Leben; im Gegenteil, ihre Dimensionen entsprechen dem Leben, mit all seinen Einschränkungen und seiner Trivialität. Diese Wandlung beruht nicht etwa darauf, dass das literarische Talent des Autors im Schwinden begriffen gewesen wäre, sondern auf einer bewussten Verlagerung seiner menschlichen und literarischen Interessen, mithin auf einer bewussten künstlerischen Entscheidung.

18   Berkowitz 1954: 255.
19   Vgl. »Der farkischefter schnajder«, 1919, Bd. 16: 7–68 [Anmerkung der Herausgeber].

Alle Werke Scholem Alejchems handeln von verletzten, beschädigten Menschen, die mit gravierenden sozialen, psychologischen, manchmal körperlichen Mängeln leben. Ein deutliches Indiz dafür ist ihre passive Einstellung zur Realität, eine Einstellung, die sie oft mit einem unbändigen Wortschwall kompensieren. Anders gesagt, verbergen diese Helden, die ihr Schicksal weder bestimmen noch ändern können, ihr Scheitern – vor sich und anderen – hinter einem dichten verbalen Nebelschleier. In seinen ›zentralen‹ Werken hatte Scholem Alejchem wohl die Machtfantasien seiner Protagonisten hingenommen und aufgrund dieser Illusionen seinen jeweiligen Werken eine kraftvolle Atmosphäre und eine positive, optimistische Sicht aufs Leben verliehen. Menachem Mendel, zum Beispiel, ein nicht übermäßig intelligenter junger Mann, der sein Geld bei Geschäften verliert, die er nicht durchschaut, gilt trotz seiner ständigen Misserfolge, seiner begrenzten Weltsicht und seiner provinziellen Umgangsformen als literarischer ›Held‹. Sein Leben wird zu einem einzigen großen, komischen Abenteuer, das, wenn schon keinen wundersamen Reichtum, so doch jedenfalls einen ständigen (simulierten) Aktionismus und die unerschütterliche Hoffnung auf Erfolg verspricht. Bei aller Passivität und trotz der misslungenen Versuche, den Lebensweg seiner Familienmitglieder zu lenken, stellt Tewje sich selbst als weisen Mann dar, als Patriarchen, als Juden, der mit beiden Beinen fest auf der Erde steht und dank seiner seelischen Kraft den Prüfungen der Welt standhalten kann. Motl berichtet bekanntlich von Ereignissen von größter Tragik – dem Tod seines Vaters, dem wirtschaftlichen Untergang seiner Familie und dem physischen Untergang seines Schtetls durch Pogrome, den Katastrophen, die auf dem Weg nach Amerika über die jüdischen Auswanderer hereinbrachen –, als erzählte er von Ferienabenteuern. Jacob Steinberg hat den »Scholem-Alejchem-Typus« als Juden von »perfektem Temperament« definiert, der ungeachtet all seiner Schwächen »viel Heroismus« an den Tag lege und jedenfalls »völlig unbekümmert über in der Luft gespannte Strohhalme« gehen könne, ohne »auch nur ein Quäntchen des Innersten seiner Seele« einzubüßen.[20]

In seinen klassischen Monologen – von »*Doss tepl*« [Der Topf], »*Gends*« [Gänse], »*An ejze*« [Ein Ratschlag] bis »*Jojssef*« [Joseph] und »*Draj almoness*« [Drei Witwen] – stellte Scholem Alejchem die Formel von (realer) Schwäche versus (verbaler) Stärke auf den Kopf. Sosehr sich die Monologisierenden hinter ihrem eigenen atemlosen Redeschwall verschanzen und sosehr sie sich auch bemühen vorzutäuschen, sie hätten ihr Schicksal und ihre Gesprächs-

---

20 Steinberg 1934: 106.

partner im Griff (wodurch sie ihr machtloses, unfreiwilliges Publikum zur völligen Erschöpfung oder zu Zornausbrüchen bringen), so sehr offenbaren sich ihre Schwäche und ihre Not. Wir durchschauen ihr verbales Feuerwerk und erkennen sie, wie sie wirklich sind: elend und unglücklich; wir erkennen auch, dass sie im Hin und Her ihrer Monologe, vom Thema abschweifend und es wiederaufgreifend, gar nicht die großen Redner sind, die sie zu sein vorgeben, sondern gejagte, in einen Käfig gesperrte Geschöpfe. Meistens gestehen sie unter Verzicht auf jeden Größenwahn ihre Schwächen ein (wenn auch nicht deren Ursachen). Trotzdem schlägt uns die schiere Energie ihrer zwanghaft hervorsprudelnden Wortkaskaden in den Bann. Bei allem Bewusstsein für den Eskapismus ihrer Redseligkeit kommen wir nicht umhin, uns davon fesseln zu lassen. In den *Eisenbahngeschichten* bemüht sich Scholem Alejchem mit Nachdruck, diese Züge seiner Protagonisten zu dämpfen. Hier stimmen uns jene, die sich ihrer Fähigkeiten rühmen, mit ihrer kraftvollen Redseligkeit nicht fröhlich, vielmehr entlocken sie uns (so in »›Ein tolles Stückchen, sagt, was Ihr wollt …‹« oder in »Abgebrannt!«) ein ironisches, trauriges Lächeln. In manchen Fällen, und das ist bei Scholem Alejchem ungewöhnlich, empfinden wir sie als ziemlich abstoßend (so in »Der Mann aus Buenos Aires« und offensichtlicher noch in »Wenn einen das Unglück trifft!«); je mehr sie reden, desto unsympathischer werden sie uns. Die meisten von ihnen sind sich ihrer eigenen Schwächen und Fehler in einem solchen Maße bewusst, dass sie nicht einmal versuchen, sich der Aufmerksamkeit ihres Zuhörers, des Handelsreisenden, zu versichern. Zu bewusst und schwach sind ihre Versuche, sich in ihrem Abwehrmechanismus ins Zentrum des Interesses und der Aufmerksamkeit zu stellen. Wenn sich in den Geschichten Reste der brillanten Aggressivität der früheren Monologe finden, ist dies charakteristisch für die ursprünglich in den Jahren 1902–1903 verfassten Teile, die nachträglich, an das Konzept des Handelsreisenden angepasst, den wesentlichen, von 1909 bis 1910 stammenden Geschichten hinzugefügt wurden. In diesen später entstandenen Geschichten (mit Ausnahme von »Der Mann aus Buenos Aires«, einem in mancher Hinsicht untypischen, einzigartigen Monolog) fehlt jedes Anzeichen für eine Manipulation des Zuhörers und des Lesers – daher ihre relative Kürze und einfache Struktur. Selbst der Handelsreisende hat nicht das Format, das ihn von der Begrenztheit der Menschen, deren Rede er hört und wiedergibt, ausnehmen würde. Obwohl er nicht auf die Funktion des bloßen Zuhörers beschränkt, kein rein formaler Mittler ist, wie es bei der ersten Lektüre der Geschichten scheint, ist er auch kein literarischer Alchemist, wie Scholem Alejchem, der als Zuhörer von Tewjes Monologen den Verlauf der bitteren, von Scheitern und Verlust gezeichneten Leben, über die er berichtet, zwar nicht verändern kann, aber zumindest imstande ist, sie dank einer lebendigen, humoristischen Erzählweise magisch zu verwandeln. Den ganzen Erzählungszyklus hindurch zeichnet Scholem Alejchem den Handelsreisenden als schwachen, begrenzten Charakter. Bei all seiner Manieriertheit und seinen Posen der Entschlossenheit und Weltläufigkeit, mit denen er sich darstellt, ist er doch nichts als ein Tölpel aus der Provinz, der die Bedeutung der von ihm wiedergegebenen Geschichten oft nicht ganz erfasst. Er ist ein kleiner Fisch, und diese ›Kleinheit‹ seines ›Erzählers‹ entspringt eindeutig einer bewussten Entscheidung Scholem Alejchems, der künstlerisch ideellen Absicht, auf jedes Narrativ zu verzichten, das seine reife Sicht vom Leben als im Grunde mangelhaft, unzulänglich und ›klein‹ verwischt hätte. Daher beschäftigen sich die *Eisenbahngeschichten* weder mit dem »Scholem-Alejchem-Typus« und seinem »perfekten Temperament« noch mit Protagonisten, die »völlig unbekümmert über in der Luft gespannte Strohhalme« spazieren können.[21] Der Autor schafft hier bewusst keine folkloristischen Helden, die seinen Lesern als Objekt der Bewunderung oder Quelle des Trosts hätten dienen können, keine strahlenden, optimistischen Symbolfiguren, mit denen sie sich ohne Weiteres hätten identifizieren können.

Ein zweiter Grund für die geringere Beachtung der *Eisenbahngeschichten* ist, dass sie nicht die Erwartungen erfüllten, die Scholem Alejchem selbst durch die Popularität seiner früheren monologischen Meisterwerke bei seinem zeitgenössischen jüdischen Lesepublikum geweckt hatte. Dieser frühere, erfolgreiche Einsatz der Monologgattung hatte gewissermaßen ›barocke‹ Standards gesetzt. Die ›ideale‹ Monologform, die sich den Lesern eingeprägt hatte, war komplex und verflochten, lang und repetitiv, sie entfaltete sich in einem zwanghaften Zickzack, einem atemlosen synkopischen Rhythmus, voll von widersprüchlichen Variationen und offen für gegensätzliche Auslegungen. In dieser strukturellen Komplexität und einer sprunghaften, repetitiven Bewegung erkannte der Leser die zentralen Gattungsmerkmale als Widerspiegelung eines gequälten, solipsistischen und obsessiven Geistes. Dabei lernte er die Realisierung der künstlerischen Möglichkeiten zu schätzen, die in der ungebremsten Selbstentlarvung eines solchen Geistes verkörpert sind. Wie der Gesprächspartner des Redners in »Finf un sibezik tojsnt« [Fünfundsiebzigtausend] war der Leser gewissermaßen von Anfang an ermahnt worden: »*Di majsse … is a majsse nifle, a gekejtlte majsse, a majsse ojf a majsse, un a majsse betoch majsse, un a majsse iber a majsse. Me badarf sich, hert ir, gut un-*

---

21   Steinberg, ebd.

terzugartlen, me sol si ojsshorchn bisn ssof un farschtejn, woss do tut sich.« [Die Geschichte … ist eine Wundergeschichte, eine verkettete Geschichte, eine Geschichte von einer Geschichte, und eine Geschichte in einer Geschichte, und eine Geschichte über eine Geschichte. Man muss sich gut wappnen, man soll sie bis zum Schluss anhören und verstehen, was geschieht.] [22]

Der Leser war bereits auf eine lange Reihe von Abschweifungen einge-stimmt, auf scheinbare Unerheblichkeiten, auf saftige, dem Hauptstrang der Erzählung untergeordnete Nebensächlichkeiten, sich refrainhaft wiederho-lende Schlüsselsätze, zu denen der Redner zwanghaft zurückkehrte, auch wenn der sinngebende Zusammenhang schon lange vergessen war. Er war auch an eine narrative Kontinuität gewöhnt, die sich immer mehr verwirrte, bis sie zu einem gordischen Knoten wurde, der mit dem Schwert durch-schnitten werden musste – das heißt an einen abrupten, aber unvollständigen Schluss. Mit den *Eisenbahngeschichten* wurde ihm nun ein Monologzyklus vorgelegt, dem die meisten dieser Charakteristika fehlten. Die üppige, ›baro-cke‹ Qualität war nicht völlig verschwunden, jedoch deutlich reduziert und gedämpft, um einer weitaus einfacheren, direkteren Erzählweise Platz zu ma-chen. Die strukturellen Verwicklungen und der plötzliche, unvollständige Schluss bleiben in manchen Geschichten, wie »Bahnhof Baranowitsch« und »Der Mann aus Buenos Aires«, immer noch durchaus sichtbar. Jedoch er-scheinen sie vor allem in den früheren Monologen, um welche die ursprüng-lichen *Eisenbahngeschichten* später erweitert wurden (»Aufs Gymnasium!«, »Die Einberufung«, »Abgebrannt!«). Im Gegensatz dazu ist die Erzählweise der ursprünglichen *Eisenbahngeschichten* einfach, klar und unaufgeregt, ohne Wiederholungen, ohne innere Widersprüche, ohne lange Abschweifungen vom Haupterzählstrang. Ihr Schluss, sei er nun traurig oder komisch, ist fast ausnahmslos nachvollziehbar und meistens abgerundet.

Ein anschauliches Beispiel dafür ist »Der glücklichste Mensch in ganz Kodno«, eine der besten und typischsten der *Eisenbahngeschichten*. Ein Ver-gleich mit dem klassischen Monolog »Der Topf« liegt nahe: Im Mittelpunkt beider Monologe stehen Menschen mit einem schwerkranken Kind, die in ihrer Niedergeschlagenheit und Angst verschiedene Formen der Verdrängung praktizieren. In der Erzählung »Der Topf« kommt die Hühnerfrau Jente zum Rabbi, scheinbar um ihn nach der *kaschress* (der rituellen Reinheit) ihres Kochtopfs zu fragen (freilich kennt sie die Antwort im Voraus, dass näm-lich der Topf eindeutig *trejf* ist, also unrein und nicht zu verwenden). In Wirklichkeit will sie ihre Angst über den Zustand ihres tuberkulosekranken

22 Scholem Alejchem 1919: Bd. 16, 69 – 130, hier 72.

Sohnes zum Ausdruck bringen – sie fürchtet, dass er wie sein Vater früh sterben wird. Gleichzeitig jedoch bemüht sich die Frau mit ganzer Kraft, ihre Angst zu verdrängen. So klammert sie sich nicht nur an die nebensächliche religionsgesetzliche Frage der Reinheit, sondern ergeht sich in einem schwindelerregenden Redefluss voller Abschweifungen und Widersprüche; nur so kann sie ihr Herz daran hindern, dem Verstand zu offenbaren, was es bereits weiß, und bittere Wahrheiten zugleich sagen und ungesagt lassen. Daraus ergibt sich der komplizierte, verschlungene Aufbau der Erzählung wie auch die charakteristische Schlusspointe (der Rabbi, der Jentes Redefluss oder aber seinen herzzerreißenden verborgenen Subtext nicht länger ertragen kann, fällt plötzlich in Ohnmacht). Anders als Jente erzählt der Protagonist von »Der glücklichste Mensch in ganz Kodno« in einfacher und klarer Form bis ins kleinste Detail. Seine ›Verdrängung‹ ist anderer Art und sein Zustand wirklich paradox: Denn obwohl sein Sohn im Sterben liegt, ist der Vater wahrhaft ›glücklich‹. Tatsächlich unterdrückt er seine Ängste, indem er einen unerwarteten großen Erfolg feiert: Es ist ihm gelungen, den allseits verehrten Professor aus der Kreisstadt zu einem Hausbesuch bei seinem Sohn zu bewegen. Mit einiger Sicherheit ist anzunehmen, dass dies nichts am unausweichlich feststehenden Schicksal des Jungen ändern wird. Dennoch meint der Vater sein eigenes Leben mit einem lebensrettenden Akt für seinen Sohn riskiert zu haben – er hat den renommierten Arzt dazu gebracht, seine kostbare Zeit zu vergeuden und die mühsame lange Zugfahrt auf sich zu nehmen. Ganz offensichtlich reißt ihn das aus seiner üblichen Niedergeschlagenheit, vorübergehend findet er Trost, und dieses plötzliche Glücksgefühl erlaubt es ihm, seine Geschichte geradeheraus, in einfacher, sachlicher Form ohne Umschweife und Verdrehungen zu erzählen. Diese Einfachheit wiederum ist es, die der Geschichte ihre gewaltige emotionale Wirkung verleiht. So mündet die Erzählung in ihren lyrisch-traurigen Schluss, vermittelt durch die Reflexionen des Handelsreisenden angesichts des strahlenden Gesichts des Juden aus Kodno, der gemeinsam mit dem Professor den alten *tarantass* besteigt, der sie beide zu dem sterbenden Patienten bringen wird. Das ebenso nachvollziehbare wie seltsame Glücksgefühl des Juden aus Kodno ließ sich nur in schlichter, geordneter Art und Weise vermitteln.

Ein einfacher Aufbau und ein vollständiger Schluss wie in »Der glücklichste Mensch von ganz Kodno« sind oft kennzeichnend für die *Eisenbahngeschichten*; in ihnen ist dem Autor ein für seine klassischen Monologe untypischer, knapper und direkter Ausdruck gelungen. Das wohl hatte Berkowitz im Sinn, als er von einer ihm für die *Eisenbahngeschichten* charakteristisch scheinenden »Leichtigkeit, einfach und erhaben zugleich« sprach.[23] Gerade diese Knappheit und Direktheit aber nahm den Monologen jene glänzende Virtuosität, welche die Leser in den klassischen Monologen geblendet hatte, so dass ihre Erwartungen jetzt nicht erfüllt wurden. Vielleicht waren sie enttäuscht, als hätte man sie um einen versprochenen pikanten Leckerbissen betrogen. Auch fanden die Kritiker hier nicht die leicht analysierbare, gut zu kommentierende Vielschichtigkeit vor, die ihnen das Material für ihre Besprechungen geliefert hatte. Dies war wohl der Grund, warum die Literaturforscher, die sich an eine systematische Analyse von Scholem Alejchems Monologkunst wagten (darunter J. J. Trunk und Viktor Ehrlich), den *Eisenbahngeschichten* kaum kritisch wertende Aufmerksamkeit schenkten. Die professionellen Leser zogen fast immer die frühen klassischen Monologe vor und ignorierten weitgehend den vom Autor in den späten Monologen eingeschlagenen literarischen Kurs – als ob diese keines Kommentars bedurft hätten. Folglich lieferten die Kritiker, wenn sie sich schon mit einigen der *Eisenbahngeschichten* befassten, kaum wirkliche Erkenntnisse und waren weit davon entfernt, die Tiefgründigkeit und wahre Dimension der Erzählungen auszuloten. Indes strahlen die *Eisenbahngeschichten* wohl gerade dank dieser nicht virtuosen Schreibweise eine große künstlerische und menschliche Reife aus. Der vom Schicksal hart geprüfte Scholem Alejchem versucht hier, unter Verzicht auf die Attribute seiner kunstvollen Komik unmittelbar eine nüchterne, düstere Sicht auf das Leben als Ansammlung von »Unglücksfällen, Glücksfällen, Ereignissen, Liebesgeschichten, Ehe- und Scheidungsgeschichten, destruktiven Träumen, Bankrotten, Familienfeiern, Begräbnissen – Gott schütze uns davor« zu vermitteln – mit Monologen, die mehr dem Leben als ihrem eigenen stilistischen und strukturellen Kontext, das heißt ihrem schwindelerregenden verbalen Kontinuum, zugewandt waren. Darin spiegelte sich eine Verschiebung der künstlerischen Werte des Schriftstellers und eine Neudefinition der komischen und rührenden Grundgehalte und ihrer wechselseitigen Beziehung. Jedoch stand diese neue, reife künstlerische Ausrichtung in starkem Kontrast zu Scholem Alejchems früheren populären Erfolgen. Vielleicht ist dies der Grund, warum sein äußerst interessantes Spätwerk, etwa seine »*Majssess fun tojsnt ejn nacht*« [Märchen aus Tausendundeiner Nacht] – ein kühnes literarisches Experiment vor dem Hintergrund des ausbrechenden Ersten Weltkriegs, in dem sich Schreckliches und Komisches mischt – und die *Eisenbahngeschichten* nicht die ihm gebührende Resonanz erhielt.

23 Berkowitz 1954: 255.

Der dritte Grund für die Vernachlässigung der *Eisenbahngeschichten* hängt mit ihrer besonderen historischen Stellung zusammen. Scholem Alejchem unternahm in ihnen den Versuch, sich auf die jüdische Gegenwart zu konzentrieren – auf das jüdische Leben im Ansiedlungsrayon in den Jahren nach der Revolution von 1905. Um diesen Gegenwartsbezug zu erreichen, löschte er in den Geschichten fast jede Spur des einfachen Schtetl-Lebens, das selbst in Zeiten der Auflösung und Zerstörung noch Überreste einer Idylle aufwies. Die *Eisenbahngeschichten* brachten gewissermaßen etwas zum Ausdruck, das den Haupttendenzen der in den 1910er Jahren entstandenen Werken Scholem Alejchems zuwiderlief. In den Werken der 1880er und 1890er Jahre war das Schtetl seiner Kindheit, das einige Elemente des traditionellen jüdischen Lebens ›vor der Sintflut‹ bewahrt hatte, nur in wenigen rudimentären Passagen geschildert worden. Im ersten Jahrzehnt des neuen Jahrhunderts hatte sich Scholem Alejchem mit aller Kraft bemüht, Kassrilewke als Urbild des ukrainisch-jüdischen Schtetls und das wichtigste Kollektivwesen seines gesamten Œuvre zu zeichnen. Dieses fiktionale Schtetl, das dem Ort seiner Kindheit, Voronke, nachempfunden war, fußte auf den historischen Traditionen der Juden in der Ukraine wie in den Mythen, Legenden und symbolischen Elementen einer universellen prämodernen Dorfkultur. Tatsächlich spielten Scholem Alejchems Schtetlgeschichten nie in einer vagen romantischen Vergangenheit (wie Scholem Aschs *Doss schtetl* [Das Schtetl]). Sie bezogen sich eindeutig auf die historische Gegenwart des späten 19. und frühen 20. Jahrhunderts, in der die Tagesereignisse (zum Beispiel der Dreyfus-Prozess) widerhallten. Dessen ungeachtet bewahrte sein Schtetl von der literarischen Struktur her gesehen, sosehr es eine beschädigte Realität widerspiegelte, wie seine anderen Charaktere, die ›größer als das Leben‹ waren, jenen mythischen Kern, aus dem es seinen humoristischen *élan vital* schöpfte. Es wurde als lebendiger Organismus dargestellt, der sogar angesichts der absurden, verzerrten Gegenwart einige seiner wesentlichen charmanten Merkmale bewahren konnte – Unschuld, Intimität, Optimismus und Gläubigkeit. Daraus erklärt sich die überwältigende Wirkung, die Scholem Alejchems vornehmlich in den ersten Jahren des 20. Jahrhunderts entstandene »Kassrilewke«-Reihe auf ein sehr breites Publikum ausübte. In diesen Geschichten wurde das Schtetl immer in einer Art Doppelbelichtung dargestellt. Der Autor suchte und fand Mittel (wie die Wahl einer kindlichen Perspektive), die eine überzeugende Balance zwischen den Einschränkungen und Unzulänglichkeiten der Schtetl-Existenz und unterschiedlichen Erlösungselementen herstellte. Das sprach viele Leser unmittelbar an, die sich vom wirklichen Schtetl-Leben so weit entfernt hatten, dass sie sich nur noch selektiv und nostalgisch daran erinnerten. Während die ungeschönt bleibenden Begrenzungen und Defizite die Distanz rechtfertigten, die diese Leser zwischen sich und ihre Heimatorte gelegt hatten, rührten die Erlösungselemente an ihr Gefühl des kulturellen Verlusts – eines Verlusts an Unschuld, Glauben und intimer Gemeinschaftlichkeit – und trugen insofern zur Herausbildung ihrer typischen Einwandererkultur bei. In jener Ära der großen Verwerfungen im Leben der osteuropäischen Juden, in den Tagen der Pogrome und massenhaften Migration aus dem Schtetl in die großen urbanen Zentren, aus dem östlichen Europa nach Amerika und in andere Überseeländer, waren die jüdischen Leser begierig nach der lyrisch-komischen Schtetl-Literatur, die jiddische (und hebräische) Autoren für sie schrieben. Niemand konnte dieses Bedürfnis erfolgreicher befriedigen als Scholem Alejchem, der den perfekten Mittelweg zwischen satirischer Verdammung und sentimentalem Lobgesang fand. Sein Schtetl war ein unbewohnbarer Ort, den man verlassen wollte, und zugleich ein teures, anrührendes, intimes Zuhause, an das man sich liebevoll erinnern konnte, an dem man sich in der grausamen, kalten Anonymität der Großstädte, in New York, dem Londoner Whitechapel oder sogar in den großen Handelsmetropolen der Ukraine wärmen konnte. Daher hielt Kassrilewke Einzug in die jüdische Fantasie und Folklore, wo der Ortsname als eine Entität mit mythischer Strahlkraft wirkte.

In den *Eisenbahngeschichten* jedoch wahrt Scholem Alejchem Distanz zu Kassrilewke und ähnlichen teuren und trauten Schtetln. Ebenso wie sich die Protagonisten dieser Geschichten gänzlich vom ›Scholem-Alejchem-Typus‹ unterscheiden, ist auch die jüdische Gemeinschaft hier völlig anders als die Kassrilewker. Insofern ging J. J. Trunk grundsätzlich fehl, als er die Zugwaggons der *Eisenbahngeschichten* als »Kassrilewke auf Rädern«, die Reisenden als Menachem Mendels und »jüdische Don Quijotes« bezeichnete.[24] Die Züge in den Geschichten Scholem Alejchems sind keine direkte Fortsetzung des Schtetl-Settings, sie sind keine Reisegemeinschaft und keine nach Russland versetzte Rosinante, auch wenn sie mit Verspätung abfahren und gemächlich dahinzuckeln.[25] Ganz im Gegenteil verkörpern sie stets etwas Außenstehendes, Fremdes, das die Protagonisten aus den Grenzen ihrer intimen Welt heraus- und in eine fremde hineinschleudert. In den *Eisenbahngeschichten* symbolisiert der Zugwaggon als Schauplatz das Ende der Intimität der Schtetl-Literatur. Der Autor lotet hier in Bezug auf das Schtetl das ›Außen‹

24 Vgl. Trunk 1937: 218, 224.
25 Ebd., 213.

und das ›Innen‹ aus; das vorübergehende, willkürliche Zusammentreffen von Menschen im Gegensatz zu einer dauerhaften organischen Gemeinschaft; das Unterwegs im Gegensatz zum Zuhause; flüchtige menschliche Kontakte im Gegensatz zu den nahen, engen – zuweilen zu engen – Beziehungen zwischen den Kleinstadtbewohnern, die einander von Kindesbeinen an kennen und genau wissen, was sich bei ihren Nachbarn abspielt. So versuchen die Protagonisten – Juden, die an die bedrückende Intimität des Schtetl-Lebens gewöhnt sind und diese sehr vermissen, sobald sie ihre warme, umhegte Umgebung verlassen und sich in die kalte, gleichgültige ›Außenwelt‹ begeben – nach Kräften, sich den Zug zu eigen zu machen und zumindest zum Teil (die dritte Klasse nämlich) in ein Miniatur-Schtetl zu verwandeln. Mit dieser Verwandlung des ›Außen‹ des Zugs in das ›Innen‹ des Schtetls oder in ein Schtetl auf Rädern wird die literarische Tradition fortgeführt, die ihren besten Ausdruck in Scholem Jankew Abramowitschs Novelle »Schem un jefess in a wagon« [Schem und Japhet im Zug] gefunden hat; dort überträgt der Autor sein groteskes Porträt des Schtetls auf die Atmosphäre eines Dritte-Klasse-Waggons, den er zu »einer reisenden Stadt mit ihrem geschäftigen Treiben, mit ihren Einwohnern aus verschiedenen sozialen Schichten und Parteien, mit ihrem Hass, ihren Konkurrenzkämpfen, ihrem Handeln und ihren Streitigkeiten« macht.[26] In den *Eisenbahngeschichten* zeichnet Scholem Alejchem dieselbe Wirklichkeit in einer humorvolleren, weniger kritischen Art und Weise, aus der Erkenntnis heraus, dass die seltsame, unverzüglich eintretende Intimität der jüdischen Reisenden nicht einem Gefühl der Kontinuität, sondern im Gegenteil dem Gefühl eines Verlusts von Heimat und Intimität entsprach. Eingezwängt im engen Zugabteil, buchstäblich Nase an Mund und Fuß an Fuß, unterhalten sie sich mit völlig Fremden und geben ihre verborgensten Geheimnisse Menschen preis, denen sie nicht vertrauen können und sollten. Doch diese kleine Gemeinschaft im Zugabteil ist falsch und hohl. Statt die Schtetl-Gemeinschaft fortzusetzen, untergräbt sie diese. Der Handelsreisende selbst geht auf seine Gesprächspartner nie mit wirklicher Warmherzigkeit ein. Immer wieder erklärt er, er sehe prinzipiell davon ab, sie zum Erzählen ihrer Geschichten zu veranlassen. Er hasse es, »wie manche Leute den anderen in die Seele kriechen« (35)[27]. Die Regel, nach der er sich verhält, lautet: »*Wenn ein Mensch etwas loswerden will, fängt er schon von selbst damit an*« (35). So gewährt er Einblick in eine Situation, in der man in die innersten Geheimnisse eines anderen Menschen eingeweiht werden kann,

26 Mendele Mōkhēr Sěfārīm 1964: 399.
27 Seitenzahlen in Klammern verweisen auf Zitatstellen in diesem Buch.

der einem ziemlich gleichgültig ist und dem man sich selbst nicht zu offenbaren braucht. Die Leute erzählen einem ihre Geschichten, nicht weil sie einem vertrauen, sondern weil sie das Bedürfnis haben, sich auszusprechen, und niemand anderen haben, der ihnen zuhört. Im Grunde leidet die hier beschriebene Gesellschaft an einem Entfremdungsdruck, der nach augenblicklicher Intimität verlangt, sei sie auch falsch und unangebracht – daher die rasch, allzu rasch geknüpften Kontakte, wie sie in Zügen und auf Bahnhöfen entstehen, die Vorstellung, man sei daheim und auch wieder nicht, die aufrichtigen und zugleich falschen Geständnisse. Der Handelsreisende selbst ist sich der Problematik dieser Situation ohne jede authentische Verbundenheit und Nähe bewusst und nutzt die durch sie gebotene Gelegenheit, unterliegt ihr aber schließlich auch, was sich an der Naivität zeigt, mit der er die falsche, eigennützige Selbstdarstellung seiner Gesprächspartner akzeptiert. Gehört er doch selbst dieser aus den Fugen geratenen Gesellschaft an und ist genauso aus der kleinen intimen Welt in eine große und fremde Welt geworfen. Allein der Umstand, dass er sich der Literatur zuwendet (das heißt seine Erzählungen niederschreibt), ist eine Folge des Drucks und der Niedergeschlagenheit, in welche ihn Einsamkeit, Langeweile und Entfremdung gestürzt haben. Das Notizbuch, das er sich gekauft hat und in das er »alles, was ich unterwegs sehe, und alles, was ich höre« (13) einträgt, ersetzt ihm Ehefrau und Bruder, Sohn und Freund. Recht vielsagend ist ›der gute Ratschlag‹, den er dem Leser in der letzten Geschichte des Zyklus als Abschiedsgeschenk und als Zeichen »[der] Dankbarkeit dafür, dass Ihr so lange bei meinen Geschichten ausgehalten habt« (327) gibt. Der Rat lautet, nie erster oder zweiter, sondern nur dritter Klasse zu reisen. Eine Fahrt in den teureren, geräumigeren Abteilen würde den Leser nicht nur der schmerzlichen Erfahrung von Entfremdung und Langeweile aussetzen (»Ich frage Euch ehrlich, welchen Geschmack kann ein Mensch daran finden, mutterseelenallein zu reisen, ohne ein Wort zu sprechen? Ihr könntet, unberufen, das Reden verlernen!«[327]), sondern auch einer noch schmerzlicheren Verletzung seiner Ehre als Jude und Mensch (ein Hinweis auf Antisemitismus beziehungsweise auf Juden, die ihr Jüdischsein verbergen). Die Dritte-Klasse-Abteile hingegen, in denen die meisten Reisenden Kinder Israels sind, böten angeblich familiäre Verbundenheit und Kommunikation. Hier »seid Ihr wie zu Hause« oder gar »schon ein bisschen zu viel daheim!« (331)

Wie bereits erwähnt, fordert jedoch diese fragwürdige Familiarität einen hohen Preis. Die kleine Gemeinschaft im Zugabteil ist geprägt von Ambiguitäten und sich unerwartet äußernden negativen Einstellungen. So gern die Reisenden einander als Brüder betrachten möchten, der kalte Wind des Misstrauens hat sie bereits erfasst und bestimmt das Verhalten der meisten. Deswegen handeln viele Eisenbahngeschichten von dubiosen Verbindungen, mangelhafter Kommunikation, doppeldeutigen Botschaften, Offenbarungen, die in Wirklichkeit Bemäntelungen sind, von Wahrheit, die zugleich Lüge ist, von Desinformation, von Menschen, die einander zu erreichen versuchen, in Wirklichkeit aber im Dunkeln tappen und einander nicht selten irreführen und verlieren. Dies ist im Grunde die Kernthematik des gesamten Zyklus, wie ich nachstehend noch ausführlicher erörtern werde. Hier ging es zunächst darum, den entscheidenden Gegensatz zwischen der ›Welt‹ der Eisenbahn und jener der intimen Kassrilewker Lebenswelt herauszuarbeiten.

Auch andere Aspekte der *Eisenbahngeschichten* rechtfertigen, dass man sie als Gegenbild zu Kassrilewke bezeichnet. Aus menschlicher und jüdischer Perspektive fehlen hier die klassischen Kassrilewker Typen völlig. Man findet keinen naiven Reb Josefl mit seiner unendlichen Geduld und der Unschuld eines Heiligen und keine armen Lehrer aus dem *chejder* (der traditionellen Grundschule), die sich in Träume à la »wenn ich Rothschild wäre«[28] flüchten, keine ›Mejers und Schnejers‹, die Zwillinge, die sich über ihre ›Erbschaft‹[29] streiten (ein Sitz an der Ostwand der Synagoge, den ihnen ihr Vater Reb Schimschn hinterlassen hat), und keinen Chajim Chajkin, den ›Hungerkünstler‹ des »leichten Fastens«[30], der unabsichtlich den Weltrekord im Fasten gebrochen hat; es gibt keine singenden Schneider und keine liebenswerten alten Männer; keine tüchtigen Frauen mit einer »*majne-loschn*« (einer spitzen Zunge) und einer Fülle an herrlichen Flüchen[31] und keine glücklichen Bettler, die saftige Sprüche von sich geben. Es fehlen die *klesmorim* und die *batchonim* (die bei Hochzeiten die Gäste unterhalten); ehrbare Familienväter vom alten Schlag und ihre Schwiegersöhne, die *Ha-ẓĕfīrā* abonniert haben und Leserbriefe an *Ha-mēliẓ* schreiben; junge Frauen mit schlichtem Charme, die sich nach Liebe sehnen und Davidsterne auf die *tfilin*-Beutel ihrer Verlobten sticken; und junge Jeschiwa-Studenten, die sich mit ihrer Uhrkette, einem Geschenk des Schwiegervaters, brüsten. Am auffallendsten ist die Abwesenheit der unschuldig-schlauen Kinder von Kassrilewke und ihrer Haustiere, die den Zorn der Eltern und älteren Geschwister auf sich

28 ווען איך בין ראָטשילד [*wen ich bin rojtschild*]. Ale verk, Bd. 6, 1918: 129–133 [Anmerkung der Herausgeber].

29 די יורשים [*Di jorschim*]. *Ale verk*, Bd. 6, 1918: 137–154 [Anmerkung der Herausgeber].

30 אַ גרינגער תּענית [*A gringer toness*]. *Ale verk*, Bd. 13, 1918: 167–177 [Anmerkung der Herausgeber].

31 Kapitel אַ מענה־לשון פֿון אַ שטיפֿמאַמע [*A majne-loschn fun a schtifmame*] in פֿונם יריד, Bd. 2, *Ale verk*, Bd. 27, 1923: 2–13 [Anmerkung der Herausgeber].

ziehen. Stattdessen finden wir in den *Eisenbahngeschichten* Menschen, auf denen die Sorge um das finanzielle Auskommen und die Erhaltung der Familie lastet; die meisten von ihnen sind Kaufleute oder anderweitig mit Geschäften tätig: Geldverleiher, Vermittler, Handelsagenten. Dazu kommen Menschen, wie es sie in Kassrilewke oder einem ähnlichen Schtetl nie gegeben hat: der Besitzer einer Bordellkette aus Buenos Aires, Falschspieler, Diamantenhändler, ›Kleinindustrielle‹ (wie Berel Essigmacher [135] aus »Das Wunder von Hoschana Rabba«). Und an ihrer Seite Eltern, deren Tochter gemeinsam mit einer Freundin, die sich mit einem Nichtjuden einließ, Selbstmord beging; ein Vater, dessen Sohn als Revolutionär gehenkt wurde; Juden, deren Frau sich ihnen entfremdet hat und getrennt von ihnen lebt, und so weiter.

Kurz, die hier porträtierte jüdische Gesellschaft ist schon weit entfernt von der Welt des alten Kassrilewke und noch unvergleichlich weiter von jener Welt, zu der Tewje, Motl und sogar Menachem Mendel gehörten. Zwar ist Tewjes Lebensgeschichte deutlich von allen historischen Umbrüchen gezeichnet, die das traditionelle Schtetl-Leben aus den Angeln gehoben hatten. Jede einzelne seiner Töchter steht für einen solchen Umbruch: für die sozialrevolutionäre Bewegung, für die Assimilation und Heirat mit Nichtjuden, die ›freie Liebe‹ der auf die gescheiterte Revolution von 1905 folgenden *Ssanin*[32]-Jahre sowie die Auswanderung. Auf den ersten Blick sind dieselben Umbrüche charakteristisch für einige der Eisenbahngeschichten, doch überwiegen die Unterschiede. In *Tewje der Milchmann* spiegeln sich diese zeitgenössischen Erscheinungen noch in der Mentalität des Protagonisten, die in Tradition und religiösem Glauben wurzelt und davon durchdrungen ist, in seiner volkstümlichen, einnehmenden Sprache, die auf erheiternde Weise mit den heiligen Texten des wöchentlichen Tora-Abschnitts, den Psalmen, dem Gottesdienst und den *Pīrkēj āwōt* [Sprüche der Väter] eng verknüpft ist. In den *Eisenbahngeschichten* hingegen spült die neue Wirklichkeit jede noch aus der Vergangenheit stammende Einstellung hinweg. Der alte Zauberspiegel, als der Tewjes Seele gewirkt hat, wird uns entzogen, und entzaubert brechen die aktuellen Umstände unmittelbar und ungefiltert über uns herein. Migration, Entwurzelung, Loslösung und Entfremdung sind auch Motive in *Motl, Sohn des Kantors Pejße*, in *Menachem Mendel* und den meisten anderen Werken Scholem Alejchems, allerdings noch immer unter dem Zauber und der Unschuld des traditionellen Schtetl. Dieser Zauber und diese Unschuld kommen nicht nur in der Einfachheit und Unverblümtheit von Schejne

32 Vgl. M. Arcybašev [Arzybaschew], *Ssanin*, 1907 (Rudolstadt – Berlin: Greifenverlag, 2009); in diesem Roman werden ungezügelte, ›natürliche‹ Erotik und der Selbstmord gleichermaßen verherrlicht.

Schejndel, Menachem Mendels im Schtetl gebliebener Ehefrau, zum Ausdruck oder in der Fülle der köstlichen, sarkastischen Redewendungen ihrer Mutter, sondern auch in der völligen Naivität Menachem Mendels selbst, der aus dem Schtetl in die ›Großstadt‹ und von dort nach Amerika flieht, jedoch überallhin die Mentalität eines jungen, gut erzogenen Schwiegersohns aus dem Mittelstand des Schtetls mit sich nimmt. Der erste Teil von *Motl* ist ins goldene Spätsommerlicht des Schtetls getaucht, das trotz aller Katastrophen als idyllisch empfunden wird. Sogar in den späteren Kapiteln des ersten Teils, in dem das Umherwandern der Migranten in Europa geschildert wird, und in der amerikanischen Welt des zweiten Teils lebt die Schtetl-Atmosphäre in der Mentalität der Protagonisten fort. In den *Eisenbahngeschichten* ist die Sonne bereits untergegangen. Hier werden moderne jüdische Städte und Schtetl als grau und bedrückend geschildert; der moderneren, bodenständigeren jüdischen Gesellschaft mangelt es an gemeinschaftlicher Einheit und Wärme. Einsame Individuen kämpfen ums wirtschaftliche Überleben oder tragen unerbittlich persönliche oder familiäre Streitigkeiten aus, wie wir sie bislang bei Scholem Alejchem nicht gekannt haben. Über allem hängt der Schatten einer feindseligen, fremden Gesellschaft – des offiziellen zaristischen Russlands, das das jüdische Leben unterdrückt, brutal bestimmt und die ihm innewohnende Vitalität hemmt. Die interne jüdische Bühne, auf der sich in den typischeren Schtetl-Geschichten alle bedeutungsvollen Beziehungen und Interaktionen abspielen (in denen das Schtetl zuweilen als *jidische meluche*, eine Art autonomer jüdischer Staat, dargestellt ist), wird nun durch eine andere, die ›Außenwelt‹ des Zuges, ersetzt. Diese ist zwangsläufig durch fremde Instanzen überschattet: Die Protagonisten der *Eisenbahngeschichten* müssen sich ständig mit russischen Bürokraten, Polizisten, Mitgliedern der Einberufungskomitees, antisemitischen Direktoren und Lehrern der russischen Oberschule, mit Ärzten, Anwälten, sogar Priestern herumschlagen.

Offensichtlich versucht der Autor, die neue jüdische Lebenswelt zu erkunden und eine jüdische Gesellschaft zu beschreiben, die einen neuen Stand der Entwicklung beziehungsweise des Zerfalls erreicht hat. Daher sieht er davon ab, die intime, in sich selbst und in ihren Traditionen versponnene, in ihrem eigenen geistigen Humus verwurzelte jüdische Gemeinschaft darzustellen. Stattdessen hat er eine Gruppe von Individuen geschaffen, die in einer elenden, verqueren Welt leben. Es kann daher nicht überraschen, dass die Leser, die in Scholem Alejchem eine Art nationalen Tröster und den Schriftsteller der aussterbenden (und ihnen plötzlich lieb und teuer werdenden) Schtetl-Tradition sahen, die Publikation dieses neuen Werks nicht mit Begeisterung begrüßten – bildete der Autor doch darin nichts anderes ab als die düstere, bröckelnde jüdische Wirklichkeit, die sie aus ihrer Alltagserfahrung nur allzu gut kannten.

Der ambivalente Status der *Eisenbahngeschichten* ist daher Ausdruck ihrer problematischen Position in der Entwicklung von Scholem Alejchems Œuvre – einer Position, wie sie typischerweise den späteren, reiferen und weniger offenkundig virtuosen Werken eines Autors zugewiesen wird, der in einer früheren Phase die Herzen einer ihm zugetanen Leserschaft berührt hat. Das Publikum erwartet von seinem Lieblingsschriftsteller die ihm schon gewohnte künstlerische Nahrung; es will ›mehr vom selben‹, während der Autor seine früheren Werke nicht wiederholen kann und will. Er möchte sich weiterentwickeln und verändert in der Tat auf dieser oder jener Ebene Stil und Inhalt. Die Leser und oft auch die Kritiker akzeptieren diese Entwicklung weder mit Wohlwollen noch mit Verständnis. Sie fühlen sich mehr oder weniger verraten.

Zwischen Thema und Inhalt

Die traurige, düstere Stimmung, die in den Eisenbahngeschichten vorherrscht, wurde vielfach auf den biografischen Hintergrund ihrer Entstehung zurückgeführt: die traumatische Erfahrung von Scholem Alejchems gesundheitlichem Zusammenbruch im Jahr 1908. Ein derartiger biografischer Ansatz kann trotz seines wahren Kerns nicht alle, wohl nicht einmal die wesentlichen Quellen der Atmosphäre und Botschaft des Werks enthüllen. Gleichermaßen verfehlt eine ›objektive‹ soziohistorische Herangehensweise auch viele dieser Quellen, da sie das Werk nur als Spiegel gesellschaftlicher Situationen und Entwicklungen betrachtet. Und schließlich sind sowohl der biografische als auch der soziohistorische Ansatz daraufhin zu untersuchen, wie sehr jeder von ihnen die zentralen Strukturen des Werks offenlegt, ihre Funktion und Bedeutung erklärt. Diese Ansätze sollten stets um ein größeres Deutungsmuster ergänzt werden, das sich in der Komposition der Erzählung selbst widerspiegelt.

In seiner Interpretation der *Eisenbahngeschichten* hat der marxistische Literaturkritiker Maks Erik versucht, den Fokus vom persönlichen auf den gesellschaftlichen Hintergrund zu verlagern. Seiner Auffassung nach entsprechen der »bittere Geschmack«[33] und die depressive Stimmung der Erzählungen der Befindlichkeit des Kleinbürgertums im zaristischen Russland in den Jahren nach der gescheiterten Revolution von 1905. Es waren die »Jahre der Reak-

---

33 Erik 1934: 164.

tion«,[34] in denen sich die Hoffnungen auf raschen sozialen und ökonomischen Fortschritt und eine Entwicklung hin zu einem liberaleren, modernen Russland zerschlugen und einer bedrückten, pessimistischen Stimmung, einem Gefühl der Leere wichen. Erik zufolge reagierte Scholem Alejchem, in dessen Gesamtwerk die marxistische Literaturkritik (obgleich sie es in seinen historisch-gesellschaftlichen Tendenzen als ›demokratisch‹ oder gar ›fortschrittlich‹ betrachtete) einen Ausdruck der Mentalität des jüdischen Kleinbürgertums zu erkennen meinte, auf diese kleinmütige Stimmung. An Eriks Auffassung ist, wie der Inhalt der Erzählungen beweist, viel Wahres. Die meisten Protagonisten der *Eisenbahngeschichten* gehören dem unteren Mittelstand an; die damalige gedrückte Gemütsverfassung der Angehörigen dieses Standes kommt in ihnen zum Ausdruck. Wie bereits erwähnt, gab sich Scholem Alejchem größte Mühe, in den *Eisenbahngeschichten* weder chronologisch noch mental in die Vergangenheit zurückzufallen, sondern vielmehr die konkrete gesellschaftliche Realität eines aktuellen historischen Zustands zu beleuchten.

Die Schwierigkeit des gesellschaftlichen Ansatzes zeigt sich, sobald Erik den sich in den Geschichten außerordentlich deutlich manifestierenden gesellschaftlichen Hintergrund mit dem zu verknüpfen sucht, was er selbst »die thematische Idee« nannte, welche »die einzelnen Geschichten zu einem vollständigen Werk vereint, einem Buch mit eigener künstlerischer Physiognomie«.[35] Weil Erik dieses Konzept der »thematischen Idee« – eine kritische Kategorie, die eher formalistisch als marxistisch ist – vor Augen hat, muss er eine Unterscheidung zwischen dem gesellschaftlichen Gehalt der Geschichten, der Teil des erzählerischen Materials ist, und einem künstlerischen Prinzip geltend machen, das dieses Material mittels einer spezifischen literarischen Manier ästhetisch überformt. Aufbauend auf seiner marxistisch verwurzelten Sichtweise, die von einer direkten Entsprechung zwischen den gesellschaftlichen Inhalten und der »thematischen Idee« ausgeht, gelingt es Erik nicht, diese alles lenkende Thematik zu umreißen und überzeugend zu erklären, auf welche Weise sie alle Geschichten prägt und literarisch zusammenhält. Alles, was er im Rahmen einer vereinfachenden Verbindung von Inhalt und Form in Bezug auf die *Eisenbahngeschichten* erreicht, ist, zwei unterschiedliche, einander ergänzende thematische Komplexe sichtbar zu machen: den Komplex der Niedergeschlagenheit, Melancholie und Lethargie zum einen und jenen der hektisch-manischen Energie zum anderen. Genauer

34   Ebd.
35   Ebd.

gesagt unterscheidet Erik nicht zwischen thematischen Komplexen, sondern eher zwischen zwei Gruppen von Erzählungen, in denen er zum einen das Depressive, zum anderen das Manische als gemeinsamen Nenner ausmacht (Erik verwendete allerdings diese psychopathologischen Begriffe nicht). Im Zentrum der Geschichten der ersten Art stehen tragische Ereignisse, ihr Ton ist betrübt und elegisch. Sie behandeln die zeitgenössischen jüdischen Leiden: die Pogrome, die endlosen Schikanen durch die zaristische Bürokratie, die wachsende Kluft zwischen Vätern und Söhnen, die Bewegungen, von denen sich die jungen jüdischen Intellektuellen mitreißen ließen – die Mode des ›Ssaninismus‹ mit seinem Kult der freien Liebe, die um sich greifenden Glaubensübertritte, Selbstmorde und so fort. Die Protagonisten, die von diesen Erscheinungen berichten, sind schwach und hilflos, ihr Erzählton ist desperat und defätistisch. Das gilt unter anderem für »Wirklich genommen!«, »An den Gräbern der Lieben«, »Das Wunder von Hoschana Rabba«, »Eine Hochzeit ohne Musikanten«, »Der zehnte Mann«. Die Geschichten der zweiten Art schildern die gleichen Kümmernisse und Katastrophen, doch ihr Erzählstil ist Ausdruck einer fast übermenschlichen Anstrengung, eines verzweifelten und letztlich zum Scheitern verurteilten Bemühens, die sich auftürmenden Schwierigkeiten durch Schläue, Hartnäckigkeit und endlosen Fleiß zu überwinden. Dementsprechend ist ihr Ton alles andere als elegisch und niedergeschlagen, vielmehr auf eine nervöse Art optimistisch; er spiegelt die hektische Energie von Menschen wider, die sich nicht geschlagen geben wollen und unfähig scheinen einzusehen, dass ihre Anstrengungen vergeblich sind. Das trifft unter anderem auf die Erzählungen »Konkurrenten«, »Der glücklichste Mensch in ganz Kodno«, »Man soll nie zu gütig sein!«, »Abgebrannt!«, »Wenn einen das Unglück trifft!«, »›Ein tolles Stückchen, sagt, was Ihr wollt…‹« zu.[36]

Dieser Hinweis auf die manischen und depressiven Nuancen in den *Eisenbahngeschichten* liefert einen echten Beitrag zum Verständnis der Tonalität des Zyklus. Gleichwohl wäre es förderlicher gewesen, wäre dies nicht um der Unterteilung in zwei separate Gruppen willen geschehen, sondern um auszuloten, in welchem Verhältnis das Depressive und das Manische zueinander stehen und wie den ganzen Erzählungszyklus hindurch und innerhalb der einzelnen Geschichten eins ins andere übergeht. Innerhalb des kurzen Monologs »Aufs Gymnasium!« zum Beispiel fallen wir mehrmals aus der Depression in die Manie und umgekehrt. Der Protagonist, Reb Aaron, berichtet, wie ihn allmählich die Willensstärke und der Enthusiasmus seiner Frau aus

---

36   Ebd.: 164 f.

seiner grundlegend nüchternen, skeptischen, ja pessimistischen Einstellung –
Folge seiner Erfahrungen in der Geschäftswelt – gerissen hätten. Der größte
Wunsch seiner Frau war es gewesen, ihren einzigen Sohn als Schüler an einem
russischen Gymnasium zu sehen; Aaron selbst hingegen war sich der unüber-
windlichen Hürden voll bewusst gewesen und darüber hinaus des Umstands,
dass sich der Junge als Jude innerhalb einer antisemitischen Gesellschaft trotz
Gymnasialabschluss mit dem ›jüdischen‹ Kaufmannsberuf des Vaters wer-
de begnügen müssen; damit wäre die Gymnasialbildung nicht nur unnötig,
sondern womöglich nachteilig gewesen. Trotzdem lässt sich der Protagonist
von der Besessenheit seiner Frau anstecken, nur um am Ende noch tiefer in
Depression zu versinken, da die Familie um des Sohnes russischen Gymna-
sialabschlusses willen auseinanderfällt. Darüber hinaus löst sich das erhoffte
Ziel all ihrer Bemühungen in Luft auf, als der Sohn wegen ›aufrührerischen‹
Verhaltens von der Schule verwiesen wird. In dieser Geschichte fällt also der
Protagonist sowohl Verzweiflung und Defätismus wie auch ›verrücktem‹ Op-
timismus anheim. Seine Stimmung wechselt zwischen seiner angestammten
jüdischen Skepsis, die aus der jahrhundertealten jüdischen Lebenserfahrung
inmitten einer feindseligen Umwelt rührt, und dem utopischen Glauben sei-
ner weltoffenen Frau an eine liberale Zukunft, der sie veranlasst, die Lehren
aus der historischen Vergangenheit von sich zu weisen. So beleuchtet die-
se Geschichte eine kulturelle Krise, ein Schwanken zwischen gegenläufigen
Sichtweisen. Hinter diesem kulturellen Oszillieren verbirgt sich ein weiterer,
grundlegenderer Konflikt, an den Erik überhaupt nicht rührt, nämlich die
Konfrontation zwischen den Geschlechtern.[37] In der traditionellen jüdischen
Gesellschaft, aus der der Protagonist stammt, behauptet der Familienvater
seine Männlichkeit dadurch, dass er die Zukunft seiner Kinder bestimmt; in
unserer Geschichte beansprucht die Mutter dieses Vorrecht und untergräbt
damit die Männlichkeit des Gatten. So wird die Frage des Gymnasialbesuchs
zur Arena für den Geschlechterkampf um Autorität und Macht. Auch Geist
und Seele des Protagonisten werden zum Gegenstand dieses Kampfes. Indem
der Mann sich der ›Verrücktheit‹ seiner Frau beugt, akzeptiert er, wenngleich
unwillig, eine Herabsetzung seiner Männlichkeit. Scholem Alejchem deutet
sogar an, dass diese Herabsetzung mit der erloschenen sexuellen Beziehung
zwischen den Ehegatten zusammenhängt, ein Motiv nicht nur in dieser Ge-
schichte. Als sich dann noch herausstellt, dass der Sohn, um ein für ihn ge-
eignetes Gymnasium zu besuchen, weit weg ziehen muss, zögert die Frau

---

37   J. J. Trunk hat die Bedeutung des Geschlechterthemas in Scholem Alejchems Monologen be-
      handelt, vgl. Trunk 1937: 194–198.

nicht, ihren Mann für einen unbestimmten Zeitraum zu verlassen, um bei dem Kind zu sein; damit macht sie deutlich, dass das gemeinsame Eheleben in ihren Augen überhaupt nicht zählt. Vielleicht ist sie sogar glücklich, sich ihrer ›Pflicht‹, dem Mann zu dienen, entledigt zu haben. Hier blicken wir in die zutiefst verborgene Ebene von Depression und Verzweiflung eines in erster Linie unerwünschten, ungeliebten Mannes: Er bewundert seine selbstbewusste Frau und ist sich doch ihrer Kälte ihm gegenüber bewusst. Das mag sogar erklären, warum er sich selbst ruiniert, als er sein Geschäft aufgibt und seine Stadt verlässt, um zu Frau und Sohn zu ziehen. Als er an dem neuen Wohnort in ein neues Geschäft einsteigt, lässt er, der raffinierte, erfahrene Kaufmann, sich betrügen und bis aufs Hemd ausziehen. Mit seiner Selbstschwächung sendet er eine Botschaft an seine Familie: Wenn ich als Mensch und Mann nicht gut genug bin, um ein wirklicher Vater und Ehemann zu sein, und nur als Ernährer der Familie etwas gelte, dann will ich auch das nicht sein, und der Frau und dem Kind, die sich um des Ideals von Bildung und Wissen willen miteinander verbündet haben, droht damit der Verlust der bislang für selbstverständlich gehaltenen finanziellen Versorgung.

Wie diese Erzählung sind die meisten Eisenbahngeschichten reich an psychologischem Gehalt; Eriks rigider gesellschaftlicher Ansatz wird dem nicht gerecht. Jedoch bilden diese oftmals nur angedeuteten psychologischen Elemente nicht einmal die thematische Klammer zwischen den Eisenbahngeschichten, wie direkt und signifikant auch ihr Bezug zu dieser Thematik sein mag. Das zentrale oder konzeptuelle Thema, das die Geschichten mitsamt ihren unterschiedlichen Unterthemen und Motiven literarisch zusammenhält, ist nicht in den rein mimetischen gesellschaftlichen oder psychologischen Bestandteilen der Erzählungen zu suchen, sondern vielmehr in einer zentralen Idee, die auch als formale Matrix, als grundlegende Erzählstruktur zu betrachten ist. Eriks Behauptung, die *Eisenbahngeschichten* seien »in erster Linie ein Denkmal und eine Widerspiegelung der auf das Jahr 1905 folgenden Jahre der Reaktion im Umfeld des jüdischen Kleinbürgertums, gebrochen durch Scholem Alejchems humoristisches Prisma«,[38] verweist lediglich auf die offenkundige Oberfläche dieser Geschichten. Sie erklärt zum Beispiel nicht die Verbindung des gesamten Zyklus zum Thema der Zugreise oder die künstlerische Bedeutung der Gestalt des Handelsreisenden und seine quasi technische Funktion. Ebenso wenig erklärt sie die Funktion einiger Kernerzählungen des Zyklus, wie »Der Mann aus Buenos Aires« und »Man soll nie zu gütig sein!«, deren willkürliche Zuordnung zu den ›manischen‹ oder ›de-

---

38 Vgl. Erik 1934: 164.

pressiven‹ Geschichten kaum oder gar kein Licht auf ihren gesellschaftlichen oder psychologischen Gehalt wirft, und vor allem nicht auf ihre Rolle als Bedeutungsschwerpunkte innerhalb der Abfolge der Eisenbahngeschichten.

»Der Mann aus Buenos Aires« – jene Geschichte, die Berkowitz in seine Scholem-Alejchem-Ausgabe in der heiligen Sprache aufzunehmen nicht übers Herz brachte – schildert ausführlich die Figur eines Juden aus Osteuropa, der aus einem kleinen kurländischen Schtetl mit dem seltsamen Namen Soschmaken stammt; dieser Name erweckt die Assoziation mit dem Verb *schmekn* in doppelter Weise, in seiner aktiven Bedeutung ›riechen, mittels des Geruchssinns erforschen‹ wie auch in der passiven ›gut schmecken, schmackhaft, lecker sein‹.[39] Der Mann ist in seiner Jugend nach Südamerika ausgewandert und schließlich zu einem reichen Unternehmer im Handel mit ›weißem Fleisch‹ geworden. Er hat als Handlanger von Bordellbesitzern angefangen und ist schließlich zu einem internationalen Mädchenhändler aufgestiegen. Er handelt nicht mehr mit den eigentlichen Prostituierten, sondern mit aus Europa importierter ›Ware‹, Frauen, die er klassifiziert, verteilt und je nach Typ und Niveau an die verschiedenen Konsumenten weiterreicht. Der Handelsreisende trifft ihn während einer Zugreise durch den jüdischen Ansiedlungsrayon; der Mann aus Buenos Aires ist nämlich unterwegs zu seinem Heimatschtetl, um sich auf die Gräber seiner Eltern zu werfen und nebenbei dort (und nur dort) eine arme junge und schöne Braut, rein und koscher, für sich selbst (er ist noch immer ledig) zu finden, ihren Eltern abzukaufen (er will »sie mit Gold überschütten« [105]), heiraten und nach Buenos Aires mitnehmen, wo er natürlich seine erfolgreichen Geschäfte weiterzuführen gedenkt. Dort will er seine Frau in einen Palast sperren, den er für sie bauen wird, und ihr de facto verbieten, auch nur einen Fuß aus ihrem goldenen Käfig herauszusetzen, damit »[k]ein Stäubchen« (105) auf sie kommt. Die Söhne, die sie ihm schenken wird, werden in ehrbaren Berufen Karriere machen, als Arzt, Ingenieur oder Jurist; die Töchter wird er ins angesehene Frankfurt in ein exklusives, strenges Mädchenpensionat schicken. Der Mann aus Buenos Aires hat einen klaren, bis ins Detail geplanten Lebensentwurf, den er dem zufällig angetroffenen Zuhörer im Dritte-Klasse-Abteil unterbreitet; in der dritten Klasse reist er nicht etwa aus Not, sondern, wie er behauptet, wegen seiner ›demokratischen‹ Einstellung, und eigentlich, weil er jemanden sucht, mit dem er sich unterhalten und der ihm als Publikum dienen kann. Die Reise ›nach Hause‹, nach Jahrzehnten der Abwesenheit, ruft in ihm eine Fülle von Erinnerungen wach, die er sich von der Seele reden muss. So schildert er seine

---

39   Über die suggestiven Namen bei Scholem Alejchem siehe Berkowitz 1954: 182–183.

unglückliche Kindheit und die Schwierigkeiten und Leiden, die er als junger, unerfahrener Einwanderer überstehen musste. Vor allem aber protzt er mit seinem großen finanziellen Erfolg. Damit versucht er – indirekt –, seinen ›Beruf‹ zu rechtfertigen, den er seinem Zuhörer gegenüber zugleich offenbaren und verbergen will und den er nicht ein einziges Mal beim Namen nennt.

Das Thema selbst – der Handel mit Prostituierten und dessen Platz im Leben der Juden auf beiden Seiten des Ozeans – war zu der Zeit, als Scholem Alejchem diesen außerordentlichen Monolog verfasste, in der jüdischen Literatur nicht neu oder schockierend. Es war bereits relativ ausführlich in einigen wichtigen jiddischen Romanen der 1880er Jahre behandelt worden, zu einer Zeit, in der infolge der Balkankriege der 1870er Jahre, insbesondere jedoch der Pogrome von 1881 / 1882 und der durch sie ausgelösten Auswanderungswellen, der Handel mit jüdischem ›weißem Fleisch‹ blühte und zu einem unübersehbaren gesellschaftlichen Schandfleck wurde. So wurde das Thema in Mordche Spektors *Aniim we-ewjojnim* [Die Armen und die Verzweifelten] (1884), einer Art jüdischer *Les Misérables*, behandelt, wie auch in Sch. J. Abramowitschs Roman *Wintschfingerl* [Der Wunschring] in seiner erweiterten Fassung von 1888 / 1889. Ab dann tauchte das Sujet in der einen oder anderen Form in der jiddischen Literatur beiderseits des Ozeans auf. Die bemerkenswerte Neuerung in Scholem Alejchems Geschichte war seine Präsentation ›von innen‹, durch die Worte des jüdischen Prostituiertenhändlers selbst. Dass diesem Kriminellen das Privileg eingeräumt wird, seine Geschichte zu erzählen, dass seine Persönlichkeit und Denkweise aus eigener Sicht und offensichtlich mit dem Wunsch, sich von seiner besten Seite zu zeigen, dargestellt werden – das war das wirklich Neue und ausgesprochen Schockierende.

Die Lebensgeschichte, die der Mann aus Buenos Aires vor seinem Zufallsbekannten ausbreitet, enthält zum einen die Elemente der klassischen Erfolgsformel des mittellosen jüdischen Einwanderers, der es geschafft hat, in einer von Konkurrenz geprägten und (gelinde gesagt) gleichgültigen Gesellschaft seine Nische zu finden und reich zu werden. Zum anderen stellt sie eine *apologia pro vita sua* dar, eine Lebensapologie, wie auch eine vage pseudoethische These: In der grausamen, wilden Welt, in die der Mensch hineingeworfen ist – oder jedenfalls in der Welt, in die der Protagonist in seiner Kindheit hineingeworfen wurde –, gibt es keine freie moralische Entscheidung. Die Möglichkeit, auf ehrliche Weise zu überleben, war dem Protagonisten einfach nicht gegeben, so dass er nur die Wahl hatte, um jeden Preis zu überleben oder unterzugehen. Er wählte die erste Alternative, wie es fast jeder normale Mensch getan hätte. Mit dieser Argumentation versucht der Sprecher, von Anfang an jede Kritik, die gegen ihn vorgebracht werden könnte, zunichtezumachen. Zugleich versucht er auch, diese Kritik mit herzzerreißenden Geschichten über sich selbst zu mildern: wie er in seiner Kindheit hungerte und misshandelt wurde, wie sein Stiefvater ihn aus dem Haus warf und schließlich was er als junger Einwanderer in Argentinien erlitt.

Vom Redner, seiner Person und seiner Weltauffassung weicht Scholem Alejchem beziehungsweise der ›implizite Autor‹ des Monologs, angewidert zurück. (Es ist schwer nachzuvollziehen, wie J. J. Trunk die Verkommenheit dieses Protagonisten kleinredet und sich auf seine Seite stellt, als wäre er nur ein Kleinkrimineller, »ein jüdischer Dieb«.[40] Dieser schockierende Mangel an Sensibilität – seitens eines im Allgemeinen sensibleren Kritikers und erklärten Sozialisten – resultiert aus dem generellen Unverständnis, das sich in Trunks Kommentaren zu den *Eisenbahngeschichten* und anderen Teilen von Scholem Alejchems Spätwerk manifestiert.) Der Abscheu des Autors offenbart sich indirekt durch die Rede des Protagonisten selbst, denn der Mann aus Buenos Aires ist sich nicht immer der vollen Bedeutung seiner Worte bewusst und neigt dazu, sich in einer höchst entlarvenden Weise selbst zu widersprechen. Zum Beispiel ist er sich nicht bewusst, dass seine Aussagen über die Leiden, die er erdulden musste, als er sich als Bauer in einer jüdischen Siedlung in Argentinien niederlassen wollte (er war mit einer Gruppe von Einwanderern hierhergekommen, die der Baron de Hirsch ausgesandt hatte, um jüdische Agrarsiedlungen zu errichten), nicht das bedeuten, was er auszudrücken meinte, sondern geradezu das Gegenteil. In Wirklichkeit enthüllt dieser Teil seiner Geschichte, dass er abgesehen von den sehr realen Schwierigkeiten bei seiner Niederlassung in Argentinien, über die er mit einigem Selbstmitleid berichtet, eine reale Möglichkeit hatte, ein moralisches Leben mit begrenztem, jedoch legitimem finanziellen Erfolg zu führen. Er selbst ist es, der sich von den Schwierigkeiten überwältigen ließ und bereitwillig sein ›Gewerbe‹ und seine Lebensweise wählte. Hier kommen nicht nur die Ansichten des Moralisten Scholem Alejchem, sondern auch seine Präferenzen als Zionist zum Ausdruck. Der implizite Autor artikuliert hier die damals von verschiedenen kulturellen und politischen Bewegungen vertretene Annahme, dass der Weg zur ökonomischen und moralischen Verbesserung der Juden zwangsläufig über eine erneute landwirtschaftliche Betätigung führe. Jedoch weist er auch auf die Unmöglichkeit hin, dies ohne ein zionistisches Umfeld, mit anderen Worten, außerhalb des Landes Israel, zu realisieren. In Argentinien war der junge Jude aus Soschmaken nicht imstande, die schwere

40 Vgl. Trunk 1937: 221.

manuelle Landarbeit zu bewältigen und den Versuchungen zu widerstehen, die ihn in die große Stadt lockten und ihm den Weg in die Unterwelt der Prostitution wiesen. Im Land Israel hätte er diesen Versuchungen vielleicht widerstehen können. Zugleich verstrickt sich der Protagonist in seine eigene ›moralische‹ Argumentation und widerlegt sie, indem er ungehemmt das Vergnügen zur Schau stellt, das ihm sein Reichtum, sein Status als Wohltäter (jedermann findet sich an seiner Tür ein, von den Armen des Schtetls Soschmaken bis zu den Toravereinen der *kōlēlīm* in Jerusalem) und seine internationalen Verbindungen (korrupte Beziehungen zu verschiedenen Polizeibehörden) verschaffen. Mit großer Selbstzufriedenheit brüstet er sich seiner Findigkeit, seiner Courage, seines Fleißes und seiner Durchtriebenheit, dank deren er in seinem ›Beruf‹ bis zu seiner jetzigen Position aufgestiegen ist. Diese Selbstgefälligkeit untergräbt eindeutig seine Selbstrechtfertigung als Opfer, als das er, um zu überleben, gezwungen gewesen sei, zu einem menschlichen Raubtier zu werden, das sich von Fleisch und Blut anderer Menschen ernährt. Denn andererseits identifiziert er sich auch voll und ganz mit dem ›Ethos‹, das die ihn leitenden Gesetze des Dschungels rechtfertigt. Seiner Auffassung nach sind diese Gesetze nicht nur objektive, universale Gesetze des Lebens und Überlebens, sondern auch ›gerechte‹ Gesetze, die den Tüchtigen und Fleißigen Wohlstand und Erfolg bringen. Mit anderen Worten hat der Mann aus Buenos Aires moralisch gesehen seinen Reichtum ›verdient‹. Er ist also nicht nur ein Sozialdarwinist, sondern auch Anhänger des *Laissez-faire*. Ungleichheit gehört für ihn zur natürlichen Ordnung (»Was soll man machen, wenn Gott doch die Welt so geschaffen hat, dass der eine das Bier braut und ganz schön dabei schwitzt, und ich trinke es.« [95]), und er ist mit diesem Arrangement, dieser Ungleichheit und der Chance, die sie bietet, höchst zufrieden. Es ist diese Chance, die das Leben lebenswert macht. Die menschliche Existenz ist in seinen Augen Himmel und Hölle zugleich. Ihr Symbol, meint er, ist die Großstadt (und er verspottet den Handelsreisenden, der nie in einer solchen Stadt gewohnt hat): »Es ist ein Abgrund, die Hölle! Hölle und Paradies zugleich. Das heißt, für die einen ist es die Hölle und für die anderen das Paradies.« (93) Es ist offensichtlich, dass er sein eigenes Leben im Himmel und nicht in der Hölle zu verbringen meint, weswegen er so oft seiner Zufriedenheit Ausdruck gibt: »Versteht Ihr, die Welt ist gut. Sie ist schön, sie ist wunderbar, es ist eine Freude, auf ihr zu leben. Nur aufpassen müsst Ihr, dass Euch niemand in die Suppe spuckt.« (95) Die emotionale und moralische Sterilität, die sich hinter dem selbstgefälligen

Frohsinn des Protagonisten und seinem naiv-freundlichen Verhalten gegenüber dem Handelsreisenden verbirgt, liegt auf der Hand. Es ist eine Sterilität, die durch eine Kindheit ohne Liebe, ohne elterliche Zuwendung begründet ist, der Abwesenheit einer echten Bindung zwischen dem Kind und seiner Mutter, seinem Vater, seinem Bruder und seiner Schwester; fortgesetzt hat sich dieser Zustand in einem Leben, dem jede menschliche Beziehung fehlt (nicht einmal seinen Arbeitgebern ist er menschlich verbunden, denen er nach eigener Aussage eine derart hündische Ergebenheit entgegenbringt, dass er sich nicht scheut, sein Leben für sie zu riskieren); und es ist vorauszusehen, dass dieses Leben in eine gefühlskalte Ehe mit einer Frau münden wird, die, mit Geld gekauft, völlig unter der Herrschaft ihres Mannes stehen wird; sie werden ein gänzlich emotionsloses Familienleben führen, mit Söhnen, die, ausgerüstet mit dem Handwerkszeug ihrer ehrbaren Berufe, in den Dschungel der Erfolgswelt hinausgeschickt werden können, und mit Töchtern, die in das exklusive orthodoxe Mädchenpensionat in Frankfurt weggesperrt werden sollen – das heißt aus den Augen und dem Sinn in ›Sicherheit‹ gebracht (womit der Protagonist unbewusst zu verstehen gibt, dass jeder Kontakt mit ihm selbst die Mädchen mit dem Geist der Prostitution kontaminieren würde).

Sowohl gesellschaftlich wie individualpsychologisch hat Scholem Alejchem hier eine vielschichtige, spannende Charakteristik geschaffen. Aus gesellschaftlicher Sicht repräsentiert die Persönlichkeit des Mannes aus Buenos Aires die extremste Form der Auflösung und Entfremdung in der traditionellen jüdischen Gesellschaft zur Zeit der Massenauswanderung, wie auch die Verarmung und schließlich die Zerstörung des osteuropäischen Schtetls. Es ist die Persönlichkeit eines Mannes, dessen soziales Verhalten, mehr noch, seine Mentalität und Denkweise von einer extremen gesellschaftlichen Atomisierung und Anomie geprägt sind, von krudem selbstbezogenem Individualismus und eklatantem moralischem Chaos. Zugleich ist der Mann aus Buenos Aires zum Teil auch der typische sentimentale jüdische Migrant, der sich nach dem Schtetl sehnt, in dem er gelitten hat und in dem er seine gesamte Kindheit hindurch abgelehnt und unterdrückt wurde. Trotzdem drängt es ihn, in sein Soschmaken zurückzukehren und dessen Boden zu küssen; in seinem idealisierten Heimatort meint er eine Art leuchtender Makellosigkeit zu erblicken (weswegen er auch nur ein Mädchen von dort heiraten will). Er entwickelt charakteristische Einstellungen und Projektionen, die mit dem realen Leben nichts zu tun haben. Weil er sich dessen bewusst ist, sind auch seine Idealisierungen im Kern zwiespältig und sogar negativ befrachtet. Zum Beispiel ergötzt er sich an der Vorstellung der Beschimpfungen und Demütigungen, mit denen er seine gierigen Verwandten überschütten will, das arme Mädchen und das ganze Schtetl, das nur zu freudig nach seiner Pfeife tanzen wird. Dies ist seine große Rache: das Schtetl, das ihn zurückgewiesen und schlecht behandelt hat, in der Person seiner Zukünftigen wie eine Ware zu kaufen. In individualpsychologischer Hinsicht ist die Schilderung des Mannes aus Buenos Aires eine interessante Übung in der Aufdeckung von Schichten seelischer und moralischer Sterilität bei einem Mann, an dem das Leben vorbeigegangen ist, ohne dass er Rückhalt, Zuneigung oder Sympathie von seinen Mitmenschen erfahren hätte. Diese Sterilität manifestiert sich sogar in seiner äußeren, auf den Handelsreisenden seltsam wirkenden Erscheinung: »Ich schau mir meinen Mann an und kann beim besten Willen nicht sagen, wie alt er ist. Man könnte schätzen, so um die vierzig herum, aber genauso gut etwas über zwanzig. Ein glattes, rundes Gesicht, ungewöhnlich stark gebräunt. Nicht die Spur von einem Bart oder Schnurrbart. Kleine, sanfte, lachende Äuglein.« (87) Trotz seines hektischen, geschäftigen Lebens verfügt er über kein wirkliches Innenleben, so dass er alterslos wirkt, sein Gesicht ist ohne Falten, als wären sie unter seiner Sonnenbräune versteckt. Der zweideutige Hinweis auf das Fehlen männlicher Merkmale in seinem Gesicht (es ist unklar, ob der Handelsreisende damit meint, der Protagonist sei aus geschäftlichen Gründen glatt rasiert, oder dass er etwas Eunuchenhaftes an sich habe) deutet auf suggestive Weise darauf hin, dass der Mann auch ›frei‹ ist von der Last echter Sexualität. Darauf spielt auch der als feminin geschilderte Arm (»ein[] zarte[r] gesunde[r] Arm« [89]) an, den der Protagonist entblößt, angeblich um dem Handelsreisenden die Zeichen der Kniffe und Schläge zu zeigen, die er als Kind erlitten hat. Scholem Alejchem deutet hier eine interessante verborgene Verknüpfung zwischen der Androgynität des Mannes und seinem großen Erfolg im Prostituiertenhandel an. Es ist offensichtlich, dass die sexuellen Begierden anderer Männer, denen er sein großes Vermögen zu verdanken hat, ihm selbst keinen hohen Preis abfordern. Seine Beziehung zu Sex ist neutral und rein kommerziell. Deshalb ist es ihm auch nicht schwergefallen, dem Begehren zu widerstehen, das ihn hätte versuchen müssen (schließlich hat er es, wie er sagt, mit »alle[n] Schönheiten der Welt« (105) zu tun; auch ist er in seinem Verhältnis zu den unglücklichen Frauen, die er kauft und verkauft, nie irgendeinem Bedürfnis nach emotionaler Bindung, und sei sie auch nur rudimentär, erlegen. Für ihn sind diese Frauen nicht einmal Sexualobjekte; sie sind eine neutrale ›Ware‹ und nicht mehr. Er ist, in seinen eigenen Worten, ein Experte für diese Art von Ware: »Ware einkaufen, verkaufen, schätzen und sortieren, alles hing an mir. Ich hab dafür ein Auge, ob Ihr's glaubt oder nicht, wenn ich einen Artikel nur einmal anschaue, kann ich Euch sofort sagen, was er wert ist und wohin er gehen muss.« (97) Diese Expertise, die ständige Beschäftigung mit den ›feineren‹ Nuancen der Prostitution sind, was ihn persönlich betrifft, frei von jedem Bedürfnis oder jeder Erwartung sinnlichen Vergnügens. Das erfahrene Auge, dessen er sich rühmt, ist nicht lüstern. Sogar das plumpe, rein physische sexuelle Verlangen ist für den Protagonisten dieser Geschichte, der nur mit sich selbst beschäftigt ist, ein allzu warmes, allzu verbindliches persönliches Gefühl.

Weder der gesellschaftliche noch der psychologische Aspekt im Charakter des Protagonisten ist für die Kernbedeutung des »Mannes aus Buenos Aires« bestimmend, sondern vielmehr das seltsame Verhältnis, das sich zwischen dieser Figur und dem Handelsreisenden aufbaut. Dieses Verhältnis basiert, wie vom ersten Augenblick an klar ist, auf einer unkonventionellen Gegenseitigkeit. Der Mann aus Buenos Aires drängt diesem Zufallsbekannten seine übertriebene Freundlichkeit und seine Pseudoenthüllungen de facto auf; dieser wiederum ist vom ungewöhnlichen Gesprächspartner, dem er gewissermaßen ausgeliefert ist, ebenso fasziniert wie verblüfft. Der Sprecher reizt den Zuhörer mit einer Fülle verborgener, ambivalenter Signale, die – mit oder ohne Absicht – zugleich enthüllen und verwischen wie verwirren sollen. Der Handelsreisende manifestiert eine seltsame Undurchlässigkeit, eine mentale Weigerung, zu verstehen, was sein Gesprächspartner ihm eigentlich mitteilt, während er gleichzeitig voller Neugierde eine Menge Fragen stellt und höchst interessiert ist, das Rätsel der Identität des Mannes aus Buenos Aires zu lösen. Das komisch wirkende Ergebnis dieser mangelhaften Kommunikation ist der Umstand, dass der Handelsreisende nicht imstande ist, den ›Beruf‹ oder das ›Geschäft‹ zu erkennen, von dem sein Gegenüber spricht – und das der Leser schon bald erraten hat. Erst am Ende der Erzählung – als der Handelsreisende ihm direkt die Frage stellt, die ihm ›auf der Zunge lag‹: »Was ist eigentlich Euer Geschäft? Mit was handelt Ihr?«, und er die Antwort erhält: »Mit frommen Artikeln jedenfalls handele ich nicht, lieber Freund, nicht mit frommen Artikeln!«[41] (107), schwant ihm allmählich, worum es in dem Gespräch ge-

---

41 ›Nicht mit frommen Artikeln‹ entspricht dem Jiddischen ›*nischt mit essrojgim*‹. *Essreg* ist die jiddische Bezeichnung für die besondere Zitrusfrucht, die zum Sukkot-Ritus gehört und metaphorisch für das Edle, Geistige steht. Um rituell verwendet zu werden, muss der *essreg* völlig makellos sein. Zum Beispiel muss der *pitem*, die kleine, leicht zu beschädigende Ausstülpung an einem Ende der Frucht, unversehrt sein. Daher kann diese Bemerkung des Mannes aus Buenos Aires als Anspielung auf eine Frau gedeutet werden, die nicht rituell heiraten darf, weil sie ihre Jungfräulichkeit verloren hat, und eine Anspielung auch auf sein ›Geschäft‹ als Prostituiertenhändler.

gangen ist, und vielleicht versteht er es sogar jetzt nicht ganz. Insofern lässt der Autor die Geschichte sogar am Ende offen; das trägt natürlich sehr zu ihrer Komik bei. Als Geschäftsmann und Mann von Welt, für den sich der Handelsreisende selbst hält, sollte er schlau und scharfblickend sein; trotzdem entlarvt er seinen Gesprächspartner nicht. Statt sofort zu bemerken, wie der Mann geradezu nach Verworfenheit riecht, ist dem Handelsreisenden sein ›Geruch‹ durchaus angenehm. Hier stoßen wir auf eine der möglichen Funktionen des Ortsnamens Soschmaken. Statt den Mann aus Buenos Aires ›zu riechen‹ (*schmekn*), lässt sich der Handelsreisende irreleiten und nimmt ihn als ›appetitlich‹ (*ss'schmekt*) wahr.

Mit Recht fragt man sich, wie ein solches Missverständnis möglich ist und ob es nicht die Glaubwürdigkeit des Handelsreisenden als realistisch angelegte Figur in Frage stellt. Als Antwort darauf genügt auch nicht der Hinweis, dass der Handelsreisende im Grunde bei aller Prätention ein äußerst naiver Mann ist und dass ihm als Junge aus dem Schtetl der internationale Prostituiertenhandel so fern liegt wie Ost von West. Auch die Behauptung, der Mann aus Buenos Aires weiche jedem direkten Hinweis auf das Thema Prostitution aus, hilft nicht weiter; er tut dies nicht nur aus Scheu vor dem sozialen und moralischen Stigma, das seinem Geschäft anhaftet, sondern wohl noch mehr aus einem inneren Bedürfnis heraus, Prostitution als bloßen Beruf oder bloßes Gewerbe zu betrachten. So wie er sich auf die betreffenden Frauen als Ware bezieht, muss er sich selbst nicht als Mensch, sondern als Kaufmann verstehen. Auf diese Weise fallen alle menschlichen Züge seines Geschäfts weg, vielmehr betreibt er es nach den gängigen Normen von Arbeitsethos und beruflich-ökonomischem Erfolg. Deswegen wiederholt der Protagonist ständig als allgemeine Regel: »[…] schmutzige Jobs gibt's gar nicht auf der Welt. Jeder Job ist gut, wenn Ihr nur zuverlässig seid und Euer Wort etwas gilt.« (95) Der Handelsreisende, der auf naive Weise vom Ethos der Arbeit und des ›ehrlich erarbeiteten‹ Erfolgs durchdrungen ist (er selbst stellt gegen Ende fest, »Geschäft ist Geschäft« (107), wozu ihm der Mann aus Buenos Aires freudig zustimmt), akzeptiert gewissermaßen das Selbstbild des Protagonisten und lässt sich damit von dessen Verschleierungsmanövern einlullen. Keines dieser Argumente jedoch enthält eine befriedigende Antwort auf die Frage, wieso der Handelsreisende nicht erfasst, was jeder Leser bereits in der anfänglichen Phase des Monologs begriffen hat (wobei die Wirkung der Geschichte auf diesem Verständnisvorsprung des Lesers gegenüber dem Handelsreisenden liegt). Es entsteht der Verdacht, dass der Handelsreisende die Worte seines Gesprächspartners nicht verstehen will und dass dieser ihm selbst unbewusste Unwille den ganzen Monolog hindurch unterschwellig wirkt. Damit identifiziert sich der Handelsreisende ganz offensichtlich zum Teil mit seinem Gegenüber. Als er zum Beispiel die feine Bekleidung des Mannes aus Buenos Aires schildert, mit der dieser seinen Reichtum und Erfolg zur Schau stellen will, konstatiert er:

»Gepflegte Kleidung ist nach meiner Meinung bei einem Menschen das Allerwichtigste. Ich selbst ziehe mich gerne schön an, und bei anderen gefällt es mir auch. Ich kann an der Kleidung erkennen, ob einer ein ordentlicher Mensch ist oder nicht. Natürlich gibt es Leute, die lassen das überhaupt nicht gelten. Man kann sich, so sagen sie, sehr prächtig anziehen und inwendig doch ein übler Charakter sein. Ich möchte nur wissen, bitte schön, sagt mir, warum sich alle Welt gut anziehen will?« (87)

Diese ›Argumentation‹ und vor allem die als Frage formulierte Schlussfolgerung, die der eigentlichen Frage (ob denn elegante Kleidung ein Zeichen moralischer Anständigkeit sei oder nicht) offenkundig und absichtlich ausweicht, ist Ausdruck dafür, wie sich der Handelsreisende hartnäckig an jene äußeren Aspekte (Erfolg, Weltgewandtheit, Souveränität) des Mannes aus Buenos Aires klammert, die er gerne nachahmen würde. Deswegen wendet er die Augen von der Realität ab, die sich unter den vornehmen Kleidern verbirgt, und gestattet sich, ›dumm‹ und unverständig zu sein. Man fragt sich, warum dieses Unverständnis für ihn so wichtig ist. Diese Frage verdient eine Erweiterung: Was ist die Bedeutung oder das Wesen der plötzlichen Freundschaft zwischen dem Mann aus Buenos Aires und dem Handelsreisenden (die Erzählung beginnt mit einer allgemeinen Beschreibung dieser Art von Zufallsbekanntschaften), dieses gemeinsamen Rauchens teurer Zigarren, der wiederholten kleinen Schmausereien in den Bahnhofsbuffets? Was zieht diese beiden Männer zueinander? Es ist zu vermuten, dass der Protagonist mit seinem Monolog den Handelsreisenden als Zuhörer braucht und vom ersten Augenblick an versucht, ihn für sich einzunehmen. Er braucht einen Zeugen, der ihm seinen Erfolg bestätigt, und einen Richter, der ihn von der damit einhergehenden Schuld freispricht. Den Handelsreisenden wählt er, weil er anscheinend hinter dessen praktischer Pose sowohl seine provinzielle Naivität wie seine mögliche Sympathie für sein eigenes Unternehmen und seinen eigenen Erfolg wahrnimmt. Gleich zu Anfang schmeichelt er dem Handelsreisenden: »Ihr habt mir gleich gefallen, ob Ihr's glaubt oder nicht, vom ersten Moment an, als ich Euch sah. Ich hatte nur einen Blick auf Euch geworfen, da sagte ich mir schon: Das ist einer, mit dem man sich unterhalten kann.« (85) Intuitiv entdeckt er die ihm selbst und dem Handelsreisenden gemeinsamen Züge: den Hang zu teurer Bekleidung; den ›Glauben‹ nicht nur an Reichtum, sondern auch an Findigkeit, Energie und Lebenslust, die mit dem Erfolg einhergehen; und vor allem die Bereitschaft, die Realität so zu sehen, als bestünde sie aus Gütern, die es zu vermarkten gilt (daher die Einstellung des Handelsreisenden zur Literatur als Ware, die in unterschiedliche, jeweils auf eine bestimmte Klientel ausgerichtete Verkaufskategorien unterteilt werden kann – genau die Einstellung des Protagonisten zu seiner eigenen Ware). Der Handelsreisende ist empfänglich für die verführerischen Worte des Protagonisten, weil er bereits in einer Welt lebt, in welcher der äußere Anschein wichtiger ist als das innere Wesen. Wie er ist auch der Handelsreisende bereits ›frei‹ – das heißt herausgerissen, heimatlos, entwurzelt, außerhalb seiner ureigenen Umwelt lebend. Wie der Protagonist ist auch der Handelsreisende möglicherweise von seiner eigenen Sexualität abgeschnitten. In gewisser Weise bemerkt er das Heuchlerische an diesem Mann: Er kommentiert sein altersloses Gesicht; er weiß, dass es ihm an einer klar erkennbaren sozialen Identität fehlt, dass ihm echte Manieren abgehen und dass seine Kameraderie krude und unaufrichtig ist. Dessen ungeachtet kann er sich seinem Charme als Vorbild für Optimismus und Erfolg nicht wirklich entziehen.

Dergestalt zieht sich durch Scholem Alejchems ganze Geschichte eine Kette von Fällen zweideutiger Kommunikation, die einerseits von Nähe und Identifikation, andererseits von Distanz und Missverständnis gekennzeichnet ist. Letzteres unterläuft, wie wir gesehen haben, das gesamte Kommunikationssystem zwischen dem Sprecher und dem Zuhörer. Dabei machen sich die kommunikativen Störstellen nicht nur im informativen Kontext bemerkbar. Alle verbalen Zeichen, die die beiden Charaktere verwenden, stehen im Clair-obscur eines Verständnisses, das zugleich Unverständnis ist. Zweideutigkeiten unterschiedlicher Art waren auch für viele der klassischen Monologe Scholem Alejchems charakteristisch und wurden von ihm sein ganzes Œuvre hindurch als Quelle eines auf Missverständnissen beruhenden komischen Effekts eingesetzt. Das Neue am »Mann aus Buenos Aires« im Vergleich zu den früheren Monologen besteht daher nicht in der Ambiguität und den vielen daraus entstehenden Missverständnissen, sondern vielmehr darin, dass die Zweideutigkeit, die Desinformation und die daraus folgende fehlerhafte Kommunikation hier nicht mehr als Mittel einer befreienden Komik eingesetzt werden. Vielmehr werden sie zum Kern der Geschichte, zum wesentlichen Gestus oder Symbol, durch das sie ihre sowohl universelle als auch jüdische Botschaft vermittelt. Es wird eine Situation in Szene gesetzt, in der Kultur, Moral und Erkenntnis durch bewusst dysfunktionale Kommunikation unterlaufen und zerstört werden. Es ist eine moderne Situation, in der Freundschaft aus Entfremdung entsteht, scheinbare Aufrichtigkeit Verwirrung stiften soll und das Falsche richtig ist. In sozioökonomischen Begriffen lässt sich in dieser Situation sicherlich der Ausdruck eines gesetzlosen Kapitalismus sehen, der ein fortgeschrittenes Stadium der Dekadenz erreicht hat bis hin zur Instrumentalisierung nicht nur des Mitmenschen, sondern auch des eigenen Selbst, bis zur Umkehrung von Kommunikation in Dyskommunikation. In jüdisch-historischen Begriffen zeigt die Situation den endgültigen Verfall des traditionellen jüdischen Kulturlebens, da seine wichtigste Ausdrucksform, sein wichtigstes Werkzeug – das einheitliche Zeichensystem – zusammenbricht. Die Bedeutung der Erzählung geht jedoch über ihre gesellschaftlichen und historischen Implikationen hinaus. Hier breitet sich der süßliche Gestank metaphysischer Fäulnis aus, menschliches Versagen als Hinweis auf die dunkle Seite der Conditio humana, auf das chaotische Potenzial, das stets unter der zivilisierten Oberfläche lauert.

Das Kernthema beim »Mann aus Buenos Aires« ist mangelhafte Kommunikation. Nicht der Anteil von Juden am internationalen Handel mit ›weißem Fleisch‹ ist das Sujet, auch nicht, in einem breiteren Kontext betrachtet, jüdische Kriminalität als ein Element der damaligen historisch aktuellen Massenauswanderung und der allgemeinen sozialen Verwerfungen, sondern vielmehr die semiotische Katastrophe, die einsetzt, wenn Sprache ihrer traditionellen Bedeutung entleert wird. Als jüdische Geschichte unterstreicht »Der Mann aus Buenos Aires« den Niedergang einer traditionellen Kultur, symbolisiert durch einen Kurzschluss in der Kommunikation. Der jüdische Prostituiertenhändler ist als Typ, als soziologisches und psychologisches Fallbeispiel, lediglich das Rohmaterial, aus dem das Thema der Erzählung gestaltet wird. Strukturell beruht die Geschichte daher nicht auf der kausalchronologischen Ordnung der Lebensgeschichte des Protagonisten, sondern vielmehr auf der schwankenden kommunikativen Brücke zwischen dem Protagonisten und dem Handelsreisenden, die für die relativ kurze Zeitspanne einer Reisebekanntschaft in einem Zugabteil spontan und eilig gespannt wird. Weil der Handelsreisende eine anonyme Person ist, jemand, der sich innerhalb von ein paar Stunden in Luft auflösen wird, kann sich der Mann aus Buenos Aires ihm gegenüber öffnen und zugleich verschließen. In seiner Gesellschaft kann er es sich leisten, den Rausch auszukosten, in dem sich Aufrichtigkeit mit einer kleineren oder größeren Prise Unklarheit und Täuschung mischt. Dies ist ein Hinweis auf die Signifikanz des Eisenbahnsettings, das den gesamten Erzählungszyklus zusammenhält und sowohl die komischen Effekte wie die düstere, fast tragische Atmosphäre bedingt. Der komische Effekt wird durch späte und unvollständige Erkenntnisse erzeugt (erst nachdem der Protagonist das Zugabteil verlassen hat, wird sich der Handelsreisende bewusst, dass er eine nette freundschaftliche Beziehung mit einem Kriminellen geknüpft hat). Die düstere Atmosphäre entspringt der bitteren Ironie, die durch das Zusammentreffen von intellektuellem und moralischem Versagen ausgelöst wird.

Zwischen innen und außen

Nun mag sich der Leser verwundert fragen, ob »Der Mann aus Buenos Aires«, der alles in allem nur eine komische Vignette ist, die gesamte Deutungslast, die wir ihm aufgebürdet haben, wirklich schultern kann. Und wenn diese Erzählung neben einigen anderen Eisenbahngeschichten den Hauptakzent auf die gestörte Kommunikation zwischen dem Protagonisten, dem Monologsprecher und seinem Zuhörer legt, verleiht dieser Umstand den Erzählungen, so interessant sie auch sein mögen, nicht eine Ausnahmestellung im gesamten Zyklus? Schließlich sind die meisten Geschichten, die der Handelsreisende Wort für Wort, ohne Kommentar und Zusatz, wiedergibt, in ihrer Aussage völlig klar und bieten weder dem Handelsreisenden noch dem Leser Verständnisschwierigkeiten. Weist das nicht darauf hin, dass »Der Mann aus Buenos Aires« eine Ausnahme ist und keineswegs für das Grundthema der Eisenbahngeschichten steht?

Und doch ist »Der Mann aus Buenos Aires« in vielerlei Hinsicht die ›Eisenbahngeschichte‹ par excellence. Denn in ihr wird das Grundproblem, mit dem sich alle Erzählungen auseinandersetzen, auf die Ebene der Kommunikation zwischen Monologsprecher und Zuhörer gehoben. In den meisten anderen Geschichten ist dagegen eine Fehlkommunikation Gegenstand der Erzählung der Monologisten, das von ihnen beklagte Dilemma. Oft verstehen die Redner selbst nicht, dass es gerade diese Kommunikation war, an der sie gescheitert sind. So bildet das Thema der gestörten Kommunikation den roten Faden des Gesamtzyklus. Alle Erzählsituationen sind voll von Irreführungen und Tarnungen, Missverständnissen und Täuschungen, von Verstellungsmanövern, die im Verborgenen bleiben oder aufgedeckt werden. Diese Situationen bilden zweifellos den gemeinsamen thematischen Nenner der Eisenbahngeschichten. Zwar stehen in den meisten Irreführung, Missverständnis oder Verstellung in keinem direkten Zusammenhang mit dem Verhältnis zwischen Sprecher und Zuhörer, sie werden jedoch immer auch in diesem Verhältnis offenbar.

Diese Konstellationen kommen so häufig und in so vielen Spielarten vor, dass es sinnvoll ist, sie je nach der Kategorie der Fehlkommunikation, durch die sie ausgelöst werden, zu katalogisieren. Nur so lässt sich die gesamte Bandbreite des Themas, die sich im Lauf des Zyklus entfaltet, aufzeigen, ebenso wie die Fülle der literarischen Mittel, die der Autor einsetzt, um den latenten Reichtum des Themas auszuschöpfen. Ein solcher Katalog ist im nächsten, letzten Abschnitt dieses Essays enthalten. Hier gilt es vorerst, ein weiteres Beispiel heranzuziehen und eine Geschichte zu durchleuchten, die von Irreführungen, Tarnungen, Vernebelungen und der zugrunde liegenden Fehlkommunikation handelt, eine Erzählung, die sowohl in Bezug auf den Inhalt als auch auf die Darstellung der Beziehungen zwischen dem Protagonisten und dem Handelsreisenden vom »Mann aus Buenos Aires« auf den ersten Blick weit entfernt ist: »Man soll nie zu gütig sein!«. 1903 entstanden, ist dies einer der früheren Monologe, der 1911 unmittelbar vor der Veröffentlichung in die *Eisenbahngeschichten* aufgenommen wurde. In seiner ersten Fassung war das Motiv der Zugreise nicht enthalten, und sogar in der endgültigen Version ergibt es sich nur aus dem allgemeinen Kontext des Zyklus. Dessen ungeachtet beleuchtet sogar diese Geschichte, wenngleich aus einem neuen Blickwinkel, die wesentlichen Kommunikationsprobleme, die in den meisten Erzählungen zu finden sind und den Zyklus als Ganzes prägen.

»Man soll nie zu gütig sein!« gehört zu jenen Monologen Scholem Alejchems, aus denen Erregung und Zorn spricht. Dies ist schon im Titel angedeutet, der jenem vom Sprecher obsessiv immer aufs Neue wiederholten, mit Bitternis vorgebrachten Satz entspricht. Mit diesem Ausspruch beginnt die Geschichte, und in etwas erweiterter Form endet sie auch mit ihm (»Ach, man soll nie zu gütig sein – hört Ihr? *Man soll nie zu gütig sein!*« [259]) Der Erzähler, dessen Leben zur Hölle geworden ist, glaubt, seine guten Taten seien mit Zurückweisung und Demütigung vergolten worden und sein Unglück sei wegen seiner »Gutmütigkeit« und seines »weichherzigen Charakters« (243) über ihn gekommen. Es drängt ihn, die Geschichte jemandem, gleich wem, zu erzählen. Der ihn verzehrenden Wut wohlbewusst (»Ihr könnt Euch vorstellen, wie es in mir gekocht und gebrannt hat« [251]), braucht er unbedingt einen Zuhörer, der an seinen Nöten Anteil nimmt und sich von der Behauptung überzeugen lässt, die über ihn hereingebrochene Katastrophe sei eigentlich eine Folge seiner Gutmütigkeit und seines Altruismus. Er wählt, sei es durch Zufall oder mit Absicht, den Handelsreisenden als Gesprächspartner. Jedenfalls öffnen sich, nachdem er von jenem eine Zigarette angenommen hat, die Schleusen seines Redeflusses, und keine Macht der Welt könnte diese übersprudelnde Bekenntnissuada eindämmen, solange die Geschichte nicht zu Ende erzählt ist. So besteht die gesamte Erzählung aus den Worten des Monologsprechers. Die Anwesenheit des Handelsreisenden wird nur durch einen knappen Einschub dokumentiert, in dem das Äußere des Gegenübers beschrieben wird, »ein recht vornehmer Mann« mit einer »Warze auf der Nase« (243). Sonst gibt es kein weiteres Detail, keinen Kommentar des Handelsreisenden, und wir wissen nicht, ob er seinen Gesprächspartner überhaupt verstanden hat. Insofern ist die Anwesenheit des Handelsreisenden hier kaum spürbar. Was uns hauptsächlich beschäftigt, ist der abrupte Redeschwall aus dem Mund des ›vornehmen Mannes‹ mit der großen Warze, die einerseits seinen gesetzten, schwerfälligen Charakter andeutet, andererseits das Unvermögen, seinen eigenen Makel, die Warze auf der eigenen Nase, zu sehen. Wie Reb Aaron in »Aufs Gymnasium!« berichtet dieser Protagonist vom Zerfall seiner Familie als Folge einer gegen ihn gerichteten, abgestimmten Aktion seines Adoptivsohns, seiner Pflegetochter (eigene Kinder hat er nicht) und seiner Frau. Der junge Mann ist der Sohn des verstorbenen Bruders des Protagonisten, das Mädchen die Tochter seiner toten Schwägerin. Die beiden gemeinsam bei Onkel und Tante aufgewachsenen Kinder haben sich ineinander verliebt, sind von zu Hause weggelaufen und haben ohne das Einverständnis des Pflegevaters geheiratet. Dabei haben sie die Verbindung mit den Pflegeeltern keineswegs abgebrochen, sondern ihnen brieflich kontinuierlich berichtet, wie es ihnen nach und nach gelingt, Fuß zu fassen. Während der Onkel sie verstößt, bleibt seine Frau stumm und untätig, bis sie die Nachricht von der Geburt eines Kindes, eines ›Enkels‹, erreicht. Dann macht sie sich ohne Zögern auf und zieht den ›Kindern‹ nach, mit der Absicht, nicht mehr zu ihrem Mann zurückzukehren. Alle seine Bemühungen, sie umzustimmen, all sein Flehen und seine Drohungen bleiben fruchtlos. (Als reicher Kaufmann bedient er sich dazu ökonomischer Mittel – macht Versprechungen oder droht, Frau und Kinder zu enterben. Worauf ihm die Frau antwortet, er könne mit seinem Vermögen machen, was er wolle, es sogar der Kirche vermachen.) Der verlassene Mann wandert ruhelos in seinen leeren »vier Wänden« (259) umher. Kochend vor Wut grübelt er über sein bitteres Schicksal nach: »Was tue ich, bitte sehr, auf der Welt? Wieso habe ich solch ein Ende verdient, solch ein Alter?« (259) (Wobei man übrigens nicht den Eindruck hat, er sei alt, sondern eher ein Mann in mittleren Jahren). Jedenfalls schwelgt der Protagonist in seiner Auffassung von ›Gerechtigkeit‹ und ›Güte‹, seinem einzigen Trost. War er nicht bislang der mildtätige Verwandte, der die beiden Waisenkinder unter seine Fittiche genommen und sie bei sich aufgezogen hatte? Und was hat ihm das eingebracht? Ärger, Herzweh und Einsamkeit.

Auf den ersten Blick ist diese Geschichte nur eine der vielen Versionen eines bekannten Narrativs: ein dominanter Vater, Vertreter der alten, praktisch denkenden Generation, geht auf Konfrontation mit romantischen jungen Leuten, die ihre Liebe leben wollen, statt sich seinen Überlegungen und Plänen unterzuordnen. Für beide, insbesondere für den ›Sohn‹, arrangiert er standesgemäße Zweckehen mit entsprechender Aussteuer, während die jungen Leute nur einander wollen und dafür ein Leben in Armut und Mühe auf sich zu nehmen bereit sind. So scheint die Geschichte einem stereotypen Muster zu folgen. Eine Kette von Ereignissen mit vertrauten und vorhersehbaren Elementen: ein praktisch denkender, gefühlloser Vater, der seine Kinder unbedingt nach den Normen seiner eigenen, von Profitdenken geprägten Gesellschaftsschicht verheiraten will, vermittelte Ehen, die von den jungen Menschen abgelehnt werden, Spannung und Druck, die sich zu Hause aufbauen, Streit und Bissigkeit zwischen den Eheleuten, ein Fluchtversuch der Liebenden, die gelungene Jagd nach ihnen und ihre vorübergehende Trennung, dann wieder Flucht, diesmal gut geplant und erfolgreich, die nach den klassischen Regeln des Lustspiels im Sieg der jungen Generation gipfelt. Der Protagonist, ein typischer *senex* der Komödie, ein Angehöriger der alten Generation, bleibt, wie der missmutige, launenhafte Malvolio aus Shakespeares *Was ihr wollt*, vernichtet auf der Strecke. Ein näherer Blick auf die Details der Geschichte zeigt jedoch, dass sich das vertraute Muster der Komödie in einer seltsamen, oft unvertrauten Anordnung entfaltet. Es stellen sich verschiedene Fragen: Warum hat der Autor die romantischen jungen Leute – und zwar beide! – als Pflegekinder ihres Onkels, des ›alten‹ Griesgrams, dargestellt? Warum musste die verbotene Liebe ausgerechnet in der Familie blühen? Was bedeutet der eher untypische und unerwartete Umstand, dass die Ehefrau des Protagonisten Haus und Mann verlässt? Wie spielen all diese idiosynkratischen Details in dieser stereotypen und doch nicht ganz so stereotypen Geschichte zusammen, und was für eine spezifische Bedeutung verleihen sie ihr? Schließlich scheinen diese Einzelheiten zumindest an der Oberfläche die Fixierung des Protagonisten auf den Satz »Man soll nie zu gütig sein«, an dem die Bedeutung der Geschichte hängt, zu rechtfertigen, obwohl klar ist, dass der implizite Autor dem Protagonisten die Behauptung, seine Schwierigkeiten seien Folge seiner ›Güte‹, nicht abnimmt. Die Antwort auf all diese Fragen fördert Ungewöhnliches zu Tage.

Zunächst gilt es, die merkwürdigen, ungleichen Beziehungen zwischen dem Protagonisten und seinen beiden Pflegekindern zu verstehen. Zu Beginn der Geschichte erzählt der Protagonist, er und seine Frau hätten die beiden Waisen aufgenommen, weil sie keine eigenen Kinder gehabt hätten. Diese

Umstände – die Unfruchtbarkeit und die Aufnahme der verwaisten Nichte und des vaterlosen Neffen – schreibt er als guter Jude dem Willen Gottes zu. Die Unfruchtbarkeit sei eine Strafe des Himmels (der Protagonist wiederholt zweimal »der Allmächtige« bzw. »Gott hat mich gestraft« (243, 245), obwohl unklar bleibt, für welche Sünde er eine so schwere Strafe verdient haben könnte), und das Verwaisen und die Aufnahme der Kinder offenbare den Willen Gottes, den Protagonisten die Mizwa [Gebot, gute Tat] erfüllen zu lassen, Kinder zu haben und großzuziehen. Hinter diesen religiösen Plattitüden steckt wohl der verständliche Kummer eines Kinderlosen und sein Kinderwunsch. Am deutlichsten wird dies, wenn der Protagonist seine Bemühungen beschreibt, den Sohn seines Bruders in Pflege zu nehmen. Nach dem frühen Tod des Bruders war das Kind bei der verwitweten Mutter geblieben, die keinerlei Absicht hatte, sich von ihm zu trennen. Der Protagonist begann sie zu bedrängen, als er erfuhr, dass sie Heiratsanträge bekommen hatte. Dass ihr schon sechs Monate nach dem Tod seines Bruders (eine in der traditionellen jüdischen Gesellschaft durchaus übliche Frist) eine ›Partie‹ angetragen wurde, stellt er als Makel der jungen Frau dar und als Rechtfertigung für seine aggressiven Bemühungen, ihr den Sohn wegzunehmen. Jedenfalls fügte sich die Witwe und überließ ihren Sohn dem Onkel. Von da an fühlte er sich mit ihm wie mit seinem eigenen Fleisch und Blut verbunden. Er betrachtete ihn wie einen leiblichen Sohn, lobte ihn überschwänglich, betonte seine Vorzüge und weigerte sich, ihn zu verurteilen, sogar jetzt, nachdem er von ihm ›verraten‹ worden war. Die gesamte Schuld lastet er dem Mädchen an, der »Schlange« (251), die den jungen Mann verführt habe. Dass es notwendig war, sie (vor dem Jungen) aufzunehmen, führte er auf den verdorbenen Charakter ihres Vaters zurück. Dieser liederliche Sprössling einer vornehmen Familie, ein Scharlatan, sei nicht einmal beim Tod seiner Frau, der Schwägerin des Protagonisten, zu Hause gewesen. Außerdem habe er sich herumgetrieben und mit Müßiggängern und Schwindlern zusammengetan, habe sein Geld beim Kartenspiel verloren, sei im Gefängnis gelandet und zum Schluss an einer »saubere[n] Krankheit« (245) gestorben. Daher hätten der Protagonist und seine Frau, die Schwester der Verstorbenen, als einzige Verwandte des Waisenmädchens keine andere Wahl gehabt, als es bei sich aufzunehmen. Offensichtlich unterschieden sich die Umstände in beiden Fällen – sowohl hinsichtlich der (vom Protagonisten) empfundenen Verpflichtung als auch juristisch. Während der Junge von Rechts wegen adoptiert wurde, mit der Absicht, ihm dereinst das Vermögen des Protagonisten zu vererben, wurde das Mädchen lediglich in seinem Haus großgezogen, ohne dass er sie als wirkliche Tochter betrachtete. Hier liegt die Wurzel des Konflikts: Der Junge ist der ›Sohn‹ eines reichen Mannes, dem eine vornehme Braut zusteht, das Mädchen jedoch fast ein Findelkind, das nur mit einer bescheidenen Mitgift und einem Ehemann aus niedrigem Stand rechnen durfte. Wie der Protagonist einräumte, sei es besonders schwierig gewesen, für sie einen Mann zu finden: ihrer geringen Mitgift hätte nur die Ehe mit einem Handwerker entsprochen, allerdings hätte ihr familiärer Status mehr erlaubt, so wäre es beinah unmöglich gewesen, für sie einen Ehemann zu finden, wäre sie nicht schön, klug und von angenehmer Natur. In der Tat gelang es dem wendigen Adoptivvater, eine gute Partie für sein Mündel auszuhandeln, einen ehrbaren jungen Mann, einen tüchtigen Handlungsgehilfen, der sie trotz der geringen Mitgift zur Frau wollte. Der junge Mann habe sich zu dem Mädchen wegen seiner Schönheit (»eben ein Röschen« [245], wie schon ihr Name Rejsel sage) und seines Charmes hingezogen gefühlt. Kaum hatte der gerissene Protagonist das gemerkt, nagelte er den jungen Mann mit einer förmlichen Vereinbarung fest. Jedoch hatten die physischen und geistigen Vorzüge des Mädchens nicht nur den zukünftigen Bräutigam bezaubert, sondern auch den Adoptivsohn, der sich in das Mädchen verliebt hatte. So war die mühevoll zustande gekommene Ehevereinbarung ins Wasser gefallen.

Nun können wir das Kommunikationsnetz nachvollziehen, das der kinderlose Protagonist um seine Familie gewebt hat. Mit dem Jungen identifizierte er sich, weil dieser wie er selbst männlichen Geschlechts und das Kind seines eigenen Bruders war. Seine Beziehung zum Mädchen war zurückhaltender, sie war ja nur ein Mädchen und nur die Verwandte seiner Frau. Auch das Verhältnis zwischen ihm und seiner Frau war Teil dieses von grundlegender Ungleichheit geprägten Netzes. Offensichtlich übertrug der Mann seine Einstellung zu seiner Frau auch auf die Nichte. Ungeachtet ihres Grolls bleibt die Frau stumm, und der Protagonist gibt vor, nicht zu wissen, wie tief verletzt sie sich fühlt. Auf diese Weise werden die Beziehungen zwischen den Eheleuten sichtbar: an der Oberfläche ein erstarrtes Schweigen, unterschwellig Ressentiment und Antagonismus. Diese Ungleichheiten sind die Quellen der destruktiven Dynamik, welche die Handlung antreibt. Die ›Kinder‹ begreifen den heftigen Widerstand des ›Vaters‹ gegen ihre Verbindung nicht. Es ist ihnen unverständlich, wieso das für ihn ein peinlicher Skandal ist. »›Wo steckt da der Skandal? Sie ist Eure Nichte und ich bin Euer Neffe, das ist doch die gleiche Sache.‹« (253), so der junge Mann erstaunt. Der Protagonist sieht das natürlich anderes. Er führt ein anderes Argument ins Feld, das allerdings sein wahres Motiv verleugnet und daher nicht überzeugend ist: Der Vater des Jungen – der Bruder des Protagonisten – sei ein gesetzestreuer Jude gewesen, der einen ›koscheren‹ jüdischen Tod gestorben sei (er hatte im Bad, wo er sich für den Schabbat reinigte, irrtümlich ein Gefäß mit kochendem Wasser über sich gegossen, sich dabei verbrüht und war nach schwerem Leiden an den Verletzungen gestorben); der Vater des Mädchens jedoch, ein Schwindler und Scharlatan, sei an einer »saubere[n] Krankheit« (245) gestorben.

Dieses emotionale Argument, das hinter der Logik des komödiantischen Handlungsschemas durchscheint, bietet jedoch auch keine ausreichende Erklärung für die extrem zornige Reaktion des Protagonisten, die zu einer Entfremdung zwischen ihm und allen Angehörigen seines Haushalts geführt hatte. Es erklärt nicht den tiefen Hass auf das Mädchen, die hysterische Verfolgungsjagd nach dem geflohenen Liebespaar, die Entscheidung, die beiden als Diebe der Polizei auszuliefern (wobei der ›Vater‹ eigentlich darauf aus gewesen war, lediglich das Mädchen wegen Diebstahls anzuzeigen), und die Unfähigkeit des Protagonisten, seine Wahnvorstellung von der eigenen Gerechtigkeit und der eigenen ›Güte‹ aufzugeben. All dies entspringt tieferen, verborgeneren emotionalen Wurzeln, die der Protagonist nicht kennt, obgleich er mit allen möglichen, für die Geschichte eigentlich irrelevanten Nebenbemerkungen ihr Vorhandensein andeutet. Anders gesagt, sind sie Teil weder des kausalen Zusammenhangs im dargestellten Ereignisablauf noch der Argumente, mit denen er seinen Zuhörer zu überzeugen versucht.

Eine dieser Wurzeln zeigt sich bei genauerem Hinsehen in der unerklärlich obsessiven Beschäftigung des Protagonisten mit dem Charakter des verstorbenen Schwagers, »ein Sohn aus vornehmer Familie, dazu noch mit einem reichen Großvater und einem reichen Vater und einem kinderlosen Onkel, auch wieder ein reicher Mann. Wohlstand, wohin man auch sieht, welch ein Glück!« (243). Sein Schwager sei ein vom Glück gesegneter, erfolgreicher, angenehmer und gut aussehender Mann gewesen. Dies dient nur als Einleitung zu der darauffolgenden übertriebenen Beschreibung der Unvernunft dieses Schwagers, der sein Vermögen verschleudert, seine Familie ruiniert und sich schließlich selbst zerstört hat. Es ist zu vermuten, dass die exzessive Beschäftigung des Protagonisten mit dem abwegigen Verhalten seines Schwagers vor langer Zeit als Strategie oder Taktik entstanden war, um seine schweigende Ehefrau so lange zu reizen, bis sie die Beherrschung verlor und begann, die Erinnerung an den Schwager zu verteidigen oder zumindest zu verlangen, er möge den Toten ruhen lassen und nicht weiter schmähen. Er war nicht klug genug, zu erfassen, dass ihr Schweigen (das er gerne als Zustimmung verstehen wollte – die Frau könne doch, so dachte er, nicht umhin, sich seinen überzeugenden Argumenten zu beugen) nur das Vorspiel dazu war, dass sie das Haus auf Nimmerwiedersehen verließ.

Zudem beschäftigt sich der Protagonist viel zu ausführlich mit der toten Schwägerin, die er in den Himmel hebt. Gleich zu Beginn der Geschichte bemerkt er beiläufig, seine Schwägerin, die Mutter der aufgenommenen Rejsel, sei von unvergleichlicher Schönheit gewesen. Bei dieser Gelegenheit spricht er auch von der Schönheit seiner eigenen Frau, der älteren der beiden Schwestern: »Meine Frau hatte eine jüngere Schwester mit Namen Perel. Sie war, Perel meine ich, wirklich eine besondere Schönheit. Beide waren sie schön, und meine Frau kann sich heute noch sehen lassen. Man hätte sie beide ohne Mitgift verheiraten können, und wenn's darauf angekommen wäre, hätte man sie noch mit Gold überzogen, so schön waren sie. Aber das ist nicht der Punkt.« (243) Damit noch nicht genug des Lobes. Perel sei nicht nur eine große Schönheit gewesen, sondern auch ein Juwel, eine ›Perle‹, eine treue jüdische Seele, die die ›Streiche‹ ihres Mannes nicht ertragen konnte – die Missachtung des Schabbat, die vielen Übertretungen wichtiger und weniger wichtiger Gebote, sein Verzicht auf eine Kopfbedeckung etc. Das habe sie krank gemacht und zu ihrem frühen Tod geführt. Natürlich wissen wir nicht, ob die Depression der Schwägerin wirklich mit dem Verhalten ihres Mannes zusammenhing, ob sie durch seinen leichtfertigen Umgang mit den religiösen Geboten hervorgerufen wurde, wie der Protagonist behauptet, oder durch das Scheitern ihrer Ehe, auf das seine langen Abwesenheiten hinweisen. Jedenfalls ist es klar, dass der Protagonist sich zu seiner schönen, braven Schwägerin hingezogen gefühlt hatte und vielleicht sogar in sie verliebt gewesen war. Aus dem Zusammenhang wird auch deutlich, warum er sie selbst nicht gewonnen hatte, obgleich er sie ihrer älteren Schwester vorgezogen hätte. Die beiden aus einer armen Familie stammenden Mädchen seien aber (vor allem die jüngere Schwester) berückend schön gewesen, jung, anmutig und äußerst anziehend, so dass sie auch andere Verehrer hatten, die sie gerne geheiratet hätten, obwohl nur mit einer geringen Mitgift zu rechnen war. Zu jenen zählte auch der Protagonist, der damals als Kaufmann am Beginn seiner Laufbahn wohl gefühlt haben musste, es sei ihm nicht gestattet, dem Ruf seines Herzens zu folgen. Zudem konnte er sich mit dem wohlhabenden jungen Mann, der sich ebenfalls für die jüngere der beiden Schönheiten interessierte, nicht messen. Dessen großer Reichtum machte die Frage der Mitgift unerheblich. So ging die Jüngere an den Sohn der wohlhabenden Familie, und der junge ehrenwerte Mann, der ein wohlhabender Kaufmann werden sollte, fand sich mit der Älteren ab, die schön genug war, um das Thema der Mitgift in den Hintergrund zu rücken. Beide Ehen scheiterten. Der reiche junge Mann, seinen hedonistischen Lebenswandel gewohnt, wurde offensichtlich bald seiner jungen armen Frau überdrüssig, die wohl, so ihr

Schwager, fromm und sittsam war; so hatte ihr Ehemann sie und das Kind
verlassen, sich mit seinen nichtsnutzigen Freunden herumgetrieben und war
schließlich mittellos gestorben. Er hatte seine junge Frau ›geliebt‹ – das heißt
sie eine Zeitlang begehrt –, während sie, wie es scheint, ihm vom ganzen
Herzen zugetan war. Das war die Tragödie ihrer Ehe und auch von deren
Frucht – ihrer schönen, wohlgeratenen Tochter. In ganz anderer Weise schei-
terte die Ehe des Protagonisten. Auch wenn niemand starb, war sie nicht
weniger unheilvoll. Ungeachtet ihrer Schönheit liebte der Protagonist seine
Frau höchstens, als er in ihr einen Ersatz für ihre Schwester sah. Seine Frau,
die das fühlte, schenkte ihm auch keine Liebe – daher die tödliche Stille in
ihrer Beziehung, die der Protagonist nur brach, um seine Frau mit bissigen
Bemerkungen zu verletzen. Die Öde dieser Ehe fand ihren deutlichen Aus-
druck in der ›Strafe‹ der Unfruchtbarkeit. Es fehlten sowohl emotionale Wär-
me als auch sexuelle Spannung, obgleich der Protagonist zweifellos über eine
äußerst starke Sexualität verfügte beziehungsweise von ihr beherrscht wurde
– viel zu stark, als dass dieser provinzielle und geizige Charakter sie hätte aus-
leben können. Denn wie könnten wir seine unglückliche Verstrickung mit
den beiden bezaubernden Schwestern anders verstehen? Schließlich hatte er
mit seinem Werben gegen alle von ihm als praktisch denkendem Kaufmann
hochgehaltenen Regeln verstoßen. Als junger Kaufmann hätte er passender-
weise eine Braut aus einer gut situierten Familie suchen sollen, deren Mit-
gift es ihm erlaubt hätte, seine Geschäfte auszuweiten, und deren familiäre
Verbindungen ihm gesellschaftlichen Rang gesichert hätten. Schönen Mäd-
chen ohne Mitgift nachzulaufen war Sache eines reichen Hasardeurs, wie sein
Schwager einer war, eines hemmungslosen Mannes, der ohne Zögern den
Neigungen seines Herzens folgte – nicht aber eines ›ehrenwerten Juden‹ wie
der Protagonist, jemand, der von seinem ›Sohn‹ und Erben aggressiv verlang-
te, sich unter Aufgabe der eigenen Herzenswünsche in eine Zweckheirat zu
fügen. Als solcher Mensch hatte er seine Begierde nicht beherrschen können
– eine ›Sünde‹, für die er zweifellos eine ›Strafe‹ verdient hatte. Eine Strafe,
die nicht lang auf sich warten ließ. Sie begann mit seiner an jene von Rachel
und Lea gemahnenden Geschichte, die ihm ein gemeinsames Leben statt mit
dem begehrten Mädchen mit deren Schwester bescherte. Dem folgte die an-
gemessene Strafe der Kinderlosigkeit: Sowohl Sünde als auch Strafe hängen
mit Sexualität zusammen.

In diesem Boden steckt der giftige Stachel aller negativen Emotionen in
dieser Geschichte, der Grund des für die Erzählung charakteristischen bren-
nenden Zorns: Ein Mann handelt triebhaft, unvernünftig, gegen alle Regeln
seines Standes und seiner Erziehung und führt damit sozusagen die Zerstö-

rung seines Lebens herbei. Als der Protagonist die Schönheit seiner Frau und seiner Schwägerin beschreibt, dank deren beide nicht nur ohne Mitgift hätten verheiratet werden können, sondern auch »mit Gold überzogen« [243] werden (das heißt, ein finanziell angenehmes Leben führen können), wandelt er den aus der klugen Redeweise Mendeles des Buchhändlers bekannten Ausspruch ab: »*bin ich ajch nit ojssn*« [aber das ist nicht der Punkt]. Wie der redselige Mendele scheint der Protagonist nur einen Augenblick lang von seinem Erzählstrang abzuweichen; er hält bloß einen Moment für eine Nebenbemerkung inne. Bei Mendele jedoch weist die Bemerkung »*nischt doss bin ich ojss*n« [nicht darauf kommt es mir an] stets darauf hin, dass quasi en passant das wirklich Wesentliche gesagt und hier vom Sprecher der Stachel der Satire angesetzt wird. Mendele versucht, den Moment, an dem er das Messer tief ins Fleisch stößt, kunstvoll zu überspielen. Ähnlich verweisen in »Man darf nie zu gütig sein!« vergleichbare Erklärungen im gesamten Monolog auf die entscheidende Bedeutung von Nebenbemerkungen, die sie scheinbar zurücknehmen. Doch hier ist die Bemühung, etwas zu verschleiern, ehrlich. Der Protagonist selbst ist nicht bereit zu erkennen, wie wichtig seine Worte sind, und indem er seine ›irrelevanten‹ Hinweise abtut, kann er ihre wahre Bedeutung leichter verdrängen. Der Protagonist kann sich die Einsicht nicht erlauben, dass die Wahl seiner Frau mit seiner Hinneigung zu deren Schwester zusammenhing. Ebenso muss er verdrängen, warum sein Schwager eine so große Rolle für ihn spielt, dass er ihn in seinen Gesprächen mit seiner Frau dauernd erwähnen muss. Ist der Schwager nicht die Inkarnation seiner eigenen überbordenden Sexualität, die ihn in eine Mesalliance gestoßen hat? Dieser Mann hat immer seine Bedürfnisse befriedigt, sogar sein Tod an einer »sauberen Krankheit« (wohl einer Geschlechtskrankheit) scheint darauf hinzuweisen, wie sehr er stets dem ›Lustprinzip‹ gefolgt ist. Ihn muss der Protagonist, der das Ausmaß der Versuchung aus eigener Erfahrung nur allzu gut kennt und der angesichts der verborgenen Ähnlichkeit entsetzt zurückweicht, als einen geheimen, verhassten Bruder erkennen. Ein weiterer Vergleichsmoment mit der Familie des Schwagers quält ihn: Ist er nicht wie jener ›unfruchtbare‹ Onkel des jungen Mannes, der gezwungen war, sein Vermögen mangels eigener Nachkommen dem frivolen Neffen zu vererben? Zudem ähnelt er dem Vater des Schwagers, der seine Liebe zu seinem Sohn damit zum Ausdruck brachte, dass er ihm seinen gesamten Reichtum hinterließ, während der Sohn ihn mit seiner unstandesgemäßen Heirat verriet. Und er gleicht seinem Schwager darin, dass er das Leben seiner Frau systematisch zerstört. Wie schon erwähnt, wissen wir nicht genau, ob der Schwager das Leben seiner Frau zerstört hat, doch wir wissen, dass die Version des Protagonisten nur ein Umkehrbild seiner eigenen Härte und Grausamkeit gegenüber seiner Frau ist, deren er sich kaum bewusst ist; daher auch die Beharrlichkeit, mit der er Krankheit und Tod seiner schönen Schwägerin auf den zügellosen Lebenswandel und die religiösen Verfehlungen ihres Mannes schiebt. Sicherlich hält der Protagonist sich selbst in diesen beiden Bereichen – Religiosität und angemessenes soziales Verhalten – für untadelig. Seine Anschuldigungen gegen den toten Schwager ziehen eine scharfe Trennlinie zwischen den beiden Männern. Dennoch kann er sich der Ahnung nicht völlig erwehren, dass er dem toten Schwager als grausamem Ehemann einigermaßen ähnlich ist. Anders als jener verlässt der Protagonist zwar nicht seine Frau, hängt vielmehr in einer ausgeprägt sadistischen Art und Weise an ihr (weswegen sie wiederum ihn verlässt), doch ist er ihr gegenüber voller Zorn und Groll und behandelt sie mit Aggressivität, Sarkasmus und emotionaler Grausamkeit.

Er tut dies, weil seine Frau eine lebendige Zeugin seines dreifachen Scheiterns ist: Seine Heirat war gesellschaftlich und ökonomisch ein Fehlschlag, sie hat zu einer emotional und sexuell missglückten Ehe geführt und ihn mit Kinderlosigkeit und Einsamkeit gestraft. Die Erkenntnis dieses dreifachen Scheiterns bestimmt seine Einstellung zur Liebesbeziehung und Heirat seiner beiden Pflegekinder. In dieser Situation sieht er eine Wiederholung seiner eigenen Fehler. Der junge Mann, mit dem er sich voll und ganz identifiziert und den er schon einmal aus den Fängen einer ›bösen‹ Frau (seiner Mutter) ›gerettet‹ hat, ist wieder Opfer einer solchen Frau geworden; der Protagonist vermutet, dass dies dem jungen Mann, wie zuvor ihm selbst, aufgrund der gleichen ›verderbten‹ sexuellen Begierde ›zugestoßen ist‹. Dieser Theorie zufolge hat der junge Mann das ihm gesellschaftlich und ökonomisch Zustehende ausgeschlagen und ist den Versuchungen seiner Lust erlegen. Auch er, meint der Protagonist, werde schon merken, dass nicht alles, was glänzt, Gold ist. Die Beziehung des Protagonisten zu dem Mädchen, der Tochter der geliebten Schwägerin und des verhassten Schwagers, ist zwiespältiger. Einerseits ist es klar, warum er sie bei sich aufnahm – ein später Triumph über den reichen Schwager, der die schönere und attraktivere der beiden Schwestern für sich gewonnen hatte. So lag in dem Umstand, dass der Schwager sein gesamtes Vermögen und sein Leben verlor und dass er, der Protagonist, der schönen Tochter Schutz und ein sicheres Zuhause bieten konnte, eine süße Rache. Andererseits rief die Gegenwart des klugen, schönen Mädchens ständig seinen Zorn hervor und führte zu wachsender Entfremdung – insbesondere als sie (wie es ihm schien, plötzlich) zur Frau herangereift und ihrer Mutter sehr ähnlich geworden war. Sie war nicht nur ein Abbild der verlorenen ›Perle‹, sondern auch ein junges, attraktives Duplikat der Ehefrau des Protagonisten. Beide, Ehefrau und Mädchen, sind eine Art Ersatz für die tote Perel. In den Handlungen seiner Pflegekinder sieht der Protagonist jenen Fehler, den er durch die Heirat mit seiner Frau beging.

Die gute Partie, die dem Protagonisten für das Mädchen vorschwebte, ist ebenfalls ein Hinweis auf den Teufelskreis der Wiederholungen, den der Protagonist nicht zu durchbrechen vermag. In gewisser Weise ist dieser Heiratsplan auch ein Spiegelbild seiner eigenen ›Fehler‹ und ›Sünden‹. Wie erwähnt, hatte er einen respektablen (und ihm selbst, aber nicht dem Mädchen genehmen) Ehemann gesucht, der bereit gewesen wäre, sich mit einer kleinen Mitgift zu begnügen. Er befindet sich damit in genau der gleichen Lage wie die Eltern seiner Frau, als sie ihre Töchter quasi ohne Mitgift mit anständigen Männern zu verheiraten versuchten. Wie sie benutzt er ihre Schönheit (gleich jener, der er selbst ›auf den Leim gegangen‹ war), um einen passenden Bräutigam zu finden, und um ein Haar hätte sich sein Wunsch auch erfüllt. Er findet einen jungen Mann, etwa 20 Jahre alt, kein Handwerker, sondern ein Handlungsgehilfe, »*verdient* auch schon ein paar Rubel und *hält sie zusammen*, so dass er einiges gespart hat« (247). Dieser ist sogar bereit, ja erpicht darauf, das Mädchen zu ehelichen. Es ist klar, an wen er den Protagonisten erinnert. Intuitiv, mittels unbewusster Identifikation, hat er die starke Sexualität des jungen Mannes angesprochen, um mit einem Angebot an ihn heranzutreten, das auf den ersten Blick für einen, der »schon ein paar Rubel« verdient, unakzeptabel hätte sein müssen. Doch als der Bursche das Angebot annimmt, tut der Protagonist so, als sei er überrascht. Darin erkennen wir die bizarre Mischung aus praktischen Erwägungen und unbewussten Motiven, die den Protagonisten antreibt: Es geht hier um Rache – der Protagonist nutzt den Jungen genauso aus, wie er selbst ausgenutzt wurde; es geht auch um eine Korrektur – nicht dem Spross einer angesehenen reichen Familie macht der Protagonist das Angebot (Perel in Gestalt seines Mündels), sondern einem Mann, der ein pedantischer, knauseriger Kaufmann werden wird (wie er selbst); zugleich ist das die Fortsetzung der Rache gegen seine Frau – wie sie würde das Mädchen ein eingeschränktes, kleinbürgerliches Leben mit einem ungeliebten Ehemann führen. Andererseits wäre damit der Teufelskreis unterbrochen – der Adoptivsohn (das heißt der Protagonist selbst) wäre damit vor einer riskanten Verbindung, Resultat seines Verlangens nach einem mittellosen Mädchen, bewahrt, um stattdessen, wie es ihm zusteht, die Tochter eines reichen Kaufmanns zu heiraten. Nun ist es klar, woraus sich der gewaltige Zorn speist, der in fast psychotischer Weise entbrennt, als die heimliche Romanze zwischen den beiden angenommenen Kindern ans Tageslicht kommt. Ebenso klar ist es, warum der Protagonist seinen Zorn auf seine Frau richtet, die er verdächtigt, mit dem jungen Paar unter einer Decke gesteckt und eine aktive Rolle beim – erneuten! – Schiffbruch ihres Mannes gespielt zu haben. Darum kann uns auch die ablehnende Reaktion des Protagonisten auf die Nachricht von der Geburt des Enkels nicht mehr erstaunen. In gewöhnlichen Vater-Sohn-Konflikten, die sich für die Väter an unerwünschten Eheschließungen entzünden, bietet das Erscheinen der dritten Generation den idealen Anlass für eine Versöhnung. Angesichts eines Enkelkinds lassen sich die griesgrämigen alten Männer besänftigen und finden sich mit der zuvor inakzeptablen Verbindung ab. Seine Frau legt ihm nahe, so zu reagieren, sollte er nicht dumm oder verrückt sein. (»›Wenn du hier wärst und das Kind anschauen würdest, den Herschel, wie er mit der Hand auf Großvaters Bild zeigt und macht dazu *„dje dja"*, du würdest dir selbst dreimal vor den Kopf hauen!‹« [259]) Doch der Protagonist ist außerstande, sich so zu verhalten. Die ganze Geschichte reißt alte Wunden bei ihm auf, konfrontiert ihn erneut mit früheren Fehlschlägen. Die Geburt des Enkels, krasser Gegensatz zum Fluch seiner Kinderlosigkeit, führt zum vollends unerträglichen Kulminationspunkt – umso mehr, da seine Frau, als sie von der Geburt des Kindes erfährt, das Haus verlässt und aufhört, ihm als Ehefrau und Zielscheibe seines Zorns zu dienen.

Die Geschichte fördert eine Reihe verzerrter Beziehungen zutage, die von aktiver wie passiver Aggressivität geprägt sind, einer Aggressivität, die in der gestörten, unterbrochenen Kommunikation zum Ausdruck kommt. Knapp unter der Oberfläche der Handlung manifestiert sich die gestörte Kommunikation, der jede Offenheit zwischen dem Protagonisten und seinen Pflegekindern fehlt. In seine Pläne für ihre Zukunft weiht er sie praktisch gar nicht ein. Die Ehe seines vielgeliebten ›Sohns‹ handelt er unter völliger Geheimhaltung aus und informiert ihn erst in letzter Minute von seinem Vorhaben, als die Verlobung (*tnoim*) bevorsteht. Sogar dann, räumt er ein, hätte er noch nichts verlauten lassen, wäre da nicht die neumodische Sitte, ein Treffen zwischen den Verlobten zuzulassen. Also muss er den jungen Mann über die bevorstehende Ehevereinbarung informieren, tut dies aber mit Widerwillen und ohne Rücksicht auf dessen Wünsche und Gefühle:

»Aber heutzutage ist es nicht mehr so wie früher einmal. Früher hat man die Partie für die Kinder geschlossen, ohne dass sie mitmischten. Man kam nach Hause, ›Maseltow!‹ und fertig! Heutzutage ist es aber die neue Mode, dass man die Sache zuerst mit den Kindern selbst beredet. Die jungen Leute sollen sich erst einmal anschauen und dann sagen, ob sie einander gefallen oder nicht. Man braucht es ihnen nicht einmal zu sagen, sie treffen sich schon von alleine ...« (249–251)

Hier gibt der Protagonist lediglich vor, er hielte an den Normen der alten Generation fest, die er selbst in seiner Jugend missachtet hat. Er hat keine Bedenken, dass der sparsame Handlungsgehilfe seine ›Tochter‹, die mitgiftlose Schönheit, sieht: »Jawohl, sie gefällt ihm«. (247) Der Protagonist hasst einfach jede Kommunikation, weil sie seinen Manipulationen in die Quere kommen und einen Kompromiss zwischen seinen eigenen (unbewussten) Wünschen und den von der Umsetzung dieser Wünsche betroffenen Menschen erfordern würde. Auch die Kinder bleiben stumm und verraten dem Vater ihre Absichten nicht einmal andeutungsweise. Das Mädchen fügt sich scheinbar in die ihr aufgezwungene Heirat und ist stumm »wie die Wand« (247). Der junge Mann schweigt errötend, was der Vater als Zeichen der Zustimmung wertet (»keine Antwort ist auch eine Antwort« [251]), so dass er die vereinbarte Heirat weiter vorbereitet, bis die Liebenden schließlich miteinander durchbrennen.

Auf einer tiefer liegenden Ebene zeigt sich die Blockade der Kommunikationskanäle zwischen dem Protagonisten und seiner Frau. Ganz offensichtlich herrscht hier seit vielen Jahren ein tiefes Schweigen. Begonnen hat es als (passiv-aggressive) Reaktion der Frau auf die Verbitterung und Enttäuschung des jungen Ehemannes von ihrer Ehe. Seinen Sticheleien, mit denen er sie aus der Fassung bringen will, entnehmen wir, dass Schweigen ihre Taktik war. Gleichzeitig wird uns klar, dass sich hinter dem grausamen Sarkasmus des Mannes vielleicht nur der verzweifelte Versuch verbarg, ihr Schweigen zu brechen und sie zu einer heftigen, und sei es negativen Reaktion zu provozieren, sie also zum Reden zu bringen. Darauf hat sich die Frau jedoch nur selten eingelassen. Im Grunde war sie an keinerlei Kommunikation mit ihrem Ehemann interessiert, weder positiv noch negativ. Wir merken, dass der Protagonist nicht die geringste Ahnung hat, was seine Frau fühlt. Als er seinen Ärger und sein Leiden angesichts der Flucht der Kinder schildert, wiederholt er mehrmals die Behauptung, er habe seiner Frau gegenüber nur sein bitteres Herz ausgeschüttet: »Der ganze Skandal kommt ja auch von *ihrer* Seite, Rejsel ist doch *ihre* Nichte.« (251) Die Frau ist stumm wie eine »Wand« (ganz wie das Mädchen, als sie von der geplanten Verheiratung mit dem Handlungsgehilfen erfährt), und der Protagonist deutet ihr Schweigen als Zustimmung: »Sie aber schweigt und antwortet rein gar nichts. Was kann sie mir auch antworten, wo sie doch merkt, dass ich recht habe?« (257) Als seine Frau von zu Hause fortzieht, trifft ihn das wie ein Blitz aus heiterem Himmel. Damit hat er nicht gerechnet.

Mit keinem seiner Familienmitglieder unterhält der Protagonist eine wirkliche Beziehung; deswegen interpretiert er das Verhalten der anderen vor dem Hintergrund seines Zerrbildes von der Realität und seiner bewussten und unbewussten Wünsche und Bedürfnisse. In diesem Kontext entfaltet das Motiv des Briefwechsels eine besondere Komik. Der Protagonist, der sich ja im Allgemeinen keine große Mühe gegeben hat, mit seinen unmittelbaren Familienmitgliedern zu sprechen, ist nun gezwungen, schriftlich mit ihnen zu kommunizieren. Zunächst schicken ihm die Kinder Briefe, um ihre Abreise mitzuteilen, dann um zu demonstrieren, wie glücklich sie sind, was den Protagonisten zum Wahnsinn treibt. Er lässt sie telegrafisch wissen, dass er alles unternehmen werde, um ihr Vorhaben zu unterbinden; dabei lässt er sich auch auf lachhafte Lügen ein – er bezichtigt das Mädchen des Diebstahls, und als sie daraufhin mit ihrem Geliebten verhaftet wird, muss er die Polizei bestechen, um die Anschuldigungen fallenzulassen, die er selbst in die Welt gesetzt hat. Sogar die sadistische Beziehung zu seiner Frau ist auf einen Briefwechsel geschrumpft, was bei ihm das Gefühl des Zorns und der Einsamkeit nur verstärkt.

Kernpunkt ist die gestörte Kommunikation zwischen dem Protagonisten und seinen eigenen Gefühlen und wahren Gedanken. Weder sich selbst noch dem Zuhörer gegenüber gibt er auch nur eines der Details zu, die indirekt aus seinen Nebenbemerkungen, den scheinbar irrelevanten Hinweisen (»aber das ist nicht der Punkt«[42]) durchscheinen. Er lebt ein Leben voller Lügen, voll von Täuschung, Verdrängung und Verzerrung der Wahrheit, was durch seine Behauptung, er sei ein ›guter‹ und ›gütiger‹ Mensch, veranschaulicht wird. Doch die emphatische, fast obsessive Wiederholung dieser Behauptung wie auch die wiederholte Feststellung »man soll nie zu gütig sein« enthüllen, wie wenig er sich selbst glaubt. Er ahnt dunkel, dass er weder ›gut‹ noch ›gütig‹ ist. Sein Verhältnis zu sich selbst ist unehrlich. Er belügt sich selbst und spürt das. Er gibt anderen die Schuld und weiß, wenn auch undeutlich, dass er der Schuldige ist. Er verbirgt den großen ihn zerreißenden Konflikt zwischen seiner ausgeprägten Sexualität und dem puritanischen Ethos des praktisch denkenden Kaufmanns, und doch bricht sich dieser Konflikt in jeder seiner Äußerungen Bahn – daher sein unbändiger Zorn, der sich in eine gewaltige narrative Energie verwandelt. Am Ende ergießt sich die destruktive Energie, die dieser Konflikt freisetzt, in eine erschütternde und zugleich faszinierende Geschichte. Während der Protagonist sie dem Handelsreisenden erzählt, steht er unter dem Leidensdruck seiner Selbstzerstörung, der auch der Leidensdruck seiner verlogenen Selbstkommunikation ist. Seine Qual bringt ihn einer wahrhaftigen Kommunikation nahe: Man meint, er werde

42 Siehe S. 243, 245, 249, 251, 255, 257.

sich jeden Augenblick öffnen und zumindest sich selbst die Wahrheit über sein Leben eingestehen. Doch da ein solches Eingeständnis seinen mentalen Zerfall herbeiführen würde, klammert er sich mit aller Kraft an seine Lügen und will den Handelsreisenden von ihnen überzeugen, um weitermachen zu können. Würde der Handelsreisende bestätigen, dass der Protagonist ein guter, sanftmütiger Mensch ist und die, denen er Gutes getan hat, es ihm schlecht gelohnt hätten, bliebe die unaufrichtige Selbstkommunikation aufrechterhalten und der Protagonist bei Verstand. So ist es für ihn unabdingbar, den Handelsreisenden für sich zu gewinnen; von diesem Überzeugtsein hängt für ihn ab, ob er bei seiner Lebenslüge und Lebensweise bleiben kann.

Die Erzählung »Man soll nie zu gütig sein!« setzt sich also ebenfalls mit dem Problem der Kommunikation zwischen dem Monologsprecher und seinem Gegenüber, das sich nicht festlegen will, auseinander. Im Kern wiederholt sie in Abwandlung die Situation, der wir in »Der Mann aus Buenos Aires« begegnet sind. Die beiden Geschichten entfalten mit jeweils unterschiedlichen Aspekten die ganze Bandbreite der Thematik zwischen Irreführung und Verstellung, Verschleierung und Täuschung. Die eine hebt vor allem den Selbstverrat, die Selbstlüge hervor, eine andere eher die Täuschung des Gegenübers und die daraus folgende Vernebelung seines Verständnisses. Die Geständnissituation, auf der jede von ihnen beruht, ist voller Zweideutigkeiten und lässt offen, ob es einen wirklichen Informationsaustausch gab und ob zwischen dem Sprecher und seinem Zuhörer eine wirkliche Kommunikation stattfand.

Vom Missverständnis zur Mehrdeutigkeit des Schicksals

Das Thema der Fehlkommunikation wird in den *Eisenbahngeschichten* auf verschiedene Weise abgehandelt, wobei das gesamte Spektrum zwischen den beiden kontrapunktischen Beispielen »Der Mann aus Buenos Aires« und »Man soll nie zu gütig sein!« abgesteckt wird. Diese unterschiedlichen Formen sollen nun in einer Art Katalog summarisch aufgeführt werden, unter Verzicht auf weitere Detailanalysen. Acht wesentliche Grundvarianten lassen sich unterscheiden: gutgläubiges Missverständnis, absichtliche oder halb absichtliche Irreführung, Tarnung, semiotische Verwirrung, sprachliche Verwirrung, gestörte zwischenmenschliche Kommunikation, gestörte intrapersonale Kommunikation (unbewusste Selbstlüge, Verdrängung u. a.) und gestörte ›kosmische‹ Kommunikation (Gott oder das Schicksal spricht quasi in ambivalenter Doppeldeutigkeit zum Menschen im Allgemeinen und zum Juden im Besonderen). All diese Varianten enthüllen lediglich Teile des thematischen Gesamtkonzepts und heben seine Manifestationen auf den verschiedenen Ebenen menschlicher Existenz hervor – gesellschaftlichen, psychologischen und sogar metaphysischen. Einige dieser Spielarten sind für sich genommen umfassende konzeptuelle Themen, die in Subthemen und zahlreiche Motive unterteilt werden können. So betrifft die Variante der absichtlichen oder halb absichtlichen Irreführung viele verschiedene Arten der Täuschung, die in den Geschichten dargestellt werden. In jeder Erzählung dominiert eine der thematischen Varianten oder ein spezifisches Unterthema. Dessen ungeachtet sind in den meisten Geschichten zusätzliche Varianten mit hineinverwoben. So lässt sich in jeder Geschichte zwischen dem Hauptthema und anderen mehr in den Hintergrund tretenden, ergänzenden Themen unterscheiden. Diese mal dichte, mal lose thematische Verflechtung bestimmt maßgeblich nicht nur den Komplexitätsgrad jeder einzelnen Geschichte, sondern auch ihr jeweiliges künstlerisches und ideelles Gewicht. So finden wir innerhalb des Zyklus tiefgründig bedeutungsvolle Geschichten, wie die beiden bereits im Detail analysierten, daneben gibt es ›leichte‹, ans Spielerisch-Humoreske grenzende Erzählungen. All diese unterschiedlichen Geschichten hat Scholem Alejchem nach dem Prinzip der Abwechslung und Lebendigkeit angeordnet. Auf eine Gruppe melancholischer, bedrückender Geschichten folgen spielerischere und fröhlichere. Unmittelbar nach einer besonders schwierigen Erzählung bringt er eine leichtfüßige. Auch hält er neue Überraschungen bereit, die er aus dem Ärmel zaubert, wenn der richtige Augenblick im Zyklus gekommen ist. Im Allgemeinen bestehen diese Überraschungen in der Darstellung des zentralen Themas aus einer neuen, vollkommen unerwarteten Perspektive. Dadurch bildet sich in der Erzählfolge immer wieder ein neuer Bedeutungsfokus, wobei die jeweilige Geschichte, in der dieses überraschende Moment auftritt, meist als ›Schlüsselglied‹ in der Kontinuität der Eisenbahngeschichten fungiert (etwa »Der glücklichste Mensch in ganz Kodno«, »Der Mann aus Buenos Aires«, »Das Wunder von Hoschana Rabba«, »Aufs Gymnasium!« und »Man soll nie zu gütig sein!«). Sowohl die an gesellschaftlicher und psychologischer Bedeutung reichen Geschichten wie auch die ruhigeren und heitereren veranschaulichen die Spanne und regulative Präsenz des Gesamtthemas, das sie freilich in unterschiedlicher Art und Weise und mit unterschiedlichem Tiefgang entwickeln.

In der folgenden Übersicht werden die verschiedenen Geschichten fast ausschließlich nach ihrer Tragweite für das zentrale, vorherrschende Thema aufgezählt. Ihre sekundärthematischen Schichten bleiben mit wenigen Ausnahmen unerwähnt, obgleich sich der thematische Reichtum jeder einzelnen der *Eisenbahngeschichten* erst durch die Freilegung dieser Schichten völlig erfassen ließe.

1. In einigen der Eisenbahngeschichten wie auch in vielen seiner anderen Humoresken gestaltet Scholem Alejchem Situationen einfacher Missverständnisse und gutgläubiger Irrtümer. Irrtümer und Missverständnisse sind natürlich ein unerschöpfliches Themenreservoir, aus dem sich die komische wie auch die tragische Literatur ständig bedient. Jedenfalls gesellt sich in den Eisenbahngeschichten das Thema des gutgläubigen Irrtums zu dem breit gefächerten Themenkomplex hinzu, der die Unterminierung der menschlichen Kommunikation durch Irreführung, Betrug und absichtliche Doppeldeutigkeit auslotet. Diese Kombination bringt eine besondere Form des Themas wie auch eine unschuldige Variante eines Sujets hervor, an dem im Grunde überhaupt nichts Unschuldiges ist. Deswegen fühlen wir sogar in den Geschichten, in denen der naive Irrtum die dominante Variante des Themas Fehlkommunikation ist, dass diese Naivität selbst einen Makel hat oder zumindest nicht zur Gänze naiv ist. Geschichten dieser Art enden immer mit einer Pointe. Um den Irrtum herum lädt sich eine komödienhafte Spannung auf, bis am Ende die Demontage oder Aufdeckung des Irrtums einen starken, abrupten Schluss herbeiführt. Weil die Naivität in diesen Geschichten nicht völlig überzeugend ist, ist sogar die Entdeckung des Irrtums kein Anlass für einen fröhlichen, eindeutig komischen befreienden Ausgang, sondern löst eher ein mit Vorbehalten und Misstrauen gemischtes Lachen aus. So fügen sich auch diese Geschichten in die allgemein beklemmende Stimmung der Eisenbahngeschichten ein.

Ein aussagekräftiges Beispiel für eine derartige thematische Dominanz des unschuldigen Irrtums ist »Wirklich genommen!«, ein Zweier- beziehungsweise Dreiergespräch, das der Handelsreisende im Zug zufällig mit anhört. Es ist kein Zufall, dass die Geschichte am frühen Morgen spielt, so dass die neblige Atmosphäre des Morgengrauens auch auf die Stimmung im Abteil übergreift. Die frühe Stunde erklärt die Verwirrung eines der Gesprächspartner, der, gerade erst aus dem Schlaf erwacht, in die Unterhaltung einfällt, deren Anfang er (ebenso wie wir Leser) verpasst hat – so kommt es zur allgemeinen Verwirrung. Im Grunde hat das Morgengrauen die Funktion, die unklare Situation, die hier geschildert wird, zu versinnbildlichen. Als es schließlich »heller Tag« [83] wird, kommt die Erkenntnis und mit ihr die Scham. Die Quelle des Irrtums ist hier die Zweideutigkeit der Sprache.

Die beiden Personen, in deren schon in vollem Gang befindliches Gespräch wir zu Beginn der Geschichte einsteigen, verwenden das Wort *zugenumen*, das sowohl ›an-‹ oder ›aufgenommen‹ als auch ›genommen‹ heißen kann. Sie sprechen über ein Thema, das bereits im Zusammenhang mit der Erzählung »Aufs Gymnasium!« eingehend erörtert wurde – die Aufnahme jüdischer Jungen in das russische Gymnasialschulsystem (ein Unterfangen, das schwierig war wie die Teilung des Roten Meers). Der dritte Jude, der sich in das Gespräch mischt, verwendet das Wort im Sinn von ›genommen‹ oder sogar ›eingefangen‹, womit die Zwangsrekrutierung jüdischer junger Männer in die russische Armee gemeint ist. Jeder Gesprächsteilnehmer verwendet also das zweideutige Schlüsselwort in seinem eigenen Kontext, als gäbe es nur eine Auslegung: Die ersten beiden klagen darüber, wie schwierig es ist, ihre Kinder in den Genuss von Bildung kommen, sie ›aufnehmen‹ zu lassen, während der dritte über die erfolgte Rekrutierung seines Sohns jammert. So nimmt die komische Spannung allmählich groteske Proportionen an, löst sich aber sofort auf, als sich die Verwirrung klärt. Scheinbar haben wir es mit einer einfachen, unverblümten Darstellung des Themas der Fehlkommunikation zu tun, einer unvermeidlichen Folge der inhärenten Polysemie von Wörtern, die niemand zu verantworten hat. Doch auch hier gibt es zunächst unsichtbare Ebenen. Auf den ersten Blick sind die drei Gesprächsteilnehmer sehr verschieden und von ganz unterschiedlichen Problemen belastet – die ersehnte, aber schwer zu erlangende Aufnahme ins Gymnasium und die gefürchtete und schwer abzuwendende Einberufung in die Armee. Schürft man tiefer, erweisen sie sich jedoch als einander äußerst ähnlich. Alle drei sind Juden, die sich mit einer repressiven christlich-russischen Gesellschaft und einer feindseligen Bürokratie auseinandersetzen müssen. Alle drei sind mit einer Bedrohung konfrontiert, die noch weitaus schlimmere Formen annehmen könnte als hier geschildert. Das Gespräch beginnt mit der Erörterung der epidemisch um sich greifenden Übertritte zum Christentum (die beiden ersten Gesprächspartner sehen darin die unausweichliche Folge der Schwierigkeit, ins christliche Unterrichtssystem aufgenommen zu werden; eine andere Folge ist der Suizid). So kommen zu den beiden Aspekten, mit denen sich die Erzählung beschäftigt, Armee und Bildung, noch zwei weitere hinzu – Konversion und Selbstmord. Alle Beteiligten sprechen also im Grunde über ein und dasselbe facettenreiche Problem, das des feindseligen Umgangs mit den Juden in einer antisemitischen Gesellschaft. Jedoch meinen die Sprecher, sie sprächen nicht über dasselbe, sondern über zwei gegensätzliche Dinge. So bekunden sie nicht nur ein sehr eingeschränktes Verständnis ihrer Lage als Juden im zaristischen Russland, sondern auch einen eklatanten Egoismus, eine völlige Versunkenheit in ihre eigenen Angelegenheiten, die es ihnen unmöglich macht, den Sorgen ihrer Mitmenschen mit Empathie und Verständnis zuzuhören. Als dies klar wird, endet die Geschichte damit, dass zwischen den drei Sprechern eine sie verblüffende Entfremdung eintritt und sich jeder seinen Angelegenheiten zuwendet, »[s]o als hätten sie alle drei miteinander etwas Verbotenes begangen, ein übles Verbrechen« (83). Folgt man dem Eindruck des Handelsreisenden, ist der unschuldige Irrtum doch nicht ganz so unschuldig.

Die Erzählung »Konkurrenten«, die den Zyklus eröffnet, veranschaulicht ebenfalls eine Variante des unbeabsichtigten Irrtums. Hier geht es nicht um Sprache und Polysemie, sondern vor allem um Verhalten und Körpersprache. In einem Zugabteil wetteifern zwei Konkurrenten, ein Mann und eine Frau, um den Verkauf von Speisen und Getränken an die Fahrgäste. Der Streit eskaliert zum Handgemenge, was wiederum das Einschreiten zweier Bahnhofsgendarmen zur Folge hat, die den beiden Händlern die Waren wegnehmen. Auf diese grausame Behandlung der beiden armen Hausierer reagieren die Reisenden verstört und verärgert – bis sie mehr oder weniger durch Zufall erfahren, dass die beiden Mann und Frau sind. Als diese Enthüllung allgemeines Gelächter auslöst, fragt der Handelsreisende sich selbst und die Leser: »Nur, sagt ehrlich, was gibt es da zu lachen?« (31) Die Reisenden haben natürlich nicht erwartet, dass zwei miteinander verheiratete Menschen in einem so erbitterten Konkurrenzverhältnis stehen und in Sprache und Gestik so viel gegenseitigen Hass zu erkennen geben. Schon ihr Äußeres ist geradezu entgegengesetzt (er ist dunkel, dick, klein, spricht leise und schwerfällig, verschluckt das ›r‹; sie ist mager, hat ein rötliches, pockennarbiges Gesicht, spricht heftig zischend und mit spitzer Zunge). Von diesen Unterschieden abgelenkt, achten die Reisenden nicht auf andere Details, die die Nähe zwischen den beiden verraten: Sie verkaufen genau die gleiche Ware, bieten sie mit genau den gleichen Worten an; sie stürzen gleichzeitig, buchstäblich einander wegstoßend, in den Wagen und so fort. In untergründigerer Weise setzt sich die Geschichte nicht nur mit dem Irrtum der Fahrgäste, sondern auch mit der verborgenen, uneingestandenen Verschränkung von Nähe und Konkurrenz, Zugehörigkeit und Hass auseinander. Vor diesem Hintergrund erscheint die Beziehung zwischen den beiden emblematisch, und ihre Feindschaft und Konkurrenz entpuppt sich als Ausdruck wechselseitiger Identifikation. Die beiden sind im Grunde einander so ähnlich, dass sie nicht miteinander kommunizieren können. Angedeutet wird hier, wie in »Aufs Gymnasium!« und »Man soll nie zu gütig sein!«, der Zusammenbruch jeder Kommunikation.

2. Episoden, in denen es um beabsichtigte oder halb beabsichtigte Irreführung geht, sind für ein Drittel der Erzählungen charakteristisch und bilden damit eine der zentralen Varianten des allgemeinen Themas des Buchs. Diese Gruppe gliedert sich in mehrere Subthemen verschiedener Art und Komplexitätsgrade. Die einfachsten dieser Varianten sind diejenigen, die Züge einer leichtfüßigen Farce haben. So die schelmische Geschichte »Der Taless-Kotn«, in der ein pfiffiger Jude einem reichen Mitglied seiner Gemeinde, einem notorischen Geizhals, eine Hundert-Rubel-Spende für die Opfer eines Brandes in einer Nachbarstadt entlockt. Die Geschichte »Keine Lust auf ein Spielchen ›Sechsundsechzig‹?« hat eine weiter reichende Bedeutung. Hier schildert der Protagonist, wie er der Gaunerei zweier professioneller Spieler zum Opfer fiel. Diese hatten ihn zuerst zu einem Kartenspiel verleitet (unter dem Vorwand, es wäre nur ein Spiel unter Freunden, und indem sie absichtlich dilettantisch spielten) und ihn dann auf betrügerische Weise ausgenommen. Zunächst wirkt die Erzählung eher wie eine simple Betrugsgeschichte. Unerwartet komplex wird sie dadurch, dass der Monologsprecher – möglicherweise unbewusst – eine erstaunlich gründliche Kenntnis und ein schier obsessives Interesse für die technischen Details des beschriebenen Kartenspiels zeigt, was nicht so recht in seine Selbstdarstellung als unschuldiges Opfer erfahrener betrügerischer Berufsspieler passt. Im Schlussteil der Geschichte steigt in dem Handelsreisenden der Verdacht auf, die Geschichte dieses Reinfalls werde ihm von seinem Gegenüber nur deswegen präsentiert, um ihn, den Handelsreisenden, mürbe zu machen und in die gleiche Falle zu locken. Das atemlose Evozieren des Kartenspiels mit all seinen pikanten Details könnte ein Mittel sein, mit dem der Monologsprecher den Appetit des Handelsreisenden für das Spiel erwecken will. Obgleich die ganze Erzählung den Sprecher scheinbar als naiven, passionierten Kartenspieler darstellt, auf das Spielen scharf in einer Weise, die ihn seiner fünf Sinne beraubt, könnte es auch sein, dass sich dahinter ein wahrer Trickkünstler verbirgt, der den Widerstand seines Zielobjekts schwächen und seine Wachsamkeit einlullen will. Hier bestimmt das Motiv der Irreführung und Täuschung sowohl die Handlung selbst als auch das Erzählverfahren, jedoch in widersprüchlicher Weise – das heißt, die Handlung widerspricht dem Erzählten, und das Erzählte untergräbt die Glaubwürdigkeit der Handlung.

Hintergründiger sind die Geschichten, in denen Akte der Irreführung und Täuschung nicht eindeutig sind – seien sie in der Handlung enthalten oder ergeben sie sich aus dem Erzählverfahren und seinen möglichen Absichten. Beispiele dafür sind »Der Mann aus Buenos Aires« und insbesondere

»Abgebrannt!«. Im letztgenannten Text lässt der Protagonist, der zugleich der Erzähler ist, seine Zuhörer in Ungewissheit. Er entfaltet vor ihnen die Geschichte des Brandes, der ihn um Haus und Laden gebracht hat und bereits das zweite Feuer innerhalb kurzer Zeit bei ihm war. Dabei lässt er seinem Zorn gegen seine Mitbürger freien Lauf, die behaupten, an dem Brand sei etwas nicht ›koscher‹ und das Geschäft überversichert gewesen. Der Erzähler widerspricht dieser Verleumdung energisch und zählt Argumente auf, die seine Unschuld beweisen sollen. Während er die Geschichte seines Unglücks unterbreitet, streut er jedoch – wohl nicht ganz unbewusst – Andeutungen ein, denen zufolge er selbst das Feuer verursacht, wenngleich nicht mit eigenen Händen gelegt habe. Alle Beweise für seine Ehrlichkeit sind zweischneidig und lassen sich widersprüchlich auslegen. Eigentlich verlangt der Erzähler von seinen Zuhörern (und durch sie von der Gesellschaft insgesamt) die Bereitschaft, die Frage seiner Schuld oder Unschuld (die Sache der Polizei und der Versicherungsfirma sei) unentschieden zu lassen, nicht allzu tief zu schürfen und seine Geschichte mit jeder ihrer möglichen Auslegungen zu akzeptieren. Denn warum sollten Juden einem Glaubensbruder in Not gegenüber feindselig und misstrauisch sein, einem über den Kopf verschuldeten Ladenbesitzer, der dabei sei, Ehepartien für seine Söhne auszuhandeln, und sich für seine in Kürze zu verheiratende Tochter bereits zu einer beträchtlichen Mitgift verpflichtet habe? Warum sollten sie nicht seine Version der Geschichte für bare Münze nehmen, solange Polizei und Versicherungsfirma außerstande seien, sie zu widerlegen? Zwar gibt der Monologsprecher den Zuhörern zu verstehen, sie könnten von ihm aus zum Teufel gehen, wenn sie darauf beharrten, ihm nicht zu glauben, dennoch wird deutlich, dass er ihr Mitgefühl und ihre Unterstützung benötigt, weil die Mitbürger seines Schtetls ihm misstrauen und ihn als Dieb boykottieren. Das könnte seine ständigen Zugreisen erklären (die er, so scheint's, ohne spezifisches Ziel und trotz der ihm polizeilich auferlegten Aufenthaltsbeschränkung unternimmt). Er sucht nach unparteiischen Zuhörern, um seine Verbitterung bei ihnen abzuladen. Diese Geschichte liegt also in der Grauzone zwischen Wahrheit und Lüge, zwischen Enthüllung und Verhüllung, zwischen Kommunikation und abgebrochener Kommunikation, und die damit verbundene Zweideutigkeit dringt bis in die feinsten Äderchen der Erzählung. So fließt sie in die zahlreichen Zitate des Protagonisten aus dem Tora-Wochenabschnitt oder aus der Gebetsliturgie ein – ganz wie bei Tewje dem Milchmann oder Schimen-Elje Schma-Kolejnu aus »*Der farkischefter schnajder*« [Der verhexte Schneider] [43].

43   Scholem Alejchem 1919: Bd. 16, 7–68.

Wie diese Protagonisten zitiert und übersetzt auch der »Abgebrannte« völlig
verzerrt, jedoch verweisen seine Verzerrungen häufig auf die schmale Trenn-
linie zwischen Wahrheit und Lüge.[44]

Ein weiterer subtiler Gebrauch des Motivs absichtlicher Täuschung fin-
det sich in den Geschichten, in denen die Täuschung der Mitmenschen
zur Selbsttäuschung oder zum Selbstbetrug führt. Dazu gehört »›Ein tol-
les Stückchen, sagt, was Ihr wollt…‹«, der Monolog eines Juden aus einer
Provinzstadt, der dem Handelsreisenden fröhlich berichtet, wie er den rus-
sischen Behörden einer Stadt, in der Juden sich ohne Sondergenehmigung
nicht über Nacht aufhalten dürfen, einen tollen Streich gespielt habe. Der
Monologsprecher, ein gut situierter Bewohner eines nahe gelegenen Schtetls,
hatte seinen armen, von ihm weitgehend abhängigen Schwager, der seines
Berufs wegen das Aufenthaltsrecht in der Stadt hatte, überredet, ihn, den
reichen Verwandten, zwecks Arztbesuchs auch ohne die erforderliche Auf-
enthaltserlaubnis zu beherbergen. Der Gastgeber konnte dem Reichen den
Wunsch nicht recht abschlagen, auch wenn ihm die Sache, sollte sie aufflie-
gen, große Scherereien bereiten würde. Zu dem ›tollen Stückchen‹ kam es
in der Nacht, als plötzlich die Polizei erschien. Auf einen spontanen Einfall
hin gelang es dem Protagonisten, seinen Schwager zu überreden, ihre Iden-
titäten zu tauschen. So wurde die Polizei hereingelegt, der Schwager statt
des Protagonisten festgenommen und in Ketten in sein Heimatstädtchen
(das des Protagonisten) zurückgebracht, wo er den Gesetzen des zaristischen
Russlands entsprechend vor Gericht kommen sollte. Natürlich hatte nun der
arme Verwandte das Aufenthaltsrecht in seiner Stadt verloren ebenso wie die
darauf beruhende Erwerbsgrundlage, und wohnte jetzt mit seiner gesamten
Familie im Provinzstädtchen im Haus des Protagonisten, der wohl oder übel
für ihn sorgen musste. Das ›tolle Stückchen‹ des Protagonisten verursachte
daher großen finanziellen Schaden und menschliches Leid, ja den Ruin einer
ganzen Familie, und doch tat das der Heiterkeit des Protagonisten keinen
Abbruch, als er davon erzählte, wie die Polizei auf seine Täuschung herein-
gefallen war. Für diesen seltsamen Frohsinn gibt es einige mögliche Interpre-
tationen. Mit Max Erik kann man darin eine Art Wahnsinn, ein manisches
Verhalten sehen, zu erklären nur durch die erdrückende Not, die Menschen
zwingt, sich in einer Weise zu benehmen, die logisch nicht zu rechtfertigen
ist. Der Monologsprecher hasst die russische Polizei so sehr, dass er alles ge-
tan hätte, um sie zu überlisten, so sehr, dass er völlig übersieht, dass er selbst
und seine Verwandten die Betrogenen sind und nicht die Polizei, der die

---

44   Für Zitate und ausführliche Diskussion dieser Geschichte siehe Miron 2009.

Sache mit der falschen Identität gleichgültig ist und die es wenig kümmert, ob nun der eine oder der andere Jude ins Gefängnis wandert. Jedoch lassen sich an diesem ›Stückchen‹ zumindest einige Spuren logischer Überlegung vonseiten des Protagonisten ausmachen. Mehrmals wiederholt er, er habe es sich als reiches und bedeutendes Mitglied seiner Gemeinde nicht erlauben können, in seinem eigenen Schtetl als in Ketten gelegter Häftling vorgeführt zu werden. Sein sozialer Status, sein Stolz und seine Selbstachtung hätten diesem Schlag nicht standgehalten. Folgt man dieser Erklärung, so hat der Protagonist klarsichtig gehandelt, in vollem Verständnis des Preises, den er würde zahlen müssen, um sich vor einem unerträglichen Skandal zu retten. Sein Glücksgefühl ist daher ›gerechtfertigt‹ – das war der Preis, um den sein gesellschaftlicher Stand gewahrt werden konnte. Diese Erklärung hebt die böse, egoistische Seite seines Charakters hervor, denn schließlich musste sein armer Verwandter den Preis zahlen. Der Protagonist hingegen entpuppt sich als manipulativ und rücksichtslos. Akzeptiert man diese Erklärung, ist er darüber hinaus auch unaufrichtig, weil er zu keinem Zeitpunkt seine wahren Motive eingesteht. Im Gegenteil fordert er den Zuhörer auf, mit ihm ein harmloses, ›koscheres‹ jüdisches Fest (den Sieg über das antisemitische Regime) zu zelebrieren, und zieht ihn in die Feier des ›erfolgreichen‹ Streichs hinein, dessen Opfer eigentlich sein Verwandter war. Die Kommunikation des fröhlichen Protagonisten mit seinem Zuhörer ist trügerisch und voller Makel.

Dieser Geschichte ähnlich, aber in einem antithetischen Sinn, ist die Erzählung »Bahnhof Baranowitsch«. Oberflächlich betrachtet, handelt es sich um eine gemeine, raffinierte Erpressung, von einem Mann begangen, der von seinem Gemeindevorstand vor Einkerkerung und schwerer körperlicher Züchtigung gerettet wird. Nachdem man ihn als offiziell ›tot‹ über die Grenze geschafft hat, beginnt er, den Mitgliedern des Gemeindevorstands anzudrohen, er würde heimkehren und bei den Behörden die Vergehen anzeigen, deren sie sich um seinetwillen schuldig gemacht hätten (unter anderem der Bestechung und der Fälschung). Sie lassen sich von ihm dermaßen einschüchtern, dass er von ihnen wiederholt Geld erpressen kann. Nicht der Erpresser ist jedoch der eigentliche Held der Geschichte, sondern der stolze und selbstbewusste Reb Nissel Schapiro, ein ehrbarer Jude, der führende Kopf der Gemeinde, der von allen und von sich selbst für klug und fähig gehalten wird, jedes nur erdenkliche Problem der Gemeinde zu lösen. Die Schtetlbewohner bringen Reb Nissel Schapiro die Nachricht von der Einkerkerung Kiwkes (des späteren Erpressers) und der harten Strafe, zu der er verurteilt ist, und ohne um Rat oder Hilfe zu bitten, nimmt Reb Nissel

Schapiro es auf sich, das Problem allein zu lösen. Er heckt einen klugen Täu-
schungsplan aus: Kiwke soll im Gefängnis angeblich sterben und als Toter
von dort fortgeschafft werden. Dieser Plan (der natürlich auch die Beste-
chung einiger Beamter bedingt) wird als Geniestreich und unzweifelhafte
Bestätigung von Reb Nissel Schapiros herausragender Führungsrolle ange-
nommen. Indes führt er dazu, dass Reb Nissel sich selbst und die gesamte
Gemeinde einem Erpresser aussetzt. Es ist kein Zufall, dass der Höhepunkt
der Geschichte ein weiterer törichter Akt von Reb Nissel ist: Nachdem die
anderen nicht mehr bereit sind, Kiwke weiter Geld zu schicken und er allein
den Kontakt mit ihm aufrechterhält, schickt Reb Nissel Kiwke einen Brief
voller Beleidigungen und Schmähungen, auf den er seine volle, das ganze Ge-
wicht seiner Autorität verbürgende Unterschrift setzt. Damit hat er nun dem
Erpresser ein von ihm unterzeichnetes Beweisstück in die Hände gespielt, das
wohl zu seinem Tod führt (wir können dessen nicht ganz sicher sein, weil die
Geschichte, um nicht traurig zu enden, abbricht, bevor der Erzähler sie voll-
endet). Auf tiefenpsychologischer Ebene betrachtet, handelt die Geschich-
te nicht von einer Erpressung, sondern vom intellektuellen Hochmut und
übertriebenen Selbstbewusstsein des Reb Nissel Schapiro; sein ›schlauer‹, aus
altruistischen Motiven begangener Betrug wird zu einem Fallstrick, der ihn
ins Verderben führt.

3. In verschiedenen Erzählungen des Zyklus erscheint das Motiv der Tar-
nung. Ihre Figuren versuchen, ihre Identität oder bestimmte charakteristi-
sche Züge zu verschleiern, oder sie stellen widersprüchliche Zeichen ihrer
Identität zur Schau, so dass ihr Gegenüber Mühe hat, sie einzuordnen, und
nicht recht weiß, wie man sich zu ihnen verhalten solle. Die vollständige Tar-
nung betrifft insbesondere den Versuch jüdischer Menschen, ihr Judesein zu
verbergen. Nur wenigen gelingt es, bei anderen mündet die Situation in einer
Grauzone, in der die ethnisch-religiöse Zugehörigkeit zwar nicht zu einem
Rätsel, aber doch zu einem Hindernis wird. In der den Zyklus beschließen-
den Erzählung »Fahrt lieber dritter Klasse!« (eine Warnung an den Leser,
sich nicht den Unannehmlichkeiten auszusetzen, denen er in der zweiten
Klasse begegnen kann) schildert der Handelsreisende zwei junge Leute, die
er im Zweite-Klasse-Wagen getroffen hat. Da ist ein herausgeputzter junger
Mann mit einem Schnurrbart, den er ständig nach oben dreht. Der Handels-
reisende fühlt sogleich, dass dessen Identität vorgetäuscht ist: »Ihr könntet
schwören, dass Ihr ihn von irgendwoher kennt [...], dass er zu den ›Kindern
Abrahams‹ gehört, das heißt zu unseren Leuten.« [329] Im Gegensatz dazu
scheint ihm eine junge Schönheit mit Nackenknoten und Zwicker auf der

Nase, der der junge Schnösel heftig den Hof macht, eine echte Russin zu sein. Der Handelsreisende ist wütend auf den Mann, der sich bei der jungen Frau einzuschmeicheln sucht, indem er nicht nur sein Judesein verschleiert, sondern auch noch antisemitische Witze erzählt. Der junge Mann kommt aber bald zu Fall. An einem Bahnhof steigt ein verschwitzter Jude zu und fällt fast über ihn her, um ihm Grüße von seinem »Onkel Salmen aus Manestríschtsch« [331] auszurichten. Beschämt verschwindet der junge Mann, als hätte ihn der Erdboden verschluckt. Die große Überraschung steht dem Handelsreisenden jedoch noch bevor. An ihrem Zielort wird die junge Frau von »einer Patriarchengestalt mit Bart, der aussah wie unser Vater Abraham selbst«, erwartet, daneben »eine Frau mit Perücke und schweren Diamanten an den Ohren«. Die beide umarmen die junge Frau unter den Rufen »›Riwenju, Riwenju, Tochter‹« (331).

In den meisten Fällen geht es nicht um echte Irreführung, sondern mehr um eine Verwirrung, die ihren Ursprung eher in dem Versuch einer Tarnung hat als in dessen Gelingen. In »Der zehnte Mann« haben neun jüdische Reisende, die für einen Minjan einen zehnten Mann suchen, Mühe, einen solchen zu identifizieren, nicht weil sie zweifeln, dass er Jude ist, sondern weil sein Judesein zweideutig erscheint:

»Ein verschwiegener Mensch mit goldenem Kneifer. Fleckiges Gesicht, Sommersprossen, aber ohne Bart. Jüdische Nase, nur der Schnurrbart so seltsam nach oben gedreht. Abstehende Ohren und ein rötlicher Hals. Die ganze Zeit hielt er von uns Abstand, schaute aus dem Fenster und pfiff. Saß da, natürlich ohne Hut, auf den Knien eine russische Zeitung. Und schweigsam, kein Wort war aus ihm rauszulocken. Sieht doch mehr nach Russe aus, ein echter Iwan! Andererseits, wenn man genau hinsieht, ist es doch kein Goj, kein bisschen! Ein Jude kann doch seinesgleichen nicht täuschen! Ein Jude erkennt den andern doch auf eine Meile weit, mitten in der finstersten Nacht. Seht ihn Euch nur an. Es muss ein Jude sein. Goldstücke könnte man wetten, dass er Jude ist. Oder doch lieber nicht? Vielleicht ist er doch keiner? Heutzutage kann man das schwer sagen.« (317)

Die teilweise oder volle Tarnung wird aber nicht nur eingesetzt, um die nationale Zugehörigkeit zu verbergen. In der Farce »Der Taless-Kotn« ist der Schlingel Ephraim Katz (*Frojke Schejgez*) gezwungen, sich Insignien jüdischer Zugehörigkeit zuzulegen. Er hat eine Affäre mit einer verheirateten Frau, rennt aber auch in die Synagoge. Seiner Kleidung nach ist er »halb Chassid, halb Franzose« (165) – mit einer langen Kapote wie die Chassidim, dazu jedoch einem modernen Hut. Sein weißes Hemd ist zugeknöpft, und er trägt einen roten Schlips, achtet aber penibel darauf, dass eines der *zizess* seines *taless-kotn* unter dem Rand seines Hemds hervorschaut. Von sich behauptet er, er ›gefalle Gott und den Menschen‹[45]; anders gesagt, er ist Teil der neuen Zeit, aber seine Geschäftsinteressen als Geldvermittler erfordern es, gute Beziehungen mit frommen Juden zu unterhalten, und so ist er es, der den Vorfall der listigen Irreführung herbeiführt, die der Geschichte zugrunde liegt: Das deutliche Zeichen seiner Zugehörigkeit zum Judentum (der *taless-kotn*) ist unter Kleidern verborgen, die keine Identität erkennen lassen. Sogar der einfache, ›glückliche‹ Jude aus Kodno hält es für angebracht, seine Identität etwas zu verschleiern, als er sich auf den Weg zum russischen Professor macht, der seinen kranken Sohn besuchen soll. Nach außen ist er ein ›Jude wie du und ich‹. Dessen ungeachtet ist er »so seltsam gekleidet! Etwas zwischen Kaftan und Schlafrock trägt er, auf dem Kopf ein Mittelding zwischen Hut und Jarmulke. Und was er in der Hand hält: auch wieder halb Schirm, halb Besen.« (33) Ohne es eigentlich auf eine Camouflage abgesehen zu haben, passt sich auch dieser Jude einer Welt an, in der die Norm, eindeutige kulturell-religiöse Zeichen der Zugehörigkeit zu betonen, bereits im Schwinden begriffen ist und an ihrer Stelle die umgekehrte Norm – Ambivalenz und Verbergen der Zugehörigkeit – an Geltung gewinnt.

4. In den meisten Erzählungen des Zyklus spielt die semiotische Verwirrung eine sekundäre Rolle; diese Variante steht der zuvor erörterten sprachlichen Verwirrung nahe und ergänzt sie. Von besonderer Bedeutung wird sie in jenen Geschichten, in denen die Irreführung keinem ›praktischen‹ oder zumindest keinem bewussten Zweck dient – das heißt dort, wo Figuren eine Fülle verwirrender Zeichen signalisieren, ohne je eine Irreführung zu beabsichtigen. Der Protagonist der Geschichte »Wenn einen das Unglück trifft!« weist die edelsten Zeichen des vergeistigten rabbinischen Juden auf. Er spricht bedächtig, trägt eine seidene Kappe, sein Gesicht ist »ein wenig kummervoll« (285) und seine weiße, breite Stirn faltenreich; dieses Inbild traditioneller jüdischer Spiritualität ist jedoch in Wirklichkeit ein Schwindler, der eine Witwe und ihre verwaisten Kinder um das ihnen vermachte Vermögen betrogen hat. In der Erzählung »Vom Pech verfolgt!« erzählt ein erfahrener Brillantenhändler von einem jungen Juden, der sein Leben gerettet hat, als er ihm das Täschchen voller Ware wiedergab, das ihm aus einer Reisekutsche gefallen war. Als der Händler seinen Retter aus Dankbarkeit ins Café zu einem Mahl einlädt (Geld als Belohnung anzunehmen, weigert sich der junge Mann), nutzt der

---

45   Nach Prov 3, 4 [Anmerkung der Herausgeber].

Gast einen Moment der Unaufmerksamkeit, um die wiedergefundene Tasche samt Inhalt zu entwenden. Der junge Mann mit den »tiefen, schwarzen, ernstblickenden Augen« (281) schien so sympathisch und schüchtern, dass er auf den Händler einen wunderbaren Eindruck machte. So kann es der Händler nicht fassen, wie sich das mit dem Diebstahl verträgt. Als der Dieb ergriffen wird, erklärt er: »›Ein gutes Werk ist ein gutes Werk. Aber Stehlen […] ist mein Beruf.‹« (283) Offensichtlich sind die ›Zeichen‹ (die Schüchternheit, die tiefliegenden schwarzen Augen usw.) nicht falsch, sie sind keine Tarnung, um sich erfolgreicher als Dieb betätigen zu können. Vielmehr sind sie Teil einer gespaltenen, widersprüchlichen Realität. Der junge Mann ist zurückhaltend und liebenswert, ehrlich und seriös (hat er doch das verlorene Täschchen dem rechtmäßigen Eigentümer zurückgegeben) – und zugleich ein Dieb.

Den ganzen Zyklus hindurch treffen wir auf diese gespaltene Realität: ein Mann und eine Frau, die sich anfeinden und sich gegenseitig ein Bein stellen wollen, sind Eheleute (»Konkurrenten«); der Mann mit der sonoren Stimme und der dunklen Brille, der sich zynisch über »die schönen jüdischen Berufe« [21], wie den Verkauf von Esswaren im Zug, lustig macht, erweist sich als großzügiger Jude mit großem Herzen, während der vornehme, reiche junge Jude, der zuvor diese ›Berufe‹ und die Menschen, die sich damit ihren Lebensunterhalt verdienen, verteidigt hat, sich »aus Prinzip« (23) weigert, der Hausiererin für ihre beschädigte Ware etwas zu spenden; die gänzlich unfrommen jüdischen »große[n] Herren« (39), die »Hühnchen in Butter« (41) essen und sich nicht in der Synagoge zeigen, erweisen sich als wahre Wohltäter der jüdischen Bevölkerung (»Der glücklichste Mensch in ganz Kodno«). Der bedeutende reiche Mann, dessen Vermögen auf Millionen geschätzt wird, trägt billige, zerschlissene Kleidung und benimmt sich vulgär (ebenda); der Mann aus Buenos Aires ist wie ein feiner, ehrbarer Gentleman gekleidet; der junge Mann mit pickeligem Gesicht, brauenlosen »verschlagene[n] Augen« (113) und der »Hühnerbrust« (117) erweist sich als Prediger freier Liebe und eines freidenkerischen Lebens am Busen der Natur (»An den Gräbern der Lieben«); der Häretiker Kompanjewitsch, der nicht koscher isst, knöpft sein Hemd auf und enthüllt zur allgemeinen Überraschung einen *taless-kotn*: »Und was für ein Taless-Kotn das gewesen ist! Ein großer prächtiger Berschader Taless-Kotn mit purpurblauem Faden und Zizess, großen, äußerst gewaltigen Zizess!« (175) – und mit diesem Trick wird der geizige reiche Mann zum Spenden gezwungen (»Der Taless-Kotn«); der Anwalt mit der hohen Stirn und der distinguierten Glatze stellt sich als Dummkopf heraus (»Die Einberufung«) usw. In manchen Fällen werden die wahren Zeichen unerwartet enthüllt und deuten auf die verborgene Realität hin. In »Keine Lust auf ein Spielchen ›Sechsundsechzig‹?« wird der Handelsreisende davor bewahrt, sich in ein Kartenspiel mit einem Betrüger einzulassen, als ihm auffällt, dass die Hände seines Gegenübers allzu weich und weiß aussehen und ihre Bewegungen zu leicht, rasch und geschickt sind. Diese Hände widerlegen die ganze lange Geschichte, mit der der Spieler sich selbst als guten Juden ausgeben wollte, der angeblich lediglich durch seine Spielbegeisterung verlockt worden sei, Schwindlern in die Falle zu gehen. So sind seine Hände ein weiteres Element in der essenziell zweideutigen Kommunikation im ganzen Zyklus, bei der manche Zeichen gleichzeitig für zwei gegensätzliche Dinge stehen.

5. In vielen Geschichten schafft die Sprache einen besonderen Kontext für Freud'sche Versprecher und Szenen der Verwirrung. Gemeint ist nicht der bewusste Gebrauch der Sprache zu absichtlicher Täuschung und Irreführung, sondern Fälle, in denen die Sprache selbst irreführt und verwirrt, weil sie die eindeutige Beziehung zwischen Signifikant und Signifikat, zwischen dem Wort und dem Objekt auflöst. Solche Verwirrungen entstehen aus dem Wesen der Sprache als unvollkommenem Kommunikationssystem, und Scholem Alejchem hat in all seinen Werken versucht, die in diesem System inhärenten Möglichkeiten des Versagens und der Irreführung für seine humoristischen Absichten zu nutzen. Wie wir bereits gesehen haben, ist dies in den Eisenbahngeschichten der Fall, so zum Beispiel in »Wirklich genommen!«, wo die Verwendung eines Wortes mit verschiedenen Bedeutungen zu einem tragikomischen Missverständnis führt. In »Die Einberufung« hat Scholem Alejchem ein schwindelerregendes Verwirrspiel ersonnen, das auf Namensähnlichkeiten und -verschiedenheiten beruht. So soll ein und derselbe Junge zuerst als Izik, dann als Jizchak (sein verstorbener jüngerer Bruder) in die Armee eingezogen werden. Dann wird er ein weiteres Mal (weil sein Name in den offiziellen Registern auch so erscheint), als ›Alter‹ einberufen (ein Zusatzname, den viele Juden ihren Kindern nachträglich gaben, wenn sie sehr krank waren, aus dem Glauben heraus, der Name werde ihnen ein hohes Alter sichern). Die deutlichsten Manifestationen sprachlicher Verwirrung sind jedoch nicht Folge der Instabilität des Sprachsystems selbst, sondern der instabilen sprachlichen Situation, die durch die Verwirrung zwischen Ausgangssprache und fremder Sprache verursacht wird. Diese Verwirrung ist für eine soziokulturelle Übergangszeit charakteristisch, in der eine Gesellschaft mit einer eigenen Sprache versucht oder gezwungen ist, die Sprache einer anderen Gesellschaft zu verwenden, die sie nicht wirklich meistert. Immer wieder begegnen wir in verschiedenen Erzählungen Situationen sprachli-

cher Verwirrung zwischen dem Jiddischen und anderen Sprachen (vor allem
Russisch), die zu komischen und tragischen Missverständnissen und Fehlern
führt (»Der glücklichste Mensch in ganz Kodno«, »An den Gräbern der Lie-
ben«, »Aufs Gymnasium!«, »Die Einberufung«, »Abgebrannt!«, »›Ein tolles
Stückchen, sagt, was Ihr wollt‹« und »Fahrt lieber dritter Klasse!«). Dies gilt
für das gesamte Spätwerk Scholem Alejchems, ist aber insbesondere für die
Eisenbahngeschichten bezeichnend.

Hier ist eine zusätzliche Bemerkung zu einer bereits zu Beginn unserer
Erörterung berührten Frage angebracht, und zwar im Zusammenhang mit
dem ambivalenten Stellenwert der *Eisenbahngeschichten* innerhalb der als ka-
nonisch geltenden Werke Scholem Alejchems. Diese Ambivalenz beruht, wie
bereits erörtert, auf der unsicheren und nicht immer wohlwollenden Reak-
tion der Leser und Kritiker, welche die aus den früheren Werken gewohnten
und beliebten Elemente in den späteren Arbeiten des Schriftstellers und ganz
besonders in den *Eisenbahngeschichten* nicht wiederfanden. Dabei verdient
gerade die Tendenz zur Verwendung einer gemischten, verzerrten Sprache
durch den reifen Scholem Alejchem kommentiert zu werden. Ein besonde-
rer Zauber in Scholem Alejchems Werken liegt im reinen Fluss seines idio-
matisch reichen ukrainischen Jiddisch. In einer Zeit, in der die jüdischen
Intellektuellen im jüdischen Leben und der jüdischen Kultur ›reine‹ jüdi-
sche Wesenszüge suchten, wurde diese ›absolute‹ jiddische Sprache, die in
der Gattung des Monologs am kreativsten zum Ausdruck kam, als nationales
Erbe entdeckt und gepriesen. In den Monologen Tewjes und anderer wur-
de der Schriftsteller selbst zum Medium des ›Volkes‹, das er für sich selbst
sprechen ließ. Damit war er J. Ch. Brenner zufolge der »begnadete Stenograf
von Tewje dem Milchmann«.[46] Es ist kein Zufall, dass M. J. Berditschew-
ski seinen Lobgesang auf Scholem Alejchem im Jahr 1902 anstimmte, als
einige von dessen brillanten, in idiomatischem Jiddisch frei dahinfließen-
den Monologen erschienen. Scholem Alejchem sei der einzige Autor, »der
Jiddisch konnte und der die jiddische Sprache« als lebendiges literarisches
Medium »schuf«.[47] Viele jiddische Schriftsteller hätten versucht, die Spra-
che zu verschönern und, ihr fernliegenden Sprachmodellen folgend, ihr den
Rang einer Kultursprache zu verleihen; Scholem Alejchem jedoch habe die
Sprache von innen heraus auf ein höheres Niveau gehoben und sei für sie,

---

46   Brenner, 1985: 1424. So wurden Scholem Alejchems Monologe Anfang des 20. Jahrhunderts
      verstanden. Obgleich dieser grundlegende Irrtum von der seriösen Scholem-Alejchem-For-
      schung immer wieder widerlegt wurde, ist er noch immer gang und gäbe.
47   Berditschewski 1948: 187.

so Berditschewski, was Raschi mit seinem Kommentar zu den Fünf Büchern Mose fürs Hebräische gewesen sei, vielleicht sogar wie die Fünf Bücher Mose selbst [48] – eine ›absolute‹ Manifestation der hebräischen Sprache, will heißen, Scholem Alejchems Werke seien für das Jiddische das, was die Bibel für das Hebräische sei. Man könnte auch sagen, dass es Scholem Alejchem war, der den vollständigsten und reinsten paradigmatischen Ausdruck des authentischen Jiddisch bestimmte. Gleichwohl lässt sich einwenden, dass diese einzigartige Beherrschung des Jiddischen, die Berditschewski Scholem Alejchem zuschrieb, auch bei anderen zu finden ist. So blendete Berditschewski merkwürdigerweise Sch. J. Abramowitschs Leistungen für die Schaffung einer auf der gesprochenen Sprache basierenden jiddischen Literatur aus, die Scholem Alejchem als Grundlage und Richtschnur für seinen eigenen literarischen Stil dienten. Jedoch sind Berditschewskis Worte nicht nur ein Hinweis auf einen bedeutenden Wesenszug von Scholem Alejchems schöpferischem Verdienst, sondern auch auf die Erwartung der Leser an jedes neue Werk des Autors – die Erwartung eines lebhaft hervorsprudelnden, volkstümlichen und doch ›reinen‹ Jiddisch als der natürlichen und authentischen jüdischen Umgangssprache, eine berechtigte Erwartung bei jedem neuen Werk der Monologgattung. Und doch entfernte sich Scholem Alejchem in den *Eisenbahngeschichten* von dieser stilistischen Tendenz. Zwar sprechen die Protagonisten weiterhin ein natürliches, flüssiges Jiddisch. Jedoch bemüht sich der Autor hier nicht mehr um den Effekt einer betont volkstümlichen ›Saftigkeit‹ (mit deutlichen Ausnahmen, zum Beispiel »Abgebrannt!«). Darüber hinaus verstößt er in den *Eisenbahngeschichten* immer mehr gegen die ›Reinheit‹ des authentischen Jiddisch, das Berditschewski so geschätzt hatte. Er mischt fremde Sprachelemente bei – die Protagonisten verwenden des öfteren Ausdrücke aus dem Russischen, dem Ukrainischen, dem Polnischen, ob sie dieser Sprachen nun kundig sind oder (was zumeist der Fall ist) eher nicht. Dieser Sprachgebrauch spiegelt die gesellschaftliche und sprachliche Realität von Menschen wider, die nicht mehr in ihrer intimen ›Stammeswelt‹ verwurzelt sind. Ihre Kontakte mit der Außenwelt, vor allem mit den Behörden, zwingen sie nicht nur, eine Fremdsprache zu verwenden, sondern, sozusagen, diese sprachliche Fremdheit bis in ihre Seele dringen zu lassen. Diese Menschen leben auf kulturellen Territorien, deren befestigte Grenzen durchbrochen worden sind, und der sprachliche Wirrwarr, der die Rede manches von ihnen kennzeichnet, spiegelt eine allgemeine nationale Situation geistiger und kultureller Verwirrung wider.

---

48 Ebd.: 188.

Doch das Interesse Scholem Alejchems an diesem Sprachenwirrwarr und seiner stilistischen Verarbeitung ist nicht nur vor dem Hintergrund der zeitgenössischen sprachlichen Wirklichkeit zu verstehen. Es reicht weit über eine bloß mimetische Reproduktion hinaus in eine nicht mimetische, nicht historische künstlerische Sphäre. Zum einen setzte er Sprachgemisch als Zutat eines humoristischen Potpourris ein. In seiner unermüdlichen Suche nach Quellen für komische Effekte entdeckte er eine Fülle von Möglichkeiten, die durch Verballhornungen einer Fremdsprache entstehen können. Dank dieser Verballhornungen und der oft mit ihnen einhergehenden Verwechslungen und falsch verwendeten Wendungen lässt sich auf sparsame und wirkungsvolle Weise eine breite Palette lächerlicher menschlicher Verhaltensweisen darstellen: der *maskil* aus dem Schtetl, der den Eindruck erwecken will, ein Mann von Welt zu sein; der Neureiche, der seinen sozialen Status mit der übertriebenen, unangemessenen Verwendung gesellschaftlich angesehener Fremdsprachen festigen will; oder die harmlosen Fehler einfacher Menschen aus dem Volk wie der Mutter von Motl, dem Sohn von Pejße, die ins ›chicken‹ geht, um eine ›kitchen‹ zu kochen. Auch in den *Eisenbahngeschichten* gibt es verschiedene Arten von Irrtümern, die ein bitteres Lächeln hervorrufen, wie der Jude, der sich an den russischen Beamten (natürlich auf Russisch) nicht, wie er meint, mit ›Seine Exzellenz‹ wendet, sondern mit dem ähnlich klingenden ›Seine Aufenthaltsgenehmigung‹ (»›Ein tolles Stückchen, sagt, was Ihr wollt‹«, 309). Der Jude ist so krampfhaft um die schwierige Erlangung einer Aufenthaltsgenehmigung in einer Stadt außerhalb des Ansiedlungsrayons bemüht und der russische Beamte in seinem Kopf so untrennbar damit verbunden, dass er fast unweigerlich aus der ›Exzellenz‹ eine ›Aufenthaltsgenehmigung‹ macht.

Indes setzte Scholem Alejchem in den *Eisenbahngeschichten* die Kakophonie der Mischsprachen zu einem weiteren literarischen Zweck ein. Er begann hier die künstlerischen Möglichkeiten auszuloten, die in der Disharmonie selbst liegen. In *Tradition and Dream* (1964), einer Analyse des britischen und amerikanischen Romans zwischen 1920 und den frühen 1960er Jahren, hat der britische Literaturkritiker Walter Allen in dem Kapitel, das sich dem Roman *Call It Sleep* [Nenn es Schlaf] des amerikanisch-jüdischen Schriftstellers Henry Roth widmet, der in Teilen dieses Romans verwendeten Sprache einen hohen ästhetischen Wert zugesprochen – dem verworrenen, verstümmelten amerikanischen Englisch der jüdischen Einwanderer in der New Yorker Lower East Side zu Beginn des 20. Jahrhunderts. Allen sieht darin den höchst wirkungsvollen Ausdruck des Gewirrs, das im Kopf des kindlichen Protagonisten herrscht. Mit der »schmerzlich treuen« Wiedergabe der »Verstümmelungen des niedrigen Englisch, wie es von den Kindern der europäischen Einwanderer gesprochen wurde«, habe Roth seine künstlerische Virtuosität eindrücklich unter Beweis gestellt. In dieser Rekonstruktion habe der Autor die »Herabwürdigung, die dem Einwanderer widerfuhr, als er sich selbst aus einer Gesellschaft mit einer überkommenen Kultur in eine Gesellschaft ohne jede Kultur verpflanzte«, sprachlich verdichtet.[49] So schafft die Rekonstruktion dieser historischen Sprache ihre eigenen musikalischen und logischen Gesetze. Ähnlich begann Scholem Alejchem in den *Eisenbahngeschichten* einen Teil des künstlerischen Potenzials zu entdecken, das in Roths Roman eine solch vorzügliche Umsetzung finden sollte. Die Leser schätzten diese Entdeckung jedoch nicht; über einfache komische Spielchen wie die sprachliche Verwechslung zwischen *kitchen* und *chicken* konnten sie sich amüsieren, waren aber nicht bereit, die tiefsinnigere künstlerische Aussage einer sprachlichen Gestaltung zu rezipieren, in der Disharmonie zu einer selbstständigen Kunstform wird. Jedenfalls klingt dank der Verwendung von Mischsprache in einigen der Monologe der *Eisenbahngeschichten* eine solche Kunstform an. Dergestalt realisiert und bekräftigt sie das Thema gestörter Kommunikation und Zeichenverwirrung als eigentlichen Kern des Buches. Übrigens enthält der Zyklus zumindest eine Erzählung, in der die Begegnung mit einer fremden Sprache – eigentlich mit einer fremden Kultur, wie sie sich durch Literatur offenbart – in einer Weise aufscheint, dass der komische Effekt fast völlig vermieden und die tragische Wirkung unmittelbar erzeugt wird. In »An den Gräbern der Lieben« erzählt ein jüdischer Vater vom Tod seiner einzigen Tochter, die sich von einer zeitgenössischen Erscheinung hatte hinreißen lassen: von der nach Ssanin, dem Helden eines Romans von Michail Arcybašev, benannten Mode, welche die Hingabe an freie Liebe und Suizid verherrlichte. Der Vater hatte stets das Gefühl gehabt, dass seine Tochter wegen ihres Kontakts mit der fremden Sprache und Kultur gefährdet sei, und obgleich er kein Russisch konnte, hatte er einen Weg gefunden, auf der Hut zu sein. Sobald er sie in irgendein Buch versunken sah, begann er zu schnüffeln und auch nach dem Inhalt des Buchs zu forschen, um davon möglicherweise ausgehende Gefahren abzuschätzen. Sogar jetzt, nach dem Selbstmord seiner Tochter, rühmt er sich seinem Gesprächspartner gegenüber (der Handelsreisende ist hier der unbeteiligte Dritte, der den Monolog und die Reaktion des Zuhörers mit anhört), er habe sich Gott sei Dank sein Gespür bewahrt. »Wenn ich nur einen Blick in ein Buch werfe, und sei es auf Französisch geschrieben, dann kann ich Euch gleich erzählen, womit

49   Allen 1964: 174 f.

ich's zu tun habe.« (111) Jedoch wurde das scharfe Gespür des Vaters irrege-
führt – den ›Geruch‹ des Buchs, das die Tragödie seines Lebens zur Folge
hatte, konnte er nicht richtig deuten. Seine Ängste betrafen die revolutionäre
Literatur, die die Herzen der russischen Jugend vor 1905 ergriffen hatte, doch
der Wind hatte sich gedreht, ohne dass er es merkte, und seine Tochter hatte
begonnen, sich in eine ganz andere Art von Literatur zu vertiefen. Der Vater
ließ seinen des Russischen mächtigen Gehilfen ins Buch hineinsehen und
war so verwirrt von dem Inhalt (sein Verständnis von *Ssanin* ist sowohl eine
Karikatur als eine Kritik an diesem Werk und an dessen Autor Arcybašev),
dass er die davon ausgehende potenzielle Gefahr nicht erkannte. Als er an den
jungen Mann appelliert, der seine Tochter und deren Freundin zur Lektüre
verführt hat, und ihm eine Erklärung abfordert, entgegnet dieser: »›Ihr habt,
[…] Onkelchen, etwas klingen hören, und jetzt könnt Ihr's nicht nachsin-
gen.‹« (117) Obgleich seine eigene begeisterte Reaktion auf Ssanin, den »Na-
turmenschen« (ebd.), unsinnig ist, trifft er doch damit ins Schwarze. Der
Protagonist hatte, stellvertretend für eine ganze Gemeinde, etwas ›klingen
hören‹, ohne es verstehen zu können.

6–7. Ein Zusammenbruch der zwischenmenschlichen Kommunikation, de-
ren Ursprung nicht Täuschung, sondern Entfremdung ist, dient als thema-
tischer Fokus einiger besonders interessanter Geschichten des Zyklus (wie
»Aufs Gymnasium!« und »Man soll nie zu gütig sein!«). Mit diesen wie auch
mit jenen Erzählungen, die den aus Verdrängung und Unaufrichtigkeit ent-
springenden inneren Zusammenbruch der Kommunikation innerhalb des
Selbst zum Thema haben, haben wir uns bereits beschäftigt. Der Zusam-
menbruch der ersten Art taucht vor allem im Kontext von entfremdeten Be-
ziehungen und familiären Spannungen (zwischen Mann und Frau) auf, der
andere ist charakteristisch für breiter angelegte, verschiedenartigere Bereiche.
Wie schon ausgeführt, scheint sich der Protagonist von »›Ein tolles Stück-
chen, sagt, was Ihr wollt …‹« nicht bewusst zu sein, dass sein ›Streich‹ (der
Identitätstausch zwischen ihm und seinem Schwager) eine schreckliche, an
Verbrechen grenzende Manipulation war. Auch der Held von »Wenn einen
das Unglück trifft!«, der Vormund, der sich das Vermögen der Waisen ange-
eignet hat, ist sich des Wesens, der Gründe oder der Folgen seines Verhaltens
nicht voll bewusst; die Ausrede des Mannes, der so viel Leid verursacht hat
(wie in »Man soll nie zu gütig sein!«), ist eine Lüge, an die er sich mit aller
Kraft klammert. Ein Beispiel für einen nobleren und tragischeren Selbst-
betrug ist »Der glücklichste Mensch in ganz Kodno«. Das reale (obgleich

ungerechtfertigte) Glück des Protagonisten bringt ihn dem Punkt näher, an dem persönliche Ungewissheit zu einer Art kosmischer Ungewissheit sublimiert wird. Die Lüge, die den glücklichsten Menschen von ganz Kodno glücklich macht, ist nicht weniger als ein metaphysischer Protest gegen Gott oder das Schicksal, die mit den Menschen und ihrem Leben spielen und sie zwischen Verzweiflung und Erlösung, zwischen Licht und Schatten hin- und herschleudern.

8. Mit einem solchen Protest haben wir es in der tragikomischen Verwirrung in der Erzählung »*Wer fun sej*« [Wer von ihnen] zu tun, jener unvollendeten ›Eisenbahngeschichte‹, die nicht in die Sammlung aufgenommen wurde.[50] Wie schon erwähnt, kann sich der Handelsreisende nicht entscheiden, welcher seiner beiden Gesprächspartner verrückt ist: der Vater, dessen Sohn wegen seiner Verstrickung in die jüdische Selbstverteidigungsorganisation gehenkt wurde, oder der Sohn, dessen Bruder zum Opfer des Zarenregimes geworden ist. Wie dem auch sei, die Darstellung der Ungewissheit in dieser unvollendeten Erzählung ist völlig anders als in einigen anderen Eisenbahngeschichten, in denen wir die kosmische, metaphysische Ungewissheit fühlen, die das Universum als Ganzes beherrscht und die Sprache prägt, mit der Gott und das Schicksal zu den Menschen sprechen. Hier führt der Autor eine Variante seines zentralen Themas ein, in der das Hauptaugenmerk dem Zug selbst gilt. Von seiner Rolle als bloßes Beförderungsmittel und räumlicher Hintergrund für Gespräche und Kontakte zwischen Zufallsbekannten in einigen der Erzählungen wird der Eisenbahnzug nun selbst zu einem Helden, einem eigenständigen Protagonisten – einem Symbol, einem Bild des Schicksals.

Dies geschieht vor allem in der Erzählungsgruppe,[51] die sich als selbstständige Einheit im Herzen des Zyklus um den ›Langweiler‹ rankt – jenen Zug, der auf den Nebenstrecken gemächlich seinen Weg zwischen Schtetlech und Provinzstädten der Ukraine macht, »durch Bohopoli, Hajssin, Teplik, Nemirow, Chaschtschewate und noch mehrere dieser gesegneten Ortschaften, wo unser Vater Adam seinen Fuß niemals hingesetzt hat«. (125) Dieser Zug ist das interessanteste Symbol, das Scholem Alejchem in seinen *Eisenbahngeschichten* geschaffen hat. Zumeist kriecht er dahin, ohne sich an den Fahrplan zu halten, und steht damit, wie schon der Name aussagt, für eine unglaublich träge, rückständige provinzielle Existenz. Statt Sinnbild von Moderne und

---

50 Scholem Alejchem 1989: 221–223.
51 Geschichten 7–9 [Anmerkung der Herausgeber].

Fortschritt (der üblichen Rolle von Zügen in der osteuropäischen Literatur) ist dieser Zug nur eine Karikatur. Die jüdischen Unternehmer, die sich um Aufträge im Zusammenhang mit dem Bau der Eisenbahnlinie rissen, mit der Hoffnung auf der Welle der Moderne und des Profits zu reiten, verloren ihr ganzes Geld. In den *Eisenbahngeschichten* sind die Transport- und Verkehrsverbindungen, die der Zug gewährleistet, fragwürdig. Meist ist er leer, und der Handelsreisende und sein Gesprächspartner, der »Hajssiner Kaufmann«, können sich auf den leeren Bänken des Abteils ausstrecken, »wie bei sich zu Hause« (131), im Gegensatz zur Mehrzahl der anderen Geschichten, in denen die Züge als überfüllt beschrieben werden; »die ›Brigade‹, das heißt der Zugführer, der Maschinist und der Heizer, mit dem Bahnhofsvorsteher, dem Gendarmen und dem Telegrafisten« (131), das sind Tunichtgute, die sich die Zeit mit Kartenspielen, Saufen und Schmausen in den Bahnhofsbuffets entlang der Strecke vertreiben. All diese Details sind sorgfältig der Wirklichkeit der ukrainischen Provinz nachgebildet. Der Defekt des Zugs beziehungsweise der Lokomotive, die sich von der Kette der Wagen losreißt wie ein Pferd von einer Kutsche – das Ausbrechen in eine wilde Jagd, die Rettung oder Katastrophe, Schrecken oder Erlösung verheißt – ist von metaphysischer Bedeutung. In den beiden wichtigsten Erzählungen, die sich mit dem ›Langweiler‹ befassen, reißt sich das Schicksal sozusagen von allen Hemmnissen der menschlichen Logik und Erfahrung los und galoppiert davon auf einer Schreckensreise, die in beiden Fällen wie ein göttlicher Witz gut ausgeht. In »Das Wunder von Hoschana Rabba« entgeht die dahinbrausende Lokomotive, die sich infolge der Mechanikkenntnisse Berel Essigmachers in Gang gesetzt hat, in allerletzter Minute einem Zusammenstoß mit einem anderen Zug, weil ihr glücklicherweise der Dampf ausgeht. In »Eine Hochzeit ohne Musikanten« soll der Zug eine Gruppe von Raufbolden nach Hajssin bringen, wo sie ein Pogrom gegen die Juden verüben wollen, doch der Maschinist und seine betrunkenen Kollegen machen diesen Plan zunichte, als sie das Signal zur Abfahrt geben und die Lokomotive in Gang bringen, ohne zuvor die Wagen angekoppelt zu haben. So fährt die Lokomotive allein nach Hajssin, während die Wagen mit den Passagieren am vorhergehenden Bahnhof festsitzen. Als den Bösewichten die Geduld ausgeht und sie zu Fuß nach Hajssin aufbrechen, sind die Retter, ein Kosakenregiment mit Peitschen und Gewehren, bereits dort eingetroffen. So wird das Pogrom verhindert, und die jüdische Gemeinde der Stadt ist gerettet. Mit Hilfe einer nicht richtig funktionierenden Provinzeisenbahn hat Gott ein Wunder bewirkt. Sogar Gottes Zeichensprache ist vieldeutig, sendet mal diese, mal jene, gegenteilige Botschaft aus und ist damit auch ein Beispiel gestörter Kommunikation.

Dergestalt transzendiert die Bedeutung des zentralen Themas der *Eisen-*
bahngeschichten die sozialgeschichtlichen Äußerlichkeiten und schürft tief im
seelischen Innenleben. Indem der Zug selbst zum metaphysisches Symbol
wird, überwindet er das Realistische und Mimetische. Der dahingaloppie-
rende Zug zieht sich durch das Zwielicht, das die Normen der traditionellen,
kulturellen, sprachlichen und religiösen Lebenswelt verdunkelt. Er prescht
vorwärts in einer Welt, die weder hell noch dunkel ist. Und in einem der Wa-
gen sitzt der Handelsreisende, selbst ein Mensch mit verworrener Identität,
und hört den Gesprächen der Menschen zu, die bewusst oder unbewusst dem
Schmerz der Entfremdung und Entwurzelung eine Stimme geben. Statt auf
diesen Schmerz einzugehen, schreibt er mit seinem scharf gespitzten Bleistift
die mitgehörten Geschichten in ein sauberes Notizbuch, das er für langwei-
lige Stunden bereithält. So wird die Literatur selbst Teil der zweideutigen
Zugatmosphäre, zur Aufzeichnung von halbverstandenen Eindrücken einer
Erfahrung, in der die Realität auf Rede und Sprache zusammenschrumpft,
die wie immer prekär und unzuverlässig sind und die Wirklichkeit, die sie zu
offenbaren suchen, oft verhüllen. Wer ist dieser mittelmäßige Mann, wenn
nicht der Bruder, das Abbild des Autors? Wer ist er, wenn nicht das Bild der
Literatur per se in einer Zeit des Verlusts von Gewissheit und der Verwirrung
der ›Wahrheit‹ und ihrer Zeichen in einer endlosen Kette von Ambivalenzen,
Irrtümern, Täuschungen und Missverständnissen?

Sobald wir den Handelsreisenden als Repräsentanten oder als Abbild des
jüdischen Autors und der modernen Literatur als solcher erkannt haben, las-
sen sich die *Eisenbahngeschichten* als wichtige Station der modernen jüdi-
schen Literatur positionieren. Nachdem diese Literatur ihren historischen
Weg in der Gestalt des ›Hüters des Hauses Israel‹[52] begonnen hatte, des-
sen klarer Blick jeden einzelnen Makel durchschaute und aufdeckte, ist sie
nun in die Phase des Zwielichts eingetreten, in der die Erwartungen an sich
selbst als ›Hüter‹ des Volkes auf das Maß und das Bild des gelangweilten,
nicht sonderlich intelligenten Handelsreisenden reduziert sind. Dieser ist
mit einer derart fluiden, vielschichtigen Wirklichkeit konfrontiert, dass er
ihr kein fest umrissenes Antlitz zu geben vermag. Wie wir gesehen haben,
ist der Handelsreisende nicht einmal in der Lage, zu wissen, wie viel er nicht
weiß. Er ist mithin eine Art Karikatur des ›Hüters‹ der Haskala-Zeit oder
des sarkastischen Kommentators Mendele der Buchhändler, die ›wussten‹,
was die von ihnen beschriebene Realität ›bedeutete‹, und sich deshalb ihre
unerbittliche Kritik dieser Realität erlauben konnten. Der Handelsreisende

---

52   Nach Ezechiel 37,7 [Anmerkung der Herausgeber].

ist die charakteristische Erfindung des Geistes, der die fantastische Persona des ›Scholem Alejchem‹ erfunden hatte.[53] Anfangs konnte diese Persona sogar in die Gedankenwelt von Geisteskranken eindringen und Briefe aus dem Totenreich lesen. Danach war sie gezwungen, ihre Allwissenheit nach und nach einzuschränken, um zum bloßen Leser von Menachem Mendels und Schejne Schejndels Briefen und zum mitfühlenden Zuhörer von Tewjes Monologen zu werden. Sogar dann noch verstand die Gestalt des Scholem Alejchem, was sie las und hörte (und zwar besser als die Redner und Schreiber selbst). Sie konnte den Finger auf den hinter dem Vorhang der komischen Rede verborgenen Kummer und Schmerz legen und wie alle großen Künstler der Komödie die Schwächen und Fehlschläge verzeihen, die diese Rede aufdeckte. Von alldem ist jetzt allein die Naivität des Handelsreisenden übrig geblieben, die die Naivität der Literatur selbst in einer Welt des kulturellen Niedergangs ist.

Aus dem Englischen und Hebräischen von Liliane Meilinger

53   Vgl. Miron 2000.

Zitierte Literatur

Allen, Walter, 1964: *Tradition and Dream*. London: Phoenix House.

Berditschewski, Micha Josef, 1948: »Sholem Aleichem«, in: *Yidishe ksovim fun a vaytn korev*, Bd. 2, New York: Yikuf.

Berkowitz, Yitzhak Dov, 1954: »Ha-ri'šōnīm ki-věney 'ādām«, in: *Kitvey Y. D. Berkowitz* (neue Ausgabe), Bd. 8. Tel-Aviv: Dvir.

Berkowitz, Yitzhak Dov, Hg., 1958: *Dos sholem-aleykhem bukh*. New York: Yikuf.

Brenner, Josef Chaim, 1985: »Lě šālōm-'aleykhem«, in: *Kětāvīm*, Bd. 4, Tel-Aviv: Hakibbutz Hameuchad und Sifriat Poalim.

Erik, Maks, 1934: »Vegn sholem aleykhems ›ksovim fun a komivoyazhor‹«, in: *Visnshaft un revolutsye*, Nr. 3–4. Kiew: Farlag fun der ukrainisher visnshaftlekher akademye.

Mendele Mōkhēr Sěfārīm 1964: *Kōl kitvey*, Bd. 1. Tel-Aviv: Dvir.

Miron, Dan, 2000: »Sholem Aleichem: Person, Persona, Presence«, in: *The Image of the Shtetl and Other Studies of Modern Jewish Literary Imagination*. Syracuse, N.Y.: Syracuse University Press: 128–156.

Miron, Dan, 2009: »The Pleasure of Disregarding Red Lights: A Reading of Sholem Aleichem's Monologue ›A Nisref‹« in: Justin Daniel Cammy, Dara Horn, Alyssa Quint, Rachel Rubinstein [Hrsg.], *Arguing the Modern Jewish Canon. Essays on Literature and Culture in Honor of Ruth R. Wisse*. Cambridge, Mass.: Harvard University Press, 201–231.

Scholem Alejchem 1917–1923: *Ale verk fun sholem aleykhem*. New York: Folksfond.

Scholem Alejchem 1987: *Tevye the Dairyman and the Railroad Stories*. Übers. v. Hillel Halkin. New York: Library of Yiddish Classics, Schocken Books.

Scholem Alejchem 1989: *Sippūrey rakkevet*. Übers. von Dan Miron. Tel-Aviv: Dvir.

Steinberg, Jacob, 1934: »Ha-tippūs šel šolem 'aleykhem«, in: *Děmūyōt věḥezyōnōt*. Tel-Aviv: Stybel.

Trunk, Jechiel Jeschaje, 1937: *Sholem Aleykhem – zayn vezn un zayne verk*. Warschau: Kultur lige.

Bildnachweis

Schwadron Collection, The National Library of Israel, Jerusalem   S. 11, 338, 353

Peter Palm, Berlin, (Karte)   S. 366